Über dieses Buch Kindheit im bürgerlichen Elternhaus in Berlin – Anschluß an die Jugendbewegung – Der Erste Weltkrieg – Heirat mit Rafael Buber, dem Sohn des Religionsphilosophen Martin Buber – Eintritt in die KPD – Bekanntschaft und spätere Heirat mit Heinz Neumann, einem der führenden Köpfe der KPD – 1933 Emigration in die UdSSR – dies sind die äußeren Stationen von Margarete Buber-Neumanns Erinnerungen, deren Schlußpunkt die Verhaftung Heinz Neumanns durch den NKWD darstellt. Ihr Buch ist damit ein interessantes zeitgeschichtliches Dokument für die ersten Jahrzehnte des 20. Jahrhunderts. Das gilt natürlich insbesondere für die politische Entwicklung der KPD, da sie durch ihren Mann, Heinz Neumann, und ihren Schwager, Willi Münzenberg, immer im engsten Kontakt zur Führungsspitze der Partei stand. Zugleich ist dies aber auch ein sehr persönliches Buch: Margarete Buber-Neumann macht – wie viele andere auch – die schmerzliche Erfahrung, daß die mit der kommunistischen Idee verbundenen Hoffnungen in der politischen Realität keine Erfüllung finden.

Die Autorin Margarete Buber-Neumann, geboren 1901 in Berlin. Lebt heute als Publizistin in Frankfurt/M. Als Frau von Heinz Neumann und Schwägerin Willi Münzenbergs lernt sie in den zwanziger Jahren die KPD und ihre Führungsspitze von innen her kennen. 1933 Emigration in die UdSSR, 1937 wird sie dort in einem Lager inhaftiert und 1940, nach dem Hitler-Stalin-Pakt, an die Gestapo ausgeliefert. Bis 1945 im KZ Ravensbrück. Publikationen u. a.: »Als Gefangene bei Stalin und Hitler«, »Milena, Kafkas Freundin« (Bd. 5638), »Kriegsschauplätze der Weltrevolution«.

Margarete Buber-Neumann

Von Potsdam nach Moskau – Stationen eines Irrweges

Fischer Taschenbuch Verlag

Ungekürzte Ausgabe
Veröffentlicht im Fischer Taschenbuch Verlag GmbH,
Frankfurt am Main, September 1985
Lizenzausgabe mit freundlicher Genehmigung der
»Hohenheim« Verlags GmbH

Umschlaggestaltung: Jan Buchholz / Reni Hinsch
Umschlagfoto: dpa-Bilderdienst, Frankfurt am Main
Druck und Bindung: Clausen & Bosse, Leck
Printed in Germany
1480-ISBN-3-596-25646-1

INHALT

KINDHEIT UND JUGEND

WANDERJAHRE

IDEAL UND WIRKLICHKEIT

HEINZ NEUMANN — MENSCH UND POLITIKER

KOMMUNISMUS — AUS DER NÄHE GESEHEN

KINDHEIT UND JUGEND

Zwischen Vater und Mutter

Von jenseits der Grenze, von Böhmen herüber, hörten wir die aufgeregten Glocken bis in das kleine oberfränkische Dorf, wo wir im Jahre 1914, wie in allen anderen Sommern meiner Kindheit, die Ferien verbrachten. Diese Glocken verkündeten den Ausbruch des Krieges, ihr Klang beendete eine lange Friedenszeit. Krieg! Für mich, die Zwölfjährige, war es nur ein Wort, nur ein Lieblingsthema des Geschichtsunterrichts. Ich begriff nicht, daß Krieg etwas Gegenwärtiges sein konnte, etwas, das die Welt, in der ich lebte, zu beherrschen und zu vernichten drohte. Ich begriff auch die tränenüberströmten Gesichter der Bauersfrauen nicht. Ich fragte: „Werden denn heute in einem Krieg noch Menschen getötet? Das kann doch nicht möglich sein!"
Die traurige Stimme meiner Mutter belehrte mich eines anderen. Ich sah, daß sie litt, und mit dem Instinkt des Kindes verstand ich plötzlich, und mit diesem Verstehen begann ich selber eine dumpfe, schmerzliche Furcht zu empfinden. Krieg mußte etwas Schreckliches sein, auch jetzt noch, in dieser klaren Welt meiner Kindheit, die ich bis dahin so gut zu kennen geglaubt hatte.
Während meine Mutter beim Klang der Kriegsglocken von tiefer Trauer erfaßt wurde, schienen diese Glocken meinen Vater völlig zu verwandeln. Die Nachricht der Mobilisierung machte ihn zum Mittelpunkt des Dorfes. Er stand plötzlich da in einer ganz neuen Würde. Die erregten Menschen scharten sich um ihn, er strahlte Sicherheit und Selbstvertrauen aus, man hatte das Gefühl, daß nur er allein imstande sei, die kritische Situation zu meistern. Bei ihm löste diese schreckliche Nachricht keine Bestürzung aus, sie gab ihm keinen Anlaß zur Verzweiflung. Im Gegenteil, er schien aufzuleben. Er vergaß sogar das Podagra in seinem großen Zeh. Einen Filzpantoffel am rechten Fuß und einen schwarzen Lederstiefel am linken, schritt er festen Tritts dahin.
Als wir in aller Eile aufbrachen, um zur nächsten Bahnstation zu kommen, tat mein Vater etwas Merkwürdiges. Am Wegrand zwi-

schen den Feldern breitete er die Zeitung mit der Mobilmachungsmeldung aus, beschwerte die vier Ecken des Blattes mit kleinen Steinchen und murmelte etwas von: „eine große Zeit miterleben dürfen".

Zwanzig Stunden dauerte die Heimfahrt. An uns vorüber rollten unablässig die Züge mit singenden Soldaten. Es war, als ob sie alle nur ein einziges Lied gelernt hätten: „Es braust ein Ruf wie Donnerhall!" Die Leute in unserem Abteil schienen von einem seltsamen Taumel erfaßt. Aus allen Fenstern des Zuges schrien aufgeregte Stimmen den singenden Soldaten Antwort, Abschiedsgrüße, Glückwünsche zu. Ich sah das bedrückte Gesicht meiner Mutter, und zum erstenmal, wenn ich es auch nicht hätte ausdrücken können, ergriff mich ein Schauder vor dem nationalistischen Rausch.

Als wir erschöpft in Potsdam ankamen, verkündeten die Extrablätter: „Die ersten russischen Verluste! Die ersten russischen Verluste!"

Wie eine Rettung nach furchtbarer Gefahr empfand ich das sommerliche Grün unseres Gartens, das vertraute Knarren der Pforte und all die geliebten Gerüche der Kinderheimat.

Der Teltower Vorstadt, in der ich groß wurde, fehlte eigentlich das typische Potsdamische. Dort gab es keine Barock- und Rokokoschlösser, auch keine nachgeahmten Renaissancepaläste. Hier waren die Häuser häßliche Ausgeburten der Gründerjahre oder bescheidene Vorstadtvillen und dicht dabei ärmliche Arbeiterquartiere. Von dem Potsdam, dem die preußischen Könige das Gesicht gegeben hatten, war unser Stadtteil durch die Havel getrennt. Die historische Stadt begann jenseits der Kaiser-Wilhelm-Brücke. Nur zwei Gebäudekomplexe ließen auch in unserem Außenbezirk keinen Zweifel darüber, daß man sich in der Geburtsstadt des preußischen Militarismus befand. Das waren die Kadettenanstalt in der Saarmunder Straße und die Kriegsschule oben auf dem Brauhausberg. An diesen beiden Stätten wuchs das preußisch-deutsche Offizierskorps heran. Die Straße, in der ich meine Kindheit verlebte, war sozusagen die Verbindungslinie zwischen Kadettenanstalt und Kriegsschule. Vor den Fenstern unserer Wohnung fuhren die frischgebackenen Fähnriche in ihren Dogcarts vorüber oder karriolten mit ihren Kremsern mitten in der Nacht in wilder Fahrt den Berg hinauf. Sie, die angehenden Offiziere, hatten glücklich die Zeit der strengen Disziplin im Kadettenkorps hinter sich gebracht und drangen nun in das Leben der Herrenkaste ein. Für die Kadetten, diese Jungen aus Offiziersfamilien oder jener Schicht des Bürgertums, die hoch hinaus wollte, für diese Kinder, die man in dunkelblaue Uniformen gesteckt hatte, die man schon drillte wie die Soldaten, empfand ich keine Sympathie. Ich schrie ihnen genau wie die anderen Straßenkinder den Spottvers nach: „Kadett, Kadett, Kaldaunenfresser!..." Mein ganzes Kindermitleid aber galt den anderen kleinen Soldaten, den Militärwaisen. Wenn sie in Reih und Glied in ihren plumpen, benagelten Schuhen über die Straßen klotzten, lächerlich ausstaffiert wie Liliputrekruten, meinte ich auf den blassen, aufgedunsenen Gesichtern die Lieblosigkeit ihres Kasernendaseins zu sehen. Militärwaise zu sein, wurde für mich zum Inbegriff eines trostlosen Schicksals.

Der Brauhausberg war nur auf der einen Straßenseite mit Wohnhäusern bebaut. Auf der anderen Seite lag hinter einer langen Mauer das Schützenhaus mit dem ausgedehnten Biergarten und seinen Schießständen. Durch alle Sommer meiner Kindheit schmetterten die Konzerte der Wirtshauskapelle und knallten die Schüsse der Schießstände. Die Schützen, zu denen auch mein Vater gehörte, waren brave Potsdamer Bürger, die sich zum weidmännischen Beruf hingezogen fühlten, ohne ihn ausüben zu können, und die sich deshalb damit begnügten, nach aufgemalten Hirschen und Rehen zu schießen. So lagen sie denn im Schützenhaus auf Anstand und hatten es auf diese Art sehr viel bequemer als richtige Jäger, denn frisches Bier und andere Genüsse waren jederzeit zur Hand, und im Hintergrund spielte die Kapelle: „Ich schieß' den Hirsch im wilden Forst..."

Unsere Straße, eigentlich glich sie mehr einem breiten Fahrweg, denn statt Trottoirs hatte sie nur Rinnsteine an beiden Seiten, führte gradewegs auf das Gartenportal der Kriegsschule zu. Anspruchsvolle Terrassen, die allem Anschein nach an Sanssouci erinnern sollten, stiegen zum Eingang des Haupthauses den Berg empor. Der ganze große Gebäudekomplex war ein Gebilde, das stilgeschichtlich unmöglich einzuordnen war. Nach Entwürfen Kaiser Wilhelms II. gebaut, stellte es etwa eine Kreuzung zwischen englischem Landhaus und deutscher Ritterburg dar. Kaiser Wilhelm II., der von wilder Bauleidenschaft besessen war, hatte von den Potsdamer Stadtbehörden gefordert, daß sie alle unterhalb der Kriegsschule gelegenen Häuser und Straßenzüge bis hinab ans Ufer der Havel abreißen sollten, damit man diesen Abhang zu Grünanlagen und Gärten umgestalten und so der Alma mater der angehenden preußischen Offiziere einen gebührend imposanten Rahmen verleihen könne. Nachdem dieses Ansinnen von den Potsdamer Stadtvätern abgelehnt worden war, weigerte sich der beleidigte Herrscher, jemals die Kriegsschule zu betreten.

All diese protzige Pracht ging über in den Potsdamer Wald, einen richtigen märkischen Forst mit Kiefern und Birken und spärlichen Eichen, mit einem bescheidenen Sandhügel, der den merkwürdigen Namen „Feuerfreudenberg" trug. Eigentlich hätte er „Freudenfeuerberg" heißen sollen, denn hier brannte man an jedem 2. September zur Erinnerung an Sedan einen Holzstoß ab. Tiefer im Wald, wo man auf Einsamkeit und Stille hoffte, knallte unablässig von allen Seiten Gewehrfeuer. Dort übten die Soldaten auf den Schießplätzen der in Potsdam stationierten Regimenter. Dort lagen auch die vielen Exerzierplätze; mein täglicher Schulweg führte über einen solchen, dessen Geschichte typisch ist für die Entwicklung Preußens. Friedrich I. hatte vor dem Stadtschloß einen Park anlegen lassen, dem man den Namen Lustgarten gab. Im 20. Jahrhundert konnte man von diesem Glanz nur noch bescheidene Reste finden, wie die Kolonnaden mit den Ringergestalten an den Eingängen, in einer Ecke einen Teich mit einer Poseidongruppe und zwischen den Bäumen ganz am Rande des Platzes einige marmorne Götter und Göttinen. Alles andere hatte bereits Friedrich Wilhelm I., der Sohn des lebenslustigen und kunstliebenden Königs, einebnen und in einen Exerzierplatz verwandeln lassen. Und dabei blieb es dann bis in unsere Zeit.

Wir waren fünf Geschwister, drei Mädchen, zwei Jungen, und es ging daheim oft recht lebhaft zu. Allerdings nur, solange unser Vater nicht zu Hause war. Meine Mutter ließ uns gewähren. Es gab zwei Antworten, die zu Hause immer wiederkehrten. Sie waren für unsere Eltern charakteristisch. Kamen wir mit einer Bitte zur Mutter, und war diese Bitte nicht gar zu ausgefallen, dann sagte sie regelmäßig: „Meinetwegen!" Baten wir unseren Vater um irgend etwas, dann antwortete er meistens: „Nein!" Dieses „Nein" entsprach ebenso vollkommen seiner Auffassung von Disziplin, der höchsten Tugend, die er kannte, wie das „Meinetwegen" der liberalen Großzügigkeit meiner Mutter. Zwischen diesen Prinzipien bewegte sich unsere Erziehung.

Mein Vater war der Sohn eines oberfränkischen Bauern. Nur unermüdlicher Fleiß hatte ihn dorthin gebracht, wo er stand. Er war Leiter eines mittleren Industrieunternehmens. Wen sollte es wundern, daß er aus Arbeit und Disziplin eine Art Religion machte? Er, der Bayer, fühlte sich in der preußischen Umgebung nicht nur wohl, er hatte den straffen Geist Potsdams beinahe fanatisch in sich aufgenommen. Widerspruch duldete er nicht, weder von uns Kindern noch von seinen Untergebenen. Einmal hörte ich, wie er auf dem Hofe der Brauerei einen Arbeiter anschrie: „Nehmen Sie die Hände aus den Hosentaschen, wenn ich mit Ihnen rede!" Mein Vater verlangte „Haltung". In ihm verband sich der preußische Feldwebel mit dem bäuerlichen Patriarchen. Seiner Härte entsprach allerdings ein starkes Verantwortungsgefühl. Er trat für seine Arbeiter ein, vorausgesetzt, daß sie sich unterwarfen und nicht etwa Ansprüche stellten, die seiner Meinung nach unberechtigt waren. Selbstverständlich mußte für diesen Mann der Sozialismus das rote Tuch sein. Er, der länger als zwölf Stunden täglich arbeitete, und zwar aus freien Stücken, der außer dem „Intelligenzblatt" und der „Brauerei-Zeitung" nie etwas las und den die Lesewut meiner Mutter aufbrachte, weil er sie für Zeitverschwendung hielt, sah zum Beispiel in der Forderung nach dem Achtstundentag nur eine empörende Anmaßung. Ich konnte, als ich älter und reifer wurde, immer besser verstehen, wie bitter es ihn treffen mußte, daß ausgerechnet seine drei Töchter sich zu überzeugten Sozialistinnen entwickelten. Er muß schwer darunter gelitten haben, aber dies Leiden führte ihn nicht zur Selbsterkenntnis. Er gab meiner Mutter die Schuld, schob die „Entartung" der Töchter auf ihre liberale Erziehung.

Hier ist ein Erlebnis aus meiner frühen Kindheit, das kennzeichnend ist für meinen Vater und seine Erziehung. Ich war drei Jahre alt, als ich einmal meinen Puppenwagen in unserem Garten spazierenschob, unversehens aus dem Tor auf die abschüssige Straße geriet und wie von selbst den Berg hinunter meinem Wägelchen nachlief. Am Fuße des Abhangs fand ich mich plötzlich vor einer Gartentür, die gerade so weit offenstand, daß der Puppenwagen gut hindurchging. Auf der anderen Seite schob ich ihn vorsichtig weiter bis zu den großen Bäumen, unter denen grüne Tische und Stühle standen. Ich hörte in der Nähe ein seltsames Kreischen, fast so, als schreie unsere Katze. Aufgeregt lief ich, nach ihr zu suchen, und kam an einen Käfig. Dahinter sprang ein Tier hin und her, ein Tier, wie ich es noch nie gesehen hatte. Ich war wie festgebannt, mit offenem Munde, und starrte auf das unbekannte Wesen, das an einer Schaukel herumturnte. Plötzlich stand eine fremde, freundliche Frau neben mir und erzählte, daß ihr Äffchen Jette heiße. In der Hand trug sie einen Korb mit Eiern, hielt ihn dicht an das Gitter, und Jettchen griff danach mit richtigen Fingern, nahm sich eins heraus, bohrte mit dem Fingernagel ein kleines Loch hinein und trank es aus. Danach durfte ich die kalte Hand des Äffchens anfassen und ihm ein Salatblatt geben. Wie schön wäre es gewesen, wenn die nette Frau mir Jette geschenkt hätte, aber sie meinte, das gehe wirklich nicht, und außerdem sei es wohl an der Zeit, daß ich wieder nach Hause gehe. Widerstrebend trennte ich mich, und die Frau zeigte mir den Heimweg.

So schnell ich konnte und so rasch es mit dem Puppenwagen nur gehen wollte, rannte ich unseren Berg hinauf. Ich war nur von einem einzigen glückseligen Gedanken erfüllt. Als ich unsere Gartentür offenstehen sah, begann ich schon von weitem zu schreien: „Ich habe Jettchen gesehen! Ich habe Jettchen gesehen!" Aber ich war noch nicht ganz durch die Pforte hindurch, als mich auch schon die große Hand meines Vaters gepackt hatte. Ohne auch nur ein Wort von meinem gewaltigen Erlebnis berichten zu können, bekam ich eine Tracht Prügel. So endete das größte Abenteuer meines dreijährigen Lebens, und so begann die Entfremdung zwischen meinem Vater und mir.

Meine Mutter war das zwölfte Kind einer wohlhabenden Bauernfamilie aus dem kleinen Dorfe Schmergow in der Mark Brandenburg. Einmal fuhr sie mit mir in ihre Heimat, und wir besuchten den alten Dorffriedhof mit der niedrigen Steinmauer. Sie führte mich zu einer Reihe grasüberwucherter Kindergräber, wo sechs ihrer Geschwister lagen. Alle waren an Diphtherie gestorben.

Sie wuchs in Potsdam im Hause eines um fast zwanzig Jahre älteren Bruders auf. Ihre Großzügigkeit war wohl vor allem seinem Einfluß zu verdanken. Dieser Bruder befaßte sich schon früh mit sozialistischen Ideen, und wahrscheinlich stammte daher auch meiner Mutter Mangel an Ehrfurcht vor den Einrichtungen der Monarchie, ihr Vertrauen auf ihren Instinkt, ihren gesunden Menschenverstand, den sie sich auch an der Seite ihres so ganz anders gearteten Mannes bewahrt hatte. Obwohl sie niemals versuchte, uns ihre Meinung aufzuzwingen, übte sie einen entscheidenden Einfluß auf ihre Kinder aus. Sie besaß eine angeborene Achtung vor den Rechten der Persönlichkeit, und in ihren Augen waren auch wir, so klein wir noch sein mochten, Persönlichkeiten. In einer Art „Flüsterpropaganda" übertrug sie ihre Ansichten auf uns. Wenn sie uns am 1. Mai zur großen Militärparade im Lustgarten, bei der alle Schulklassen Potsdams Spalier stehen mußten, die weißen Schürzen umband und die sonntäglichen Haarschleifen in die Zöpfe flocht, dann murmelte sie etwas von „lächerlichem Theater" und nannte „unseren Kaiser" sogar einen „größenwahnsinnigen Säbelraßler". Wie vertrug sich das mit dem überlebensgroßen und untadeligen Bilde, das uns in der Schule vom Kaiser vermittelt wurde? Eines der ersten Gedichte, das der kleine Preuße auswendig zu lernen hatte, hieß: „Der Kaiser ist ein lieber Mann und wohnet in Berlin, und wär' das nicht so weit von hier, so ging' ich morgen hin." Die kritischen Äußerungen der Mutter stürzten mich in schwere Konflikte, denn es war mir natürlich nicht möglich, die Wahrheit von der Schönfärberei zu unterscheiden. Sie lehrten mich aber auch, sehr frühzeitig selbständig zu denken. Die ketzerischen Selbstgespräche meiner Mutter und die unklugen Erziehungsmethoden meines Vaters legten den Grundstein für meine spätere Entwicklung.

Kinderängste und Schulsorgen

Es gibt wohl kaum einen Teil Potsdams, der nicht an der Havel liegt. Von allen Seiten umfließt sie mit ihren Windungen die Stadt und bildet auch am Fuße des Brauhausberges einen breiten See. Aber ihre Ufer sind an dieser Stelle alles andere als schön, denn sie werden von schmutzigen Fabriken, Speichern und einem Schlachthof verschandelt. Nur an einem schmalen Streifen, der sogenannten „Aufschwemme", kann man überhaupt das Wasser erreichen. Dahin hatte ich mich mit einem Spieleimer und einem Kescher auf den Weg gemacht. Das war für ein so kleines Kind ein Wagnis, denn es war immerhin ein Stück Weg. Ich hatte vor, Fische zu fangen, da ich neue Bewohner für mein Aquarium brauchte, und ich bildete mir ein, man könne sie einfach aus der Havel holen.

Im Anfang ging alles gut. Ich kam zur Aufschwemme, zog Schuhe und Strümpfe aus, krempelte die Höschen mit den Lochstickereirüschen so hoch wie nur möglich, steckte den Kleiderrock in den Gürtel und patschte vorsichtig ins Wasser mit dem Kescher in der Hand. Weit und breit von Fischen keine Spur. Ich strebte also vorwärts dem tieferen Wasser entgegen. Da entdeckte ich Fische, und die Jagd ging los. Bis der erste gefangen war und halbtot im Eimer landete, trieften bereits Hose und Rock. Aber mein Jagdeifer ließ deshalb nicht nach. Kein anderes Kind störte mich, kein Erwachsener war zu sehen. Nur vom Wasser her näherte sich langsam ein Schwan, einer von den Hunderten, die es damals auf der Havel gab. Als ich noch nach ihm blickte, kam über den See direkt auf mich zu ein Vogel. Er flog so niedrig, daß er fast den Wasserspiegel streifte. Zwei-, dreimal hatte er schon das Wasser berührt, als er nur einige Meter von mir entfernt in den See fiel. Es war eine Taube, die nun mit ausgebreiteten Flügeln zappelnd auf der Oberfläche trieb. Vergeblich versuchte ich, die Stelle zu erreichen, wo das Tier kämpfte. Es war zu tief. Im gleichen Augenblick ruderte der Schwan mit starken Stößen auf die zuckende Taube zu und begann mit dem Schnabel auf die Ertrinkende einzuhacken, daß die Federn nur so flogen. Unbeweglich stand ich im Wasser und sah dem Entsetzlichen zu. Plötzlich ertönte vom Ufer her eine durchdringende Kommandostimme: „Was machst du denn da?“ Ich sah mich erschrocken um, kaum fähig, nach diesem Erlebnis überhaupt etwas zu begreifen. Da stand ein „Blauer“, ein Polizist mit Pickelhaube. „Komm mal sofort raus!!“ Naß und schmutzig watete ich langsam auf ihn zu. Ängstlich, aber ganz ohne schlechtes Gewissen. „Hast du nicht gelesen, daß es streng verboten ist, an der ‚Aufschwemme‘ zu fischen und zu baden?!“ Dabei zeigte er auf eine Tafel am Ufer. Ich kam gar nicht dazu, ihm zu sagen, daß ich noch nicht lesen könne, denn schon hatte er sein Notizbuch herausgezogen, verlangte kategorisch meinen Namen und meine Adresse und erklärte, daß das, was ich getan habe, strafbar sei. Mich packte eine furchtbare Angst, daß der Vater es nun erfahren werde, und ich begann zu weinen. Sagte dann aber doch meinen Namen und wo ich wohne. Und er schrieb wirklich. Er befahl mir noch, die Schuhe zu nehmen, die Fische ins Wasser zu werfen und sofort den verbotenen Ort zu verlassen. Trotz Angst und Tränen blickte ich noch schnell zurück auf das Wasser, wo die

Taube geblieben sein mochte. Nichts war mehr zu sehen. Auch der ekelhafte Schwan hatte den Schauplatz seiner Untat verlassen. Zu Hause schwieg ich. Wochen hindurch klopfte mir bei jedem Klingeln vor Aufregung das Herz. Ich erwartete den Polizisten. Nicht einmal meiner Mutter wagte ich die erschütternde Geschichte von dem grausamen Schwan und der armen Taube zu erzählen, und es wäre ganz undenkbar gewesen, daß ich etwa den Auftritt mit dem strengen Polizisten erwähnt hätte. Die Wochen vergingen, und kein Hüter der Ordnung erschien an unserer Tür. Mir aber war die Furcht so nachdrücklich in die Glieder gefahren, daß ich noch lange Zeit keine Polizeiuniform sehen konnte, ohne Angst und ein schlechtes Gewissen zu haben.

Mit seinen Kinderängsten ist man fast immer ganz allein. Sie sind oft irrational. Ich erinnere mich zum Beispiel noch genau an die Wirkung, die das Erscheinen des Halleyschen Kometen auf mich hatte. Das war im Jahre 1911. Dieser Himmelskörper sollte mit seinem langen, glühenden Schweif, so wollten es die ganz Klugen wissen, die Atmosphäre der Erde berühren. Ich weiß nicht mehr, ob diese Version vielleicht eine Erfindung meines Bruders war, eines Meisters in Gruselgeschichten, aber nachdem ich im „Potsdamer Intelligenzblatt" auch noch gelesen hatte, daß amerikanische Millionäre bereits Vorsorge trügen, das große Sterben bei der Annäherung des Kometen zu überleben und sich deshalb mit Sauerstoffbehältern eindeckten, blieb für mich kein Zweifel mehr, daß das Ende der Welt nun nahe herangekommen sei. Unverständlich war mir die Sorglosigkeit meiner Umgebung. Aber vielleicht schämten sich die Großen genauso wie ich, ihre Angst einzugestehen. Mein Bruder hatte uns ausgemalt, wie sich alles zutragen würde, wie die Berge ins Wanken geraten und die Sonne in ihrem Lauf unterbrochen würde und, was mich das Schlimmste dünkte, wir langsam ersticken müßten, falls man dieses Chaos zufällig überlebt haben sollte.

Noch bevor der Tag herankam, an dem dieses Schreckliche geschehen sollte, hatte ich einen Traum, der die ganze Angst und das kindliche Grauen widerspiegelt. — Ich war im Wohnzimmer. Mit einem Male liefen die Stühle auf ihren geschwungenen Beinen wie Lebewesen durch den Raum, der Nähtisch hüpfte, und das große Büfett verließ seinen Platz an der Wand. Entsetzt fiel mein Blick auf das Fenster, und ich sah draußen gespenstische Dunkelheit, so, als bräche gleich ein Gewitter los. Ich fiel auf den Teppich nieder und schrie aus vollem Halse nach meinem Bruder: „Heini, Heini! Die Welt geht unter!“ — Ein derber Klaps meiner Schwester erlöste mich aus diesem Alptraum, und die alte Welt sollte sich unbekümmert weiterdrehen.

Die alte Welt drehte sich zwar unbekümmert weiter, aber jene unbestimmte und unbestimmbare Angst, jene allgemeine Weltuntergangsstimmung, die einen so entscheidenden Einfluß auf das geistige Leben jener Tage ausübte, sollte bleiben. Als Kind war ich nicht gerade besonders hübsch. Das wäre nicht schlimm gewesen, da ich noch nicht eitel war. Aber beide Schwestern waren ausgesprochen hübsch. Die Jüngere trug schon als kleines Kind ihren blonden Lockenkopf mit so viel Grazie, daß die Leute auf der Straße stehenblieben und ausriefen: „Was für ein reizendes Kind!“ Das „reizende Kind“ konnte natürlich nicht umhin, die Bewunderung zur Kenntnis zu nehmen und mir bei jeder Gelegenheit unter die Nase zu reiben, wie häßlich ich sei. Da Geschwister selten ein Blatt vor den Mund nehmen, mußte ich oft genug hören, daß ich eine zu dunkle Haut und eine „Kartoffelnase“ hätte, oder daß ich „über den großen Onkel ginge“. Anläßlich solcher Freundlichkeiten fiel dann das Wort: „Wem aus der Familie sieht die eigentlich ähnlich!?“ Und eines Tages sagte mein älterer Bruder: „Dich haben sie bestimmt im Straßengraben gefunden!“ An solche Hänseleien gewöhnt, hätte ich die Worte meines Bruders sicher bald wieder vergessen, wenn es der Zufall nicht gewollt hätte, daß ich kurz darauf vom Nebenzimmer aus ein Gespräch zwischen meiner Mutter und ihrer Schneiderin mitanhörte. „Ich weiß gar nicht, von wem die Grete diese komische Nase hat“, sagte meine Mutter und stürzte mich mit diesen Worten, ohne es zu ahnen, in tiefste Verzweiflung. Wenn meine Mutter nicht einmal eine Erklärung für mein Aussehen fand, dann mußte es mit dem Straßengraben wohl stimmen. In meinem Kummer nahm ich mir vor, der Sache auf den Grund zu gehen.

Heimlich schlich ich mich in die „gute Stube“. Da ich wußte, daß in einer verschlossenen Kassette die Dokumente der Familie aufbewahrt wurden, hatte ich vorher meiner Mutter den Schlüsselbund entwendet, ging schnurstracks auf die Lade zu, schloß auf und fand bald das „Stammbuch“ der Familie. Mühselig, da ich eben erst lesen lernte, entzifferte ich zu meiner unendlichen Erleich-

terung, daß ich trotz meines unerklärlichen Aussehens ein richtiges Kind meiner Eltern war.
Ich hatte es nicht leicht in der Schule, weil sich meine eigentlichen Interessen nur mit ganz wenigen Unterrichtsfächern deckten. Es ist deshalb kein Wunder, daß in fast jedem meiner Zeugnisse die Bemerkung erschien: „...ihre Aufmerksamkeit läßt zu wünschen übrig". Ich frönte nämlich einer Leidenschaft, die mich restlos ausfüllte: meiner Tierliebe. Nicht nur in den Schulstunden, schon morgens, bevor ich mich auf den Weg machte, war ich völlig in Anspruch genommen von der Sorge um das Wohlbefinden aller meiner Tiere. Sie mußten gestreichelt, gefüttert und getränkt werden, und so kam es, daß ich fast täglich in der letzten Minute von zu Hause fortlief, dann in wilden Sprüngen über die Kaiser-Wilhelm-Brücke rannte und die „Bittschriftenlinde" am Stadtschloß erst dann erreichte, wenn das Glockenspiel der Garnisonkirche bereits mit dem Vorspiel zu „Lobet den Herren", das die volle Stunde anzeigte, begann. Dann wußte ich, daß mich nur noch ein Dauerlauf vor dem gefürchteten Zuspätkommen retten konnte, und es ging mit fliegenden Zöpfen durch den Lustgarten, vorbei an den exerzierenden Rekruten und den Offizieren auf der Reitbahn. Bei den letzten Tönen des langausgezogenen Glockenspiels überquerte ich meistens die Plantage am historischen Marstall, um bei den darauffolgenden acht gewichtigen Schlägen der Turmuhr am Denkmal des „Alten Fritz" vorbei über die Brücke des Stadtkanals glücklich die Schule zu erreichen und atemlos ins Klassenzimmer zu stürzen.
Sosehr ich auch versuchte, mich auf den jeweiligen Unterrichtsstoff zu konzentrieren, gingen meine Gedanken doch immer wieder zu den Kaninchen zurück, zu der Tanzmaus, der Katze oder der Lieblingstaube. Anstatt der Schulstunde zu folgen, malte ich mir aus, welche Freude ich den Kaninchen am Nachmittag bereiten würde, wenn ich die Ställe öffnete und sie alle in den Garten hinausließe. Immer beherrschte mich der Wunsch, meine Tiere sollten sich fühlen, als lebten sie in richtiger Freiheit. Auch schlimme Erfahrungen konnten mich nicht davon abbringen. So trug ich das Vogelbauer mit meinem jeweiligen Liebling immer wieder auf die in den Garten führende Veranda, ließ das Tierchen hinausschlüpfen, in der Sonne hin un her fliegen und war fest davon überzeugt, daß der Vogel sicher in das Bauer zurückkehren werde, da

er es bei mir doch gut hatte und mich genau kannte. Manche taten mir auch den Gefallen, aber meistens nahm das Lied ein trauriges Ende. Meine Vögel flogen fort auf Nimmerwiedersehen, sie zogen die ununterbrochene Freiheit derjenigen auf Raten vor.

Meine Abneigung gegen die Schule wurde noch dadurch verstärkt, daß mein Vater stets die Partei der Lehrer, als der Obrigkeit, ergriff und wir, was auch immer geschehen sein mochte, unrecht bekamen. Zu allem Unglück war meine Schwester Babette auch noch eine Musterschülerin, die fast in jedem Jahr beim Schulschluß öffentlich ausgezeichnet wurde. Das wirkte auf uns, meine Schwester Trude und mich, schon niederdrückend genug, wurde aber vom Vater noch entsprechend unterstrichen, indem er sie uns als leuchtendes Beispiel vorhielt. Aber er hatte damit nicht den geringsten Erfolg, sondern es führte nur dazu, daß wir zwei eine Einheitsfront des Protests bildeten. — Einmal erwartete Trude einen „blauen Brief". Aus Angst vor dem Vater beschlossen wir zwei, diesen Brief abzufangen. Es gelang. Mit Herzklopfen öffneten wir ihn und lasen: „Wenn Ihre Tochter Gertrud ihre Leistungen in Französisch und Englisch nicht wesentlich verbessert, so wird sie das Ziel der Klasse nicht erreichen..." Wie gräßlich! Und wir warfen den Brief sofort ins Feuer. Wenn die Schulen nicht so starren Moralbegriffen huldigten, wäre es geschickt, den Kindern solche Briefe geradezu in die Hände zu spielen. Die Mischung aus Angst und Verantwortungsgefühl brachte uns wenigstens dazu, gemeinsam in Englisch und Französisch so zu „ochsen", daß der Erfolg glänzend war. Niemals hätte mein Vater eine solche Leistung erzwingen können.

Meine entscheidenden Schuljahre fielen in die Zeit des ersten Weltkrieges. Hatte der Nationalismus preußischer Färbung in Potsdam, und nicht zuletzt in den Schulen dieser traditionsreichen Garnisonstadt, immer eine wesentliche Rolle gespielt, so überschlug er sich in jenen Jahren.

Vielleicht spürten die uniformierten Repräsentanten des preußischen Geistes damals schon unbewußt, daß der Glanz bald ein Ende haben werde. Andererseits aber überließen sie sich nur zu gerne dem Rauschgefühl dieses Krieges, von dessen siegreichem Ausgang sie völlig überzeugt zu sein schienen. Doch unter den Potsdamer Offizieren gab es nicht nur steifnackige Eisenfresser. Manche von ihnen versuchten, mit der neuen Zeit Schritt zu halten, wie die Eltern meiner Schulfreundin Svea von Krieger, obwohl ihr Vater hoher Generalstabsoffizier war. Eines Tages spielten wir während der Pause auf dem Schulhof, als ich zufällig Herrn von Krieger in seiner Uniform mit den roten Streifen des Generalstäblers auf einen unserer Lehrer zugehen sah. Er wollte sich nach den Leistungen seiner Tochter erkundigen. Gleichzeitig aber sah ich auch die Veränderung, die plötzlich mit dem Lehrer vor sich ging. Ich sah ihn zusammenknicken, als habe sein Rückgrat keinen Halt mehr, und ich sah sein unterwürfiges Lächeln. Dieser Lehrer machte es dem Offizier völlig unmöglich, mit ihm zu verkehren wie ein Bürger mit dem anderen. Der Untertanengeist saß ihm allzutief in den Knochen.

So waren die Potsdamer, die sich mit Stolz Einwohner der zweiten Residenzstadt Deutschlands nannten, denn die kaiserliche Familie verbrachte den Sommer im Neuen Palais in Sanssouci. Man interessierte sich nicht nur für alle Einzelheiten der Hofhaltung und sog begierig den Klatsch über die fürstliche Familie ein, man hoffte auch, und verstand es nicht schlecht, am Herrscherhause zu verdienen.

Die Gestalt, die drohend meine Schulzeit überschattete, war der Divisionspfarrer Thüm, ein mittelgroßer, gedrungener Mann mit fetten Schenkeln und einem von zu hohem Blutdruck geröteten Gesicht. Er erschien mir wie eine wilhelminische Ausgabe Martin Luthers, ein Mann, in dem sich auf gefährliche Weise der protestantische mit dem nationalistischen Fanatiker verband.

Thüm wurde später mein Klassenlehrer. Mit besonderer Leidenschaft malte dieser merkwürdige Gottesmann uns Zehnjährigen die Qualen der Hölle aus, wobei sich seine Stimme zu einem donnernden Gebrüll erhob, dem er mit selbstgefälliger Bewunderung zu lauschen schien. Er verfügte über eine an sämtlichen puritanischen Eiferern geschulte Phantasie und schickte nicht etwa nur die Sünder ganz allgemein in die ewige Verdammnis. Er nagelte bestimmte Vergehen fest, deren Bestrafung er unermüdlich ausmalte. Wenn unsere Eltern zum Beispiel sonntags nicht in die Kirche gingen, sei ihnen die Hölle gewiß, da gebe es kein Entrinnen. „Da wird sein Heulen und Zähneklappern..." brüllte er, daß wir uns in den Bänken duckten. Mir wurde angst und bange um meine arme Mutter, die doch nie zur Kirche ging. Was konnte ich tun, um sie vor diesem entsetzlichen Schicksal zu bewahren? Schon am nächsten Samstagabend begann ich diplomatisch vom

Kirchgang zu reden und behandelte dieses Problem von allen Seiten, fragte sie zum Schluß sogar in meiner Herzensnot ganz direkt: „Gehst du morgen vielleicht in die Kirche?" Sie sah mich an: „Sag mal, bist du nicht gesund?" Ich verdrückte mich stotternd. Ich wiederholte diesen Versuch, aber immer vergeblich. Meine Mutter begriff mich nicht, da ich ihr niemals von den Exzessen des Divisionspfarrers zu erzählen wagte. Sie lebte weiter in Gottlosigkeit, und ich überwand meine Sorge um ihr Seelenheil erst nach manchen inneren Kämpfen.

Während einiger Jahre des Krieges unterrichtete Professor Thüm unsere Klasse in Deutsch und Religion, und er benutzte den Deutschunterricht ausgiebig, um uns mit der Lage auf den Kriegsschauplätzen vertraut zu machen. An und für sich interessierte mich dieses Thema sehr, und ich begeisterte mich für jeden deutschen Sieg, nicht nur, weil wir dann schulfrei bekamen, sondern weil man sich als Kind der patriotischen Atmosphäre einfach nicht entziehen kann, noch dazu, wenn sie so massiv auf einen eindringt wie im damaligen Preußen. Aber es müssen wohl die Kommentare des Herrn Divisionspfarrers gewesen sein, die in mir einen dumpfen Widerstand gegen solche Art von Hurrapatriotismus auslösten. Dieser Widerstand steigerte sich langsam zu einer schwer bezähmbaren Abneigung. Dazu sollten einige Erlebnisse mit diesem Pädagogen entscheidend beitragen. Einmal machten wir mit Herrn Thüm einen ganztägigen Schulausflug an einen der märkischen Seen. Es war ein drückend heißer Sommertag, und alle hatten Lust zum Baden. Es ist für einen Lehrer eine schwere Aufgabe, zwanzig Kinder im Wasser zu überwachen, und deshalb war es nur zu verständlich, daß Thüm uns verbot, weit hinauszuschwimmen. Weshalb ich es trotzdem tat, weiß ich nicht mehr. Jedenfalls näherte ich mich dem gegenüberliegenden Ufer, war also über den ganzen See geschwommen, wohin einige meiner Mitschülerinnen gelaufen kamen und mir warnend zuriefen, daß ich sofort herauskommen solle, weil Thüm „entsetzlich wütend" sei. Da machte ich einfach kehrt im Wasser und schwamm das ganze Stück zurück, dorthin, wo die Klasse lagerte. Beim Anziehen überbrachte man mir die Nachricht, daß ich einen „Tadel" bekommen werde — eine Strafe, die in mein Zeugnis eingetragen werde, falls ich nicht sofort Thüm um Verzeihung bitte. Höhnisch hatte Thüm hinzugefügt, es werde mir jetzt so ergehen wie dem Drachentöter aus Schillers Gedicht

„Der Kampf mit dem Drachen“, der trotz seiner Heldentat einer schweren Strafe nur dadurch entgehen konnte, daß er den Ordensfürsten um Verzeihung anflehte. Diesen Vergleich fand ich zutiefst widerwärtig. Ich tat keinen Schritt, um mich zu entschuldigen, und steckte lieber den Tadel ein; selbst Schiller mochte ich auf Jahre hinaus nicht mehr.

Während des Krieges jagte auch in der Schule eine Sammlung die andere. Die Kinder wurden aufgefordert, nicht nur Kriegsanleihe zu zeichnen, Gold zu opfern, sondern auch unter allen möglichen anderen Vorwänden Geld zu spenden. Wieder einmal betrat Thüm die Klasse und verkündete im Befehlston: „Also morgen früh bringt jeder von euch für die Kaiser-Wilhelm-Spende Geld mit! Weniger als eine Mark nehme ich gar nicht erst an!“ Da überwand ich die Kinderschüchternheit, stand auf und erklärte, daß man so etwas nicht befehlen dürfe, daß ich gar nicht dran dächte, eine Mark mitzubringen, denn wir seien zu Hause fünf Kinder, und so etwas könne man wohl nicht verlangen... Darauf überschüttete mich der Pfarrer Thüm mit wüstem Geschimpfe und ließ lange Zeit keine Gelegenheit vorübergehen, mich zu demütigen. Gerade zu dieser Zeit erfuhr ich von meiner Schwester Trude, daß der gleiche Thüm sie ebenfalls verfolge und schikaniere, weil sie mit einer Jüdin befreundet sei.

Ich hatte während meiner Schulzeit im Potsdamer Lyzeum natürlich auch Lehrer, die ich liebte und verehrte. Da war der kleine Philipps, unser Geschichtslehrer, der jede Unterrichtsstunde zu einer Art Theatervorführung machte. Mit dem Zeigestock als einzigem Requisit ließ er die jeweiligen Helden komisch-linkisch das Schwert ziehen oder sprengte als Ritterkarikatur, den Stock wie eine Lanze gesenkt, zur Attacke durch das Klassenzimmer. Zu seinen besonders liebenswürdigen Seiten gehörte, daß er fast nie auf dem Stuhl hinterm Katheder saß, sondern rittlings auf einem Pult der vordersten Bankreihe balancierte. Außerdem trug er immer einen dunkelblauen Bleyle-Strickanzug, so daß er trotz seiner grauen Haare wie ein großer Junge aussah, von dem man gar nichts anderes erwarten konnte, als daß er uns vor allem mit den amüsanten Seiten der Menschheitsgeschichte vertraut machte.

Der Krieg ging seinem Ende entgegen. Noch hatte das patriotische Feuer in den Stimmen meiner Lehrer nicht spürbar abgenommen, und nicht nur Thüm und einige besonders eifrige Monarchisten,

sondern mit wenigen Ausnahmen eigentlich alle waren davon überzeugt, daß Frankreich zum Untergang verdammt sei.
Zu den beliebtesten Liedern im Gesangsunterricht, die wir sangen, gehörten immer noch: „Es krähte drüben ein frecher Hahn, er krähte nur immer Rache ..." und „Sie sollen ihn nicht haben, den freien deutschen Rhein, ob sie wie gier'ge Raben sich heiser danach schrein ..." Die Bevölkerung Frankreichs, so lernten wir, sei völlig degeneriert, dort bekämen die Frauen nur noch zwei Kinder, und „der Franzose" sei ein miserabler Soldat. England war ein für allemal das „perfide Albion", und Sprüche wie „Jeder Schuß ein Russ', jeder Stoß ein Franzos'" wurden überall mit entsprechenden Bildern auf Postkarten verkauft, in der Turnstunde führte man militärische Kommandos ein. Aber von Monat zu Monat wurde das Brot knapper und schlechter, und wir liefen auf Holzsohlen.
Die Stadt Potsdam hatte ihr Aussehen verändert. Nach wie vor beherrschte zwar Militär das Bild, aber die Gesichter waren ernster geworden, die jetzt in den feldgrauen Uniformen steckten. Auf das Erlernen des Stechschritts wurde nun weniger Wert gelegt, doch immer noch verfügten die Unteroffiziere und Feldwebel im Lustgarten über das gleiche Vokabularium an Flüchen und Schimpfworten.
Aus dem Schützengraben am Brauhausberg klangen schon lange weder Schüsse noch Musik. Haus und Garten hatte man in ein Lazarett verwandelt, und über die Mauer blickten die verwundeten Soldaten in blau-weiß gestreiften Kitteln und machten meiner hübschen Schwester Babette verliebte Augen.

In der Jugendbewegung

Ich war gerade 14 Jahre alt geworden und ging noch immer mit Hängezöpfen und kurzen Röcken. Erst in dieser Zeit begann die Kritik der Geschwister an meinen Schönheitsfehlern zu wirken. Wenn ich es nicht gerade vergaß, bemühte ich mich nun, die Füße beim Gehen auswärts zu setzen, und versuchte, nach heimlicher, aber aufmerksamer Betrachtung im Spiegel, meine häßliche Kartoffelnase zu verschönern. Dazu klemmte ich mir eine Haarnadel der

Mutter über die Nasenspitze, in der Hoffnung, daß sie dadurch die ersehnte klassische Form bekomme. Der Erfolg blieb aus, sie wurde nur glänzend, rot und noch dicker, und ich gab alle Bemühungen auf. Aber eines Abends vor dem Schlafengehen zog ich den hellroten Sweater über den Kopf und erblickte dabei zufällig das farbig umrahmte Gesicht im Spiegel. Mit einemmal schien es mir nicht mehr ganz so abstoßend zu sein, und bei näherer Betrachtung gefiel ich mir sogar. Diese überraschende und tröstliche Feststellung führte dazu, daß ich sicherer wurde und meine übermäßige Schüchternheit verlor.

Sonst hätte ich es auch nie gewagt, die merkwürdigen Mädchen und jungen Männer anzusprechen, die sich an einem Spätnachmittag im Dezember auf dem Schützenplatz am Fuße des Brauhausberges versammelten. Ein ganzer Schwarm von Kindern stand neugierig um sie herum. Sie trugen alle, auch die Mädchen, Lodenmäntel und genagelte Stiefel, hatten weder Hüte noch Mützen auf, und einige der jungen Männer gingen sogar in kurzen Hosen wie die Kinder. Einer klimperte auf einer Gitarre, an der buntbestickte Bänder flatterten, und wieder ein anderer hielt einen Speer geschultert, dessen Spitze mit einem grünen Wimpel verziert war. Sie benahmen sich sehr laut, als gehöre ihnen die Straße ganz allein, als seien sie Mittelpunkt, etwas anderes und besseres als die übrigen Menschen. Neuankömmlinge wurden mit einem schallenden „Heil!" begrüßt, und obgleich ich mich eigentlich für sie, für ihr merkwürdiges Benehmen schämte, wirkten sie doch so faszinierend, daß ich an eines der Mädchen herantrat und fragte, was denn das alles zu bedeuten habe. Sie antwortete irgend etwas von „Wintersonnenwende am Teufelssee" und von einem Feuer, das dort abgebrannt werde. Als ich dann noch wissen wollte, ob ich mitgehen dürfe, meinte sie sehr freundlich, daß das selbstverständlich sei, aber es werde sehr spät mit dem Heimkommen werden. Ohne zu Hause Bescheid zu sagen, ohne mir auch nur irgendwelchen Gedanken darüber zu machen, marschierte ich wenige Minuten später nach dem Takt eines mir bis dahin unbekannten Liedes durch den dunklen Potsdamer Wald...So wurde ich Mitglied der Ortsgruppe Potsdam des „Alt Wandervogel".

Zu Beginn wurde ich wohl nur von der Naturschwärmerei angezogen und von der Lust des jungen Menschen am gemeinsamen Erlebnis, bald spürte ich jedoch, ohne es noch richtig zu erfassen, daß es um Entscheidenderes ging als nur um Wandern und Lagerfeuerromantik. Soweit diese Verbände überhaupt ein klares Programm besaßen, war einer ihrer wesentlichen Punkte der Kampf gegen die erstarrten Formen der bürgerlichen Gesellschaft und gegen das Diktat der Erwachsenen in Schule und Elternhaus. Diese Jugend hatte zwar den gesunden Trieb, das satte Bürgertum aufzurütteln; aber auf der Suche nach Vorbildern knüpfte sie nicht etwa an die bürgerliche Revolution von 1848 an, sondern an die Freiheitskriege von 1813 und berauschte sich am nationalen Pathos dieser völkischen Erhebung. Mit dem Ausbruch des ersten Weltkrieges erlebte die Freideutsche Jugend als Organisation den ersten entscheidenden Rückschlag. Ihre Führer meldeten sich in hellen Scharen als Freiwillige und fielen fast alle schon in den ersten Schlachten. Im Laufe des Krieges sollten sich die ursprünglichen Ideale dieser Jugend sehr wandeln. 1915 betonte man noch beim Potsdamer Wandervogel, daß man nichts, aber auch gar nichts mit Politik zu schaffen habe, 1917/18 sah dagegen die Situation schon wesentlich anders aus. 1915 kämpfte man noch nicht für politische oder soziale Freiheiten, da lautete die Losung: „Innere Wahrhaftigkeit und äußere Reinheit".

Dieser Kampf nahm die seltsamsten Formen an. Man versuchte vor allem, sich in Gebaren, Sprache und Aussehen von allen anderen Menschen zu unterscheiden. Selbstverständlich duzte man sich, schüttelte sich bei jeder Begrüßung, nach tiefem Blick in die Augen, mit solchem Nachdruck die Hände, daß die Gelenke krachten, und ließ nach Möglichkeit alle bürgerlichen Höflichkeitsformen beiseite. Man zog laut singend durch die Straßen, tanzte auf den Plätzen und übernachtete im Walde oder in Scheunen. Auch einen eigenen Jargon hatte man sich zugelegt. Ein guter Wandervogel war „zünftig", auf „Fahrt" wanderte man nicht, sondern man „klotzte", tat man das im Übermaß, so „fraß man Kilometer". Die Wanderkleidung hieß „Kluft", und das Heim der Ortsgruppe war ein „Nest". Moderne Tänze und Schlager waren streng verpönt. Man hielt sie für unvereinbar mit dem Geist der Jugendbewegung, der in der Tat in seinen wesentlichen Aspekten völkisch-romantisch war. So bleibt denn auch die Renaissance des Volkstanzes und vor allem des Volksliedes, die kurz vor dem ersten Weltkrieg einsetzte, für immer mit der Jugendbewegung verbunden. Besaßen wir eine Art Kollektivbibel, die sich aus den Werken der Löns, Blüher, Walter

Flex und Max Jungnickel zusammensetzte, so übernahm der „Zupfgeigenhansel“ des Heidelbergers Hans Breuer die Rolle des offiziellen Gesangbuches. Wir waren jung und begriffen nicht, daß man begann, mit einer falsch verstandenen, romantisierten altdeutschen Tradition Schindluder zu treiben. Die kunstgepunzte, handgewebte Qualität der Jugendbewegungskultur entging uns zunächst, weil wir den Wald vor lauter Idealen nicht sahen. Wir sangen, wanderten, sprangen über Sonnwendfeuer hinweg, und es dauerte auch bei mir geraume Zeit, bis ich aus den Scheiten dieser Feuer noch einen anderen, weniger würzig duftenden Rauch aufsteigen fühlte, den Qualm eines deutschtümelnden Mystizismus, der die im echten Sinne fördernde Zukunftswirkung der Jugendbewegung in der Wurzel zerstörte, der sie in mancher Hinsicht zur Vorläuferin einer späteren Bewegung werden ließ, die skrupellos ihr Vokabular und ihrer verschwommenen Ideale übernahm, um die deutsche Jugend nicht etwa zu befreien, sondern zu vernichten.
Zum Programm der Bewegung gehörte selbstverständlich auch, daß der Körper den Weg zurück zur Natur fand. Wir waren verpflichtet, „natürlich zu leben“, und kleideten uns dementsprechend. Kein Wandervogelmädchen durfte sich mehr in Korsett und Stökkelschuhe zwängen oder vielleicht gar die Haare künstlich wellen. Man kostümierte sich auf griechisch, trug farbige Holzperlenketten um den Hals und flache Sandalen, sogenannte „Jesuslatschen“, an den Füßen. Die Jünglinge ließen die Haare so lang wie nur möglich flattern und ersetzten den bürgerlichen Männeranzug durch bunte Kittel und kurze Hosen. Man verschwendete viele Gedanken an das Problem einer naturgemäßen Kost; es schieden sich die Geister an roh oder gekocht, an fleischlos oder gemischt! Ganze Gruppen wurden Mazdaznan-Anhänger und gaben sich dieser Ernährungs- und Reinlichkeitsreligion hin. Zur Körperanbetung gehörte auch die Nacktkultur, und wo es sich nur irgend einrichten ließ, frönte man ihr. Einmal machte eine Gruppe Mädchen des Potsdamer Wandervogel im Winter eine „Fahrt“, und wir kamen, als es bereits dunkelte, an einen See, der eine dünne Eisdecke trug. Das brachte uns auf den Gedanken, daß wir jetzt Gelegenheit hatten, zu beweisen, wie fern wir bereits aller anerzogenen Zimperlichkeit waren. Wir brauchten uns nur in das eisige Wasser stürzen. Und das taten wir. Unser Ruhm ließ die Ortsgruppe der Jungen nicht ruhen, bis sie am nächsten Tag ebenfalls in den See gesprungen waren.

Zu den Malern, die bei den Wandervögeln in hohem Ansehen standen, gehörte Fidus. Besonders beliebt war sein „Lichtgebet“, ein Gemälde, auf dem in einer heroischen Berglandschaft die nackte Idealgestalt eines Jünglings steht, der mit ausgebreiteten Armen die eben aufgehende Sonne anbetet. Fidus hatte sich in seinen Werken auf den germanischen Übermenschen spezialisiert. Unsere Ortsgruppe beschloß, den verehrten Meister zu besuchen. Er bewohnte eine Villa in der Nähe von Berlin. Wie groß war aber unsere Enttäuschung, als der Schöpfer dieser Heldengestalt sich als ein kleines, wenig imposantes Männchen entpuppte, das uns durch sein raffiniert ausgestattetes Atelier führte, in dem statt der erwarteten kristallklaren Bergluft eine erotisch schwüle Atmosphäre herrschte. Wir gingen mit einem Ideal weniger nach Hause.
Natürlich erfuhr mein Vater sehr bald von unseren „Wandervogelverrückheiten“, denn inzwischen gehörten auch meine beiden Schwestern zur Jugendbewegung. Es kostete jedesmal lange Kämpfe, bevor er uns die Erlaubnis gab, an einer Wanderung teilzunehmen, die länger als einen Tag dauerte. Übrigens leisteten die Väter der anderen Mädchen den gleichen Widerstand. Während mich früher jeder Zusammenstoß mit dem Vater schwer bedrückt hatte, fühlte ich mich jetzt durch die Auseinandersetzungen in meiner eigenen Persönlichkeit bestätigt. Wenn alles glatt und ohne Protest gegangen wäre, hätte uns ja die Möglichkeit zum Kampf gefehlt, und das war doch unsere Aufgabe. Schmerzlich blieb allein die Tatsache, daß unter diesen Reibungen meine Mutter zu leiden hatte, die nach der Meinung des Vaters als geistige Urheberin unserer „Entartung“ für alles die Verantwortung trug.
Im Alt Wandervogel hatten Mädchen und Jungen getrennte Ortsgruppen. Gewöhnlich wanderte man nicht zusammen, veranstaltete nur gemeinsam Bundestage, Gautage, Sonnwendfeiern und traf sich gelegentlich zu den „Nestabenden“. Erst gegen Ende des Krieges unternahmen wir auch in Potsdam „gemischte Fahrten“ und begannen, über das Sexualproblem zu diskutieren.
Wir studierten zunächst sorgfältig aufklärende Literatur und verfügten in kurzer Zeit über erhebliche, wenn auch nur theoretische Erfahrungen. Bald aber hörten wir, vor allem aus Berlin, von der Pflicht der Jugend, für fortschrittliche Sexualmoral zu kämpfen. Man sagte uns zum Beispiel, daß Schluß gemacht werden müsse mit den bürgerlichen Manieren des Flirtens und der Koketterie,

mit den Halbheiten in der Liebe, und daß es verächtlich sei, wenn ein Mädchen der Jugendbewegung vor den letzten Konsequenzen in einer Liebesbeziehung zurückschrecke. Durch ein solches Verhalten treibe sie nämlich „unsere Jungen“ nur in die Arme der Prostitution. Selbstverständlich waren wir fest entschlossen, der „verlogenen bürgerlichen Gesellschaft“ die Stirn zu bieten. Wir glaubten, alle diese Probleme ohne Kompromisse meistern zu können und ahnten nicht, wie fassungslos wir vor der brutalen Wirklichkeit stehen und wie schnell wir kapitulieren würden.

Nach dem Kriege wurden in der Kommunistischen Bewegung die gleichen „neuen Wege der Liebe“ nicht nur ausgiebig diskutiert, sondern auch in Wirklichkeit beschritten; übrigens nur sehr selten von Arbeitern, hauptsächlich von ihren bürgerlichen Anhängern. Viele Kommunisten lehnten die vom Staat sanktionierte Ehe ab, waren der Meinung, daß eine Liebesbeziehung auf der privaten Abmachung der beiden Partner beruhen müsse, und hielten ein Zusammenleben von Mann und Frau ohne wirkliche Liebe für schändlicher als Prostitution.

In der Jugendortsgruppe Potsdam gab es einige, die sich stolz „Antifeministen“ nannten und behaupteten, daß die Freideutschen ursprünglich ein „Männerbund“ gewesen seien, das brauche man ja nur beim Chronisten und einem der Schöpfer der Jugendbewegung, bei Hans Blüher, nachzulesen. Gerade damals hörte ich über diesen „Vater“ der Jugendbewegung eine bezeichnende Geschichte. Er führte so etwas wie eine psychoanalytische Sprechstunde durch, in der er sich die seelischen Beschwerden von Patienten und Patientinnen anhörte. Einmal kam ein Mädchen zu ihm, um sich ihr Herz zu erleichtern. Er hörte sie an, verließ dann das Zimmer, um kurz danach, in einen purpurroten Mantel gehüllt, wieder im Beratungszimmer zu erscheinen. Er trat vor das verblüffte Mädchen, öffnete den Mantel, unter dem er nackt war, und sagte mit Pathos: „Das fehlt dir! Und nichts anderes...“ Ob das Mädchen durch den Anblick geheilt wurde, muß ich bezweifeln, denn sie erzählte später angeekelt: „Dabei war er auch noch klein, häßlich und rothaarig!“

In einer solchen Bewegung mangelt es natürlich nicht an merkwürdigen Typen und Scharlatanen. Erstaunlich ist, welche Anziehungskraft manche dieser Heiligen auf die Jugend ausübten. Zu wirklicher Berühmtheit brachte es Muck Lamberti, dem übrigens

auch wie Fidus und Blüher zwanzig Zentimeter am männlichen Normalmaß fehlten. Er wanderte von Stadt zu Stadt, und wo er auch auftauchte, strömten ihm die jungen Menschen zu. Er verstand es, auf den Marktplätzen oder auf den Wiesen vor der Stadt eine wahre Volkstanzpsychose auszulösen. Ich erlebte seine faszinierende Wirkung auf die steifen Potsdamer, als er sie im Lustgarten und anschließend sogar im Park von Sanssouci zum Tanzen brachte, so daß die ehrwürdigen Parkwächter mit Gesichtern, als sei der Weltuntergang nahe, resigniert und schweigend beiseite standen. Immer war Muck Lamberti in Gesellschaft sehr schöner Frauen, die mit ihm durch die Lande zogen. Es ging das Gerücht, daß er sich auserkoren fühle, mit einem Mädchen den Messias zu zeugen. Nur schien ihm nicht vorher gesagt worden zu sein, mit welcher Frau — was die Sache natürlich besonders reizvoll machte. Bekannt wurde nur, daß er sich dieser hehren Aufgabe ausgiebig widmete, denn man erzählte sich Wunderdinge über die Schar seiner unehelichen Kinder. Als seine Anziehungskraft auf die Jugend erlahmte, zog er sich auf die Leuchtenburg zurück und ging seinem eigentlichen Beruf nach. Er drechselte wieder Teller und Schalen.
Einmal traf ich eine Mutter mit sieben Töchtern, die allesamt zur Natur zurückgekehrt waren. Sie kleideten sich in wallende Gewänder und ließen ihre langen, aufgelösten Haare im Winde wehen. Die Mutter und die älteren Töchter trugen um den Hals ein Band, an dem eine Haselnuß hing, als Symbol der Fruchtbarkeit. In der warmen Jahreszeit pflegte diese Familie von Ort zu Ort zu pilgern und sich ihre Originalität durch Kost und Unterkunft bei den Anhängern der Jugendbewegung bezahlen zu lassen. Auf diese Weise lebten sie wie die Lilien auf dem Felde.
Im letzten Kriegsjahr begann die Politisierung der bürgerlichen Jugendbewegung auch bis nach Potsdam vorzudringen. Den ersten politisch-weltanschaulichen Zusammenstoß erlebte ich bei einem „Nestabend“, auf dem einer unserer Jungen, der aller Wahrscheinlichkeit nach von seinem alldeutschen Vater vorgeschickt worden war, einen Vortrag über die „alten Germanen“ hielt. Wir, die wir das Glück hätten, Nachkommen dieser Herrenrasse zu sein, hätten in der Jugendbewegung die Pflicht, gegen alles Artfremde zu Felde zu ziehen. Ohne noch klar zu sehen, wohin eine solche Argumentation zielte, genügten mir allein die „alten Germanen“, um diesen Vortrag abzulehnen und zu attackieren. Allerdings mit den

noch sehr naiven Argumenten: „Was gehen uns die alten Germanen an? Wir sollten uns lieber darum kümmern, was heutzutage in Deutschland geschieht ..." Zum erstenmal im Leben hatte ich in eine politische Diskussion eingegriffen.
Im Sommer 1918 aber hatte ich ein Erlebnis, das für meine weitere politische Entwicklung entscheidend wurde. Wir feierten an jedem 23. Juni die Sommersonnenwende und ließen uns auch durch den Krieg nicht in unseren Bräuchen stören. Zwar gab es in diesem Sommer 1918 in unserer Mitte kaum noch junge Männer, die älter waren als sechzehn, da man gerade die Siebzehnjährigen zum Militär geholt hatte. Aber einige Urlauber waren unter uns. Während aus dem Holzstoß auf der Wiese die ersten Flammen schlugen und alle im großen Kreis um das Feuer standen, begannen wir wie üblich mit dem Lied: „Flamme empor!" Kaum aber war der erste Vers zu Ende, da sprach ein Soldat in schäbiger Uniform in den Kreis, dicht zum Feuer hin, so daß alle ihn sehen konnten, und rief mit durchdringender Stimme: „Hört auf mit diesem Lied! Wißt ihr denn eigentlich, was ihr da singt, daß ihr damit zu weiterem Morden auffordert?!" Alle standen unbeweglich und blickten sprachlos auf den erregten Mann. Wir begriffen nicht, was er wollte. Endlich fragte einer gereizt zurück: „Was sollen wir denn dann singen, wenn dir ‚Flamme empor' nicht paßt!" und erhielt vom Soldaten die Antwort: „Singt: ‚Die Gedanken sind frei...'" Unwillig, und nur dem Urlauber zu Gefallen, stimmten wir das neue Lied an.
Die Feier nahm ihren Fortgang. Man tanzte zwar wie sonst mit dem Johannislied ums Feuer und begann, als es dann niedriger brannte, mit dem Hauptspaß, einzeln oder paarweise über die Glut zu springen, aber der Soldat hatte die rechte Stimmung verdorben. Als die Glut erloschen war, saßen wir neben dem Feldgrauen auf der Wiese und machten ihm Vorwürfe, daß er unser Fest gestört habe. Doch da kamen wir an die falsche Adresse. Er beschimpfte uns als leichtsinnig und gedankenlos, daß wir, während Tausende junger Männer an den Fronten in einen sinnlosen Tod getrieben würden, immer weiter die alten, nationalistischen Hetzlieder sängen. Dann examinierte er uns, was wir denn eigentlich für Bücher in den „Nestabenden" läsen. Als er die Namen wie Walter Flex und Hermann Löns hörte, meinte er, daß ihn nun nichts mehr wundere, und versprach, uns andere, interessantere Literatur zu

schicken. Einige Tage später kam an meine Adresse das Buch „Die Frau und der Sozialismus“ von August Bebel. Ich las, ohne aufzuhören, konnte aber die neuen erregenden Erkenntnisse nicht bei mir behalten, sondern begann, in den „Nestabenden“ daraus vorzulesen. Bald wußte bereits ein Vater von unserer staatsgefährdenden Lektüre und verbot nicht nur seinen Kindern ein für allemal die Teilnahme am Wandervogel, sondern gab eine Meldung an die Schule weiter. Da sich das aber in den letzten Monaten des Krieges abspielte, erfolgte nichts anderes als die Auflösung des „Eltern- und Freundesrates“ unserer Ortsgruppe und die Austrittserklärung einer Reihe von Mädchen.

Auf einer „Fahrt“ durch die Wälder nicht weit von Potsdam hatten wir vier Mädchen uns eine idyllische Wiese ausgesucht, um dort zu lagern, und trafen die Vorbereitungen zum Abkochen. Eine wurde ausgeschickt, um Holz zu sammeln, und lief in die naheliegende Schonung. Nach wenigen Minuten kam sie atemlos und ganz blaß zurückgestürzt und deutete entsetzt auf den Wald: „Um Gottes willen, da drinnen liegt ein Toter!“ Wir berieten aufgeregt, was man tun müsse, und beschlossen, gemeinsam zu der Leiche zu gehen. Mit Herzklopfen betraten wir die Schonung und liefen in der angezeigten Richtung. Da stand plötzlich ein Vagabund vor uns und zischte wutentbrannt: „Was sucht ihr hier? Macht, daß ihr wegkommt!“ Wir stammelten völlig außer uns etwas von einer Leiche und Holz zum Abkochen, aber er fiel uns ins Wort: „Redet keinen Quatsch! Hat sich was, Leiche! Mit eurem Krach habt ihr mich aufgeweckt. Kann man denn auch nirgends seine Ruhe finden?!“ Wir entschuldigten uns und hatten nur den einen Gedanken, so schnell wie möglich von diesem unheimlichen Mann fortzukommen. Sah er nicht genauso aus, wie ich mir einen Mörder vorstellte? Wir machten kehrt und eilten schweigend zur Wiese zurück, rafften unsere Sachen zusammen, um schnell das Weite zu suchen. Aber schon trat der Unmensch auf die Lichtung heraus und kam gerade auf uns zu. Wir rührten uns nicht. „Habt ihr was zu essen?“ Wir nickten, und in nervöser Hast öffneten wir die Rucksäcke, als ginge es um unser Leben. „Soll es Brot sein? Wollen Sie auch Haferflokken haben?“ — „Ganz gleich was ihr mir geben wollt. Ich habe Hunger...“ Ich kniete vor meinem Rucksack und wühlte alles Eßbares heraus. Schon etwas ruhiger sah ich ihm ins Gesicht. Vielleicht ist er doch kein Verbrecher? In diesem schrecklichen Bart und

den zerwühlten Haaren saßen ganz menschliche Augen. Aber die verdreckten Kleider und die schmutzigen Hände mit den schwarzen Nägeln? Was tut er hier in diesem Wald? Da fiel mein Blick auf seine Schuhe ... Knobelbecher! Ein Soldat? Da wußte ich, ohne es wirklich zu wissen, was es mit ihm für eine Bewandtnis hatte. Man flüsterte in Potsdam schon seit längerer Zeit von Deserteuren, die sich im Walde versteckt hielten... Wie entsetzlich, wenn sie ihn nur nicht erwischten! Eine von uns legte noch ihren Kunsthonig zum übrigen. Er preßte alles gegen seine Brust. „Schönen Dank, das ist nett von euch", und wandte sich zum Gehen.
Als er schon eine ganze Weile hinter den jungen Kiefern verschwunden war, hockten wir immer noch neben unseren Rucksäcken, unfähig, sie wieder zuzuschnüren. „Wir hätten ihm alles dalassen sollen, auch die Streichhölzer..." Dann nahmen wir uns das Versprechen ab, mit niemanden über dieses Erlebnis zu reden.
Fritz gehörte zur Wandervogelgruppe Nowawes und war der Liebling der Mädchen. Er wußte sicher ganz genau, wie gut ihm bei seinen schwarzen Haaren und dunklen Augen die weißseidene Primanermütze zu Gesicht stand. Ich war wütend über mich selbst, daß ich es nicht lassen konnte, nach ihm hinzusehen. Aber dann kam er jeden Nachmittag zu uns nach Hause. Nicht etwa zu mir, sondern zu meiner Schwester Babette, die ihm Nachhilfestunden in Mathematik gegen solche in Latein austauschte. Immer war ich wie zufällig in der Nähe des Vorzimmers, wenn er klingelte, um ihm die Tür zu öffnen. Plötzlich hatte ich die Kinderzöpfe mit dem Scheitel in der Mitte satt und band mir die Haare mit einer großen schwarzen Seidenschleife im Nacken hoch. So trugen es zwar nur die verachteten Backfische, aber ich wollte eben mit aller Gewalt erwachsen sein. Natürlich wußte ich sehr wohl, daß Fritz für Babette schwärmte. Das taten sie alle, sogar die Lehrer im Lyzeum. Immer mehr Feldpostbriefe und -karten kamen an ihre Adresse. Einmal hatte während der Nacht einer ihrer Anbeter unsere Gartentür in eine Blumenwand verwandelt. Aber der erste, der diesen Gruß entdeckte, war leider nicht Babette, sondern mein Vater, der nicht das geringste Verständnis für solche Huldigungen aufbrachte.
Obgleich ich also wußte, daß diese Besuche nicht mir galten, verschwendete ich viel Überlegung an das Zeremoniell des täglichen Türöffnens. Ich überlegte mir vorher genau, wie sich alles abspielen

sollte, vor allem, was ich sagen wollte. Aber immer ging es schief, und ich vergaß vor lauter Verlegenheit sogar, „Guten Tag“ zu sagen. Aber auch er war seltsam förmlich und benahm sich ganz anders als auf den Nestabenden und beim Volkstanz. Als er mich dann eines Tages fragte, ob ich Zeit und Lust hätte, einmal mit ihm spazierenzugehen, machte er sogar eine richtige Verbeugung, wodurch meine ohnehin mangelhafte Fassung vollends erschüttert wurde. „Ja“, muß ich wohl geantwortet haben. Wenn er nur gewußt hätte, wieviel Zeit und noch mehr Lust ich hatte, mit ihm zusammenzusein! Ich war verliebt. Wir entschieden uns für eine Promenade durch den Park von Sanssouci. Während des ganzen Weges klang sein „Du“ gezierter als das „Gnädige Fräulein“ in einer vollendeten Tanzstundenunterhaltung; wir bewegten uns wie auf Stelzen. Weggeblasen war alle burschikose Kamaradie, die wir in der Jugendbewegung pflegten. Vor dem Ernst des Verliebtseins versagte diese forcierte Natürlichkeit.

Mit diesem Tage begannen wir eine Art Doppelleben. Trafen wir uns im Wandervogel, so spielten wir heitere Unbefangenheit und genossen es, ganz natürlich zueinander sein zu können. Dort fanden wir im unverfänglichen Gespräch die richtigen Worte und ruhten uns dabei in der Gegenwart der anderen aus. Trafen wir uns aber als Verliebte, um nebeneinander durch den Wald zu gehen, konnten wir nur noch stammeln, wagten nicht, uns auch nur an den Händen zu berühren, und sprachen nie von Liebe, weil uns die Worte dafür fehlten. Wir waren erst fünfzehn und sechzehn Jahre alt. Es dauerte länger als ein Jahr, bis wir uns den ersten Kuß gaben. Während der gleichen Zeit aber gebärdeten wir uns als ganz besonders aufgeklärte und aktive Vorkämpfer für die proklamierte neue Liebesmoral. Wir waren die ersten, die gemeinsam die „Sexuelle Frage“ Forels studiert hatten, und wir hielten uns für so aufgeklärt, wie man es überhaupt nur sein konnte. Doch blieb das alles Theorie. Wir wanderten gemeinsam, schliefen nebeneinander in den Scheunen, ja, sogar manchmal irgendwo in einer Schonung zu zweit in einem Schlafsack, doch unsere Liebesbezeigungen beschränkten sich lediglich auf das Küssen, wenn wir auch gleichzeitig predigten, daß es unmoralisch sei, in einer Liebesbeziehung vor der letzten Konsequenz zurückzuschrecken. Das ging zwei seltsam glückliche Jahre lang so, mit romantischen Wanderungen, kindlichen Zärtlichkeiten und Liebesgedichten.

Als die Osterferien 1920 zu Ende gingen, kamen wir beide von einer zehntägigen Wanderung zurück. Auf dem Heimweg lud mich Fritz ein, seine Mutter in Nowawes, einem Vorort von Potsdam, zu besuchen. Der Vater lebte schon einige Jahre nicht mehr. Es war niemand zu Hause, als wir die Wohnung betraten. Noch ganz unbefangen gingen wir hinein. Da lag ein Brief der Mutter, daß sie für einige Tage verreist sei ... Diese Nachricht brachte uns ganz aus der Fassung. Denn nun hatten wir ja das erstemal die Möglichkeit, allein, auch während der Nacht, in einer abgeschlossenen Wohnung zu sein! Am liebsten wäre ich sofort weggelaufen. Aber das durfte ich nicht. Es wäre spießbürgerlich, ja geradezu unmoralisch gewesen. Der Zettel der Mutter war für uns wie ein Urteil, dem man sich widerstandslos zu beugen hatte. Aber es half uns keine „fortschrittliche Sexualmoral" und keine theoretische Vorbildung. In dieser Nacht, in dem gutbürgerlichen Schlafzimmer mit den Muschelbetten, zerstörten wir unsere Jugendfreundschaft. Wir waren noch nicht reif zum Lieben.

Der Krieg ist aus — das Leben beginnt

Der Herbst dieses Jahres brachte den Zusammenbruch der deutschen Fronten, die Novemberrevolution und den Sturz der Hohenzollernmonarchie. Aber so, als sei dies alles nicht geschehen, veranstalteten Potsdamer Regimenter einen offiziellen Einzug der heimkehrenden Truppen. Mit Fahnen und Musik ging es über die Kaiser-Wilhelm-Brücke, vorbei an der Bittschriftenlinde und am Stadtschloß. Treu und fest hielt man zu den alten Traditionen. Was hatten die Potsdamer Militärs schon mit dieser neuen Demokratie zu schaffen, die sich ja ohnehin niemals „durchsetzen" konnte. Im Sommer 1919 traf sich die Freideutsche Jugend auf der Burg Lauenstein zu ihrem Bundestag. Ich glaubte, es war das letzte Treffen dieser Art. Alle Besprechungen fanden im Freien, im großen Schloßhof, statt. Dort stellte es sich heraus, daß diese ehemals so betont unpolitische, diese gefühlsselig-verschwommene Jugend inzwischen eindeutig politische Fronten bezogen hatte. Sie hatte sich in zwei große Parteien gespalten: die „Völkischen", die sich als die eigentlichen Bewahrer der Tradition betrachteten, auf der einen, die sozialistisch, kommunistisch und anarchistisch Gefärbten auf der anderen Seite. Zum ersten Male wurden Referate gehalten, deren Inhalt mit etwas guten Willen als politisch bezeichnet werden konnte. Als jedoch eine Sozialdemokratin im Jargon ihrer Partei eine ausgesprochene politische Ansprache hielt, stieß sie auf erregten Protest von allen Seiten. Hier waren sich „Rechts" und „Links" plötzlich einig, und die beiden feindlichen Gruppen bestanden energisch darauf, frei von jeglichem parteipolitischem Einfluß zu bleiben. Äußerlich hatte sich in der Jugendbewegung wenig verändert. Stärker noch als zuvor schien sich die Vorliebe für Wimpel, Standarten, Abzeichen und seltsame Grußzeremonien auszutoben. So trat etwa eine Gruppe anarchistischer Wandervögel auf, die mit einer großen roten, über und über mit Feldmohn bestickten Fahne paradierten, als Abzeichen eine rote Wanze trugen und einander mit einer kleinen Verbeugung und schräg noch oben gestrecktem Arm begrüßten, fast wie später die Faschisten. Überall auf dem Lauenstein erklang schon damals das fatale „Heil!", wenn auch zur Ehre der Freideutschen gesagt werden muß, daß sie es beileibe nicht einem totalitären Führer zuschrien. Heute sehe ich, in wie hohem Maße sich bald darauf die Nazis des Rituals und des Jargons dieser Bewegung bemächtigt haben. Sogar das Hakenkreuz kam als Symbol auf den Wimpeln einiger völkischer Bünde vor, und ein betont germanischer Delegierter namens Schwaner, ein ehemaliger Lehrer, gab in Berlin-Schlachtensee eine antisemitische Zeitschrift heraus, deren Kopf mit diesem bösen Zeichen geschmückt war. Unter dem wenig ehrenvollen Namen „Dreckschleuder von Schlachtensee" sollte dieser Mann mit seinem Blättchen in die Geschichte eingehen. Die Jugendbewegung bestimmte mich in meiner Berufswahl. Zu unserer neuen Moral gehörte selbstverständlich, daß eine Frau einen Beruf ergriff; es war aber nicht gleichgültig, für welche Tätigkeit sie sich entschied. Der Beruf mußte möglichst sozial, pädagogisch naturnah, am besten aber alles das zusammen sein. So wurden wir Mädchen Lehrerinnen, Fürsorgerinnen, Kindergärtnerinnen, erlernten den Beruf der Gärtnerin; viele brachen ganz mit ihrem bisherigen Leben und wurden Mitglieder einer der Reformsiedlungen, die in allen Gegenden Deutschlands wie Pilze aus der Erde schossen. In den Augen dieser Jugend galt es beinahe als verächtlich, eine Handelsschule zu besuchen und Stenotypistin oder Buchhalterin zu werden. Solchen Berufen fehlte eben jenes sonderbare

Ethos, über dessen wirkliche Beschaffenheit man sich nie recht im klaren war, das man aber unnachgiebig forderte. Die Jugendbewegung wollte sich ja nicht damit begnügen, daß der Mensch ihr die Jahre seiner Jugend widmete. Sie verlangte, daß man die Ideale uneingeschränkt mit hinausnahm in das Leben und den Beruf des Erwachsenen. Bei zahlreichen jungen Menschen hatte sie allerdings so stark Anschauung, Charakter und äußeres Gehabe geprägt, daß es ihnen schwerfiel, diese infantile Verpuppung abzuwerfen und in das freie, überlegenere Dasein wahrhaft Erwachsener einzutreten.
Also wählte ich, wie das ungeschriebene Gesetz es befahl, den Beruf der Kindergärtnerin und begann meine Ausbildungszeit im Jahre 1919 im Pestalozzi-Fröbel-Haus in Berlin-Schöneberg. Ein neues, mir bis dahin unbekanntes geistiges Leben entfaltete sich in Berlin vor meinen Augen. In der großen Kunstausstellung im Kronprinzenpalais sah ich zum erstenmal die Bilder der Expressionisten. Ich hörte von Herwarth Walden und den „Sturm" und nahm bald, so oft ich nur konnte, an den „Sturm"abenden in der Potsdamer Straße teil. Dort spielte Walden, dieser unerschrockene Vorkämpfer der neuen Kunst, der eigentlich Musiker und Komponist war, die Werke der jungen Musiker, und ich lauschte, zunächst verwirrt und ohne allzuviel Verständnis, hörte mich später aber immer mehr in die neue Musik ein. Dort erlebte ich Rudolf Blümners unvergeßliche Rezitationen der Gedichte August Stramms. Dort sah ich die erregendsten Ausstellungen der modernen Maler und kehrte in meiner Begeisterung mit immer neuen Reproduktionen nach Potsdam zurück. Mit den Bildern von Chagall, von Franz Marc schmückte ich mein Zimmer. Bis ich eines Abends nach Hause zurückkehrte und vor den nackten Wänden stand. Ich begriff erst nicht, was geschehen war, aber als ich in der Küche alle Bilder meiner geliebten Expressionisten zu kleinen Fetzen zerrissen im Kohlenkasten fand, wußte ich, daß sich die seit Jahren aufgestaute Wut meines Vaters Luft gemacht hatte. Zuerst war ich empört, aber die Entfremdung war schon zu weit fortgeschritten. Ich konnte ihn nicht mehr ernst nehmen, und als ich lachend diese Geschichte meinen Schwestern erzählte, nannten wir unseren Vater von da ab den „Bilderstürmer".
Durch meine Berufsausbildung änderte sich der Rhythmus meiner Tage. Mir blieb nur wenig freie Zeit, um den engen Kontakt mit der Natur aufrechtzuerhalten, wie wir das als Jugendbewegte

wünschten. Jeden Morgen um sieben Uhr fuhr ich nach Berlin, und erst abends kam ich müde von dort zurück. Aber der Wunsch nach „Körperkultur" brachte mich und ein paar meiner Freundinnen auf den Gedanken, ganz früh mit der Sonne aufzustehen, um ungestört, „bevor noch die Spießbürger ihren Tag begannen", irgendwo in der Umgebung Potsdams nackt zu baden. Besonders geeignet fanden wir die Uferwiesen an der Nuthe, einem Nebenfluß der Havel. Ganz in der Nähe unseres Badeplatzes führte die Eisenbahnbrücke der sogenannten Kanonenbahn über den Fluß, auf der während des Krieges Truppen und Material an die Front geschafft worden waren. Jetzt aber lag die Strecke still. Ganz dem Genuß von Wasser, Luft und Sonne hingegeben, beachteten wir nicht, daß sich plötzlich ein Zug, der erste nach beinahe einem Jahr, der Brücke näherte. Wir bemerkten ihn erst, als er sie mit donnerndem Getöse erreicht hatte. Unsere Kleider lagen einen Kilometer weit stromabwärts, also konnte uns Nackte nur ein Sprung ins Wasser retten, damit wir schwimmend so schnell wie möglich entflohen. Als wir aber einen Blick auf den seltsamen, ganz langsam fahrenden Zug warfen, vergaßen wir Nacktsein und Scham und versuchten, gegen die Strömung anschwimmend, auf der Höhe der Brücke zu bleiben. Aus allen Waggontüren hingen Trauben von Männern in zerschlissenen Uniformen. Sie brüllten, lachten und winkten mit roten Tüchern. Der endlos lange Güterzug war über und über geschmückt mit Birkenzweigen und roten Fahnen, und Kreideaufschriften bedeckten die Wände; die Lieder der Soldaten waren so mitreißend, daß wir drei im Wasser davon erfaßt wurden und ihnen zuriefen, winkten und lachten. So festlich fuhren die russischen Kriegsgefangenen, bald ein Jahr nach dem Waffenstillstand, in ihr befreites Vaterland zurück. Ihre enthusiastischen Lieder und das Fahnenschwenken galten dem Sieg der Oktoberrevolution. Wir waren tief ergriffen und beneideten sie um ihr Glück.
Zu meiner Ausbildung gehörte natürlich nicht nur der theoretische Unterricht im Seminar, ich hatte auch praktisch zu arbeiten und begann damit im Städtischen Kinderhort Schönebergs, wo man mir die Aufgabe zuwies, sechs- bis vierzehnjährige Kinder jeden Morgen zu wecken und dafür zu sorgen, daß sie zur Schule gingen. Es waren häufig Jugendliche, die bereits unter der Kontrolle einer städtischen Vormundschaftsbehörde standen, weil sie systematisch sich herumtrieben und die Schule schwänzten. In den Fa-

milien dieser Kinder fehlte gewöhnlich der Vater, die Mutter ging schon im Morgengrauen zur Arbeit, und sie blieben den ganzen Tag sich selbst überlassen. Was ich bei meinem morgendlichen Besuchen in solchen Haushalten an Verwahrlosung und Elend zu sehen bekam, war für mich eine neue erschütternde Erfahrung. Nicht einmal ein eigenes Bett besaßen die Kinder. Das Zimmer, in dem sie den Tag begannen, war ungeheizt, unaufgeräumt, kein Frühstück für sie vorbereitet, alles war grau, feindselig und lieblos. Wer konnte es solchen Kindern verdenken, daß sie sich anderswo für diese Vernachlässigung schadlos hielten? So gab es unter unseren Hortkindern Vierzehnjährige, die Nacht für Nacht auf den Rummel gingen, ihre festen Freundinnen hatten und bereits geschlechtskrank waren.

Einmal spielte ich mit zehn dieser großen Jungen im Schöneberger Stadtpark „Räuber und Prinzessin", was sie freilich schrecklich albern und unter ihrer Würde fanden, wie sie sich überhaupt über das Beschäftigungsprogramm des Kinderhortes ständig mokierten. Das Toben im Stadtpark hatte für sie nur den einen Reiz: man konnte den „Grünen", den Parkwächter, ärgern. An diesem Nachmittag waren sie aber besonders abgelenkt und liefen immer wieder zu einer bestimmten Stelle des Parkes. Auf meine Fragen, was es denn dort zu sehen gebe, holte mich endlich einer von ihnen an den Rand eines Platzes, wo Kinder im Sande spielten. Als ich in die Richtung blickte, die sein Arm wies, sah ich bald hinter einem Baum verborgen einen Exhibitionisten stehen. Ich wurde rot und versuchte, die Jungen von dieser Stelle fortzubringen, was mir aber erst nach einiger Anstrengung gelang. Darauf fragte mich einer der Buben mit listigem Augenblinkern: „Frollein, wat wissen Sie eijentlich schon von de Männer?!" Ich versuchte, einer Antwort auszuweichen und das Thema zu wechseln, was die Jungen aber nur noch mehr amüsierte. Darauf meinte einer von ihnen trocken: „Ich jlobe, Sie sind noch gar keen Frollein, Sie sind man bloß'n Meechen!" Damit schlossen sie den Versuch ab, mich sexuell aufzuklären. Aber von da ab waren mir diese erwachsenen Kinder eher noch mehr zugetan als früher. Mein besonderer Freund wurde ein kleiner Kerl, der an offener Knochentuberkulose litt. Für ihn fand sich kein Platz in einem Krankenhaus, und so gefährdete er denn Tag für Tag die übrigen sechzig Kinder unseres „Hortes". Ich war in einer behüteten bürgerlichen Atmosphäre aufgewachsen, und selbst die Ausbruchsversuche, die mich zur Jugendbewegung führten, hatten mich bis dahin mit dem sozialen Problem kaum in Berührung kommen lassen. Erst während meiner Arbeit im Schöneberger Kinderhort begann ich mir Gedanken darüber zu machen. Es wurde mir klar, daß diese Jugendlichen Opfer einer ungesunden Gesellschaftsordnung waren, die sie dazu verurteilte, körperlich und moralisch zugrunde zu gehen. Wenn ich auch die eigentlichen Ursachen dieser Zustände nicht klar hätte nennen können, spürte ich doch, daß da etwas falsch sein mußte. Ich sah die Entwicklung vieler Jungen und Mädchen, die ich zu betreuen hatte, genau vorgezeichnet. Noch als Kinder begingen sie irgendein geringfügiges kriminelles Delikt, landeten in einer der gefürchteten Zwangserziehungsanstalten, um dann mit einundzwanzig Jahren von dort als fertige Verbrecher entlassen zu werden. Ich war noch sehr jung, und ich sah diese Schicksale Tag für Tag. Es war ganz natürlich, daß ich für diese Kinder tiefes Mitleid empfand. Zur gleichen Zeit tobte sich im Berlin jener Tage eine hemmungslose Vergnügungssucht aus, durch die Menschen die quälenden Erinnerungen an den eben beendeten Krieg vergessen wollten. Ich erkannte nun die unüberbrückbare Kluft zwischen furchtbarem Elend und hektischer Verschwendung. Mein Mitleid verwandelte sich in tiefes soziales Schuldbewußtsein. Das war der Beginn meiner Wendung zum Sozialismus. Aber noch hätte ich dieses Gefühl nicht in Worte fassen können, und ich setzte zunächst meinen Weg fort wie bisher, ohne irgendwelche Konsequenzen daraus zu ziehen.

Nach dem Bundestag auf dem Lauenstein hatten mich die Potsdamer Mädchen zu ihrer Ortsgruppenleiterin gewählt. Das war im Sommer 1919. Von einer klaren politischen Überzeugung konnte also damals weder bei mir noch bei den übrigen Mitgliedern des Potsdamer Wandervogel die Rede sein. Nur in der entschiedenen Ablehnung der „Völkischen" fand ich einige Gleichgesinnte. Vielleicht wurden die kommenden Auseinandersetzungen, die dann zur Spaltung unserer Ortsgruppe in eine „bürgerliche" und eine „revolutionäre" Gruppe führten, aus dem unklaren Gefühl heraus geboren, daß sich die Ideen der Freideutschen Jugendbewegung überlebt hatten. Aber vielleicht war es einfach die politisch geladene Atmosphäre jener Jahre, die uns zu diesem Schritt drängte. Diese Spaltung sollte aber für mich nicht sehr rühmlich enden, denn für die „revolutionäre" Seite entschieden sich ganze fünf, auf der

„bürgerlichen" aber blieben 25 Mitglieder. Dieses Resultat entmutigte uns aber keineswegs, und um den anderen, die wir natürlich für Feiglinge hielten, die Stirn zu bieten, zogen wir eines schönen Sonntags mit einem roten Stoff-Fetzen an der Speerspitze durch die ehrwürdigen Straßen Potsdams. Diese eher lächerliche Demonstration trug mir den Spitznamen „Rosa Luxemburg" ein, und ich muß gestehen, ich empfand ihn in jener Zeit, im Jahre 1919, als eine Schmähung. Ich wußte noch nichts von der überragenden Persönlichkeit Rosa Luxemburgs, nichts von ihrem Heldentum; ich wußte über sie nur das, was die deutsche Reaktion, die sie gemordet hatte, über sie verbreitete. Und diese Reaktion hatte sie zu einer finsteren Verbrecherin gestempelt. Erst über ein Jahr später, im Januar 1921, ging ich mit in der Riesendemonstration, die durch ganz Berlin hinaus nach Friedrichsfelde zu den Gräbern Karl Liebknechts und Rosa Luxemburgs marschierte.

Im Pestalozzi-Fröbel-Haus gab es in meiner Klasse zwei Mitglieder der Aktivistischen Jugend Schönebergs. Ich fühlte mich zu diesen beiden Mädchen hingezogen. Von ihnen ging eine ungewöhnliche Überlegenheit aus. Wenn man sie über Politik oder Erziehung sprechen hörte, so hatte man das Gefühl, daß es da kaum ein Problem gäbe, das nicht zu lösen sei. Aus ihren Worten klang immer wieder der feste Glaube, daß die Entwicklung der Menschheit zu einer strahlenden Zukunft einfach nicht aufzuhalten war. Ich könnte nicht einmal sagen, daß sie irgendwelche Versuche unternommen hätten, mich von ihren Ideen zu überzeugen. Ich wurde ganz von selbst ihre Anhängerin. Wie sehr beneidete ich sie, daß sie es fertigbrachten, mit ein paar Worten über die häusliche Misere unserer Hortkinder und über die trostlosen Aussichten dieser Kinder für das Leben hinwegzugehen, um mit der Zauberformel „Verstaatlichung der Erziehung" den Blick von der ausweglosen Gegenwart auf eine problemlose Zukunft zu lenken.

Es war ein Samstagmorgen wie jeder andere. Als ich den Stadtbahnzug von Potsdam nach Schöneberg bestieg, hatte ich noch keine Ahnung, wie tief sich das Datum dieses Tages, den 13. März 1920, mir zukünftig einprägen sollte. Zwar hatte der Zug sehr viel Verspätung, aber das wunderte mich nicht, denn Streiks und Zugverspätungen waren in diesen immer noch turbulenten Jahren an der Tagesordnung. Sie gehörten zum Leben wie Brotkarten, amerikanischer Speck und die Quäkerspeisung. Ich dachte an nichts anderes, als daß heute Samstag war, daß ich also einen freien Nachmittag und einen ganzen herrlichen Sonntag vor mir hatte. Nach Schulschluß hatte ich mich mit Fritz vor der Universität verabredet, wir wollten gemeinsam nach Hause fahren. Als ich glücklich und voller Vorfreude das Pestalozzi-Fröbel-Haus verließ, hörte ich, das Straßenbahnen und Omnibusse den Verkehr eingestellt hatten. So sehr war ich mit mir selber beschäftigt, so wenig noch von „politischem Bewußtsein" erfüllt, daß ich diese Nachricht nur als einen Schlag, den das Schicksal gegen mich persönlich führte, empfand. Was an politischer Bedeutung dahinterstecken mochte, das würdigte ich kaum eines Gedanken.

Wie sollte ich aber zur Universität kommen? Verzweifelt blickte ich um mich, denn mein Rendezvous war mir viel wichtiger als alle politischen Verwicklungen. Das Glück ließ mich eine Pferdedroschke finden. „Wo wollense hin?" fragte der Kutscher mit einem erstaunten Seitenblick. „Unter die Linden? Da werdense wohl jetzt nicht hinkommen!" — „Aber warum denn nicht?" meinte ich verwundert.— „Da ist alles abgesperrt." — „Abgesperrt?! Was ist denn passiert?" Näheres wußte er auch nicht. Seinem Gemurmel entnahm ich nur, daß die Menschen durch den Krieg außer Rand und Band geraten seien.

Wie ich es dann schaffte, auf großen Umwegen doch zum Humboldtdenkmal vor der Universität zu gelangen, weiß ich heute nicht mehr. Aber ich schaffte es und fand Fritz geduldig wartend. Durch ihn erst hörte ich, was geschehen war. Von der wirklichen Tragweite der Ereignisse hatte er ebensowenig eine Vorstellung wie ich. Die Brigade Ehrhardt hatte das Regierungsviertel besetzt, und ihr Kommandeur, der General von Lüttwitz, hatte den ostpreußischen Generallandschaftsdirektor Kapp zum Reichskanzler proklamiert. Vor der Universität war es zu Schlägereien zwischen den Studenten gekommen, und Gerüchte liefen um, daß Ebert und Noske nach Dresden geflohen seien, um von dort aus die Regierungsgeschäfte weiterzuführen. Was sollte das bedeuten? Brigade Ehrhardt? „Hakenkreuz am Stahlhelm ..." Die Melodie war uns nicht unbekannt, und wir mochten sie nicht. General von Lüttwitz? Auch seinen Namen hatten wir gehört, und vage war uns bewußt, daß er ein Feind war. Aber Kapp? Diesen Namen, der da überall auf den großen roten Anschlägen stand, kannten wir nicht. Wir hatten einen neuen Reichskanzler, also mußte eine Art Umsturz stattgefun-

den haben, und dieser Umsturz mußte von rechts gekommen sein. Das war alles, was wir begriffen.
Wir blieben nicht allein. Bald sammelte sich eine Gruppe von Studenten aus Potsdam und Nowawes um uns; wir gingen die Linden hinunter in Richtung Pariser Platz. Alle Seitenstraßen waren mit spanischen Reitern verbarrikadiert, und hinter Maschinengewehren standen kriegsmäßig ausgerüstete Soldaten mit großen schwarzen Hakenkreuzen an den Stahlhelmen. Langsam begriffen wir, wie die Macht beschaffen war, in deren Händen sich die Hauptstadt zu befinden schien.
Als wir am Brandenburger Tor angekommen waren, trauten wir unseren Augen nicht. Zum erstenmal seit der Revolution war die Wache wieder aufgezogen. Es war, als wolle man das „schändliche Zwischenspiel" der Demokratie von einem Augenblick auf den anderen aus der Geschichte auslöschen. Und wie um diese Bemühung noch zu unterstreichen, bot in einem Torbogen ein fliegender Händler Postkarten mit Bildern der kaiserlichen Familie und der gesamten Generalität der wilhelminischen Ära feil. Das war uns doch zuviel. Wir blieben stehen und kommentierten empört die Geschäftstüchtigkeit dieses anpassungsfähigen Lumpen. Aber da sprang ein alter Mann mit langem weißem Bart aus den Reihen der Umstehenden, stellte sich mit ausgebreiteten Armen wie schützend vor die Photographie der wiederauferstandenen Monarchie und hielt mit kreischender Stimme eine flammende Verteidigungsrede. Das Schauspiel war so grotesk, so lächerlich und gleichzeitig so grausig, daß ich ihn wie gebannt anstarrte. Die Greisenstimme überschlug sich quäkend, die Adern an den Schläfen traten hervor, und man hatte das Gefühl, den Alten könne gleich der Schlag treffen. Kein Wort, kein Satz ergab einen Sinn. Es war wie das unartikulierte Gebrüll eines Wahnsinnigen. Neben dem weißen Bart hüpfte eine große schwarzweißrote Kokarde am Rockaufschlag hin und her im Rhythmus der fuchtelnden Arme.
Auf dem Potsdamer Platz, wo wir den Zug nach Hause besteigen wollten, schoben und drängten sich die Menschen. Die meisten von ihnen waren wie auf Verabredung gleich gekleidet. Grüne Joppen, Gamsbärte auf den Hüten, sonnverbrannte, von der Landluft gegerbte Gesichter. Ich hörte ihre Stimmen und wußte plötzlich, woher sie kamen. Die märkischen Gutsbesitzer hatten Morgenluft gewittert und waren mit ihren Inspektoren nach Berlin gekom-

men, um an diesem Tag die Wiederkehr der „guten alten Zeit“ zu erleben. Von allen Seiten stürmten Gesprächsfetzen auf mich ein: „Aufhängen ...!“ „... viel zu rücksichtsvoll! Die Erzberger-Scheidemann-Bande muß ihren eigenen Mist fressen, bis sie daran erstickt ...!“ — „Knapp und Lüttwitz sind zu planlos. Sie hätten Proskriptionslisten vorbereiten sollen. Mit Stumpf und Stiel muß das Regime ausgerottet werden!“ Mir wurde vor Wut übel. Zuerst der furchtbare alte Mann am Brandenburger Tor, und nun diese Masse blutdürstiger Männer! Warum gingen wir nicht in den Bahnhof? Ich wollte nur fort aus dieser Meute. Da sah ich das große Eisengitter, das den Eingang zum Bahnhof versperrte. Aber ich erfuhr erst später, daß der Generalstreik alle Räder stillgelegt hatte, denn wir waren noch nicht bis zum Gitter vorgedrungen, um den Anschlag lesen zu können, als plötzlich von allen Seiten Prügel und wüstes Schimpfen auf uns einhagelten. Einer unserer Freunde aus Nowawes hatte nicht an sich halten können und den siegestrunkenen Junkern zu verstehen gegeben, was er von ihnen hielt. Zum Unglück sah er, der Nichtjude, jüdisch aus, und die wildgewordenen „Reinrassigen“ stürzten über uns her mit dem Gebelfer: „Judenschwein! Schlagt den Judenjungen tot! Die Juden sind an allem schuld!“ Nur mit Mühe, aber ohne schwere Verletzungen gelang es uns, zu entkommen.

Vaterländischer Fanatismus war mir nicht fremd. Im Frühjahr 1919 hatte der berüchtigte Alldeutsche Wulle in Nowawes zu einer Kundgebung aufgerufen. Das war sogar den unpolitischen Wandervögeln von Nowawes zuviel, und man hatte beschlossen, die Wulleversammlung zu stören. Wulle begann mit seinen nationalistischen Tiraden, aber er kam nicht weit. Es hagelte Zwischenrufe von allen Seiten. Der Saal glich einem Hexenkessel, und ich erwartete, daß die wütende Menge über den Redner herfallen werde. Die Anhänger Wulles waren in der Minderzahl im sozialistischen Nowawes, aber sie suchten diese Unterlegenheit durch besonders fanatisches Gebrüll wettzumachen. Es war meine erste politische Versammlung, und die gewalttätige Atmosphäre hatte mich erschreckt und gleichzeitig merkwürdig angeregt. Vor allen Dingen eins hatte mich erstaunt und mit einem gewissen Neid erfüllt. Wir waren nicht die einzigen gewesen, die gegen Wulle und seine Anschauungen zu Felde gezogen waren. Der Saal war voll mit Gleichgesinnten. Aber diese anderen brachen nicht einfach wie wir in wildes Gebrüll aus. Ihr Widerstand war organisiert, ihre Diskussionsredner waren diszipliniert und gut ausgebildet. Zum erstenmal empfand ich, wie gut es tut, viele auf seiner Seite zu wissen, wenn man von der Richtigkeit seiner Sache überzeugt ist.

Wenn ich nachmittags zu Hause war, gehörte es zu meinen Pflichten, mit meinem jüngsten Bruder Hans Schularbeiten zu machen. An einem Nachmittage, einige Monate nach dem Kapp-Putsch, quälten wir uns mit seinen Aufgaben schon länger als zwei Stunden, ohne mit ihnen fertig zu werden. Ich wurde immer nervöser, denn ich hatte mich mit Fritz verabredet, und es war bereits höchste Zeit. Da kam mir ein Einfall, der mir als „angehender Pädagogin" geradezu das Recht gab, die Schularbeiten halbfertig liegen zu lassen. Ich verfaßte einen Brief an den Klassenlehrer meines kleinen Bruders. Ich schrieb, daß ich es aus pädagogischen Gründen für richtig befunden hätte, meinen Bruder Hans die Schularbeiten nicht beenden zu lassen, denn er habe zwei Stunden daran gearbeitet und sei dann zu erschöpft gewesen ... Ahnungslos, welche weittragenden Folgen dieses Schreiben haben sollte, ging ich fröhlich auf und davon.

Als ich abends gegen acht Uhr zurückkam, war der Teufel los. Mein Vater war außer sich vor Empörung. Er hielt mir drohend den Brief an den Lehrer entgegen, und in der Flut der Beschimpfungen kehrte ein Satz immer wieder: Er dulde keine Kommunisten mehr in seinem Hause. Die Maßlosigkeit seiner Wut stand in keinem Verhältnis zu meinem Vergehen. Nach und nach geriet auch ich in einen Zorn, wie ich ihn vorher nie gekannt hatte. Was redete er dauernd von Kommunisten!? Hielt er mich etwa für eine Kommunistin!? Und als er dann noch sagte, daß er mich nicht länger in seinem Hause dulden wollte, war ich nicht mehr nur betroffen und gekränkt, sondern es überkam mich die Aufsässigkeit. Ich ahnte, daß es bei dieser Auseinandersetzung gar nicht um den Brief ging, sondern daß es die schon lange fällige endgültige Abrechnung zwischen meinem Vater und mir war. Seit Jahren aufgestaute Wut machte sich endlich Luft. Ich rannte ins Schlafzimmer, warf Zahnbürste und Nachthemd in eine Aktentasche, schrie meinem Vater noch eine letzte Frechheit zu und lief, ohne die flehentlichen Bitten meiner Mutter zu beachten, auf die Straße. Wohin ich sollte, wußte ich allerdings nicht.

Unter Reformpädagogen

Spätabends stand ich in Schöneberg vor einer fremden Wohnungstür. Als ich klingelte, war mir nicht mehr sehr kämpferich zumute. Was würden die Leute von mir denken! Eine Frau mit vergrämtem Gesicht öffnete und schrie, als ich nach ihrer Tochter fragte, so schrill und ungehalten durch den Korridor: „Trude, es ist schon wieder jemand für dich da!", daß ich am liebsten wieder fortgelaufen wäre. Aber Trude Müller kam, lachte und zog mich an der Hand in ihr Zimmer. Allein schon die ungewöhnliche Stunde meines Besuches entzückte sie, aber als ich ihr dann verlegen meine Geschichte erzählte, steigerte sich die Freude zur Begeisterung. Endlich einmal eine wirkliche Tat! Nicht nur Gerede von Empörung, sondern richtige Empörung! Natürlich könne ich bei ihr wohnen, so lange ich nur wollte. Die Schöneberger Mädchen — damit meinte sie die Mädchen der Aktivistischen Jugend — würden glücklich sein, mir helfen zu können. Trude Müller brachte es in kurzer Zeit fertig, mich davon zu überzeugen, daß ich eine Heldin und erst jetzt würdig sei, in die Reihen der wahrhaft kämpferischen Jugend aufgenommen zu werden. Mir schlug das Herz höher. Aber wäre nur Trudes Mutter nicht so unfreundlich und die Wohnung weniger bedrückend, ärmlich und schmutzig gewesen ...

Als ich dann jedoch unter der dürftigen Wolldecke in der schmalen Eisenbettstelle lag und die freudige Erregung abgeklungen war, begann ich die Tatsache, daß ich nun kein Elternhaus mehr hatte, gebührend zu dramatisieren. Es schmerzte mich tief, und wäre es mir nur möglich gewesen, wieder nach Hause zurückzukehren, so hätte ich liebend gern auf das Heldendasein verzichtet. Aber schon der nächste Tag ließ mir keine Wahl. Die Aktivistinnen hatten sich in den Kopf gesetzt, mir ihre Solidarität um jeden Preis zu beweisen. Also entschieden sie, daß ich an ihrer „großen Fahrt" teilnehmen sollte, die für die in einigen Tagen beginnenden Sommerferien geplant war. Mein Einwand, daß ich, die Verstoßene, kein Geld für eine Reise hatte, wurde mit einer Handbewegung

abgetan. Alles werde sowieso aus der Gemeinschaftskasse bezahlt. Bei so viel Kameradschaft gab es natürlich kein Zurück mehr. So fuhren wir am ersten Ferientage, berstend vor Abenteuerlust, im Bummelzug 4. Klasse in Richtung Frankfurt am Main ab.
Wir hatten noch nicht viel mehr als eine Woche unserer „großen Fahrt", die doch einen ganzen Monat dauern sollte, hinter uns, da mußten wir uns schon eingestehen, daß die Gemeinschaftskasse demnächst leer sein werde. Es hatte sich nämlich herausgestellt, daß man in Hessen unsere mehrstimmig und mit viel Gefühl vorgetragenen Lieder zwar gerne anhörte, aber nur selten daran dachte, sie uns mit irgend etwas Eßbarem zu entgelten. Unsere Situation begann ernst zu werden. Der nächste feste Punkt, wo man vielleicht Verständnis für unseren Hunger aufbringen würde, war die Odenwaldschule. Bis dahin mußten wir aber noch zwei oder drei Tage wandern.
Wir saßen am Feldrain, wälzten dieses Problem und lachten. Meine fünf Kameradinnen waren waschechte Berliner Mädchen. „Mädchen" stimmte zwar eigentlich nicht für alle, denn die eine, Susanne, war im vierten Monat schwanger. Die anderen bewunderten sie, und erst durch diese ehrfürchtige Rücksichtnahme der sonst so burschikosen Schönebergerinnen wurde ich Außenseiterin überhaupt darauf aufmerksam und erfuhr nach und nach die reichlich ungewöhnliche Geschichte. Susannes Sonderstellung beruhte nämlich nicht nur auf dieser unehelichen Schwangerschaft, mit der sie gegen Männerrecht und Familienbildung demonstrierte und in deren Zusammenhang nie von irgendeinem Erzeuger oder späteren Vater die Rede sein durfte. Sie hatte außerdem als „Aktivistin" ihr wohlhabendes Elternhaus verlassen, weil die Verwandten sich gegen Susannes Liebesbeziehung zu „Eiko", dem „Führer" der Aktivisten, gestellt hatten. Die Jüngste unter uns hieß „Eike" und war die Schwester des großen Eiko. Auch über diese etwas verwirrenden Namen klärte man mich auf. „Eiko", eigentlich Otto, hatte nämlich eine Heldentat vollbracht. Die Berliner Filmgesellschaft „Eiko", so erzählte man mir, drehte pornographische und andere Schundfilme, die das sittliche Empfinden der Schöneberger Aktivisten derart verletzten, daß ihr „Führer" den Plan faßte, diesem Übel zu Leibe zu gehen. Eines Nachts brach er kurz entschlossen in die Räume der Gesellschaft ein und raubte die anstoßerregenden Filmstreifen, um sie zu vernichten. Diese Tat, auf die alle Aktivisten

sehr stolz waren, brachte ihm seinen Ehrennamen ein, der sich auch gleich auf die jüngere Schwester ausdehnte.
Wir saßen am Wiesenrand zwischen fruchtbaren Äckern und nicht umzäunten Gemüsegärten, und es fiel uns gar nicht schwer, uns gegenseitig davon zu überzeugen, daß wir das Recht hatten, zu ernten, was uns diese „geizigen Bauern" vorenthielten. So stibitzten wir auf den Feldern und machten uns gerade ohne die leiseste Spur von Gewissensbissen mit den erbeuteten Mohrrüben, Bohnen und Schoten wieder auf den Weg, als ein peitschenschwingender Bauer hinter uns herrannte und brüllte, wir sollten sofort die Rücksäcke öffnen. Wir blieben stehen, schlugen auf der Gitarre einige Akkorde an und begannen zu singen. Ob diese raffinierte Methode erst im Augenblick der Gefahr geboren worden war oder ob sie schon einer älteren Praxis der Schöneberger Aktivistinnen entsprang, konnte ich nicht ergründen. Auf jeden Fall wirkte sie Wunder. Der Bauer zog beim dritten Vers des Liedes fluchend wieder ab, und wir wanderten schmunzelnd von dannen und konnten uns an diesem Tage richtig satt essen. Im Odenwald, wo wir vorwiegend von Falläpfeln lebten und die Bauern uns reichlich mit Buttermilch beschenkten, erkrankten zwei von uns an der Ruhr und mußten eiligst nach Hause geschafft werden. In Heidelberg trafen wir dann den wohlsituierten Bruder Susannes, der dort Philosophie studierte, uns aber eifrig versicherte, daß er mit dem Studium aufhören werde, um sich einer positiveren und auch zeitgemäßeren Beschäftigung zu widmen. Er wollte nämlich Tischler werden. Mich erwarteten in Heidelberg zwei postlagernde Briefe, einer von Fritz, der andere von Karl Wilker, in denen ich eingeladen wurde, im „Lindenhof" zu wohnen.
Bevor wir „auf Fahrt" gingen, hatte ich Fritz mitgeteilt, daß ich mein Elternhaus verlassen hatte. Ich hatte angenommen, er werde sich über diesen Schritt freuen, aber ich hatte mich getäuscht. Er war eher entsetzt. Das offenbar Endgültige meines Bruches stimmte nicht zu seiner weit vorsichtigeren, bürgerlicheren Natur. Er erzählte mir, er werde während seiner Universitätsferien in der Straferziehungsanstalt Lichtenberg bei Berlin, die jetzt „Lindenhof" hieß, hospitieren. Jetzt also sollte ich den Rest meiner Ferien auf dem „Lindenhof" verbringen und auch später, nach Beginn meines neuen Semesters im Pestalozzi-Fröbel-Haus, dort wohnen. Darüber war ich sehr glücklich, denn so konnte ich, solange er Ferien hatte,

mit Fritz zusammen sein. Ich verließ auf dem schnellsten Wege Heidelberg und fuhr nach Berlin zurück.
Das erste, was mich bei meiner Ankunft auf dem „Lindenhof" erstaunte, war die Herzlichkeit, mit der Karl Wilker, der Direktor der Zwangserziehungsanstalt, und seine Frau mich begrüßten. Sie empfingen mich wie einen lange erwarteten Gast. Ich sollte diese für das Milieu, in das ich jetzt eintrat, so charakteristische, sicher von Herzen kommende, aber doch beinahe erschreckende Überschwenglichkeit noch oft zu spüren bekommen. Sie ist nicht nur Reformpädagogen eigen, sondern zeichnet häufig diejenigen aus, die ihr Leben einer „gesellschaftlichen" Aufgabe verschrieben haben. Bei Menschen wie den Wilkers, die sich in den Kopf gesetzt hatten, um jeden Preis eine ideale Gemeinschaft aufzubauen, war es der etwas überstürzte Versuch, auch den Fremden sogleich in diese Gemeinschaft einzubeziehen, ihm gleich vom ersten Augenblick an volles Vertrauen zu schenken und mit nichts hinterm Berge zu halten. Ich war von dieser intensiven Art der Begrüßung entzückt und gerührt, denn noch war der Schock meines Bruches mit dem Vater nicht abgeklungen, und ich hatte, trotz der Bewunderung und Freundschaft der Schöneberger Aktivistinnen, das Gefühl, ausgestoßen zu sein, noch nicht überwunden. Nun hoffte ich, im „Lindenhof" eine neue Heimat gefunden zu haben.
Das Experiment des „Lindenhofes" war mir, wie damals sicher allen an pädagogischen Problemen interessierten Menschen, Laien und Fachleuten, in Deutschland und auch im Ausland, gut bekannt. Karl Wilker gehörte in die vorderste Reihe der deutschen Reformer nach dem ersten Weltkriege. Er hatte 1917 die in üblem Rufe stehende „Lichte", eine Zwangserziehungsanstalt nach strengstem preußischem Muster, übernommen mit der Absicht, sie völlig zu einem modernen Institut mit aufgeklärten Besserungsmethoden umzuwandeln. Diese Absicht erschöpfte sich nicht darin, daß er der Anstalt einen neuen Namen gab, sie „Lindenhof" taufte, sondern Wilker versuchte, den Umgangston mit den Zöglingen radikal zu ändern. Bevor er die „Lichte" übernahm, hatte man die eingesperrten Kinder und Jugendlichen wie erwachsene Verbrecher behandelt. Man dachte nicht daran, sie umzuerziehen, sondern hielt sie wie Sträflinge. Prügel und Torturen waren an der Tagesordnung. Zu Wilkers Zeiten konnte man noch die Prügelzelle sehen, deren Wände über und über mit Blut bespritzt waren. Jetzt war sie aller-

dings nur noch eine abschreckende Sehenswürdigkeit. Zum größten Teil waren bis zum Jahre 1917 die „Erzieher" in dieser Anstalt ehemalige Berufssoldaten, sogenannte Zwölfender, die man nach der Beendigung ihrer Dienstzeit in den Beamtenstand übernommen hatte. Auch Wilker vermochte nicht, diese Schinder ganz aus dem „Lindenhof" zu entfernen. Er hatte bei seiner Amtsübernahme lediglich erreichen können, daß die städtischen Behörden, denen der „Lindenhof" unterstand, ihm erlaubten, die Hälfte der Erzieherposten nach eigenem Ermessen zu besetzen. Diese neuen Lehrer wählte er sich aus den Reihen der Jugendbewegung. Bei ihnen hoffte er auf Verständnis für seine Experimente, die nicht nur pädagogischer, sondern auch psychologischer Art waren, denn Wilker selbst war Pädagoge und Arzt und besaß nicht nur gute Kenntnisse in der Psychologie, dieser damals noch verhältnismäßig jungen Wissenschaft, er hatte auch tiefe Achtung vor ihr.
Wilker war ein hochgewachsener, schlanker Mann mit schmalem, ausgeprägtem Gesicht, das von einer kühn gebogenen Nase beherrscht wurde. Er war ein typischer Norddeutscher. Mit seiner Familie bewohnte er einen Klinkerbau auf dem Gelände der Anstalt; mir wurde nach dem herzlichen Empfang eine Mansarde im Direktorenhaus zugewiesen. Die drei Kinder, zwei Stieftöchter Wilkers und ein viel jüngerer eigener Sohn, die in einem Landerziehungsheim erzogen wurden, waren jetzt, während der Ferien, bei den Eltern. Anni, ein schönes blondes Mädchen mit zartem, etwas leidendem Gesicht, unterstützte Frau Wilker bei der Hausarbeit. Die Möbel dieser Wohnung waren vollendeter Jugendstil; an allen Wänden hingen die impressionistischen Gemälde des jung gestorbenen ersten Mannes von Frau Wilker. In ihrem Alltag gaben sich die Menschen dieser Familie ganz „freideutsch". Man war immer heiter, und Auseinandersetzungen schien es in diesem Hause nicht zu geben. Die Frauen besorgten die Hausarbeit gemeinsam, man spielte kindlich mit den Kindern, machte Zeichen- und Malwettbewerbe und kam abends zum Vorlesen und Singen zusammen. Jeder hielt sich für den anderen bereit, keiner führte eigentlich ein Privatleben. Die jungen Erzieher der Anstalt gingen im Hause des Direktors ein und aus, sie gehörten zur Familie, die ihrerseits an der Besserung der Zöglinge des „Lindenhofes" mitarbeiteten. Im Kreise dieser Menschen hatte ich das Gefühl, unter lauter Jugendlichen zu leben, obgleich Wilker fünfunddreißig, seine Frau bereits zwei-

undvierzig Jahre alt war. Diese Jugendlichkeit wurde in Kleidung, Sprache und Bewegung bewußt unterstrichen. Wenn seine zwei Stieftöchter zu Wilker „Vati" sagten, machte er jedesmal ein gequältes Gesicht. Er wollte zu uns, den Zwanzigjährigen, gehören.
Ich spürte in meiner Unreife und meiner blinden Verehrung nicht, daß sich unter der scheinbar so heiteren Oberfläche in dieser Familie eine Tragödie abspielte. Es war nicht schwer, Wilker zu uns, den Jugendlichen, zu rechnen, denn er besaß die Fähigkeit, jung zu sein. Manchmal mag ihn zwar diese Rolle Mühe gekostet haben, aber auch das hätte ich wohl kaum wahrgenommen, und noch weniger wurde es mir bewußt, daß sich Wilker auch zum Teil aus Auflehnung gegen seine so viel ältere Frau verzweifelt an die Jugend klammerte. Diese zarte, alternde Frau mit dem blassen Gesicht wußte sich keinen anderen Rat, als ihrerseits um jeden Preis mit der lauten, aufdringlichen und egoistischen Jugend, die sie umgab, Schritt zu halten. Sie trug einen Silberreif im schon schütter werdenden Haar und, genau wie wir Zwanzigjährigen, das Reformkleid hoch unter dem Busen gegürtet. Heute weiß ich, daß sie gelitten hat.
Im Hause Wilker wurde Kultur bewußt gepflegt. Aber es war eine Kultur mit großen Buchstaben, eine etwas zweifelhafte, nicht immer vom guten Geschmack im Zaum gehaltene Kultur. Wilker war ein Ästhet, dessen Empfindlichkeit oft in bedrohliche Nähe des Theatralischen geriet. So wünschte er, daß die weiblichen Mitglieder der Familie sich während des Vorlesens — wöchentlich einmal fanden bei Wilkers Leseabende statt — mit irgendeiner Handarbeit beschäftigten. Einmal hatte die Lesung schon begonnen. Alle saßen schweigend und lauschten, als Frau Wilker aus ihrem Flickbeutel ein Bettlaken hervorholte, um es auszubessern. Sie hatte es eben auf ihren Schoß gelegt. Da blickte Karl Wilker zufällig auf und brach die Lesung abrupt ab. Er forderte seine Frau in brüskem Ton auf, sofort dieses „unerträgliche Flickzeug" zu entfernen, weil der große weiße Fleck das „Bild des Zimmers aus dem Gleichgewicht bringe und die Stimmung zerstöre". Selbst als die Gäste schon lange gegangen waren, konnte sich Wilker über die „Instinktlosigkeit" seiner Frau nicht beruhigen.
Die Wilkerschen Leseabende waren nicht nur pädagogischen Problemen gewidmet. Eine große Rolle spielten chinesische und indische Philosophie und Dichtung, die Wilker schwärmerisch liebte.

Ich erinnerte mich, daß er uns nicht nur mit Laotse und der Bhagavadgita, sondern vor allen Dingen auch mit Rabindranath Tagore überschüttete. Zu den Besuchern dieser Abende gehörten in erster Linie Frauen, bei denen Wilker außerordentlichen Erfolg hatte. Es kamen Studentinnen oder die Blaustrümpfe aus der Sozialarbeit, Quäkerinnen und Lehrerinnen aller Jahrgänge. Ich erinnere mich an sein Zimmer, einen Raum, der meist im künstlichen Halbdunkel lag, mit einem Schreibtisch, auf dem eine Madonna aus Terrakotta inmitten einer stets mit Blumen gefüllten Schale stand. Aber auch in der Fülle der kunstgewerblichen Gegenstände, die überall verstreut waren, verriet sich die Gegenwart liebender Weiblichkeit. Aus den Hunderten von Büchern in den Wandregalen hingen farbenprächtige Lesezeichen aus Wolle und Glasperlen, alles Geschenke seiner Verehrerinnen. Wilker mag sicher manchmal diese Zudringlichkeit als lästig empfunden haben, denn ich erinnere mich eines grotesken Zwischenfalls. Er ging mit einem Schwarm weiblicher Wesen, die zur Besichtigung gekommen waren, durch die Anlagen der Anstalt. Unermüdlich redeten die Frauen auf ihn ein, warben um seine Aufmerksamkeit und überboten einander an Komplimenten. Als er mit dieser Schar in die Anstaltsgärtnerei kam, wurde es ihm plötzlich zu bunt. Er riß eine Handvoll Mohrrüben aus dem Beet, schleuderte sie weit von sich und forderte seine Verehrerinnen lachend auf, ihm die Möhren zu apportieren. Quietschend vor Vernügen über diesen „Scherz" rannten die Pädagoginnen um die Wette, bis ihnen der Atem wegblieb.
Viele der jungen Erzieher im „Lindenhof" führten ein völlig ungebundenes Leben. Sie dachten gar nicht daran, ihre Liebesbeziehungen etwa zu verheimlichen, sondern taten alles, um bei jeder Gelegenheit ihre jüngst erworbene Freiheit von moralischen Konventionen zu betonen. So hielten alle natürlich auch Fritz und mich für Mann und Frau, was wir in Wirklichkeit aber gar nicht waren. Diese schiefe Situation wurde sehr bald quälend, und so erklärte ich Fritz, um ihn herauszufordern, daß ich ihn nicht mehr liebe. Die Folge war, daß wir uns endgültig trennten.
Niemand machte sich im „Lindenhof" viel Gedanken darüber, welchen Eindruck das ungebundene Leben der Erzieher auf die kriminellen Zöglinge machen mußte, die ja immerhin bis zu ihrem einundzwanzigsten Lebensjahr hierblieben. Diese Jugendlichen sahen die Männer und Frauen, die ihre Vorbilder sein sollten, ein Leben

führen, das die ihnen bekannte Moral als unsittlich verwarf. Trotz dieser Schönheitsfehler aber waren die Erfolge des Wilkerschen Experimentes außerordentlich. Er hatte nicht nur das alte brutale Regime beseitigt, er hatte auch für seine Schützlinge viele Vorteile erkämpft. So erhielten sie unter seiner Leitung zum erstenmal Urlaub, um nach Hause fahren zu können. Die vorgesetzten Behörden und die noch aus der früheren Ära zurückgebliebenen älteren Erzieher hatten sich nur widerwillig diesen Neuerungen gefügt und Wilker ein völliges Fiasko prophezeit. In der Tat kehrten auch in den ersten Wochen viele Zöglinge nicht aus dem Urlaub zurück. Aber schon nach einiger Zeit war es Wilker gelungen, seinen Einfluß auf die Jungen so zu verstärken und die Lebensbedingungen in der Anstalt derartig zu verbessern, daß in Zukunft das Ausrücken fast ganz aufhörte.

Das pädagogische Experiment Wilkers, das zwangsläufig Ausdruck seiner Persönlichkeit war, fand gleichsam im luftleeren Raum statt. Er sah nicht rechts und nicht links und erkannte deshalb erst viel zu spät, welche Sturmwolken sich über ihm zusammenballten. Die gleiche Lebensfremdheit offenbarte sich auch in seinem Verhältnis zur Politik, wenn dieses Verhältnis auch zum Teil von der bewußt gepflegten Gleichgültigkeit der deutschen Jugendbewegung gegenüber politischen Bindungen bestimmt gewesen sein mag. Als einige seiner Zöglinge, die bereits das einundzwanzigste Lebensjahr vollendet hatten, also kurz vor ihrer Entlassung standen, bei einer Wahl ihre Stimmen abgeben wollten, wozu sie nicht nur das Recht, sondern auch die Pflicht hatten, riet Wilker ihnen ab. Er vertrat dabei einen verschwommenen anarchistischen, antidemokratischen Standpunkt. Obgleich er täglich in seiner Arbeit mit den brennendsten sozialen Problemen konfrontiert wurde, wich er den politischen Realitäten geflissentlich aus.

In den Herbstmonaten des Jahres 1920 spitzte sich der Konflikt zwischen Wilker und den alten Erziehern im „Lindenhof“ immer mehr zu. Allein schon die äußere Erscheinung Wilkers muß die ehemaligen Feldwebel zur Raserei gebracht haben. Das wollte ein Gefängnisdirektor sein? Nach gutem preußischem Brauch hätte er einen schwarzen Bratenrock und gestreifte Röhrenhosen tragen müssen; ein Gefängnisdirektor hatte sich militärisch straff zu halten, als habe er einen Ladestock verschluckt; er mußte über eine durchdringende Kommandostimme verfügen, die allein schon genügte,

den angehenden Verbrecher in Schrecken zu jagen. Und wie sah Wilker aus? Wie benahm er sich? Die amerikanischen Quäker hatten der Anstalt unter vielen anderen Stiftungen auch einige Ballen eines fraisefarbenen Flanells geschenkt. Wilker ließ aus diesem Stoff die sechs- bis vierzehnjährigen Zöglinge kleiden und sich selbst eine Art Russenkittel schneidern, den er über kurzen, weißen Hosen trug. Die nackten Füße steckten in Sandalen. In dieser immerhin reichlich seltsamen Aufmachung erschien er morgens mit seinem saloppen Gang zum Appell der Zöglinge. Die Feldwebelerzieher, die, solange er noch Direktor war, ihre Abneigung natürlich nicht offen zeigten, machten stramme Meldung. Wilker aber rief den Jungen mit einer Stimme, die völlig unfähig zu jeglichem Befehlston war, ein fröhliches „Guten Morgen! Wie habt ihr geschlafen?" zu. Die Jungen schrien begeistert zurück: „Danke, sehr gut, Herr Direktor!" Dann bat er regelmäßig um ein Lied, und die aller Gefängnisatmosphäre entkleidete Zeremonie war zu Ende. Es versteht sich von selbst, daß es so einfacher war, den zum Teil sehr schweren Komplexen, unter denen diese gefährdeten Jugendlichen litten, zu Leibe zu rücken als unter dem sadistischen Militärregime der Vorgänger Wilkers.
Als der Sturm gegen Wilker losbrach, stellte es sich heraus, daß seine Gegner in aller Heimlichkeit eine Unmenge belastenden Materials gegen ihn gesammelt hatten, während er auch nicht die geringsten Versuche zu einem Gegenschlag unternommen hatte. Die Feldwebel mußten vom Amtsantritt Wilkers an damit gerechnet haben, ihn bei irgendeiner günstigen Gelegenheit zu Fall zu bringen. Der Sieg fiel ihnen in den Schoß, denn selbstverständlich hatten sie bei der vorgesetzten Berliner Behörde ausreichenden Rückhalt. Der Fall Wilker zeigt besonders deutlich das politische Dilemma, das daraus entstand, daß der republikanische Staatsapparat nach 1918 zum großen Teil die stockreaktionäre Beamtenschaft der wilhelminischen Ära unbesehen übernommen hatte. Wilker wurde von seinem Posten als Leiter des „Lindenhofes" entfernt. Vorher aber hatte er noch durchsetzen können, daß ein großer Teil der Zöglinge, soweit sie alt genug waren, in Arbeitsstellen vermittelt und entlassen wurden. Ich habe später in Jena einige alte Insassen getroffen, die sich zu einer Werkgemeinschaft zusammengeschlossen hatten.

Ich hatte in diesen Monaten einige Male meine Mutter in Potsdam besucht, hatte es aber immer sorgfältig vermieden, mit meinem Vater zusammenzutreffen. Bis zum Abschlußexamen im Pestalozzi-Fröbel-Haus stand mir noch ein Semester bevor. Ich brauchte also Geld, nachdem ich nicht mehr im „Lindenhof" war, um irgendwo wohnen und leben zu können. Deshalb überwand ich die inneren Widerstände und sprach mit meinem Vater. Ohne auf das Vorgefallene auch nur mit einem Wort einzugehen, bewilligte er mir neben dem Schulgeld eine wahrhaft jämmerlich kleine monatliche Summe, wahrscheinlich um mich dadurch zur Rückkehr in das Elternhaus zu zwingen.

Ich brachte es nicht fertig, mehr zu verlangen, sondern fühlte mich nur beschämt durch diese Abhängigkeit. Nach langem Suchen fand ich für das Geld ein Zimmer mit Pension in einem „Heim für junge Mädchen" in der Passauer Straße in Berlin. In Deutschland herrschten nach wie vor Lebensmittelknappheit und Rationierung. Diese höchst zweifelhafte Pension lieferte ihren Mietern für die Marken, die sie abgaben, eine Beköstigung, die einen mit knapper Not am Hunger vorbeikommen ließ. In jenen Monaten wunderten sich meine Schöneberger Hortkinder, mit welchem Appetit ich die von ihnen so sehr gehaßte Mehlsuppe, den „Tapetenkleister", verschlang.

Im Spätsommer des Jahres 1920 befreundete ich mich mit einer Lehrerin des Pestalozzi-Fröbel-Hauses, mit Trude Marcell. Ihre winzige Wohnung, gleich neben dem Seminar, war der Treffpunkt viele junger Leute. Trude Marcell hatte die beneidenswerte Eigenschaft, verschiedenartige Menschen um sich zu sammeln und bei allen Debatten ruhender Mittelpunkt zu bleiben. Bei ihr begegnete ich zum erstenmal Mitgliedern der jüdischen Wandervogelorganisation „Blau-Weiß", hörte vom Zionismus und von ihren Plänen sprechen, nach Palästina auszuwandern, um dort zu siedeln.

In Potsdam gab es nur wenige Juden, aber das war sicher nicht allein der Grund, warum mir aus meiner Kinderzeit nur ein einziger Fall von Antisemitismus in Erinnerung geblieben ist. Antisemitismus gab es auch damals in bestimmten Schichten der Bevölkerung, doch er drängte sich nicht auf, wenn er auch schon gegen Ende des 19. Jahrhunderts einen so prominenten Fürsprecher gefunden

hatte wie den Hofprediger Wilhelms II., den Pfarrer Stöcker. Die Menschen meiner Umgebung betrachteten vor allem die assimilierten Juden als gleichberechtigte deutsche Mitbürger. Manche mochten auf die orthodoxen Juden mit jenem durchaus freundlichen, toleranten Interesse und jenem leichten Gefühl der Überlegenheit blicken, wie man es leicht Menschen mit Gebräuchen, die sich von den eigenen unterscheiden, entgegenbringt. Nie hörte ich jedoch in meinem Elternhause oder von Freunden meiner Eltern und eigenen Freunden Worte, die sich auf bösartige Weise gegen einzelne Juden oder gar gegen das Judentum im allgemeinen gerichtet hätten. Erst meinem Klassenlehrer Thüm blieb es vorbehalten, mich mit dieser psychischen Erkrankung, die später in Deutschland zu einer solchen Katastrophe führen sollte, bekannt zu machen. Als meine jüngere Schwester Trude sich mit einem gleichaltrigen Mädchen anfreundete, stellte sie Thüm vor der versammelten Klasse zur Rede und legte ihr mit unmißverständlichen Worten nahe, diese Freundschaft zu lösen, da es sich nicht schicke, mit einer Jüdin befreundet zu sein. Bei mir hatte diese taktlose Aufforderung allerdings den gegenteiligen Erfolg: die kleine Susanne erschien mir erst jetzt wirklich interessant.
Ich kannte also den Antisemitismus so gut wie nicht. Andererseits hatte ich aber auch nie zuvor Juden getroffen, die ihr Judentum mit Stolz betonten. Jetzt aber befand ich mich plötzlich unter jungen Juden, die es als moralische und geistige Verpflichtung empfanden, mit vollem Bewußtsein einem jüdischen Ideal zu leben. Hatten die Juden, die ich bisher kannte, alle ihre Kräfte darangesetzt die Unterschiede zwischen sich selbst und ihrer Umwelt zu verwischen, so setzten meine neuen zionistischen Freunde alle Kräfte daran, diese Unterschiede zu unterstreichen. Zum erstenmal erfuhr ich etwas von dem mit religiöser Besessenheit verfolgten Ziel bestimmter jüdischer Kreise, einen selbständigen israelitischen Staat in Palästina zu bilden. Auf diese Weise, auf dem Umwege über den Zionismus, begann ich, die wahren Ausmaße des Antisemitismus und die Möglichkeiten seiner Ausbreitung zu ahnen.
Meine neuen Bekannten zogen mich sehr an. Daß sie in jedem ihrer Gedanken, in jeder ihrer Äußerungen nur von einem einzigen brennenden Wunsche beseelt schienen, machte großen Eindruck auf mich. Sie besaßen eine Zielstrebigkeit, die es in der Jugendbewegung sonst nicht gab.

Ein Mitglied dieser Gruppe wurde nie mit seinem eigenen Namen, sondern immer als „Sohn Martin Bubers“ vorgestellt. Ich hatte damals keine Ahnung, wer dieser legendäre Martin Buber, dessen Name von meinen jüdischen Freunden mit großer Ehrfurcht genannt wurde, eigentlich war. Ich scheute mich, offen danach zu fragen, weil ich fürchtete, allzuviel Unwissenheit zu verraten. Als ich daher zufällig einmal mit einer Nachbarin Trude Marcells, einer sozialdemokratischen Abgeordneten, allein in der Küche war, entschloß ich mich, sie zu fragen, ob Martin Buber etwa auch sozialdemokratischer Abgeordneter sei. Sie lachte und klärte mich auf. Martin Buber, der jüdische Schriftsteller und Religionsphilosoph, war bereits damals, obgleich er noch jung, erst Anfang der Vierzig war, für diejenigen Juden, die sich einer eigenen jüdischen Tradition bewußt waren, zu einer vorbildlichen Gestalt geworden. Er war nicht nur der Wiedererwecker des Chassidismus, jener mystischen Bewegung im östlichen Judentum des 18. Jahrhunderts, die gegenüber dem strengen Gesetzesglauben dem religiösen Gefühl wieder zu seinem Recht verhelfen wollte. Politisch war er als einer der Vorbereiter der anarchistisch-sozialistischen Münchener Räterepublik hervorgetreten und nahm nach wie vor ständig zu vielen politischen Problemen Stellung. Er war ein glänzender Stilist. Sein Interesse galt vornehmlich den Führergestalten der chassidischen Bewegung im Judentum, den Propheten und den großen Rabbinern.

Rafael Buber litt darunter, daß seine Umgebung in ihm in erster Linie den Sohn des berühmten Vaters sah. So oft das geschah, sah ich ihn unwillkürlich zusammenzucken, und einmal ging er so weit, sich bei einem Treffen jüdischer Wandervögel auf Brust und Rükken zwei Pappschilder zu binden, auf denen in großen Lettern zu lesen war: „Ben Martin Buber“. Rafael war ein mittelgroßer junger Mann von zwanzig Jahren, mit vollem blondem Haar und einem unregelmäßigen Gesicht, das in zwei nicht ganz zueinander passende Hälften geteilt zu sein schien. Die steile Stirn mit dem geraden Haaransatz hätte niedrig wirken können, wäre die schön geschwungene Schläfenpartie nicht gewesen. Die Brauen saßen unmittelbar über den lebhaften blauen Augen. Aus einer breiten, tiefliegenden Wurzel sprang eine fein gebogene Nase. Die untere Hälfte des Gesichtes wirkte zu schwer im Verhältnis zur oberen. Der stark ausgebildete Unterkiefer vermochte jedoch nicht,

den Eindruck von Kraft zu erwecken, weil dieser Eindruck sofort durch den vollen, sinnlichen, weichen und etwas schiefen Mund wieder verwischt wurde. Später entdeckte ich, daß dieses ungewöhnliche Gesicht deshalb so sehr voller Widersprüche war, weil sich die Züge des Vaters und der Mutter, die aus einer alten bayerischen Familie kam, in ihm nicht zu einer Einheit verbunden hatten. Alles an Rafael Buber atmete Aggressivität. Er urteilte scharf, aber nicht ohne Logik. Jegliche Form von Antisemitismus oder Nationalismus brachte ihn in Harnisch. In solchen Augenblicken verfügte er über eine Beredsamkeit, die mich faszinierte. Er sprach über jedes Thema mit großer Selbstsicherheit und verfolgte die politischen Tagesfragen mit einem Interesse und einer Sachkenntnis, wie ich sie zuvor bei einem so jungen Menschen noch nicht angetroffen hatte. Vor allem bestaunte ich, daß er Zeitungen las und ernsthaft über Artikel und Meldungen diskutierte, etwas, was bei meinen „freideutschen" Kameraden besonders verpönt gewesen war. In diesen ersten Unterhaltungen mit Rafael Buber — eigentlich waren es keine Unterhaltungen, da ich ihm lediglich zuhörte — gewann mein Weltbild neue Dimensionen.
Meine finanzielle Lage hatte sich während dieser Zeit keineswegs gebessert, und als ich eines Tages meine Schwester Babette fragte, ob sie mir raten könne, gab sie mir die Adresse einer Hilfsorganisation für notleidende Kinder, kurz „Kinderhilfe", oder, noch kürzer, KiHi genannt. Sie befand sich in einem großen, alten Hause in der Nähe des Pariser Platzes. Ich ging einen langen, düsteren Korridor hinunter, bis ich vor einer Tür stand mit dem Schild „KiHi. Eintreten, ohne anzuklopfen!" Das tat ich und kam zunächst in einen Vorraum, der mit Papierhaufen und Bergen von Zeitschriften vollgestopft war. Durch die geschlossene Tür zum Nebenraum hörte ich die Stimme eines Mannes. Ich wollte warten, bis er seine Unterhaltung beendet hatte, um dann erst anzuklopfen. Aber es vergingen mehrere Minuten, und immer noch plätscherte die gleiche Stimme monoton dahin. Ich trat näher an die Tür heran, versuchte, ein paar Worte des Gespräches aufzufangen, und stellte fest, daß der Mann offenbar eine Erzählung vorlas. Ich klopfte etwas ungeduldig; viele Stimmen riefen gleichzeitig: „Herein!"
In einem langgestreckten Zimmer mit tiefen Fensternischen stand ein langer Tisch, der mit Papieren bedeckt war und in dessen Mitte ein großer Haufen getrockneter Feigen lag. Rundherum saßen Jun-

gen und Mädchen, die größtenteils nicht viel älter waren als ich. Die Wände zwischen den Fensternischen waren über und über mit Plakaten bedeckt, die zu allen möglichen Hilfeleistungen aufriefen. Darunter kehrte ein Plakat, das Berühmtheit erlangen sollte, immer wieder, nämlich jene erschütternde Zeichnung der Käthe Kollwitz, die ein ausgemergeltes Kind darstellt, in dessen Gesicht der Hunger kohlschwarze Augenhöhlen gebrannt hat und das in seinen mageren Händchen bittend eine Schüssel hält.

Nachdem ich etwas verlegen mein Anliegen vorgebracht hatte, forderte man mich sofort auf, Platz zu nehmen, und schob mir ohne weitere Umstände einen Berg gefalteter Druckschriften und eine Anzahl Umschläge zu, in die ich die Drucksachen zu stecken hatte. Damit hatte meine Arbeit bei der KiHi begonnen, und ich fühlte mich rasch in dieser buntgemischten, munteren Gesellschaft zu Hause.

Meine jungen Kollegen waren Freideutsche, wie ich eine gewesen war, Kommunisten und zum Teil ziemlich exaltierte, aber nicht unsympathische Intellektuelle. Die einzige Erwachsene unter uns war eine bäuerlich aussehende Frau in mittleren Jahren, Mutter von sechs Kindern, die uns bereitwillig unter ihre Fittiche nahm. Zu ihren besonderen Schützlingen gehörte ein Junge von vierzehn Jahren, ein halbes Kind noch, in Wadenstrümpfen und kurzen Hosen, der aus Abneigung gegen seinen Vater von zu Hause fortgelaufen war und auf den Zeitungsballen, die ich im Vorraum gesehen hatte, seine Nächte zubrachte. „Mutter K.“, wie wir sie nannten, liebte die Revolution nicht weniger als ihre sechs Kinder, von denen übrigens ein paar schon als jugendliche politische Häftlinge in Münchner Gefängnissen gesessen hatten. Sie war als Tochter eines pommerschen Aristokraten auf einem Gut aufgewachsen und wurde nicht müde, uns von den mittelalterlichen Zuständen auf dem Anwesen ihres Vaters zu berichten, wo man die Landarbeiter mit Reitpeitschen zur Arbeit trieb. Als junges Mädchen war sie mit ihrem Klavierlehrer durchgebrannt und hatte später ihre Familie mit den zahlreichen Kindern zum größten Teil selbst ernährt.

Wir waren, wie gesagt, eine Hilfsorganisation für notleidende Kinder. Zum Scherz pflegten wir daher zu sagen, daß man nicht nur den anderen, sondern auch uns „Kindern“ helfen solle. Aber der Scherz hatte den bitteren Beigeschmack der Wahrheit, denn wir waren kaum mehr als Kinder, und wir litten ausnahmslos harte

wirtschaftliche Not. Ich arbeitete zunächst in den Ferien, dann nach den Seminarstunden in der KiHi. Was wir an Vergütung für unsere Arbeiten erhielten, war nicht viel, aber es war Winter, und wir saßen in einem geheizten Raum. Wir ernährten uns kollektiv, das heißt, wir legten unser Geld zusammen und kauften das einzige, was damals in größeren Mengen billig bei den Berliner Straßenhändlern zu haben war: getrocknete Feigen.
An Langeweile litten wir in der KiHi nicht. Während der Arbeit sorgte ein Vorleser, wie ich ihn schon bei meinem ersten Besuche gehört hatte, für Unterhaltung. Er las moderne Prosa oder Lyrik. Alles, was neu war, ob expressionistisch oder dadaistisch, wurde gelesen, wenn es auch für die meisten der Zuhörer schwer verständlich war. Allerdings hätten wir das niemals zugegeben, um uns nicht zu blamieren. Schwieg der Vorleser dann erschöpft, brach die politische Diskussion los, bei der die Kommunisten unter uns das Wort führten. Die Wochen in der KiHi wurden für mich zu einer intensiven kommunistischen Schulung. Die politischen Ereignisse wurden sehr einseitig, nämlich im kommunistischen Sinne, interpretiert. Alles schien mir plötzlich wunderbar leicht begreiflich zu sein. Vor allem aber wurde mein revolutionäres Gefühl angesprochen. Nicht nur Mutter K. liebte die Revolution. Die Kommunisten unter uns waren von der gleichen Leidenschaft erfüllt. Einige von ihnen waren Mitkämpfer der Münchner Räterepublik gewesen. Sie berichteten von der Ermordung Landauers, von der Hinrichtung Eugen Levinés. Ich erfuhr von den letzten Worten Levinés vor dem Standgericht in München, wo er seinen Henkern zurief: „Wir Kommunisten sind alle Tote auf Urlaub!“ Ich hörte zum erstenmal Menschen mit tiefer Erschütterung vom Ende Rosa Luxemburgs und Karl Liebknechts sprechen und begann etwas von der menschlichen Größe dieser Märtyrer der Revolution zu begreifen. Und dann fielen mir eines Tages Rosa Luxemburgs „Briefe aus dem Gefängnis“ in die Hand, eine Lektüre, die entscheidenden Einfluß auf mich ausübte. Ich war auf dem besten Wege, Kommunistin zu werden, allerdings zunächst nur aus dem Gefühl heraus, denn von marxistischer Theorie und kommunistischem Dogma hatte ich keine Ahnung.
Am 15. Januar 1921, dem Todestage Liebknechts und Rosa Luxemburgs, beteiligte ich mich zum ersten Male an einer kommunistischen Demonstration und marschierte in ihren Reihen hinter roten

Fahnen durch ganz Berlin bis hinaus nach Friedrichsfelde zu den Gräbern von „Karl und Rosa". In der Reihe vor mir ging Mutter K. In mitreißender Begeisterung schrie sie alle paar Minuten: „Es lebe der Sieg der Arbeiterklasse!" oder „Die Weltrevolution!" oder „Die Oktoberrevolution". Wobei dann jedesmal die vor und hinter uns Marschierenden mit einem donnernden „Hoch! Hoch! Hoch!" einfielen. Jedem begeisterten „Hoch!" folgte ein haßerfülltes „Nieder mit den Arbeitermördern!", worauf sich die Menge in einem dreifachen „Nieder! Nieder! Nieder!" entlud. Ein paar Reihen hinter mir trug ein Arbeiter auf einer Holztafel Käthe Kollwitzens Bild des ermordeten Karl Liebknecht auf dem Totenbette, die blutige Binde über der Stirn. Mich erfaßte der Fanatismus der Demonstrierenden und ein bis dahin unbekanntes Gefühl der Zugehörigkeit zu Tausenden von Gleichgesinnten, die, so glaubte ich, die Kraft und den Willen hätten, dem Unrecht ein für allemal ein Ende zu setzen und die ersehnte Freiheit für alle Menschen zu erkämpfen, die Freiheit, für die jene großen Toten gestorben waren. Immer wieder stimmte man den Trauermarsch an: „Unsterbliche Opfer, ihr sanket dahin...", und jedesmal schnürte es mir die Kehle zu. Als sich dann die Menge auf dem Friedhof drängte und ein brutales Gestoße begann, erhielt meine ehrliche Trauer bereits einige Dämpfer, um dann völlig in schmerzliche, fast wütende Enttäuschung umzuschlagen, als der Redner der Kommunisten das Wort ergriff. Die abgeleierten Phrasen, die er in die Winterluft hinausschrie, vermochten nicht, die beiden Ermordeten vor meinem inneren Auge erstehen zu lassen. Seine Worte fuhren über die Gräber hin, aber sie drangen mir nicht ins Herz. Die Erschütterung kehrte erst wieder, als langsam und getragen die letzte Strophe des Liedes aufklang: „Einst aber, wenn Freiheit den Menschen erstand, Und all euer Sehnen Erfüllung fand, Dann werden wir künden, wie ihr einst gelebt, Zum Höchsten der Menschheit empor nur gestrebt...".

Nachdem ich 1921 mein Examen als Kindergärtnerin abgelegt hatte, reiste ich mit Rafael Buber nach Heidelberg, wo er das nächste Semester zu studieren beabsichtigte. Aus unserer Zugehörigkeit zum Freundeskreis um Trude Marcell war inzwischen eine Liebesbeziehung geworden. Wir bewohnten zwei winzige Dachkammern im obersten Stockwerk des „Scheffelhauses", eines typischen Studentenhotels. Von unseren Fenstern aus blickten wir auf einen saalartigen Anbau, in dem die regelmäßigen Kneipabende einer studentischen Verbindung abgehalten wurden. Wir waren allzusehr in der Gedankenwelt der Jugendbewegung groß geworden, um diesen Exzessen der Biersauferei auf Kommando etwas anderes als Verachtung entgegenzubringen. In der kleinen Universitätsstadt waren die politischen Fronten viel schärfer betont als im großen Berlin. Der rechte Flügel erhielt sein Gepräge durch die konservativen und nationalistischen Korpsstudenten, der linke durch die Einheitsfront von Arbeitern aus den Heidelberger Industriebetrieben und sozialistischen Studenten. Schon die äußerlichen Unterschiede zwischen den Vertretern beider Gruppen waren kraß: hier kurzer militärischer Haarschnitt, von uns respektlos „vorne schön und hinten praktisch" genannt, dort lange, wenig gepflegte Haare; hier makellose Kleidung, bunte Studentenmütze und Spazierstock, dort kurze Hosen, offene Hemden und Sandalen; hier betontes Herauskehren von Herrenallüren und starres Festhalten an der Tradition, dort ein demonstratives Zurschaustellen des völligen Bruchs mit jeder Tradition. Ständige Provokationen beider Parteien und anschließende Reibereien gaben dem politischen Kampf jenes belebende Feuer, wie es sich fast nur im studentischen Milieu findet.

Nicht lange nach unserer Ankunft in Heidelberg lernten wir ein Studentenpaar kennen, das einen starken Eindruck auf uns machte, Frieda Schiff und Karl Sothmann. Sie waren die politischen und organisatorischen Leiter des Kommunistischen Jugendverbandes Deutschlands, des KJVD, in Heidelberg und nahmen Rafael Buber und mich als Mitglieder in diesen Verband auf. Damit hatte ich zum ersten Male in meinem Leben eine echte politische Entscheidung gefällt. Möglicherweise war sie beschleunigt worden durch den Eindruck der klaren Fronten und der anscheinenden Unvereinbarkeit zwischen den beiden politischen Lagern in dieser

Universitätsstadt. Keinesfalls aber wurde mir die eigentliche Tragweite dieses Schrittes bewußt. Ich hatte lediglich das Gefühl, ich müsse endlich auch einmal nach außenhin beweisen, daß ich zur neuen Welt, zur kompromißlosen Welt der Jugend gehörte. Für mich war der KJVD nichts anderes als die radikalste Abart einer Jugendgruppe, die zur Hand war, radikaler noch als die letzte Gruppe, der ich angehört hatte, die Aktivistische Jugend Schönebergs. Zwar hatte der KJVD die Ideale mit der KPD gemeinsam, aber ich war, wie wahrscheinlich die überwiegende Mehrzahl der damaligen Mitglieder, überzeugt davon, daß die kommunistische Jugendbewegung wohl Seite an Seite mit der Partei, aber dennoch unabhängig den Weg in eine bessere Zukunft bereite. Freiheit und Unabhängigkeit waren für uns fast mystische Begriffe, und wir hätten uns bestimmt mit Empörung abgewandt, hätten wir geahnt, daß der KJVD mit dem jugendlichen Enthusiasmus seiner Mitglieder und Funktionäre nur ein willkommenes Werkzeug für die Zwecke der Parteiführung war. Es bedurfte denn auch jahrelanger geschickter Taktik der KPD, um diesen Jugendverband völlig ihren parteipolitischen Wünschen gefügig zu machen. Damit hatte er dann allerdings auch sein ursprüngliches Leben verloren, und er begann erst wieder zu Anfang der dreißiger Jahre in vollkommen veränderter Gestalt, nämlich als militärisch organisierte antifaschistische Jugend, in Erscheinung zu treten.

Nachdem wir nun Mitglieder des KJVD geworden waren, gehörten wir nicht etwa nur zu einer Organisation, die in jeder Woche einmal eine Sitzung abhielt. Wir hatten Aufnahme gefunden in eine große Familie. Wir wohnten neben „unseren Genossen" im Dachgeschoß des Hotels, diskutierten mit ihnen bis in die sinkenden Nächte und gingen nicht nur gemeinsam zu Zellenabenden, Versammlungen und Demonstrationen, sondern trafen uns auch im gleichen billigen Restaurant und kauften in demselben Laden, weil die Tochter der Besitzerin eine „Genossin" war. Sie hieß Änne, und das Wohlergehen ihrer Mitgenossen lag ihr viel, viel mehr am Herzen als der Verdienst der Mutter. Sie entwendete aus dem mütterlichen Laden unentwegt Lebensmittel, um uns vor dem Hunger zu bewahren.

Damals hatten die kommunistische Jugend und vor allem deren studentische Gruppe noch große Ähnlichkeit mit der freideutschen Jugendbewegung, nur wurde das „Zurück zur Natur!" durch die politische Schwämerei in den Hintergrund gedrängt. Individuelle Freiheit und soziale Gerechtigkeit hießen die Losungen, für die wir zu kämpfen wähnten. Die Oktoberrevolution hielten wir für das große Vorbild, dem wir nachzueifern hatten. An der schmalen Wand unserer schrägen Dachkammer hing als einziger Schmuck ein großes Plakat mit kubistisch gezeichneten Industrieanlagen: von Schornstein zu Schornstein zog sich die Losung: „Moskau-Berlin bringt Rettung!" Obgleich wir überzeugt davon waren, daß in Deutschland die kommunistische Revolution vor der Tür stand, waren wir weit davon entfernt, bewußte Parteiarbeiter zu sein oder gar „Berufsrevolutionäre", die sich völlig in den Dienst der Bewegung stellten; wir führten nach wie vor das unbekümmerte Leben der Jugend.

Ich war von Heidelberg bezaubert, dieser Stadt, in der Architektur und Landschaft miteinander verschmelzen, in der das Sonnenlicht durch den roten Sandstein der alten Häuser und Brücken ein warmes südliches Leuchten erhält, wo der Fluß im Tal und die Berghänge über seinen Ufern in die Stadt einbezogen sind und mit ihr durch sie verschönt. In diesem Jahr schimmerten bereits im März rosa Mandelblüten aus den Gärten, und wir lagen am Ufer in der Sonne oder wanderten auf schmalen Wegen das Tal hinauf; machmal ruderten wir neckarabwärts zu einer kleinen flachen Insel, um dort ungestört den Frühling zu genießen.

Wir waren jung, und es war Frühling. Wir lagen am grasbewachsenen Ufer und ergaben uns dem unermüdlichen Geschwätz der Jugend, jenem Geschwätz, das allem Anschein nach so sinnlos war und das doch, fast ohne daß wir es wußten, hier und da ins Schwarze traf. Wer uns damals zugehört hätte, würde uns sicher für verrückt gehalten haben; denn wir unterhielten uns in einer merkwürdigen Kindersprache, die wir dem jungen Liebespaar aus Kurt Tucholskys „Rheinsberg" abgelauscht hatten, einem Buche, das damals gerade erschienen war und das uns weit mehr beschäftigte als irgendeine kommunistische Broschüre. Natürlich suchte vor uns Mädchen ein Student den anderen zu übertrumpfen und nutzte dabei die Bücher, die er gerade gelesen hatte, nach Kräften aus. So nahm mich einmal ein frischgebackener Jünger der Physiognomik zur Zielscheibe seiner Gelehrsamkeit, ließ mich lächeln, das Gesicht verziehen, die Augen schließen. Meine unregelmäßigen Gesichtszüge hatten es ihm offenbar angetan, und er bewies mir umständlich — ich weiß

nicht mehr, ob es nach Lavater war —, meine stärker ausgebildete linke Gesichtshälfte deute darauf hin, daß in mir die männlich-weibliche Komponente der rein weiblichen überlegen sei, was den nächsten jungen Mann nicht ruhen ließ, der mir, der volkstümlicheren Deutungsweise folgend, aus meinen ziemlich kräftigen Augenbrauen ein tragisches Schicksal voraussagte. Und dann kam aus dem Hintergrunde die Stimme des jungen von F., der uns anvertraute, er habe jahrelang auf Java gelebt. Lebendig berichtete er von Land und Leuten. Wie interessant und umwittert von Geheimnis und große Welt kam er mir vor! Er erzählte, daß er Furchtbares erlebt habe, denn man habe ihn ermorden wollen, und es folgte eine Schilderung der perfekten Mordarten unter Malaien und Südseeinsulanern. Bambussplitter und feingehackte Härchen — nichts fehlte. Natürlich glaubte ich ihm aufs Wort und war bitter enttäuscht, als ich einige Tage später erfuhr, daß er aus einem kleinen Provinznest stammte, das er bis zu seiner Studienzeit in Heidelberg niemals verlassen hatte. Er hatte eben mit Sorgfalt und Phantasie gelesen. Es waren die Bücher, und er war jung.
So gingen die ersten Heidelberger Monate fast sorglos vorüber. Was wußten wir schon davon, daß gerade in diesen Märztagen das bolschewistische Regime in Sowjetrußland seine erste große Krise erlebte, den Kronstädter Aufstand, in dem die Matrosen dieser Festung gegen die Staatsdiktatur rebellierten und Forderungen stellten, die noch jetzt, nach fünfundreißig Jahren, nichts von ihrer Richtigkeit und Aktualität eingebüßt haben. Schon im Winter 1920/21 war die innenpolitische Lage in Sowjetrußland bedrohlich geworden, denn breite Schichten des Volkes lehnten den Kriegskommunismus ab. Im Zusammenhang mit dieser für die Sowjetdiktatur so kritischen Situation waren führende Funktionäre der Komintern in Moskau der Meinung, daß man eine Katastrophe in Sowjetrußland nur abwenden könne durch die Entfesselung der Revolution in Deutschland. Drei Aufstandsspezialisten der Komintern, Bela Kun, der ehemalige Führer der ungarischen Räterepublik, Guralski, ein polnischer Revolutionär, und Pepper-Poganyi, ein ungarischer Kommunist, wurden nach Berlin geschickt, um die Vorbereitungen zu einer revolutionären Kraftprobe zu treffen. — Über Guralski, der den illegalen Namen Kleine trug, wird eine amüsante Anekdote erzählt. Selbstverständlich lebte er, wie alle Kominternemissäre in Deutschland, illegal und unter falschem Namen. Eines Tages ging

Guralski, alias Kleine, über die Friedrichstraße in Berlin. Da flüsterte ihm im Vorbeigehen eine Dame des ältesten Gewerbes zu: „Na, Kleiner, kommst du mit?!"... Entsetzt verließ Guralski die Friedrichstraße und flüchtete sich zu Willi Münzenberg, dem Generalsekretär der Internationalen Arbeiterhilfe, dem er aufgeregt den Vorfall erzählte: „Stell' dir vor, man kennt mich bereits in Berlin! Meine Illegalität ist gefährdet!"
Aber ehe wir uns recht versahen, sollte auch uns plötzlich die große Politik in ihren Bann ziehen. Zu den größten Fabriken Heidelbergs gehören die Portland-Zementwerke. Dort arbeiteten während der Universitätsferien auch Studenten, teils, um sich Geld zu verdienen, aber auch, soweit sie Kommunisten waren, um ihre proletarische Gesinnung unter Beweis zu stellen. Rafael Buber war einige Zeit Arbeiter im Zementsteinbruch gewesen und kannte dadurch dessen Einrichtungen in allen Einzelheiten. —Im Zusammenhang mit der Vorbereitung des geplanten revolutionären Umsturzes in Deutschland traten Mitarbeiter des kommunistischen Geheimapparates in den Parteiorganisationen aller größeren Städte in Aktion. Eines Tages setzte sich ein solcher „Apparatmann" der Partei mit Rafael Buber in Verbindung und erteilte ihm sowie einem weiteren Jugendgenossen einen konspirativen Auftrag. Sie sollten nachts in das umzäunte Gelände des Steinbruchs eindringen, den Schuppen, in dem die Säcke mit Dynamit lagerten, aufbrechen und diese auf einen mitgebrachten Wagen laden. Alles wäre wahrscheinlich ohne Störung verlaufen, wenn nicht ein Sack geplatzt wäre und der Mithelfer Bubers in das Dynamit gegriffen hätte. Sofort verfärbten sich seine Hände und vor allem die Fingernägel quittegelb, was sich weder durch Wasser noch Seife entfernen ließ. Nachdem der Wagen mit dem Sprengstoff noch während der Nacht am verabredeten Ort übernommen worden war, mußte der junge Mann, die Hände sorgfältig unter Handschuhen verborgen, an die nächste östliche Grenze gebracht werden, wo der KP-Apparat seinen Weitertransport übernahm.
Durch dieses Ereignis kam ich das erstemal, zwar nur indirekt, mit dem illegalen Apparat der KPD in Berührung. Ich hatte nicht die geringste Ahnung, daß es in jener Zeit einen „M-Apparat", einen „N-Apparat", einen „Z-Apparat" und einen „T-Apparat" gab, und noch viel weniger, welche verschiedenen Aufgaben diesen Apparaten gestellt waren. Es genügte allein das Geheimnisvolle,

das solche konspirativen Tätigkeiten umwitterte, um sie für uns anziehend zu machen. Die Überlegung, daß sich hier etwas Gesetzwidriges abspielte, wurde sofort unterdrückt, da ja das „Recht" auf der Seite der Revolution war. Nur das Schicksal des Jungen, der nun ganz gegen seinen Willen fliehen mußte, erschütterte mich, und als ich etwas über die Verantwortungslosigkeit dieser Apparatleute äußerte, wurde ich belehrt, daß man so etwas im „Kampf für die Sache der Arbeiterklasse" in Kauf nehmen müsse und daß außerdem dieser Junge nur sein Glück gemacht habe, da er nämlich nach Sowjetrußland komme und dort leben könne. Ja, da mochten sie wohl recht haben, das war sicher ein großes Glück ...

Wir empfanden das ganze Dynamitunternehmen als höchst romantisch, zerbrachen uns aber den Kopf, was man mit diesen Mengen von Sprengstoff eigentlich vorhatte. Erst als die „März-Aktion" schon in vollem Gange war, als im Mansfelder Kohlenrevier die Arbeiter bereits streikten und gegen die Sicherheitstruppen der Regierung kämpften, hörten wir von zahlreichen Terrorakten, zu denen man Dynamit benötigte. Auf den Schnellzug Halle—Leipzig war ein Bombenattentat verübt worden. Man hatte versucht, die Siegessäule in Berlin in die Luft zu sprengen. Aber auch die Gegenseite schien über Dynamit zu verfügen, denn viele Parteilokale der Kommunisten wurden durch Sprengstoff zerstört. Erst später sollten wir erfahren, daß auch für diese Explosionen der KP-Apparat verantwortlich war. Man hoffte, die Empörung der Arbeiter durch solche Provokationen anzufachen.

Mit den Nachrichten von den revolutionären Kämpfen in Mitteldeutschland war ein Name untrennbar verbunden, der Name von Max Hölz. Schon seit den Tagen des Kapp-Putsches hatte er einen beinahe legendären Ruf. Dieser ehemalige Kinoerklärer spielte damals im Vogtland eine ähnliche Rolle wie der Schinderhannes zur Zeit der Französischen Revolution. 1920, während des Kapp-Putsches, bildete Max Hölz aus Heimarbeitern des Erzgebirges einen Trupp von hundert Leuten, um gegen die reaktionären Freikorps zu kämpfen. Er überfiel Ortschaften, raubte Waffen, bedrohte die Reichen und half den Armen. Als wir in Heidelberg von seinen Heldentaten bei der Unterstützung der kämpfenden Leunaarbeiter erfuhren, wußten wir allerdings nicht, daß Max Hölz schon während des Kapp-Putsches „wegen mangelnder Parteidisziplin" aus der KPD ausgeschlossen worden war. Er war „unser Genosse", und wir setzten die ganze Hoffnung auf ihn. Aber schon Anfang April war die „März-Aktion" in Deutschland zerschlagen und unterdrückt, und von einer Revolution konnte keine Rede sein. Tausende von Arbeitern wurden verhaftet, unter ihnen auch Max Hölz, den man zu lebenslänglichem Zuchthaus verurteilte. Jahrelang führten darauf die Kommunisten in Deutschland einen Propagandafeldzug für seine Befreiung aus der Haft. Wie großer Sympathien sich dieser Rebell erfreute, beweist ein Vorfall, den ich im Berliner Großen Schauspielhaus Mitte der zwanziger Jahre erlebte. Es wurden die „Weber" von Gerhart Hauptmann aufgeführt. In der Demonstrationsszene nach der Verhaftung von Moritz Jäger, als die Weber mit der Forderung „Jäger 'raus!" über die Bühne zogen, erhoben sich die tausende Zuschauer auf den Rängen und im Parterre des riesigen Theaters und brachen in den Ruf aus: „Max Hölz 'raus! Max Hölz 'raus!"

Durch diese Kampagne wurde der Häftling Max Hölz allmählich zu einer Primadonna im Zuchthaus Sonnenburg und zur Sensation dieser Strafanstalt. Die Besucher strömten herbei, man überschüttete ihn mit Paketen und Briefen, so daß das örtliche Postamt kaum noch in der Lage war, seine Korrespondenz zu bewältigen. Im Jahre 1928 erlebte ich auf dem Bülowplatz in Berlin die triumphale Begrüßung nach seiner Freilassung aus dem Zuchthaus und konnte mich nicht genug wundern, statt eines ausgemergelten bleichen Häftlings einen schön braungebrannten, von Gesundheit strotzenden Max Hölz zu sehen. Ein Jahr lang benutzte ihn dann die KPD als Reklamefigur und ließ ihn auf Vortragsreisen von seinem Leben erzählen. Als er aber keine Sensation mehr darstellte und seine Zugkraft ebenso schnell nachließ, wie seine Selbstherrlichkeit wuchs, überredete man ihn, nach Moskau zu gehen, um die Gefahr seiner politischen Eigenmächtigkeiten ein für allemal zu bannen. Ende der zwanziger Jahre brauchte man in der KPD keine Rebellen mehr. — Dann hörte ich lange Zeit nichts mehr von ihm. Er war anfangs in Sowjetrußland mit Orden dekoriert und gefeiert worden, danach überließ man ihn dem sowjetischen Alltag. Von diesem Menschen mit dem Temperament eines Räuberhauptmanns verlangten nun die kommunistischen Bürokraten Disziplin. Er sollte sich einfügen in die reglementierte Unfreiheit. So wurde sein Leben zu einer fortgesetzten Kette von Zusammenstößen, an denen er aber nicht etwa zerbrach, sondern sich in eine immer stärkere Aggressivität und Überheblichkeit hineinsteigerte ... Er fühlte sich berechtigt zu kämpfen, und er tat es, sowie sich ihm jemand entgegenstellte. Immer energischer forderte er seine Rückkehr nach Deutschland. Man riet ihm ab, verweigerte ihm den Paß und versuchte mit aller Gewalt zu verhindern, daß er sich mit der deutschen Botschaft in Moskau in Verbindung setzte. Eines Tages gelang es ihm aber doch, das Botschaftsgebäude zu erreichen und dort seine Wünsche vorzutragen. Nach der Rückkehr ins Hotel „Metropol", wo er ein Zimmer bewohnte, muß er wohl mit seiner Verhaftung durch die NKWD gerechnet haben, denn er verbarrikadierte seine Tür und beantwortete alle Bitten zu öffnen mit der Erklärung, auf jeden Eindringling sofort zu schießen. Dann muß er sich aber wieder beruhigt haben, und er ließ sich sogar überreden, nach Gorki, dem früheren Nishnij Nowgorod, zu fahren und dort eine Arbeit anzutreten ...

Als ich 1935 gerade in Moskau angekommen war, besuchte uns unser Freund Amo Vartanjan, der zu jener Zeit als politischer Sekretär einer Flugzeugfabrik in Gorki arbeitete. Er erzählte, daß man eines Tages im Jahre 1934 die Parteiorganisation von Gorki benachrichtigt habe, daß aus der Wolga eine männliche Leiche geborgen worden sei, die am Baugerüst eines Brückenpfeilers angeschwemmt worden war. Man indentifizierte den Toten als Max Hölz und erklärte, er sei beim Baden ertrunken. Vartanjan hatte sofort das Gefühl, daß es bei diesem Unglücksfall nicht mit rechten Dingen zugegangen sein könne. Noch bevor Max Hölz mit allen Sowjetehren unter Vorantragen seiner Orden mit Musik und Trauerreden bestattet war, verbreitete sich das Gerücht, daß ihn Beamte der NKWD betrunken gemacht und dann im Fluß ersäuft hätten wie einen räudigen Hund.

Max Hölz war für uns also das Ideal. Es galt, ihm nachzueifern, und selbstverständlich waren wir zu allen Taten für die Sache des Proletariats bereit. Der Sprengstoffdiebstahl war nur ein geringfügiger Beitrag zum großen Kampf, und außerdem schien er gut ausgegangen zu sein.

Aber eines Tages erschienen im Scheffelhaus zwei Kriminalbeamte und durchsuchten alle Räume im obersten Stockwerk. Ich war als einzige Mieterin zu Hause und wurde so von den beiden aufgefordert, als Zeugin bei der „Amtshandlung" zu fungieren. Während sie die Betten auseinanderrissen und alles Lesbare in Augenschein nahmen, versuchten sie, mich in ein Gespräch zu verwickeln. Sie schlugen dabei geradezu väterliche Töne an, die meine vorgefaßte Meinung von der Polizei über den Haufen zu werfen drohte. Diese Polizisten waren ja gar nicht so, wie ich sie bisher bei Demonstrationen auf der Straße erlebt hatte, wo sie den Gummiknüppel schwangen und hinter den Menschen herrannten! Eigentlich benahmen sie sich wie ganz normale Menschen. Ich mußte mich dauernd zur Ordnung rufen und mir klarmachen, daß sie trotzdem meine Feinde seien, wobei mir natürlich das schlechte Gewissen wegen der Dynamitgeschichte zu Hilfe kam. Als allerdings dann die beiden biederen Vertreter der Staatsmacht in einer Dachkammer Aktzeichnungen eines Malers entdeckten und sich darauf in groben, unanständigen Bemerkungen und Witzen ergingen, erwachte mein Widerstand, und ich war geradezu glücklich, daß ich nun einen Anlaß hatte, sie zu hassen und in die „Front der Feinde des Proletariats" einzureihen.

Bei dieser Hausdurchsuchung wurde zwar nichts Belastendes gefunden, aber der Dynamitdiebstahl sollte trotzdem seine bösen Folgen haben. Es wäre auch ein reines Wunder gewesen, wenn die Polizei nichts davon erfahren hätte; denn in dieses Abenteuer waren allzu viele eingeweiht, und außerdem mangelte es uns an jeder Erfahrung. Man verhaftete Rafael Buber, als er gerade dabei war, illegale Flugblätter zu verteilen. Kurz darauf wurde er als österreichischer Staatsbürger aus dem Lande Baden ausgewiesen. In jugendlichem Leichtsinn reagierten wir auf diesen Schlag eher gelassen, aber ich kann mich erinnern, daß Rafael mir erzählte, wie es seine Eltern empörte; denn durch die Ausweisung wurde er automatisch von der Universität Heidelberg verstoßen. Übrigens muteten wir diesen Eltern gerade in jenen Monaten noch einiges mehr zu; sie erfuhren nämlich, daß ich von ihrem Sohn ein Kind erwartete. Wir waren nicht verheiratet. Für Kommunisten gehörte es doch zum guten Ton, in freier Ehe zu leben. Damals ahnten wir allerdings noch nicht, welche Konsequenzen das haben und wie uns die Umwelt begegnen würde, wenn das Kind erst einmal geboren war.

Vorläufig blieb ich in Heidelberg wohnen und teilte mein Zimmer mit einer Studentin, einer Pfarrerstochter, die mit Pagenfrisur, in dunkelblauem, an den Hüften gegürtetem Kleid, ihr ohnehin knabenhaftes Aussehen noch nachdrücklich betonte und auch in

Wort und Gebaren revolutionäre Extravaganz zur Schau trug. Liebesbindung zwischen den Geschlechtern galt ihr als etwas Überlebtes, denn dadurch, so dozierte sie, werde die Frau in ihrer persönlichen Freiheit beschränkt. Sie gehörte jener Kategorie von Superemanzipierten an, für die der Geschlechtsakt an Bedeutung so alltägliche Lebensäußerungen wie Essen und Trinken nicht übertreffen durfte. Sachlichkeit war das Zauberwort. Man schlief miteinander, weil man nun einmal normale Triebe hatte und weil es einem selbstverständlich mehr oder weniger Spaß bereitete, aber man versuchte, diese erfreuliche Funktion nicht durch gefühlsmäßige Belastungen zu trüben. Hätte man darüber geschwiegen, wäre es nicht so schlimm gewesen, denn schließlich handelte es sich ja um die privateste aller Angelegenheiten. Aber man machte eine Lehre daraus. Man forderte die gleiche Kaltschnäuzigkeit selbstverständlich auch von denen, die man für seine Gesinnungsgenossen hielt. Dem Gefühlsüberschwang der jüngsten Vergangenheit wollte man auf diese Weise entrinnen und fiel prompt in das entgegengesetzte Extrem. Natürlich erkannten diese maskulinen Mädchen und fortschrittsgläubigen Jünglinge nicht, daß sie sich mit all ihrer Schnoddrigkeit nur in eine Art von Sentimentalität, nämlich in eine Sentimentalität mit negativem Vorzeichen, geflüchtet hatten. Die angebliche Befreiung des Liebeslebens vom Ballast der Gefühle gelang den meisten dieser jungen Menschen nicht, soviel sie auch darüber reden mochten. Wie sich diese Gefühle nicht nach Belieben herbeirufen ließen, so konnte man sie natürlich auch nicht ausschalten. Schließlich war man ja, so sehr man sich auch dagegen wehrte, Mensch. Und da nun die menschliche Schwäche in stetem Gegensatz zur neuen Liebesdoktrin stand, so geriet man im besten Falle in eine heillose Verwirrung, oder man wurde, im ärgsten Falle, ganz einfach verlogen. Es gehört diese Hemmungslosigkeit in Dingen des Geschlechtslebens ebensosehr zum Pathos der zwanziger Jahre, wie sie auch gleichzeitig einer der Keime des Untergangs dieser erstaunlichen Epoche war.

Wenigen ist es allerdings gelungen, das erotische Dilemma mit Grazie zu überbrücken. Eine Frau, die das mit Geist und vollendeter Anmut tat, war jene schon erwähnte Frieda Schiff, die Rafael und mich in den Kommunistischen Jugendverband aufgenommen hatte. Frieda war nur einige Jahre älter als ich, doch strahlte sie so viel Überlegenheit aus, daß ich mich in ihrer Gegenwart wie ein unmündiges Kind fühlte. Wenn man ihr Zimmer betrat, in dem meistens eine malerische Unordnung herrschte, und sie einen vom Sofa her begrüßte, empfand ich es gar nicht als seltsam, daß sie einfach liegenblieb. Alles stand ihr gut. Und sprach sie dann, sehr langsam und mit sanfter Stimme, so hatte man den Eindruck, daß sie das, was sie sagte, gründlich und tief durchdacht hatte. Dabei ging von ihrem Gesicht ein seltsamer Zauber aus. Die obere Hälfte mit der klaren Stirn und den schönen blauen Augen war Klugheit und Ruhe, die untere Partie aber, der ausdrucksvolle Mund mit den glänzenden weißen Zähnen, war voller Liebreiz und Temperament. Aber nicht das allein machte ihren großen Scharm aus; es war der Zusammenklang von Anmut und Klugheit, dem man sich nicht entziehen konnte.

Frieda stammte aus Wien und war die Tochter eines k.k. Hofrates, der diesen Titel auch dann noch führte, als es schon lange keine österreichischen Kaiser und Könige mehr gab, und der nach wie vor einen Backenbart à la Franz Joseph trug. Dieser Vater war würdig, trocken, nüchtern und streng. Dazu die Mutter sehr zart, blaß und reserviert. Friedl hatte nichts mit dieser Familie gemein. Sie war die Unbürgerlichkeit in Person.

In Heidelberg hatte Frieda ein Liebesverhältnis mit Karl Sothmann, einem Pastorensohn aus Mecklenburg. Als ich nach einigen Jahren wieder von ihr hörte, lebte sie mit einem Glasgower Kommunisten, John Leckie, zusammen, und dessen Nachfolger wurde der sehr begabte Neger George Padmore. In der Zahl der Liebesbeziehungen unterschied sie sich nicht von anderen Frauen und Mädchen jener Zeit, und sie fand es ganz natürlich, daß man etwa nach einer Diskussion mit einem Mann, der einem gefiel, ohne weiteres Aufheben ins Bett ging. Jede Hemmung wäre ihr dabei seltsam vorgekommen. Sie war auch nicht eifersüchtig, sondern hielt es für selbstverständlich, daß ihre männlichen Freunde mit ihren weiblichen schliefen. — Für die Männer, mit denen sie länger zusammenlebte, war sie eine Art Muse. Sie hatte die Gabe, etwas in ihnen zu erwecken, aus ihnen herauszuholen, was vor der Beziehung zu ihr und auch nachher nicht mehr da war. So erlangten die meisten dieser Männer, während sie mit Friedl lebten, eine gewisse Bedeutung, fielen aber sofort ins Alltägliche zurück, wenn sie sich von ihr lösten. Dabei war diese Frau in keiner Weise aggressiv oder ehrgeizig. Mit großer Ruhe und sehr viel Lächeln brachte sie die mittelmäßigsten Charaktere dazu, gute Reden zu halten, Bücher zu schreiben und sogar Helden zu werden. — Sie selbst hat nie etwas geschrieben, sondern ihre unzweifelhafte Begabung immer darangesetzt, als weiblicher Pygmalion männliche Galatheen zum Leben zu erwecken. — Als der Bürgerkrieg in Spanien ausbrach, lebte sie in Paris und zögerte keinen Augenblick, nach Spanien zu fahren, um für den Sieg der Republikaner zu arbeiten. Sie geriet in Spanien in große Schwierigkeiten, man hielt sie zwangsweise im Hauptquartier der sowjetischen NKWD in Alcazar de Henares zurück, was einer Verhaftung gleichkam. Ein spanischer aristokratischer Berufsoffizier, der auf der republikanischen Seite kämpfte, befreite sie unter Lebensgefahr und Verlust seines Offizierspatents. Später reiste der Spanier zu Frieda nach Paris und schrieb unter ihrer Führung ein Buch. Als sie zwei Jahre zusammengelebt hatten, begann Frieda unter der Eifersucht des feurigen Spaniers zu leiden, und wahrscheinlich konnte auch er auf die Dauer die stille, überlegene Frau nicht mehr ertragen. Sie trennten sich. — Kurz bevor die Hitlerarmee nach Paris kam, heiratete Frieda einen um zwanzig Jahre jüngeren jüdisch-marokkanischen Studenten, der sie nach Afrika rettete und seinen entsetzten Eltern ins orthodoxe Haus brachte.

Inflation, Sorgen und eine Hochzeit

Unsere nächste Station war Jena. Rafael studierte an der Landwirtschaftlichen Hochschule, oder, um genauer zu sein, er ließ sich dort einschreiben. Die Vorlesungen besuchte er fast nie. Er war der Ansicht, daß man sich das zum Examen notwendige Wissen ohne Professoren aus der Fachliteratur aneignen könne. Er benutzte die freie Zeit, um zum Monatswechsel etwas hinzuzuverdienen, denn die Entwertung des Geldes durch die Inflation wurde immer spürbarer.

Jetzt erfuhren wir, was es heißt, sich in unserer Lage über die Moral der bürgerlichen Gesellschaft hinwegsetzen zu wollen. Jede Vermieterin von möblierten Zimmern sah mit geübtem Blick, daß ich ein Kind erwartete. Und sobald sie erfuhren, daß wir nicht verheiratet waren, verlangten sie einen entsprechend hohen und für uns kaum erschwinglichen Mietpreis, oder sie lehnten das Risiko überhaupt ab. Zu unserer Enttäuschung mußten wir bald erfahren, daß auch die zimmervermietenden Genossen nicht viel besser waren. Wir stellten damals fest, daß der Kommunismus, soweit er von der Arbeiterschaft Besitz ergriffen hatte, an den Vorurteilen dieser Arbeiter nur wenig hatte ändern können. Bei den meisten politisch radikalen Arbeitern hörte der Radikalismus da auf, wo er bei uns anfing. Sie waren an einer Neuverteilung der Güter interessiert, aber der Kampf um moralische Unabhängigkeit war ihnen gleichgültig.

Schließlich fanden wir zwei kleine Räume in einer modernen Wohnsiedlung der Zeisswerke am Stadtrand von Jena, in der jede Arbeiterfamilie ihr eigenes Häuschen besaß. Unser Vermieter, ein Schott-Arbeiter, war ein schweigsamer Mann, der es nicht liebte, über Politik zu sprechen. Nach der Arbeit zog er sich gewöhnlich in einen Korbsessel seines Wohnzimmers zurück und vergrub sich in irgendein Buch. Die Klatsch- und Schimpftiraden seiner Frau, einer schmutzigen, hageren Person, ließ er schweigend über sich ergehen. Die Flut schien an ihm abzulaufen wie Wasser an einer Ente. Er wirkte immer sehr distinguiert, sein Anzug war stets sauber, und er sah eher aus wie ein Angestellter. Niemand hätte je vermutet, daß er aus dem Haushalt einer Erzschlampe komme. Die Küche dieses Hauses werde ich nie vergessen! Schmutziges Geschirr vieler Tage, Abfälle und Wäschestücke häuften sich auf Tisch und Stühlen.

Aber das war in dieser neuen Wohnung nicht das Schlimmste. Natürlich wußte unsere Vermieterin, daß wir nicht verheiratet waren und ich ein Kind erwartete. Aber sie reagierte nicht etwa mit Empörung darauf, ihre Reaktion war viel unangenehmer. Sie fühlte sich berechtigt, mich ständig mit den Ausgeburten ihrer schmutzigen Phantasie zu belästigen. Sie nahm sich dieses Recht, weil sie unsere freie Verbindung für unmoralisch hielt. Schließlich mied ich sie wie die Pest, genauso, wie das ihre schwer asthmakranke Tochter tat, die sich vor dieser Mutter keuchend und röchelnd in ihrem Zimmer verkroch.

Ich lebte in Jena um des kommenden Kindes willen sehr einsam, hatte kaum eine Verbindung mit der dortigen kommunistischen Bewegung. Manchmal nur besuchte ich Genossen, eine Arbeiterfamilie. Als Zeichen ihrer klassenkämpferischen Gesinnung hing bei ihnen im Wohnzimmer der Kalender der kommunistischen Zeitung und über dem Türrahmen, für alle sichtbar, ein Schild mit der Losung: „Denn das sei aller Menschen Pflicht, daß niemand es an Brot gebricht." Dieses Zitat verband sich mir für immer mit dem Bild der Mutter dieser liebenswerten Familie. Bei jener einfachen Frau war alles, was sie sprach und tat, ehrlich und echt. Die Triebkräfte, die sie für eine bessere und gerechtere Welt kämpfen ließen, waren nicht Neid und Mißgunst, sondern Gutherzigkeit und Wohlwollen. Der Vater hingegen, auch ein prachtvoller Kerl, war aus ganz anderen Gründen zur Kommunistischen Partei gekommen. Er suchte das Abenteuer, für ihn bedeutete die Parteiarbeit eine Flucht aus dem eintönigen Arbeiterdasein. Er hielt in einem kleinen Käfig in der Laube seines Schrebergartens ein Frettchen und verschaffte sich einen zusätzlichen Nervenkitzel durch Wilddieberei. Solche kommunistischen Arbeiter gaben in revolutionären Zeiten die Kundschafter zwischen den Fronten ab oder wurden oft vom Geheimapparat der Partei oder der sowjetrussischen Spionage für lebensgefährliche Aufträge angeworben.

An einem sonnigen Frühherbsttag gingen Rafael und ich durch die Wiesen des Saaletales, immer an dem sich schlängelnden Flusse entlang. Wir kamen an eine Badestelle, wo junge Burschen sich kreischend im Wasser tummelten, und ich blickte nicht ohne Neid auf ihr ausgelassenes Getobe, an dem ich nun nicht mehr teilnehmen konnte. Die Badenden waren Lehrlinge aus den Zeisswerken, eine Gruppe von Guttemplern, die der kommunistischen Jugend nahestanden. —Nicht lange nach dieser Begegnung hörten wir, daß eine Anzahl dieser Jungen verhaftet worden war und einen schweren Prozeß erwartete. Durch einen Zufall hatte man auf dem Jenaer Friedhof, in der Gruft eines Erbbegräbnisses, Mengen von optischen Geräten entdeckt und bald darauf auch diejenigen erwischt, die sich nachts zu diesem Lager schlichen und ihm immer neues Diebesgut hinzufügten. Bei den Verhören stellte sich heraus, daß die Jugendlichen, die erfahren hatten, was für ein verheerender Mangel in Sowjetrußland an allen Industrieprodukten herrschte, in ihrer Begeisterung für das Land der siegreichen Oktoberrevolution den Plan gefaßt hatten, dem sozialistischen Aufbau zu Hilfe zu kommen. Monate hindurch stahlen sie im Betrieb Instrumente und Geräte, sammelten diese kostbaren Schätze an, um sie bei irgendeiner Gelegenheit nach Sowjetrußland bringen zu lassen. Diese

phantastische Hilfsaktion auf eigene Faust brachte die Jungen für Jahre ins Jugendgefängnis und in Zwangserziehung.
Es wurde Winter, und unser Kind sollte geboren werden. Ein Korbbettchen stand schon im Zimmer, und mit viel Mühe und ebenso großer Freude war alles besorgt und genäht worden, was ein kleiner Mensch braucht. Aber ein Problem blieb noch ungelöst: wo sollte das Kind zur Welt kommen? Zu Hause im möblierten Zimmer war es nicht möglich. Wir besaßen keine eigene Bettwäsche, und damals gab es in Deutschland so gut wie keine Textilien. Außerdem hätten wir sie auch gar nicht kaufen können, denn immer fehlte es an Geld. In Jena existierte, wie in jeder Universitätsstadt, eine Charité mit einer Entbindungsabteilung. Aber — und damit verwarfen wir sofort den Plan, mich dort anzumelden — die „unehelichen Mütter" wurden von den ehelichen streng getrennt. Mutig entschloß sich Rafael, in einer Privatklinik vorzusprechen, um zu erfahren, ob dort zu einem erschwinglichen Preis ein Platz für die Geburt unseres Kindes zu finden sei. Der Besitzer und Chefarzt dieser Klinik, Prof. Dr. Pust, wurde unser Retter und Beschützer. Vielleicht war er so freundlich zu uns, weil wir halben Kinder ihm gefielen, oder er hatte Mitleid mit so viel lebensunfähiger Naivität. Jedenfalls hörte er sich, auf seine Frage nach dem Grund des Unverheiratetseins, ruhig und überlegen unsere Propagandareden über kommunistische Ideen an. — Wir jugendlichen Eiferer waren sicher nicht leicht zu ertragen, denn wir wußten alles besser und meinten, die Zukunft in der Tasche zu haben. — Aber Pust fragte unbeeindruckt, ob wir uns nicht doch lieber verheiraten wollten. Das mit der Idee sei ja ganz schön, aber nun gehe es doch nicht nur um uns, sondern auch um ein Kind, und für das Wohlergehen dieses Kindes sei es besser, ehelich geboren zu werden. — Ich fand seine Worte sehr überzeugend. So ließ ich die weltanschaulichen Argumente auch bald beiseite und erklärte ihm schüchtern, daß es noch ein anderes Hindernis gäbe. Ich sei nämlich minderjährig und benötige zur Eheschließung die Erlaubnis des Vaters. Die aber würde ich niemals erhalten, da Rafael Halbjude sei und mein sehr preußischer Vater mit einem jüdischen Schwiegersohn bestimmt nicht einverstanden sein werde.
„Wenn das der einzige Grund ist", lachte Professor Pust, „dann werden wir das gleich haben!" Er versicherte mir, schon viel schwierigere Fälle in Ordnung gebracht zu haben. Ich war gespannt auf

seine Methode und erfuhr nicht ohne Heiterkeit, daß er von mir nur die Zustimmung zu einem Telegramm folgenden Inhalts brauche: „Ihre Tochter Margarete sieht der Geburt von Zwillingen entgegen stop Erteilen Sie bitte postwendend Zustimmung zur Eheschließung …

Prof. Pust, Privatklinik.“

Niemals erfolgte eine Antwort auf dieses Telegramm. Mein Vater war ein konsequenter Mann. So wurde denn meine Tochter unehelich geboren, was ihrem Wohlbefinden keinerlei Abbruch tat. Professor Pust aber, der alle unsere Sorgen kannte, sandte uns weder für die Entbindung noch für den zehntägigen Klinikaufenthalt eine Rechnung.

Im folgenden Jahre war es dann so weit. Eines Morgens übergab ich, nicht ohne genaue Anweisungen, meine kleine Tochter Barbara unserer neuen Zimmerwirtin, Frau Jakobson. Sie sollte auf das Kind aufpassen, während wir uns verheirateten. Im Vorraum des Jenaer Standesamtes warteten bereits unsere Trauzeugen, Thomas, der Chefredakteur der kommunistischen Zeitung Jenas, und Karl Korsch. Korsch war einer der führenden Kommunisten Deutschlands. Er trat 1923 in die thüringische Koalitionsregierung der Sozialdemokraten und Kommunisten ein. Später wurde er Mitglied des Reichstages und machte sich als einer der entscheidenden Männer der ultralinken Opposition in der KPD einen Namen. Er wurde 1926 aus der Partei ausgeschlossen. Im gleichen Jahre erklärte er im Reichstag, daß der Freundschaftspakt zwischen der Sowjetunion und der Weimarer Republik, der damals abgeschlossen wurde, sowohl den Interessen der deutschen als auch den Interessen der sowjetischen Arbeiter zuwiderlaufe, eine Ansicht, die in jener Zeit von politischem Weitblick zeugte.

Wir warteten, und jeder von uns vieren machte sich auf seine Weise über die bevorstehende, von uns einmütig als überflüssig empfundene Zeremonie lustig. Daher herrschte unter uns eine Art gereizter Heiterkeit, als wir den Raum des Standesbeamten betraten. Die sozialdemokratische Mehrheit der Stadt Jena hatte dafür gesorgt, daß auch für Freidenker, die sich nicht kirchlich trauen lassen wollten, die Eheschließung in feierlicher Atmosphäre stattfinde. Man hatte also den Raum in eine imitierte Kapelle verwandelt, die sich zu einer Apsis mit pseudogotischen Fenstern erweiterte. Mit sonorer Stimme, ganz dem Ernst des Augenblickes angemessen, begann der Beamte die Trauzeugen nach ihren Personalien zu fragen. Alles wäre wahrscheinlich ohne Zwischenfall verlaufen, denn wir hatten genügend Sinn für Humor, um die Szene zu genießen, da aber entdeckte Thomas im Hintergrund des Zimmers, auf einem Schrank versteckt, die verstaubte Gipsbüste des letzten Großherzogs von Sachsen-Weimar-Eisenach. Die Verlockung war zu groß, und bald hatte er den unglücklichen Beamten in Schweiß gebracht, weil er verlangte, daß die Büste entfernt werde. Als der Standesbeamte schließlich zur Trauung schritt, hatte er einen großen Teil seiner anfänglichen Salbung verloren; er stammelte sein Sprüchlein und brachte den Akt so rasch wie möglich zu Ende. Lachend traten wir ins Freie. Es war überstanden.

Nach der Trauung saßen wir noch lange beisammen in einem Café. Die Unterhaltung drehte sich selbstverständlich nicht um unser soeben sanktioniertes „junges Eheglück", sondern um die Politik, genauer gesagt, um die kommunistische und die sowjetische Politik. Korsch, der Prototyp eines linken Intellektuellen, bestritt das Gespräch fast allein. Zu meiner Verwunderung wagte er es, Kritik an Lenin zu üben, den er als eigenmächtig und tyrannisch charakterisierte. Trotzki sei der wahre Kopf der Revolution, ein genialer Politiker und Feldherr, ein glänzender Redner und guter Schriftsteller. Obwohl ich mich nur mit Mühe konzentrieren konnte, weil ich lieber nach meinem Kind gesehen hätte, ist mir dieses Gespräch doch gut in Erinnerung geblieben. Korsch formulierte brillant und mit großer Treffsicherheit; ich sah meine bisherigen hierarchischen Vorstellungen plötzlich in Verwirrung gebracht. Natürlich war damals für uns deutsche Kommunisten auch Trotzki noch einer der Erhabenen, aber der eigentliche Gott, der Unerreichbare, war doch Lenin.

Trotzki saß auf einem beträchtlich niedrigeren Piedestal. Die Verehrung Trotzkis, des Vaters der Lehre von der permanenten Revolution, des Schöpfers der Roten Armee, hätte mich bei einem Manne wie Karl Korsch eigentlich nicht so sehr verwundern sollen, denn er war, wie sehr viele Kommunisten damals, von der Hoffnung auf die kommende deutsche Revolution erfüllt und glaubte fest daran, daß sie unmittelbar vor der Tür stehe. Diese Hoffnungen wurden erst durch die mißlungenen Aufstände des Jahres 1923 zerstört. In welchem Maße aber gleich nach Kriegsende auch Lenin

und seine engsten Mitarbeiter von dieser Erwartung erfüllt gewesen waren, davon zeugt folgende Geschichte, die mir Walter Löwenhain erzählte, der als Vertreter der Jugendinternationale 1920 am zweiten Weltkongreß der Komintern teilgenommen hatte.
Als der Kongreß am 15. Juli 1920 eröffnet wurde, herrschte unter den Delegierten Siegestaumel, denn die Rote Armee befand sich in stürmischem Vormarsch auf Warschau. Kaum war aber der Kongreß vorüber, als die Front in Polen, obgleich Warschau schon fast umzingelt worden war, zum Stillstand kam. Eine Vorwärtsbewegung fand nur auf der Nordflanke, in Richtung auf die ostpreußische Grenze, statt. In dieser Situation rief Lenin drei deutsche Delegierte, Paul Levi, Ernst Meyer und Löwenhain selbst, die einzigen, die sich gerade in Moskau aufhielten und nicht auf Reisen in der Union waren, zu sich in den Kreml. Sie fanden Lenin vor einer großen Landkarte, auf welcher er ihnen die Situation an der Westfront erklärte. Dann sagte er: „Es liegt eine Mitteilung des Genossen Trotzki vor, daß die Rote Armee in den nächsten Tagen die Grenze Ostpreußens erreichen wird. Sie sehen also, welche Entwicklung sich anbahnt. In welchen Formen wird sich Ihrer Meinung nach die Erhebung in Ostpreußen abspielen, Genossen?" Die drei deutschen Delegierten machten große Augen. „Eine Erhebung? Ausgerechnet in Ostpreußen? Die ostpreußischen Bauern sind doch bekanntlich die reaktionärste Gruppe der ganzen deutschen Bevölkerung." Darauf erwiderte Lenin gereizt: „Sie wollen damit doch wohl nicht etwa sagen, daß man in Ostpreußen nicht kämpfen wird?" Nun griff Ernst Meyer ein: „Genosse Lenin, erwarten Sie wirklich, daß sich die ostpreußische Bevölkerung spontan erheben wird?" Lenin wandte sich mit enttäuschter und ungeduldiger Stimme an Paul Levi: „Und Sie, Genosse Levi, sind Sie auch der Ansicht, daß es dort zu keiner Erhebung kommen wird?" Levi gab keine Antwort. Und Lenin schloß in scharfem Ton: „Jedenfalls müssen Sie sich klar darüber sein, daß wir im Zentralkomitee ganz anderer Auffassung sind als Sie." Als die Rote Armee die ostpreußische Grenze erreichte, betraten tatsächlich mehrere Einheiten deutschen Boden und wurden prompt interniert. Die ostpreußischen Bauern hätten sicherlich ihren Ohren nicht getraut, wären sie Zeugen dieses merkwürdigen Gesprächs im Kreml gewesen, denn nichts lag ihnen ferner, als mit den russischen Brüdern gegen Königsberg zu marschieren.

Es dauerte lange, bis die russischen Kommunisten und die der Internationale die Aussichten auf eine Weltrevolution realistischer beurteilten. Die völlige Verkennung der wirklichen Lage und die übertriebenen Erwartungen führten anfangs zu grotesken Fehlprognosen. So brach Sinowjew im August 1919 in folgende Prophezeiung aus: „Der Sieg des Kommunismus in ganz Deutschland ist durchaus unvermeidlich. In nächster Zeit wird es noch vereinzelte Niederlagen geben. Die schwarze Farbe wird vielleicht noch hier und da zeitweilig die rote besiegen. Der endgültige Sieg aber wird trotz alledem der roten Farbe bleiben. Und das in den nächsten Monaten, vielleicht sogar Wochen. Die Bewegung geht so schwindelerregend vorwärts, daß man mit Gewißheit sagen kann: nach Jahresfrist werden wir bereits zu vergessen beginnen, daß es in Europa einen Kampf für den Kommunismus gegeben hat, denn nach einem Jahr wird ganz Europa kommunistisch sein. Und der Kampf für den Kommunismus wird sich bereits auf Amerika, vielleicht auch auf Asien und die anderen Erdteile hinüberwerfen." („Die Kommunistische Internationale", Nr. 1, August 1919.)

Nun waren seitdem zwar schon drei Jahre vergangen, und ganz so optimistisch waren wohl auch die Gläubigsten von uns nicht mehr, aber nach wie vor war für die meisten von ihnen die Revolution ein feststehender Faktor in ihren Berechnungen der Zukunft. Und Karl Korsch schien in Trotzki die sicherste Garantie für die Erfüllung seiner Hoffnungen zu sehen.

Diese Jenaer Tage, die doch eigentlich hätten glücklich sein sollen, waren unablässig überschattet von finanziellen Schwierigkeiten. Die Ankunft des Kindes hatte diese Sorgen noch drückender gemacht. Rafael und ich hatten nun die Verantwortung für ein drittes — und hilfloses — Wesen. Zudem nahm die Inflation immer bedenklichere Ausmaße an. Brauchte das Kind nicht, um gedeihen zu können, größere Sicherheit? Diese Frage stellte ich mir immer wieder. Wir waren beide noch zu jung und konnten nicht fertig werden mit den Problemen unseres dauernd gefährdeten Alltags. Eines Tages faßte ich daher einen schweren Entschluß, der mir der einzige Ausweg zu sein schien. Ich nahm mein Kind, setzte mich auf die Bahn und kehrte nach Potsdam in mein Elternhaus zurück.

Der Entschluß, nach Potsdam zurückzukehren, war für mich alles andere als einfach, wußte ich doch nicht, wie mein Vater, nach allem, was vorgefallen war, mich aufnehmen würde. Meine Mutter hatte mich in Jena besucht. Ihrer Liebe war ich gewiß. Aber mein Vater? Ich betrat das Haus am Brauhausberg, wo ich meine Kindheit verbracht hatte, mit Herzklopfen. Nicht um mich machte ich mir Sorgen, sondern darum, wie mein Vater sich nun seinem Enkelkinde gegenüber verhalten werde. Es sollte sich herausstellen, daß diese Sorge völlig grundlos gewesen war, denn schon am zweiten Tage entpuppte sich mein Vater als besonders zärtlicher Großvater. Wann er nur konnte, nahm er Bärbel aus ihrem Wagen, wartete und fütterte sie zu den ungewöhnlichsten Zeiten, was ich mit schwerem Herzen schweigend duldete, denn ich ernährte das Kind streng nach den Regeln eines Buches über Säuglingspflege. Natürlich erwarb sich mein Vater rasch Bärbels besondere Zuneigung, und er strahlte, wenn sie die Ärmchen nach ihm ausstreckte. Es war bezeichnend für diesen harten, bis zum äußersten konsequenten Mann, daß er kleine Kinder zärtlich liebte, solange sie unfähig waren, ihren eigenen Willen in Worte zu fassen.
Mein Aufenthalt im Elternhause war allerdings nicht von langer Dauer. Ich hatte für den Januar eine Arbeit in Berlin in Aussicht und hoffte, bald ein selbständiges Leben führen zu können. Im Dezember kam jedoch ein Brief meiner Schwiegermutter, die mich in herzlichen Worten nach Heppenheim einlud, wo sich Rafael zur Zeit aufhielt. Ich hatte zwar Schwiegermutter und Schwiegervater bereits bei einem Besuch in Jena kennengelernt, war aber bis dahin niemals in Heppenheim zu Gast gewesen. Ich folgte der Einladung und blieb bis 1925 im schwiegerelterlichen Hause an der Bergstraße.
Für mich als eine junge Frau von einundzwanzig Jahren war es nicht leicht, mich in den Buberschen Haushalt einzufügen. Die neue Umgebung war mir vollständig fremd. Wenn ich jetzt auf diese Jahre zurückblicke, dann will es mir scheinen, als müsse es für alle Beteiligten gleich schwer gewesen sein, mit dieser Situation fertig zu werden. Ich hatte die ersten Jahre meiner geistigen Entwicklung unter jungen Menschen verbracht, deren revolutionäre

Gesinnung, mochte sie nun ehrlich oder gespielt sein, sich in unverhüllter Aufsässigkeit Luft machte. Martin Buber war in jenen Jahren über seine aktivistische Periode längst hinweg, und es herrschte in dem wohlhabenden Hause am Heppenheimer Graben eine Atmosphäre von Bürgerlichkeit, die in Konventionen zutage trat, denen man sich zu unterwerfen hatte, wollte man den Rhythmus dieses Haushalts nicht empfindlich stören. Auf der einen Seite war ich noch nicht reif genug, um mich diesen Forderungen mit Grazie zu beugen, auf der anderen Seite aber war auch meine Persönlichkeit noch nicht stark genug entwickelt, als daß ich einen wirklich für alle Teile fruchtbaren Widerstand hätte leisten können. Die Jahre im Hause meiner Schwiegereltern gehören nicht zu den glücklichsten meines Lebens. Obwohl ich in Heppenheim mein zweites Kind zur Welt brachte, war die Ehe mit Rafael schon damals nicht mehr zu retten. Im Jahre 1925 löste ich mich endgültig von ihm und fuhr mit meinen beiden Kindern wiederum nach Potsdam. Meine Ehe wurde 1929 geschieden.

Diesen Heppenheimer Aufenthalt unterbrach eine Reise, die mir einen tiefen Eindruck hinterließ. Rafael war von der Roten Hilfe als landwirtschaftlicher Leiter des kommunistischen Kinderheimes „Barken Hoff" in der norddeutschen Künstlerkolonie Worpswede angestellt worden.

Der „Barken Hoff" war ursprünglich Besitz des Worpsweder Malers Heinrich Vogeler gewesen. Er hatte ihn nach 1918 der Roten Hilfe geschenkt. Es war ein weitläufiges Anwesen mit Feldern und großem Garten und einer Villa, die einst nach den Angaben Vogelers aus einem alten Bauernhofe entstanden war. Der Maler und Graphiker Vogeler war, als ich nach Worpswede fuhr, kein Unbekannter mehr für mich, ich war vor allen Dingen vertraut mit seinen zarten Radierungen und Buchillustrationen. Für mich war er ein Romantiker, ein stiller, verträumter Mensch, wie ihn auch Paula Modersohn-Becker beschreibt: „Er ist nicht so ein Wirklichkeitsmensch wie Mackensen, er lebt in einer Welt für sich. Er führt bei sich in der Tasche den Walther von der Vogelweide und des Knaben Wunderborn. Darin ließt er fast täglich. Er träumt darin täglich ... Im Atelier in der Ecke steht seine Gitarre. Auf ihr spielt er verliebte alte Weisen. Dann ist er gar zu hübsch anzusehen, dann träumt er mit seinen großen Augen Musik. Seine Bilder haben für mich etwas Rührendes. Er hat sich die altdeutschen Meister zum

Vorbild genommen ..." Diese Tagebuchaufzeichnung stammt vom Sommer 1897. Der Heinrich Vogeler, den ich 1923 traf, war ein anderer geworden, oder war er im Grunde doch noch derselbe?
Vogeler hatte sich im Garten des „Barken Hoff" in eine Hütte zurückgezogen, das sogenannte Bienenhaus. Dort lebte er, der früher die Geselligkeit so sehr geliebt hatte, das Leben eines Asketen, kleidete sich wie ein Büßer, ging in Holzschuhen und aß seine frugalen Mahlzeiten mit geschnitztem Löffel von hölzernem Teller. Er hatte sich immer schwer mit den Realitäten der Welt abgefunden, hatte immer nach dem Ideal gesucht. Gleich nach dem Kriege glaubte er, es gefunden zu haben. Seine Sehnsucht nach einer reineren Welt führte ihn zum Kommunismus.
Das größte Staunen erregten mir seine Bilder. Die neuen Wandgemälde in der Halle des „Barken Hoff" verrieten zwar noch den Romantiker, der mitgeholfen hatte, den Jugendstil zu schaffen, aber die Komposition dieser Fresken war von den Expressionisten entlehnt. Trotzdem hatte man nicht das Gefühl, daß es ihm gelungen war, sich zu einem neuen Stil durchzuringen. Ich konnte mich des Eindrucks nicht erwehren, daß er sich nur zu der neuesten künstlerischen Ausdrucksweise zwinge.
Stets kehrte auf den Fresken eine Frauengestalt wieder, gesund und voller Lebenskraft. Ich erkundigte mich danach, wer diese Frau sei. Es war die „rote Marie". Bis heute weiß ich nicht, ob ihr die roten Haare oder ihre revolutionäre Gesinnung diesen Namen eingetragen haben. Die „rote Marie" war ein Arbeitermädchen aus Bremen. Dort hatte sie sich, wie man erzählte, bei den revolutionären Kämpfen nach 1918 besonders hervorgetan. Als sie nach Worpswede kam, waren die feinnervigen, etwas abseits lebenden Künstler von dieser unverfälschten Proletarierin fasziniert. Auch Heinrich Vogeler erlag ihrem animalischen Zauber. Vielleicht war sie für ihn die Verkörperung des neuen Frauenideals, die kraftvolle Göttin einer Revolution, an die er jetzt sein Herz gehängt hatte. Als ich nach Worpswede kam, hatte die „rote Marie" Heinrich Vogeler und dem „Barken Hoff" gerade den Rücken gekehrt, um mit einem jungen Manne namens Hunt, dem Vater ihres Kindes, in der Heide zu siedeln. Die Worpsweder Ärztin, eine witzige Frau, die schon jahrelang unter den exaltierten Künstlern lebte, schilderte mir die Geburt des kleinen Hunt. Als sie das Zimmer des „Barken Hoff" betrat, stand auf der einen Seite des Bettes, in dem die Gebä-

rende lag, Heinrich Vogeler und hielt die Hand der „roten Marie“, auf der anderen der werdende Vater. Es gelang der Ärztin nicht, die beiden Liebenden aus dem Zimmer zu entfernen; sie beharrten darauf, alle Phasen dieser heiligen Handlung mit zu durchleben. Heinrich Vogeler hatte aber nicht nur den Kommunisten Stiftungen gemacht. Im Jahre 1929 kaufte er zusammen mit dem Schweizer Fritz Jordi ein verlassenes Dorf am Lago Maggiore und ließ, wiederum auf eigene Kosten, eine Reihe dieser verfallenen Häuser reparieren, um sie dann den Schweizer Gewerkschaften als Genesungsheim zur Verfügung zu stellen. Auch diese Häuser schmückte er mit Wandgemälden.

Obgleich Vogeler wohl der einzige war, der jemals die kommunistische „Rote Hilfe“ mit so großzügigen Geschenken bedacht hat, hinderte das Wilhelm Pieck, den damaligen Leiter der „Roten Hilfe“, nicht, Vogeler als angeblichen Oppositionellen im Jahre 1927 aus dem Zentralkomitee dieser Organisation zu entfernen. Aber das war nur der Anfang einer langen Kette von Demütigungen, die dieser gläubige Mensch durchleiden mußte, Demütigungen, die ihm jene zufügten, für die er bereit war, alles zu opfern.

Jahre später hörte ich wieder von ihm. Er hatte inzwischen Sonja, die Tochter des bekannten polnischen Kommunisten Karski, geheiratet und war mit ihr im Jahre 1930 nach Sowjetrußland gegangen. Obgleich Vogeler sich heftig bemühte, seine Kunst in den Dienst des sozialistischen Aufbaus zu stellen, gelang es ihm doch nicht, den Beifall der sowjetischen Kulturpäpste zu erlangen und „sozialistischen Realismus“ zu produzieren.

1935 hatte die russische Kommunistische Partei meinen Freund Joseph Lengyel strafweise zur „gesellschaftlichen Massenarbeit“ in den Moskauer Kulturpark geschickt, weil er sich als Redakteur der ungarischen Kominternzeitschrift angeblich „schwerer Abweichungen von der Parteilinie“ schuldig gemacht hatte. Er erhielt zur Strafe eine „strenge Rüge mit letzter Verwarnung“ und landete in der „Kulturbase“ dieses seltsamen Parkes, in dem man den erholungsuchenden Bewohnern von Moskau zu gleichen Teilen Vergnügen, Belehrung und Kulturerziehung vorsetzt, ein Programm, bei dem das Vergnügen abhanden kommt, weil man nie das Gefühl los wird, ein Pensum erledigen zu müssen. Josephs spezielle Bestrafung bestand darin, daß er in einem Sperrholzpavillon die Parkbesucher an die Kultur „heranbringen“ und außerdem noch mithelfen

mußte, Volkstänze und andere Massenspiele zu organisieren. Er bemühte sich redlich, um bei der nächsten Parteireinigung das Parteibuch nicht ganz zu verlieren. So veranstaltete er als Tribut an den Internationalismus eine Ausstellung der Werke Heinrich Vogelers. Ich kam als Besucher in seinen Pavillon, gespannt, wie sich der Romantiker Vogeler seit 1923 entwickelt habe, welchen Einfluß die „sozialistische Kultur Sowjetrußlands" auf ihn ausgeübt haben mochte. Was ich da an Gemälden sah, hatte nichts mehr mit dem Worpsweder Maler zu tun. Nicht einmal mehr Spuren seiner früheren Schaffensweise waren festzustellen. Auf großformatigen Bildern suchte er die mächtigen Leistungen der Fünfjahrespläne zu verherrlichen. So wurde auf einem dieser Gemälde von links oben nach rechts unten fortlaufend der Arbeitsprozeß dargestellt, den das Holz nach dem Fällen im Walde, über das Sägewerk, die Papierfabrik, bis zum Druckerzeugnis zu durchlaufen hat. Dieses seltsame Kunstwerk wirkte wie eine Art Unterrichtstafel. Ich verließ die Ausstellung mit einem Gefühl der Trauer. Aber nicht nur der Maler Heinrich Vogeler sollte in Sowjetrußland zugrunde gehen, sondern auch Heinrich Vogeler, dem Menschen, war kein besseres Los beschieden.
Von dieser für einen Maler wie Vogeler geradezu beleidigend unbedeutenden Ausstellung abgesehen, schwieg man ihn in Sowjetrußland tot. Nur einmal tauchte sein Name während des berüchtigten Stalin-Hitler-Paktes auf, als man deutsch-russischen Kulturaustausch nötig hatte. Damals schrieb Durus, der ehemalige Kunstkritiker der Berliner „Roten Fahne", der Vogeler bis dahin stets auf das bösartigste heruntergerissen hatte, plötzlich einen anerkennenden Aufsatz über sein Werk. Sonst wurde er weder von der Partei noch vom Staat in seiner Arbeit gefördert. Er zahlte jahrelang Beiträge in eine Moskauer Baudarlehenskasse ein, hat es aber bis zu seiner Evakuierung im Jahre 1941, das heißt in einem elfjährigen Aufenthalt in Sowjetrußland, weder zu einem Atelier noch zu einer eigenen Wohnung gebracht. Er teilte während all dieser Jahre ein einziges Zimmer mit seiner ganzen Familie.
Erst 1945 erfuhr ich vom tragischen Ende Heinrich Vogelers. Als sich die Hitlerarmee Moskau näherte und sich die deutschen führenden Kommunisten neue und sicherere Unterkünfte und Wohnungen verschafften, kümmerte man sich nicht um ihn. Er wurde trotz seiner siebzig Jahre evakuiert. Zuerst mußte er sich an der Sammel-

stelle im Osten der Stadt melden und sich von dort in kilometerlangen Märschen bis zum Deportationspunkt begeben. Dort begann der qualvolle Transport nach Kurdistan in Vorderasien, wo er unter den erbärmlichsten Bedingungen lebte. Jahre des Krieges waren bereits vergangen, als sich einige in Moskau verbliebene deutsche Schriftsteller Vogelers erinnerten und ihm ein Paket in die Einöde sandten. Theodor Plievier erhielt darauf einen Brief von ihm und brachte dieses letzte Lebenszeichen im Jahre 1949 nach dem Westen: „...Wir sind hier in einem Tal. Gar nicht streng bewacht, da wir ja auch alle treu Ergebene des Sowjetregimes sind. Natürlich ist die Nahrung nicht zum allerbesten, aber manchmal hilft die Natur nach. (Sie nährten sich von Wurzeln!) Das aber ist nicht mein Kummer. Ich wünschte mir nur, daß die Partei doch noch für mich Verwendung hätte. Könntet Ihr für mich nicht ein Wort einlegen dort in Moskau? Ihr wißt, daß ich zu allem bereit bin. Meine Gesundheit ist nicht zum besten. Das Schlucken macht mir schon Schwierigkeiten, Schickt besser keine Pakete mehr ..."
Vogeler litt an Hungerödemen und starb kurz darauf.
Im Frühsommer 1955 erschien Alfred Kurella, der zur Zeit hin und wieder den sowjetischen Kulturemissär im Westen spielt, in Worpswede bei der fünfundsiebzigjährigen Witwe Heinrich Vogelers und überraschte die alte Frau mit der Mitteilung, daß man beabsichtige, die Werke Heinrich Vogelers, die er während seines Aufenthaltes in Sowjetrußland geschaffen habe, in Worpswede auszustellen. Kurella verschwieg natürlich, daß hinter dieser Ausstellung die KPD und ihre „Sympathisanten" standen. Auf die Frage, unter welchen Umständen der Maler Heinrich Vogeler in Sowjetrußland eigentlich ums Leben gekommen sei, antwortete Kurella: „Er starb im Hause eines Hirten, im friedlichen Kontakt mit der bäuerlichen Bevölkerung der Sowjetunion ..." Im Prospekt zu dieser Ausstellung, einer Wanderausstellung durch mehrere Städte der Bundesrepublik, prangte der Artikel von Durus aus dem Jahre 1940, aus jener Zeit, als die Sowjetherren mit Hitlerdeutschland Kultur austauschten. Vogeler, ein sehr sanfter Mensch, der immer geneigt war, von seinen Mitmenschen nur das Beste zu denken, äußerte über jenen Durus, der damals im Interesse der sowjetischen Außenpolitik sein Werk verherrlichen mußte: „Dieser Kerl, dieser Durus, ist schlimmer als eine Wanze ..."
Der Heinrich Vogeler, den ich 1923 in Worpswede traf, war voll

gläubigen Vertrauens. Er ahnte nicht, daß auch er einmal den Passionsweg der Idealisten und schöpferischen Menschen in der Sowjetunion gehen sollte, bis zum bitteren Ende in Einsamkeit, Hunger und Verzweiflung; er ahnte nicht, daß er eines Tages seinen Utopismus mit dem Leben bezahlen sollte.

Flitterwochen mit der Kommunistischen Partei

Nach einem kurzen Zwischenspiel in einem Forsthaus in der Nähe Potsdams, wo ich, fern von einer Bahnstation und durch die beiden kleinen Kinder in meiner Bewegungsfreiheit stark behindert, zurückgezogen wie auf dem Lande gelebt hatte, bekam ich im Frühjahr 1926 eine eigene Wohnung in Potsdam. Hier begann für mich in mancher Hinsicht ein neuer Lebensabschnitt. Der Tag meines Einzuges in diese Wohnung, die erste eigene Wohnung, die ich je besessen hatte, war für mich ein Freudentag. Jetzt begann ich mich wieder frei zu fühlen. Ich hatte mich inzwischen für Büroarbeit ausgebildet und eine Halbtagsbeschäftigung angenommen. Das Leben in der Heimatstadt brachte es mit sich, daß ich alte Bekannte aus der Jugendzeit wieder traf, Schulfreunde oder Kameradinnen und Kameraden aus der Wandervogelbewegung. Die letzten Jahre hatte ich mich weniger mit Politik beschäftigt als zuvor. Das änderte sich nun. Viele meiner alten Freunde waren inzwischen Kommunisten geworden, und auch ich gehörte ja noch immer dem KJVD an. Es ergab sich fast von selbst, daß meine Wohnung in der Babelsberger Straße zu einer Art Mittelpunkt wurde. An den Abenden kamen die Freunde und Bekannten; unsere Unterhaltungen drehten sich meistens um politische Fragen.

Schon mehrere Monate vorher, als ich noch in meinem winterlichen Steinstückener Forsthause wohnte, war ein Jugendfreund wieder aufgetaucht, der sich seitdem eng an meine Kinder und mich angeschlossen hatte. „Achi", so nannten ihn meine Töchter, die sehr an ihm hingen, war der Sohn eines bekannten Verlegers und selber im Buchhandel tätig. Er war außerordentlich belesen und besaß einen sicheren Geschmack. In ihm lernte ich einen Hyperindividualisten kennen, dessen Streben nach Unabhängigkeit und dessen Widerspruchsgeist oft die Grenze zum Anarchismus überschritten. Achi war Anarchist, der sich zwar um die Theorien eines Bakunin oder eines Kropotkin wenig kümmerte, der aber im Anarchismus ein mögliches Utopia der absoluten Freiheit des Individuums sah.

Für meine kommunistischen Freunde war er ein rotes Tuch. Und er schüttelte sich bei dem bloßen Gedanken an Organisation oder Parteibetrieb. Dafür bekam er von uns zu hören, er sei ein „negatives, bürgerliches Element", ein Träumer, den niemand ernst nehmen könne. Aber wir merkten in der Hitze dieser Wortgefechte nicht, daß Achi neben manchen unreifen Übertreibungen auch durchaus Kluges, Richtiges zu sagen hatte. Wir bezweifelten keine Minute lang die Notwendigkeit der Disziplin in der Kommunistischen Partei, und wir waren naiv genug zu glauben, daß diese strenge Disziplin natürlich nur für die Übergangszeit gültig sei, daß wir aber nach dem Siege der Revolution ein ungebundenes, freies Leben führen könnten. Dafür hatte Achi nur ein Hohnlachen. „Glaubt ihr im Ernst, daß sich die Kommunistische Partei als Organisation nach der Revolution von selbst abbauen wird?" rief er. „Glaubt ihr, daß eure Parteiführer dann die Disziplin lockern, daß sie euch leben lassen werden, wie ihr leben wollt? Oder wollt ihr etwa unter der Knute leben? Ist das etwa euer Ideal der Freiheit?" Und in seiner intelligenten, aber etwas verworrenen Art wies er immer wieder auf die Rolle des Diktators Lenin in der Sowjetunion hin. Achi hatte schon damals den Teufelsfuß der Diktatur erkannt, und er wurde nicht müde, uns darauf aufmerksam zu machen. Diese lebhaften politischen Auseinandersetzungen hatten in mir aufs neue den Wunsch nach politischer Aktivität erweckt. Ich dachte dabei wohl an die Kameradschaft der Heidelberger Tage. Ich sehnte mich danach, mich mit Menschen gleicher Gesinnung zu verbinden. Die Warnungen Achis vermochten mich nicht stutzig zu machen. Ich war noch jung genug, um alles in den Wind zu schlagen, was sich nicht mit meiner Überzeugung vertragen wollte. Und so trat ich eines Tages vom KJVD in die Kommunistische Partei ein, wurde Mitglied der Ortsgruppe Potsdam, Leserin der Parteizeitung „Rote Fahne" und gehörte zu einer Straßenzelle.

Wir trafen uns regelmäßig in dem ärmlichen ebenerdigen Häuschen einer Vorstadtstraße, nur ein paar Minuten vom Brauhausberg und dem Hause meiner Eltern entfernt. Dort wohnte der Bauarbeiter Genosse Z., ein immer müder Mann, der an Rheumatismus litt und während der Zellenabende stöhnend seine Knie rieb, immer wieder gähnte und sich nur mit Mühe wachhalten konnte. Das war aber auch kein Wunder, denn unsere Zusammenkünfte waren von tödlicher Langeweile. Zur Zelle gehörten neben anderen Genossen einige Mädchen aus der „Spinne", einer Weberei in Nowawes, eine hagere, früh gealterte Arbeiterin, Ewald, ein ehemaliger Wandervogel, sowie ein grobschlächtiger, viel und laut redender Mann mittleren Alters, der ununterbrochen „stempeln" ging. Seine einzige Arbeit bestand darin, seiner Frau, die mit Quark handelte, morgens den Korb auf den Markt zu tragen. Die übrigen freien Stunden des Tages verbrachte er angelnd am Ufer der Havel. Unsere Straßenzelle war eine künstliche Schöpfung. Wir strebten nicht zueinander, erfüllt von etwas Gemeinsamem, wie zur Zeit der Jugendbewegung oder in Heidelberg, wo man zusammensaß und Revolution plante oder von der großen Zukunft der klassenlosen Gesellschaft schwärmte. Diese Zellenabende wickelten sich nach einem festgelegten Ritual ab, mit Eröffnung der Sitzung, politischem Bericht und Aufforderung zur Diskussion, auf die meistens mit Schweigen geantwortet wurde. Denn was hätte man schon auf den wiedergekäuten Artikel der „Roten Fahne" sagen können? Erst wenn der offizielle Teil beendet war und wir wieder eine normale Sprache redeten, kamen praktische Vorschläge über heimliches Plakatekleben, Flugblätterverteilen und die nächsten geplanten Demonstrationen.

Nein, den zündenden Funken fand ich bei diesen Zellenabenden nicht, und ich empfand etwas wie Enttäuschung, hütete mich aber davor, sie mir offen einzugestehen. Aber noch aus einem anderen Grunde fühlte ich mich in meiner Potsdamer Straßenzelle nicht richtig wohl, und dieses Unbehagen hatte seine Wurzeln in einem Erlebnis meiner Kindheit.

Unser Zellenleiter, Genosse Z., besaß einen Sohn, der genauso alt war wie mein jüngster Bruder, und als die beiden Knirpse drei und vier Jahre alt waren, kam der kleine Willi Z. häufig in unseren Garten oder in die Wohnung, wo sie miteinander spielten. Willi war ein schweigsames, in sich gekehrtes Kind. Eigentlich sprach er damals immer nur einen einzigen Satz, und zwar regelmäßig beim Abschied. Er ergriff ein Spielzeug, das ihm besonders gefallen hatte, schaute uns an und sagte in rührender Kindersprache: „Tann ich das verhalten?" Wir Älteren lachten dann, stimmten zu oder lehnten ab und gaben dem Kleinen den Spitznamen „Tann ich das verhalten". Eines Tages wurde jedoch mein Vater Zeuge einer solchen Szene, und plötzlich hörte ich ihn mit bissiger Ironie sagen: „Der fängt aber schon früh an! Auch so ein Sozi wie sein Alter!"

Ich war ganz verstört. Mit meinen zwölf Jahren wußte ich noch nicht, was ein Sozi ist. Aber der Tonfall meines Vaters ließ mich annehmen, daß es etwas sehr Dunkles sein mußte. War der Vater des kleinen Willi, dieser Sozi, ein Dieb oder so etwas? Und wenn er es wirklich war, wie konnte dann mein Vater dieses harmlose Kind verdächtigen, das doch nur den Wunsch nach Spielsachen äußerte, die ihm seine Eltern vielleicht nicht kaufen konnten, weil sie zu arm waren?

Jetzt war der Bauarbeiter Z., der ehemalige Sozi, mein Genosse. Aber warum behandelte er mich auch weiterhin so, als habe ich in seinen Kreisen nichts zu suchen? Warum verlor seine Sprache alle Natürlichkeit und wurde respektvoll und geschraubt, sobald er mich anredete? Ich wurde das Gefühl nicht los, daß ich für ihn nicht die „Genossin Grete" war, sondern „die Tochter des alten Thüring, der die Brauerei hat". Sonst ist es mir eigentlich niemals schwergefallen, das Vertrauen der Arbeiter in der Partei zu gewinnen, aber hier, in meiner Beziehung zum Genossen Z., war ich vielleicht selber nicht ganz unschuldig daran. Zwischen uns stand die längst verjährte Geschichte mit seinem Sohn, der inzwischen schon ein junger Mann geworden und zur See gegangen war; ich konnte mich niemals überwinden, sie dem alten Manne zu erzählen.

Als der Rote Frontkämpferbund sich mit seiner neuen Schalmeienkapelle den teils staunenden, teils entsetzten Potsdamern zum erstenmal mit einem Demonstrationszug zeigte, mußte auch ich pflichtgemäß mitmarschieren. Dieser Umzug wurde für mich das reine Spießrutenlaufen, denn aus den blitzenden Schalmeien und Waldhörnern, die sich die begeisterten Arbeiter für schweres Geld erstanden hatten und mit deren Besitz sich alle ihre Träume von Militärkapelle und Marschmusik verbanden, ertönte eine erbärmliche Katzenmusik. Melodien waren überhaupt nicht zu erkennen, es waren nichts als lärmende Dissonanzen. Am liebsten hätte ich mich in ein Mausloch verkrochen, aber ein Desertieren kam nicht in Frage. Es ging durch die Straßen, durch das Zentrum der Stadt, wo sich auf den Bürgersteigen die Leute vor Lachen bogen. Erst später erfuhr ich die Ursache dieses Fiaskos. Das Geld der Arbeiter hatte nicht gereicht, um alle Instrumente für die Kapelle kaufen zu können, die zur Harmonie unbedingt nötig sind, denn jede einzelne Schalmei verfügt nur über wenige Töne. Doch die Arbeiter

meinten eben, die Hälfte der Tonleiter werde auch genügen ...
Dieser Umzug, mit dem die Kommunisten gegen die „Fürstenabfindung" demonstrierten, nahm seinen Anfang auf dem Schützenplatz, an der gleichen Stelle, wo ich mich vor vielen Jahren das erstemal den Wandervögeln anschloß. Und von den Fenstern der Brauerei aus, die auf der einen Seite diesen Platz säumt, mußte mein Vater nun unter den Demonstrationsteilnehmern seine Töchter entdekken. Meine beiden Schwestern waren nämlich auch Kommunistinnen geworden. Der Vater, dessen Unternehmen ausgerechnet auch noch im Bereiche meiner Straßenzelle lag, litt unsagbar unter dieser „Schande", denn wir ruinierten nicht nur seinen guten bürgerlichen Ruf, er empfand uns auch als seine politischen Todfeinde. Mit starrem Gesicht stand er am Fenster und sagte: „Es wird noch dahin kommen, daß mich meine eigenen Kinder enteignen!" Zwar war es zu jener Zeit nicht gerade zum besten um sein Vermögen bestellt, und viel wäre nicht zu enteignen gewesen. Denn was sich dieser brave deutsche Mann in dreißig Jahren sauer erarbeitet hatte, das ging zum größten Teil in der Inflation verloren. Doch unverdrossen begann er im Alter von fünfzig Jahren von neuem zu sparen und verbissen zu arbeiten und hatte es bald wieder zu einigem Wohlstand gebracht. Nichts war ihm verhaßter als unsere Proteste gegen die soziale Ungerechtigkeit. Er konnte gar nicht begreifen, daß es Menschen wie uns in Harnisch brachte, wenn wir hörten, daß Wilhelm II. jährlich 50000 Goldmark Pension erhielt — auch während der Inflationszeit — und daß man ihm siebenundzwanzig Güterwagen voller Möbel, Kunstschätze, Teppiche, Tafelsilber ins Doorner Exil nachgeschickt hatte, während dieselbe großzügige Weimarer Republik ihre Rentner und alten Menschen, denen die Inflation alles geraubt hatte und die nicht mehr die Kraft hatten, von vorne anzufangen, für die Folgen des Krieges büßen ließ. Für die Stimmung im damaligen Deutschland ist aber bezeichnend, daß es beim Volksentscheid gegen die Fürstenabfindung mehr als vierzehn Millionen Ja-Stimmen gab.
Die Potsdamer kommunistische Parteiorganisation hatte einen ausgesprochen provinziellen Charakter. Natürlich erhielt auch die dortige Leitung aus Berlin das jeweilige „Referentenmaterial". Es wurden auch in Potsdam, wie überall dort, wo es eine kommunistische Parteiorganisation gab, politische Kampagnen durchgeführt. Besonders Landagitation gehörte zu unseren Aufgaben. Da Potsdam

eine zahlenmäßig schwache Ortsgruppe hatte, fuhren wir mit den Fahrrädern hinaus. Die stärkeren und damit reicheren KP-Organisationen benutzten die Eisenbahn oder mieteten sich Lastwagen. Sie wurden von der Schalmeienkapelle des RFB begleitet und manchmal auch von einer Spielgruppe, und man veranstaltete im Dorf einen „bunten Nachmittag". Bei der Ankunft begaben wir uns zunächst einmal in den Gasthof des Dorfes. Dort wurden wir in Zweiergruppen eingeteilt, und jedes Paar erhielt einen Abschnitt des Dorfes zur „Bearbeitung" angewiesen.

Nicht selten geschah es, daß wir auf großes Elend stießen, und dann nutzten wir natürlich unsere Chance. Den wohlhabenderen Bauern Kommunismus zu predigen, wäre verlorene Liebesmühe gewesen. Wir waren im tiefsten Herzen davon überzeugt, daß unsere Botschaft eine Botschaft für die Armen war. Nicht etwa, weil es die Parteileitung von uns verlangte, sondern echtes Mitgefühl mit den Unterdrückten ließ uns, wenn wir den armen Bauern und Landarbeitern mit ihren harten und verschlossenen Gesichtern gegenüberstanden, voller Beredsamkeit die Ziele der Kommunistischen Partei vertreten. Nur die KPD, versicherten wir ihnen, könne ihnen helfen. Ihr Programm sehe die Enteignung der Großgrundbesitzer und die Aufteilung des Landes unter die Landarbeiter und Kleinbauern vor. Wir schwärmten von der Kollektivwirtschaft, von der gemeinsamen Arbeit aller auf dem allen gehörenden Boden. Wir priesen das leuchtende Beispiel der Sowjetunion. Auch die KPD kämpfe dafür, daß die Landwirtschaft industrialisiert werde, und dadurch würde die menschliche Arbeitskraft in Zukunft viel mehr geschont werden. Das Leben werde sorgloser und schöner werden, denn Traktoren sollten die schwere Arbeit leisten, die heute noch die Kräfte der Bauern aufzehre. Und das alles sei das große Ziel der KPD, der Partei der Arbeiter und Bauern. Müde und abgespannt fuhren wir abends wieder nach Hause. Ich konnte es nicht so recht verstehen, daß diese Bauern und Landarbeiter uns nicht mit offenen Armen aufgenommen hatten. Warum waren sie so mißtrauisch, vor allen Dingen dann, wenn wir von der kollektiven Bestellung des Bodens sprachen? Kamen wir nicht als die Vorhut der Retter zu ihnen? Es dauerte aber nicht lange, und wir hatten uns gegenseitig davon überzeugt, daß wir bald auch das Land und die ärmere Landbevölkerung für unsere Ideen gewonnen haben würden.

Eines Tages lud mich meine Schwester Babette ein, an einer Abendgesellschaft in ihrer Berliner Wohnung teilzunehmen. Als Gäste erwartete sie die Delegierten des Brüsseler Kongresses gegen koloniale Unterdrückung, die nach Berlin gekommen waren, um auf einem Meeting von den Zuständen in ihren Ländern zu berichten und den Kampf der „Liga gegen Imperialismus" zu würdigen. Initiator und Leiter dieser Organisation und ihres Kongresses war Willi Münzenberg, der Lebensgefährte meiner Schwester. Der Kongreß hatte vom 10. bis 15. Februar 1927 stattgefunden.
Ich fuhr nach Berlin, erfüllt von der Freude und dem Stolz, „internationale Genossen" treffen zu dürfen. In der Wohnung meines Schwagers drängten sich die Menschen, ein vielfarbiges Gemisch der Rassen: Neger, Chinesen, Mohammedaner. Es dauerte eine ganze Weile, bis ich, immer wieder fragend, die Identität einiger der berühmten Genossen, mit denen ich zusammensaß, feststellen konnte.
Als ganz selbstverständlich hatte ich angenommen, daß alle diese Delegierten aus den Kolonien und alle Europäer oder Amerikaner, die sich für die Ziele der Liga einsetzten, Kommunisten seien. Daher erstaunte es mich nicht wenig, als ich erfuhr, daß der mir gegenüber sitzende ehrwürdige alte Herr mit weißem Backenbart und rosigem Gesicht George Lansbury, der Vizepräsident und „grand old man" der englischen Labour Party, war. Mit bewegten Worten klagte Lansbury über den Nebel, der ihn an seiner Abreise von London gehindert habe. Dieser Nebel schien den alten Herrn stärker zu beschäftigen als die verzweifelte Lage der unterdrückten Kolonialvölker. Ich faßte mir ein Herz und begann in meinem ungelenken Schulenglisch, ihn über den Kongreß auszufragen. In diese Unterhaltung mischten sich noch einige andere Gäste, und bald war ein Gespräch im Gange, in dessen Verlauf ich von einem Staunen in das andere fiel. Als irgendeiner der Anwesenden, offenbar kein Kongreßteilnehmer, sondern ein Berliner Gast, auf die Rolle der Kommunisten in der Liga gegen Imperialismus und beim Brüsseler Kongreß zu sprechen kam, richtete sich Lansbury indigniert auf, und sein Gesicht wurde noch um einige Schattierungen röter. Er erklärte kategorisch, daß es völliger Unsinn sei, zu behaupten, der Brüsseler Kongreß sei von Moskau aus inszeniert und

dirigiert worden. Es verstehe sich von selbst, daß Europäer mit Verantwortungsgefühl, vor allem aber Angehörige der imperialistischen Nationen, sich zu Protestaktionen gegen den Kolonialismus zusammenfinden müßten. Dazu bedürfe es keiner Moskauer Initiative. Es verwundere ihn nicht, wenn die Anhänger des Kolonialgedankens, in Schrecken versetzt durch die Aktivität ihrer Gegner, infam genug seien, Gerüchte dieser Art in die Welt zu setzen. Es klang sehr überzeugend, was Lansbury da sagte, aber in meiner Naivität wandte ich ein, warum es denn so diskriminierend sei, wenn die Liga und der Brüsseler Kongreß tatsächlich unter dem Protektorat der Komintern ständen. Rings um mich sah ich plötzlich betretene Gesichter, und einer unter den Gästen, der in unserem Kreis saß, wechselte überstürzt das Thema. Ich wußte nicht genau, was ich verbrochen hatte, hatte aber das Gefühl, daß ich mit beiden Füßen ins Fettnäpfchen getreten war.

Das Problem fing an, mich zu beschäftigen. Warum verschleierten eigentlich die Kommunisten ihre Rolle bei dieser so begrüßenswerten Aktion? Warum spielten sie ein Doppelspiel? Sollte etwa George Lansbury die politischen Bindungen Willi Münzenbergs nicht kennen? Und wenn er sie kannte, was brachte ihn dazu, sich so nachdrücklich gegen die Behauptung zu verwahren, der Kongreß habe unter dem Protektorat der Komintern gestanden? Einige Zeit später fiel mir der Brüsseler Kongreßbericht in die Hände, der anschließend unter dem Titel „Das Flammenzeichen vom Palais Egmont" in Willi Münzenbergs Neuem Deutschem Verlag veröffentlicht wurde. In seinem Artikel über Brüssel verband Lansbury, wie das bei der britischen Labour Party nicht ungewöhnlich war, religiöse Symbolik mit sozialistischem Elan: „Wahrhaft ein internationaler Kongreß! Neger und Rifkabylen, Inder und Japaner, Chinesen und Ägypter, Italiener und Franzosen, Russen und Deutsche ... Es schien mir eine kleine Wiederholung jener großen Zusammenkunft, von der die Schriften der Apostel sprechen, wo Männer und Frauen verschiedener Mundarten und Sprachen sich versammelten, um von ihrem Glauben an das christliche Evangelium Zeugnis abzulegen ..." Und wiederum wandte er sich gegen den Vorwurf, der Kongreß sei von Moskau aus gelenkt worden: „Der vorherrschende Zug dieser Konferenz war ihre Spontaneität und die Tatsache, daß alle Resolutionen auf der Konferenz entworfen und abgestimmt wurden ... Die Tatsache, daß eine solche Versammlung zustande kommen und als Redner Delegierte der Kommunisten und Sozialisten, Trade-Unionisten und Nationalisten umfassen konnte, ist, denke ich, sehr zu schätzen." Anschließend gelangte er dann zu jener mir damals noch völlig unbegreiflichen, aber später immer vertrauter werdenden Verquickung von Nationalismus und Internationalismus: „Denn je mehr wir den Geist des Nationalismus entfalten und erhöhen zum größeren, freieren Ideal des internationalen Sozialismus, desto eher wird die Welt vom Fluch des Militarismus und seinen Begleiterscheinungen: Raub, Plünderung und Mord, befreit sein."

Neben diesen bestimmt von gutem Willen inspirierten Äußerungen Lansburys fanden sich hingegen im Kongreßbericht Umschreibungen, die mich merkwürdig berührten: Zum Beispiel wurde das Palais Egmont, offenbar in Erinnerung an den Freiheitskampf Flanderns gegen den Herzog von Alba, ein „Symbol eines sozialnationalen Kampfes gegen spanische Unterdrückung" genannt. Auf den Photographien sah man, allerdings immer ein wenig im Hintergrund, die Emissäre der Komintern: Codovilla, Koenen, Lominadse. Und der französische Schriftsteller Henri Barbusse beschloß seine ganz in kommunistischem Stil gehaltene Rede mit einer Huldigung an die Sowjetunion: „... Ich grüße Rußland, die Republik der Arbeiter und Bauern, die, zum ersten Male in der Geschichte, auf dem Boden ihrer Föderation die Gleichheit der Nationalitäten und Minoritäten hergestellt hat!"

Nun saß ein Teil der Delegierten dieses Kongresses zusammen mit Berliner Gästen in dem großen Zimmer der Münzenbergschen Wohnung. Anfangs hatten die meisten sich zwar nur gegenseitig angelächelt, denn die Sprachschwierigkeiten schienen unüberwindlich zu sein.

Bald aber hatte es sich herausgestellt, daß die dominierende Sprache das Englische war, und die energische, äußerst geschickte Übersetzerin Käthe Güßfeld hatte rasch eine gemeinsame Unterhaltung zustande gebracht. Der einzige unter den Anwesenden, der sich nicht die geringste Mühe gab, eine fremde Sprache zu verstehen oder gar zu sprechen, war Willi Münzenberg. Das nahm ihm jedoch nichts von seiner Sicherheit. Er legte sogar niemals seinen thüringischen Akzent völlig ab, doch seine Art zu reden war so eindrucksvoll, daß man manchmal das Gefühl hatte, eine Übersetzung erübrige sich.

Das Gespräch drehte sich um die Sowjetunion, und je mehr die Stunde vorrückte, desto offener wurden persönliche Ansichten geäußert. Man steigerte sich nach und nach in eine Ekstase hinein. Kampflieder wurden angestimmt, und fast immer waren es kommunistische Kampflieder, vielsprachig, doch, wie mir schien, stets vom gleichen Geist erfüllt. Alle diese Neger, Chinesen, Mohammedaner waren glühende Nationalisten, die ihre Forderungen in überspitzte Formulierungen faßten. Schließlich begann einer die „Internationale" zu singen, andere folgten, und dann wurde unsere Hymne nacheinander in allen vertretenen Sprachen vorgetragen. Als die Chinesen zu zirpen begannen, bemühten sich alle, das Lachen zu verbeißen; so fremdartig klang es, daß die vertraute Melodie unmöglich zu erkennen war. Aber uns allen verging das Lächeln, als der Neger Gumede, der Delegierte des afrikanischen Nationalkongresses, plötzlich mit zurückgeworfenem Kopf, wie in religiöser Verzükkung, das „Wacht auf, Verdammte dieser Erde" zu singen anfing. Nach einiger Zeit hatten dann die Jüngeren unter den Gästen, wie der Amerikaner Manuel Gomez, der Syrer El Bakri und der Russe Besso Lominadse, genug vom feierlichen Enthusiasmus. Sie sangen lustige Lieder und Schlager, sie fingen sogar an, Witze zu erzählen. In dieser fröhlichen Stimmung sah ich plötzlich Willi Münzenberg aus der Ecke der Neger und Chinesen heraus der Dolmetscherin Käthe Güßfeld winken und mit ihrer Unterstützung beschwichtigend auf Gumede, den ekstatischen Neger, einreden. Doch dieser blickte mit todernstem Gesicht vor sich hin, als verzweifle er an der Menschheit. Münzenberg erklärte uns dann, daß sich Gumede über unseren fröhlichen Gesang und unser Gelächter bitter beschwert habe. So etwas sei echter Kämpfer unwürdig. Es beweise nur, daß wir nicht fähig seien, den Ernst der Lage zu begreifen. Bevor noch die Gesellschaft in betroffenes Schweigen versank, verständigten sich die jüngeren Teilnehmer untereinander und räumten das Feld.

Einer der Rifkabylen half mir in den Mantel und begann eine Unterhaltung in vollendetem Deutsch, das von einem Tonfall gefärbt war, der mir merkwürdig bekannt vorkam und alles andere als kabylisch zu sein schien. Verwundert blickte ich ihn an, kam aber nicht mehr dazu, ihn zu fragen, da wir im Gedränge des Aufbruchs getrennt wurden. Deshalb fragte ich Käthe Güßfeld: „Wie ist es denn möglich, daß dieser Rifkabyle da drüben ein so ausgezeichnetes Deutsch spricht?" Käthe reckte den Hals; dann prustete sie los: „Was, du kennst unsern Rifkabylen noch nicht?! Das ist eine echt Berliner Pflanze, im Wedding geboren und aufgewachsen. Der hat Afrika noch nicht gesehen, aber seine Eltern waren garantiert echt kabylisch." Kopfschüttelnd erfuhr ich, daß dieser junge Mann bei Versammlungen der KPD über koloniale oder internationale Probleme unentbehrlich sei, als „Vertreter der um ihre Freiheit kämpfenden Rifkabylen" revolutionäre Grüße zu überbringen. Diese Enthüllung amüsierte mich zwar sehr, aber doch beschlich mich bei der Erinnerung an das heilige Feuer und den ehrlichen Schmerz Gumedes ein unangenehmes Gefühl.

Wir planten einen Streifzug durch das nächtliche Berlin. Lachend gingen wir die Treppe hinunter und traten auf die winterliche Straße hinaus. Als wir nach den Taxis Ausschau hielten, rief irgend jemand: „Jetzt wollen wir uns einmal ansehen, wie sich der Kapitalismus zersetzt!" Alles amüsierte sich, und Besso Lominadse erzählte eine Anekdote, die uns in noch bessere Stimmung versetzte. Ich sollte Besso Lominadse erst Jahre später genauer kennenlernen. — Damals, als wir uns vor dem Hause Münzenbergs in ein Taxi zwängten, wußte ich noch nicht, daß manche seiner Geschichten weniger wahr als gut erfunden waren.

Die Sache hatte sich angeblich erst vor kurzem zugetragen. Lominadse, der damals hoher Funktionär der Jugendinternationale war, wurde zusammen mit dem abchasischen Volkshelden Lakoba von der Komintern in den Westen geschickt. Zweck der Reise war die Erweiterung ihrer internationalen Kenntnisse. Die erste Station war Berlin. Sie meldeten sich auf der sowjetischen Botschaft, wurden dort mit Geld und guten Ratschlägen versehen, und man stellte ihnen die Frage, ob sie ihren Wissensdurst dadurch stillen wollten, daß sie die Fortschritte der kommunistischen Arbeiterbewegung kennenlernten, oder ob sie lieber mit ansehen wollten, wie sich der westliche Kapitalismus zersetze. Beide waren jung und antworteten ohne zu zögern, daß sie an letzterem sehr interessiert seien. Darauf erklärte man ihnen genau, welche Gegend Berlins dazu am besten geeignet sei, nämlich die — Friedrichstraße. Auch das günstigste Lokal wurde ihnen genannt. Das Weitere werde sich dann schon von selbst ergeben.

Die beiden Studenten der Komintern suchten denn auch am gleichen Abend die ihnen angewiesene Schulungsstätte auf, ein etwas

zweifelhaftes Café, das ihnen, die aus Sowjetrußland an keinerlei Glanz gewohnt waren, höchst elegant vorkam. Sie setzten sich an einen Tisch und warteten. Aber es wollte sich anscheinend nichts von selbst ergeben. Sie verschlangen die herumsitzenden Damen mit den Blicken, doch niemand kümmerte sich um sie. Dabei war Lominadse ein hochgewachsener, schwarzhaariger Kaukasier, der jedem sofort auffiel, und Lakoba war sogar ein Mann von ausgesprochener Schönheit. Beide sprachen jedoch damals noch kein Deutsch. Lakoba beherrschte, als letzte Erinnerung an seine Schulzeit, nur einen einzigen deutschen Satz: „Der Knabe ist ein Dingwort männlichen Geschlechts und gehört der weichen Biegung an.“ Aber dieser Satz half ihnen nicht viel. Noch dazu war Lominadse von großer Schüchternheit und besessen von der Einbildung, er habe kein Glück bei den Frauen, während Lakoba durch einen Unfall so gut wie taub war.
So hatten sie sich eine Weile gestikulierend und brüllend unterhalten und waren nahe daran, die Hoffnung aufzugeben, als plötzlich ein hübsches junges Mädchen mit schnellen Schritten auf ihren Tisch zukam, sich ohne Umschweife neben Lakoba setzte und ihm bedeutete, er möge ihr folgen. Lakoba konnte vor Aufregung gar nicht schnell genug in seinen Mantel kommen und verschwand mit seiner Schönen durch die Tür des Cafés, einen bitter enttäuschten und mehr denn je von seinem mangelnden Glück bei Frauen überzeugten Lominadse zurücklassend.
Erst am nächsten Tage berichtete der abchasische Glückspilz dem begierig lauschenden Lominadse von dem unglaublichen Abenteuer der vergangenen Nacht. „Diese Deutschen!“ rief er ein ums andere Mal. „Ein ganz raffiniertes Volk!“ Folgendes hatte sich zugetragen: Vor der Tür des Cafés hatte die Schöne ihn zu einem Auto geführt, sich selbst ans Steuer gesetzt und war mit ihm quer durch das nächtliche Berlin in eine Vorortvilla gefahren. Sie brachte ihn in ein vornehm eingerichtetes Haus und in ein gemütliches Zimmer, das von vielen Lampen strahlend beleuchtet und mit einem verschwenderischen Ruhebett ausgestattet war. Dieser Anblick entzückte den Abchasier so sehr, daß er unverzüglich zu Taten schreiten wollte, aber das Mädchen hielt ihn zurück. Sie bedeutete ihm, er solle sich gedulden. Dann machte sie ihm klar, er möge sich ausziehen, und zu seiner Freude zog auch sie sich aus. Dann aber brachte sie acht Blechteller und setzte ihm mühselig auseinander,

welches Spiel er nun mit ihr zu spielen habe, ehe ihm seine Wünsche erfüllt würden. Sie selber ließ sich auf alle viere nieder, placierte unter jede Hand und jeden Fuß einen Teller und forderte ihn auf, das gleiche zu tun. Verblüfft fügte er sich. Nun begann sie mit großem Geschick, ihm auf den vier Tellern davonzulaufen und machte ihm klar, er solle sie haschen, und wenn er sie gefangen habe, nun, dann werde sie ihn dafür belohnen. Der Abchasier fand die Methode zwar reichlich umständlich, aber: „andere Länder, andere Sitten", und der ausgesetzte Preis schien ihm verlockend genug. Und damit begann das grausame Spiel. Sie war eine Künstlerin in ihrem Fach, er aber tölpelhaft und ungeschickt. Mit heraushängender Zunge rutschte er hinter ihr her, bis sie endlich mit dem Erschöpften Mitleid hatte, sich fangen ließ und ihr Versprechen einlöste. „Was sagst du dazu?!" konnte sich Lakoba gar nicht beruhigen. „So etwas habe ich noch nie erlebt! Und, denke dir nur, es hat auch nicht einen Pfennig gekostet!"
Als die beiden jungen Männer nach vielen Monaten und allerlei Abenteuern im „wilden" Westen auf dem Rückwege wieder in Berlin landeten und sich nun davon überzeugen wollten, ob die Zersetzung des Kapitalismus weitere Fortschritte gemacht hatte, gerieten sie diesmal in ein Etablissement, wo pornographische Filme vorgeführt wurden. Wer beschreibt ihr Entsetzen, als plötzlich unser Volksheld auf vier Tellern über die Leinwand rutschte, immer um den Eßzimmertisch herum, der splitternackten Schönen auf den Fersen.
Großes Hallo und Gelächter belohnte Lominadse für seine Geschichte. Im Gefühl der Überlegenheit primitiveren Gemütern gegenüber war man entzückt von der Selbstironie dieses russischen Genossen, der sich über solche kommunistische Standardbegriffe wie „Zersetzung des Kapitalismus" lustig machte, und keiner zweifelte daran, daß uns Lominadse eine gut erfundene Anekdote geboten hatte. — Die strahlenden Lichter der Berliner Nacht flogen an uns vorüber. Wie ich sie liebte, diese Stadt, ihre Luft, ihre Lebendigkeit, ihr Tempo! Mit kreischenden Bremsen hielt unser Taxi vor einem Nachtlokal. Jazzmusik drang bis zu uns auf die Straße heraus. Nein, wir kamen nicht zu einer Inspektion, wir wollten teilnehmen. Ich ertappte mich bei dem Gedanken, ob der gut aussehende Manuel Gomez mich wohl zum Tanzen auffordern werde.

Aber dieser seltsame, zwischen Pathos und Heiterkeit wechselnde Abend sollte für mich noch mit einer ernsten Note enden. Als wir spät in der Nacht nach Hause gingen, war in unserer Gesellschaft der Vorsitzende des Komitees zur Verteidigung der Negerrasse, Lamine Senghor, ein lang aufgeschossener hagerer Senegalese mit abgezehrtem Gesicht und glühenden Augen, der nicht lange danach an Schwindsucht sterben sollte. Wieder waren wir in einem politischen Gespräch, und er fragte erregt: „Auf wen können wir denn zählen, wenn nicht auf die Sowjetunion?! Sie ist das einzige Land dieser Erde, das den Kolonialismus wirklich bekämpft. Wäre sie nicht auf unserer Seite, dann könnten wir Kongresse über Kongresse abhalten, und niemand würde die Stimme der unterdrückten Völker überhaupt beachten. Erst Sowjetrußland wird die Imperialisten dazu zwingen, uns Gehör zu schenken. Wenn man in einem der westlichen Länder auf Menschen stößt, die den Kolonialismus ablehnen, dann werden Sie feststellen, daß diese Menschen fast immer Freunde der Sowjetunion sind. Die anderen werden es niemals fertigbringen, Gleichberechtigte in uns zu sehen. Unser Freiheitskampf ist ein blutiger Kampf. Auch das sowjetische Volk hat sich durch Blut vom Joch befreit. Es kennt den Preis, den wir für unsere Unabhängigkeit zu zahlen haben. Darum steht es auf unserer Seite."
Der frühe Tod hat Senghor davor bewahrt, erleben zu müssen, daß sich das Land seiner Hoffnung zu einer der erbarmungslosesten Kolonialmächte der Geschichte entwickelte. Und als er in jener Februarnacht des Jahres 1927 so voll gläubiger Gewißheit neben mir ging, ahnte ich nicht, daß erst nahezu ein Jahrzehnt vergehen mußte, ehe ich ihm die richtige Antwort hätte geben können.
Im Moskau machte 1935 ein Film von sich reden, dessen Drehbuchautor sichtlich den Auftrag erhalten hatte, brauchbare Exportware herzustellen, nämlich einen Ausstattungsfilm mit kommunistischer Tendenz. Der Film hieß „Zirkus". Da die Kommunisten längst wußten, wie zugkräftig das amerikanische Negerproblem als Parteipropaganda war, begann die Handlung des Filmes in Amerika, wo sich eine weiße Zirkusakrobatin mit knapper Not vor einer lynchwütigen Menge retten kann. Sie ist nämlich Mutter eines Mulattenbabys. Die Gehetzte verläßt ihr Heimatland, verbirgt auch im Ausland sorgfältig die Frucht ihrer „Rassenschande" und gerät an einen suspekten Zirkuskollegen, einen deutschen Nazi, der die

Ärmste wegen des braunen Kindes ständig unter Druck hält und erpreßt. — Dann engagiert der Moskauer Zirkus das Paar. Man erlebt ein schillerndes Programm, und als positiver Held tritt ein sowjetischer Akrobat auf, der alle guten Eigenschaften in sich vereinigt, durch die Tücke des Nazi verunglückt, jedoch am Leben bleibt und — wie sich's gehört — die Liebe der Amerikanerin gewinnt. Selbstverständlich entlarvt er den Nazi. Zur Apotheose und zum notwendigen Happy-End erscheint während der Vorstellung, mitten in der Manege, das bis dahin verborgen gehaltene Negerkind, und im gesamten Zirkus bricht eine wahre Orgie der Rassenverbrüderung aus. Zu allem Überfluß marschiert dann die „befreite" Mutter auch noch in einer Sportdemonstration mit und singt das Lied, das später eines der meistgesungenen in der Sowjetunion wurde: „Schiroká straná maja rodnaja ... Großes Land, mein Heimatland ...", das Lied, in dem es anschließend heißt: „Ich kenne kein anderes Land auf Erden, wo der Mensch so frei atmet ..." Eines Tages, nicht lange nachdem der Film in ganz Sowjetrußland gefeiert worden war — ich lebte damals in Moskau —, gehe ich durch den Korridor des Hotel „Lux" und begegne jenem Mulattenkinde, das im „Zirkus" einen solchen Erfolg gehabt hatte. Ich war ganz gerührt beim Anblick dieses entzückenden kleinen Mädchens. Kurz darauf erhielten mein Mann und ich eine Einladung des Korrespondenten des New Yorker „Daily Worker". Unter den Gästen befanden sich auch Vater und Mutter des Mädchens aus „Zirkus"; die Mutter eine Weiße, der Vater ein Neger. Beide kamen aus Amerika, wo sie es sehr schwer gehabt hatten. Sie waren nach Sowjetrußland gekommen, weil sie es für das gelobte Land hielten, wo es keine rassischen Vorurteile gab, wo wirkliche Freiheit und Demokratie herrschten. Der Vater, ein außergewöhnlich gebildeter junger Mann, der schon in Amerika aktiv bei den Gewerkschaften gearbeitet hatte, erhielt in Moskau eine Anstellung bei der Profintern, der Gewerkschaftsinternationale. Seine Frau pflegte die beiden Kinder, denn es gab auch noch einen kleinen Jungen, der kaum ein Jahr alt war. — Das Glück, das die Familie in der Sowjetunion gefunden zu haben glaubte, sollte aber sehr bald getrübt werden. Der Neger war alles andere als ein Konformist, er äußerte einige Male seine kritische Meinung über die Politik der Profintern. Als wir die beiden kennenlernten, hatten sie schon ihre ersten Enttäuschungen über das Sowjetregime hinter sich, aber auch sie, wie so viele ausländische Kommunisten in Moskau, gaben die Hoffnung nicht auf, daß sich doch in der KPdSU und im Sowjetstaate noch eine Wendung zur Demokratie vollziehen werde. Außerdem hatte die erst vor kurzem verkündete Sowjetverfassung neue Erwartungen in allen Zweiflern erweckt.

Zwischen der ersten Begegnung mit den Eltern des Mulattenkindes aus dem Film „Zirkus" und dem endgültigen Abschied von ihnen lag kaum eine Woche. Ich traf sie ganz verzweifelt, denn sie hatten soeben ihre Ausweisung aus dem Territorium der Sowjetunion erhalten, das sie binnen drei Tagen zu verlassen hatten. Sie versuchten, die Frist zu verlängern, denn es war Winter und deshalb nicht einfach, mit zwei kleinen Kindern zu reisen. Die Sowjetbehörden lehnten jeden Aufschub ab. So verließen sie wie Gehetzte das Land, „in dem der Mensch so frei atmet ...", das Land, das sie aufgesucht hatten, weil sie es für das einzige Land der Erde hielten, in dem sie unbehindert durch Vorurteile, als Gleiche unter Gleichen, leben konnten, das Land, das den farbigen Teilnehmern des Brüsseler Kongresses als Retter, als Vorbild und Förderer ihres nationalen Unabhängigkeitskampfes erschienen war. Zwar wurde der Vater des „Zirkus"kindes nicht um seiner Hautfarbe willen ausgewiesen, aber seine Hautfarbe bewahrte ihn auch nicht davor, daß er mit seiner Familie wieder in eine feindliche Welt hinausgetrieben wurde, weil er es gewagt hatte, eine eigene politische Meinung zu äußern.

Kurze Zeit nach der Abendgesellschaft mit den Delegierten des Brüsseler Kongresses begann ich, in der deutschen Sektion der Liga gegen Imperialismus zu arbeiten. Die Seele des Büros war der Inder Chattopadyaya, der aussah wie eine Eule und mit Stolz betonte, daß seine nächsten Verwandten Zigeuner seien, für die er, in Erinnerung an eine romantische Liebesgeschichte, große Sympathien empfand. Natürlich verschwieg er auch nicht die Zugehörigkeit zu einer vornehmen indischen Kaste und erwähnte oft seine Schwester, eine bekannte indische Dichterin. In unserem Büro herrschte ein lebhafter Verkehr von Indern aller Farbnuancen. Chatto hatte eine seltsame Art, sie zu begrüßen. Wie er mir später gestand, konnte man aus der Lautstärke seines Grußes entnehmen, in welchem Maße ihm die Gäste sympathisch waren oder nicht. Je lauter er schrie und je nachhaltiger er ihnen auf die Schulter klopfte, desto weniger war er ihnen geneigt. Wie die Mehrzahl der in der Liga verkehrenden Inder konnte auch Chatto nicht in seine Heimat zurück, denn er hatte gegen die Engländer gearbeitet und lebte nun bereits an die zwanzig Jahre außerhalb Indiens, lange Zeit davon in Deutschland. Es wurde gemunkelt, er habe während des ersten Weltkrieges sich den Deutschen zur Arbeit gegen die Engländer zur Verfügung gestellt. Aus allen Gesprächen empfing ich den Eindruck, daß Chatto kein Kommunist, sondern ein indischer Nationalist sei.

Chatto wollte mich heiraten, und bei seinem Antrag gestand er unumwunden, daß ihm nicht nur an mir liege, sondern vor allem an meinen Kindern. Er hatte sie einige Male zu Schokolade und Kuchen ausgeführt und sich in sie verliebt. — Ich habe ihn nicht geheiratet, aber wir wurden sehr gute Freunde. Chatto muß wohl eine Schwäche für deutsche Frauen mit Kindern gehabt haben, denn als ich ihn zehn Jahre später unter sehr traurigen Umständen in Moskau wiedertraf — es war die Zeit der großen Säuberung, und er wartete jede Nacht auf seine Verhaftung —, war er mit einer Deutschen verheiratet, die ihm drei Kinder in die Ehe gebracht hatte. — Wir sahen uns das letzte Mal im Hotel „Lux" in Moskau. Er lebte mit seiner Familie in Leningrad. Ich erzählte ihm von Heinz Neumanns Verhaftung. Er war tief erschüttert und verzehrte sich vor Sorge, nicht etwa wegen seines eigenen Schicksals, sondern in Gedanken an die Not der zurückbleibenden Frauen und Kinder.

Im Büro der Liga wurde damals vor allem das Material des Brüsseler Kongresses ausgewertet und die Öffentlichkeit auf die Existenz dieser Organisation aufmerksam gemacht. Für nachdrückliche Agitation und Propaganda sorgte Gibarti, ein ungarischer Emigrant, der ein Faible für schwungvolle Tiraden hatte und von dem unser dritter Mitarbeiter, Joseph Lengyel, ebenfalls ein emigrierter Ungar, behauptete, daß er sich in einem Artikel über eine Rede Münzenbergs habe hinreißen lassen, von „tosendem und aber tosendem Beifall" zu sprechen.

Wie alle Unternehmungen Willi Münzenbergs sollte sich auch die Liga vor allem die Unterstützung und Sympathie bürgerlicher Kreise erobern. Für diese Arbeit war der stets geschniegelte Gibarti, der über vorzügliche Umgangsformen verfügte, wie geschaffen. Er hatte nichts von einem kommunistischen Funktionär, sondern sah aus wie der Chef eines gut florierenden Unternehmens. Und gerade das wünschte Münzenberg von ihm. Wie sehr sich die Mentalität eines Menschen den Erfordernissen anpaßt, die an ihn gestellt werden, zeigt eine Äußerung Gibartis vom Januar 1933, kurz vor der Machtergreifung der Nazis: „Ich glaube", sagte er, „wir werden hier nicht mehr lange amtieren."

Joseph Lengyel, der im Büro der Liga eine sehr untergeordnete Funktion innehatte — er schnitt Zeitungen aus —, gehörte zu den Emigranten, die mit dem Leben in der Fremde nur schwer fertig wurden. Er war Schriftsteller und lernte durch ein Jahrzehnt unserer Freundschaft nicht, auch nur den einfachsten Artikel in einer anderen Sprache als Ungarisch zu schreiben. Zur Zeit der Ungarischen Räterepublik war er ein junger Bursche. Man erteilte ihm einen Terrorauftrag. Noch zehn Jahre später verfolgte ihn diese Tat; er fiel in Ohnmacht, wenn er Blut sah.

Ein kommunistischer Emigrant, der seiner Überzeugung nicht untreu werden wollte, durfte sich eigentlich nicht assimilieren, er konnte nicht einmal der kommunistischen Partei seines Gastlandes angehören, denn das war aus Sicherheitsgründen nicht ratsam. Politisch war er also zu einem Sektiererdasein verurteilt. Die meisten politischen Flüchtlinge wurden sogenannte Berufsrevolutionäre. Um nicht zu hungern, blieb ihnen gar nichts anderes übrig, als danach zu streben, Angestellte oder Mitarbeiter in irgendeiner der Unternehmungen der Komintern, in einem Verlage oder einer Redaktion, zu werden. Solche Stellen aber waren selbst im damaligen Deutschland mit seinen zahlreichen getarnten Kominternorganisationen nicht ausreichend vorhanden für die große Masse der Emigranten. Man kann sich leicht vorstellen, zu welcher Intrigenwirtschaft und welcher politischen Unterwürfigkeit dieses Überangebot an arbeitsuchenden Heimatlosen führte. — Es gab unter ihnen natürlich auch solche, denen es gelang, einen normalen Beruf im Gastlande auszuüben, der nichts mit der kommunistischen Partei zu tun hatte. Dazu sah aber die Mehrzahl der Mitemigrierten eher scheel, denn eigentlich verlangte die kommunistische Emigration, daß man lieber hungerte, bevor man sich dem Leben im kapitalistischen Gastlande anpaßte.

Durch Joseph Lengyel lernte ich die ungarische Emigration näher kennen. Ermüdend und erschütternd war es, daß beinahe jeder zweite Satz bei ihnen anfing: „Bei uns zu Hause ..." Alles, was sie verlassen hatten, erschien ihnen nun in verklärtem Lichte, und sie versuchten, sich soweit wie möglich die heimatlichen Gewohnheiten zu erhalten. Aus diesem Grunde schlossen sie sich eng zusam-

men, besuchten sich meist nur untereinander und führten ein vom wirklichen Leben isoliertes Dasein.
Lengyel, der aus einem Ort am Plattensee stammte, ließ den größten Teil seiner Novellen in den Weinbergen, wo er seine Jugend verlebt hatte, spielen. Wenn er seine Themen nicht krampfhaft zum Revolutionären oder Sozialkritischen hin vergewaltigt hätte, wäre ihm vielleicht manches Gute gelungen. So aber blieb es bei einem Bande guter Novellen, die zur Zeit der Räterepublik spielen, und einem ganz früh verfaßten Märchenbuche, das noch entstanden war, bevor er überhaupt mit Politik in Berührung gekommen war. Mit der Emigration verlor er die Fähigkeit zu schreiben. Er verfaßte zwar noch viele Erzählungen und auch einen Roman, der 1935 vom Staatsverlag der UdSSR mit der Bemerkung abgelehnt wurde, daß „die Behauptung des Autors, es habe in Sowjetrußland je Hunger geherrscht, nicht zutreffe". Ein wirklich großer Schriftsteller wurde Joseph Lengyel jedoch erst nach fast 20jähriger Haft in einem sowjetrussischen Polarlager, als er Ende der fünfziger Jahre in seine Heimat zurückkehren durfte.
Auf dem gleichen Korridor wie die Liga gegen Imperialismus befand sich die Liga für Menschenrechte, die Otto Lehmann-Rußbüldt leitete. Zwischen den beiden Institutionen herrschte gutes Einvernehmen. Die Fronten waren damals weit weniger scharf gezogen. Ich habe schon bei der Schilderung Chattopadyayas darauf hingewiesen, daß er mir eher wie ein indischer Nationalist als wie ein waschechter Kommunist vorkam. Trotz des kurzen Einblicks in das Doppelspiel der Komintern, den ich an jenem Abend in Münzenbergs Wohnung, kurz nach dem Brüsseler Kongreß, gewonnen und der mich wohl stutzig gemacht, aber keineswegs erleuchtet hatte, schien mir die Sache, um die es ging, doch so umfassend zu sein, daß sie sich, damals noch und aus der Froschperspektive des kleinen Parteimitgliedes und Mitarbeiters gesehen, über alle Zugehörigkeit zu dieser oder jener Gruppe oder Partei erhob. Für die „Menschenrechte" kämpfte unser Nachbar, wir für den „Antiimperialismus". War es nicht im Grunde dasselbe? So ging denn ein reger freundschaftlicher Verkehr herüber und hinüber, im Zeichen des guten Willens, aber, doch ohne daß wir es klar erkannten, im Schatten eines schwerwiegenden Mißverständnisses.
Nach einiger Zeit schied ich aus dem Büro der Liga gegen Imperialismus und suchte eine Arbeit in der Privatwirtschaft. Das geschah

jedoch nicht aus politischen Gesichtspunkten, sondern aus finanziellen Rücksichten. Ich hoffte, in einem Büro irgendeines Privatbetriebes einfach mehr Geld zu verdienen.

Intelligenz, Bohème und Kommunismus

Bei kommunistischen Versammlungen und Demonstrationen in Potsdam war mir öfters eine junge Frau aufgefallen, die ziemlich regelmäßig daran teilnahm, obgleich sie, ihrer äußeren Erscheinung und ihrem Benehmen nach, unter den Arbeitern und Arbeitslosen vollkommen fehl am Platze zu sein schien. Ihre Kleidung war elegant, wenn auch etwas nachlässig, so, als lege sie keinen übertriebenen Wert auf ihr Aussehen. Hin und wieder bemerkte ich, daß sie die übrigen Teilnehmer von der Seite ansahen, halb mißtrauisch, halb amüsiert, aber das störte sie anscheinend nicht.
Ihr Gesicht besaß Schönheit, die man nur bei Jüdinnen aus alten, vornehmen Familien findet; man hätte sie auch für eine Potsdamer Aristokratin halten können, wenn nicht ein schwer bestimmbares Etwas gewesen wäre, das den Eindruck erweckte, als fehle dieser Frau der feste Mittelpunkt. Ihre Bewegungen waren seltsam fahrig, und ihrem Blick mangelte es an Selbstbewußtsein.
Eines Tages wurde ich Theta Sch. vorgestellt und zu ihr eingeladen. Ich ging gegen Abend, zu etwas ungewöhnlicher Stunde, fand aber das Haus trotzdem voller Menschen. Sie saßen zwanglos umher, unterhielten sich, diskutierten, lachten. Durch die halboffene Tür sah ich im Nebenzimmer tanzende Paare. Theta kam auf mich zu: „Nett, daß Sie gekommen sind!“ Ich wollte mich entschuldigen, daß ich in eine Einladung hineingeplatzt war, von der ich nichts ahnen konnte. Sie winkte lachend ab: „Das ist bei uns meistens so!“ Dann stellte sie mich ihrem Mann vor. Sch. war mittelgroß und untersetzt, sein aufgeschwemmtes Gesicht von kränklicher Gesichtsfarbe, mit stark vorgewölbten Augen. Er begrüßte mich mit einem merkwürdigen Lächeln um die Mundwinkel, das leicht spöt-

tisch zu sein schien, aber durchaus nicht verletzend war. In dieser Familie wirkte alles wohltuend selbstverständlich. Ehe ich mich besinnen konnte, hatte mich die Gesellschaft absorbiert. Man sprach über Literatur und Kunst, natürlich nur der allermodernsten Richtungen, über Mode und gesellschaftliches Leben, und erzählte mit Geist und Temperament den neuesten Klatsch. Auf dem Sofa lag eine junge Frau, die sich wegen irgendwelcher Schmerzen bemitleiden ließ, Paare, die, wie ich aus der Unterhaltung entnahm, zusammengehörten, auch gemeinsam gekommen waren, lösten sich, je weiter der Abend fortschritt, voneinander und gruppierten sich neu. Aber das alles vollzog sich mit erstaunlicher Ungezwungenheit. Das Grammophon mit seinem riesigen Schalltrichter spielte ununterbrochen. Immer neue Tänzer verrenkten sich in den komplizierten Figuren des Charleston. Die Besinnlicheren oder auch die Ermüdeten zogen sich in eine Ecke zurück und lasen in den herumliegenden Exemplaren des „Querschnitt" oder der „Weltbühne". Irgend jemand rezitierte mit lauter Stimme Gottfried Benn.

Ich saß bei einer Gruppe lebhaft Debattierender, zwischen die pompösen, geschnitzten Möbel im Geschmack der Jahrhundertwende geklemmt, die Füße auf dem zusammengerollten Perser ruhend. Man sprach über das sowjetische Theater, den sowjetischen Film, über Meyerhold, Tairoff und Eisenstein. Ein junger Mann mit schwarzer Hornbrille konstatierte eindringlich: „Nur die Russen bringen es fertig, die Massen im Film mit solcher Folgerichtigkeit aufzubauen und zu bewegen. Ihre Filme sind Ausdruck ihrer Gesellschaftsform. Wir werden das niemals fertigbringen, solange sich unsere Auffassung von gesellschaftlichem Aufbau nicht grundsätzlich ändert. Das wirklich Neue kommt aus dem Osten. Jazz ist nur Opium und Exotismus. Hollywood produziert ‚Gartenlaube', und wir Westeuropäer können keinen Hund mehr hinter dem Ofen hervorlocken. Aber wir können nicht einmal von Eisenstein lernen. Wir müssen ihn als Offenbarung hinnehmen, weil wir noch in einem anderen Jahrhundert leben als er." — „Und selbstverständlich in einem minderwertigeren", sagte Sch., der zu uns getreten war, lächelnd. „Zweifellos", gab der junge Mann zurück. „Rußland, ich meine die Sowjetunion, bedeutet einen gewaltigen Schritt vorwärts. Vielleicht ist nicht alles vollkommen dort. Ich bin kein Kommunist. Ich muß nicht glauben um jeden Preis. Aber trotz allem ist die Entwicklung in Sowjetrußland über uns hinaus nach vorne gegangen. Sehen Sie sich Europa an! Sehen Sie sich nur Berlin an, das genügt! Betrachten Sie nur unsere Schriftsteller, unsere Dichter, unsere Maler! Jeder sitzt mit seinem Spielzeug in seiner Ecke und amüsiert sich ganz für sich allein. Und wenn sie sich einmal zusammenfinden, dann geschieht es nur, um sich gegenseitig zu begeifern, zu intrigieren, einander die besten Brocken wegzuschnappen. Eine Bande von Originalen, ohne verbindende Idee." Sch. hatte sich schon halb wieder von unserer Gruppe weggewendet. „Und wenn man diese, wie Sie sagen, Idee hat", sagte er über die Schulter, „wird sie nicht die Ausdrucksmöglichkeiten beschränken?" — „Um so besser! Je mehr die sogenannten Ausdrucksmöglichkeiten beschnitten werden, desto leichter ist es, zum Wesentlichen, zum Ziel vorzustoßen. Nehmen Sie ein Gedicht von Majakowski: ‚Neben das Roheisen, neben den Stahl hin / Trete das Wort, zum Vers verdichtet! / Ich will, daß von Dichter-Erzeugnissen Stalin / Im Namen des Politbüros berichtet.' Majakowski hat recht, wenn er in einem seiner Gedichte feststellt: ‚In unserer Union steht der Sinn für Poesie / Hoch über dem Vorkriegsdurchschnitt ...' Majakowski ist ein junger Dichter, der Dichter eines jungen Volkes. Wir sind uralt und verbraucht, und Amerika ist nicht wirklich jung. Es hat zuviel altes Europa mit hinübergenommen. Es bemüht sich zu sehr, jung zu sein." Erst gegen Morgen kehrte ich wieder in meine Wohnung zurück, seltsam erregt und doch ermüdet von den endlosen Gesprächen.

Ich kam oft zu den Sch.s. Es war wirklich so, wie Theta mir beim ersten Male gesagt hatte, es waren immer Menschen da. Nichts war in diesem Haushalt an regelmäßige Zeiten gebunden, weder die Mahlzeiten noch der Besuch der Gäste, weder Wachen noch Schlafen. Nur starker, aufmunternder Kaffee wurde ununterbrochen gekocht, zu jeder Stunde des Tages und der Nacht.

So vielfältig die Interessen der Gäste dieses Hauses waren, so vielfältig waren auch die Richtungen, die sie vertraten. Nur die bürgerliche Rechte oder gar die extreme Rechte schienen nicht dabeizusein. Parteipolitisch waren überhaupt nur wenige gebunden, und so gab es denn auch kaum Parteibuchkommunisten. Auch Theta Sch. war kein Mitglied der KP, wenn sie auch oft an kommunistischen Demonstrationen und Versammlungen teilnahm. Was diese Menschen untereinander gemeinsam hatten, war vor allem eins: sie waren allem Neuen aufgeschlossen, sie waren modern, sie waren Kinder

des Nachkriegsjahrzehnts. Mochte es sich um Politik, Kunst oder Literatur handeln, immer blickten sie mit Horror auf die Beschränktheit einer ihrer Meinung nach rettungslos untergegangenen bürgerlichen Vergangenheit zurück. Man war ein Mensch, also durfte einem nichts Menschliches fremd sein. Diese durch Sigmund Freud und die ungehemmte Aussage der Schriftsteller und Künstler vorbereitete Grundhaltung der zwanziger Jahre herrschte auch im Hause Sch. Alles konnte gesagt werden. Einwände, die etwa erhoben wurden, waren niemals moralischer Natur. Und noch eins verband alle diese Menschen: die Sympathie für die Sowjetunion. Natürlich gab es unter ihnen Kritiker an der sowjetischen Politik und an der bolschewistischen Gesellschaftslehre. Doch jeder war bereit, alles, was aus Rußland kam, mit offenen Armen aufzunehmen. Was man auch sein mochte, man legte Wert darauf, „fortschrittlich" zu sein. Und Sowjetrußland war Fortschritt, Morgen, neue Zeit, neue Gesellschaft. Nicht alle Freunde des Hauses waren so fanatisch wie der junge Mann mit der Hornbrille. In diesem Hause wurde nicht missioniert. Dazu hatte man zuviel Vergnügen am Gespräch. Aber der erwartungsvolle, gespannte Blick gen Osten verband die meisten der Gesprächspartner.
Dazwischen saß Sch. mit seinem bleichen Gesicht und dem spöttischen Lächeln. Die Augen wölbten sich immer mehr vor, der Blick schien das Gegenüber nicht wahrzunehmen. Alles und alle bedachte er mit seinem Spott, besonders die kommunistischen Sympathien seiner Frau brachten ihn in Harnisch. Aber was er sagte, war fast immer vieldeutig. Es war sehr schwer, zu entscheiden, ob er ernsthaft kritisierte oder ob er nur witzelte. Bei alledem schien er an dem Leben dieses turbulenten Hauses kaum wirklichen Anteil zu nehmen. Ich hatte immer das Gefühl, er lebte nebenher. Oft traf ich ihn noch mittags im Schlafrock, apathisch eine Zigarette nach der anderen vor sich hin rauchend. Nur ab und zu ging er um die Ecke in eine Kneipe, um nach einigen Stunden völlig betrunken zurückzukommen. Es dauerte lange, bis ich Sch.s tragisches Geheimnis erfuhr. Infolge einer Gehirnverletzung, die er während des Krieges erlitten hatte, begann er zu erblinden. Aber niemand durfte darüber sprechen. Das Leben in seinem Hause sollte weitergehen, als gebe es keinen Schatten. Die lachenden, lärmenden Freunde, die Witze, die geistreichen Gespräche durften nicht durch einen Kranken gestört werden. Er behütete dieses Leben so lange

wie eine Kostbarkeit, bis sich sein Leiden verschlimmerte und eine Lähmung eintrat. Als er wieder ein wenig zu Kräften gekommen war, verließ er eines Tages seine Frau. Er ging einfach aus dem Hause, um nie wieder zurückzukehren. Er zog zu seiner Freundin, einem Arbeitermädchen aus Nowawes, und verbarg sich dort, um zu sterben.

Was ich schon in Potsdam wahrgenommen hatte, das bestätigte sich in Berlin. Der revolutionäre Elan der ersten zwanziger Jahre war dahin, jene Überzeugung des einzelnen Genossen, aus eigener Kraft und Verantwortung zum Siege der Revolution beizutragen. Niemand hatte in der großen Zeit der kommunistischen Bewegung das Gefühl, die politische Linie und die entsprechenden Kampagnen könnten etwa „von oben", vom Zentralkomitee oder vom Politbüro der Partei, angeordnet worden sein. Man glaubte fest daran, daß alles spontan geschehe. Jetzt hatte die Parteibürokratie ihre Herrschaft angetreten, und obwohl wir einzelnen nach wie vor von festem Glauben erfüllt waren, wollte sich einfach nicht mehr das elektrisierende Gefühl der Zusammengehörigkeit auf Gedeih und Verderb einstellen.

Symptomatisch für diese Veränderung war zum Beispiel, daß während der Zellenabende nicht mehr gesungen wurde und daß man sogar in den Versammlungen die musikalische Umrahmung immer mehr der Agitproptruppe überließ. Auf den Bühnen der großen Versammlungssäle stepten die „Roten Blusen", die „Blauen Blusen", oder wie sie sich immer nennen mochten, Jungen und Mädchen in farbigen Trainingsanzügen, und verkündeten in Sprechchören und Liedern die aktuellsten Losungen der Partei oder machten uns mit den neuesten Erzeugnissen des Proletkults bekannt. Lieder wie „Links, links, links und links, die Trommeln werden gerührt, links, links, links und links, der rote Wedding marschiert ...", die man bei jeder kommunistischen Demonstration jener Tage hören konnte, waren ursprünglich für Agitproptruppen verfaßt und komponiert worden. Aber der Proletkult besaß noch andere Träger: zum Beispiel eine neue Art von Arbeitergesangverein, der nicht mehr sentimental und vielstimmig den grünen Wald, das Rehlein und den Frühling besang, sondern unter Leitung moderner Dirigenten Songs mit revolutionärem Rhythmus und Inhalt vortrug. Ganz besonderen Beifall, auch bei den Intellektuellen, ernteten Arbeitersänger und -dichter wie Ernst Busch und Erich Weinert.

Diese Entwicklung vollzog sich nicht von ungefähr; sie entsprang einer bestimmten Absicht, und sie bewirkte eine spürbare Veränderung in der Mentalität des einzelnen Parteimitgliedes. Ebenso wie man ihm seine politische Initiative nahm und durch die „Linie von oben" ersetzte, so drängte der Einsatz der Agitproptruppen bei den Versammlungen das Parteimitglied in die Rolle des bloßen Zuhörers. Man verzichtete auf seine persönliche Mitwirkung beim revolutionären Zeremoniell. Gleichzeitig aber stärkten das Auftreten der Agitproptruppen und der Proletkult das Selbstbewußtsein der kommunistischen Arbeiterschaft als Klasse. Wenn die Arbeiter auf der Bühne oder in den Straßen in Sprechchören ihre Losungen hinausschrien, dann verband sich für die Gläubigen damit jene halb unbewußte Hoffnung, daß allein schon diese kompakte Demonstration der Gemeinschaft, gut einstudiert und in zündende Rhythmen gefaßt, genüge, um ihre soziale Lage zu verändern. Wo so viele sich zu einer einzigen Aussage vereinigt hatten, da mußte doch eine Welt in Bewegung zu bringen sein!

Agitprop und Proletkult verfehlten vor allem auf die Intellektuellen ihre Wirkung nicht. Die Sketchs, die von manchen Truppen an „bunten Nachmittagen" oder auch vor Parteiversammlungen der KPD aufgeführt wurden, waren meistens sehr primitiv. Sie erinnerten vage an mittelalterliche Mysterienspiele. Stets trat der dicke, bösartige Kapitalist mit Zigarre auf, die abgezehrte Arbeiterfrau und der anständige, klassenbewußte Arbeiter, der seiner Fesseln müde ist. Aber gerade gegenüber der schillernden Vieldeutigkeit der literarischen und künstlerischen Produktion jener Jahre schienen diese verbissene sture Ausrichtung auf ein einziges Ziel, diese letzte Vereinfachung der Mittel, eher noch als der politische Inhalt auf einen neuen Weg hinzudeuten, beeinflußten schließlich Theaterregisseure wie Erwin Piscator und eroberten mit der Reihe der „Lehrstücke" Bertold Brechts die Bühne.

Ernst Busch, Erich Weinert und die anderen kommunistischen Volkssänger wurden zu erklärten Lieblingen. Sie sangen nicht nur kommunistische Kampflieder, sondern auch Texte von Walter Mehring und anderen Kaberettdichtern der Zeit. Neben „Und weil der Mensch ein Mensch ist" und „Roter Wedding" sang die Berliner Intelligenz „Die Welt ist überall rund". Diese Songs behaupteten sich in den Kreisen der linken Intelligenz neben den meistgesungenen Schlagern jener Tage. Wer hätte damals die Berliner Conféren-

ciers zählen können, die Abend für Abend, jeder auf seine Weise, sarkastisch, schnoddrig oder verschmitzt, die Sache des Kommunismus gefördert haben?
Der kommunistische Malik-Verlag brachte Bücher heraus, die hauptsächlich von der Intelligenz gelesen wurden. Die KPD stützte sich nicht allein auf ihre offiziellen Parteizeitungen. Der Münzenberg-Konzern gab außer der vielgelesenen AIZ, der Arbeiterillustrierten, die „Welt am Abend" und „Berlin am Morgen" heraus, äußerst geschickt redigierte Boulevardblätter, die in allen Schichten der Bevölkerung gelesen wurden. Zeitschriften wie die „Weltbühne", die außerhalb jeglichen Parteibetriebes standen und unabhängig waren, zeigten eine eindeutige Sympathie für den Kommunismus, was, in Anbetracht der Verbreitung dieser Zeitschriften, der KPD sehr zustatten kam. Allerdings hinderte das die Kommunisten nicht, in der „Roten Fahne" Kurt Tucholsky, einen der prominentesten Mitarbeiter der „Weltbühne", scharf zu attackieren und unter anderem zu behaupten, er „lecke am Ullstein", was nichts anderes hieß, als daß er nicht nur das Brot des Ullstein-Verlages esse, sondern auch Ullsteins Lied singe.
Dieser Linksdrall des Berliner Kulturlebens steigerte sich von Jahr zu Jahr und reichte mit seinen radikalen Ausläufern, wie dem Kabarett „Mausefalle", bis in die Anfänge der Nazizeit hinein. Einen seiner Höhepunkte erreichte er mit der „Dreigroschenoper" von Brecht-Weill, deren Aufnahme bei Kritik und Publikum mit selbst für diese turbulente Zeit beträchtlichen Mißverständnissen verbunden war. Dieses sentimentale, aber sehr geschickt gemachte Stück, dessen Rührseligkeit sich unter Ironie und Kaltschnäuzigkeit verbarg, wurde für ein Paradestück sozialer Anklage gehalten. Auch linientreue Kommunisten sangen und summten die Songs aus der „Dreigroschenoper", ohne zu bedenken, an welche „anarchistische Abweichung" sie ihr Herz verloren hatten, denn Mackie Messer war alles andere als ein disziplinierter Kommunist, und die Weisheiten, die er der Welt zu bieten hatte, hätten durchaus für einen Ausschluß aus der Partei genügt. Andere wieder sahen in der „Dreigroschenoper" den Höhepunkt des Nihilismus und warfen Brecht vor, daß er die Unterwelt beispielhaft verewigt habe. Der Wahrheit am nächsten kamen wohl diejenigen, die sich an der trotz Sentimentalität dichten, suggestiven Atmosphäre des Stückes, an der geistreichen Ironie und an der glücklichen Verbindung von Text und

Musik freuten. „Erst kommt das Fressen und dann die Moral!" wurde jedenfalls für viele zur Losung des Tages, und zwar meistens für diejenigen, denen die Hühner im Topf selbst in der schlimmsten Zeit nie ausgegangen waren.

Wie war diese Anziehungskraft des Kommunismus auf die Intelligenz zu erklären? Sie hatte ihre Wurzeln im Positiven ebensosehr wie im Negativen. Zunächst einmal besaß die Weimarer Republik keine kraftvolle, bindende Mitte, die den Geist hätte beschäftigen können. Die große Arbeiterpartei, die SPD, hatte hier versagt. Es mangelte ihr an geistiger Lebendigkeit. Sie war zur Partei der Mittelmäßigkeit geworden, statt zu einer konstruktiven Partei der Mitte, in der sich die sozial verantwortungsbewußten Angehörigen der Intelligenz hätten zusammenfinden können. Die Intellektuellen konnten sich entweder kraß rechts oder kraß links engagieren. Wo aber Widerstand gegen Preußentum, Junkerei, Reaktion lebendig war, da blieb nur die Neigung zur äußersten Linken oder gar die Bindung an sie. Es war, als habe die Oktoberrevolution nachträglich alle enttäuschten Hoffnungen, die Rückstände der mißglückten deutschen Revolutionen seit 1848, auf sich gezogen. Die Sowjetunion spielte für eine bestimmte Schicht der Intelligenz etwa die Rolle, die Amerika für die Revolutionäre von 1848 gespielt hatte: sie wurde zum Lande der unbegrenzten Möglichkeiten, nicht nur in technischer oder politischer, sondern gerade auch in geistiger und ethischer Hinsicht. Die Göttin der Freiheit hatte längst ein sozialistisches Gewand angezogen, und die Wahrung der Rechte der Persönlichkeit allein reichte auch dem Liberalismus nicht mehr aus. Es ging um soziale Befreiung. Daher reckte man selbst in der toleranten Weimarer Republik die Arme nach einem Paradies auf Erden, einem Utopia, das die Mehrzahl der sympathisierenden Intellektuellen nur vom Hörensagen kannte und dessen praktische und theoretische Grundlagen sie nicht einmal zu erkennen vermochten, weil ihnen die Voraussetzungen dazu fehlten. Wieviel an aufrichtigem Mitleid mit den Unterdrückten, an temperamentvollem und berechtigtem Oppositionsgeist ist dieser Illusion geopfert worden! Es war ein neuer Protestantismus, der sich zur äußersten Linken wandte, um schließlich bitter enttäuscht zu werden.

Richard Crossmann, der britische Labour-Politiker, schreibt in seiner Einleitung zu dem Bekenntnisbuch „Der Gott, der keiner war", einer Sammlung von Berichten sechs ehemaliger bekannter Kommunisten über ihre Bindung an den Kommunismus und ihren Abfall von ihm: „Daß der Kommunismus als Lebensform, wenn auch nur für ein paar Jahre, die zutiefst christliche Persönlichkeit eines Silone an sich gefesselt und Individualisten wie Gide und Koestler angezogen hat, enthüllt das furchtbare Versagen der europäischen Demokratie." (The God That Failed", ed. by Richard Crossmann, Harpers and Bros. New York, 1949.) Kritik an den Mängeln der Demokratie war einer der bedeutendsten Beweggründe für die Neigung zahlreicher Intellektueller zum Kommunismus. Sie ist es übrigens bei einer Reihe sowjetfreundlicher Intellektueller bis zum heutigen Tage geblieben. Als Beweggrund ist sie durchaus ehrenhaft, aber wenn sie als Argument in der Debatte benutzt wird, verhindert diese Art Kritik, daß man die Dinge, um die es geht, in aller Klarheit und in den richtigen Proportionen sieht. Sie führt zwar zu einem Standpunkt, aber dieser Standpunkt ist aus der Negation, aus der Ablehnung gewonnen. Zu seiner Verteidigung genügte es manchen Intellektuellen, nur die negativen Seiten der einen, der kritisierten Lebensform zum Beweis heranzuziehen, während sie der Überzeugung waren, daß das Positive der anderen Seite sich ganz von selbst aus dieser Kritik ergab. Es kam ihnen also nicht darauf an, zu beweisen, daß der Kommunismus gut sei; es reichte ihnen, alle die Seiten des Kapitalismus und der Demokratie an das Licht zu ziehen, die ihnen unzulänglich oder gar verabscheuungswürdig vorkamen. Daß Gefühl und Ressentiment ihnen allzuoft die Sicht verzerrten, machte ihren Gegnern die Diskussion nicht leichter, und daß sie in mancher Hinsicht recht hatten, erhöhte nur die Verwirrung. Das Dilemma dieser Intellektuellen ist von jeher einer der günstigsten Ansatzpunkte für die kommunistische Propaganda gewesen.

Dazu kam die Bedrohung durch den Faschismus, die viele Intellektuelle in Europa und Amerika in die Arme des Kommunismus trieb. In den zwanziger Jahren war es noch nicht so einfach, die Entwicklung vorauszusehen, die in nicht allzu langer Zeit Moskau an die Seite Hitlers bringen sollte. Vielen Intellektuellen schien der Kommunismus die einzige Gewähr zu sein, um die Faschisten abzuwehren. Die Sozialdemokratie hatte nicht nur als geistige, sondern auch als politische Mitte versagt. Ihr traute man keinen wirksamen Abwehrkampf gegen die Nationalsozialisten zu. Aber hier zeigt sich eine der entscheidenden Schwächen der deutschen Intelligenz, und zwar in geistiger wie in politischer Hinsicht. Nur selten hatten die Intellektuellen den Mut, ihren Standpunkt in freier, selbständiger Entscheidung zwischen den Fronten zu suchen und dadurch selber eine Mitte zu schaffen. Wo jemand dieses Wagnis wirklich auf sich nahm, geriet er bald in völlige Isolierung.

Aber wo ehrliche Anteilnahme und echtes Verantwortungsbewußtsein wirksam waren, da zeigte sich oft genug auch ihre Kehrseite: Sentimentalität, schlechtes Gewissen, Frivolität, Eitelkeit und Revoluzzertum. Namentlich bei der intellektuellen Bohème war kommunistisches Gehabe zur Mode geworden. Man glaubte, nur dann avantgardistisch zu sein, wenn man sich möglichst radikal gebärdete.

Der sympathisierende Intellektuelle am Rande der kommunistischen Partei hatte es nicht leicht. Die Arbeiter in der Partei behandelten ihn oft herablassend oder sogar voller Mißtrauen und im besten Falle mit Nachsicht. Die Intellektuellen innerhalb der Partei ließen ihn, wo sie nur konnten, ihre Überlegenheit spüren, da er meistens marxistisch ungeschult war. Sie sahen in ihm einen sentimentalen Utopisten, unfähig zum einzig möglichen Denken, zum dialektischen Denken. Veröffentlichte er etwas in der kommunistischen oder kryptokommunistischen Presse, dann hatte er zwar im allgemeinen etwas mehr Freiheit als der parteigebundene Intellektuelle, aber er mußte es sich auch gefallen lassen, daß man seine Artikel ganz einfach veränderte, sie kürzte oder ihnen, ganz wie es der KP-Redaktion in den Kram paßte, Sätze und ganze Abschnitte hinzufügte, oftmals ohne ihn vor der Veröffentlichung um seine Zustimmung zu bitten. An sich kamen der Partei die Dienste des sympathisierenden Intellektuellen meist sehr gelegen. Es war eine der wesentlichen Aufgaben Willi Münzenbergs, diese Leute in der Nähe der Partei zu halten. Wie aber die Kommunisten in Wirklichkeit über den sympathisierenden Intellektuellen dachten, was sie von den schaffenden Künstlern überhaupt hielten, das zeigt sich in einer geradezu unglaublichen Veröffentlichung frühen Datums, deren Autor der kommunistische Künstler John Heartfield ist: „... Man wird dem Künstler den subjektiven Glauben an seine Eigenmächtigkeit zunächst am besten belassen ... Ein wichtiges Mittel, diesen Glauben nicht zu zerstören (wodurch der Künstler sonst in die Opposition gedrängt und für die Sowjetmacht schädlich würde), ist öffentliche Anerkennung, Kritik in der Presse usw.,

Hinzuziehung von Künstlern zu allerlei begrenzten Fragen, wo sie dann ruhig tonangebend sein können ... Die Meinung, irgendeine Rolle zu spielen, ist von großer Bedeutung für das Wohlgefühl dieser Kreise, und dies ist bei einiger Geschicklichkeit ungemein leicht zu erzielen." (Zeitschrift „Gegner", Jahrg. 1920, S. 366.) Zwar ist dieses Zitat aus dem Jahre 1920 auf den Künstler im Sowjetstaat gemünzt, aber es läßt sich wohl mühelos erweitern auf jeden Künstler und jeden Intellektuellen, der in den Bannkreis des Kommunismus gerät. Der einzige Unterschied ist der, daß es dem Künstler und Intellektuellen im Sowjetstaat nicht möglich ist, die Konsequenzen zu ziehen und seiner Wege zu gehen. Dafür hat Heartfield ein Mittel bereit: „Sollten einige wenige konsequente Anhänger des Kapitalismus konterrevolutionäre Propaganda treiben, so wird die Diktatur schon Mittel finden, um sie zu nützlicherem Tun zu bewegen." (Zeitschrift „Gegner", Jahrgang 1920, S. 366.)

Ich hatte damals in Berlin allerdings noch ganz andere Vorstellungen vom Wesen der Diktatur des Proletariats, und mit Begeisterung stürzte ich mich in das politische und kulturelle Getriebe der großen Stadt, um mich von dem mächtigen Strom, den ich überall um mich her spürte, der neuen, besseren Zeit entgegentreiben zu lassen.

Eine Zeitschrift der Komintern

Die Verherrlichung der Sowjetunion nahm in der kommunistischen Propaganda immer breiteren Raum ein. Selbstverständlich war die UdSSR seit Bestehen der KPD immer das große Ideal jedes Kommunisten gewesen. Jetzt aber veränderte sich zusehends die Rolle, die ihr von der KPD-Führung zugewiesen wurde. Es wurde nicht nur betont, daß wir deutschen Kommunisten die Sowjetunion gegen jeden kapitalistischen Angriff zu verteidigen hätten, wir hörten auch von unseren Referenten immer wieder, daß einer Revolution in Deutschland die Rote Armee zu Hilfe kommen würde. Etwas unkommunistisch und in überholten Begriffen denkend, warf ich, wie ich mich erinnere, bei einer solchen Gelegenheit einmal naiverweise ein, daß eine Unterstützung durch die Rote Armee doch

auf Schwierigkeiten stoßen würde, da Deutschland keine gemeinsame Grenze mit der UdSSR hätte. Dazwischen liege doch Polen. Aber der Referent tat diesen lächerlichen Einwand mit einer Handbewegung ab.
Die Propaganda berauschte sich also von Tag zu Tag mehr an der Unüberwindlichkeit der Roten Armee, bezeichnete das sowjetrussische Heer als die einzige, die wahre Waffe der Revolution; sichtlich rückte die KPD an die zweite Stelle.
Ähnlich verfuhr man mit den Führern. Alle anderen überragend erhob sich die gewaltige Persönlichkeit des Genossen Stalin. In Deutschland gab es die entsprechend verkleinerte Ausgabe des großen Arbeiterführers in der Gestalt Ernst Thälmanns. Mit der Zeit bildete sich bei den einfachen Kommunisten eine geradezu religiöse Ehrfurcht allem gegenüber heraus, was Sowjetrußland, aber auch, was die Tätigkeit der „führenden Genossen" in der Berliner Zentrale im Karl-Liebknecht-Haus betraf.
Ich besuchte jetzt eifrig die Berliner Versammlungen, nahm an den Kursen der Marxistischen Arbeiterschule teil und begann die theoretischen Veröffentlichungen zu lesen. Diese intensive Beschäftigung mit theoretischen Problemen und die Teilnahme am Versammlungsleben der KPD brachten mich über manche Skrupel hinweg. Ein quälender Zwiespalt aber war schwer zu beseitigen. Was sollte ich, die ich aus Potsdam stammte und deren Ablehnung jeder Form von militärischer Organisation wesentlich dazu beigetragen hatte, mich der Welt meiner Kindheit und Erziehung zu entfremden, zum Beispiel zum Roten Frontkämpferbund sagen? Ich sah die Riesendemonstration des RFB anläßlich des alljährlichen Pfingstaufmarsches, und es fiel mir nicht leicht, mir einzureden, daß der RFB ein notwendiges Übel sei im Kampf gegen die von Jahr zu Jahr stärker werdenden Nationalsozialisten.
Bei diesen und ähnlichen Anlässen hörte ich Ernst Thälmann sprechen. Das erstemal wollte ich meinen Ohren nicht trauen. Ich war erschüttert von dem Niveau seiner Reden. Sie schienen mir ein Gemisch aus primitivem Gefasel und mißverstandenem marxistischem Jargon zu sein.
Aber dann sah ich die Gesichter der Arbeiter, die in meiner Nähe standen. Ich sah, wie ihre Blicke an seinem Munde hingen, obwohl sie bestimmt ebensowenig wie ich begriffen, was er eigentlich sagen wollte. Da fühlte ich mich nicht mehr berechtigt, ihn zu

kritisieren, denn schließlich hatte „Teddy", wie sie ihn nannten, ja nur als Transportarbeiter begonnen und wenig Möglichkeiten gehabt, sich weiterzubilden. So heftig war mein Wunsch, die blamable Tatsache seiner Primitivität vor mir selber zu entschuldigen, daß ich ganz vergaß, wie viele glänzende Redner und fähige Köpfe es in den Arbeiterbewegungen gab, die, wie Thälmann, aus dem Proletariat hervorgegangen waren und auch keine besseren Entwicklungsmöglichkeiten gehabt hatten. Solange ich ihn sah und hörte und solange ich die Arbeiter beobachten konnte, die ihm zuhörten, ging es noch. Quälend wurde es erst am nächsten Tag, wenn ich die Berichte der Parteipresse las. Dort wurde seine Rede auch noch mit lobenden Adjektiven bedacht, obgleich ich mich gerade vom Gegenteil hatte überzeugen können. Aber auch das mußte sicher seinen Grund haben, denn man brauchte „Teddy" eben, weil er der populärste aller KP-Führer war, weil die Masse der kommunistischen Arbeiter in ihm den echten Vertreter ihrer Klasse sah.

Noch hatte ich von den fraktionellen Auseinandersetzungen in der KPD wie auch den inneren Kämpfen in der Kommunistischen Partei Sowjetrußlands nur ziemlich vage Vorstellungen. Natürlich war mir der Kampf gegen Trotzki und den Trotzkismus bekannt, aber mir blieben die Zusammenhänge reichlich schleierhaft, und ich erinnere mich, daß ich bei der offiziellen Darstellung der Partei den Kopf schüttelte, weil ich nicht begreifen konnte, wie sich ein so hervorragender Bolschewik, der während der Oktoberrevolution und des Bürgerkrieges zu den entscheidenden Männern gehört hatte, in einen finsteren Verräter verwandeln konnte. Ich mußte an das Lob denken, das Karl Korsch nach meiner Hochzeit in Jena Leo Trotzki gezollt hatte. Aber war nicht mittlerweile auch Korsch als Verräter aus der Partei ausgeschlossen worden?

Einen wirklichen Begriff von den Fraktionskämpfen in der KPD und der Internationale erhielt ich erst durch meine Tätigkeit in der Redaktion der „Internationalen Pressekorrespondenz", der sogenannten „Inprekorr", in Berlin. Ich war Anfang 1928 gerade wegen der Entfesselung eines Streiks in einer Inseratenexpedition, wo ich längere Zeit gearbeitet hatte, entlassen worden, als ich erfuhr, daß die „Inprekorr" eine Arbeitskraft suche. Ich meldete mich bei Julius Alpari, dem Chefredakteur dieser Zeitschrift. Er war ein kleiner, rundlicher Mann, dessen Deutsch so penetrant ungarisch

klang, daß man glaubte, er mache sich über sich selber lustig. Besonders wenn er mitten im Gespräch aufsprang, zum Schreibtisch lief, mit einem Band Goethe zurückkam und anfing, seine Lieblingsgedichte zu rezitieren. Er war so besessen von seiner Schwärmerei für deutsche Lyrik, daß er geradezu unhöflich wurde, wenn man nicht sofort in Begeisterungsrufe ausbrach, und dabei hatte er gar keine Ahnung, wie es ein deutsches Ohr beleidigte, „Füllest wieder Busch und Tal ..." in dem monotonen Singsang seines ungarischen Deutsch zu hören. Genosse Julius, ein ehemaliger ungarischer Sozialdemokrat, verfügte über eine gute Bildung. Er und seine Frau Elisabeth, die ebenfalls in der „Inprekorr" arbeitete, waren in allen ihren Lebensäußerungen so betulich und bürgerlich, daß man nie auf den Gedanken gekommen wäre, daß Alpari im direkten Auftrage der Moskauer Komintern tätig war. Seine Zeitschrift „Internationale Pressekorrespondenz" und der täglich erscheinende Pressedienst hatten Funktionen zu erfüllen, die eindeutig im Interesse Sowjetrußlands lagen. Die Zeitschrift brachte linientreue Artikel über die Tätigkeit aller Parteien der Komintern, veröffentlichte sämtliche Beschlüsse und Resolutionen des EKKI und berichtete fortlaufend über die grandiosen Erfolge des „sozialistischen Aufbaus" in Sowjetrußland. Von unserem Berliner Büro aus standen wir in täglicher telefonischer Verbindung mit Wien, Prag, London, Paris, Stockholm und Moskau.
Die Mitarbeiter dieser Berliner Kominternzeitschrift waren eine bunt zusammengewürfelte Gesellschaft. Alle diese Menschen waren hauptberuflich für den Sieg der Weltrevolution tätig, oder sie glaubten es wenigstens zu sein. Sie bereiteten also den Sturz des Kapitalismus vor, befürworteten die Diktatur des Proletariats und verlangten, daß eine neue Gesellschaftsordnung geschaffen werde. Sie priesen das Ideal einer kommunistischen Zukunft, die Gleichheit aller Menschen im Arbeitsprozeß, und sie warben für den Kollektivismus auf allen Gebieten des Lebens. Im Idealstaat ihrer Zukunft wohnte man kollektiv, erzog die Kinder kollektiv, vergnügte sich kollektiv. Jeder ihrer Artikel strotzte von Angriffen gegen das bürgerliche Grundübel, den Individualismus. Und wenn ich sie mir in das Gedächtnis zurückrufe, meine Kollegen und Genossen von der „Inprekorr", dann war eigentlich jeder von ihnen ein Original, eine Art Sonderling, denkbar ungeeignet für eine in die Praxis umgesetzte kollektive Gesellschaftsordnung. Selten ist mir später

eine derartig unterhaltsame Sammlung ausgeprägter Individualisten begegnet.
Im ersten Zimmer des langen Korridors saß Pepi aus Wien, ein hochgewachsener, schon sehr zu Rundungen neigender Vierziger, der mit seinem Vollmondgesicht, den freundlichen, ein wenig vorquellenden Augen und der weichen Kartoffelnase an einen Nöck erinnert hätte, wenn nicht alles an ihm ständig vor Nervosität in Bewegung gewesen wäre. Seine schlechten oder guten Stimmungen pflegte er in Zitate zu kleiden, und wenn er morgens das Büro betrat und deklamierte: „Ob's Isis und Osiris wohl auch so mies wie mir ist ...", waren wir alle bereit, auf seine zarten Nerven Rücksicht zu nehmen. Die Politik der KPD-Führung fand keine Gnade vor seinen Augen, und einer seiner Lieblingsaussprüche war: „Selbst die KP wird es auf die Dauer nicht verhindern können, daß die Massen zu ihr kommen ..." Aber das war noch eine seiner liebenswürdigen Formulierungen.
Das nächste Zimmer beherbergte Aladar Komjat, einen ungarischen Dichter, und seine Frau Irene. Aladar war eine Mimose. Jedes Wort der Kritik an seinen Artikeln und seinen anderen literarischen Erzeugnissen stürzte ihn in tiefste Depression. Irene, eine scharmante, sehr bürgerliche Frau, die in den Kommunismus hineingeheiratet hatte, war glücklich genug, nicht von dem Ballast politischer Gläubigkeit niedergedrückt zu werden. Sie trug das Emigrationsschicksal mit erstaunlicher Kraft.
Boross, der zweite ungarische Redakteur, ebenfalls ein Nervenbündel, erklärte, daß seine Ehe unerträglich sei, weil seine Frau langsamer gehe als er. Nur durch ihre ausgezeichnete Küche konnte sie ihn, den Feinschmecker, wieder beschwichtigen.
Der tschechische Redakteur, Boutschek, übertraf aber alle anderen an Originalität. Er lebte vorwiegend mit seinen Raritäten. Wenn man sein Bürozimmer betrat, saß er am Schreibtisch, meistens eine erloschene Brissago im Mund, und blickte verliebt auf den neuesten Fund aus irgendeinem Antiquariat. Im allgemeinen waren es alte Bücher, manchmal aber auch ein schöner Stich. Neben ihm thronte Anja Vikova, seine Sekretärin, deren königliche Schönheit er keines Blickes würdigte.
Auch den jüngsten unter den „Inprekorr"-Redakteuren, Heinrich Kurella, konnte man sich schwerlich in einer kommunistischen Gesellschaftsordnung vorstellen. Er war überempfindlich, wurde

von Stimmungen beherrscht und gestand mir einmal, daß es ihm unerträglich sei, an ein und demselben Tage den gleichen Weg zweimal gehen zu müssen. Er könne diese Eintönigkeit nicht ertragen. Ausgerechnet Kurella, dieser krankhaft sensible Mensch, mußte für seine kommunistische Gläubigkeit schwer büßen. Im Alter von 32 Jahren wurde er in Moskau von der NKWD verhaftet und trat den eintönigen Weg nach Sibirien an, von wo er nie zurückkehrte.

Dann gab es noch den Engländer Edward Fitzgerald, „Fitz" genannt, einen kuriosen Schweiger, der lächelnd das Treiben seiner Kollegen beobachtete, als einziger niemals etwas über seine Einstellung zum Kommunismus verlauten ließ, und von dem man den Eindruck hatte, er betrachte seine Tätigkeit in der „Inprekorr" als einen reinen Broterwerb, dem man sich nicht mit Leib und Seele hingeben müsse.

Dagegen blickte der Schwede Smolan, obgleich schon längst der Jugend entwachsen, immer noch mit gläubig strahlenden blauen Augen in die Welt und erzählte besonders gern von seiner Wanderburschenzeit. Wie eine Ironie des Schicksals mutete es an, daß sein jugendlicher Kopf mit dem schwärmerischen Gesichtsausdruck auf einem Körper saß, der sich durch ein Rückgratleiden immer mehr verzog.

An der Schreibmaschine saß Fite, die Tochter jener „Mutter K.", die 1920 während meiner Arbeit in der „Kinderhilfe" mit ihren Schilderungen der Münchner Räterepublik den letzten Anstoß dazu gegeben hatte, daß ich mich der kommunistischen Bewegung anschloß. In Fite hatten das aristokratische Blut der Mutter und wohl auch ihre Erziehung ein Selbstbewußtsein erzeugt, das sich in anarchistischem Freiheitsdrang äußerte. Sie war die verkörperte Zweifelsucht und verhöhnte die bedingungslose Gläubigkeit ihrer Genossen. Als ich 1931 das erstemal nach Sowjetrußland fuhr, meinte Fite zum Abschied: „Gut, daß du fährst, da wird man vielleicht endlich einmal die Wahrheit über die UdSSR erfahren ..." Leider sollte sie sich auch in mir getäuscht haben.

Alle diese komplizierten Persönlichkeiten hatten keine rechte Eignung zur kritiklosen Jasagerei. Jedoch selbst für sie gab es Tabus, vor denen die Kritik zu schweigen hatte: Sowjetrußland und die Kominternobrigkeit. Dafür hielten sie sich an den politischen Fehlern der KPD-Führung schadlos. Dabei übersahen sie allerdings

geflissentlich die ihnen wohlbekannte Tatsache, daß die Verantwortlichen für die Politik aller kommunistischen Parteien, und somit auch der deutschen, in Moskau saßen.
Der größte Teil des Mitarbeiterstabes der „Inprekorr“ gehörte der Fraktion der Versöhnler an. „Versöhnler“ nannte man nach bolschewistischem Vorbild diejenige Fraktion in der Kommunistischen Partei, die zwischen den „Linken“ und „Rechten“ stand und die geneigt war, eher mit den „Rechten“ zusammenzugehen als mit den „Linken“.
Ich arbeitete schon einige Monate in der „Inprekorr“, als im Herbst 1928 in der Führung der KPD ein offener Fraktionskampf zwischen Versöhnlern und Linken ausbrach. Anlaß zu dieser Auseinandersetzung war der sogenannte Wittorf-Skandal. Wittorf, der Schwager Ernst Thälmanns und Parteifunktionär der Hamburger KPD, hatte sich der Unterschlagung von Parteigeldern schuldig gemacht. Als das Defizit in der Kasse aufgedeckt wurde, versuchte Thälmann die Angelegenheit zu vertuschen. Diese Haltung nahmen seine Fraktionsgegner in der Parteileitung zum Anlaß, ihn zu stürzen. Wilhelm Pieck verlangte Thälmanns und Wittorfs sofortigen Ausschluß aus der Partei. In einer Sitzung der Berliner Zentrale wurde ein schriftlicher Beschluß gefaßt, der Thälmann seiner Funktionen so lange enthob, bis er sich für seine schweren Fehler vor der Exekutive verantwortet habe. Dieser Beschluß wurde schon am nächsten Tag in der „Roten Fahne“ veröffentlicht, und die ganze Redaktion der „Inprekorr“ befand sich in einem Siegestaumel. Nur Julius Alpari, dieser alte gewiegte Politiker, mahnte zur Zurückhaltung, bis die endgültige Entscheidung aus Moskau bekannt sei. Und die ließ nicht lange auf sich warten. Schon am nächsten Abend traf der Kurier Petrowsky-Benett, damals Leiter der englischen Abteilung der Komintern, aus Moskau kommend in Berlin ein und setzte sich mit Willi Münzenberg in Verbindung. Er überbrachte eine Botschaft Stalins, die den Beschluß des deutschen Zentralkomitees in der Angelegenheit Wittorf-Thälmann für ungültig erklärte und verlangte, daß Thälmann rehabilitiert werde. Als diese Entscheidung in unserer Redaktion bekannt wurde, liefen alle mit verzweifelten Gesichtern und hängenden Köpfen herum. Pepi ging von Zimmer zu Zimmer und murmelte dumpf ein Nestroy-Zitat vor sich hin: „Wehe, wehe, dreimal wehe ...“ Kaum war dieser Schlag überwunden, gab es einen neuen Anlaß zum Entsetzen

unter den Versöhnlern der „Inprekorr“: Heinz Neumanns Ankunft aus Moskau wurde gemeldet.
Aber das Auf und Ab des politischen Alltags, die kleinen Schocks und großen Schrecken, die Fraktionskämpfe zwischen „Versöhnlern“ und „Linken“ nahmen mir nicht die Freude am Leben. Mein Freund Achi, der 1927 dem alten Europa angeekelt den Rücken gekehrt hatte und nach Amerika ausgewandert war, hatte mir zum Abschied seinen Kanadier geschenkt. Potsdam ist eine Stadt der Seen und Flüsse. Das Haus, in dem ich wohnte, lag nahe der Einmündung eines kleinen Nebenflusses, der Nuthe, in die Havel. Mit ein paar Schritten war ich am Wasser, und Bootsfahrten gehörten zu den schönsten Vergnügungen, die ich mir vorstellen konnte. Voller Stolz betrachtete ich jedesmal mein Boot, ein knallrot gestrichenes Prachtstück, mit dem man sogar segeln konnte.
Doch Kommunisten, auch wenn sie jung sind, haben es eigentlich nicht leicht. Selbst die harmlose Freude, an schönen Sommertagen über die Havelseen zu staken, wurde einem vergällt, denn selten konnte ich mich ihr ganz frei von schlechtem Gewissen hingeben. Gehörte sich das eigentlich für ein Parteimitglied? War es nicht im Grunde eine „bourgeoise Abweichung“? Alles wäre verzeihlich und sogar lobenswert gewesen, wenn ich mich einem Arbeiter-Kanuverein angeschlossen hätte, um mit den Genossen im geschlossenen Rudel auf den von sonntäglichen Kanufahrern wimmelnden Seen zu demonstrieren. Oder ich hätte meinem Boot wenigstens einen revolutionären Namen geben sollen, „Komsomol“ oder so ähnlich, hätte es an Heck und Bug mit rotem Wimpel und Hammer und Sichel schmücken sollen. Das tat ich nicht, denn dieses Zurschautragen der Parteizugehörigkeit war mir zuwider. Ich unterließ es, bezahlte aber dafür mit den Qualen des schlechten Gewissens. Das war ein schweres Problem, denn jede freie Stunde gehörte doch eigentlich der Bewegung. Ein Kommunist hatte mit seinem Eintritt in die Partei, soweit es irgend ging, auf sein privates Leben zu verzichten. Entzog er sich diesem ungeschriebenen Gesetz oder rebellierte gar dagegen, dann peinigte ihn Schuldgefühl, und dieses Schuldgefühl brachte ihn immer stärker in die Hörigkeit der Partei.
Doch einige meiner Kollegen von der „Inprekorr“ schienen unter solchen Skrupeln nicht übermäßig zu leiden. Immer wieder unternahmen wir gemeinsame Fahrten in meinem Boot, und schließlich

hatten sie so sehr an diesen bourgeoisen Freuden Geschmack gefunden, daß sie sich mit dem Gedanken trugen, Geld zu sammeln und ein gemeinschaftliches Segelboot zu kaufen. Daraus wurde zwar nichts, aber wenigstens den Namen für das Segelboot hatten sie schon bestimmt. Das Kollektiv-Boot sollte „Selbstkritik" heißen.

Schicksale und Begegnungen

Ich wohnte im Parterre. Im ersten Stock meines Hauses lebten russische Emigranten, ein Ehepaar. Ich sah sie selten, hörte sie aber um so häufiger, denn durch die Decken unseres leichtgebauten Hauses drangen ihre Eheszenen in voller Lautstärke bis in meine Wohnung. Der Mann, dem man noch deutlich anmerkte, daß er bessere Tage gesehen hatte, arbeitete in einer Fabrik. Seine Frau führte ein Dasein jenseits der Wirklichkeit. Sie saß am Fenster und ließ die Stunden vergehen. Ihr bleiches Gesicht unter den über der Stirn getollten Haaren hatte den Ausdruck müder Verwöhntheit.

Eines Morgens gegen sechs Uhr schrak ich aus dem Schlaf auf. Ein Schrei hatte mich geweckt und dann das dumpfe Aufklatschen eines schweren, weichen Gegenstandes direkt vor meinem Fenster. Ich sprang aus dem Bett und riß die Gardinen auseinander. Da lag die Frau auf dem steinigen Weg an der Hausmauer. Sie hatte sich aus dem Fenster gestürzt. Noch bevor ich richtig zur Besinnung gekommen war, bemühten sich der Mann und der Portier um die Leblose; man trug sie fort, und bald darauf stand ein Krankenwagen vor der Tür.

Noch ganz unter dem Eindruck des furchtbaren Erlebnisses, berichtete ich morgens meinen Genossen in der „Inprekorr" von der Tragödie der russischen Emigrantin. Man zeigte kein Mitgefühl, sondern erging sich in Phrasen über das Schicksal einer absterbenden Klasse, die nun mal auf dem „Misthaufen der Geschichte" enden müsse. Ich schwieg vor solchen stichhaltigen Argumenten und ging am Abend zum Portier unseres Hauses, mich nach dem Befinden der armen Frau zu erkundigen. Dort erfuhr ich, daß sie am Leben bleiben werde. Aber es dauerte noch lange, bis das

schreckliche Geräusch des aufschlagenden Körpers in meinen Ohren abklang.
Seit dem Sommer 1928 lebte ich ohne meine Kinder. Meine Schwiegermutter hatte es in langen Kämpfen durchgesetzt, daß sie mir genommen wurden. Ich hatte mich zwar verzweifelt zur Wehr gesetzt, da ich die beiden Mädchen über alles liebte, aber es gab einige Paragraphen, die sich gegen mich ins Feld führen ließen, wobei „weltanschauliche Differenzen" keine geringe Rolle spielten, denn Rafael Buber war inzwischen aus der KPD ausgetreten. Selbst mein Rechtsanwalt, der hervorragende Paul Levi, der ehemalige Führer der KPD, konnte mich nicht vor dem unglücklichen Ausgang des Prozesses bewahren. Ich möchte nicht an dieser Stelle mit den Verantwortlichen rechten. Meine Töchter emigrierten später mit den Großeltern nach Palästina. Barbara und Judith sind inzwischen verheiratet, haben Kinder und Enkelkinder, mit allen bin ich in ständiger Verbindung.
Im bitterkalten Winter 1928/29 schneite mir plötzlich ein unerwarteter Gast ins Haus. Es war Sinaida; sie stammte aus Abchasien, einem kleinen warmen Lande im Kaukasus. Meine Schwester Babette brachte sie eines schönen Sonntags ohne jegliche Vorbereitung zu mir und gab eine der für sie charakteristischen kurzen Erklärungen. Ich möchte Sinaida bitte für einige Zeit aufnehmen. Sie sei die Frau von Heinz Neumann, der sich mit ihr so heftig zerstritten habe, daß es für alle Teile günstiger sei, wenn das Ehepaar vorübergehend getrennt lebe. Mit dieser Auskunft verabschiedete sich meine immer eilige, immer sehr beschäftigte Schwester. Da hatte ich nun Sinaida, ein zartes, wunderschönes, dunkeläugiges Geschöpf, mit dem ich kein Wort sprechen konnte, denn sie beherrschte neben ihrer Muttersprache nur noch sehr notdürftig das Russische, von dem ich damals lediglich das Wort „Towarisch" kannte. Towarisch Sinaida holte aus ihrem Köfferchen eine deutsch-russische Grammatik, und wir begannen eifrig blätternd unsere erste Verständigung. Während ich jeden Tag zur Arbeit nach Berlin fuhr, saß die kleine Sinaida und lernte mit verbissenem Eifer Deutsch. Nach ganz kurzer Zeit formte sie bereits ihre ersten Sätze, in denen sie mir mitteilte, daß sie Heinz Neumann über alles liebe, er sie aber nicht mehr möge. Mit jedem ihrer neuen Worte verstärkte sich in mir das Gefühl der weiblichen Solidarität mit diesem armen Mädchen. Ich hatte in der bürgerlichen Presse, die häufig über

Heinz Neumann zu berichten pflegte, gelesen, daß er mit der Nichte Stalins verheiratet sei. Sinaida klärte mich hingegen auf, daß zwischen ihrer Familie und der Joseph Dschugaschwilis keinerlei Verwandtschaft bestehe. Über die Gründe der ehelichen Auseinandersetzungen mit Heinz Neumann schwieg Sinaida. Sie betonte aber häufig und mit Nachdruck, daß sie mit ihm verheiratet sei und nicht daran denke, nach Sowjetrußland zurückzureisen, wie Heinz es ihr vorgeschlagen habe. Sie bleibe in Deutschland.
Da Sinaida nun so allein in meiner Wohnung sitzen mußte, kam ich auf den Gedanken, ob man ihr nicht eine Tätigkeit verschaffen könnte, und ich traf meine Schwester, um über diesen Plan zu beraten. Babette war damals Leiterin des Neuen Deutschen Verlages, eines der vielen Unternehmungen Willi Münzenbergs. Hilfsbereit machte sie sofort praktische Vorschläge, und Sinaida bekam einen Platz im Verlagsbüro, wo sie Briefmarken auf Umschläge klebte. Am Spätnachmittag trafen wir uns dann oft, um gemeinsam nach Potsdam zurückzufahren. Einmal zeigte sie mir strahlend ein Päckchen. Sie habe sich bei Wertheim etwas gekauft, aber sie werde es mir erst zu Hause vorführen. Es sei wunderschön! Aus dem Päckchen zog sie dann ein Kinderspielzeug, einen großen metallenen Schmetterling. Man zog ihn auf, worauf er, mit den grellbemalten Flügeln schlagend, schnurrend ablief. Sinaidas Entzücken kannte keine Grenzen. Mir kamen fast die Tränen über soviel rührende Naivität und vor Wut über Heinz Neumann, der ein so harmloses Kind mit nach Europa geschleppt hatte. Zu diesem Zorn über seine Unverantwortlichkeit kam auch noch die politische Abneigung gegen ihn, mit der mich meine Genossen in der „Inprekorr“, Neumanns Fraktionsgegner, nachhaltig infiziert hatten.
Nachdem Sinaida an die drei Monate bei mir gewohnt hatte, teilte sie mir eines Tages mit, daß sie die Absicht habe, nach Sowjetrußland zurückzufahren. Ich war nicht wenig erstaunt über diesen plötzlichen Entschluß, über den sie keinerlei Erklärung abgab. Sie bat mich nur, ich möge ihr helfen, diese Reise ins Werk zu setzen. Wieder war es Babette, die alle nötigen Vorbereitungen traf, wobei sie sich mit Heinz Neumann besprach. Vor dem endgültigen Abschied gab Sinaida mir noch den Auftrag, einige ihrer zurückgelassenen Sachen aus dem Zimmer Heinz Neumanns zu holen. Für sie sei es unmöglich, dorthin zu gehen, da Heinz sie nicht aufgefordert habe, zu ihm zurückzukehren. Ich war bereit, ihre Bitte zu erfüllen.

Heinz Neumann bewohnte ein möbliertes Zimmer in Berlin im Hause des Sexualwissenschaftlers Dr. Magnus Hirschfeld, in den Zelten 9 A, auf der gleichen Etage, auf der auch Babette und Willi Münzenberg wohnten. In diese große Wohnung teilten sich drei Parteien, zwei Zimmer gehörten Münzenberg und Babette, ein Zimmer dem Inder Roy und seiner Freundin Lu, und in einem schmalen langen Raum, den man vom Treppenhaus direkt betrat, wohnte Neumann. Die Küche dieser gemeinsamen Wohnung beherrschte Frau Krüger, ein echtes Berliner Faktotum. An sie wandte ich mich, und sie schloß mir kurzerhand Neumanns Zimmer auf, wo ich auch gleich die gewünschte Schachtel fand. Ich blickte mich um. Hier also hatten die beiden zusammengelebt! Da mußte man sich wirklich nicht wundern, daß die Ehe entzweigegangen war! Wie sollte ein Mädchen wie Sinaida in einer solchen Umgebung gedeihen? Der enge Raum quoll über von Büchern; sie lagen, bis zur Decke aufgestapelt, auf einem die ganze Wand entlanglaufenden Bord; sie lagen auf dem Tisch und auf den Stühlen; sie lagen sogar auf dem Kleiderschrank; und in der einzigen freien Ecke des Zimmers stand wiederum eine Bücherkiste. Rasch drehte ich mich um und ging auf den Korridor hinaus, mit dem peinlichen Gefühl, einen unerlaubten Blick in die privaten Bereiche eines anderen Menschen getan zu haben. Ich überlegte mir, was für ein Mensch dieser Heinz Neumann sein mochte, der ein freundlich naives Menschenkind aus seiner vertrauten Umgebung herausriß und es in der fremden deutschen Welt einfach sich selber überließ.
Im Frühling 1929 traf ich eines Tages gemeinsam mit Heinrich Kurella bei Berliner Freunden einen soeben aus dem Ausland gekommenen, von Geheimnis umwitterten Besuch. Es war der rumänische Dichter Panait Istrati, der zusammen mit seiner Freundin nach einjähriger Studienreise durch die Sowjetunion eben aus Moskau zurückgekommen war. Ich kannte ihn als Schriftsteller durch einen seiner Romane und hatte den Namen häufiger in der Presse gelesen, wo man von Istrati als dem großen Freund und Bewunderer Sowjetrußlands zu sprechen pflegte. Vielleicht wäre es gar nicht zu einer Unterhaltung mit diesem seltsamen Paar gekommen, wenn Heinrich Kurella nicht ganz zufällig im Gespräch Sowjetrußland und die Industrialisierung erwähnt hätte. Bei diesen Worten sprang der Gast plötzlich auf, lief erregt zum Fenster, kam wieder an den Tisch zurück, zerrte nervös an dem gestrickten lila Seidenschal,

den er statt Kragen und Krawatte um den Hals geschlungen trug, und begann in abgehackten Sätzen eine Erzählung, eigentlich eher eine Anklage, die sich aus lauter Fetzen von Ereignissen zusammensetzte. In seiner Erregung setzte der Berichterstatter so viele Dinge als bekannt voraus, daß es schwerhielt, ihm überhaupt zu folgen. Als uns aber seine Gedankengänge endlich aufgingen, wurden Heinrich Kurella und ich von Minute zu Minute starrer und ablehnender. Das, was man uns da ins Gesicht schrie, konnte nicht wahr sein. Istrati kam in seiner Anklage immer wieder auf das Schicksal einer mit ihm befreundeten Familie zu sprechen -- aus Paris nach Leningrad zurückgekehrter russischer Emigranten der Zarenzeit —, denen nach seiner Darstellung schändliches Unrecht geschehen war, die durch eine Provokation der GPU ihrer Wohnung und Arbeit beraubt worden seien, die man unschuldig vor Gericht gestellt habe und denen Istrati vergeblich zu ihrem Recht zu verhelfen gesucht hatte. (Istrati berichtete später darüber in seinem hervorragenden Rußlandbuch „Auf falscher Bahn", erschienen 1930 bei Piper.) Da fiel das Wort „Trotzkisten", und damit erwachte ich aus der Erstarrung. Jetzt wurde mir alles klar, dieser Istrati und seine Freunde, Rakowski, Victor Serge, ebenso wie jene Emigranten aus Paris, waren nichts anderes als trotzkistische Konterrevolutionäre. Alles, was er von der Sowjetunion behauptete, daß er dort auf Schritt und Tritt nur Selbstsucht, Schwindel und Ungerechtigkeit gefunden habe, alles das war die typische Propaganda eines Konterrevolutionärs, wenn es auch noch so echt klingen mochte, was er sagte. Kurella wagte einige Zwischenfragen. Ob Istrati etwa behaupten wolle, daß man unschuldige Menschen in Sowjetrußland verurteile? Und die Antwort war ein dreifaches: „Ja. Ja. Ja!" Das Sowjetregime sei zerfressen von Fäulnis, die nur noch Elend, Feigheit und Sklaverei hervorbringen könne. Auf meinen Einwand, daß er vielleicht über dem tragischen Schicksal seiner Freunde Russakov, das doch selbstverständlich nur eine Einzelerscheinung in Sowjetrußland sei, die großen Errungenschaften dieses Landes nicht mehr wahrhaben wolle, erfolgte ein Ausbruch, der mir einen Schauer über den Rücken jagte. Mit erhobener Stimme rief Istrati, es gäbe in Sowjetrußland nicht nur eine, nein hunderttausend ähnliche Affären, die aber niemals an die Öffentlichkeit drängen, denn in diesem Land triumphiere die Ungerechtigkeit, das Banditentum und die Schreckensherrschaft.

Etwas Seltsames hatte sich mit mir und wohl auch mit Kurella ereignet. Ein Teil meines Ich wußte, daß hier die reine Wahrheit gesprochen wurde, aber der moralische Selbsterhaltungstrieb des politisch Gläubigen zwang mich dazu, ihn zum Lügner zu stempeln. Mit einemmal verstummte Istrati, er schien zu erfassen, wen er da vor sich hatte. Mitten im Satz brach er ab, ging zum Sessel, in dem seine Freundin saß, und legte ihr schweigend die Hand auf die Schulter. Wir verabschiedeten uns und kehrten zurück in die „Inprekorr" an die Arbeit. Niemals erwähnten wir dieses Erlebnis gegeneinander auch nur mit einem Wort, und doch gehörte es mit zu den stärksten Eindrücken, die ich in jener Zeit gehabt habe, und ich versuchte Jahre hindurch, über den Dichter und Menschen Istrati zu erfahren, was ich konnte.
Panait Istrati war in der rumänischen Stadt Braila als Sohn armer Leute aufgewachsen und hatte während seines ganzen Lebens für Freiheit und soziale Gerechtigkeit gekämpft. Seine Leidenschaftlichkeit ließ ihn keine Halbheiten dulden. Für alles, was er verfocht, setzte er sein Leben ein, ganz gleich, ob es um das Recht der Armen ging, um die Freiheit oder um seine Mission als Schriftsteller. Er hatte schon manches geschrieben und veröffentlicht, aber noch fehlte ihm die wirkliche Anerkennung seiner Werke. Er wurde krank und war nahe am Verhungern. Da wollte er eine Entscheidung über sein Schicksal als Schriftsteller herbeizwingen und sandte an Romain Rolland einen Brief mit der dringlichen Bitte um eine Unterredung. Er wartete viele Tage vergeblich auf Antwort, da Romain Rolland zu dieser Zeit gerade verreist war. Istrati hielt das Schweigen aber für eine Ablehnung, und da er auf Romain Rolland seine ganze Hoffnung gesetzt hatte, geriet er durch diese Enttäuschung in derartige Verzweiflung, daß er in das Zimmer seines kleinen Nizzaer Hotels lief und sich die Kehle durchschnitt. Durch einen Zufall wurde er gleich aufgefunden, und ein herbeigeholter Arzt rettete ihm das Leben. In der Jackentasche des Bewußtlosen steckte ein Abschiedsbrief und das Manuskript des Romans „Kyra Kyralina". Von diesem Selbstmordversuch blieb eine breite Narbe an der Kehle, und um diese Narbe zu verdecken, trug er stets einen Schal um den Hals.
Istrati war bereits ein anerkannter Schriftsteller, als er endlich seinen sehnlichsten Wunsch verwirklichen konnte, in die bewunderte und geliebte Sowjetunion zu reisen. Als sein Freund Rakowski, der

bis Ende 1927 sowjetrussischer Botschafter in Paris gewesen war, von seinem Posten abberufen wurde, nötigte Istrati ihm ganz einfach eine Reise nach Sowjetrußland ab. Es kam ihm, dem Freiheitsfanatiker, gar nicht in den Sinn, wie kompliziert es für einen gewöhnlichen Sterblichen war, ins „Vaterland des Weltproletariats" vorzudringen, wie hermetisch Sowjetrußland seine Grenzen gegen Ausländer abgeschlossen hatte. Istrati, der Rakowski auf den Pariser Bahnhof begleitet hatte, um Abschied zu nehmen, sprang einfach im letzten Moment vor der Abfahrt in den Zug und erklärte, er werde unbedingt mit nach Moskau reisen. Er setzte sich neben den schockierten Rakowski, ohne ein Transitvisum zu besitzen oder etwa gar ein Einreisevisum in die Sowjetunion. Rakowski, der allerdings schon seiner Verbannung entgegenfuhr, war damals noch akkreditierter Diplomat und konnte deshalb Istrati, dem er freundschaftlich verbunden war, die Schwierigkeiten dieser Reise aus dem Wege räumen. So wurde er zu einem der Gäste gemacht, die zur Zehnjahresfeier der Oktoberrevolution nach Rußland eingeladen waren, und Istrati übernahm diese Rolle ohne jeden Argwohn, denn er war ein gläubiger Kommunist. In Moskau angekommen, erhielt er für seine in Sowjetrußland erschienenen Bücher einen großen Rubelbetrag und beschloß, da ihm die Unterstützung der Regierung gewiß war, eine Reise durch Sowjetrußland zu unternehmen, um alles, was er dort an Großem und Neuem sehen würde, in einem Buche zu beschreiben.
Nach dieser sechzehnmonatigen Fahrt traf ich ihn dann in der Wohnung am Bülowplatz in Berlin, einen Zerbrochenen, seines Glaubens Beraubten, einen Besiegten, wie er sich selbst nannte.

Aus dem Privatleben eines Berufsrevolutionärs

Eigentlich kam Genosse H. jeden Wochentag in meine Potsdamer Wohnung. Meistens zwar nur an die Haustür, denn er trug die „Rote Fahne" aus. Diesmal aber mußte er etwas Besonderes auf dem Herzen haben, er tat ganz geheimnisvoll und bat, mich sprechen zu dürfen. Er hatte noch kaum das Zimmer betreten, als er auch schon gedämpft zu reden begann und mich fragte, ob ich bereit sei, etwas für die Partei zu tun. Ich erwartete natürlich, daß es sich um das Verteilen von Flugblättern oder das Kleben verbotener Plakate handeln werde, wunderte mich aber über die seltsame Geheimniskrämerei. Natürlich erklärte ich mich sofort bereit, noch ohne zu wissen, was er eigentlich wollte. Im gleichen Flüsterton fuhr er dann fort, daß es etwas sehr Wichtiges, etwas Konspiratives sei. Es handele sich nämlich darum, illegale Genossen unterzubringen, und ob ich wohl zwei Zimmer meiner Wohnung für diesen Zweck zur Verfügung stellen wolle. Das war allerdings ein bißchen viel verlangt, doch ich zögerte nur Sekunden mit meinem „Aber selbstverständlich". Dann erfuhr ich, daß es sich um sehr wichtige Genossen handele, die polizeilich nicht gemeldet werden könnten, denn niemand dürfe wissen, wer sie seien. Ich müßte sie als einen „vorübergehenden Besuch" tarnen. Ich kam gar nicht dazu, zu fragen, wie lange dieser „Besuch" dauern sollte, denn Genosse H. ging mit gewichtiger Miene sofort dazu über, die Wohnung zu inspizieren, ob sie auch für diesen bedeutenden Zweck geeignet sei.

Ich lief etwas bedrückt hinter ihm her durch meine Zimmer, denn obgleich ich mich geschmeichelt fühlte, daß mir die Partei ein solches Vertrauen entgegenbrachte, war ich doch nicht ganz glücklich über diesen gewaltsamen Eingriff in mein Privatleben. Aber einen Widerspruch gab es natürlich nicht, denn ich war ja schließlich eine disziplinierte Kommunistin. Außerdem handelte es sich doch hier um Menschen, die gekämpft hatten und die von der Polizei gehetzt wurden. Da gab es kein Überlegen. Nachdem Genosse H. mit Befriedigung festgestellt hatte, daß alle Fenster der Wohnung in den Garten hinausführten, also eine eventuelle Flucht leicht zu bewerkstelligen sei, bedeutete er mir, daß ich am anderen Tag meine Gäste zu erwarten habe.

Als es am nächsten Morgen klingelte und ich gespannt öffnete, fand ich mich einem Manne und einer Frau von ungewöhnlichem Aussehen gegenüber, die inmitten einer Fülle von Gepäck im Türrahmen standen. Er stellte sich als „Helmuth" vor, und sie erklärte mir, daß sie „Klara" heiße. Der Mann sprach ein Deutsch mit Wiener Tonfall, mit starkem südosteuropäischem Akzent. Als ich sie ins Zimmer gebeten hatte und sie zum erstenmal in Ruhe betrachtete, war ich einigermaßen erstaunt. Er sah keineswegs so aus, wie ich mir einen illegalen „Berufsrevolutionär" vorgestellt hatte. Dieses Gesicht war alles andere als asketisch oder von Fanatismus geprägt. Eher wirkte er wie ein zur Fülle neigender Opernsänger, mit einem massigen Schädel, der von dunklen Locken bedeckt war. Seine Stimme war laut und satt, und bei jedem Anlaß brach er in ein dröhnendes Gelächter aus. Alles an ihm strahlte Lebensfreude aus, und man sah sofort, daß er dieses Dasein zu genießen verstand. Er war mit großer Sorgfalt, für deutsche Begriffe allerdings etwas zu auffallend, gekleidet. Wenn mir damals jemand gesagt hätte, daß dieser Mann, dessen Identität ich erst Monate später erfahren sollte, Leiter des WEB, des Westeuropäischen Büros, sei, jener Institution, die in Verbindung mit der sogenannten OMS die gesamte illegale Tätigkeit und auch die Spionageaufgaben der Komintern in Westeuropa in den Händen hielt, hätte ich ihn ausgelacht. „Klara“, seine Begleiterin, die schon begonnen hatte die Koffer zu öffnen, war eine kleine Frau Mitte der Vierziger von ungesund wirkender Rundlichkeit. Sie lief ständig von einem in das andere Zimmer, probierte an den Gardinen herum, fragte, ob sie die Möbel umstellen dürfe, erkundigte sich nach Küche und Waschgelegenheit und befand sich in unaufhörlicher Bewegung, als habe sie Angst, zur Ruhe zu kommen. Während mir bei „Helmuth“ vor allem die Selbstsicherheit und Lebenslust auffielen, erschreckten und erstaunten mich an „Klara“ die sichtbaren Merkmale einer tiefen Zerrüttung. In ihren fast schwarzen Augen, deren Iris von einem auffallend hellen Rand umgeben war, wie man es bei frühzeitig verbrauchten Menschen oft findet, lag ständig ein Ausdruck von Furcht oder Anklage. Ihre Gesichtszüge, denen man die einstige Schönheit noch ansah, wirkten jetzt wie verwischt, als hätten zu viele Tränen das Gewebe aufgelockert und die Wangen herabsinken lassen.

Ich überließ meine „Untermieter“ sich selbst und fuhr zur Arbeit. Als ich ein paar Tage später, auf „Klaras“ Aufforderung hin, ihre Zimmer betrat, traute ich meinen Augen nicht. Die schönen alten Birkenholzmöbel, mein ganzer Stolz, verschwanden unter Decken und Deckchen. An den Wänden, auf den Schränkchen und der Kommode hingen und standen Photographien über Photographien in schrecklich verschnörkelten Rahmen. Die Verbindungstür zu meinem Zimmer verhüllte eine vielfach drapierte dunkelrote Plüschportiere. Das einzige, was zum Markartzimmer noch gefehlt hätte, war die Fächerpalme in der Ecke. Ich blickte entsetzt auf diese Veränderung, schwieg aber, als „Klara“ mir stolz erklärte, wie schön sie es sich jetzt gemacht habe. Diese Atmosphäre muffiger Spießbürgerlichkeit brauchten also die beiden, um sich wohl zu fühlen. Ich erfuhr später, daß alle diese Verschönerungsutensilien aus ihrer Wohnung in Sofia stammten. Sie hatten sie vor rund fünf Jahren von dort mitgenommen, als sie in die Emigration gingen, und schleppten sie von Land zu Land, von Stadt zu Stadt und breiteten sie überall dort um sich aus, wo sie für ein paar Monate zur Ruhe kamen. Sie entsprachen „Klaras" Vorstellung von gemütlichem Wohnen, sie bedeuteten die Heimat für sie und hielten die Hoffnung wach auf die ersehnte Rückkehr.

Mit „Helmuth" und „Klara" als Wohngenossen hätte ich viel Gelegenheit gehabt, mir ein Bild von der Mentalität führender Kominternfunktionäre zu machen. Aber wahrscheinlich war in jener Zeit mein Blick noch allzusehr von Romantik und politischer Gläubigkeit getrübt, so daß ich nicht bereit war, die Erfahrungen mit meinen „Berufsrevolutionären" zu verallgemeinern. — „Helmuth" war sehr viel unterwegs. Erst viel später sollte ich erfahren, daß er noch eine zweite, eine sogenannte Ausweichwohnung in Berlin besaß, in der es übrigens weit weniger spießbürgerlich zugegangen sein soll als in der Babelsberger Straße in Potsdam.

„Klara" verließ kaum je ihr Zimmer. Ich begriff diese Frauentragödie, die sich damals unter meinen Augen abspielte, erst Jahre später. Es war die Tragödie der Frau eines emigrierten kommunistischen Funktionärs, die selber keine Funktionärin war. „Klara" durchlebte ein einziges Martyrium. Sie verzehrte sich in Angst. Ihre Tage und Nächte bestanden aus Warten. Mit einer bestimmten Stunde des Abends begann sie auf die kreischenden Bremsen der einfahrenden Vorort- und Stadtbahnzüge zu lauschen. Dann errechnete sie die Minuten, die „Helmuth" brauchen würde, um den Weg vom Bahnhof, der in der Luftlinie sehr nahe lag, bis zu unserem Haus zurückzulegen. Waren dann diese Minuten verstrichen und kein „Helmuth" zur Wohnungstür eingetreten, so begann ihr Gesicht nervös zu zucken. Mit jedem Zug — sie fuhren bis 1 Uhr nachts in viertelstündiger Folge — wiederholte sich das Warten und die Enttäuschung. „Klara" verbrachte oft ganze Abende in stummem Lauschen, und nicht selten wartete sie überhaupt vergeblich. Es war die Angst um „Helmuth", die sie dazu trieb. In ihrer Vorstellung führte er ein von ständigen Gefahren umringtes Leben. Seit 25 Jahren war sie mit ihm verheiratet, die letzten fünf davon lebten sie in der Emigration. Sicher war „Helmuths“ Leben in Bulgarien als kommunistischer Gewerkschafts- und Parteisekretär auch nicht arm an Bedrohungen gewesen, aber erst die Jahre der Emigration hatten aus „Klara“ ein Wrack gemacht. Sie zitterte nicht nur um „Helmuth“, sie bangte auch ständig um ihre eigene Sicherheit. Niemals vergaß sie, hinter sich das Zimmer abzuschließen, und jedesmal, wenn man an die Tür klopfte, hörte man sie aufgeregt hin und her rennen, als räume sie belastendes Material in ein Versteck. Erst dann öffnete sie und stand blaß, aber siegessicher da, als rufe sie einem Polizeiaufgebot entgegen: „Seht, meine Hände sind leer! Ihr werdet nichts finden und könnt uns auch nichts nachweisen!“

Eines Abends kam ich müde von der Arbeit nach Hause. In der Tür stand eine völlig aufgelöste, am ganzen Leibe zitternde „Klara“. Auf meine Frage, was denn passiert sei, stammelte sie: „Die Polizei war hier!“ Ich wollte sofort wissen, welche Fragen gestellt wurden, und bekam zur Antwort, daß „Klara“ sie gar nicht hereingelassen habe. Es hätte gegen Mittag geklingelt, sie sei zur Tür geschlichen, nicht etwa um zu öffnen, denn das täte sie ja grundsätzlich nicht, sondern nur, weil sie plötzlich so ein beklemmendes Gefühl gehabt habe. Und richtig, hinter der Milchglasscheibe der Wohnungstür habe sie ganz deutlich eine Uniformmütze gesehen! Dann sei sie schnell in die Zimmer gelaufen, um alle Gardinen zu schließen. „Und stelle dir vor“, berichtete sie atemlos, „dann hat die Polizei das Haus umzingelt und sogar an die Fensterscheiben geklopft!“ Später sei es dann allerdings wieder ruhig geworden …

Ich redete ihr zu, so gut es ging, und lief dann, etwas beunruhigt, zu unserem Portier, um ihn vorsichtig auszufragen. Er ließ mich kaum zu Worte kommen und legte gleich vorwurfsvoll los, was ich denn eigentlich für einen komischen Besuch hätte, und ob diese Dame wohl glaube, daß der Gasmann noch nie ’ne Frau im Unterrock gesehen habe …

„Klara“ war sichtlich enttäuscht, als ich ihr die Geschichte vom Polizeiüberfall zerschlug, und da sie mir in ihrer ganzen Verwirrung leid tat, leistete ich ihr Gesellschaft. Aber das war schwer zu ertragen und kostete mich nicht wenig Überwindung. „Klara“ dichtete nämlich, doch in ihrer Muttersprache, auf serbisch. Früher war sie Dichterin der kommunistischen Partei gewesen. Ich konnte kein Serbisch. Das half mir gar nichts; sie übersetzte mir ihre Werke.

Diesmal hatte sie ein Zeitungsphoto aus der „Roten Fahne", auf dem ein Polizist einen jungen Arbeiter abführte, zu einem neuen Gedicht inspiriert. Es strotzte von Sentimentalität und übertraf sogar noch die kommunistische „Heldenlyrik" der damaligen Zeit. Nur mit Mühe konnte ich mir einige anerkennende Worte abringen. Im Sommer dieses Jahres 1929 fuhr ich auf Urlaub nach Ascona. Während der vier Wochen meiner Abwesenheit sollte mein guter Freund Joseph Lengyel in meinem Zimmer wohnen. Obgleich das natürlich gegen die Regeln der Konspiration verstieß, hatten sich „Helmuth" und „Klara" sogleich einverstanden erklärt. Ich war kaum vierzehn Tage in Ascona, als ein erregter Brief meiner Aufräumefrau eintraf. „Frau Klara" sei über „Herrn Joseph" sehr empört, und es sei besser, wenn ich schnell wieder nach Hause käme. Aber diesen Gefallen tat ich meinen „Untermietern" nicht, sondern sagte mir, daß die „Berufsrevolutionäre" schon miteinander fertig werden würden. Als ich nach Ablauf des Urlaubs wieder in meiner Wohnung eintraf, hatte Joseph die Stätte seiner Schandtaten bereits verlassen. Ich war mehr als neugierig, was er verbrochen haben mochte, denn ich kannte ihn als einen Menschen mit ziemlich unbeherrschtem Temperament. „Klara" trat mir als die verkörperte Empörung entgegen.

Und was hatte er getan? Sie erklärte mir kategorisch, daß sich Joseph eines Genossen unwürdig betragen habe. Ich drang in sie, um Einzelheiten über seine Vergehen zu erfahren, fragte, ob er sich etwa eine Freundin mitgebracht habe. Sie bejahte, aber das sei nicht das Schlimmste gewesen. Jetzt wurde ich unruhig, noch dazu als „Klara" dunkle Andeutungen über Josephs Lektüre machte. Sollte er es etwa gewagt haben, trotzkistische oder sonstige antisowjetische Bücher mit in die Wohnung zu bringen? Ich versuchte vorzufühlen und stellte aufatmend fest, daß es sich um anderen Lesestoff handeln mußte. Endlich kam es heraus! Joseph hatte reine Pornographie gelesen!! Dieser Zug war mir neu an ihm. Aber wer kennt schon die Menschen?! — „Klara" hatte sich mittlerweile in Eifer geredet. Sie vergaß sogar die Vorsicht und begann eine detaillierte Schilderung: Sie sei nämlich einmal in Josephs, also mein Zimmer gegangen und habe auf einem Schemel neben Josephs Bett eben jenes empörende Machwerk gefunden. Dann beschrieb sie mir, wie das Buch ausgesehen habe, an den Titel konnte sie sich nicht erinnern, dafür aber zitierte sie mir aus den anstößigen Seiten. Das war wirklich interessant! Darauf bat ich „Klara" in mein Zimmer, führte sie zum Bücherschrank und zog ein Buch heraus. Sie erkannte es sofort und legte los gegen die bürgerlich degenerierte Literatur, die ein Kommunist nicht lesen dürfe, so daß ich nur mühsam zu Worte kam, um für eines meiner Lieblingsbücher eine Lanze zu brechen, für Colettes „Mitsou" ... „Helmuth" teilte auf diesem Gebiet gewiß nicht die Ansichten „Klaras", und Prüderie dürfte ihm ferngelegen haben. Er war der klassische Typ des Draufgängers, ein lustiger Kerl, der alle angenehmen Seiten des Lebens liebte und vor allen Dingen die Frauen. Da ich damals keine Ahnung hatte von „Helmuths" Doppelleben, von seinen Aufgaben im Kominternapparat, war ich absolut bereit, diese seine Schwäche zu entschuldigen. Manchmal allerdings konnte ich es mit der so streng anempfohlenen Konspiration nicht in Einklang bringen, wenn mein „Berufsrevolutionär" sich nach Mitternacht auf dem Potsdamer Bahnhof vor Abgang der letzten Vorortbahn unter den indignierten Blicken der im Zuge sitzenden Potsdamer mit leidenschaftlichen Küssen und Umarmungen von seiner Freundin verabschiedete.

„Helmuth" war nicht für die Illegalität geschaffen, es lag ihm nicht, sich zu tarnen, er lebte zu heftig und zu leichtfertig. Durch diese Leichtfertigkeit gegenüber den konspirativen Regeln wären er und seine beiden Mitarbeiter im Westeuropäischen Büro um ein Haar „hochgegangen". Dieser damals mit Mühe vom Apparat der KPD vertuschte Skandal um „Helmuth" und Genossen wirft ein bezeichnendes Licht auf die Tätigkeit der sowjetischen Geheimorganisation in der Weimarer Republik. Im sozialdemokratischen „Vorwärts" erschien eines Tages ein Bericht über eine mysteriöse Verhandlung vor dem Schöffengericht Berlin-Schöneberg, in der sich die Angeklagten, eine Hauptmannswitwe und ein ehemaliger Lehrer, selbst des Diebstahls bezichtigt hatten. Sie berichteten den erstaunt aufhorchenden Richtern, daß sie aus Angst vor weiteren Verfolgungen durch die Kommunisten sich selbst anzeigten, um im Gefängnis endlich Ruhe zu finden. — In der Verhandlung ergab sich folgendes: Die Hauptmannswitwe vermietete ein Zimmer an einen Herrn, der sich als ausländischer Schriftsteller bei ihr anmeldete. Es schien ihr schon ungewöhnlich, daß dieser Schriftsteller sofort den doppelten Mietpreis anbot, den sie natürlich nicht ablehnte. Dann teilte ihr der Untermieter mit, daß er häufiger Besuch von

anderen Schriftstellern erhalten werde. Diese Herren kamen auch wirklich und führten ein sehr heiteres Leben mit reichlichem Alkoholgenuß.
Aber sie arbeiteten auch, denn beim Aufräumen des Zimmers entdeckte die „möblierte Wirtin“ im Papierkorb ausgeschnittene und angestrichene sowjetrussische Zeitungen. Daraufhin begann sie, sich auch für den Inhalt des Schreibtisches zu interessieren, der erstaunlicherweise unverschlossen war. Zuerst stieß sie auf zwei ausländische Pässe mit den Photos ihres Untermieters und seines Freundes, aber mit ganz anderen Namen und Berufen als denjenigen, die man ihr genannt hatte. Als sie dann aber auch noch in der Schublade einen Berg Dollarnoten fand, begann ihr nicht nur aufzugehen, um welche Art von Schriftsteller es sich wahrscheinlich bei ihrem Untermieter handelte, sondern sie fühlte sich auch gewissermaßen berechtigt, sich einige von diesen so achtlos herumliegenden Dollars zukommen zu lassen. Zuerst nahm sie nur kleine Noten, das aber regelmäßig jeden Tag. Als ihr Schriftsteller nichts zu merken schien, sondern immer das gleiche freundliche Gesicht machte, entwendete sie täglich nun schon je eine Zehndollarnote, um dann wegen des unverändert liebenswürdigen Gesichtes ihres Zimmerherrn auf Hundertdollarnoten pro Tag überzugehen. Schließlich nahm sie dann den ganzen Haufen auf einmal und die beiden Pässe dazu. Aber diese Expropriation erfolgte nicht so ohne weiteres. Mit ihrem ehemaligen Lehrer im Bunde täuschte sie einen Einbruch vor, brachte das Zimmer in wilde Unordnung und führte dem ahnungslos nach Hause kommenden Untermieter eine hysterische Szene über den erfolgten Einbruch vor. Sodann forderte sie ihn auf, mit ihr gemeinsam zum nächsten Polizeirevier zu gehen, um dort Anzeige zu erstatten. Dieser geschickte Schachzug hatte genau den Erfolg, den sie erwartete: als der Untermieter „Polizei“ hörte, suchte er augenblicklich das Weite... Wohin er lief, wußte natürlich die Angeklagte nicht auszusagen. Das erzählte man sich in anderen Kreisen. Er lief zum Chef des Geheimapparates der KPD, zu Kippenberger, um ihm sehr bedrückt Mitteilung von diesem „Unfall“ zu machen. In der Schublade hatten sich nämlich 15000 amerikanische Dollar befunden. Von den beiden verschwundenen Pässen wagte er selbst dort nichts zu erwähnen. — Um nun dieses beträchtliche Defizit wieder einzubringen, ließ Kippenberger seine Unterapparatschiks in Funktion treten.

Was dann geschah, berichtete wiederum die erregte Hauptmannswitwe den kopfschüttelnden Richtern: Am nächsten Tag hätten vier Kriminalbeamte ihre Wohnung besetzt und von oben bis unten durchsucht. Diese Hausdurchsuchungen hätten sie eine ganze Woche lang Tag und Nacht fortgesetzt und ihren Freund, den ehemaligen Lehrer, verhaftet und über die offene Straße zu einem Polizeiauto abgeführt. Dann seien sie mit ihm aus Berlin hinausgefahren, immer weiter und weiter, bis schließlich einer der Polizisten gesagt habe: „Jetzt müssen wir doch bald an der polnischen Grenze sein?" Worüber der Lehrer, der schon nicht begreifen konnte, weshalb man ihn nicht ins Polizeipräsidium gebracht hatte, in panischen Schrecken geriet. Darauf erklärten ihm die begleitenden Männer kurz und bündig, daß sie gar keine Polizisten seien, sondern Kommunisten, und wenn er nicht sofort angebe, wo die gestohlenen Dollars versteckt seien und wo sich die Pässe befänden, werde man ihm im nächsten Wald Gelegenheit geben, frische Luft zu schnappen. Er begriff sofort, was das bedeutete, und gab nun den Kommunisten eine genaue Schilderung über den ganzen Vorgang und gestand auch, daß sich das Geld in der Wohnung in einer Matratze befinde. Die Pässe aber habe er im Grunewald in der Nähe von Schlachtensee vergraben ... Als die Kommunisten-Polizisten dann das Geld gefunden hatten, die Fahrt in den Grunewald sich aber als vergeblich erwies, da der Lehrer das Versteck der Pässe nicht mehr entdeckte, warfen die Apparatschiks ihn irgendwo auf einer verlassenen Chaussee aus dem langsam fahrenden Wagen. Nachdem das hohe Gericht diese Schilderung zur Kenntnis genommen hatte, kam es zum Schluß, daß die beiden Angeklagten sich wohl unter dem Einfluß von Rauschgiften diese phantastische Geschichte ausgedacht haben müßten, und man sprach sie, ganz gegen ihren Willen, frei. Auch die sozialdemokratische Zeitung, der „Vorwärts", war mit dieser Entscheidung nicht einverstanden und schrieb: „Uns aber erscheint es dringend nötig, daß andere Organe hinter diese Sache leuchten und sich für solche Ausländer und ihre Geldempfänger interessieren ..." Und dabei blieb es.
Erst im Spätherbst 1929 sollte ich erfahren, wer mein Untermieter „Helmuth" eigentlich war. Im Sommer dieses Jahres hatte meine Freundschaft mit Heinz Neumann begonnen. Nach einiger Zeit wunderte sich Heinz, daß ich ihn niemals in meine Wohnung einlud. Ich erklärte ihm, daß illegale Genossen bei mir untergebracht seien

und er mich deshalb nicht besuchen dürfe. Heinz lachte über meine konsequente Haltung und zog mich nach allen Regeln der Kunst auf. Er meinte bissig, ich würde seinen Besuch schon „vor der Partei verantworten können". Als er dann eines Nachmittags am Bahnhof stand, um mich nach Potsdam zu begleiten, war ich immer noch fest entschlossen, ihn nicht in meine Wohnung kommen zu lassen, und führte ihn deshalb viele Stunden durch den Potsdamer Wald. Er machte seinem Groll Luft und kam immer wieder auf das Thema „Deine illegalen Genossen" zurück. Es ging schon auf Mitternacht, als wir ganz durchfroren aus dem Wald zurückkamen und ich Heinz in Richtung zum Bahnhof Potsdam führte. Ich wußte sehr genau, wann der letzte Zug nach Berlin abging und wollte Heinz so lenken, daß er mit ihm zurückfahren mußte. Er aber brachte es mit großem Geschick fertig, ihn zu verpassen, um mich zu einer Entscheidung zu zwingen. Unter solchen Umständen blieb mir nichts anderes übrig, als gegen die Vorschriften der Konspiration zu verstoßen.

Wir standen im Korridor meiner Wohnung, als ich von der Haustür her die Schritte „Helmuths" hörte. Ich versuchte, Heinz in mein Zimmer zu schieben, aber es war zu spät, und er verschwand nur hinter einem großen Schrank im Flur. Da schloß „Helmuth" die Wohnungstür auf, begrüßte mich mit der üblichen Lautstärke und ging auf sein Zimmer zu. In diesem Moment sprang Heinz hinter dem Schrank hervor und rief mit verstellter Stimme: „Dimitroff, Sie sind verhaftet!" Ich stand starr vor Staunen. Dimitroff machte ein ganz verdutztes Gesicht, fuhr herum und brach in ein schallendes Gelächter aus. „Heinz Neumann, was machen Sie denn hier?! Unerhört, mir einen solchen Schreck einzujagen!" Und ein freundschaftliches Händeschütteln begann. — Dennoch muß den Dimitroffs, vor allem wahrscheinlich „Klara", die mit richtigem Namen Ljuba hieß, der Schreck über dieses unkonspirative Verhalten in die Glieder gefahren sein. Kurze Zeit später zogen sie aus, mitsamt allen Spitzendeckchen, Photographien und Portieren.

Als Dimitroff und seine beiden Mitarbeiter Taneff und Popoff im Februar 1933 von der Gestapo verhaftet wurden, hatten sie wieder einmal gegen die Regeln der Konspiration verstoßen. Sie saßen nämlich am Tage nach dem Reichstagsbrand im „Bayernhof" in Berlin, einem von Nazis wimmelnden Bierlokal, und unterhielten sich auf bulgarisch, weil von den dreien nur Dimitroff die deutsche

Sprache beherrschte. Dimitroffs Frau Ljuba, die zu jener Zeit schon in Moskau wohnte, nahm sich dort am 27. Mai 1933 das Leben. Georgi Dimitroff wurde durch seine Haltung im Prozeß um den Reichstagsbrand in den Augen aller Antifaschisten zu einem Helden. Er mag zwar gewußt haben, ehe er im Berliner Gerichtssaal seine mutige Schlußrede hielt, daß es bereits eine geheime Abmachung zwischen der Gestapo und der GPU gab, ihn und seine beiden Mitarbeiter nach Sowjetrußland auszuliefern, dennoch war seine Haltung bewundernswürdig. Dieser Mensch hatte trotz des demoralisierenden Lebens als Befehlsempfänger der Moskauer Spionagezentrale der Komintern seine Persönlichkeit bewahrt. Zerbrochen wurde er erst, als er auch räumlich in den Bannkreis des Kreml geriet. Die tödliche Atmosphäre um Stalin bekam ihm nicht. Schon im Flugzeug nach Moskau muß diesen Mann, der im Berliner Gerichtssaal so viel Mut bewiesen hatte, bei der Vorstellung, nun dauernd in Sowjetrußland leben zu müssen, das kämpferische Selbstbewußtsein verlassen haben. Als er auf dem Moskauer Flugplatz ankam und von Pjatnitzki, dem damaligen Generalsekretär der Komintern, empfangen wurde, war seine erste ängstliche Frage: „Sagen Sie, Genosse Pjatnitzki, habe ich auch alles richtig gemacht? Wird man mich nicht kritisieren?“

Ich traf Dimitroff erst 1935 wieder, nachdem ich mit Heinz Neumann als Emigrantin nach Moskau gekommen war. Dimitroff hatte nach dem VII. Weltkongreß der Komintern Karriere gemacht, war als Nachfolger Pjatnitzkis Generalsekretär der Komintern geworden und bewohnte ein Landhaus unmittelbar neben der Datscha Stalins, damit er immer zur Hand war. Als Chef der Komintern hatte er sich die Allüren eines großen Mannes zugelegt. Während unter seinem Vorgänger Pjatnitzki noch ein Telefongespräch genügt hatte, um sich zu einer Besprechung zu verabreden, mußte man sich bei Dimitroff tage-, ja manchmal wochenlang vorher anmelden. Als die große Säuberung der Jahre 1936 bis 1938 in Sowjetrußland begann, benutzte er seinen Einfluß, um persönliche Rachegelüste zu befriedigen. Am heftigsten richtete sich seine Verfolgung gegen die eigenen Landsleute in der bulgarischen Sektion der Komintern. Auch Popoff und Taneff, seine ehemaligen Mitarbeiter aus der Berliner Zeit, überlieferte er der NKWD. Ich hörte schon 1935, kurz nach meiner Ankunft in Moskau, sehr viel Negatives über ihn, wollte es aber nicht glauben. Immer noch sah ich ihn vor mir, wie ich ihn in Potsdam in der Babelsberger Straße gekannt hatte, nicht gerade ein bedeutender Mann, aber bestrickend in seiner lebensvollen und fröhlichen Art. Dann traf ich ihn eines Tages in einem Landhaus der Komintern in Rublewo. Er erschien mit seiner neuen Gattin, einer resoluten Wienerin, die zu ihrer farbenprächtigen Toilette rote Glacéhandschuhe trug und geradezu beängstigend aussah. Dimitroff hatte sich sehr verändert. Alle Offenheit, alle heitere Großzügigkeit war aus seinem Gesicht verschwunden. Es war zur ausdruckslosen Maske des Funktionärs erstarrt. Er bewegte sich hölzern und unnatürlich und schien nur darauf bedacht, daß man ihm gegenüber auch ja die gebührende Distanz wahrte. Wir hatten damals ganz unter uns eine besondere Bezeichnung für diesen Typ des Funktionärs, und ich flüsterte Heinz erschüttert zu: „Gott, Dimitroff ist auch eine ‚Kalkfratze‘ geworden!“

Nach 1945 wurde Dimitroff nach Bulgarien zurückgeschickt, wo er sich mit terroristischen Methoden alle Mühe gab, den Wünschen Stalins gerecht zu werden. Aber es nützte ihm nichts, denn 1949 ereilte ihn, der alle Säuberungen bis dahin überdauert hatte, ein verspätetes Schicksal. Er starb unter geheimnisvollen Umständen in Moskau.

Der blutige 1. Mai 1929

Im Winter 1928/29 zog das Büro der „Inprekorr“, wahrscheinlich sehr gegen den Willen Julius Alparis, in das Parteigebäude der KPD, das Karl-Liebknecht-Haus, am Bülowplatz um. Zwar benutzten die Mitarbeiter unserer Redaktion einen besonderen Eingang an der Rückseite des großen Gebäudes, aber nun war es endgültig aus mit der Möglichkeit, auch einer mehr als naiven Öffentlichkeit vorzutäuschen, daß „Inprekorr“ und „ Pressedienst“ nichts mit der KP als Partei zu tun hätten und unabhängige Organe seien.

Ein Stockwerk unter uns in dem dunkelgrauen „funktionalistischen“ Kasten befand sich die Redaktion der „Roten Fahne“, eine Etage über uns lagen die zahlreichen Arbeitsräume des Zentralkomitees der KPD, des Org- und Polit-Büros, des Sekretariats der

Partei und was es sonst noch gab. Von der Etage der „Roten Fahne“ zum Stockwerk des ZK führte eine besondere Wendeltreppe, die hinter einer ständig abgeschlossenen Gittertür am Ende unseres Korridors vorbeiging.

Diese Einrichtung erwies sich als sehr praktisch, denn sie erleichterte den Redakteuren der „Roten Fahne“, die gleichzeitig Mitglieder des ZK waren, den Weg zwischen der unteren und der höheren Ebene ihrer Wirksamkeit. Daß die Treppe ein Teil des vielzitierten Systems geheimer Gänge und verborgener Räume in dieser Festung der KPD gewesen sei, sollte sich bei näherem Zusehen als ein von den Gegnern der KPD erfundenes Märchen herausstellen.

Diese Schauermärchen waren bereits in der Boulevardpresse der Weimarer Republik immer wieder aufgetischt worden, wurden aber erst Anfang 1933 nach der Besetzung des Karl-Liebknecht-Hauses durch die Nazis sozusagen öffentlich bestätigt in einer nazistischen Broschüre mit dem Titel „Bewaffneter Aufstand“ (Dr. Adolf Ehrt, „Bewaffneter Aufstand“, Enthüllungen über den kommunistischen Umsturzversuch am Vorabend der nationalen Revolution, hrsg. vom Gesamtverband deutscher antikommunistischer Vereinigungen e. V., Eckart-Verlag, Berlin-Leipzig 1932), in welcher sich zwei Photos befanden mit der Unterschrift: „Der Zugang zu den Geheimgängen des Karl-Liebknecht-Hauses“. In Wahrheit handelte es sich um einen keineswegs geheimen Raum, in dem von 1931 ab der Parteiselbstschutz seine Wachmannschaft einquartierte. Von diesem Zimmer führte eine Einstiegluke in einen Kellerraum hinunter, der von der Buchhandlung des Parteihauses als Aufbewahrungsplatz für Reservebestände an Büchern und Broschüren benutzt wurde. Allerdings brachte man dort auch Druckschriften unter, die beanstandet worden waren und denen Beschlagnahme drohte. Aber als Geheimkeller hat dieser Raum nie gegolten. Er wäre auch nicht gut dafür geeignet gewesen, denn er war die perfekte Mausefalle, da er keinen anderen Zugang und Ausgang als die erwähnte Einstiegluke hatte. Das war aber auch das einzige im Karl-Liebknecht-Haus, was entfernt an geheime Türen, Gänge, Keller erinnerte, die phantasiebegabte Gemüter mit der Tätigkeit umstürzlerischer Elemente in Verbindung bringen.

Etwas anders verhielt es sich mit den ebenfalls oft besprochenen Alarmanlagen. Auch sie waren keineswegs so raffiniert, wie sich das der „kleine Moritz“ im allgemeinen vorstellte. Von den vier

Türen des Hauses waren nur zwei für den Verkehr geöffnet, und neben diesen lagen Pförtnerlogen, die durch Klingelleitungen mit den am meisten gefährdeten Räumen verbunden waren, mit Bezirksleitung und ZK, oder mit den Druckerei- und Rotationssälen. Näherte sich ein größeres Polizeiaufgebot, bedienten die Pförtner ihre Klingeln. Eine der Leitungen endete in der sogenannten „Nuddelei", einem Raum, in dem einige Rotaprint-Apparate standen. Von dort aus wurde bei Alarm sofort der Fahrstuhl ausgeschaltet, der nur von diesem einen Punkt aus zu bedienen war, was die Polizei zunächst nicht wußte. Dadurch zwang man die „Bullen", die Treppen zu Fuß hinaufzulaufen, wodurch sie natürlich Zeit verloren. Zwar wurden im Parteihaus keine illegalen Schriften gedruckt, aber es gab doch eine Reihe wichtiger Unterlagen, die der Polizei um keinen Preis in die Hände fallen durften. Diese Unterlagen waren zur Vorsicht stets an einer Stelle konzentriert. Man hatte für sie ein sinniges Versteck gefunden. Der Fahrstuhl hatte eine doppelte Rückwand und einen doppelten Boden, was erst nach 1933, als die Nazis das KL-Haus dauernd besetzt hielten, entdeckt wurde. Nachdem die Polizei Anfang der dreißiger Jahre herausgefunden hatte, von welchem Raum aus der Fahrstuhl bedient wurde, geschah es häufig, daß die Nichtsahnenden mit eben den Unterlagen, die sie so heftig suchten, im Hause auf- und abfuhren.

Im Karl-Liebknecht-Haus befanden sich auch keine Waffenlager. Die Waffen der KPD lagerten ganz woanders: zum großen Teil, gut eingeölt und verpackt, in den idyllischen Schrebergärten und Lauben treuer Genossen.

Der Umzug in das Parteihaus hatte an unserem Leben in der „Inprekorr" nicht viel geändert. Der eigene Aufgang, die verschlossenen Türen ließen uns in diesem Bienenkorb kommunistischer Geschäftigkeit eine abgesonderte Existenz führen. Immer noch wurde im Büro sehr viel starker Kaffee gekocht und getrunken, denn vor allem die Deutschen unter der Belegschaft waren ständig müde und abgespannt. Eine Woche hatten wir Tagschicht und die nächste Woche Nachtschicht, aber während der Tagdienstwoche ruhten wir uns abends selten aus. Bis in die Nacht dauerten die Zellenabende, die Schulungen oder die Diskussionen. Außerdem waren wir fast alle Nachtvögel, und in Berlin ging man damals nur selten früh zu Bett. Das Resultat war, daß wir am anderen Morgen nicht aus den Augen sehen konnten und uns mit Kaffee aufmuntern mußten. Das machte zwar die Atmosphäre besonders gemütlich, aber Julius Alpari ging doch manchmal mit väterlich mißbilligendem Kopfschütteln von Zimmer zu Zimmer, was allerdings nicht viel half. Sofas aufzustellen, hatte er verboten, da „man ja nie wissen könne ...". So konnte man manchen unserer Redakteure in der Mittagspause auf einer Lage Zeitungen auf dem Fußboden seines Büros finden, wo er in unbequemem, aber tiefem Schlummer Kraft für die Anstrengungen des Nachmittags sammelte. Diese familiäre Gemütlichkeit hinderte freilich nicht, daß wir trotzdem viel arbeiteten. Wenn es notwendig war, Überstunden zu machen, blieben wir selbstverständlich über die reguläre Arbeitszeit hinaus im Büro. Uns band ja nicht ein Arbeitsvertrag, sondern die gemeinsame Sache.

1929 war der Frühling nach einem ungewöhnlich harten Winter erst spät gekommen. Aber nun war er da, und die Berliner begannen sich an den ersten milden Sonnenstrahlen zu freuen. Die politische Situation war aber alles andere als frühlingshaft hoffnungsvoll. Der 1. Mai stand vor der Tür. Im vergangenen Jahr hatte die KPD diesen Festtag der Sozialisten noch gemeinsam mit der SPD und den Gewerkschaften in einer Riesendemonstration begangen. In diesem Jahr hatte die preußische Koalitionsregierung ein Demonstrationsverbot erlassen, eine Maßnahme, die von der KPD mit Empörung aufgenommen worden war. Obgleich die Parteiführung wußte, daß bei einer Nichtbeachtung des Demonstrationsverbotes mit Zusammenstößen zwischen den Demonstranten und der bewaffneten Polizei des in KP-Kreisen ohnehin verhaßten Berliner Polizeipräsidenten Zörgiebel gerechnet werden mußte, entschied sie dennoch, daß die KPD am 1. Mai marschieren werde.

Am 1. Mai hatte ich Nachmittagsdienst in der „Inprekorr" und fuhr daher erst in den Mittagsstunden von Potsdam nach Berlin. Das einzige, was mir bekannt war, war das Verbot der Maidemonstration. Ich wußte nichts von der Absicht der KP, trotzdem auf die Straße zu gehen. Als ich den U-Bahnhof Bülowplatz verlassen wollte, staute sich am Ausgang des Schachtes eine vielköpfige Menschenmenge. Mühselig zwängte ich mich durch und stieg die Stufen zum Platz hinauf. „Bleiben Sie hier!" schrien einige Stimmen hinter mir her. „Die Polizei schießt!" Na ja, so schlimm würde es schon nicht sein. Was Demonstrationen anging, hatte ich schließlich einige

Erfahrungen. Also schien doch demonstriert worden zu sein. Den Berliner Polizisten saß zwar der Gummiknüppel locker, doch zum Revolver griffen sie nicht so schnell. Der Bülowplatz war erschrekkend menschenleer. Einen Augenblick hatte ich Angst vor meiner eigenen Courage. Als ich aus der Gegend des Parteihauses auch noch das peitschende Geräusch von Schüssen hörte, blieb ich zögernd stehen, ging dann aber doch weiter. Fliehende, die sich in den Schacht der Untergrundbahn retten wollten, kamen mir entgegen. Ich drückte mich an den Häuserwänden entlang. Von weitem hörte ich die Rufe der Polizei: „Fenster zu! Es wird geschossen!" Und dann sah ich sie langsam auf mich zukommen, in lockerer Reihe über die ganze Straßenbreite verteilt, die heruntergelassenen Sturmriemen unter dem Kinn, die Revolver in der Hand. Wer es erlebt hat, kann es nachfühlen: eine solche unaufhaltsam heranrückende Polizeikette jagt Furcht ein; man möchte sich umdrehen und ebenfalls davonrennen wie die gehetzten Gestalten, die an mir vorüber auf den U-Bahnhof zustürzten. Aber trotzdem ging ich weiter, auf die Polizisten zu, und mußte erleben, daß sie nur auf diejenigen losprügelten, die vor ihnen davonliefen. Mich ließen sie unbehelligt durch, und so kam ich bis zur Hintertür des von Polizei umzingelten Karl-Liebknecht-Hauses, rannte die Treppe hinauf in unser Büro, wo sich alles in heller Aufregung befand. An die blutigen Zusammenstöße des 1. Mai schlossen sich in Neukölln und am Wedding Barrikadenkämpfe an, die fast vierzehn Tage lang dauerten. Bei diesen Unruhen wurden insgesamt 25 Zivilpersonen getötet und 36 zum Teil schwer verletzt. Die Polizei hatte keine Verluste. Die wirklichen Zusammenhänge des blutigen 1. Mai erfuhr ich erst später. Als das Demonstrationsverbot erlassen worden war, hatte es in der Umgebung des Karl-Liebknecht-Hauses, in einem Umkreis von etwa einem Kilometer, bereits kleinere Unruhen gegeben, so in der Linienstraße, beim Arbeitsamt in der Gormannstraße, der Saarbrücker Straße und der unteren Schönhauser Allee. Bei diesen Unruhen waren hier und da Schüsse gefallen, aber sie hatten keinen ernsthaften Schaden angerichtet. Die Schießereien am 1. Mai jedoch begannen nicht in der Nähe des Parteihauses, sondern in Neukölln und am Wedding, die die radikalsten Berliner Unterbezirke waren, in denen es dauernd Zusammenstöße gab. Je näher der 1. Mai rückte, desto mehr hatte die Polizei ihren Außendienst verstärkt. Gleichzeitig erhöhte auch der Rote Front-

kämpferbund seine Alarmbereitschaft. Es herrschte also das, was man in Berlin „dicke Luft" nennt. Beiden Seiten war inzwischen schon bekannt, daß die KP-Führung beabsichtigte, das Demonstrationsverbot zu mißachten. Falsch erscheint mir jedoch die Behauptung, daß die KPD bewaffnete Demonstrationen angeordnet und die Schießerei des 1. Mai begonnen habe. Es waren lediglich in mehreren Stadtteilen gleichzeitig sogenannte Blitzdemonstrationen geplant worden. Wahrscheinlich ist, daß die Schießerei begann, weil einer der Polizeioffiziere die Nerven verlor. In der KPD allerdings war man nur allzu bereit, in dem Sozialdemokraten Zörgiebel und natürlich in der von den Sozialdemokraten beherrschten preußischen Koalition, vor allem im Innenminister Severing, die alleinigen Schuldigen zu sehen, und der Name Zörgiebel wurde von uns Kommunisten nur noch mit Haß und Abscheu genannt. Zu allem Überfluß wurde dann im Mai auch noch der Rote Frontkämpferbund von Severing verboten, und zwar kurz bevor der alljährliche große Pfingstaufmarsch stattfinden sollte.
Beides steigerte die Erbitterung in der KPD außerordentlich. Selbst die „versöhnlerischen" Redakteure der „Inprekorr" waren nun mehr oder weniger der Ansicht, daß Deutschland auf dem Wege zum Bürgerkrieg sei, und man begann allgemein, die politische Situation mit derjenigen des Jahres 1923 zu vergleichen. Der Kurs schlug stark nach links um; die Erbitterung hatte alle Schichten der KPD erfaßt, und sie war besonders unter der kommunistischen Arbeiterschaft stark angewachsen. Die alten revolutionären Kampflieder erhielten neue Texte: „Wir fürchten Zörgiebel seine Garde nicht! Wir gehen drauf und dran. Rot Front! Wir fürchten Reichsbanner, Schupo, Nazi nicht! Wir gehen drauf und dran! Rot Front!" — „Wir lassen niemals uns verbieten, trotz Zörgiebel und seinem Verbot! Wir lassen niemals uns verbieten! Berlin bleibt rot!" So klang es bei jeder Demonstration durch die Straßen Berlins, so sangen die kommunistischen Arbeiter in jedem Versammlungslokal. Und nicht nur in ihren Liedern gesellten sich die Sozialdemokraten als Feinde zu den Nazis. Das Schlagwort von den „Sozialfaschisten" — so bezeichnete man in der KP die Sozialdemokraten — wurde nun sogar von den gemäßigteren Elementen übernommen.

Der blutige 1. Mai 1929 und das Verbot des RFB waren meiner Ansicht nach diejenigen Ereignisse, die für die weitere Linie der

Deutschlandpolitik der Komintern bestimmend sein sollten und die entscheidenden Anteil an der künftigen Entwicklung hatten. Beide waren charakteristisch für die Weimarer Republik, jenen Staat, der im Grunde genommen bis zur Selbstzerstörung tolerant war, der aber hin und wieder die Nerven verlor und dann zu Maßnahmen griff, die zumindest unklug genannt werden müssen. Diese Unausgeglichenheit war eine der Ursachen des Unterganges der Weimarer Republik.

Ein Mensch mit seinem Widerspruch

Im Juni 1929 kam ich braungebrannt von meinem Urlaub am Lago Maggiore zurück. Es war herrliches Frühsommerwetter in Berlin, und gleich in den ersten Tagen verabredete ich mich mit meiner Schwester Babette zum gemeinsamen Tennisspiel. Als ich in der Münzenbergschen Wohnung erschien, empfing mich jedoch Frau Krüger, die Haushälterin, und teilte mir mit, daß meine Schwester später kommen werde und mich bitte, auf sie zu warten.
Ich saß im Wohnzimmer und ärgerte mich über die Unpünktlichkeit meiner Schwester, als es klopfte. Auf mein „Herein!" trat ein junger, dunkelhaariger Mann ins Zimmer. Er machte eine kleine Verbeugung und stellte sich vor: „Heinz Neumann!" Er habe von Frau Krüger erfahren, daß ich hier auf Babette warte, und freue sich, mich kennenzulernen. Der Überfall kam so unvorbereitet, daß es mir die Sprache verschlug. Ich hatte mir doch vorgenommen, Neumann gehörig meine Meinung zu sagen, sobald ich ihn nur einmal treffen würde. Meine Erlebnisse mit Sinaida, Neumanns abchasischer Frau, waren mir noch in frischer Erinnerung. Aber während ich ganz verdutzt auf ihn blickte, weder ein Wort der Begrüßung sagte, noch ihn zum Sitzen aufforderte, begann er schon einen Monolog. Er habe sich lange gewünscht, mich zu treffen, aber meine Schwester habe es immer zu verhindern gewußt. Ich dachte bei mir: sie wird wohl gewußt haben, warum, sagte aber immer noch kein Wort. Die Situation war mir höchst peinlich. Neumann, der immer noch einige Schritte von der Tür entfernt stand, erzählte mir bereits, daß er soeben aus der Charité komme, wo er ein paar Wochen mit Scharlach krank gelegen habe, als ich plötzlich seine merkwürdige Fußstellung entdeckte. Während Worte und Benehmen völlige Selbstsicherheit auszudrücken schienen, verrieten diese Füße etwas ganz anderes; unter der Maske der Unverfrorenheit verbarg sich offenbar ein Mensch von großer Schüchternheit. Den einen Fuß hatte er mit dem Absatz aufgesetzt, während er die Fußspitze nervös hin und her pendeln ließ. Ich

lächelte, war beinahe gerührt und forderte ihn auf, sich zu setzen. Das Gespräch drehte sich weiter um Scharlach.

In diesen Tagen fand der „Weddinger Parteitag“ der KPD statt, und ich hatte in einer bürgerlichen Zeitung gelesen, daß Neumann nicht daran teilgenommen habe, angeblich weil er an Scharlach erkrankt sei, daß es sich bei der Krankheit dieses Mitgliedes der Parteiführung aber höchstwahrscheinlich um eine politische Kinderkrankheit handele. Nun konnte ich also feststellen, daß diese Behauptung eine Verleumdung war, und das steigerte meine Sympathie für Neumann. Aber sofort bekam ich eine kalte Dusche, denn er erzählte mir, ohne eine Miene zu verziehen, daß er aus der Charité ausgebrochen sei, da er sich nicht sechs Wochen einsperren lasse. Ich war empört. Ob er nicht daran denke, daß er dadurch andere Menschen gefährde, denn seine Haut schäle sich ja noch und es bestehe daher Ansteckungsgefahr? Er zuckte nur lachend die Achseln und behauptete, die Ärzte hätten sich diesen Unsinn nur ausgedacht, um den Kranken das Geld aus den Taschen zu ziehen. Damit war meine Sympathie wieder zunichte gemacht. Neumann war also doch ein Mensch ohne Verantwortungsgefühl, und mein Vorurteil war gerechtfertigt gewesen. Ich verfiel wieder in mein ablehnendes Schweigen und war froh, als meine Schwester endlich erschien und mit mir zum Tennis ging. Aber das erste Zusammentreffen mit Heinz Neumann beschäftigte mich doch mehr, als ich zunächst wahrhaben wollte, und am Abend dieses Tages versuchte ich, Babette über ihn auszuhorchen. Aber ich war erstaunt, ein ganz anderes Urteil zu hören, als ich es von seinen Fraktionsgegnern in der „Inprekorr“ gewöhnt war. Babette sprach sehr freundlich von ihm, lobte seine große Intelligenz und seine Bildung, aber aus ihren Worten klang echte Sorge um ihn. Er sei, im Verhältnis zu der bedeutenden Rolle, die er im internationalen Kommunismus spiele, viel zu jung. Und was die „Russen“ anbetreffe, gebe er sich heillosen Illusionen hin. Das waren seltsame Töne für mich. Ich blickte meine Schwester überrascht an. Sicher gab sie nicht allein ihre eigene Meinung wieder, sondern auch diejenige Willi Münzenbergs, der, was ich bis dahin nicht gewußt hatte, Neumann in enger Freundschaft zugetan war. Deshalb lebte Neumann also im Münzenbergschen Haushalt.

In einem Punkte aber verurteilte auch meine Schwester ihn heftig, nämlich in seiner Einstellung zum weiblichen Geschlecht. Sie warf ihm allzu große Unbeständigkeit, allzu häufigen Wechsel vor, fügte aber mit einem Achselzucken hinzu, daß das offenbar in der KPD zum guten Ton gehöre. Ich erwähnte Sinaida und mußte zu meinem Erstaunen feststellen, daß Babette ihn in diesem Falle von Schuld fast freisprach. Doch sie teilte mir die näheren Umstände nicht mit, sondern brach die Unterhaltung beinahe brüsk ab.

Die Aussprache mit Babette ließ mich ziemlich nachdenklich zurück. Ich war offenbar in meinem Urteil zu voreilig gewesen, aber ich war noch keineswegs bereit, dieses Urteil völlig zu revidieren. Dazu hatte ich zu lange unter Neumanns erbitterten Gegnern gelebt. Doch hatte das Bild, das ich mir von ihm machte, immerhin an Eindeutigkeit eingebüßt. Er schien mir in hohem Maße ein „Mensch mit seinem Widerspruch" zu sein. Erst später sollte ich entdecken, daß dieses Wort zu seinen Lieblingsaussprüchen gehörte.

Im Sommer 1929 rief mich eines Tages der Kassierer der Inprekorr zu sich, ein Mann, der mit den illegalen Finanzangelegenheiten unseres Verlages betraut war und deshalb sowohl Alparis Vertrauen als auch dasjenige der Komintern genoß. Er überreichte mir mit süffisantem Lächeln eine Postkarte, die in Moskau aufgegeben worden war und als Adresse meinen Namen und den der „Inprekorr"-Redaktion trug. Sie enthielt Grüße aus Moskau, und die Unterschrift lautete „Scharlach". Bevor diese Karte in meine Hände kam, hatte sie die gesamte Redaktion durchwandert, und es bedurfte keiner großen Kombinationsgabe, um zu entschlüsseln, daß der Absender Heinz Neumann war. Man kannte seine charakteristische Schrift genau, durch die vielen handgeschriebenen Artikel, die er der Redaktion lieferte. Mein Ärger über diesen Gruß stand in keinem Verhältnis zu seiner Harmlosigkeit, aber ich sollte bald darauf Gelegenheit haben, über Heinz Neumann wirklich in Wut zu geraten. Zum 12. EKKI-Plenum waren auch Julius Alpari und Heinrich Kurella als „Inprekorr"-Vertreter in Moskau. Am gleichen Tage, an dem Alpari wieder in Berlin in der Redaktion eintraf, bat er mich in sein Zimmer und bestellte mir sehr förmlich einen schönen Gruß, den ihm Heinz Neumann für mich in Moskau aufgetragen hatte. Julius brachte diese Mitteilung so seltsam vor, daß ich einen roten Kopf bekam und irgend etwas stotterte. Er benutzte meine Verwirrung und fragte mich plötzlich merkwürdig inquisitorisch, ob ich etwa mit Heinz Neumann befreundet sei. Darauf riß mir die Geduld, und ich erwiderte gereizt, was ihn das eigentlich angehe.

Alpari bemerkte sofort, daß er zu weit gegangen war, entschuldigte sich und begann eine Betrachtung über das Vertrauensverhältnis aller Mitarbeiter der „Inprekorr" untereinander, redete irgend etwas von einer großen kommunistischen Familie, deren Vater er sozusagen sei. Eben aus diesem Grunde habe er es gewagt, eine solche Frage an mich zu stellen. Mir wurde sofort klar, was den alten Fuchs dazu bewogen hatte. Für Alpari, den „Versöhnler", war die Vorstellung qualvoll, es könnte zwischen einer Mitarbeiterin seiner Redaktion und dem gefürchtetsten Vertreter der feindlichen Fraktion eine Freundschaft bestehen. Damit wären Sicherheit und Ruhe dahin. Ein derartiges Maß an Kontrolle des Privatlebens ging mir aber zu weit, und um mich für diese Taktlosigkeit an Julius zu rächen, versicherte ich ihm mit Nachdruck, daß ich mit Heinz Neumann sehr gut bekannt sei. Mit beschattetem Gesicht und sehr förmlich verabschiedete sich Alpari von mir.

Einige Tage später kehrte Kurella aus Moskau zurück, überbrachte ebenfalls einen Gruß von Heinz Neumann und fügte mehr als unhöflich hinzu: „Bist du etwa mit diesem Stalinisten befreundet? Schöner Geschmack!" Ich kochte vor Wut.

Eines Abends stand ich an einem Tisch neben der bereits erwähnten Gittertür, die unseren Korridor gegen die Wendeltreppe zwischen den Stockwerken abschloß, und zupfte Johannisbeeren in einen Teller. Albert Norden, ein Redakteur der „Roten Fahne", blieb im Vorbeigehen jenseits der Tür stehen; wir unterhielten uns, und er bat um einige Beeren. Ich steckte sie ihm lachend durch das kleinmaschige Gitter. In diesem Augenblick hörte ich von oben her Schritte auf der Treppe, die aber seltsamerweise nicht näher kamen. Ich blickte hoch und sah Heinz Neumann dort stehen, der ganz entgeistert dieser Beerenfütterung zusah. Dann ging er mit kurzem Gruß vorbei.

Kurz darauf verlangte man von der „Roten Fahne" aus, die uns jeden Abend die letzten Nachrichten für unseren Pressedienst lieferte, ausdrücklich mich, seltsamerweise mit der Bemerkung, die Meldungen seien noch nicht abgeschrieben. Ich saß kurz darauf eine Etage tiefer im Zimmer eines Redakteurs, als sich die Tür öffnete und Heinz Neumann eintrat. Auf der dunklen Wendeltreppe hatte ich ihn nur ganz undeutlich gesehen, aber jetzt, bei hellem Lampenlicht, bot er einen mehr als komischen, ja geradezu lächerlichen Anblick. Er hatte eine Zahnentzündung, und seine Backe, die Ober-

Lippe sowie die Nase waren verschwollen. Zahnschmerzen sind etwas sehr Unangenehmes, aber wer kann schon eine dicke Backe ernst nehmen? Da stand er und gab eine lange Erklärung von sich, die irgendwie mit dem Young-Plan zusammenhing, und machte dabei trotz der Mühe beim Sprechen eine Reihe wirklich gelungener Wortwitze. Ich hörte ihm zu, amüsierte mich und begann die dicke Backe zu übersehen.

Sehr viel später erzählte mir Heinz, daß er nach der Szene auf der Wendeltreppe, die ihm einen Stich ins eifersüchtige Herz gab, in seinem Büro Werner Hirsch, den späteren Sekretär Ernst Thälmanns, getroffen hatte, den er in einer Anwandlung von Verzweiflung, wobei die Zahnschmerzen wahrscheinlich eine Rolle spielten, um einen Rat bat, wie es ihm wohl gelingen könnte, meine Freundschaft zu gewinnen. Alle Vorschläge Werner Hirschs, mich irgendwann anzurufen und einzuladen, verwarf er und bestand darauf, eine Möglichkeit zu finden, mich noch am selben Abend sehen und womöglich auch sprechen zu können. Werner Hirsch griff sich an den Kopf und beschwor ihn, vernünftig zu sein, denn mit diesem Gesicht würde er sich bestimmt jegliche Chance bei mir verderben. Aber Heinz meinte, daß ich ihn sowieso niemals um seines Aussehens willen beachten würde, und deshalb spiele die dicke Backe überhaupt keine Rolle. Er müsse nur eine Gelegenheit finden, mit mir sprechen zu können, und es dahin bringen, daß ich ihm zuhöre und ihn nicht wieder so beleidigend behandle wie bei der ersten Begegnung. Er erkannte sehr genau, daß seine größte Stärke auf dem Gebiet der Rede lag. Nach langem Sträuben erklärte sich Werner Hirsch endlich dazu bereit, mich anzurufen. Als nächstes brachte Heinz in Erfahrung, an welchen Tagen ich Abenddienst hatte, ließ sich sagen, wann die „Inprekorr" die letzten Meldungen abholte, und erschien jedesmal prompt im Zimmer, nachdem ich kaum eingetreten war. Beim dritten Mal glaubte ich nicht mehr an einen Zufall und schickte nun einen anderen Boten zur Redaktion. Aber ich kannte noch nicht die Hartnäckigkeit Heinz Neumanns. Er begann zu telefonieren und brachte es fertig, mich in Gespräche zu verwickeln, vor allem, als er bemerkt hatte, daß mich Humor wehrlos machte. Er löste damit alle meine gereizten Absagen in Gelächter auf. Einige Tage später kam er nach Beendigung des Abenddienstes, so gegen Mitternacht, mit einem fröhlichen „Guten Abend!" vor der Tür des KL-Hauses auf mich zu, und ich hatte es schwer, mich in die alte Empörung hineinzureden. Unser erstes ernsthaftes Gespräch ging um Sinaida, und am Ende seiner Verteidigungsrede konnte ich ihm in diesem Punkt nicht mehr böse sein. Er strahlte, und da wir gerade durch eine Parkanlage gingen, lief er plötzlich über den Rasen, kehrte mit einer Blume in der Hand zurück, verneigte sich mit den Worten: „Darf ich Ihnen eine Rose schenken?" und überreichte mir ... eine Geranie. Damals wußte ich noch nicht, daß Botanik sein schwächstes Fach war.

Die jungen Bolschewiken

Die Geschichte von Liebe und Ehe mit der Abchasierin Sinaida ist nicht nur um ihrer selbst willen interessant. Sie gibt ein Bild vom Charakter Heinz Neumanns und ist außerdem eng verquickt mit einem Komplex, der im Leben Neumanns einen ungewöhnlich großen Raum einnahm, mit seiner Freundschaft zu dem Manne, mit dem sein Name in fast allen Darstellungen eng verbunden ist, Besso Lominadse.

Besso Lominadse war der beste Freund Heinz Neumanns. Ich weiß nicht, ob er ihn schon 1922 kennenlernte, als er zum erstenmal mit Thalheimer nach Sowjetrußland kam und sowohl mit den Vertretern des EKKI als auch den führenden Leuten der Kommunistischen Jugendinternationale zusammengebracht wurde, oder ob sie sich erst 1924 trafen. „Lomi", wie er ihn nannte, wurde für Heinz das große Vorbild, er verkörperte für ihn alle erstrebenswerten menschlichen und männlichen Eigenschaften. Lomis Urteil erkannte er an, seine Kritik schmerzte ihn tief. „Alles, was dir an mir gefällt, habe ich von Lomi gelernt", sagte er mir einmal, und ein anderes Mal: „Wenn ich so sein könnte wie Besso, dann würde ich in diesem Leben etwas zustande bringen." Um Lominadses willen bewunderte er alles Georgische; georgische Kultur, georgische Sprache und georgische Lieder. Sehr bezeichnend ist es deshalb, daß ich als erstes Lied in unserer Freundschaft Lominadses Lieblingslied lernen mußte: „Tawo tschemo, bedi argit sgeria ..." („Oh, du mein Haupt, dir ist kein Glück beschieden ...") Durch Lominadse kam Heinz in Berührung mit Stalin, Ordshonikidse,

Mdiwani, Jenukidse, Kawtaradse und anderen Kaukasiern in der Führung der bolschewistischen Partei, durch ihn befreundete er sich mit Tschaplin, Vartanjan und einer ganzen Gruppe aus der Kommunistischen Jugendinternationale, jenen, die als Siebzehn- und Achtzehnjährige an der Oktoberrevolution teilgenommen und später im Bürgerkrieg gekämpft hatten.

Zu dieser Jugend des Kriegskommunismus fühlte sich der damals zwanzigjährige Heinz in leidenschaftlicher Bewunderung hingezogen, und er, der aus einer behüteten Bürgerfamilie kam, versuchte nun, es jenen gleichzutun, die durch Revolution und Bürgerkrieg geformt worden waren. Die kriegerischen Zeiten waren allerdings in Sowjetrußland beendet, und diese Jungen, die im allgemeinen keinen Beruf erlernt hatten, wurden nun politische Funktionäre, die den sozialistischen Aufbau des Landes leiten sollten. Für manche begann die alte Tragödie des Revolutionärs und Kämpfers, der in einem geordneten Leben versagt, und anderen ging sehr bald der Unterschied auf, der zwischen den hochfliegenden Plänen und Gelöbnissen der Oktoberrevolution und der politischen Realität nach der Eroberung und Festigung der Macht durch die Bolschewiken bestand.

Wenn mir Heinz von seinen verschiedenen Aufenthalten in Sowjetrußland um die Mitte der zwanziger Jahre erzählte, hatte man das Gefühl, als ob diese sowjetische Jugend sich in wilden Gelagen und allen möglichen Streichen einen Ersatz schaffen wollte für das turbulente Leben der Bürgerkriegszeit. Daß man sich mitten in der Nacht besuchte, gehörte zur guten Sitte, daß man von einer „Wetscherinka" (Abendgesellschaft) zur anderen ging, ebenfalls. „Wodka in Strömen" war selbstverständlich, wurde allerdings von den Kaukasiern verachtet, die möglichst nur Wein tranken, wobei aber Stalin eine unrühmliche Ausnahme machte. Man ging die verrücktesten Wetten ein: Wer wagt es, das Eis der Moskwa aufzuschlagen und ins Wasser zu springen? Lominadse tat es und landete ein paar Tage später im Spital, wo ihm nach langer Krankheit eine Niere herausgenommen wurde. — Oder wer ist der tollkühnste Kletterer? Worauf Heinz in der III. Etage des Hotels „Lux" auf einem schmalen Sims die ganze Hausfassade entlanglief und an die verschiedensten Fenster klopfte. Selbstverständlich waren die gesetzteren Bewohner des Gemeinschaftshauses der Komintern nicht entzückt von solchen Ausschreitungen, und es wurden Be-

schwerden laut. Einem besonders impertinenten „Meckerer“ stellten sie deshalb eines Nachts den schweren Bronzetiger, der einen Empfangsraum des Hotels zierte, vor die Tür, oder sie legten dieses Ungetier eines Abends einem Mädchen ins Bett, das sich aus irgendeinem Grunde mit ihnen verfeindet hatte. Den Höhepunkt aber bildete der Denkzettel, den sie einem sittenstrengen Kominternangestellten verpaßten, der sich über ihre nächtlichen Ruhestörungen beim Kommandanten des „Lux“ beschwert hatte. Zwei Mann erschienen um Mitternacht in dem nicht abgeschlossenen Zimmer des friedlich Schlummernden, hoben ihn mitsamt seinem Bett auf und trugen ihn in feierlicher Prozession die vielen Treppen hinunter bis vor den großen Spiegel im Vestibül, wo sie ihn niedersetzten und dann verschwanden. Aber Heinz ließ es nicht nur bei Jungenstreichen und Mutproben bewenden, er stimmte auch munter in den damals noch ungehindert geübten politischen Meinungsaustausch ein und ergriff mit Leidenschaft die Partei Lominadses und seiner Freunde, die alle überzeugte Anhänger Stalins waren. Allerdings hinderte dies Heinz nicht daran, bei einer Abendgesellschaft im „Lux“ Stalin auf alles andere als auf liebenswürdige Art zu karikieren. Während er sich seinen imaginären Schnauzbart strich, die eine Ecke zu zupfen begann und listig mit den Augen zwinkerte, ließ er Stalin in fehlerhaftem Russisch, wozu er nur drei grammatikalisch falsche Sätze benutzte, einen Fraktionsgegner auf die brutalste Manier absägen, worauf die Gäste der Wetscherinka mit einer Mischung von Entzücken und Schrecken reagierten.
Bei der Vorgeschichte, die zur Ehe von Heinz und Sinaida führte, spielte ebenfalls seine Freundschaft mit Lominadse eine Rolle. Im Sommer 1928 hatten die beiden beschlossen, gemeinsam, das heißt zu viert, auf Urlaub in den Kaukasus zu fahren. Lomi war nämlich seit einiger Zeit verheiratet und Vater eines Söhnchens. Seine Frau, die Tochter eines ehemaligen Popen, war ebenso schön wie bürgerlich. Als Lominadse sie kennenlernte und heiraten wollte, erfuhr Stalin davon und rief ihn zu sich, um ihm dringend davon abzuraten, eine „Bywschtschije“ (so nannte man in Sowjetrußland alle diejenigen, die zum Bürgertum und zur Aristokratie der Zarenzeit gehört hatten) zu ehelichen, und er gebrauchte bei dieser Unterhaltung das leicht abgewandelte Heine-Zitat mit dem Hosenschlitz. Besso geriet darauf in solche Wut, daß er Stalin fluchend den Rücken drehte. Als dann die Ehe geschlossen war, entschuldigte sich Stalin

ganz formell bei Lominadse und ließ seine Glückwünsche überbringen.

Während der langen Eisenbahnfahrt zum Schwarzen Meer führten Heinz und Besso immer abwechselnd ein gemeinsames Tagebuch über alles, was sich mit dem Baby ereignete. Über jeden Disput mit der jungen Mutter, der sich ans Wasserholen, ans Windelwechseln oder Milchaufwärmen anschloß. Die beiden reagierten alles das schriftlich ab, was sie letzten Endes als eines Revolutionärs nicht würdig empfanden. Lominadse beschrieb mit Vaterstolz jede Lebensäußerung des Babys, und Heinz interpretierte voller Humor die Wandlung seines Freundes. Durch das Tagebuchschreiben wollten sie natürlich auch beweisen, wie weit entfernt sie von jedem kleinbürgerlichen Philistertum waren und daß sie voller Humor über der Sache standen. Verständlich wird dieses etwas krampfhafte Spiel und auch Heinz Neumanns Versuch, sich mit Lominadses Vateraufgaben zu identifizieren, wenn man bedenkt, daß die beiden noch ein Jahr vorher als Kominternemissäre in China führend am Kantoner Aufstand beteiligt gewesen waren, ein Erlebnis, das ihre Freundschaft noch enger knüpfte.

Die schöne Sinaida war eine Ferienbekanntschaft. Die ersten Gespräche begannen am Strand, wo sie mit ihren Freundinnen in der Sonne saß. Dann verabredete sie sich mit Heinz. Sie gingen zusammen spazieren, und er sagte der jungen hübschen Studentin viele Liebenswürdigkeiten. — In seiner Verteidigungsrede versicherte mir Heinz, daß er Sinaida in all den Wochen am Schwarzen Meer einige Male geküßt habe, und das gehöre doch nun einmal zu den Höflichkeitsformen einer Ferienliebelei. Nach den Begriffen eines Deutschen mochte das wohl zutreffen, aber in Abchasien war man noch nicht so weit. Ein Kuß bedeutete so etwas wie eine Verlobung. Die Wochen des Urlaubs gingen vorüber, Heinz verabschiedete sich von Sinaida und versprach ihr, bald zu schreiben. Das tat er dann auch von Moskau aus, denn er gehörte zu den passionierten Briefschreibern. Verblüfft war er allerdings, als darauf ein langes Telegramm eintraf, in dem Sinaida ihre Ankunft in Moskau meldete. Wahrscheinlich wollte sie in der Hauptstadt studieren, beruhigte sich Heinz, denn die sowjetische Jugend hatte eine Leidenschaft fürs Reisen und liebte die Abwechslung. Über das Maß dieser Unternehmungslust sollte sich Heinz jedoch noch wundern. Gerade in den Tagen, als Sinaida eintraf, steckte Heinz in einem Wust von Vorbereitungen, da er gleich nach seinem Urlaub den überraschenden Kominternauftrag erhalten hatte, sofort nach Deutschland zu fahren, um in der dortigen Parteiführung zu arbeiten und den durch die Wittorf-Affäre kompromittierten Ernst Thälmann zu unterstützen. Er hatte also wenig Zeit für Sina. Sie aber wartete geduldig auf ihn. Schon nach wenigen Tagen sagten sie sich wiederum Lebewohl. Er fuhr nach Leningrad, um von dort mit einem Schiff nach Hamburg zu gehen. Lominadse und einige andere georgische Freunde gaben ihm das Geleit nach Leningrad. Als sie dort erfuhren, daß sich die Abfahrt des Dampfers um mehr als eine Woche verzögere, beschlossen sie, den Gebräuchen des Kaukasus treu zu bleiben und die Abschiedsfeierlichkeiten entsprechend auszudehnen. Schon am zweiten Tage erschien Sinaida in Leningrad und erklärte, sie hätte Heinz nur noch einmal sehen wollen, sie könne sich nicht von ihm trennen. Die georgischen Freunde und vor allem Besso waren hingerissen von so viel treuer Liebe, und Lomi sprach als erster vom Heiraten. Schon seit einiger Zeit war er immer wieder auf dieses Thema gekommen, nun ergab sich endlich eine passende Gelegenheit. Diese Idee entzündete alle, am wenigsten aber wohl Heinz, der die späteren Komplikationen ahnte. Nachdem jedoch alles soweit gediehen war, hätte eine Weigerung möglicherweise die Freundschaft zu Besso getrübt. Also erklärte er Sinaida, sie heiraten zu wollen. Bei dieser Gelegenheit, so erzählte er mir, habe er sie auf alle Schwierigkeiten ihres zukünftigen Lebens mit ihm in Deutschland aufmerksam gemacht. Er habe sie aufgefordert, sie solle es sich gut überlegen, denn sie werde dort sehr einsam sein, da er den ganzen Tag zu arbeiten habe, niemand außer ihm ihre Sprache verstände und sie, bis sie Deutsch gelernt habe, ohne Freunde sein müsse. Sinaida aber ging über alle diese Vorstellungen lächelnd hinweg und beteuerte ein ums andere Mal ihre große Liebe. Diese Schwierigkeiten der offiziellen Eheschließung mit einem Ausländer sowie das weit größere Problem eines Passes für Sinaida wurden von den georgischen Freunden im Blitztempo geregelt, und dann ging man daran, die Hochzeit zu feiern. In allen Trinksprüchen, worin die Kaukasier Meister sind, pries man die große politische Bedeutung dieser Eheschließung. Hier habe man es wirklich mit praktischem Internationalismus zu tun, wo sich eine abchasische Komsomolzin mit einem deutschen Kommunisten verbinde. Aber fast noch entscheidender

sei es, daß Heinz durch diese Heirat nicht nur als Freund, nicht nur als Genosse, sondern auch blutsmäßig mit der großen kaukasischen Familie verbunden sein würde. Man trank Tsinandali und Naparauli und besang dieses fröhliche Ereignis in vielstimmigen Liedern.
Die glücklichste Zeit dieser Ehe war wohl die auf dem Schiff von Leningrad nach Hamburg, behauptete Heinz voller Bitterkeit, denn in diesen Tagen durften sie sich nur von weitem sehen, da er unter anderem Namen mit einem falschen Paß reisen mußte. Zur ersten Dissonanz kam es, als Thälmann sie im Hamburger Hafen abholte, die Jungverheirateten keineswegs beglückwünschte, sondern auf plattdeutsch fluchte, daß das gerade noch gefehlt habe. In Berlin war es denn bald, wie Neumann gefürchtet hatte. Sinaida begann ihn mit Vorwürfen zu quälen, daß er sie immer allein lasse. Zuerst folgte jeder Auseinandersetzung eine Versöhnung, dann aber kam es zum ersten heftigen Zerwürfnis. Heinz erhielt einen empörten Brief von Lominadse, mit ernsthaften Anklagen wegen der Vernachlässigung Sinaidas, seiner Frau. Sina hatte sich brieflich bei Lomi beschwert. Heinz raste über diese Hinterhältigkeit. Als dann einige Zeit später auch noch ein Brief Jenukidses mit den gleichen Vorwürfen eintraf, wurde das Zusammenleben der beiden zur Qual, und Heinz schlug Sina vor, nach Sowjetrußland zurückzufahren. Auf ihre kategorische Weigerung hin wandte er sich in seiner Ausweglosigkeit an Babette.

Heinz Neumanns Aufstieg

Neumann, der, wie wir aus seinem Verhältnis zu Lominadse sehen, zu tiefer Freundschaft fähig war und der in der Angelegenheit mit Sinaida zum Opfer der Umstände und des gut gemeinten Eifers seiner Freunde wurde, gab jedoch durch die Widersprüche seines Wesens nicht immer unbegründeten Anlaß zu Vorwürfen und Kritik. Doch sein Charakter entsprach keineswegs dem Bild, das seine Fraktionsgegner von ihm entworfen haben. Einer der Grundzüge seines Wesens war eine dauernde Unruhe, ein sich niemals Zufriedengeben, ein unstillbarer Drang nach Aktivität. Bereits als Kind und später als Schüler zeichneten ihn diese Charakterzüge aus, und

seine Umwelt war schon damals geneigt, die aus seinem heftigen Temperament geborenen kindlichen Missetaten über Gebühr aufzubauschen, so daß er schließlich mit fünfzehn Jahren von seinen Eltern in ein Internat für schwer erziehbare Kinder gesteckt wurde. Heinz erzählte mir, daß ihn nur der Buchhändler des Ortes davor bewahrt habe, ganz verdorben zu werden, denn seine Mitschüler hätten heimlich so gut wie alles getrieben, was bei Halbwüchsigen nur vorstellbar sei, wobei Glücksspiele, Pferdewetten und Besuche bei Prostituierten noch zu den harmloseren Vergnügen gehörten. Heinz aber entdeckte in jener Zeit die Bedeutung des Buches, und der Buchhändler leitete ihn auf kluge Weise an. Typisch für Heinz Neumann ist die Art und Weise, wie er sich gegen das unfreiwillige Exil im Internat zur Wehr setzte. Diese Maßregelung durch die Eltern schmerzte ihn tief, vor allen Dingen die Ansicht des Vaters, daß aus ihm niemals etwas werden würde. Er besaß einen Onkel, der Professor war. Wenn seine Eltern schon kein Vertrauen in ihn setzten, dann konnte er vielleicht den Onkel von seinem Wert überzeugen. Der Sechzehnjährige setzte sich hin und schrieb eine lange Abhandlung über die italienische Renaissance. Diese Arbeit schickte er dem Onkel. Die Wirkung kam selbst für Heinz völlig überraschend. Man holte ihn sofort nach Hause zurück. Der Onkel lobte seine Begabung in den höchsten Tönen, so daß die Eltern sogar etwas wie ein schlechtes Gewissen zu haben schienen.
Schon nach den ersten Wochen meiner Bekanntschaft mit Heinz Neumann begann unsere Liebe und Freundschaft. Erst durch seine Verhaftung im Jahre 1937 sollten wir voneinander getrennt werden. — Obgleich Heinz kein Erzähler war, erfuhr ich doch so nach und nach manches über seine Jugend und über die Zeit, in der er zur KPD kam.
Alles in Neumanns Entwicklung geschah frühzeitig, mit großer Vehemenz und oft über das Ziel hinausschießend. So war es auch mit seiner politischen Entwicklung. Der siebzehnjährige Philologiestudent befreundete sich auf der Berliner Universität mit dem etwas älteren Fritz Schönherr, der bereits Mitglied der Kommunistischen Partei war. Durch ihn kam Neumann das erstemal mit kommunistischen Ideen in nähere Berührung, und Schönherr war es, der ihn zur praktischen politischen Arbeit unter den Studenten erzog. Anfang 1920, während des Kapp-Putsches, machte Schönherr ihn bereits zu seinem parteilosen „Vertrauensmann". In dieser

Arbeit leistete Neumann so Hervorragendes, daß Schönherr den damaligen militärischen Leiter der KPD in Berlin-Brandenburg, Karl Gröhl, auf ihn aufmerksam machte und vorschlug, ihn in die Kommunistische Partei aufzunehmen. Die KPD war in jenen Tagen illegal, eine Aufnahme in ihre Reihen daher nicht ganz einfach. Wer die Absicht hatte, Mitglied zu werden, mußte mehrere Bürgen stellen, die für seine Fähigkeiten zum aktiven Kommunisten gutsagten. Gröhl lernte Neumann kennen und war von der Intelligenz und rednerischen Begabung des jungen Studenten begeistert. So wurden er und Schönherr Neumanns Bürgen, und Ernst Reuter-Friesland, der damalige Politische Leiter der KP für Berlin-Brandenburg, Berlins unvergessener Bürgermeister nach 1945, nahm Heinz Neumann in die KPD auf.

Gröhl, der Neumann bald sehr hoch schätzte, machte ihn nach kurzer Zeit mit August Thalheimer, einem Mitglied des ZK und einem der führenden Kommunisten jener Jahre, bekannt, mit dessen Unterstützung Heinz Neumann seine allzu schnelle Parteikarriere begann. Schon 1922 wählte Thalheimer ihn zu seinem Begleiter bei der Reise einer deutschen Parteidelegation nach Sowjetrußland. Als sie an der polnisch-russischen Grenze in Negoreloje ankamen, unter dem Triumphbogen mit der Aufschrift: „Proletarier aller Länder vereinigt Euch!" empfangen und mit einer Rede Kalinins begrüßt wurden, stellte sich zu aller Überraschung heraus, daß Neumann Russisch konnte, worauf er, der Jüngste der Delegierten, in deren Namen für die Begrüßung dankte. Kurz zuvor hatte er eine Gefängnisstrafe von einem halben Jahre wegen illegaler Parteiarbeit abzusitzen gehabt, und da er nicht untätig sein konnte, benutzte er diese Zeit dazu, sich so viel Russisch anzueignen, daß er sich verhältnismäßig fließend verständigen konnte.

Diese für einen deutschen Kommunisten damals ungewöhnlichen Kenntnisse sollten nicht ohne Einfluß auf Neumanns politische Entwicklung bleiben. Thalheimer nahm sich seiner bei diesem ersten Aufenthalt in der UdSSR besonders an, machte ihn mit den führenden Genossen der Komintern bekannt und benutzte ihn als Dolmetscher bei Gesprächen und Konferenzen. Neumann erwarb sich sofort unter den leitenden Funktionären der KPdSU eine Reihe von Freunden, die ihm bis zu seinem — oder ihrem eigenen Sturz treu blieben. Während viele der „alten Bolschewiken" in ihren Emigrationsjahren im Westen Deutsch gelernt hatten, sprachen es die russischen Vertreter der Kommunistischen Jugendinternationale nur noch selten. So war es ganz verständlich, daß sie sich um den Deutschen, der ihre Sprache verstand, besonders bemühten. Schon damals begann Neumanns Bekanntschaft mit jenen Jungen in der bolschewistischen Partei, die später die Stützen der Stalinschen Politik wurden, und die daraus im Laufe der nächsten Jahre entstehenden Freundschaften haben nicht wenig dazu beigetragen, auch Neumann für diese Politik zu gewinnen, die ihn in den Ruf brachte, er sei der „Einpeitscher" Stalins in Deutschland. Er hatte bald so gut Russisch gelernt, daß er in der Lage war, Artikel in dieser Sprache zu verfassen. Es war daher kein Wunder, daß die nach 1923 immer zahlreicher in Berlin auftauchenden russischen Emissäre der Komintern zunächst mit ihm Kontakt suchten. Dadurch wuchs nicht nur sein Einfluß in der KPD, sondern er erwarb sich auch Neider und Feinde, die es selten unterließen, auf die Diskrepanz zwischen seiner Rolle und seiner großen Jugend hinzuweisen. Neumann hat darunter nicht wenig gelitten und pflegte oft zu seufzen: „Wenn mir doch bloß, wenigstens an den Schläfen, ein paar graue Haare wachsen würden, damit sie mir nicht dauernd meine Jugendlichkeit an den Kopf werfen könnten!"

1923 begann Heinz Neumann im Zer-Apparat zu arbeiten, dem die Aufgabe oblag, die Reichswehr im kommunistischen Sinne zu zersetzen. Der damalige Chef dieses ganz illegalen Apparates hatte seine liebe Not mit ihm, da ihm nicht die primitivsten Regeln der Konspiration beizubringen waren, wodurch er nicht nur sich, sondern auch andere immer wieder in Gefahr brachte. Bei dieser Arbeit ereignete sich eine für Neumann sehr typische Episode. Der Leiter des Zer-Apparates gab ihm den Auftrag, in einer mit den Kommunisten sympathisierenden Druckerei 6000 antimilitaristische Flugblätter herstellen zu lassen. Neumann empfand diese Menge als geradezu lächerlich gering und setzte es bei einer übergeordneten Apparatstelle durch, daß 50000 Stück in Auftrag gegeben wurden. Als sein Apparatchef davon erfuhr, raufte er sich die Haare, denn er hatte nicht so viele zuverlässige Genossen zur Verfügung, die dieses gefährliche Flugblatt in die Kasernen hätten schmuggeln können, und so lag es bergeweise im Lagerraum der Druckerei und versetzte deren Leiter in ausweglose Panik, bis man kein anderes Mittel mehr wußte, als die schönen teuren Flugblätter heimlich in der Nacht in den Landwehrkanal zu werfen.

Bald darauf wurde Neumann politischer Sekretär für den KP-Bezirk Mecklenburg. Dieses Gebiet war Hamburg untergeordnet, und er lernte Ernst Thälmann und Urbahns kennen, mit denen er sich befreundete. Im Verlaufe seiner Arbeit in Mecklenburg wurde Heinz zum zweitenmal verhaftet; man wollte ihn des Hochverrats anklagen. Während der Verhandlung in Rostock gelang es ihm durch große Geistesgegenwart, aus dem Gerichtsgebäude zu entfliehen. Da ein geflohener Gefangener selbstverständlich steckbrieflich gesucht wird, lebte und arbeitete Heinz Neumann nach dieser Flucht lange Zeit unter falschem Namen in Berlin. Erst 1924 wurde er, aber nicht in Deutschland, sondern in Wien, wiederum verhaftet. Das geschah während einer Sitzung der illegalen Parteileitung der KPD. Die österreichische Polizei fand bei Neumann einen Paß auf den Namen Giovanni und hielt ihn daher für einen Italiener. Bevor man Neumann alias Giovanni in die Zelle brachte, nahm man ihm, wie das in jedem Gefängnis Europas so üblich ist, alles fort, was er in den Taschen trug, auch die Hosenträger und die Schnürsenkel. Aus irgendeinem Grunde versteifte sich Neumann darauf, seine Schnürsenkel wiederzubekommen. Die mündlichen Proteste blieben aber erfolglos. So wandte er sich dann schriftlich — sicher aus Langerweile — in dieser Angelegenheit an den Landeshauptmann von Wien. Das war damals Karl Seitz, der einstige Präsident der Republik und spätere Oberbürgermeister Wiens. Was auf Neumanns Beschwerde erfolgte, wirft ein bezeichnendes Licht auf die gemütlich demokratische Atmosphäre im damaligen Österreich.

Der Landeshauptmann ließ den Häftling Giovanni rufen. Heinz brachte gleich seine Beschwerde wegen der Schnürsenkel vor, aber Seitz meinte freundlich, daß sie sich wegen der „Schuhbandeln" auch später noch einigen könnten, zuerst wolle er gern einmal wissen, wen er eigentlich vor sich habe, ob es sich denn wirklich um Herrn Giovanni handele? Selbstverständlich stand Neumann zu seinem falschen Paßnamen. Aber dann wurde die Sache schon bedenklicher, als nämlich Seitz, zwar immer noch ganz gemütlich, ihm klarmachte, daß unter diesen Umständen der Wiener Polizei ja ein ganz besonderer Fang gelungen sei. „Dann sind also Sie der seit langem gesuchte, wegen mehrfachen Mordes angeklagte Verbrecher Giovanni?" Heinz hielt zuerst einen geschickten Einschüchterungsversuch für möglich, aber als er Seitz ins Gesicht blickte, das so viel Ehrlichkeit ausstrahlte, kam ihm die Sache doch verdächtig vor. Im Paß-Apparat der KP wäre das ja nicht die erste Schlamperei gewesen. Die nahmen Pässe, wo sie sie nur bekommen konnten, und sicher auch gegen gutes Geld von Kriminellen. Als Heinz aber immer noch mit der Antwort zögerte, meinte Seitz väterlich lächelnd: „Na, geben Sie schon zu, daß Sie nicht der Herr Giovanni sind, sondern der Herr Neumann, das Nesthäkchen der Komintern ..."

Heinz Neumanns sichtbarer Aufstieg in der KPD begann in den Jahren 1924/25, zu jener Zeit, als Ruth Fischer und Arkadij Maslow die Kominternlinie in Deutschland durchführten. Als ich Heinz im Jahre 1929 kennenlernte, hatte er als kommunistischer Berufsrevolutionär schon verschiedene Höhepunkte und Abstürze in seiner politischen Laufbahn hinter sich, und seine Einstellung zur Kominternführung war bereits zwiespältig; er empfand ihre diktatorischen Eingriffe in die einzelnen Parteien der Internationale als störend und schädlich, andererseits aber beugte er sich dieser Diktatur als einem notwendigen Übel. Noch 1929 zweifelte er nicht an den revolutionären Zielen der Komintern und glaubte, daß sie ebenso wie die führenden Leute der bolschewistischen Partei am Internationalismus festhalte. Sein Vertrauensverhältnis zu Stalin war in dieser Zeit noch nicht erschüttert. Er teilte die Einstellung aller gläubigen Kommunisten, nur durch die proletarische Revolution könne verhindert werden, daß die menschliche Gesellschaft in Barbarei versinke und untergehe.

Natürlich muß in jenen Jahren das politische Selbstbewußtsein Heinz Neumanns bereits angekränkelt gewesen sein, denn bei ihm, wie bei allen kommunistischen Parteiarbeitern, wird der Glaube an die eigene Kraft bald erschüttert und damit das Vermögen zur Kritik untergraben. Die Abhängigkeit des Parteiarbeiters bringt es mit sich, daß er aufhört, alles zu sagen, was er denkt. Im Anfang unterdrückt er seine Kritik aus Solidarität mit der Bewegung, aber nach und nach werden die Grenzen des duldsamen Hinnehmens immer weiter hinausgeschoben. Er schweigt, kommt aber dadurch in Konflikt mit sich selbst und ist schließlich, wenn ihm die Kraft zum Bruch mit der kommunistischen Bewegung mangelt, ein Gefangener der Partei oder des Kominternapparates. Wenn er dann noch in die Mühle der Kritik und Selbstkritik, der sogenannten Durcharbeitung durch die Komintern, gerät und gegen seine Über-

zeugung angebliche politische Fehler öffentlich bekennen muß, ist sein seelisches Rückgrat sehr bald gebrochen.
Seine unermüdliche Aktivität, sein großer Ehrgeiz und nicht zuletzt seine guten Beziehungen zu führenden sowjetrussischen Genossen sowie zu Stalin persönlich, der für Neumann eine starke Sympathie empfand, führten ihn an die Spitze der kommunistischen Bewegung in Deutschland und somit an einen entscheidenden Platz in der Komintern. Als er 1928 Mitglied des Politbüros wurde und mit Thälmann und Hermann Remmele die KPD-Führung bildete, war er innerhalb dieser Dreimännerherrschaft der wendigste und intelligenteste Kopf. Im Jahre 1930 wurde er Mitglied des Reichstages, aber er hat, als linker Kommunist und Gegner des Parlamentarismus, sich dieser Funktion eher geschämt und sie mit amüsierter Verachtung ausgeübt. Er besaß nicht den proletarischen Heiligenschein Ernst Thälmanns, er war kein Bürokrat wie Remmele und verstrickte sich darum bald in fraktionelle Auseinandersetzungen, die teils von Moskau aus künstlich geschürt wurden, teils aber auch auf Neumanns mangelnde Rücksicht und seine Verletzung der innerparteilichen Demokratie zurückzuführen waren. Die Äußerungen über Neumann sind deshalb oft verzerrt durch das Ressentiment ehemaliger Fraktionsgegner. Nur selten findet sich ein Bemühen um Objektivität in der Beurteilung seiner Persönlichkeit und der Rolle, die er in der Komintern gespielt hat. Merkwürdigerweise aber erfreute sich dieser radikale Intellektuelle bei den einfachen Parteimitgliedern und den unteren Funktionären großer Beliebtheit. Ein erfahrener ehemaliger KP-Mann drückte das so aus: „Alle Kommunisten, die nicht am Sankt-Nimmerleins-Tag zu einer neuen Gesellschaftsordnung kommen wollten, sondern zu ihren Lebzeiten, sahen in Heinz Neumann den kommunistischen Führer, der ihnen die sicherste Gewähr für die Durchführung wahrhaft revolutionärer Aktionen zu bieten schien." Auf dieser Hoffnung beruhte Neumanns Anziehungskraft. Es ist eine Ironie, daß dieser Mann, der bei so vielen seiner Mitgenossen und Widersacher als der Einpeitscher der im wahren Sinne des Wortes antirevolutionären Stalinschen Politik in Deutschland verschrien war, für die einfachen Kommunisten das alte revolutionäre Ideal verkörperte. Diese Diskrepanz wirft vielleicht das bezeichnendste Licht auf das Widerspruchsvolle in Neumanns Charakter.

Heinz sprach sehr selten über seine politische Vergangenheit, und ich weiß nicht, ob ihn Bescheidenheit oder Scheu davon zurückhielt, von Episoden zu berichten, in denen er eine wichtige Rolle gespielt hatte. War es mir einmal gelungen, ihn durch hartnäckiges Fragen zum Erzählen zu bringen, so beschränkte er sich meist auf die komischen Seiten eines Erlebnisses. Selbst die Darstellung von Situationen, in denen es auf Leben und Tod ging, beraubte er jeder heroischen Ausschmückung und schaltete möglichst schnell eine Anekdote ein, die ihn als ängstlich oder ungeschickt diskreditierte, als das Gegenteil eines Helden. Als ich ihn schon einige Male in seinem bücherüberladenen Zimmer besucht hatte und die ersten Vorschläge machte, wie man es vielleicht aufräumen könnte, stieß ich auf ganz entschiedenen Widerstand. Es müsse alles so liegen und stehen bleiben wie bisher, da er sonst nichts wiederfinden könne. Das war allerdings ein Argument, denn es gibt ja auch eine systematische Unordnung. Also ging ich mit viel Vorsicht und Diplomatie an die Sache heran, und da seine Arbeitszeit von morgens um 9 bis nachts um 2 Uhr dauerte — tagsüber arbeitete er in der Parteileitung, abends und nachts in der Redaktion der „Roten Fahne" —, so hatte ich genügend Gelegenheit dazu. Beim Aufräumen machte ich die seltsamsten Entdeckungen. Unter Mengen marxistischer Theorie, Hegelscher und anderer Philosophie sowie den Gesammelten Werken Lenins fand ich einen Band portugiesischer Lyrik, in dem Heinz neben jedem Gedicht seine Übersetzung ins Deutsche eingeklebt hatte, dann mehrere Heftchen mit eigenen Gedichten, die er wohl mit fünfzehn oder sechzehn Jahren verfaßt haben mußte, da die Handschrift noch ganz kindlich war, und außerdem Sammlungen von Lyrik in allen Sprachen. Der nächste Fund lag in der Bücherkiste. Ein umfangreiches Manuskript über den Kantoner Aufstand, dazu viele Photos, die anscheinend nach der Niederschlagung der Revolte gemacht worden waren. Das interessierte mich brennend, da der Kantoner Aufstand einer der Hauptangriffspunkte seiner Gegner sowohl innerhalb wie außerhalb der KPD war. Es gab kaum einen gegnerischen Zeitungsartikel, der Neumann erwähnte, ohne den Schimpfnamen „Schlächter von Kanton" hinzuzufügen. Das Manuskript, sagte mir Heinz, sei geschrieben worden, um den Beweis zu erbringen, daß es sich in Kanton um einen Aufstand gehandelt habe und nicht um einen Putsch. Ich las das Manuskript, aber ich muß gestehen, daß es mir damals so völlig an Kenntnis der Ereignisse in China und auch an den politischen Voraussetzungen gefehlt hat, mir ein wirkliches Bild über die Situation zu machen, die zum Kantoner Aufstand geführt hatte, daß ich gar nicht auf den Gedanken kam, daran zu zweifeln, daß die Darstellung Heinz Neumanns die richtige sei. Wie weit diese Beschreibung von der Wirklichkeit abwich, sollte ich erst zwei Jahrzehnte später feststellen. Heinz war in jener Zeit so von politischem Wunschdenken beherrscht, wie das für die Kommunisten von damals und von heute typisch ist.

Die zweite chinesische Revolution, die im Jahre 1922 begann, hatte für die Kommunisten wie für die gesamte Arbeiterbewegung, die in China zu jener Zeit identisch waren, einen verheerenden Verlauf genommen. Die Trägerin der Revolution war die Kuomintang, eine bürgerliche Partei, deren Gründer und Führer Sun Yat Sen erst spät die Verbindung zur Arbeiterbewegung, nämlich zu den neuerstandenen chinesischen Gewerkschaften, gesucht hatte, weil er im Kampf gegen einheimische Generäle und Ausländerherrschaft Unterstützung brauchte. Den Kommunismus lehnte sowohl Sun Yat Sen als auch sein Stabschef Tschiang-Kai-schek ab. Sun Yat Sen ließ sich erst nach langen Verhandlungen und nur sehr widerstrebend in ein Bündnis mit den Kommunisten ein, und erst als Amerika und England eine Unterstützung der Kuomintang endgültig verweigert hatten, zog Sun Yat Sen sowjetrussische Berater heran. 1923 traf der Kominternagent Borodin mit einem Stab politischer und militärischer Experten in China ein. Die Kommunisten hatten schon früh erkannt, daß eine Revolution in China nur erfolgreich sein konnte durch eine Einheitsfront mit der bürgerlichen Kuomintang. Die Komintern schloß sich dieser Überzeugung an und tat alles, um die chinesische Arbeiterbewegung, die 1924 und 1925 zu beachtlicher Stärke herangewachsen war, eng an die Kuomintang zu binden. So kämpfte also die chinesische Arbeiterbewegung für den Sieg der Revolution, die sich machtvoll vom Süden des Landes her, von Kanton aus, gegen den Jangtsekiang hin ausbreitete. Die auf der Seite der Revolution kämpfenden Arbeiter erwarteten natürlich, daß nach dem Siege auch ihre politischen und sozialen Forderungen sich erfüllten, aber es wurde von Monat zu Monat klarer, daß die Kuomintang nicht die Absicht hatte, auch die Arbeiter in den Genuß des revolutionären Erfolges kommen zu lassen. Das wurde eigentlich schon nach dem Tode Sun Yat Sens im Jahre 1925 sichtbar, als Tschiang-Kai-schek der entscheidende Mann der Revolution geworden war. Tschiang war ein wesentlich radikalerer Gegner des Kommunismus als Sun. Obgleich diese Gegnerschaft offensichtlich war, ließ man von Moskau aus nicht nach, die Kommunisten weiterhin zu diesem unfruchtbaren Bündnis zu zwingen. Abertausende von chinesischen Arbeitern wurden so für eine Sache geopfert, die nicht die ihre war. Tschiang-Kai-schek zögerte nicht, der Arbeiterbewegung den Todesstoß zu versetzen. Moskau und mit ihm natürlich die chinesischen Kommunisten glaubten, der Kuomintang-Regierung, die nach ihrem Regierungssitz auch Wuhan-Regierung genannt wurde, die Treue halten zu müssen. Wider besseres Wissen und obgleich sich in den Provinzen Hupeh und Hunan nach wie vor revolutionäre Reserven befanden, setzte die Komintern ihre Hoffnung auf gewisse „linke" Elemente in der Wuhan-Regierung. Als Wuhan, wie das zu erwarten war, schon im Juli 1927 mit fliegenden Fahnen zu Tschiang-Kai-schek übergegangen war, schien die proletarische Revolution in China endgültig zerschlagen zu sein. Moskau und die moskautreuen Chinesen zeigten sich der Situation überhaupt nicht gewachsen; sie hatten es unterlassen, für den Fall der Niederlage ein politisches Programm auszuarbeiten. Die Folge davon war eine unbeschreibliche Verwirrung unter den kommunistischen Arbeitern Chinas. Nach dem „Verrat" der Wuhan-Regierung war es also eindeutig klar geworden, daß die Chinapolitik Stalins und Bucharins Schiffbruch erlitten hatte. Von einem eventuellen Sieg der Kommunisten in Verbindung mit der Kuomintang konnte nicht mehr die Rede sein, da nicht einmal mehr eine solche Verbindung bestand. Nicht die Kommunisten, sondern die Kuomintang hatte das Band zerschnitten, eine Entwicklung, die schon längere Zeit hätte vorausgesehen werden müssen, die aber weder Stalin noch Bucharin hatten wahrhaben wollen. War der Verlauf der chinesischen Revolution für die kommunistische Bewegung Chinas bis dahin schon tragisch genug gewesen, so sollten die eigentlichen dramatischen Höhepunkte, die eigentliche Katastrophe erst noch eintreten. Denn für Stalin hatte die chinesische Revolution nicht allein weltrevolutionäre Bedeutung. Sie war zu einem wesentlichen innenpolitischen Faktor geworden. Die Chinafrage spielte seit längerer Zeit eine bedeutende Rolle in der Auseinandersetzung Stalins mit der trotzkistischen Opposition. Nun kam der Herbst 1927 heran und damit der XV. Parteitag der KPdSU. Auf diesem Parteitag beabsichtigte Stalin, der trotzkistischen Opposition den Todesstoß zu versetzen. Hätte er die Niederlage in China zugegeben, so hätte er sich damit einer wirksamen Waffe beraubt. Von Tatsachen hatte er sich noch niemals hemmen lassen. Waren sie ungünstig für ihn, leugnete er sie einfach ab. Als echter Diktator, der er auch damals schon war, glaubte er, daß die Wirklichkeit ihm nur dann gefährlich werden könnte, wenn er ihre Existenz anerkannte. Aber er wollte sich, da er die Schlagkraft und Intelligenz der Opposition nicht unterschätzte, doch nicht allein auf eine Geschichtsfälschung, auf eine verlogene Interpretation der Ereignisse in China verlassen. Er brauchte einen handfesteren Beweis für die Richtigkeit seiner Chinapolitik, gegen die Behauptung der Opposition, die proletarische Revolution in China sei zerschlagen. Um sein Prestige wiederherzustellen, mußte er einen Theatercoup veranstalten, der, wenigstens vorübergehend, den Eindruck erweckte, daß China in einem „revolutionären Aufschwung" begriffen sei.

Sein Plan, in der südchinesischen Hafenstadt Kanton einen Aufstand vorzubereiten, stand bereits fest, als er den damals fünfundzwanzigjährigen Heinz Neumann zu sich rufen ließ und ihm diesen ebenso gefährlichen wie verbrecherischen Auftrag erteilte. Neumann als getreuer Anhänger Stalins erklärte sich sofort dazu bereit. Er sollte mit Besso Lominadse, der sich bereits in China befand, in Schanghai zusammentreffen und gemeinsam mit ihm nach Kanton gehen.

Während Heinz Neumann, in einen österreichischen Kaufmann namens Gruber verwandelt, seine Reise über Wladiwostok und Tokio nach Kanton antrat, hatte ein weiteres Ereignis die Lage der Kommunisten in China fast völlig hoffnungslos gemacht. Ihre letzten Streitkräfte unter Yeh Ting, dem späteren militärischen Befehlshaber im Kantoner Aufstand, und Ho Lung waren vernichtet worden.

In Schanghai traf Heinz Neumann mit Lominadse zusammen. Vom dortigen Kominternapparat bekamen sie einen Koffer ausgehändigt, in dem sich eine ansehnliche Dollarsumme befand, der finanzielle Beitrag zur Organisation des geplanten Aufstandes. Für diesen kostbaren Koffer trugen die beiden die volle Verantwortung.

Auf einem Ozeandampfer setzten Neumann und Lominadse die Reise fort. Als disziplinierte Kommunisten erschienen sie niemals gemeinsam auf Deck oder bei den Mahlzeiten, stets mußte einer den Koffer im Auge behalten. In einem der Vertragshäfen zwischen Schanghai und Hongkong ging nun aber das Schiff für mehrere Stunden vor Anker, und alle Passagiere benutzten die Gelegenheit, von Bord zu gehen, um sich Hafen und Stadt ansehen zu können. Neumann und Lominadse gerieten dadurch in ein schweres Dilemma. Sollten sie als einzige Reisende wegen des Koffers auf dem Schiff zurückbleiben und dadurch die Aufmerksamkeit auf sich lenken, oder sollten sie es wagen, das geheiligte Gepäckstück unbeaufsichtigt an Bord zu lassen? Da sie jung waren und entsprechend leichtsinnig, entschieden sie sich für das Wagnis, an Land zu gehen und es den anderen Passagieren gleichzutun. In Schaluppen brachte man alle in den Hafen, während der Dampfer draußen auf See vor Anker lag. Zusammen mit den anderen Passagieren schlenderten auch die beiden Agenten durch die von Menschen wimmelnden Straßen der Stadt und fanden sich zur verabredeten Stunde wieder am Hafen ein. Aber dort erwartete sie eine schlimme Nachricht. Man teilte den Passagieren mit, daß es unmöglich sei, sie an Bord zu bringen, da in Kürze ein Taifun ausbrechen werde. Der Dampfer müsse allerdings abfahren, um den Fahrplan einzuhalten, ein anderes Schiff aber werde morgen die Passagiere mit geringer Verspätung nach Hongkong bringen. Für das Gepäck werde die Schiffahrtslinie natürlich Sorge tragen.
Das war für viele Passagiere keine angenehme Nachricht, für Neumann und Lominadse aber bedeutete sie eine Katastrophe. An Bord befand sich der Koffer. Was würde geschehen, wenn er morgen beim Ausladen zufällig kontrolliert werden sollte? Sie mußten um jeden Preis auf das Schiff kommen. Kurz entschlossen begannen sie, mit Dschunkenbesitzern im Hafen zu verhandeln. Aber da war nichts zu machen, soviel Geld sie auch boten. Alle schüttelten den Kopf, denn sie waren ja keine Selbstmörder. Schließlich fanden sie den Besitzer eines elenden Bootes, das kaum noch seetüchtig zu sein schien. Dieser ging gegen eine hohe Summe das Wagnis ein, sie zum Passagierdampfer hinüberzufahren. Sie gelangten wohlbehalten an Bord, wo sie den Koffer unberührt vorfanden. Natürlich hatten sie sich nun endgültig verdächtig gemacht, aber niemand schien daraus irgendwelche Schlußfolgerungen zu ziehen.

Gleich nach ihrer Ankunft in Hongkong fuhren sie nach Kanton, wo sie in einem Hotel der europäischen Konzession abstiegen. Dieses Hotel sollte auch während der Zeit der Vorbereitungen zum Aufstand ihre Unterkunft bleiben. Zunächst hatten sie nichts anderes zu tun als abzuwarten, bis Genossen des Apparates mit ihnen Verbindung aufnehmen würden. Aus Sicherheitsgründen erhielten neueintreffende Mitarbeiter der Kominterndelegationen in jenen Ländern keine Adressen von sogenannten Anlaufstellen, sondern der zuständige Mann des dortigen Kominternapparates wurde lediglich von den Decknamen der Ankömmlinge unterrichtet. Den Zeitpunkt der Ankunft erfuhr er dann aus einer der Zeitungen für Ausländer, die den Namen jedes eingetroffenen Europäers unter einer besonderen Rubrik aufzuführen pflegten.
Neumann und Lominadse mußten lange warten, bis der Apparat es für sicher genug hielt, den Kontakt mit ihnen aufzunehmen. Durch den hohen Preis, den sie an den Dschunkenkapitän hatten zahlen müssen, war ihnen von dem Geld, das sie für ihre persönlichen Bedürfnisse besaßen, nur wenig übriggeblieben. Schon nach einigen Tagen standen sie fast ohne Mittel da. Sie wagten kaum noch, sich an dem Hotelportier vorbeizudrücken, weil sie immer fürchteten, er werde ihnen die Rechnung präsentieren. Zwar stand neben ihnen im Hotelzimmer der Koffer mit Tausenden von Dollars, aber der Gedanke wäre ihnen nie gekommen, ihm auch nur einen einzigen Geldschein zu entnehmen. Als ihre Barschaft nur noch aus einigen Cents bestand, erschien endlich, nach über einer Woche, der Retter im Hotelvestibül, der sie auslöste und ihnen eine Adresse in der Chinesenstadt angab, wo die erste Besprechung stattfinden und der Geldkoffer abgegeben werden sollte.
Noch einmal sollte dieser Koffer eine Rolle spielen. Als sie nämlich am nächsten Tage am angegebenen Ort die Mitglieder der Kantoner Kominternvertretung trafen und sich von ihnen über die Lage in der Stadt berichten ließen, öffneten inzwischen zwei verantwortliche Genossen den Koffer und machten sich daran, das mitgebrachte Geld zu zählen. Aber kaum war die erste Zählung beendet, bemerkte Heinz, daß sie mit der langwierigen Prozedur noch einmal von vorn anfingen. Dann wurde ihm, wie er mir erzählte, sehr unbehaglich zumute, denn die Genossen begannen aufgeregt miteinander zu flüstern, Lominadse und ihn mit mißtrauischen Blicken zu messen, und schließlich ließ man sie allein sitzen.

Irgend etwas stimmte nicht. Endlich kam es heraus: es fehlten etwa 3000 Dollar an der erwarteten und angekündigten Summe. Neumann und Lominadse bestanden darauf, daß der Inhalt noch einmal nachgeprüft werde. Aber es blieb beim angegebenen Defizit. Jetzt begannen beide unsicher zu werden. Ob etwa doch etwas gestohlen wurde, während der Koffer allein auf dem Schiff geblieben war? Aber sie mußten schweigen, denn sie konnten doch niemand von ihrer Fahrlässigkeit erzählen. Sie waren in einer entsetzlichen Lage, und das Mißtrauen der Genossen wurde ihnen zur Qual. Darauf verlangten sie, man möge nach Schanghai telegrafieren, obwohl chiffrierte Telegramme, noch dazu in finanziellen Angelegenheiten, nur im äußersten Notfall geschickt werden durften. Heinz sagte mir, daß er und Lominadse die Absicht hatten, Selbstmord zu begehen, falls es sich bestätigt hätte, daß das Geld verschwunden war. Die Antwort, die aus Schanghai kam, war mehr als überraschend. Die im Telegramm mitgeteilte Summe betrug nämlich um 2000 Dollar weniger als diejenige, die sie abgeliefert hatten. Neumann und Lominadse sahen sich großartig rehabilitiert, hatten sie statt eines Defizits doch sogar ein Mehr gebracht. Diese Geschichte ist typisch für das Durcheinander in finanziellen Angelegenheiten, das damals in den chinesischen Apparatstellen der Komintern herrschte.
Die im folgenden versuchte Schilderung der Ereignisse in Kanton beruht sowohl auf dem persönlichen, und zwar dem mündlichen, nicht dem offiziellen schriftlichen Bericht Heinz Neumanns als auch auf den Berichten objektiver Beobachter und Augenzeugen. Diese verschiedenen Darstellungen des Kantoner Aufstandes gaben mir Gelegenheit zu sehr aufschlußreichen Vergleichen und Feststellungen über die Diskrepanz zwischen kommunistischem Wunschdenken und geschichtlicher Realität.
Stalin hatte am grünen Tisch in Moskau entschieden, daß in Kanton eine „revolutionäre Situation" herrsche und daß damit die Voraussetzungen für einen Aufstand gegeben seien. Diesen Aufstand zu entfesseln, waren Neumann und Lominadse von ihm beauftragt worden. Natürlich sollten sie zu Beginn die Lage in Kanton prüfen. Nach meiner Meinung aber fehlte ihnen jede psychologische Voraussetzung zu einer sachlichen Beurteilung der herrschenden Zustände. Zunächst waren sie keine Chinakenner. Ich bin, da ich Neumanns Gründlichkeit kannte, davon überzeugt, daß er sich

vorher alle Mühe gegeben hat, theoretisch sich auf seine Aufgabe vorzubereiten, aber es fehlte ihm wie Lominadse an praktischer Erfahrung.
Neumann und Lominadse untersuchten also die „revolutionäre Situation“, aber sie untersuchten sie nicht unvoreingenommen, sondern eingedenk eines strikten Befehls, der das Ergebnis dieser Untersuchung bereits vorausnahm. So mißachteten sie bei der Einschätzung der Erfolgsaussichten für den geplanten Aufstand die tatsächlichen Gegebenheiten auf das gröbste.
Zunächst hätten sie nicht übersehen dürfen, daß den sehr schwachen militärischen Kräften der Aufständischen ein um vieles überlegener Feind gegenüberstand. Der spätere Generalsekretär der chinesischen Kommunistischen Partei, Wang Min, schätzte allein die in Kanton stationierten regierungstreuen Kräfte auf das Fünf- bis Sechsfache. Heinz gab später in seinem Bericht selber folgende Zahlen an: „2000 Teilnehmer außer dem Kadettenregiment, also insgesamt 3200.“ Dieses Kadettenregiment, mit dessen Teilnahme am Aufstand man fest rechnen konnte, setzte sich aus Unteroffizieren und ehemaligen Kadetten der von der Kuomintang unter sowjetischer Anleitung gegründeten Militärakademie Whampoa zusammen. Yeh Ting, der militärische Befehlshaber des Aufstandes, nennt 4200 als Gesamtzahl der Aufstandsteilnehmer, denen auf der anderen Seite allein bei den Behörden von Kanton 7000 gutbewaffnete Mannschaften gegenüberstanden. Dazu kamen noch Truppen in einer Gesamtstärke von 50000 Mann, die nur zwei oder drei Tagesmärsche von Kanton entfernt standen, und außerdem lagen in den Kasernen am Stadtrande fast vier vollständige Regimenter. Aber die Überlegenheit des Gegners war nicht nur zahlenmäßig erdrükkend, mit der Bewaffnung verhielt es sich ebenso. Heinz Neumann sagte mir, daß sich im Besitz der Roten Arbeitergarde nur 29 Mauserpistolen und ungefähr 200 Handgranaten, aber kein einziges Gewehr befunden habe. Die regierungstreuen Truppen hingegen besaßen nicht nur genügend Artillerie, Maschinengewehre und Karabiner, auf dem Kantonfluß lagen außerdem noch einige chinesische und ausländische Kanonenboote, die dann auch später entscheidend in die Kämpfe eingegriffen haben.
Nicht minder verhängnisvoll wurde eine weitere Fehleinschätzung der Kominternbeauftragten. Nach Tschiang-Kai-scheks Schanghaier Staatsstreich war die Provinz Kwantung, deren Hauptstadt Kan-

ton ist, sofort in die Hände der Militaristen gefallen. Absoluter Herrscher der Provinz war der General Li Tschi-sen geworden, der aber in Kanton durch einen mächtigen Rivalen, den General Tschang Fa-kuei, bedroht wurde. Es sah so aus, als ob es zwischen diesen beiden Generälen in kurzer Zeit zum Bürgerkrieg kommen werde. Am 17. November 1927 erfolgte auch wirklich ein Staatsstreich General Tschangs, und die beiden Armeen marschierten nordöstlich von Kanton zur Schlacht auf. Nach Ansicht der Kominterndelegation und der kommunistischen Führung in Kanton war diese erwartete Auseinandersetzung zwischen den beiden mächtigsten Männern der Provinz Kwantung eine sichere Garantie für den Erfolg des Aufstandes. Am 26. November wurde deshalb das Datum für die Erhebung auf den 13. Dezember festgesetzt, und die fieberhaften Vorbereitungen begannen. Eins aber bedachten die Mitglieder der Aufstandsleitung nicht, daß die feindlichen Generäle beim ersten Anzeichen einer kommunistischen Erhebung sofort die eigenen Gegensätze zurückstellen und zusammen gegen den gemeinsamen Feind marschieren würden. Genau das trat ein und hatte entsetzliche Folgen.

Als mir Heinz über Kanton berichtete, erwähnte er immer wieder drei Armeen revolutionärer Bauern, mit deren Eingreifen in den Aufstand fest gerechnet wurde, die aber durch plötzlich einsetzende tropische Wolkenbrüche die Stadt Kanton nicht rechtzeitig erreichen konnten, da sie im Morast steckenblieben. Das Ausbleiben dieser aufständischen Bauernarmeen habe, nach Heinz' Darstellung, entscheidend zur Niederlage des Kantoner Aufstands beigetragen. Auch hier sah die Wirklichkeit ganz anders aus. 150 Meilen von Kanton entfernt hatten sich kleine Gruppen revolutionärer Bauern mit den Resten der geschlagenen kommunistischen Armee Yeh Tings zusammengetan. Die Gesamtzahl dieser Bauerntrupps war ganz gering, von wirklichen Armeen konnte gar nicht die Rede sein. Diese „Armeen" bestanden lediglich in der Phantasie der Aufstandsleitung und Heinz Neumanns.

Jedoch der schwerwiegendste Fehler der Aufstandsleitung war die völlig irrige Annahme, der geplante Aufstand werde eine ausreichende „proletarische Massenbasis" haben. Allerdings nahmen noch 1925 in Kanton mehr als 200000 Arbeiter unter der Führung des Rates der kommunistischen Arbeiterdelegierten an der damaligen Maidemonstration teil. Seit jener Zeit aber hatten sich die Ver-

hältnisse gründlich geändert. Der Kampfgeist der Arbeiter war sowohl durch die rabiaten Unterdrückungsmethoden der antisozialistischen Elemente in der Kuomintang als durch die falsche Politik der Kommunistischen Partei gebrochen worden. Es herrschten Verwirrung und Apathie. Von einer revolutionären Massenbasis konnte also nicht mehr die Rede sein. Es sieht so aus, als ob die Vorbereiter des Aufstandes selber Zweifel daran hegten, denn sie unterließen es, den ursprünglich geplanten Generalstreik zu proklamieren. Aber die Ereignisse während des Aufstandes selbst sollten auch für sie keinerlei Zweifel mehr daran lassen, wie wenig das Kantoner Proletariat, die Masse der Arbeiter und kleinen Handwerker, begriffen hatte, daß es auf diesen Barrikaden um ihre Sache ging. Sie standen ängstlich und mißtrauisch, zum großen Teil sogar ablehnend beiseite. In diesen Kampf gingen lediglich einige Gruppen politisch bewußter Arbeiter, unter ihnen die zur Roten Garde zusammengeschlossenen Reste der Streikposten vom Kanton-Hongkong-Generalstreik des Jahres 1925. Diese kleine Schar von Aufständischen kämpfte mit unglaublicher Todesverachtung gegen eine vielfache Übermacht und inmitten lähmender Gleichgültigkeit.
Das war die tatsächliche Lage in Kanton, die aber das Vorbereitungskomitee des Aufstands nicht zur Kenntnis nahm. Lominadse und Heinz Neumann verfaßten also, wie es ihr Auftrag vorschrieb, einen Bericht. Sie stellten, wie das von ihnen erwartet wurde, fest, daß in Kanton eine „revolutionäre Situation" gegeben sei, und entstellten durch diese Behauptung die Wirklichkeit. In diesem Dokument fand Stalin die gewünschte Bestätigung seiner Auffassung, aber auch eine letzte endgültige Frage, ob der Aufstand entfesselt werden solle. Mit der Antwort bürdete Stalin seinen Gesandten jegliche Verantwortung auf, falls dieser gewagte Plan mißlingen sollte. Das Antworttelegramm lautete: „Handeln Sie so, wie Sie es verantworten können."
In Kanton, dieser durch die Revolutionswirren hart mitgenommenen Stadt, herrschte eine Atmosphäre, die die Vorbereitungen des Aufstandes erleichterte. Trotzdem hielt man die Regeln der Konspiration streng ein. Alle Zusammenkünfte der europäischen Kominterndelegation mit der chinesischen KP-Führung wurden sorgfältig getarnt, entweder als Bibelstunden oder als geschäftliche Besprechungen unter Kaufleuten. Während dieser Sitzungen ließ man unablässig ein Grammophon spielen, um eventuelles Abhören zu

erschweren. Die Mitglieder der chinesischen KP-Führung sprachen fast alle englisch, da viele der leitenden Funktionäre Intellektuelle oder die Söhne reicher Familien waren. Obwohl es also durchaus einfach war, sich sprachlich miteinander zu verständigen, bemühte sich Heinz Neumann inmitten der turbulenten Vorbereitungen des Aufstandes, so viel Chinesisch zu lernen wie nur irgend möglich. Das war ein für ihn sehr charakteristischer Zug. Sein Sprachgefühl, sein Wissensdurst und sein Ehrgeiz ließen ihn mit großem Fleiß die Sprache jedes Landes erlernen, in das die Komintern ihn beorderte. Auch in Kanton „erarbeitete" er sich — das war sein Ausdruck — die chinesische Sprache so weit, daß er während des Aufstandes bereits fähig war, eine wenn auch sehr einfache Ansprache auf chinesisch zu halten.
Heinz war von der geistigen Regsamkeit und der hohen Kultur der chinesischen Kommunisten, mit denen er in Kanton zusammenarbeitete, tief beeindruckt. Mit besonderer Bewunderung sprach er von der Rolle der Frauen in der kommunistischen Bewegung Chinas. Dort gingen Revolution und Befreiung der Frau aus uralten traditionellen Bindungen Hand in Hand. Eine neue Chinesin war geboren worden, voller Mut und Selbstbewußtsein. Sie hatte sich auch äußerlich gewandelt, trug europäische Kleider und die Haare in modernem kurzem Schnitt. Im chinesischen Theater der damaligen Zeit war sie bereits eine feststehende Figur geworden: „The Military Girl". Während des Strafgerichtes, das dem Zusammenbruch der Kantoner Kommune folgte, ermordeten die Soldaten der Konterrevolution alle chinesischen Mädchen mit kurzen Haaren, die ihnen in die Hände fielen. Auch im Zentralkomitee der Kantoner KP saß eine Frau. Heinz zeigte mir einmal ihr Bild. Sie sah aus wie eine Fünfzehnjährige, die ihre jüngere Schwester umarmt. Aber es waren Mutter und Tochter. Die Rückseite der Postkarte war mit chinesischen Schriftzeichen bedeckt. Am Schluß stand in deutscher Sprache: „Rot Front!" Ganz seltsam nahm sich dieser rabiate Gruß auf dem Bilde eines so zarten Geschöpfes aus. Ich konnte es Neumann kaum glauben, wenn er erzählte, daß solche Frauen im Kantoner Aufstand die Männer an Mut und Todesverachtung oft übertrafen.
Ein besonderer Umstand veranlaßte die kommunistische Leitung von Kanton, den Tag für den Ausbruch des Aufstandes vom 13. auf den 11. Dezember 1927 vorzulegen. Tschiang Kai-schek waren

nämlich Gerüchte über die geplante Erhebung zu Ohren gekommen, und General Tschang Fa-kuei schickte daraufhin ein Truppenkontingent nach Kanton, um die Garnison zu verstärken.
Die strategisch wichtigen Punkte innerhalb des Stadtgebietes von Kanton waren vom Revolutionskomitee schon lange vorher festgelegt worden. Neumann hatte gemeinsam mit den übrigen Kominterndelegierten und den chinesischen Kommunisten Sammelstellen für die Rote Garde bestimmt, wo sie sich einige Zeit vor dem eigentlichen Losschlagen zu versammeln hatte. Am 10. Dezember wurden die Roten Garden an diese Plätze befohlen. Das Aufstandskomitee schickte Befehle an das Kadettenregiment, auf dessen Unterstützung zu rechnen war. Alle Maßnahmen waren so weit gediehen, daß nur noch auf den Feuerbefehl gewartet wurde, die Rote Garde lag an den Sammelstellen versteckt, die Kadetten standen bereit.
Aber die Behörden mußten gewarnt worden sein, denn in den Abendstunden des 10. Dezember fuhren Panzerwagen durch die Straßen, und schwerbewaffnete Polizeikordons durchsuchten die Fußgänger nach Waffen. Einige der Sammelpunkte der Roten Garde wurden ausgehoben und die Revolutionäre verhaftet. Aber im ganzen blieben diese Gegenmaßnahmen der Regierung schwach und zögernd. In der Stadt herrschte Ruhe.
So gegen 3 Uhr 30 am nächsten Morgen stürzten die ehemaligen Kadetten von Whampoa zusammen mit den Unteroffizieren auf den Hof ihrer Kaserne hinaus. Eine Gruppe lief mit wilden Schreien auf die Offiziersunterkunft zu, riß die Schlafenden aus den Betten und führte sie, den Regimentskommandeur an der Spitze, auf den Hof, wo sich die Soldaten inzwischen versammelt hatten. Man forderte den Kommandeur auf, eine Ansprache zu halten und sich zur Sache der Aufständischen zu bekennen. Der Offizier wurde auf ein in aller Hast errichtetes Podium geschoben, aber er hatte kaum den Mund aufgetan, als aus den Reihen der Kadetten ein Schuß fiel und er tot zusammenbrach. Dieser Schuß war das Signal zum Ausbruch des Aufstandes. Noch einige der gefangenen Offiziere wurden auf der Stelle erschossen, die anderen in einen Raum der Kaserne eingesperrt. Dann sprangen die Kadetten auf die schon wartenden Lastkraftwagen und fuhren von der Kaserne, die sich am Nordrand der Stadt befand, in das Stadtinnere, wo sie sich in kleineren Gruppen auf die wesentlichen Kampfpunkte verteilten.

Mit der Ankunft der Kadetten, die genau zur verabredeten Zeit, nämlich um 4 Uhr früh, eintrafen, begannen gleichzeitig auch die Roten Garden den Kampf. In kurzer Zeit konnten die Aufständischen weite Teile der Stadt erobern, ohne einem wesentlichen Widerstand zu begegnen. Dieser gute Anfang schien Neumann, der von der Proklamierung des Generalstreiks abgeraten hatte, um überraschend losschlagen zu können, recht zu geben. Von allen Seiten drangen die Revolutionäre erfolgreich gegen die strategisch wichtigen Punkte der Stadt vor. Sie jagten die Regierungstruppen in die Flucht, nahmen viele gegnerische Soldaten gefangen und verbesserten dadurch ihre ungenügende Bewaffnung.
Eines der wichtigsten Ziele im Herzen der Stadt waren das Polizeipräsidium und das gegenüberliegende Hauptquartier der Militärgendarmerie. Heinz Neumann nahm an der Eroberung des Polizeipräsidiums teil, das später zum Sitz der kurzlebigen Kantoner Sowjetregierung werden sollte. Von diesem Kampf hat er mir berichtet. Als sie sich dem riesigen Gebäude näherten, schlugen ihnen aus allen Fenstern, aus jeder Schießscharte Gewehr- und Maschinengewehrsalven entgegen und rissen tiefe Lücken in ihre Reihen. Doch die Arbeiter der Roten Garde und die Kadetten stürmten unaufhaltsam gegen die meterhohen Mauern dieses festungsähnlichen Baues an. Viele von ihnen trugen nichts als Piken und andere primitive Waffen in den Händen. Bald häuften sich unter der Mauer die Gefallenen buchstäblich zu einem Berg von Leichen, und über ihre toten Kameraden hinweg erkletterten die vordersten der Kämpfenden die Mauer, sprangen in den Hof hinab und öffneten von innen die schweren eisernen Tore. Die Masse der Eindringenden stürmte sodann das Gebäude. Damit war das Polizeipräsidium, gleichzeitig der Kerker der politischen Gefangenen, gefallen. Heinz Neumann stand, wie er mir erzählte, noch auf dem Hof, als vom Innern des Hauses her ein seltsames Geräusch, ein schepperndes Klirren, zu ihm drang. Aus den Türen hinaus ins Freie wankten die Gefangenen, die schwere Eisenketten hinter sich herschleiften. Viele sahen aus, als hätten sie bereits im Grabe gelegen. Minuten später schon hockten sie auf dem Hof, vor jedem kniete eine Frau und durchfeilte eifrig die Ketten, mit denen sie an Armen und Beinen gefesselt waren. Selbst an die Eisenfeilen hatten die tapferen Chinesinnen gedacht und hatten sie sich in der Nacht vor dem Aufstand schon zurechtgelegt. Aber die Befreier und die Befreiten

gaben sich nicht lange der Begeisterung des Wiedersehens hin. Die Gefangenen wurden sofort zu Mitkämpfern, man drückte ihnen eine Waffe in die Hand, und sie stürmten mit den anderen hinaus auf die Straße. Für viele von ihnen wurde der erste Tag der Freiheit der letzte ihres Lebens. Am Straßenrand lagen sie gefallen, noch mit den schmachvollen Eisenringen um Handgelenke und Fußknöchel.

Zu einer der ersten Taten der Aufständischen Kantons gehörte die Beschlagnahme der städtischen Reisvorräte, worauf die chinesischen Arbeiterinnen in aller Eile Volksküchen improvisierten und an die Armen der Stadt als erste Errungenschaft der Revolution eine Schale mit Reis verteilten.

Bei Tagesanbruch befand sich der größte Teil der Stadt in den Händen der Aufständischen. Im Polizeipräsidium trat der Sowjet zusammen. Die Kantoner Sowjetregierung wurde ausgerufen. Noch immer aber ging an verschiedenen Stellen der Stadt der Kampf erbittert weiter. Es war den Revolutionären bisher nicht gelungen, das Hauptquartier des Generals Tschang Fa-kuei und das befestigte Haus des Generals Li Tschi-sen einzunehmen. Trotzdem glaubte die Aufstandsleitung, die Stadt bereits völlig in der Gewalt zu haben. Neumann und Lominadse hielten es für besonders wichtig, der Bevölkerung bekanntzugeben, daß nunmehr eine Sowjetregierung die Geschicke Kantons lenke. Schon einige Tage vorher hatten sie ein entsprechendes Manifest entworfen und in Druck gegeben. Aber dieses Manifest war nicht zur Stelle, sondern befand sich noch in der Druckerei. Ermüdet und ausgepumpt vom Kampf, verlangten Neumann und Lominadse gereizt, man solle es sofort herbeischaffen, aber dann wurde man gewahr, daß die Druckerei unmittelbar in der Feuerlinie lag. So blieb nichts anderes übrig, als in einer anderen, nicht bedrohten Druckerei in aller Eile das Manifest auf Handzettel abziehen zu lassen. Junge Leute der Roten Garde fuhren dann in requirierten Autos langsam durch die wieder friedlichen Teile der Stadt und warfen die Handzettel unter die Bevölkerung.

Das Programm des Kantoner Sowjets verlangte als erstes die Einziehung aller Vermögen der Großbourgeoisie, der Banken und der Geldverleiher. Die Pfandleihanstalten sollten von den Arbeitern übernommen und alle gepfändeten Gegenstände den Eigentümern zurückgegeben werden. Die Häuser der reichen Kantoner Bürger

sollten zu Schlafstätten für die Arbeiter umgewandelt werden. Außerdem enthielt das Programm Versprechungen, wie die sofortige Einführung des Acht-Stunden-Tages, Lohnerhöhungen und Einrichtung einer staatlichen Arbeitslosenunterstützung. Gleichzeitig kündigte es eine radikale Landreform an, Entlassung aller politischen Gefangenen, Bewaffnung der Arbeiter, Rede-, Presse- und Versammlungsfreiheit und das Streikrecht. Das war der Inhalt des Manifestes, das am frühen Morgen des 11. Dezember, am ersten und bis dahin siegreichen Tage des Aufstandes, unter die Bevölkerung von Kanton verteilt wurde.
Der gefährlichste Fehler, den die Vorbereiter dieses Kampfes gemacht hatten, wurde schon am ersten Tage offenbar: die Massen der Bevölkerung nahmen weder Anteil am Aufstand noch an dieser Sowjetregierung, die da plötzlich im Polizeipräsidium saß. Es gelang nicht, sie davon zu überzeugen, daß der Kantoner Sowjet eingesetzt worden war, um die Rechte und Forderungen des Volkes zu verwirklichen. Die kommunistische Leitung hatte es unterlassen, die Kulis, Arbeiter und Handwerker vor dem Aufstand darüber aufzuklären. Jetzt aber bestand keine Möglichkeit mehr, das Versäumte nachzuholen, denn die politisch geschulten Männer, die als Agitatoren hätten eingesetzt werden können, kämpften fast ausnahmslos auf den Barrikaden.
Wie gering jedoch die Anteilnahme des Kantoner Proletariats am Aufstand gewesen sein muß und wie schwerwiegend somit der Fehler der Aufstandsleitung war, sollte sich erst richtig erweisen, als die kommunistische Leitung für die Mittagsstunde des 11. Dezember zu einer Massenversammlung aufrief. Obwohl man in der ganzen Stadt stundenlang Flugblätter verteilte, die auf dieses Meeting hinwiesen, fanden sich, wie berichtet wurde, ganze 300 Mann auf dem Platze ein. In aller Hast wurde diese „Kundgebung“ in eine Delegiertenversammlung umgewandelt. Jetzt war kein Zweifel mehr möglich: die Aufständischen standen allein. Sie kämpften auf verlorenem Posten.
Der Umschwung kam dann mit vernichtender Gewalt am Nachmittag des 12. Dezember. Große Truppenkontingente griffen die Stadt an, und bald hatte sie sich in ein riesiges Schlachtfeld verwandelt. Die gesamten Fehler der Aufstandsleitung rächten sich gleichzeitig. Entgegen den Voraussagen der kommunistischen Leitung hatten die feindlichen Generäle Li und Tschang, ohne einen Augenblick

zu zögern, ihre Feindseligkeiten eingestellt und sich gemeinsam mit ihren Truppen gegen die Stadt gewandt, die in die Hände der Aufständischen zu fallen drohte. Anstatt im Schatten zweier in einen Bürgerkrieg verwickelter Armeen ungestört den Aufstand zum Siege führen zu können, sahen sich die Revolutionäre auf einmal einem ungeheuer überlegenen, gut ausgerüsteten Feinde gegenüber, der erbarmungslos angriff. Und wie stand es mit den „revolutionären Bauernarmeen", auf deren rechtzeitiges Eintreffen Heinz Neumann so große Hoffnungen gesetzt hatte? Natürlich kamen sie nicht. Vielleicht haben dabei die plötzlichen tropischen Regengüsse, von denen Neumann sprach, auch eine gewisse Rolle gespielt, aber diese Güsse waren es nicht, die ihr Kommen entscheidend verhinderten. Die „Bauernarmeen" waren nicht nur viel zu weit entfernt, sie waren viel zu unbedeutend, um einen wirklichen Einfluß auf die Entwicklung des Kampfes um Kanton ausüben zu können.

Die Aufständischen wurden immer mehr zurückgedrängt. Manche Straßenzüge wechselten so häufig ihren Besitzer, daß selbst die kommunistische Führung bald nicht mehr wußte, welche Teile der Stadt sich noch in ihrer Hand befanden. An einigen Stellen waren Brände ausgebrochen, von denen einer die Zentralbank einäscherte. Diese Brände, wie auch die Zerstörungen durch Artilleriebeschuß, wurden später Heinz Neumann besonders zum Vorwurf gemacht. Es ist jedoch erwiesen, daß nicht die Aufständischen die Urheber dieser Verwüstungen waren, sondern ein Kanonenboot, das vom Perlenfluß aus die Stadt mit Granaten beschoß.

Am Nachmittag des 12. Dezember, kurz nach dem Beginn der erbitterten Kämpfe, sollte die Aufstandsleitung zu einer Beratung zusammenkommen. Gemeinsam mit vier ihrer Mitglieder fuhr Heinz Neumann im Auto durch das Stadtzentrum zu dem Hause, in welchem die Besprechung stattfinden sollte. Das Auto, das vorn am Kühler eine rote Fahne trug, wurde plötzlich an einer Straßenkreuzung von Gewehrsalven empfangen. Schon die ersten Schüsse zerstörten den Motor. Neumann sah den Chauffeur getroffen vornüber sinken. Er sprang mit einem Satz aus dem offenen Wagen, ging in Deckung und schlich sich, vom Auto geschützt, so weit vor, daß er mit einem Satz die Hausmauer erreichen konnte. Da bemerkten ihn die feuernden Soldaten. Er rannte im Schutze der Kolonnaden vor den Häusern die Straße hinunter. Etwa 50 Soldaten

nahmen die Verfolgung auf, schossen wild durcheinander, trafen ihn jedoch nicht. Die chinesischen Soldaten jener Tage waren alles andere als gute Schützen, was übrigens auch die erstaunlich geringe Anzahl von Gefallenen auf beiden Seiten erklärt.
Heinz Neumann lief um sein Leben. Er bog in die erste Seitenstraße ein, um den Kugeln zu entgehen, und bemerkte mit Entsetzen, daß er in eine Sackgasse geraten war. Es blieb ihm kein Ausweg. Er warf sich mit aller Kraft gegen den Holzzaun, der die Straße abschloß. Die Bretter gaben nach, und er stürzte einige Meter tief in einen dunklen Raum. Schritte weckten ihn aus einer Ohnmacht. Er sah im dämmrigen Licht die Gestalt eines Mannes und bemerkte, daß er in den Haustempel eines chinesischen Bürgers gefallen war. Er begann mit dem Mann auf englisch und in gebrochenem Chinesisch zu verhandeln. Erst als er ihm eine Summe Geldes bot, erklärte sich der Chinese bereit, ihn in eine Straße zu führen, die noch von Aufständischen besetzt war. Sie hatten nur noch den weitläufigen Gebäudekomplex des chinesischen Wohnhauses zu durchqueren und befanden sich dann auf der Seite der Roten. Seine vier Genossen von der Aufstandsleitung hatten im Auto den Tod gefunden.
Im Laufe des 12. Dezember wurde das Schicksal des Aufstandes besiegelt. Den Revolutionären stand eine Armee von 45000 Mann gegenüber. Außerdem gab es noch 1000 bewaffnete Gangster, die im Dienst der Mechanikergewerkschaft von Kanton gegen die Kommunisten aufgeboten wurden. Am Abend dieses Tages waren die Hauptkräfte der Roten Garde, die sich hinter Sandsäcken am Ufer des Perlenflusses verschanzt hatten, bereits von allen Seiten eingeschlossen. Bis zum nächsten Morgen gegen zehn Uhr hielten sie unter unglaublicher Todesverachtung ihre Stellung und erkämpften sich dann von Straße zu Straße den Rückzug. Einige ihrer Führer sammelten die Reste des Kadettenregiments sowie die Überlebenden der Roten Garde und flohen mit ihnen in die Gebiete der aufständischen Bauern bei Hailufeng. Den letzten heroischen Widerstand in der Stadt leistete der Kantoner Sowjet, der sich im Büro für Öffentliche Sicherheit verteidigte. Von vier Seiten umzingelt, hielten sie sich noch weitere zwei Stunden. Erst kurz nach Mittag wurde die rote Fahne vom Polizeipräsidium heruntergeholt. Damit war das Zeichen der endgültigen Niederlage gegeben, und die Generäle Li Tschi-sen, Tschang Fa-kuei und Hwang Tsche-

hsiang ließen ihre Soldaten auf Kanton los. Über 5000 Menschen wurden grausam ermordet.
An diesem dritten Tage befand sich Heinz Neumann am Nordrand von Kanton. Für ihn als Nichtchinesen gab es nur eine Rettung, er mußte versuchen, unerkannt in die Ausländerkonzession zu gelangen. Nach drei Tagen des Kampfes sah er aber kaum noch aus wie ein Europäer. Sein Tropenanzug war zerschlissen und verschmutzt und das Gesicht kaum noch zu erkennen unter dem mehrtägigen Bart. Sogar der Rikschakuli, den er endlich fand, überlegte es sich lange, ob er einen Menschen dieses Aussehens überhaupt befördern sollte. Erst mit Geld war er dazu zu bewegen. Die Fahrt war ein Spießrutenlaufen, denn an den Wänden hingen schon überall Steckbriefe mit Neumanns Bild. Aber er kam unerkannt durch die Stadt bis zum Tor der Ausländerkonzession, das mit spanischen Reitern verbarrikadiert war und von einem chinesischen Posten bewacht wurde. Dort aber verwehrte man ihm ganz entschieden den Einlaß. Nach allen Erfahrungen des chinesischen Türhüters konnte das kein Europäer sein. Erst als Neumann einen Schwall englischer Flüche über den Soldaten ergoß, hatte dieser keinen Zweifel mehr an seiner Zugehörigkeit zur weißen Rasse und ließ ihn sofort passieren.
Mit dem Strom der Europäer, die das blutige Kanton verließen, flüchtete Heinz Neumann am nächsten Tag in den Hafen und traf dort auf Lominadse. Ein Frachtdampfer brachte sie nach Norden. Es sei eine schreckliche Fahrt gewesen, sagte mir Heinz. Aber ich weiß nicht, ob die beiden das schlechte Gewissen über so viel unschuldig vergossenes Blut geplagt hat oder ob sie nur das Schuldbewußtsein quälte, den Auftrag Stalins so schlecht durchgeführt zu haben und statt mit einem Sieg mit einer Niederlage heimzukehren. Wie ein Hohn habe es auf sie gewirkt, als auf der Eisenbahnfahrt durch einen Teil der Mandschurei der Zug auf jeder größeren Station von einer schmetternden Militärkapelle empfangen wurde, zu Ehren eines mitreisenden hohen chinesischen Offiziers.
Sie kamen nach Moskau und wurden vernichtender Kritik unterworfen. Auch Stalin rührte zuerst keinen Finger für sie, sondern überließ sie kaltblütig der „Durcharbeitung“. Dann jedoch wendete sich das Blatt. Stalin gab das Stichwort dazu. Er deutete die Niederlage des Kantoner Aufstandes in ein „siegreiches Rückzugsgefecht“ um, denn erst durch diese Erhebung — behauptete er — habe

eine chinesische Rote Armee entstehen können, wodurch die Zukunft der chinesischen Revolution gerettet sei. Noch ein Jahr früher wäre es für Stalin nicht so einfach gewesen, eine Niederlage in einen Sieg umzufälschen, aber nachdem es ihm auf dem XV. Parteitag der KPdSU im Dezember 1927 gelungen war, die trotzkistische Opposition endgültig zu zerschlagen, stand seiner Alleinherrschaft kein Hindernis mehr im Wege, und keine kritische Stimme erhob sich gegen eine solche schamlose Geschichtsverdrehung. Seine Chinapolitik führte zu dem katastrophalen Ergebnis, daß insgesamt etwa 100000 chinesische Arbeiter und Bauern mit ihrem Leben für die Revolution der Kuomintang bezahlen mußten. Der Kantoner Aufstand war einer der dramatischsten Höhepunkte dieser Tragödie. Neumann und Lominadse aber wurden rehabilitiert.

Es war wiederum ein Zeichen der Gunst Stalins, daß er Neumann im Herbst 1928 nach Deutschland schickte, um den durch den Wittorf-Skandal kompromittierten Ernst Thälmann zu unterstützen. Andererseits entsprach diese Kommandierung auch der damaligen politischen Linie der Komintern, einen „Linken" wie Heinz Neumann der Führung der KPD zuzuteilen. Schon 1928 hatten die Theoretiker des EKKI „das Ende der kapitalistischen Stabilisierung" verkündet, eine „Verschärfung der Krise des Kapitalismus" prophezeit und „einen mächtigen neuen Aufschwung der Revolution in der ganzen Welt" vorausgesagt. Noch 1928 hatte also Stalin eine proletarische Revolution in Deutschland in seine expansiven außenpolitischen Pläne eingebaut, denn schon damals waren die kommunistischen Parteien der Internationale nichts anderes als Werkzeuge der sowjetrussischen Außenpolitik. Als sich aber nach 1929 beim sichtbaren Erstarken des Nationalsozialismus in Deutschland herausstellte, daß die Krise des Kapitalismus ein Anwachsen der reaktionärsten nationalistischen Kräfte mit sich brachte und ein revolutionärer Sieg immer zweifelhafter wurde, ließ Stalin bald seine Spekulation auf eine kommunistische Revolution in Deutschland fallen und vollzog in seiner außenpolitischen Linie eine Wendung um 180 Grad, indem er die Zusammenarbeit Sowjetrußlands mit einem nationalistischen Deutschland in seine imperialistischen Pläne einbezog. Dieser Wendung in der Stalinschen Außenpolitik, die einen infamen Verrat an der kommunistischen Bewegung Deutschlands bedeutete, sollte Heinz Neumann 1932 zum Opfer fallen.

Die drei Musketiere

Es dauerte Jahre, bis ich den Mann, der seit 1923 der Lebensgefährte meiner Schwester gewesen war, näher kennenlernte. Das lag wohl zum Teil daran, daß er mich betont als „kleine Schwester" behandelte, was mein Selbstbewußtsein verletzen und mich in eine Abwehrstellung gegen ihn treiben mußte. Zum Teil lag es wohl auch daran, daß Willi Münzenberg so gar nicht meiner jugendlichen Vorstellung von einem „führenden Genossen" entsprach. Er schien weniger ein Revolutionär als ein Manager zu sein, und wenn dieser untersetzte, breitschultrige Mann die Angestellten seiner zahlreichen Büros in ständiger Bewegung hielt, bei Sitzungen alles andere als demokratisch verfuhr und aus seinen Mitarbeitern das Letzte an Arbeitskraft herausholte, dann begriff ich, warum man ihn in der Partei als „Unternehmer" bezeichnete und seinen Betrieben den Namen „Münzenberg-Konzern" gab, einen Namen, der nicht etwa Ironie war, sondern durchaus zu Recht zu bestehen schien.
Über Münzenberg ist, im Verhältnis zu anderen KP-Führern, ziemlich viel geschrieben worden, allerdings verstreut in den Publikationen zahlreicher Kommunisten und Exkommunisten. Die zusammenfassende Darstellung seiner außerordentlichen Leistung steht noch aus. In der Beurteilung seiner Persönlichkeit herrscht ziemliche Einmütigkeit. Das Urteil der Geschichte ist mit ihm weit glimpflicher umgegangen als mit irgendeinem anderen führenden deutschen Kommunisten. Willi Münzenberg war wirklich eine erstaunliche Persönlichkeit, die einen fast magischen Einfluß auf Menschen der verschiedensten Kategorien ausübte. Arthur Koestler schreibt in seinem Erinnerungsbuch „Die Geheimschrift": „Er war ein feuriger, demagogischer und unwiderstehlicher Redner und ein geborener Führer. Obgleich er ohne eine Spur von Wichtigtuerei und Arroganz war, strahlte seine Persönlichkeit eine derartige Autorität aus, daß ich erlebt habe, wie sozialistische Minister, ausgekochte Bankiers und österreichische Herzöge sich in seiner Gegenwart wie Schulbuben benahmen." Es war nicht verwunderlich,

daß sich unter den Mitgliedern der KPD über diesen außergewöhnlichen Mann viele Legenden verbreiteten. So erzählte man sich unter anderem, er sei Millionär und mit einer Potsdamer Generalstochter verheiratet. Daß dieses Märchen nicht stimmte, konnte ich ja nun am besten beurteilen. Die Millionen, die Münzenberg in seinem „Konzern" erarbeitete, flossen nicht in seine eigenen Taschen, sie kamen der Kommunistischen Partei zugute, und verheiratet war er schließlich mit meiner eigenen Schwester, die alles andere als eine Generalstochter war, wenn sie auch tatsächlich aus Potsdam stammte.

Willi Münzenberg wurde 1889 in Erfurt geboren und wuchs in sehr ärmlichen Verhältnissen auf. Die brutalen Erziehungsmethoden des Vaters, der der uneheliche Sohn eines Freiherrn von Sekkendorff war, verdüsterten seine Kindheit und Jugend. Der Vater prügelte das Kind bei jeder Gelegenheit. Einmal zerschlug er dabei aus Versehen eine Petroleumlampe, die an der Zimmerdecke hing, worauf der Alte, in Zorn geraten, seinem Sohn zuschrie: „Verdammter Hund! Deinetwegen auch noch die Lampe ruiniert! Hier hast du einen Strick, häng dich auf! Bist sowieso zu nichts nutze!" Die Angst vor dem Vater war so groß, daß der kleine Junge tatsächlich auf den Heuboden ging, um seinem Leben ein Ende zu machen, dort aber bitterlich weinend mit dem Strick in der Hand einschlief. Münzenberg besuchte nur unregelmäßig die Volksschule, las aber heimlich alles, was ihm in die Hände fiel. Die Ereignisse des Burenkrieges beeindruckten ihn so heftig, daß er sich als Elfjähriger reichlich mit Brot eindeckte, etwas Geld in die Tasche steckte und sich heimlich auf den Weg in Richtung Eisenach machte. Er wollte als Freiwilliger zu den Buren. Erst weit hinter Gotha wurde er aufgegriffen und wieder nach Hause transportiert.

Nachdem der Vater starb – beim Gewehrputzen jagte er sich eine Schrotladung in den Kopf –, begann Münzenberg in einer Erfurter Schuhfabrik zu arbeiten. Ganz jung noch kam er durch den „Arbeiterbildungs-Verband" in Berührung mit der sozialistischen Jugendbewegung. Als Wanderbursche ging er in die Schweiz und wurde Austräger in einer Züricher Apotheke. Hier fand er einen ersten politischen Kontakt in einem Kreise anarchistisch-syndikalistischer Intellektueller, dessen Mittelpunkt der Schweizer Arzt Fritz Brupbacher war. Brupbacher und er wurden Freunde fürs Leben. Im damaligen Zürich gab es viele Emigranten aus dem zaristischen

Rußland, unter ihnen Lenin, seine Frau Krupskaja, Trotzki und Sinowjew. Münzenberg lernte sie kennen und geriet vor allem unter den Einfluß Lenins, der mit sicherem Blick die großen Fähigkeiten dieses jungen Mannes erkannte. In Zürich leitete Münzenberg den Sozialistischen Jugendverband und war von 1916 an der Emigrantengruppe Lenins eng verbunden. Im Sommer 1917 fuhr er in einem plombierten Eisenbahnwagen gemeinsam mit anderen Sozialisten von der Schweiz kommend durch Deutschland nach Schweden, um in Stockholm an einer Friedenskonferenz teilzunehmen, die unter der Leitung Radeks einberufen worden war. Wieder zurückgekehrt in die Schweiz, bekannte er sich Ende 1917 demonstrativ zu den Zielen der russischen Oktoberrevolution. Als Mitorganisator eines Generalstreiks in Zürich wurde Münzenberg in einem dortigen Zuchthaus interniert und nach dem Ende des Ersten Weltkrieges aus der Schweiz ausgewiesen.

In Deutschland schloß er sich dem Spartakusbund an, aber es ist für ihn bezeichnend, daß es ihn, obgleich er schon dreißig Jahre alt war, zur politischen Arbeit unter der Jugend zog. Noch zehn Jahre später, als ich Münzenberg näher kennenlernte, hat er seiner Jungburschenzeit nachgetrauert, dem Abschnitt seines Lebens, in dem er vorbehaltlos gläubig sein durfte. Zusammen mit Leo Flieg, dem Österreicher Richard Schüller und anderen gründete Münzenberg den Kommunistischen Jugendverband, als dessen Vertreter er zum II. Weltkongreß der Komintern im Jahre 1920 das erste Mal nach Sowjetrußland fuhr. In Moskau wurde er bei der Gründung der Kommunistischen Jugendinternationale zu deren Vorsitzendem gewählt. Aber schon 1921, obgleich er beim III. Weltkongreß wiederum delegiert war, wurde er von Sinowjew als Sekretär der Jugendinternationale abgesetzt und verließ schon 1921 das einengende Kominterngetriebe. Ich möchte annehmen, daß in diese Zeit auch seine ersten Enttäuschungen über die Moskauer Methoden fallen.

Im Sommer 1921 beauftragte ihn Lenin, mit dem er während der ganzen Zeit in persönlichem oder brieflichem Kontakt stand, mit den bereits existierenden bürgerlichen und sozialistischen Hilfsaktionen des Nansenkomitees und des Internationalen Gewerkschaftsbundes in Verbindung zu treten. Bei dieser Tätigkeit machte sich Münzenberg nach kurzer Zeit selbständig und wurde zum großen Organisator der Internationalen Arbeiterhilfe, die sich im Laufe

der Jahre mit ihren Zeitungen, Zeitschriften, Sammelaktionen, Volksküchen und Kinderheimen über die ganze Welt ausbreitete. Zur ersten Aufgabe der IAH gehörte es, das vom Hunger heimgesuchte Sowjetrußland zu unterstützen. Millionen an Geld und Sachwerten gingen in den Jahren 1921/22 durch die Sammlungen der IAH nach Rußland. Dieses Hilfswerk wurde zu einer gigantischen Sympathiekundgebung für den jungen Sowjetstaat. In den darauffolgenden Jahren unterstützte die IAH vor allem Streikende und Arbeitslose sowie deren Kinder und Frauen. Bei dieser Tätigkeit hat Münzenberg als erster Kommunist erfaßt, welche Macht die mit den kommunistischen Parteien sympathisierenden Intellektuellen darstellen. Von da an wandte er seine wesentlichste propagandistische Tätigkeit ihnen zu. Er warf die doktrinäre Arbeitsweise der KP-Führung, ihre ungenießbare, hölzerne Dogmensprache über Bord und fand den richtigen Ausdruck und die gemäßen Methoden, um sympathisierende Intellektuelle in einer breiten Peripherie um die KPD zu scharen.
Er umgab sich in seinen Unternehmungen, den Zeitungsredaktionen der „Welt am Abend", „Berlin am Morgen", der „Arbeiter-Illustrierten", der Zeitschrift „Roter Aufbau", dem Filmunternehmen „Meshrabpom", dem „Neuen Deutschen Verlag" und der „Universum-Bibliothek", nicht nur mit den besten Köpfen der kommunistischen Intelligenz und mit KP-freundlichen Intellektuellen aller Schattierungen, er zog auch häufig Kommunisten zur Mitarbeit heran, die sich in der Partei irgendwelcher „Abweichungen" schuldig gemacht hatten. Seine Feinde warfen ihm hämisch vor, er tue das nur, weil diese „Abweichler" aus Angst vor der Partei und aus dankbarer Anhänglichkeit an ihren Retter besonders willfährige Werkzeuge seien. Daran mag etwas Wahres sein, denn Münzenberg betrieb eine höchst ausgeklügelte, diplomatische Personalpolitik. Möglicherweise spielte bei dieser Taktik aber auch ein gewisses Verständnis für die Lage dieser „abgesägten" Genossen mit, denn Münzenberg dürfte schon damals alles andere als ein gläubiger Anhänger der Kominternpolitik gewesen sein.
Münzenberg war ein dynamischer, aber äußerst unbequemer Vorgesetzter. Er hatte zwar begriffen, wie wichtig die Unterstützung durch die Intellektuellen sein konnte, aber er hatte wenig Ehrfurcht vor ihrer Arbeit. Gustav Regler, der bekannte Schriftsteller, der Anfang der dreißiger Jahre Kommunist wurde und während des

spanischen Bürgerkrieges zu den Organisatoren und Führern der Internationalen Brigade gehörte, erzählte mir folgenden charakteristischen Vorfall: In den Jahren 1933/34 arbeitete er mit Otto Katz, Max Schröder, Alfred Kantorowicz und Bodo Uhse am „Braunbuch" über den Reichstagsbrandprozeß. Den Hauptteil des Textes verfaßte Otto Katz. Regler entdeckte nun ganz zufällig in einem alten Buch die Tatsache, daß ein Geheimgang das Haus des damaligen Reichstagspräsidenten Hermann Göring mit dem Reichstagsgebäude verband, jener Gang, durch den die eigentlichen Täter, die SA-Männer, in den Reichstag gelangt sein sollten und den Brand anlegten. Regler schrieb darüber einen Artikel für das „Braunbuch" und legte ihn Münzenberg vor. Dieser las ihn durch, erklärte, er sei nicht gut und zerriß ihn in kleine Stücke, obwohl Regler heftig dagegen protestierte. Über die Einwände des Verfassers, der keine Kopie besaß, ging er mit den gleichmütigen Worten hinweg: „Es ist gut, wenn du das alte Manuskript überhaupt nicht mehr siehst, sondern ganz von neuem anfängst zu schreiben. Das wird dann besser!" Erstaunlicherweise machte er sich durch diese rücksichtslose Behandlung wenig Feinde unter seinen Mitarbeitern. Fast alle standen unter dem Eindruck seiner kraftvollen Persönlichkeit, bewunderten seine Fähigkeit, alles seinen Zwecken dienstbar zu machen, mochte es sich um die Sammlung von Unterschriften einflußreicher Dichter, Künstler oder Gelehrter handeln oder um den Aufbau einer Hilfsaktion.

Wohl kein anderer prominenter deutscher Kommunist war so voller Ideen wie Münzenberg. Er gab sich nur selten die Mühe, sie von sich aus bereits in zusammenhängende Formen zu bringen. Seinem Sekretär Hans Schulz pflegte er eine Fülle von Stichworten zu diktieren und überließ es ihm dann, diese Stichworte in angemessene Form zu bringen, zu Briefen oder Memoranden zusammenzufassen. Dabei nahm er es als selbstverständlich hin, daß der unglückliche Schulz häufig ganze Nächte über dieser ungeheuren Arbeit verbringen mußte. So ideenreich Münzenberg war und so wichtig ein Mann wie er für die kommunistische Bewegung war, so lag doch in dieser rastlosen Betriebsamkeit, dem Übermaß immer neuer agitatorischer Einfälle, die dann in die Tat umgesetzt nicht selten nur glänzende Fassade blieben, die Begrenzung seiner Größe. Immer wieder fühlte er sich – und nicht zu Unrecht – behindert durch die Tatsache, daß er eigentlich in einem Randgebiet des Partei-

getriebes tätig war. Manche seiner Feinde und auch einige seiner Freunde warfen ihm vor, daß er seine ganze Kraft einer Sache widme, an die er im tiefsten Herzen gar nicht mehr glaube.
Während Heinz ein richtiger Stubenhocker war, der am liebsten jede freie Stunde lesend oder schreibend verbrachte, zog es Willi Münzenberg an Sonntagen, an denen es keine Versammlungen gab, hinaus ins Freie. Er blieb den Gewohnheiten der Jugendbewegung treu, trank kaum Alkohol, liebte es zu wandern, sich irgendwo im Wald zu lagern und zu Neumanns größtem Mißvergnügen auch noch Sport zu treiben. Heinz, dem Städter, graute vor solchen Waldspaziergängen, weil, wie er behauptete, „man dabei ja nichts sehen könne". Diese Auffassung von der Natur gewöhnte er sich zwar im Laufe unseres Zusammenlebens ab und entdeckte später sogar nachdrücklich die Schönheit der Landschaft. Unsere Sonntagsausflüge mit Babette und Willi wurden trotzdem zu einer ständigen Einrichtung, und Heinz fand sich damit ab, die Erholung mit politischen Randbemerkungen zu würzen. Selbstverständlich benutzten Willi und Heinz diese Stunden, um ungestört über parteiinterne Fragen zu reden und politische Probleme zu erörtern. Nur sehr selten waren sie einer Meinung, und bei diesen Auseinandersetzungen ging es oft hart her, ohne daß es allerdings jemals zu einem ernsthaften Zerwürfnis gekommen wäre. Sicher dürfte dabei auch Willis unabhängige Stellung in der KPD eine Rolle gespielt haben, die ihm ein beträchtliches Selbstbewußtsein gab. Münzenberg war an politischer Erfahrung Heinz um ein Menschenalter voraus, obgleich der Altersunterschied nur dreizehn Jahre betrug. Willi verspottete immer wieder Neumanns „kalbsmäßigen Optimismus" und seine politische Gläubigkeit. Er warnte ihn unablässig vor einer Überschätzung der Kräfte der KPD. Heinz schlug diese Angriffe zurück, indem er Willi einen „verfaulten Opportunisten" und „Bürokraten" schimpfte, der keine Fühlung mehr mit den Arbeitermitgliedern der Partei besitze und deshalb den revolutionären Elan eingebüßt habe.
Sehr häufig begleitete uns auf diesen Fahrten Leo Flieg, der große Schweiger, die „graue Eminenz" der KPD, ein Mann, den außer den leitenden Funktionären nur ganz wenige in der Partei überhaupt kannten. Leo Flieg und Willi waren seit 1918 Freunde, seit der Zeit des Spartakusbundes und der gemeinsamen Arbeit in der Jugendinternationale. Leo Flieg, von Beruf Bankbeamter, begann

seine politische antimilitaristische Tätigkeit als Soldat im Ersten Weltkrieg, während er nach einer Verwundung als Schreiber im Generalstab der Armee tätig war. 1918 wurde er Sekretär des polnischen Sozialisten Jogiches, eines engen Freundes Rosa Luxemburgs und Führers des Spartakusbundes. Leo Flieg, ein zierlicher, kleiner Mann mit einem schönen Kopf und immer gepflegten, sehr vollen dunkelbraunen Haaren, sprach niemals ein lautes Wort. Seine Bewegungen waren gemessen und zurückhaltend. Er machte den Eindruck eines überfeinerten Menschen, den jede laute Erregung abstieß. Mit einer für ihn typischen Geste pflegte er sich langsam über die Augen zu fahren und den Nasenrücken herunter zu streiche, so, als versuche er, seine allzu große Müdigkeit abzuwischen. Er aß nur winzige Portionen, so daß der Vater seiner Freundin, ein Osram-Arbeiter, in dessen Familie er wohnte, einmal wütend und verächtlich äußerte: „Mich wundert es eigentlich, daß Leo zum Frühstück ein ganzes Ei schafft, ein halbes würde ihm sicher auch genügen!"
Niemand, der diesen sanften, schweigsamen Mann zum ersten Mal sah, wäre auf den Gedanken gekommen, daß er bereits Anfang der zwanziger Jahre Chef der kommunistischen Militärzersetzung und Terrororganisation war. Seine Leute brachten es fertig, in den Wohnungen von Reichswehrgenerälen Truhen und Schränke aufzubrechen, um an das gewünschte Geheimmaterial heranzukommen. Unter seiner Leitung arbeiteten in diesem Apparat Geldschrankknacker und andere Kriminelle Seite an Seite mit idealistischen Phantasten, die der Revolution durch Terrorakte zum Siege verhelfen wollten. Er gehörte zu jenen führenden Kommunisten, denen Moskau Aufgaben anvertraute, die „ohne Geräusch" erledigt werden mußten. Durch seine Hände ging das sowjetrussische Geld für die KPD, er war Leiter der sogenannten Paßstelle, wo man falsche Dokumente für die zahlreichen Kominternemissäre herstellte, und er war der für Deutschland verantwortliche internationale Verbindungsmann zur Geheimabteilung der Komintern in Moskau, der sogenannten OMS (Abteilung für Internationale Verbindung). Mit den alten Bolschewiken in der Komintern, wie Pjatnitzki, Abramow-Mirow und anderen, verband ihn feste persönliche Freundschaft. Er teilte deren hervorstechendste Eigenschaft, er konnte schweigen. Bei seinen Mitarbeitern erfreute sich Flieg um seiner unbedingten persönlichen Integrität willen großer Beliebtheit.

Obwohl die sehr beträchtlichen, von Moskau für die KPD bestimmten Gelder durch seine Hand gingen, blieb er in seinen Lebensgewohnheiten immer der kleine gewissenhafte Bankbeamte. Ein Mitglied des Apparates, das während der Emigrationsjahre die führenden KP-Funktionäre mit illegalen Quartieren zu versorgen hatte, berichtete, daß er es niemals mit einem bescheideneren „Gast" zu tun gehabt habe als mit diesem Verwalter der Parteigelder. Das war in der KPD, vor allem in den Emigrationsjahren, durchaus nicht immer so. Während des spanischen Bürgerkriegs sammelte Gustav Regler in Paris eifrig Gelder für die Spanienkämpfer. Eines Tages übergab er eine größere Summe Heinrich Mann, der das Geld wiederum an Paul Merker, den damaligen Vertreter der Emigrationsparteileitung in Paris, weitergab. Am nächsten Tag traf Regler einige Angestellte der Parteileitung, die ihm freudestrahlend erzählten, daß sie endlich ihr Monatsgehalt bekommen hätten. Das für die Spanienkämpfer bestimmte Geld war dazu benutzt worden, die eigenen Funktionäre zu bezahlen. Solche Praktiken lehnte Leo Flieg grundsätzlich ab.
Als die innerparteilichen Auseinandersetzungen zwischen Heinz Neumann und Ernst Thälmann begannen, schlossen sich Münzenberg, Flieg und Neumann in noch engerer Freundschaft zusammen. In jenen Tagen nannten sie sich selbst die „drei Musketiere". Diese Freundschaft war um so bemerkenswerter, weil die drei Männer nur wenig miteinander gemeinsam zu haben schienen. Dabei verband sie nicht einmal eine unbedingte Übereinstimmung in politischen Fragen. Neumann war damals noch, trotz aller kritischen Anwandlungen und aller Versuche, selbständig zu denken und, soweit das überhaupt möglich war, auch selbständig zu handeln, ein gläubiger Kommunist. Während Münzenberg und Neumann jedoch bei den Gesprächen zu dritt ihre Kritik an der politischen Linie der Komintern laut und drastisch äußerten, war Flieg zurückhaltender. Ihm war es nicht gegeben, seinen Gefühlen Luft zu machen. Sicher war das weniger Ängstlichkeit als Sache seines Temperamentes. Er fraß seine Zweifel in sich hinein, litt und schwieg. Er brachte es im Gegensatz zu Münzenberg auch nicht fertig, offen mit der Komintern zu brechen. Wieweit allerdings Angst dabei eine Rolle gespielt hat, kann ich nicht sagen, denn schließlich mußte er, in seiner Funktion, es am besten wissen, wie lang der Arm der russischen Geheimpolizei sein konnte, wenn es darum ging,

an einem Abtrünnigen mit so entscheidenden Kenntnissen, wie er sie besaß, Rache zu nehmen.
Nach 1936 lebte Leo Flieg in Paris. Die Komintern hatte ihn trotz seiner Zugehörigkeit zur Neumann-Gruppe weiterhin zur Geheimarbeit im Ausland verwendet. Vielleicht verdankte er aber auch diese Kommandierung noch seinem Freunde Pjatnitzki, dem damaligen Generalsekretär der Komintern, der, das sollten wir später selbst erfahren, schon 1935 ahnte, welches Schicksal den alten Bolschewiken im Stalinschen Rußland bevorstand. Ostern 1937 erhielt Leo Flieg die Aufforderung der Komintern, unverzüglich nach Moskau zu kommen. Schon seit einem Jahr wütete die große Säuberung in Sowjetrußland, und die Verhaftungswelle hatte eben auch auf die Kominternmitarbeiter übergegriffen. In Paris lebte ein gemeinsamer Freund von Münzenberg und Flieg, der schwedische Bankier Olof Aschberg. Er riet Leo dringend ab, unter diesen „mehr als undurchsichtigen" Umständen nach Sowjetrußland zu fahren, und bot ihm Geld an, damit er in Ruhe als Emigrant in Paris leben könne. Aber Flieg lehnte es ganz entschieden ab, zu desertieren. Er könne es nicht auf sich sitzen lassen, daß die Kommunisten später etwa behaupten würden, er habe Kominterngelder gestohlen und sei deshalb abgesprungen. So landete er in Moskau in den Armen der NKWD, und man hat nie wieder etwas von ihm gehört.
Zum Kreise um Willi Münzenberg gehörte auch Otto Katz, ein Intellektueller aus Prag, ein sehr begabter und geschickter Mann, aber zwielichtig und gewissenlos. Mit dem Freundeskreis der „drei Musketiere" hatte Katz nichts zu tun. Münzenberg bediente sich lediglich seiner Fähigkeiten, ohne ihm je echte Freundschaft zu schenken. Katz wurde später bekannt unter dem Namen André Simon, den er in der Emigration trug. Arthur Koestler erzählt, wie ihm Münzenberg auf die Frage, auf welche Weise er eigentlich an Katz, der ursprünglich kein Kommunist war, geraten sei, die Antwort gab: „Ich habe ihn aus dem Landwehrkanal gezogen!" Katz war Geschäftsführer am Theater Erwin Piscators in Berlin gewesen. Der Zusammenbruch der Bühne hatte ihn mit einer Steuerschuld von 80000 Mark zurückgelassen, und das Wasser stand ihm bis zum Halse, als er hilfeflehend zu Willi Münzenberg kam und um einen Arbeitsplatz in dessen Konzern bat. Sonst müsse er in den Landwehrkanal gehen. Münzenberg, der einen guten

Blick für Menschen hatte, erkannte bald die Fähigkeiten dieses Mannes und bewahrte ihn vor dem Landwehrkanal, indem er ihn nach Moskau schickte und zum Geschäftsführer seiner Filmproduktion „Meshrabpom" machte. In Moskau geriet Katz bald in Berührung mit dem sowjetischen Spionageapparat und wurde im Laufe der Zeit zum Werkzeug dieser Institution. Es besteht aller Grund anzunehmen, daß Katz auch den Auftrag hatte, seinen Chef Münzenberg, mit dem er bis zu dessen Bruch mit der Komintern zusammenarbeitete, zu bespitzeln, und er hat sicher keine Gewissensbisse gehabt, Beobachtungen über seinen Wohltäter an den sowjetischen Gemeimdienst weiterzugeben.
Katz, alias Simon, hatte eine hervorstechende Fähigkeit: er konnte Geld beschaffen. Dieser wendige Mann mit den schmachtenden blauen Augen, der seinen Scharm nach Belieben einsetzen konnte, hatte besonderen Erfolg bei prominenten Frauen, die er in seine politische Arbeit einspannte und die ihm auch wohl zum Teil bei seiner Tätigkeit für den Geheimdienst von Nutzen waren. In Paris erzählte er mit später mit Stolz von seinen freundschaftlichen Beziehungen zu Marlene Dietrich, Tilla Durieux, Josephine Baker, Ellen Wilkinson und Geneviève Tabouis. Auch Sonja Branting, eine der Stützen des Kommunismus in Schweden, gehörte zu seinen Vertrauten, und als ihre Ankunft aus Stockholm gemeldet wurde, erteilte er im Büro den Befehl: „Sonja kommt, es müssen sofort Blumen an die Bahn!"
Katz-Simon, der als erster von Münzenberg abfiel, als dieser sich von der Komintern löste, und der Paris verließ, noch ehe die Situation wirklich kritisch wurde, und in die Vereinigten Staaten flüchtete, war ein Meister im Aufbau Potemkinscher Dörfer. Gustav Regler nahm am 14. Juli 1940 an einer Kundgebung der mexikanischen Gewerkschaften in der großen Arena von Mexiko City teil, die ihre Sympathien für das unterjochte Frankreich bekundeten. Nachdem einige Gewerkschaftsredner gesprochen hatten, wurde nach feierlicher Stille dem „soeben aus Frankreich gekommenen Kämpfer des Maqui, André Simon", das Wort erteilt. Katz-Simon, der niemals etwas von der französischen Untergrundbewegung gesehen hatte, bestieg das Podium, überbrachte die „flammenden Grüße seiner kämpfenden Kameraden" und versprach, „nach seiner Rückkehr in den Untergrund Frankreichs von dieser denkwürdigen Veranstaltung zu berichten ..." Aber er blieb in Mexiko, wo er

mit der bekannten Filmschauspielerin Dolores del Rio ein Hilfskomitee für die Opfer des Faschismus gründete.
Nach dem Zweiten Weltkrieg reiste Katz-Simon mit einem Diplomatenpaß der kommunistischen tschechischen Regierung nach Prag, ohne zu ahnen, daß er in den Tod fuhr. Als Ende 1952 der „Gruppe Slansky und Konsorten“ der Prozeß gemacht wurde, verhaftete man auch Katz-Simon, beschuldigte ihn der Agententätigkeit für England und den Zionismus und verurteilte ihn zum Tode.

Kommunistischer Alltag

Im Jahre 1929 hatte ich von der kommunistischen Ortsgruppe Potsdam Abschied genommen und mich in die Berliner Organisation überschreiben lassen. Ich wurde dem KPD-Unterbezirk Zentrum zugeteilt. Erst jetzt sollte ich das richtige Parteileben in einer „unteren Einheit“ der KPD kennenlernen. Aber seine Formen waren wohl in jener Zeit in allen Straßenzellen aller Städte die gleichen. An jedem Donnerstag trafen sich die Genossen eines bestimmten Wohngebietes, das einige Straßenzüge umfaßte, im Hinterzimmer irgendeiner Gastwirtschaft. Den verräucherten ungemütlichen Raum hatte man auf Sitzung zurechtgemacht, mit einem langen Tisch in der Mitte und einem kleinen quergestellten Tisch am Kopfende. Dort saß die „Zellenleitung“, die aus dem „politischen“ und dem „organisatorischen“ Leiter, dem Agitpropmann, dem Kassierer, der Frauenleiterin, manchmal noch dem Gewerkschaftsobmann und dem Jugendleiter bestand. Wie man sieht, gab es bereits in der Zelle einen Stab von Funktionären, die allerdings ehrenamtlich arbeiteten. Das war eine ganz bewußte organisatorische Maßnahme. Man wollte möglichst vielen Genossen eine Verantwortung übertragen und sie dadurch fester an die Partei binden, und man wollte wohl auch auf diese Weise ihre Zuverlässigkeit prüfen. Trotz der Vielzahl an Prominenz mußte nur im Notfall der politische Leiter das Referat des Abends halten, wenn nämlich der Referent vom Unterbezirk ausblieb. Traf er jedoch ein, so wiederholte sich jedesmal haargenau die gleiche Prozedur: Der Zellenleiter erhob sich und sprach, ganz gleich ob zwanzig anwesend waren oder nur vier: „Genossinnen und Genossen! Hiermit eröffne ich unsern heutigen Zellenabend. Auf der Tagesordnung steht: 1. Thema des jeweiligen Referates, 2. Diskussion, 3. Verschiedenes. Anwesend ist der Genosse Referent vom Unterbezirk, den ich hiermit begrüße. Hat jemand etwas gegen die Tagesordnung einzuwenden? Dies ist nicht der Fall. Also erteile ich dem Genossen X. das Wort." Nach dieser obligatorischen feierlichen Einleitung erhob sich dann der „Genosse Referent" und sprach mindestens eine Stunde lang. Aber was er sagte, war nicht etwa auf seinem Mist gewachsen. Er hielt sich streng an das vom Zentralkomitee der Partei herausgegebene Referentenmaterial. Manche lasen es fast wörtlich ab, andere hingegen bemühten sich, wenigstens den Anschein eigener Arbeit zu erwecken. War dann das Referat beendet, erhob sich wiederum der Zellenleiter, dankte dem Genossen Referenten und wandte sich an die „Genossinnen und Genossen!": „Ihr habt die Ausführungen des Genossen X. gehört. Ich bitte nun um recht rege Wortmeldungen!" Darauf erfolgte dann auch immer das gleiche, nämlich ein peinliches Schweigen. Alle blickten verlegen auf den Tisch, denn die meisten wußten gar nicht, was sie da hätten diskutieren sollen. Es mußte ja sowieso alles richtig sein, denn der Referent kam doch von der Parteileitung, also gab es dagegen nichts einzuwenden. Etwas anders war die Situation, wenn Intellektuelle Mitglieder solcher Straßenzellen waren. Da schloß sich dann unter Umständen an das Referat eine Diskussion an. Solange allgemeine politische Fragen behandelt wurden, machte es auch nichts aus, wenn der Diskussionsredner eine vom Referenten abweichende Auffassung vertrat; standen jedoch Parteibeschlüsse zur Debatte, so war das Diskutieren schon mit einigen Schwierigkeiten und Gefahren verbunden, denn es konnte sehr leicht passieren, daß so ein diskutierender Genosse mit abweichender Auffassung im Handumdrehen zum „Versöhnler", „Trotzkisten" oder „Rechten" gestempelt wurde. Der Referent sprach auf jeden Fall nach Beendigung der „Diskussion" ein Schlußwort und hatte die Pflicht, alle Abweichungen wieder geradezubiegen.

Vor Parteitagen mußten die Beschlüsse auch von den Genossen in den „unteren Einheiten" angenommen oder abgelehnt werden, denn es bestand ja in der KPD der „demokratische Zentralismus". Zuerst wurde unten „abgestimmt", und damit erhielten die zu den

Parteitagen delegierten Mitglieder den Willen der großen Mehrheit der Genossen mit auf den Weg. In den Anfängen der KPD waren diese Abstimmungen noch echt, aber später wurden die Beschlüsse im ZK vorher ausgearbeitet und dann mit entsprechendem Druck so vorgetragen, daß die unteren Einheiten diese Beschlüsse einstimmig für gut befanden. Auch auf den Parteitagen ließ die Regie nichts zu wünschen übrig, und die Methode der gelenkten Diskussion war gang und gäbe. Die Rednerlisten wurden vorher zusammengestellt und auch diejenigen bestimmt, die über eine Frage diskutieren sollten. Dabei suchte man natürlich immer nur linientreue Genossen aus, um den Parteitagen das Gesicht der Einheitlichkeit zu geben und der Moskau genehmen Parteileitung die Macht zu sichern. Doch zurück zur Zelle. Nach dem Schlußwort des Referenten erhob sich wiederum der Zellenleiter und sagte: „Ich danke dem Genossen X. für seine Ausführungen, die für uns sehr lehrreich waren ... Wir kommen nun zum zweiten Punkt der Tagesordnung." Zu diesem zweiten Punkt hatte der 2. Vorsitzende das Wort zu ergreifen, denn nun war man beim „Organisatorischen" angelangt, bei der Besprechung der praktischen Arbeit. Vor Wahlen oder Demonstrationen mußte vor allem die propagandistische Tätigkeit im Wohngebiet behandelt und eingeteilt werden. Dann ging es darum, die Häuserblockzeitung oder Broschüren oder auch die „Rote Fahne" bei der Haus- und Hofagitation zu vertreiben. Außerdem fiel unter „Organisatorisches" die „Aktivierung der Zelle", nämlich ihrer einzelnen Mitglieder, oder man erörterte die Erfahrungen der Gruppenkassierer (jede Zelle hatte einen Kassierer und mehrere Gruppenkassierer, eine solche Gruppe umfaßte immer ungefähr zehn Genossen) beim Einsammeln der Beiträge in den Wohnungen der Genossen. Wirklich aktiv und interessiert war in einer Zelle des Wohngebiets immer nur ungefähr ein Drittel, manchmal sogar nur ein Viertel der Genossen. Hatte man dann endlich alles Wesentliche besprochen, so schloß der Zellenleiter die Sitzung. Er forderte nochmals die Genossen zur aktiven Mitarbeit auf, sodann trennte man sich, und jeder ging seiner Wege. Natürlich kam es auch vor, daß sich eine Zellenleitung, die es ernst mit der Arbeit nahm, noch in irgendein Café setzte und dort weiterdiskutierte, oder es gingen auch einige Genossen aus der Zelle stundenlang miteinander durch die nächtlichen Straßen, um gegenseitig Bedenken und Ansichten auszutauschen.

Mit dem wachsenden Einfluß der Nazis verminderte sich die Aktivität in den Zellen im gleichen Verhältnis mit der Bürokratisierung der Partei. Die Zellenabende wurden immer langweiliger und gezwungener. Selbst das von der Parteileitung mit so viel Lautstärke verkündete „Aufgebot der Hunderttausend" brachte nicht den erwarteten Aufschwung. Es sollten nämlich in einem bestimmten Zeitraum 100 000 Genossen als Mitglieder geworben werden. Um diese Werbung anzufeuern, wurden den einzelnen Zellen „Solls" gestellt, die erfüllt werden mußten. Die Zellen traten untereinander in einen Wettbewerb. Die Folge aber war, daß bei der Werbung Hinz und Kunz aufgenommen wurden, um vor der Partei möglichst gut abzuschneiden. Bei näherer Prüfung stellte sich dann oft heraus, daß der Aufgenommene entweder überhaupt nicht existierte oder nichts von seinem Glück wußte, Mitglied der KP geworden zu sein. Dieses „Aufgebot der 100 000" mit Wettbewerb und Solls war eine an Sowjetpropagandamethoden angelehnte Aktion, durch die man, wie es so klassisch formuliert wurde, „tiefer in die Massen einzudringen" hoffte.

Trotz dieser Schwäche des Parteilebens wäre es völlig falsch, anzunehmen, daß der kommunistische Arbeiter etwa mit Widerwillen zu seinen Zellenabenden gekommen wäre. Natürlich verübelte er es den Funktionären, daß sie die Zusammenkünfte immer mehr in bürokratischen Formen versanden ließen. Denn während in den ersten Jahren der kommunistischen Bewegung eine Gemeinsamkeit des Ideals, eine Gleichzeitigkeit des Wollens wirksam war, entarteten die Zellenabende gegen Ende der zwanziger Jahre mehr und mehr zu einem Stammtischersatz. Aber ich traf später machen kommunistischen Arbeiter, der damals wegen irgendeiner „Abweichung" aus der Partei ausgeschlossen worden war, und ich hörte von fast allen übereinstimmend, daß sie zunächst am heftigsten darunter gelitten hätten, nicht mehr an diesen im Grund so eintönigen Versammlungen im Parteilokal teilnehmen zu können, denn sie fühlten sich dadurch ausgestoßen aus der Gemeinschaft, isoliert, der Wurzeln beraubt. Mochte es auch auf den Zellabenden keine echte politische Aktivität mehr geben, so waren sie dennoch glücklich gewesen, wenn sie mit ihren Genossen in Tuchfühlung beieinandersitzen konnten.

Der „Kopf" der Zelle wurde monatlich zu einer Unterbezirkssitzung zusammengerufen. Ein solcher Abend lief genauso ab wie ein Zellenabend. Die Referate standen vielleicht auf einem etwas höheren Niveau, und die Diskussionen waren lebhafter, aber im allgemeinen waren auch diese Abende gelenkt und dadurch langweilig. Die Funktionäre mußten über ihre Arbeiten berichten, manchmal wurden hier sogar kritische Stimmen laut. Allerdings gaben die meisten Zellenleiter keine wirklich echten Berichte, da sie sich nicht blamieren und keine Rüge erhalten wollten. Nur wenige hatten den Mut und sahen auch die Notwendigkeit ein, ein wahrheitsgetreues Bild von der Lage in ihrem Wohngebiet zu geben; von Aktivität und Stimmung. Sie bemerkten mit Beunruhigung das Absinken des allgemeinen Niveaus und hielten es für ihre Pflicht, das ihrer nächsthöheren Einheit mitzuteilen. Denn letzten Endes liefen ja diese Berichte immer höher hinauf, vom Unterbezirk zur Bezirksleitung, von dort zum Zentralkomitee, bis sie dann zum EKKI weitergegeben wurden. Da aber die Schönfärber unter den Zellenleitern die Mehrheit bildeten, waren es vor allem die frisierten Berichte, die dann schließlich bei der Komintern in Moskau landeten.

Die vorher in der Zelle besprochene Haus- und Hofagitation fand meistens sonntags statt. Morgens um neun Uhr traf man sich dazu im Parteilokal, ganz gleich, ob es Winter oder Sommer war, ob es in Strömen regnete oder die Sonne noch so herrlich schien und ins Grüne hinauslockte. Waren so an die zehn Mann erschienen, wurde die Arbeit eingeteilt. Man bildete Gruppen von je zwei Genossen, die bestimmte Straßenzüge „bearbeiten" mußten. Bepackt mit Material trabte man los. Wir traten in düstere Hinterhäuser, gingen treppauf, treppab, boten die Marken, Broschüren, Zeitungen an und diskutierten, falls man sich mit uns einließ, eifernd über die „Befreiung der Arbeiterklasse". Wir liefen von Tür zu Tür, um das Heil anzubieten, genauso, wie es später die Bibelforscher taten und es auch heute noch tun. Und wir waren erfüllt vom Gefühl, das Unsere zum großen Ziel der besseren Gesellschaftsordnung beizutragen. Natürlich fand man in den Hinterhäusern die meisten Sympathien, deshalb wurden auch die Vorderhäuser in vornehmeren Gegenden gemieden. Höchstens steckte man hier und da verschämt einige Flugblätter durch die Briefschlitze an den Türen. Wir wollten das Heil ja auch nicht den vom Leben bevorzugten Bewohnern der Vorderhäuser bringen, sondern denen, die im Schatten lebten, im Schatten der düsteren Berliner

Hinterhäuser. So liefen wir unentwegt von Treppenhaus zu Treppenhaus, während die Sonnenstrahlen durch die Flurfenster fielen und von draußen das Sonntagsgeläut der nahen Kirchenglocken hereindrang, standen vor den verschlossenen Türen und überlegten, wo man wohl zuerst klingeln sollte, holten tief Atem und drückten schließlich mutig auf einen Knopf. Irgend jemand öffnete, entweder der Mann in Hosenträgern oder die Frau, ungekämmt und mürrisch, manchmal auch der Sohn des Hauses. Schnell war dann zu entscheiden, wie man wohl am besten diesen unbekannten Menschen anredete. Und da wir unser Material immer sehr liebenswürdig anboten, wurde uns nur selten die Tür vor der Nase zugeschlagen. Kam es aber zu einer Diskussion und ließ man uns, nachdem die Marken oder Broschüren angeboten und vielleicht sogar gekauft worden waren, erst einmal zu Worte kommen, dann schilderten wir das künftige Leben, die Zustände, die eintreten würden, falls die Menschen, die Arbeiter, ihr Geschick in die eigene Hand nähmen, als ein Dasein frei von jeder Unterdrückung, von Not und Knechtschaft. Aber, und darum ging es ja vor allem, um jenes leuchtende Ziel zu erreichen, müsse man unbedingt die KPD wählen, die Vorkämpferin für eine neue Gesellschaftsordnung. Ich weiß heute noch nicht, aus welchem Grunde uns eigentlich diese Menschen damals das Material abgenommen haben, aber wir waren glücklich und froh, wenn sie es taten. Verließen wir dann die düsteren Häuser und traten wieder hinaus auf die sonnige Straße, fühlten wir uns reich und waren ganz berauscht von unseren eigenen Phantasien. Nach einigen Stunden „Arbeit" zogen wir in das nach kaltem Zigarettenrauch und abgestandenem Bier stinkende, unfreundliche Parteilokal zurück, das an einem sonnigen Sommertage noch abstoßender wirkte als sonst. Das kümmerte uns wenig. Hatten wir viel „umgesetzt", so gingen wir in dem stolzen Bewußtsein nach Hause, unsere Pflicht bei der Vorbereitung der Weltrevolution und der Befreiung der Arbeiterklasse getan zu haben.
Je stärker der Einfluß der Nazis wuchs, desto häufiger wurde davon gesprochen, daß man für die Zeit der Illegalität Vorkehrungen treffen müsse. Dazu gehörte auch, daß man die Bewohner des Zellengebietes karteimäßig erfaßte, daß man genau festlegte, wer mit der KPD sympathisierte, wer Gegner war, wer zu den Nazis oder zu einer der anderen Parteien gehörte. Falls die Nazis ans Ruder kamen und die Partei verboten wurde, wollte man das Feld

bereits im voraus sondiert haben. Und für den Fall, daß eines Tages keinerlei Verbindung mehr mit einer zentralen Leitung bestehen sollte, man daher auch nicht mehr von dort aus mit schriftlichem Material versorgt werden konnte, schaffte sich jede Zelle eine Schreibmaschine und einen Abziehapparat an, um selbst das notwendige Propagandamaterial herzustellen. Eine besondere Rolle spielte dabei die sogenannte „Häuserblockzeitung". Sie erhielt einen Namen, der sich den Blockbewohnern einprägte. Zumeist war sie ein schwacher Abklatsch der „Roten Fahne". Der Inhalt bezog sich in erster Linie auf die Verhältnisse des jeweiligen Wohnblocks. Nazis wurden entlarvt, Mißstände aufgedeckt, die Bewohner zu politischer Aktivität aufgefordert. Es gab Leitartikel, die nach Form und Inhalt der offiziellen Parteipresse angeglichen waren. Eigentlich sollten die Spalten dieser improvisierten Zeitung von den Zellenmitgliedern selbst gefüllt werden, aber man war über diese Einrichtung nie ganz glücklich, schämte sich, seine Nachbarn zu denunzieren, Klatschgeschichten breitzutreten oder kleine Kaufleute anzuprangern. Mit verlegenen Gesichtern verteilten die Genossen die Häuserblockzeitung gewöhnlich in ihrer Straße und wagten oft nicht einmal, die dafür angesetzten zehn Pfennige zu verlangen. Weltfremde und verantwortungslose Theoretiker der Partei meinten, ein solches Organ könne in einem kommenden, von den Nazis beherrschten Deutschland zugleich Mitteilungsblatt und Propagandamittel sein. Als die Illegalität dann in Wirklichkeit kam und Formen annahm, die man niemals vorausgesehen hatte, versuchten manche Genossen tatsächlich, sich durch die Verteilung dieser „Zeitungen", die in Kellern oder Hinterhofwerkstätten heimlich abgezogen wurden, bemerkbar zu machen. Sie wollten zeigen, daß die KPD nicht tot war –, mit dem traurigen Ergebnis, daß sie zu Hunderten in den Gestapokellern, den Zuchthäusern und Konzentrationslagern landeten.
In den letzten Jahren vor der Machtergreifung durch die Faschisten hatte der kommunistische Alltag einen Charakter angenommen, der in seiner Sinnlosigkeit, seinem Kräfteverschleiß lächerlich und zugleich furchterregend war. Die höheren Parteistellen, die so viel von realistischer Beurteilung der Lage redeten, schienen die wahre Realität einfach nicht sehen zu wollen. Der Kampf auf Leben und Tod, der in der deutschen Arena entbrannt war, hätte echte politische Strategie verlangt. Die KPD, das Instrument Moskaus, war

dazu nicht fähig und bekam deshalb eine furchtbare Rechnung vorgelegt.
Bald erhielt ich meine erste Funktion. Als Instrukteur des Unterbezirkes mußte ich das am Dönhoffplatz in Berlin gelegene Warenhaus Tietz bearbeiten und wurde Mitglied der bereits vorhandenen, aus einer Handvoll Angestellten und Arbeitern bestehenden Betriebszelle. Dieser Parteiauftrag war mehr als eigenartig, da ich weder in einem Warenhaus arbeitete noch irgendwelche Kenntnisse über die Art der dortigen Beschäftigung besaß. Auf meine Einwände hin erklärte der verantwortliche Genosse im Unterbezirk, daß ich mich schon einarbeiten würde. Der kommunistische Einfluß unter den Angestellten und Arbeitern bei Tietz war sehr schwach. In den zehn Berliner Warenhäusern des Konzerns gab es nur zwei KP-Zellen. Diesem Übel sollte also nun abgeholfen werden. Wenn ich mich so zurückerinnere, muß ich wohl eine ganz unmögliche KP-Instrukteurin gewesen sein, denn ich tat alles, um die Zellenabende unterhaltsam zu gestalten. So oft der Referent des UB ausblieb und man mir das politische Referat zuschob, kürzte ich es auf ein Mindestmaß ab und versuchte, das Referentenmaterial in ein normales Deutsch zu übersetzen. Waren dann die vorgeschriebenen Riten absolviert, so unterhielten wir uns über die neuesten Filme – natürlich wurde jede sowjetrussische Produktion besonders ausführlich behandelt –, sprachen über die Theaterstücke bei Piscator und über neuerschienene Übersetzungen sowjetrussischer Bücher, die ich gerade gelesen hatte. Einmal platzte in diesen gar nicht parteigerechten Zellenabend ein Genosse vom Unterbezirk und wollte seinen Ohren nicht trauen. Als dann die Tietz-Parteimitglieder des Dönhoffplatzes gemeinsam mit den Kollegen vom Warenhaus Alexanderplatz auch noch einen gemütlichen Abend organisierten und bald darauf einen Sonntagsausflug anregten, wuchs unsere Zelle zusehends. Ich fand das alles sehr vernünftig, aber es verstieß sowohl gegen die festgefügten Formen als auch gegen die kämpferische Linie der KPD. Das Leben der Zelle änderte sich aber, als die Betriebsratswahl bei Tietz bevorstand und mir befohlen wurde, zu dieser Kampagne eine Betriebszeitung herzustellen. Das war eine schwere Aufgabe! Mit drei der intelligentesten Tietz-Genossen entwarfen wir im Schweiße unseres Angesichtes die Leitartikel und trugen alles zusammen, was es da an Mißständen und Schikanen der Abteilungsleiter und sonstiger Vorgesetzter bei

Tietz gab. Mit diesem Material verfertigten wir sogenannte Arbeiterkorrespondenzen. Zum Glück hatten wir einen guten Zeichner, und der versah die Wachsplatten, auf die ich die gesamte Zeitung heimlich in der „Inprekorr" tippte, mit munteren Karikaturen der verschiedenen Tietz-Gewaltigen. In der Nacht wurde dann das Ganze auf dem Inprekorr-Rotationsapparat abgezogen; wenn Julius mich dabei erwischt hätte, wäre ich in hohem Bogen aus der Arbeit geflogen. Aber alles gelang ohne Zwischenfall, und die Tietz-Genossen waren voller Erwartung, welche Wirkung ihre sehr drastische Kritik haben würde. Die Zeitung sollte pro Stück zehn Pfennige kosten und morgens vor dem Betrieb verkauft werden. Aber dazu ließ sich keiner unserer Genossen überreden. So weit ging ihre kämpferische Begeisterung nicht. Damit hätten sie sich ja eventuell um Arbeit und Brot gebracht. Also mußte ich, der betriebsfremde Instrukteur, morgens um ½8 Uhr mit dem großen Packen Zeitungen vor dem Personaleingang von Tietz stehen. Das Blatt fand reißenden Absatz. Über die Hälfte war ich bereits los, als plötzlich ein Schupo auftauchte. Wahrscheinlich hatte die Tietz-Direktion im Polizeirevier angerufen. Sehr höflich bat mich der Polizist um ein Exemplar der Zeitung, blätterte darin herum und stellte fest, daß das Impressum fehlte. Als sich dann auch noch herausstellte, daß ich keine Handelserlaubnis hatte, mußte ich mit aufs Polizeirevier. Bis wir dort anlangten, war es ½9 Uhr. Dann wurde sehr umständlich der ganze Tatbestand zu Papier gebracht, und ich spielte den ahnungslosen Engel. Da fiel mein Blick auf die Uhr, es war fünf Minuten vor neun, und um neun Uhr begann meine Bürozeit. Ich wußte damals noch nicht, daß Pflichtbewußtsein auf deutsche Polizisten den tiefsten Eindruck macht. Meine Sorge, zu spät ins Büro zu kommen, war also echt. Der Reviervorsteher unterbrach sofort das Protokoll und meinte besorgt und voller Sympathie: „Da können wir Sie natürlich nicht länger hierbehalten. Die Arbeit geht selbstverständlich vor! Nun laufen Sie man, daß Sie ja nicht zu spät kommen!" Ich rannte dankend davon. Unsere nächste Betriebszeitung trug dann irgendein Phantasie-Impressum, eine Verkaufserlaubnis hatten wir uns auch erschlichen, wozu lebte man letzten Endes in einer Demokratie, und der wiederum einschreitende Polizist mußte sich grüßend zurückziehen. Wir triumphierten und brachten bei den Wahlen einen Kommunisten in den Betriebsrat.

Im Jahre 1929 hatte die „Inprekorr" einen Hochverratsprozeß. Der unfreiwillige Märtyrer, den das Gericht zu einem Jahr verdonnerte, war der allseits beliebte Packer und Vertriebsleiter Max. Er hatte nämlich als „Sitzredakteur", wie man das so schön nannte, für die „Internationale Pressekorrespondenz" verantwortlich gezeichnet, obgleich er der Unschuldigsten einer war, der weder in der „Inprekorr" noch sonstwo seine revolutionären, hochverräterischen Gedanken jemals zu Papier gebracht hatte. Als „verantwortlicher Redakteur" wurde man im damaligen Deutschland nur zu Ehrenhaft verurteilt. Max ging also für ein Jahr auf die Festung Gollnow.

Noch bevor der Sitzredakteur Max sein Jahr abgebüßt hatte, lief ein neues Hochverratsverfahren gegen die Zeitschrift. So kam es, daß bald nach der Begrüßung des wieder heimgekehrten Märtyrers der Nachfolger im Impressum, Heinrich Kurella, seine Haftstrafe in Gollnow antreten mußte. Nachdem er schon einige Monate auf der Festung war, fuhr ich hin, um ihn zu besuchen. Beladen mit Paketen kam ich in Gollnow an und näherte mich zaghaft dem Zuchthaus mit seiner grauen, drohenden Mauer, hinter der man die schwer vergitterten Fenster der Gefängniszellen sah. Mein Besuch war angemeldet; der Portier am Tor übergab mich einem Beamten, der mit klirrenden Schlüsseln eine eiserne Tür nach der anderen vor mir öffnete und hinter uns wieder sorgfältig schloß. Noch hatte ich kein Gefängnis von innen kennengelernt, und mir schlug das Herz, als wir den düsteren Hof überquerten. Mein Mitleid mit den armen Gefangenen wuchs mit jedem Schritt. So also sah ein Zuchthaus aus! Hier sperrte man Menschen ein, die nichts anderes verbrochen hatten, als ihre Stimme für das Recht und die Freiheit aller Unterdrückten zu erheben!

Dann schloß der schweigsame Beamte eine Seitentür des langen, traurigen Traktes auf. Aber kaum waren wir eingetreten und stiegen die Wendeltreppe aufwärts, da hörte ich von oben lautes Männerlachen und Rufen; Schritte polterten die Treppe herunter, und mit großem Hallo begrüßte mich ein braungebrannter, strahlender Heinrich Kurella. Ich starrte mit ungläubigem Gesicht auf die Gestalt in weißem Hemd und sommerlichen Sandalen. Schon kamen die nächsten angesprungen, einer sogar in blütenweißem Pullover, alle wie aus dem Ei gepellt, als befänden sie sich auf einem frischfröhlichen Urlaub. Nach einem Durcheinander von Fragen brachte man mich zu einem langen Korridor, auf den rechts und links offenstehende Türen führten. Vier, fünf bestürmten mich zu gleicher Zeit, ich solle ihre Zelle zuerst ansehen und sagen, wer die schönste habe. Jede war nach dem Geschmack des jeweiligen Bewohners ausgeschmückt. Kitsch und revolutionäres Bekenntnis herrschten an den Wänden vor. Einige der Häftlinge besaßen eine kleine Bibliothek mit den Hauptwerken des Marxismus-Leninismus, und auf zwei Zellentischen prangten sogar Reiseschreibmaschinen. Langsam waren wir bis zum Eßsaal vorgedrungen, an dessen Tür die Speisekarte der Woche hing. An diesem Tag gab es eine Suppe, Frikadellen, Blumenkohl und Kartoffeln. Ich wurde selbstverständlich eingeladen. Die Häftlinge ergingen sich in lauten Klagen über das schlechte Essen. Hauptgesprächsstoff war der Spaziergang am Nachmittag, und ich meinte, daß sie nun auf dem traurigen Gefängnishof umhergehen müßten, wunderte mich nur über Bemerkungen wie: „Wo fährst du heute hin?" oder „Wer geht zum Schwimmen?" und glaubte, man mache Witze. Ich war schweigsam und schämte mich, ihnen zu sagen, wie sehr mich dieses „Fledermausgefängnis" erstaunte, hatte ich mir doch ein ganz anderes Bild von den schrecklichen Leiden der armen Gefangenen gemacht. Diese Gollnower Wirklichkeit vertrug sich ganz und gar nicht mit meinen reichlich pathetischen Vorstellungen.

Nach dem Mittagessen begann die Vorbereitung zum „Spaziergang". Alle machten sich sehr sorgfältig hübsch. Kurella hatte mir gleich am Anfang Richard Scheringer vorgestellt und im Laufe der Unterhaltung einige Male betont, daß sie Freunde seien. Da ich aber nun die Geschichte des jungen Offiziers Scheringer kannte, war ich verwundert, ja geradezu empört. Der Leutnant Scheringer hatte in der deutschen Reichswehr eine Zelle der NSDAP gegründet, um die Armee in nationalsozialistischem Sinne zu zersetzen. Er erhielt, als seine hochverräterische Tätigkeit aufgedeckt worden war, im sogenannten Ulmer Prozeß zusammen mit seinen beiden Gesinnungsgenossen Ludin und Wendt eine Festungsstrafe. Man brachte die drei „Überzeugungstäter" nach Gollnow, in die gleiche Gefängnisetage, die auch einige Dutzend Kommunisten beherbergte, die ebenfalls wegen Vorbereitung zum Hochverrat zu Ehrenhaft verurteilt worden waren. So ergab es sich, daß die politischen

Todfeinde auf engstem Raum miteinander eingeschlossen waren. Die kommunistischen Häftlinge, unter denen es damals nicht nur den theoretisch geschulten und allseitig gebildeten Heinrich Kurella gab, sondern auch andere Spitzenfunktionäre, stürzten sich nun mit geistigen Waffen auf ihre nazistischen Gegner. Im Laufe der wütenden Diskussionen sollte sich aber bald herausstellen, daß es politische Berührungspunkte zwischen ihnen gab. Hatte doch die KPD gerade in diesem Jahr ein Programm zur sozialen und nationalen Befreiung verkündet, zu dessen wichtigsten Punkten die Beseitigung des „Versailler Schanddiktats" gehörte. Das war dem nationalistischen Draufgänger Richard Scheringer ganz aus dem Herzen gesprochen. In den Diskussionen von Zelle zu Zelle erklärte er nämlich, ein Nationalsozialist geworden zu sein, weil nur von diesen erwartet werden könne, daß sie den Vertrag von Versailles beseitigen und die Franzosen aus dem Rheinland verjagen würden. Als ihm die Kommunisten klarmachten, daß man das erfolgreicher gemeinsam mit der Roten Armee tun könne, horchte der Offizier Scheringer auf. Damit war der erste Berührungspunkt gegeben. Zur Zeit meines Besuches in Gollnow wankte schon Scheringers gesamte nationalsozialistische Überzeugung, denn die geschulten kommunistischen Mithäftlinge hatten vor ihm ein neues verheißungsvolles Ideal erstehen lassen. Kurella weihte ihn in den Marxismus ein und gab ihm russischen Sprachunterricht, damit er die Werke Lenins im Originaltext lesen könne.

Während Kurella, Scheringer und ich zum Spaziergang auf den Gefängnishof hinausgingen, sagten sie so nebenbei, daß wir zum Kaffeetrinken zu Scheringers Mutter eingeladen seien. Auf meine Frage, wo das stattfinden solle, kam endlich die beinahe unglaubliche Eröffnung: Auf ihr Ehrenwort, nicht zu entfliehen, durften die Festungshäftlinge täglich für fünf Stunden in der Stadt Gollnow und Umgebung spazierengehen. Manche von ihnen hatten diese Zeit sogar benutzt, um auf einem geliehenen Motorrad zum Baden an die Ostsee zu fahren. Das war natürlich nicht erlaubt, aber auf der Festung Gollnow sollte noch ganz anderes geschehen.

An der Gartentür eines Hauses erwartete uns eine hochgewachsene Frau, der man an Kleidung, Haartracht und Haltung auf den ersten Blick die Offiziersgattin ansah. Es war die Mutter Scheringers, die, um in der Nähe ihres Sohnes sein zu können, sich mit ihrem weißen Foxterrier in Gollnow einquartiert hatte. Beim Kaffeetrinken ging es sehr förmlich und wohlerzogen zu, und die Hochverräter von rechts und links wetteiferten in guten Manieren. Beim anschließenden Bummel durch das Städtchen erzählte mir Kurella von den inhaltsreichen Tagen im Gefängnis, die angefüllt waren mit eifrigen politischen Privatstudien und regelmäßigen Kursen für alle kommunistischen Insassen. Die Festung glich einer Art Hochschule für Theorie und Praxis der kommunistischen Lehre. Die verhafteten KP-Funktionäre nutzten die arbeitsfreie und vom Staat bezahlte Zeit im Gefängnis, um sich weiteres Rüstzeug zum Kampf gegen diesen Staat, die Weimarer Republik, anzueignen. In den nächsten Jahren kam es in Gollnow zu einigen Skandalen, die das Herz aller Kommunisten höher schlagen ließen. Es begann mit einem 1. Mai, den die Festungshäftlinge dazu ausersehen hatten, um ihrer revolutionären Gesinnung einen weithin hörbaren Ausdruck zu verleihen. Sie demonstrierten im Gefängnishof mit ihren Kampfliedern und hißten vor den Augen des entsetzten Zuchthausdirektors auf dem höchsten Gebäude der Anstalt eine rote Fahne. Ob der Direktor nach dieser Kundgebung schon gemaßregelt wurde oder erst im Zusammenhang mit dem nächsten Ereignis, in dem Richard Scheringer eine entscheidende Rolle spielen sollte, weiß ich nicht mehr. Schon einige Monate nach meinem Besuch in Gollnow hatte Scheringer von der Festung aus durch den kommunistischen Abgeordneten Kippenberger, der gleichzeitig Chef des deutschen Geheimapparates der KP war, vor dem Reichstag eine Erklärung verlesen lassen, daß er dem Nationalsozialismus den Rücken gewandt und sich zum Kommunismus bekehrt habe. Doch diese Demonstration genügte ihm noch nicht. Er drängte nach revolutionärer Aktivität. Vielleicht erteilte ihm aber auch die KP-Leitung durch seinen Mithäftling Rudi Schwarz, einen Spezialisten für Zersetzung, den Auftrag, der dann für ihn so schlimme Konsequenzen haben sollte. Scheringer trat nämlich von Gollnow aus mit seinen Offizierskameraden der Reichswehr in Verbindung, um sie für die Sache des Kommunismus zu gewinnen. Es entwickelte sich eine rege Korrespondenz, und dank der Freiheit, die sie genossen, unterminierten die sachverständigen kommunistischen Häftlinge von dort aus in Seelenruhe die Armee. Interessanterweise gelang es aber weder Scheringer noch den übrigen Gollnower Genossen, die beiden anderen NSDAP-Häftlinge Ludin und Wendt vom Kommunismus zu überzeugen. Diese führten ein völlig isolier-

tes Dasein, blieben aber Scheringer trotz dessen Verrat am Nationalsozialismus auch weiterhin in Kameradschaft zugetan.
Im Jahre 1932, als Heinrich Kurella seine Festungshaft bereits verbüßt hatte, flog die Gollnower Zersetzungszentrale auf, und Scheringer bekam einen neuen Prozeß, der ihm weitere zweieinhalb Jahre Haft eintrug. So saß er noch im Gefängnis, als Hitler zur Macht kam, und die Kommunisten fürchteten das Schlimmste für ihn. Aber erstaunlicherweise ließen ihn die Nazis nicht nur ungeschoren, sondern traten sogar durch Leute der Reichswehr mit dem Verhafteten in Verbindung und ließen Ludin, der längst frei und inzwischen ein großer Mann bei der SA geworden war, den Versuch machen, Scheringer für die NSDAP zurückzugewinnen. Man machte ihm klar, daß er ja gar nicht ahne, was sich nach dem „Umbruch" Hitlers in Deutschland alles verändert habe, und daß dieses neue Deutschland ganz seinen Erwartungen entspreche. Sie brauchten von ihm nur eine Einverständniserklärung, und er könne sofort in die Freiheit kommen, um sich in seiner ehemaligen Ulmer Kaserne einen Eindruck von der Fortschrittlichkeit des nationalsozialistischen Regimes zu verschaffen.
Doch diese Bekehrungsversuche blieben ohne Erfolg. Man trennte Scheringer von seiner kommunistischen Umgebung im Gefängnis und verlegte ihn in eine andere Haftanstalt. Schließlich aber wurde er dennoch eines Tages vom Gefängnis aus in seine Ulmer Kaserne überführt und ins Offizierskasino gebracht, wo man seine Ankunft bereits erwartete. Die Nazis hatten sich aber sehr in ihm getäuscht. Er gab nämlich seinen alten Kameraden nicht das erwartete Reuebekenntnis ab, sondern hielt eine rabiate kommunistische Agitationsrede. Wahrscheinlich wäre es ihm nun ohne die niemals erlahmende Freundschaft des zu immer höheren Nazi-Ehren aufsteigenden Ludin sehr schlecht ergangen. So aber wurde er, nachdem seine Zeit abgelaufen war, aus dem Gefängnis entlassen, fuhr aber keineswegs in seine Heimat, sondern ging nach Berlin und trat in Verbindung mit seinem ehemaligen Mithäftling Rudi Schwarz, dem Leiter des in strengster Illegalität arbeitenden „ZER- und AM-Apparates" der KPD. Scheringer war ein gläubiger Kommunist, wie ja seine Haltung beweist, aber für das Leben in der Illegalität war er denkbar ungeeignet. Durch seine notorische Unpünktlichkeit kam es bald zur Verhaftung von Rudi Schwarz durch die Gestapo. Schwarz wurde später mit Johnny Scheer und Schönhaar am „Kilometer-

berg“ in Wannsee erschossen. Darauf plante der Apparat, Scheringer so schnell wie möglich ins Ausland abzuschieben. Er erhielt einen falschen dänischen Paß, der ihn zum Sohn eines Apenrader Eierhändlers machte; man sagte ihm, daß die KP-Leitung eine Auslandstournee mit ihm plane. Scheringer nahm zwar den Paß, ließ sich aber nicht dazu bewegen, Deutschland zu verlassen. Im Juni 1934 wurde er in einem Kino verhaftet, weil er demonstrativ stumm sitzengeblieben war, als alle Besucher mit erhobenem Arm das Horst-Wessel-Lied sangen. Wäre sein Freund Ludin nicht wiederum sofort in Aktion getreten, um ihn aus der Haft zu befreien, hätte Scheringer bestimmt bei den Erschießungen des 30. Juni 1934 sein Ende gefunden.
Nach diesem Vorfall begab er sich auf das Gut seines Onkels bei Ingolstadt und begann das Leben eines Gutsbesitzers zu führen. Jedoch wollten diesen jungen Offizier nicht nur die Nazis zurückgewinnen, auch von Moskau aus war man an ihm interessiert. So erhielt mein Freund Heinrich Kurella, der 1934 als Emigrant in der Schweiz lebte, vom Geheimapparat der deutschen KP den Auftrag, illegal nach Deutschland zu fahren, Scheringer aufzusuchen, um ihn zur Emigration nach Sowjetrußland zu veranlassen. Kurella trat sofort den gefährlichen Weg nach Ingolstadt an, traf auf dem Gut Scheringer, der hocherfreut über dieses Wiedersehen war, und überbrachte ihm den Vorschlag der Sowjetrussen, der ihm große Entwicklungsmöglichkeiten in der Roten Armee zusicherte. Scheringer lehnte ganz entschieden ab, denn er sei ein Deutscher und gehöre deshalb in kein anderes Land. Nach 1945 nahm Scheringer seine kommunistische Tätigkeit sofort wieder auf, wurde Mitglied der Landesleitung der KPD Bayerns und widmete sich der Bauernfrage. Von Bayern aus unternahm er Reisen, um in anderen Gebieten der Bundesrepublik unter der Landbevölkerung zu agitieren. In Hessen interessierte er sich angelegentlich für die Gebiete in der Nähe der Zonengrenze, und der Verdacht dürfte nicht ganz unbegründet sein, daß er auf günstig gelegenen Bauernhöfen „Stützpunkte für spätere Zeiten“ vorzubereiten suchte, denn er stand nach wie vor in enger Beziehung mit alten Fachleuten des Apparates in Ostberlin. Sein Freund Ludin verlor niemals die Gunst der Naziführer. Er wurde während des Krieges als Sonderbotschafter zum slowakischen „Führer“ Tiso geschickt. Nach dem Kriege wurde er in der Slowakei zum Tode verurteilt und hingerichtet.

Der Fall Scheringer erregte seinerzeit viel Aufsehen. Als ich Scheringer in Gollnow traf, hatte er sich zwar gerade mit großer Energie daran gemacht, in die sozialistisch-kommunistische Theorie einzudringen, aber seine Weltanschauung war, wie ich aus pathetischen Äußerungen über „deutsche Schmach" und „Befreiung vom Joch" entnehmen mußte, nach wie vor nationalistisch. Scheringer wurde bei Diskussionen mit den Kommunisten in Gollnow ja auch erst hellhörig, als Schwarz ihm einredete, daß eine „Befreiung" zum Beispiel des Rheinlandes mit Hilfe der Roten Armee am ehesten zu bewerkstelligen wäre. Erst dieses militärische Argument verfing. Es war von kommunistischer Seite keineswegs neu. Man machte es bereits 1923, zur Zeit der Ruhrkrise, zu einem wesentlichen Punkt der kommunistischen Propaganda. Damals hatte sich zum ersten Male gezeigt, zu welchen Bündnissen die Kommunisten fähig waren, nach welchen Bündnissen sie strebten. Scheringer erinnerte mich an einen anderen deutschen Offizier, einen Freikorpskämpfer und Faschisten, dessen Schicksal dramatischer verlaufen war: Albert Leo Schlageter, der von den Franzosen während des Ruhrkampfes erschossen wurde. In seiner berühmten Schlageter-Rede vor dem EKKI am 20. Juni 1923 nannte Karl Radek den faschistischen Freikorpsmann Schlageter einen „Märtyrer des deutschen Nationalismus . . ". In dieser Rede fiel auch der fragwürdige Satz: „Schlageter, der mutige Soldat der Konterrevolution, verdient es, von uns Soldaten der Revolution männlich-ehrlich gewürdigt zu werden . . ." Daß dieser „mutige Soldat der Konterrevolution" an den blutigen Kämpfen gegen deutsche Arbeiter teilgenommen hatte, daß er keineswegs bekehrt, sondern völlig überzeugt von der Richtigkeit seines politischen Glaubensbekenntnisses in den Tod gegangen war, blieb für den Kommunisten Radek ohne Belang. Damals zeigte sich in der KPD zuerst jene Linie, die später, namentlich nach dem zweiten Weltkriege, in der kommunistischen Weltbewegung eine so entscheidende Rolle spielen sollte: die Einheitsfront mit den Nationalisten. In kommunistischen Reden, Artikeln und Proklamationen wimmelte es von Ausdrücken wie „Patrioten", „nationale Belange", „Rettung des Deutschen Reiches" usw. Die Schlageter-Kampagne war der erste große kommunistische Versuch, mit der deutschvölkischen Seite gemeinsame Sache zu machen. Er blieb nicht der einzige. Ruth Fischer schreibt, Radek habe 1923 Angst davor gehabt, es könne „eine Neugruppierung der Kräfte zu einer Einheitsfront gegen Rußland" stattfinden. Radek rief aus: „Die Sowjetunion ist in Gefahr!" Und um der kostbaren Sowjetunion willen lohnte sich schon ein Verrat an der deutschen Arbeiterschaft und lohnt er sich heute noch.

In den Köpfen gewisser deutschnationaler Kreise hat der Gedanke einer deutsch-sowjetischen Entente seit jeher gespukt. Dafür sprechen nicht allein die Verhandlungen zwischen Reichswehr und Roter Armee in den zwanziger Jahren. Dabei hat sich allerdings sowohl 1933 als auch 1941 die Überlegenheit dieser patriotischen Partner erwiesen, weil sie noch skrupelloser und noch verschlagener sein können als die Kommunisten. Es ist durchaus begreiflich, daß sich der Nationalist Scheringer von der großartigen Perspektive eines Kampfes gegen die verhaßten Westalliierten Seite an Seite mit der Roten Armee blenden ließ, denn damals ging das Vokabular der kommunistischen Agitatoren in besonders geschickter Weise gerade darauf ein. Die KPD und die Komintern wandten sich in immer neuen Proklamationen gegen den Versailler Vertrag, also gegen die Westmächte. Rußland hatte mit diesem Vertrag nichts zu tun. Radek sprach schon 1923 von Jena und Auerstädt und erwähnte Scharnhorst und Gneisenau. Kein Wunder, daß er von manchen Deutschnationalen nur allzu gut verstanden wurde. Die Kommunisten sprechen diese Sprache auch heute noch ziemlich fließend, und sie werden unglücklicherweise auch immer noch verstanden.

Erste Eindrücke in der UdSSR

Im Winter 1930 brachte uns ein Genosse zum Zellenabend eine Zeitschrift über Sowjetrußland mit, in der von Moskaus größtem Warenhaus berichtet wurde. Wir lasen diesen Artikel begeistert und kamen dabei auf den Gedanken, gemeinsam an unsere Kollegen und Genossen im „Glawny Mostorg" einen Brief zu verfassen. Wir schilderten darin das Tietz-Warenhaus, erzählten von der Ausbeutung seiner Arbeiter und Angestellten und fragten nach den Lebensbedingungen der Warenhaus-Kollegen in Moskau. Unser Schriftstück war voll Bewunderung für den sozialistischen Aufbau in Sowjetrußland und endete mit der Versicherung, daß wir alles tun würden, um auch in Deutschland möglichst bald der Revolution zum Siege zu verhelfen. Bald erhielten wir dann die ersehnte Antwort, einen Brief mit sowjetrussischen Marken und dem Moskauer Poststempel. Ehrfürchtig öffneten wir das Kuvert und stellten mit Rührung fest, daß die Antwort sogar in deutscher Sprache verfaßt war. Ich mußte sie vorlesen, aber von Satz zu Satz fiel es mir schwerer, das Lachen zu verbeißen. Das war kein Brief, sondern eine Häufung von Phrasen in einer Art jiddischem Deutsch, hinter deren Sinn wir nur mit Mühe kommen konnten; keine unserer Fragen war beantwortet worden. Für unsere Enttäuschung fanden wir nur einen Trost: sicher hatten die Genossen im Glawny Mostorg unseren Brief nicht verstehen können. Trotzdem setzten wir uns sofort wieder hin und schrieben eine Antwort. Darauf folgte ein langes Schweigen, wir hörten nichts mehr aus Moskau, bis wir eines Tages von der Parteileitung mit der Einladung eines Tietz-Vertreters nach Sowjetrußland überrascht wurden. Alle wären gern gefahren. Aber es war die Zeit der großen Arbeitslosigkeit, und eine Reise nach Moskau hätte die Tietz-Angestellten und -Arbeiter möglicherweise ihre Stellung kosten können. So fiel die Wahl auf mich, und ich reiste im April 1931 während meines Urlaubs als Tietz-Delegierte nach Sowjetrußland.

Bis zu dieser Zeit war ich außer Sinaida und Lominadse nur auf den Empfängen der Botschaft der UdSSR in Berlin sowjetrussischen Kommunisten, wie dem Botschafter Krestinski und seiner Frau, dem Leiter der OMS-Abteilung der Komintern Abramow-Mirow oder dem Botschaftssekretär Marcel Rosenberg, begegnet, Menschen, die ich aufrichtig bewunderte. Es lag nahe, daß ich diese ausnahmslos stark westlich orientierten sowjetischen Genossen zum Maßstab für alle Sowjetrussen nahm. Bei solchen Festen in der sowjetischen Botschaft Unter den Linden herrschte in jenen Jahren, noch dazu zwischen den Gästen aus der KPD und dem gesamten Botschaftspersonal, angefangen vom Portier bis zum Botschafter, ein geradezu brüderliches Verhältnis. Ich ahnte damals allerdings nur, welche geheimen Fäden zum Beispiel zwischen einem Leo Flieg und diesem exterritorialen Haus bestanden, daß er nämlich als hoher Funktionär des Geheimapparates der KPD hier mit den Vertretern der sowjetrussischen Spionagestellen in Verbindung trat und daß die meisten der dort Beschäftigten zu deren Agenten gehörten. Damals trafen sich noch im Hause der Bot-

schaft die sowjetrussischen Kominternemissäre, und von dort aus wurden regelmäßig Geldtransaktionen aus Sowjetrußland für die KPD in die Wege geleitet. Dementsprechend geheimnisvoll-vertraulich war die Atmosphäre bei den Empfängern der sowjetischen Botschaft für die Vertreter der KPD, die schon rein äußerlich ein seltsames Gepräge trugen. Wir deutschen Kommunisten kleideten uns für diesen Zweck nicht etwa festlich, sondern gingen betont proletarisch angetan dorthin. Man trug demonstrativ eine rote Polobluse, blauen Faltenrock und Schuhe mit flachen Absätzen. Die Genossen erschienen in Straßenanzügen, so wie sie aus den Büros kamen, und wir vermerkten nicht ohne kritisches Naserümpfen die „bürgerlichen Allüren" der sowjetischen Diplomatengattinnen, die in eleganten Nachmittags- oder Abendkleidern erschienen waren. Aber im Laufe dieser Abende vergaßen wir sehr schnell solche Abweichungen, aßen, tranken und tanzten nach Herzenslust und fühlten uns ganz wie zu Hause in der Botschaft unseres proletarischen Heimatlandes.
Trotz der ständigen bürgerlichen Kritik an Sowjetrußland und des mehr als eindringlichen Augenzeugenberichtes eines Panait Istrati wie auch der geharnischten Angriffe aus den Reihen der nichtkommunistischen Arbeiterbewegung blieb dieses Land für mich nach wie vor das zur Wirklichkeit gewordene Ideal einer besseren Welt. Während mein Glaube an die Unfehlbarkeit der Kominternpolitik 1931 bereits seine ersten Erschütterungen erlitten hatte, empörte mich die bloße Erwähnung negativer Seiten des Sowjetregimes heftig. Jeder dieser Kritiker war in meinen Augen ein böswilliger Konterrevolutionär, ein Lügner. Die gerade in jener Zeit immer wiederkehrende Behauptung, daß die Kollektivierung der sowjetrussischen Landwirtschaft dort eine furchtbare Hungersnot ausgelöst habe, hielt ich für die bösartigste aller Erfindungen. Allerdings beschlich mich manchmal so etwas wie Unbehagen, wenn ich die Fotos in Willi Münzenbergs Zeitschrift „Sowjetrußland in Bildern" betrachtete, denn die Gesichter der jungen Sowjetmenschen, die da auf ihren Traktoren saßen oder an der Werkbank standen, entsprachen nicht im geringsten meiner Vorstellung vom sozialistischen Idealtyp. Überhaupt wirkten diese Fotos traurig, so, als sei das Leben dort ganz ohne Freude. Das konnte aber nicht stimmen, denn alles andere, was sonst aus diesem Lande zu uns drang, war doch so voller Schwung und neuem Leben: die revolutionären

Lieder, die Gedichte Majakowskis, die Gastspielvorstellungen des Tairoff-Theaters und Meyerholds Berliner Aufführungen des „Revisor“, ebenso wie die sowjetrussischen Filme „Potemkin“ oder „Zehn Tage, die die Welt erschütterten“. Eine besonders eindrucksvolle Bestätigung für die Größe der Sowjetkultur wurde mir die im Malik-Verlag erschienene Sammlung neuer russischer Erzähler. In dem leidenschaftlichen Wunsch, nur Gutes am Lande der Oktoberrevolution zu entdecken, ließ ich sogar das Sowjetregime von meiner Liebe zu Tolstoi, Gontscharow und Turgenjew profitieren. Jetzt stand mir also bevor, dieses Land mit eigenen Augen zu sehen, und ich war vor Freude wie im Fieber. Als an der polnisch-sowjetisch-russischen Grenze in Negoreloje die grünbemützten Sowjetsoldaten alle Reisenden und so auch mich wie gefährliche Feinde behandelten, langwierig die Pässe kontrollierten und die Koffer um und um wühlten, kam mir allerdings das Glücksgefühl reichlich abhanden und wollte sich auch auf der langen eintönigen Fahrt bis Moskau nicht wieder einstellen. Ganz begeistert, beinahe wie Retter, begrüßte ich dann Heinz und Hermann Remmele, die zu meinem Empfang am Bahnhof standen. Beide waren schon einige Zeit zu einer Komintern-Besprechung in Moskau. Gleich nach der Ankunft machten wir eine Rundfahrt durch die Stadt, damit ich einen ersten Eindruck von allen Sehenswürdigkeiten bekäme. Ich aber starrte auf die Straßen, die einem wimmelnden Ameisenhaufen glichen, so, als strömten unablässig die Massen aus einer Riesenversammlung. Und alle diese Menschen ähnelten einander in ihrer ärmlichen, grauen, plumpen Kleidung und den sorgenvollen Gesichtern. Es gelang mir nur mühsam, meine Verwirrung und Niedergeschlagenheit zu verbergen, aber weder Heinz noch Remmele konnte diese Enttäuschung begreifen. Für sie, die seit zehn Jahren Sowjetrußland kannten, war dieser Anblick selbstverständlich. Im „Metropol“, dem damals vornehmsten Hotel Moskaus, in dem noch die alte, nun reichlich verstaubte Pracht der Zarenzeit erhalten war, hatte man ein Zimmer für mich reserviert. Von einer Art Empfangschef in halbmilitärischer Kleidung wurden mir zwei Dutzend Zettel in die Hand gedrückt, die Essentalons, und ein Kellner in weißer Schürze, die bis auf die Fußspitzen reichte, präsentierte eine Speisekarte, die ich nicht entziffern konnte, worauf mir klargemacht wurde, daß man sich bereits zum Frühstück Kaviar bestellen könnte. Ich fand das sehr imponierend.

Für den nächsten Nachmittag war eine Versammlung im Klub des „Glawny Mostorg" angesetzt, wo ich die Belegschaft kennenlernen und ihr von Berlin erzählen sollte. Bei den von Heinz geführten Telefongesprächen mit dem verantwortlichen Gewerkschaftsfunktionär des Warenhauses bereitete die Frage, wer meine Rede übersetzen sollte, einige Schwierigkeiten. Darauf erklärte sich Genosse Rogalla, der Moskauer Sekretär Ernst Thälmanns, bereit, diese Arbeit zu übernehmen. Ich bat ihn, ins „Metropol" zu kommen, damit er sich mein Vortragskonzept ansehen könne, was er aber für völlig unnötig hielt und auf gut hamburgisch meinte, es sei sowieso ganz egal, was ich denen da erzähle, er halte nämlich bei Delegierten doch immer die gleiche Rede ...

Der Klubraum mit der Leninecke und vielen roten Spruchbändern rings an den Wänden war noch völlig leer, als wir auf mein Drängen hin mit zwanzig Minuten Verspätung dort anlangten. Es kam genau so, wie Rogalla vorausgesagt hatte, die Versammlung begann mit anderthalb Stunden Verspätung. Die meisten Zuhörer waren Frauen und Mädchen mit roten und andersfarbenen Kopftüchern und mit entsetzlich gelangweilten Gesichtern, so, als müßten sie ein mehr als unangenehmes Pensum erledigen. Geschäftig und sehr gesprächig waren nur die Veranstalter, die mit uns am langen Tisch auf der Bühne Platz nahmen. Einige von ihnen redeten unaufhörlich auf mich ein. Es sollte Deutsch sein, aber ich verstand kein Wort. Dann begann endlich die lange Zeremonie mit der Eröffnung der Versammlung, Wahl des Ehrenpräsidiums und des Präsidiums, wobei viel und anhaltend geklatscht wurde. Bis zum Ende der Veranstaltung waren Stunden vergangen. Zum Schluß verpflichtete sich eine Arbeiterin im Namen der Belegschaft, für die Tietz-Zelle eine Fahne zu nähen und selbst zu sticken. Dieses Geschenk sollte fertiggestellt sein, bis ich wieder nach Deutschland zurückreisen würde. Zum Abschied verabredeten wir eine Besichtigung des Warenhauses, ich sollte Kindergärten sehen und neuerbaute Betriebe. Am anderen Tag hatte ich einen Begleiter, der wirklich gut Deutsch sprach; mit ihm ging ich durch das Kaufhaus, aufmerksam um mich blickend, um alles ganz genau meinen Tietz-Genossen erzählen zu können. Aber ich war baß erstaunt, ja geradezu erschreckt, denn es gab in dem großen Gebäude außer holzgeschnitztem, sehr schön bemaltem Kunstgewerbe und farbig bestickten Leinendecken nur noch Toiletteartikel, vor allem ein aufdringlich duftendes Parfüm, während in den übrigen Abteilungen gähnende Leere herrschte. Mit besonderem Stolz zeigte man mir dann noch einige „moderne“ Tischlampen, deren Fuß eine Säule darstellte, an die sich ein die Fanfare blasender Jungpionier aus bemaltem Gips lehnte. Der kleine Lampenschirm ihm zu Häupten war ein einziges Geplusterz aus Rüschen. Beim besten Willen konnte ich kein Lob über die Lippen bringen. Dafür fand ich aber im Kindergarten, wo alle Pfleglinge rote Flanellkleidchen trugen, trotz ihrer kahlgeschorenen Köpfchen endlich eine Möglichkeit, mich zu begeistern und die vielen negativen Eindrücke zurückzudrängen. Man überschüttete mich mit imponierenden Zahlen über die sozialen Leistungen für Mütter und Kinder, und mein Herz begann wieder höher zu schlagen. Auch in den Fabriken, zu denen man mich im Auto brachte, gab es vieles zu bewundern, und ich versuchte krampfhaft, den Schmutz und das Durcheinander auf den Höfen, wo halb in den Boden gesunkene Maschinenteile, ja sogar ein ganzer Dynamo im Regen verrosteten, nicht zu sehen. Als ich dann aber auf einer der Hauptstraßen vor einem Laden völlig zerlumpte Kinder bemerkte, die mit kläglicher Stimme um Brot bettelten, konnte ich doch nicht mehr an mich halten und fragte meinen Begleiter, ob man denn nicht genug zu essen habe für alle Kinder. Da wurde mir eine Antwort zuteil, die mit einem Schlage meine ganze Unsicherheit wegräumte und den alten Glauben an das Ideal Sowjetrußland wiederherstellte. Ich sollte nämlich erfahren, daß es allerdings zur Zeit noch Mangel in der UdSSR gebe, weil man gezwungen sei, Brotgetreide zu exportieren, um Maschinen einzuführen, die dringend zum Aufbau einer eigenen sozialistischen Industrie gebraucht würden. Aber, erklärte mir eifrig mein Dolmetscher, wenn der Fünfjahresplan erst durchgeführt sei, nämlich spätestens in zwei Jahren, werde Sowjetrußland von Reichtum nur so überquellen. Dann versicherte er mir noch mit Nachdruck, daß die Sowjetvölker diesen vorläufigen Mangel sehr gern ertrügen, weil sie ja wüßten, welch leuchtender Zukunft sie entgegenlebten. Diese Erklärung wirkte wie eine Zauberformel; mir war, als schiene die Sonne plötzlich mit ganz anderem Licht.

Zum Höhepunkt der Tage in Moskau wurde der 1. Mai, die Militärparade auf dem Roten Platz und der Vorbeimarsch von hunderttausend Demonstranten. Ich hatte einen Platz auf der Tribüne dicht neben dem Mausoleum Lenins, auf dessen Balkon Stalin im Kreise der Vertreter der Sowjetregierung stand, und ich sah, wie die vorbeidefilierenden Massen ihnen zuwinkten und zujubelten. Würden das Menschen tun, die mit den Verhältnissen in ihrem Lande nicht zufrieden sind? Ich dachte an Deutschland, wo die Demonstranten von links wie von rechts die Regierung der Weimarer Republik nur mit Flüchen und Verachtung bedachten.

Sowjetische Würdenträger und Funktionäre

Gleich nach dem 1. Mai wurden Hermann Remmele, Heinz und ich zu einer Wetscherinka, einer Abendgesellschaft, bei Budjonny eingeladen. Nicht nur der Name Budjonnys war mir ein fester Begriff, ich hatte auch Bilder von ihm gesehen und kannte die Heldentaten des kleinen Kavallerieunteroffiziers während der russischen Bürgerkriege. In der KPD sangen wir den Budjonny-Marsch, der für uns den Elan der siegreichen roten Kavallerie ausdrückte. Budjonny war für mich so sehr zur legendären Figur geworden, daß ich, als er uns nun leibhaftig gegenüberstand, Heinz ganz verwirrt zuflüsterte: „Menschenskind, der sieht ja wirklich so aus, wie auf seinen Bildern!" Den Abend gaben Budjonny und seine Frau, eine Ballerina vom Moskauer Großen Theater, zu Ehren einer Gruppe hoher Offiziere der Roten Armee. Diese Gäste hatten ihren hohen Rang während des Bürgerkrieges erworben, erst zehn Jahre später an der Militärakademie studiert und jetzt das Abschlußexamen bestanden. Die meisten von ihnen waren von einfachen Bauern oder Arbeitern in der Roten Armee aufgestiegen. So wie Budjonnys simples Gesicht nur durch den großen schwarzen Zwirbelbart eine gewisse charakteristische Würde erhielt, wurde die Primitivität der übrigen Gäste höchst nordürftig durch ihre Uniform verdeckt. Sie gebärdeten sich wie Schuljungen. Jeder versuchte, bei den ausländischen Besuchern das frischerlernte Deutsch anzubringen. Um die anderen auszustechen, lief Budjonny, der auch eben erst studiert hatte, nach seinen Schulheften und zeigte mit Stolz die deutschen Konjugationen und Deklinationen in krakliger Kinderschrift. Bevor noch das Festmal begann, tat ich einen Blick in die Räume dieser Wohnung. Jedes Zimmer war mit einem Ölgemälde geschmückt, einige davon in Riesenformat, die Budjonny in immer anderen Heldenposen hoch zu Roß darstellten, und unter dem bescheidenen Mobiliar entdeckte ich mit Verwunderung nicht weniger als drei Nähmaschinen verschiedener Konstruktion. Ich kam nicht dahinter, wer im Hause des Sowjetmarschalls dieser Sammelleidenschaft frönte. Mit dem Essen, aber vor allem dem Wodkatrinken, hob sich die Stimmung sehr schnell, und einer überbot den anderen mit Trinksprüchen. Ein Offizier kam an Heinzens Stuhl und wünschte, meinen Vornamen zu erfahren. Merkwürdigerweise fällt es den Russen schwer, das Wort „Grete“ auszusprechen. Leise sagte er einige Male ganz langsam meinen Namen vor sich hin, ging dann zu seinem Platz zurück und erhob das Glas. Seine Rede endete mit dem Ausruf „Dasdrasdwujet ... Es lebe ...“ und dann formte sein Mund verzweifelt das soeben erlernte Wort, aber statt dessen entfuhr den Lippen ... „Extra“. Unter lautem Gelächter setzte er sich mit rotem Kopf wieder hin. „Extra“ war nämlich damals in Sowjetrußland eine beliebte Markenbezeichnung für die eben aufkommenden Suppenwürfel oder andere Ersatzlebensmittel.

Erst als der Wodka die Hemmungen endgültig weggeräumt hatte, entfalteten die Offiziere ihre wahren Talente. Sie sangen und tanzten. In diesen Künsten war Budjonny ihnen allen überlegen. Sicher trugen diese Fähigkeiten mit dazu bei, daß aus ihm ein Held des Bürgerkrieges geworden war. Er konnte meisterhaft Balaleika spielen, und als er dann gemeinsam mit seiner Frau einen Kosakentanz darbot, waren wir alle hingerissen von so viel Temperament und tänzerischer Grazie. Unter den Gästen gab es einen Kirgisen, dessen Bart noch um einige Zentimeter länger war als der Budjonnys. Er kam mit seinem Wodkaglas in der Hand auf mich zu, und ich verstand nur das Wort „Brrudderrschaft“. Ich rief nach Heinz um Hilfe beim Übersetzen. Mit tiefernstem Gesicht erklärte mir der Kirgisengeneral in einer langen, wohlgesetzten Rede, daß er sich von nun ab wie mein Bruder fühlen werde, der die Pflicht habe, mich, seine Schwester, immer zu beschützen. Sollte mir irgendwann ein Unheil drohen, so brauchte ich nur nach ihm um Hilfe zu rufen. Und sollte irgend jemand es wagen, mir zu nahe zu treten, so ... er fuhr sich mit der flachen Hand über die Gurgel und krächzte dabei krkrkr ... so schneide er ihm kaltblütig den Hals ab. Als er mich dann umarmte und küßte und seine steifgewichsten Bartspitzen mich an der Backe kitzelten, war mir nicht ganz wohl zumute. Heinz besuchte mit mir Besso Lominadse, der im Moskauer Regierungshaus wohnte. Seit dem Brüsseler Kongreß hatte sich Besso sehr verändert. Sein Gesicht unter den dichten schwarzen Haaren wirkte müde und hatte die Blässe eines Stubengelehrten. In seinem Arbeitszimmer forderte er uns mit ungelenken Bewegungen unter vielen Entschuldigungen zum Sitzen auf. Es gab nämlich nur zwei Stühle, so daß einer von uns auf der eisernen Feldbettstelle Platz nehmen mußte. Dieser Raum erinnerte an Heinzens Zimmer aus dem Jahre 1929. Ein rohgezimmertes Holzgestell, das die eine ganze Wand bis hinauf zur Decke einnahm, war gestopft voll mit Büchern, aber nicht solchen wie bei uns mit farbenfrohen Buchrücken, sondern lauter broschierten grauen Bänden, die vom vielen Gebrauch schon ganz zerfleddert waren. Um den kleinen Tisch, an dem Besso arbeitete, häuften sich Papiere und Bücher am Fußboden. Seit einem halben Jahr arbeitete er mit verbissenem Eifer auf das Ingenieurexamen hin. Seine politische Laufbahn hatte 1930 ein jähes Ende gefunden.

Nach dem XV. Parteitag der russischen Kommunistischen Partei im Jahre 1927, auf dem es Stalin gelungen war, die Opposition zu zerschlagen, Trotzki und seine Anhänger aus der Partei auszuschließen und zu verbannen, begann der Diktator mit der Kollektivierung der Landwirtschaft. Stalin schickte bei dieser Kampagne seine treuesten Anhänger an die besonders schwierigen Stellen des Landes. Lominadse wurde zum politischen Sekretär des Nord-Kaukasus gemacht und hatte die Kollektivierung in diesem Gebiet durchzuführen. Bis zum Jahre 1929 betonten Partei und Regierung, daß man die Bauern mit politischen Mitteln davon überzeugen müsse, wie fortschrittlich es für sie und den „Aufbau des Sozialismus" sei, wenn sie mit ihrem Land und Vieh sich den Kollektivwirtschaften anschlössen. Aber nachdem im Frühjahr 1929, auf dem nächsten Parteitag der KPdSU, die sogenannte rechte Abweichung Bucharins und Rykows „entlarvt" worden war – sie hatten nichts anderes getan, als davor gewarnt, die Kollektivierung mit Gewalt zu betreiben –, ließ Stalin drakonische Mittel anwenden, um die widerspenstigen Bauern gefügig zu machen. Unter der Parole „Liquidierung des Kulakentums" gingen die Sowjetbehörden auf dem Lande mit Zwangsmaßnahmen gegen die Bauern vor. Wer nicht in die Kollektive wollte, wurde zum Kulaken gestempelt, man beschlagnahmte ihm das Getreide und ließ ihn beim geringsten Aufbegehren von der Staatspolizei verhaften. Ich erinnere mich an ein Erlebnis in Simferopol. Als ich nach den Tagen meines Moskauer Aufenthaltes mit einer Gruppe Delegierter in die Krim fuhr, um die Schönheiten der Schwarzmeerküste kennenzulernen, warteten wir in Simferopol auf den Bus, der uns nach Suuksu in ein Erholungsheim bringen sollte. Er hatte Verspätung, und ich ging, um mir die Zeit zu vertreiben, eine Straße hinunter, die am Güterbahnhof entlangführte. Da sah ich über die Schienen eine seltsame Gruppe Menschen kommen. Männer mit zerzausten Bärten, Pelzmützen auf den Köpfen, obgleich die Sonne sommerlich warm schien, und Lumpen um Beine und Füße gewickelt. Die Schar wurde von Soldaten mit aufgepflanztem Bajonett unter Schreien wie eine Herde Tiere vorwärtsgetrieben. Ich lief zurück und fragte den Begleiter unserer Delegation, was das für Leute seien, die man da abführe, und sollte erfahren, daß es sich um Verbrecher, um Staatsfeinde handle, Kulaken, die auf den Dörfern Vertreter von Partei und Regierung ermordet, Scheunen in Brand gesteckt und jede Art schändlicher Sabotage getrieben hätten. Ich schwieg, denn welches Argument hätte ich schon dagegen vorbringen sollen, konnte aber die demütig leidenden Gesichter unter den Pelzmützen nicht in Einklang bringen mit denen von Mördern und Brandstiftern.

Die Mehrzahl der russischen Bauern leistete bei der Zwangskollektivierung keinerlei aktiven Widerstand. Sie griffen zum einzigen Mittel, das ihnen blieb. Sie weigerten sich, zu ernten, und hörten auf, die Felder zu bestellen. Lieber wollten sie mir ihren Familien in den Hütten verhungern, als sich von ihrem Land zu trennen, das ihnen Lenin nach der Oktoberrevolution geschenkt hatte. Durch diese passive Resistenz brach eine entsetzliche Hungersnot in zahlreichen Gebieten Sowjetrußlands aus. Nichts wurde dagegen unternommen. Stalin nahm dieses Massensterben – die Zahl der Todesopfer, die in die Millionen geht, konnte niemals genau errechnet werden – erst im Frühjahr 1933 zur Kenntnis. Erst dann ließ er die staatlichen Getreidespeicher öffnen und das Korn an jene verteilen, die übriggeblieben waren und deren Rückgrat nun endgültig gebrochen war. Stalins mörderische Maßnahme hatte Erfolg gehabt, kaum ein Bauer weigerte sich jetzt noch, in die Kollektivwirtschaft einzutreten.

Auf echt stalinsche Manier hatte er im Jahre 1930, gerade in der Zeit, als in seinem Auftrage die rabiatesten Methoden in den Dörfern angewandt wurden, das Zentralkomitee der Kommunistischen Partei einen Beschluß fassen lassen „über die Bekämpfung der Verzerrungen der Parteilinie in der Kollektivwirtschaftsbewegung". Er ließ also offiziell Kritik an seinen eigenen Methoden üben, aber gleichzeitig wies er als Person jede Verantwortung für die schrecklichen Folgen der Zwangskollektivierung weit von sich; er wusch seine Hände in Unschuld, denn das Übel war ja, wie gesagt, erst durch die „Verzerrungen der Parteilinie" entstanden. Dieses Verhalten entsprach einer alten, später zu höchster Vollendung entwickelten Praxis Stalins, die die Parteispitze von jeder Verantwortung entlastete und sie den Funktionären zuschob, die nichts anderes getan hatten, als die Beschlüsse der Partei durchzuführen. Dieses System, „Prügelknaben" anzuprangern und zu verfolgen, gehört bis heute zu den charakteristischsten Merkmalen der sowjetischen Innenpolitik.

So geschah es, daß Lominadse sowie andere ergebene Anhänger Stalins unter der jungen bolschewistischen Intelligenz, die in ihren Ämtern als Parteisekretäre nicht gezögert hatten, in den ihnen unterstellten Gebieten die Kollektivierung der Landwirtschaft zu erzwingen, nun zu Sündenböcken gemacht wurden. In diesem Fall trat aber etwas ein, was Stalin nicht erwartet hatte. Lominadse, Schatzkin, Tschaplin, Vartanjan und noch weitere seiner jungen Anhänger ließen sich nicht widerstandslos die Schuld an Stalins falscher Agrarpolitik in die Schuhe schieben. Sie formierten sich zu einer Oppositionsgruppe gegen ihren Meister. Als wir Lominadse 1931 besuchten, wußte Heinz noch nichts von dessen Fraktionstätigkeit. Allerdings muß er gefühlt haben, daß irgend etwas mit seinem Freund nicht in Ordnung war, denn Heinz sagte mir, als wir wieder im „Metropol" allein waren, mit ganz trauriger Stimme, daß Besso Geheimnisse vor ihm habe und ihm nicht mehr vertraue wie bisher. Einige Tage vor unserem Besuch sei er nämlich unangemeldet zu Lominadse gekommen, habe ihn im Kreise einiger gemeinsamer Freunde getroffen, die aber sofort verstummten, als er das Zimmer betrat, und mehr als ungeschickt das Gesprächsthema wechselten. Als er dann irgendeine Äußerung über ein sowjetrussisches Problem gemacht habe, sei Besso in höhnisches Gelächter ausgebrochen und habe ihn vor allen als einen idiotischen Phantasten beschimpft,

der von der wirklichen Situation in ihrem Lande keinen blassen Dunst habe.
Erst über ein Jahr später weihte einer der Gruppe Heinz in die Geschichte ihres Fraktionskampfes ein und erzählte dabei von einer ihrer Geheimsitzungen. Sie fand in einem Haus statt, das neben einem Friedhof lag. Einer der Redner wies auf das Fenster, das zum Friedhof hinausführte, und rief voller Pathos aus: „Wir werden nicht nachlassen in unserem Kampf gegen Stalins Willkürherrschaft, selbst wenn wir alle dort landen müßten!" Es sollte so kommen. Einige Jahre später war keiner von ihnen mehr am Leben. 1930 jedoch wurden die Mitglieder dieser Gruppe erst einmal aus der politischen Arbeit entfernt und kaltgestellt. Noch war nicht die Zeit der großen Säuberung angebrochen. Ja, sie waren noch nicht lange „abgesägt", als Sergo Ordshonikidse, der damalige Volkskommissar für die Schwerindustrie, sich über die üblichen Gepflogenheiten gegenüber politisch Geächteten hinwegsetzte und die nun Arbeitslosen zu sich rief und ihnen den Vorschlag machte, zu ihm in die Schwerindustrie zu kommen. Dieses Angebot war geradezu ein Affront gegen Stalins Machtwort. Eingeweihte wußten, daß Ordshonikidse das einzige Mitglied des Politbüros der KPdSU war, der es wagte, Stalin entgegenzutreten, der auch in Sitzungen eine Meinung äußerte, die sich nicht hundertprozentig mit der des Diktators deckte.
Lominadse legte in kürzester Zeit sein Ingenieurexamen ab und wurde bald darauf von Ordshonikidse nach Magnitogorsk, dem großen Erzkombinat am Ural, geholt. Als wir uns an jenem Abend im Mai 1931 von Lominadse verabschiedeten, hat Heinz nicht geahnt, daß er seinem Freund das letzte Mal die Hand drückte. Im Dezember 1934, kurz nach der Ermordung des Leningrader Parteisekretärs Kirow, nahm sich Lominadse das Leben. Er muß wohl gewußt haben, daß Stalin mit diesem Schuß auf Kirow eine Terrorwelle entfesseln würde, die alles, was sich einmal gegen ihn gewandt hatte, verschlingen würde.

Aber von allem diesem, von den wirklichen Zuständen in Sowjetrußland, wußte ich damals, im Jahre 1931, natürlich nicht das geringste. Als gläubige Delegierte kehrte ich von unserem Aufenthalt in der Krim zurück und ging in Moskau gleich zum Glawny Mostorg, um die versprochene Fahne für meine Zellengenossen abzuholen. Man brachte sie herbei. Sie hatte die Größe einer halben Wohnungstür, war aus schwerem, dunkelrotem Samt gefertigt, trug in der Mitte eine hellblaue Weltkugel, mit Hammer und Sichel bestickt und von gelben Ähren umrahmt. Über die ganze Breite der Fahne stand auf Deutsch in goldenen Buchstaben: „Proletarier aller Länder vereinigt euch!" Dieser Satz enthielt zwar drei orthographische Fehler, aber was machte das schon. Der Gewerkschaftsfunktionär überreichte mir die Pracht mit den Worten, die Fahne sei eine Freundschaftsgabe an die Belegschaft des Tietz-Warenhauses. Im Glawny Mostorg war man der etwas naiven Ansicht, daß sämtliche Angestellten bei Tietz über dieses Geschenk begeistert sein müßten. Unsere Moskauer Kollegen hatten keine Ahnung, daß die ganze Zelle aus nicht mehr als zwanzig Mitgliedern bestand, und ich unterließ es wohlweislich, sie darüber aufzuklären.

Meine Berliner Tietz-Genossen ebenso wie die des KP-Unterbezirk-Zentrums waren Feuer und Flamme beim Anblick der herrlichen Fahne. Ihre Überreichung an die Warenhauszelle sollte zu einem feierlichen Akt gestaltet werden, um dieses Ereignis politisch gebührend auszuwerten. Unser Chor übte ein mehrstimmiges revolutionäres Lied ein, ich lernte meine Rede, und wir sammelten Geld für die Fahnenstange. Die gab es im Warenhaus Tietz zu kaufen, und nur das Beste war uns gerade gut genug. Wir wählten eine mit solidem Messinggriff und kunstvoll blanker Messingspitze. Die Bühne des Saales war mit immergrünen Pflanzen geschmückt, und neben dem Podium hatten wir die schräg hängende Fahne in ihrer ganzen Größe ausgebreitet. Etwa 500 Menschen, hauptsächlich kommunistische Angestellte, füllten die Versammlung, die von Ernst Torgler, dem Vorsitzenden der kommunistischen Reichstagsfraktion, der später im Reichstagsbrandprozeß des Jahres 1933 eine so wesentliche Rolle spielen sollte, eingeleitet wurde. Dieses Ereignis hat sich meinem Gedächtnis tief eingeprägt, wahrscheinlich darum, weil ich damals zum ersten Mal vor einer großen Zuhörerschaft sprechen mußte, aber wohl auch wegen der merkwürdigen Atmosphäre von Theatralik und Sentimentalität. Nach einer kurzen Einführung Torglers betrat ich das Podium und begann unter Herzklopfen stammelnd meinen Reisebericht. Es war aber nicht nur Lampenfieber, was mich so unsicher machte. Schon vorher, als ich im Büro der „Inprekorr" meinen Kollegen die ersten Berichte gab, hatte ich feststellen müssen, daß es mir diesmal gar nicht gelingen wollte, in der gleichen farbigen Weise zu erzählen, wie das sonst meine Art war. Vier Wochen in einem fremden Lande, noch dazu in „unserer" Sowjetunion, hätten mir doch eigentlich ein unerschöpfliches Thema liefern müssen. Aber irgend etwas stimmte da nicht, es klangen falsche Töne mit, ich unterließ es, das Negative, was mir auf meiner Reise begegnet war, rückhaltlos auszusprechen. Gegen meinen Willen begann ich zu verniedlichen und Phrasen zu dreschen. Zu meiner Entlastung kann ich nur vorbringen, daß mir gar nicht wohl dabei war. Doch hätte ich dieses Unbehagen keineswegs beim richtigen Namen nennen können. Ich log nicht bewußt, aber spürte doch instinktiv, daß ich von der Wahrheit abwich. Nicht anders ging es mir jetzt mit der Rede. Das scheint auch auf meine Zuhörer einen merkwürdigen Eindruck gemacht zu haben, denn als Heinz, der zu spät kam, zu dem im Hintergrund des Saales stehenden Torgler trat, flüsterte dieser ihm zu: „Die da redet, ist eine kleine russische Genossin, die aus Moskau eine Fahne gebracht hat..." Möglicherweise war es übrigens nicht nur das erbärmliche Gestotter, was Torgler auf den Gedanken gebracht hatte, Deutsch sei nicht meine Muttersprache, sondern es mochte auch an meiner seltsamen Ausstaffierung gelegen haben. Ich trug nämlich, der Parteimode entsprechend, eine braune Lederjacke. Dieses Kostüm hielten wir für besonders bolschewistisch, obgleich niemand in Sowjetrußland sich so kleidete.

Die Rede war beendet, und der Chor sang: „Brüder zur Sonne, zur Freiheit...". Die Versammelten hatten sich erhoben. Dann aber trat etwas ein, das nicht im Programm vorgesehen war. Keiner verließ den Saal, alle strebten spontan nach vorn zum Podium. Sie wollten die Fahne, das Geschenk aus Moskau, aus der Nähe sehen. Ich stand immer noch auf dem Rednerpult und blickte von oben in die andächtigen Gesichter der Vorbeidefilierenden. Viele blieben stehen und streichelten das Tuch, so, als ob sie eine Reliquie berührten. Sie lasen das „Proletarier aller Länder..", bemerkten

die Fehler und flüsterten gerührt: „Gott, was für eine Mühe haben sich unsere russischen Genossen gegeben, wo sie doch gar nicht Deutsch können ...“ Ein alter Arbeiter aber konzentrierte seine ganz Aufmerksamkeit auf die Fahnenstange. Er betastete den Messinggriff, strich über das polierte Holz und blickte auf die kunstvoll getriebene Spitze: „Donnerwetter, das ist wirklich Qualitätsarbeit! Ja, von den sowjetrussischen Arbeitern können wir noch allerhand lernen!“ Und die umstehenden Tietz-Genossen blickten verlegen zur Seite und schwiegen ...
Bei allen kommenden Demonstrationen trugen wir unsere Fahne stolz im Zuge. Sie verlieh uns eine ganz persönliche Beziehung zum proletarischen Vaterland. Ein Genosse übernahm die Verantwortung für sie, damit sie nicht beschädigt würde. Wir kauften ihr eine schwarze Wachstuchumhüllung für die regnerischen Tage, und der Samt wurde immer wieder aufgedünstet. Dann aber kamen die Nationalsozialisten zur Macht, und hätten sie bei irgend jemand die Fahne gefunden, wäre ihr Besitzer unweigerlich ins Konzentrationslager gewandert. Doch sie vernichten? Das ging nicht. An ihr hing unsere Hoffnung auf die Zukunft. Ich selbst konnte natürlich nach dem 30. Januar 1933 das Schicksal der Fahne nicht mehr verfolgen, da ich bald darauf Deutschland verließ. Der Zufall wollte es jedoch, daß ich im Mai 1945 bei meiner Heimkehr aus dem KZ Ravensbrück einige ehemalige KP-Leute traf, darunter auch einen Genossen aus Berlin. Dieser berichtete mir, daß ein früheres Mitglied meiner Tietz-Zelle die Fahne jahrelang auf seinem Dachboden versteckt hielt, trotz aller Gefahren, die damit verbunden waren. Wahrscheinlich ist sie dann später einem der Bombenangriffe zum Opfer gefallen.

Husarenstreiche

Mit der Linksschwenkung der KPD-Politik in Deutschland stieg wiederum die Hoffnung ihrer Mitglieder auf baldigen Umschwung. Obgleich die Zeiten von Max Hölz längst vorüber waren, lebte in gewissen Kreisen weiter der Wunsch nach revolutionärer Aktion. Nur sollte er jetzt einen ganz anderen Ausdruck finden als in den turbulenten Zeiten zu Anfang der zwanziger Jahre. Damals wollten die kommunistischen Kräfte Bürgerkrieg und Revolution. Aber nach dem Zusammenbruch dieser Aufstandsbemühungen im Jahre 1923 unterschied sich die KPD in ihrem kämpferischen Stil für die nächsten sechs Jahre kaum noch von der Sozialdemokratischen Partei aus der Zeit vor dem Weltkriege. Vielen Kommunisten war es klargeworden, daß nach dem Weltkrieg keine wirklich revolutionäre Situation in Deutschland geherrscht hatte. Auch mit der neuerlichen Linksschwenkung der KPD nach 1928 hatte sich keineswegs die erwünschte Veränderung in Deutschland vollzogen. Die Wirtschaftskrise löste nicht, wie man hoffte, einen revolutionären Aufschwung der Massen aus. Aber die Komintern focht das nicht an. Wider besseres Wissen und sogar in übelster Absicht behauptete sie bis zum bitteren Ende, Deutschland sei reif für eine Revolution. Nun konnte aber weder den kommunistischen Arbeitern noch den Funktionären die wirkliche Lage in Deutschland entgehen. So blieb ihnen nichts anderes übrig, als vor der Wahrheit die Augen zu verschließen und den echten Glauben an die Revolution durch Illusionen zu ersetzen. Das revolutionäre Temperament aber verlangte auch unter diesen ungünstigen Umständen nach einem Ventil. Geheimapparat und Husarenstreiche ersetzten in der KPD gegen Ende der zwanziger Jahre die revolutionären Aktionen der Massenbewegung. Ich habe hier nicht vor, einen Bericht über die Tätigkeit des Geheimapparates zu geben; damit war ich nicht vertraut genug, und ich kann darüber nur am Rande berichten, aber einige Husarenstreiche verdienen es, festgehalten zu werden.

Im Jahre 1928 verkündeten eines Tages die Schlagzeilen der Boulevardblätter, daß es einer Gruppe tollkühner Kommunisten gelungen sei, ihren Genossen Otto Braun aus dem Berliner Untersuchungsgefängnis Moabit zu befreien. Die Hauptrolle bei diesem Husarenstreich spielte Olga Benario, die Braut des Befreiten. Es ging also um Politik und Liebe, und das ließ die Herzen der Berliner höher schlagen. Die Zeitungen überboten sich in romantischen Darstellungen der schönen Münchnerin Olga, der Tochter aus reichem Hause, die, in Liebe zu dem Kommunisten Otto Braun entbrannt, voller Sehnsucht auf dessen Freilassung gewartet habe. Dann aber habe sie zu ihrem Schmerz erfahren müssen, daß die Trennung von ihrem Bräutigam noch nicht beendet sei, denn man habe einige Tage vor dem Entlassungstermin ein neues Verfahren

wegen Hochverrats gegen ihn angestrengt, und diesmal sogar vor dem Reichsgericht. Auf diese Mitteilung hin habe Olga den Plan zur Befreiung ihres Geliebten gefaßt. Das Heer der sympathisierenden Zeitungsleser war nur von dem einen Wunsch erfüllt, daß es den flüchtigen Helden gelingen möge, zu entkommen, und voller Verachtung kommentierte man den Steckbrief, der für einen Hinweis an die Polizei, wo sich die Flüchtigen aufhielten, eine Belohnung von 10 000 Mark versprach. Der harmlose Zeitungsleser hatte aber weder eine Ahnung, wie sich diese Befreiung in Wirklichkeit zugetragen hatte, noch welche Rolle Olga und Otto eigentlich in der KPD spielten. Otto Braun hieß mit richtigem Namen Karl Wagner und war ein langjähriger führender Mitarbeiter des Geheimapparates der KPD. Olga aber arbeitete schon einige Jahre als seine Sekretärin und war ebenfalls mit dem Ressort Spionage- und Untergrundarbeit wohl vertraut. Wie schon gesagt, erwartete Otto Braun nach seiner ersten Strafe ein neuer Prozeß. Nun beantragte Olga, als „Braut" des Häftlings, eine Besuchserlaubnis im Gefängnis, die sie auch sofort bekam. Die Sprechstunden für Untersuchungshäftlinge des Reichsgerichts wurden nicht im Zellengebäude Moabit abgehalten, sondern in den Diensträumen des Untersuchungsrichters Vogt, die im Hochparterre des Kriminalgerichtes lagen, nur einige Meter von der dortigen Kantine entfernt. Auf dem Wege zu dem Büroraum, in dem sie Otto Braun treffen sollte, bemerkte die wohlgeschulte Olga, daß der an der Kantine vorbeiführende Gang nirgendwo vergittert war. Diese Feststellung teilte sie sofort ihrem neuen Apparatchef Kippenberger mit, und so entstand der Plan zur Befreiung, denn die Partei war sowohl an der Person Otto Brauns alias Karl Wagner interessiert als auch an dem zu erwartenden Propagandaerfolg einer Befreiungsaktion.
Schon beim ersten Gespräch mit dem Untersuchungsrichter Vogt gelang es Olga Benario, ihn durch Scharm und überlegenes Auftreten zu bezaubern, so daß es ihr ein leichtes wurde, von ihm die Erlaubnis für weitere Besuche ihres „Bräutigams" zu erhalten. Damit war ihr Beitrag zur Vorbereitung der Befreiung geleistet. Der ND-Apparat des Bezirks Berlin ließ inzwischen durch seine Verbindungsmänner, die als Handwerker Zutritt zum Kriminalgericht hatten, erkunden, wer den unvergitterten Gang zu benutzten pflegte, welche Gewohnheiten der Untersuchungsrichter Vogt hatte und was sich auf den umliegenden Straßen zu den verschiedenen Tages-

zeiten abzuspielen pflegte. Darauf wurde ein Gruppe von sechs Mann zusammengestellt, die aus alten, erfahrenen Partei- und Apparatleuten bestand. Als nun Olga zu ihrem nächsten Besuch ins Kriminalgericht ging, wurde sie unauffällig auf der anderen Straßenseite von einer „Sechsergruppe" begleitet. Nachdem sie das Gebäude betreten hatte, folgten ihr vier Männer, während zwei das Hauptportal des Kriminalgerichts „sicherten". Die vier verteilten sich über den langen Flur, um die „Vorführung" des Häftlings Otto Braun abzuwarten. Ein ahnungsloser Wachtmeister führte ihn auch pünktlich – denn es handelte sich ja um ein preußisches Gefängnis – an seinen Befreiern vorbei in den Büroraum zur wartenden Olga. Kaum hatte sich die Tür hinter ihnen geschlossen, da stürzten die vier in den Raum, überrumpelten die drei Polizisten, die diesen Besuch überwachten, und drängten sie in verschiedene Ecken. Den einen, der Widerstand leistete, boxten sie nieder, während die beiden anderen durch Drohungen in Schach gehalten wurden. In dem Durcheinander entflohen Otto und Olga und wurden am Portal von den beiden dort postierten Genossen in ein bereits wartendes Auto gestopft. Das Ganze hatte keine fünf Minuten gedauert. Dann traten die vier den Rückzug an, wobei sie sich die Polizisten durch Ohrfeigen vom Leibe hielten. Drei erreichten den Ausgang und entflohen, der vierte aber, ein Schlächtergeselle namens Philipp, übersah das Hauptportal und verlief sich in den langen Korridoren. Er rannte bis zum nächsten Stockwerk, wo man ihn überwältigte und verhaftete. Auf dem Gang hatte er eine ungeladene Pistole fortgeworfen, die ihn beim kommenden Prozeß nicht wenig belasten sollte. Am Tage der Verhandlung in Moabit hatte sich das mitfühlende Berlin auf die Beine gemacht, und Menschenmassen umlagerten das Gericht. Als dann auch noch Philipps Meister, der als Zeuge geladen war, erklärte, daß sein braver Geselle nach der Freilassung sofort wieder bei ihm arbeiten könne, gab das Gericht dem Druck der Öffentlichkeit nach und ließ den Metzger mit Bewährung frei. Otto und Olga saßen inzwischen sorgfältig versteckt bei einem Berliner SPD-Bezirksverordneten, einem armen Schneider, der mit der Kommunistischen Partei sympathisierte. Er ließ sich nicht durch die 10 000 Mark verlocken, die auf die beiden Flüchtlinge ausgesetzt waren, sondern wachte treu über ihre Sicherheit, bis sich nach einigen Wochen eine Gelegenheit bot, sie über eine östliche Grenze, Richtung Moskau, abzutransportieren.

Mit dem nächsten Husarenstreich hatten die Kommunisten vor allem die Lacher auf ihrer Seite, und höhnend zogen sie bei allen Demonstrationen durch die Straßen mit Schildern, auf denen in großen Buchstaben stand: „Sie haben uns den Braun geklaut!" So merkwürdig es klingt, aber auch diesmal hatte man es wieder mit den Farben. Zum Unterschied aber hieß dieser „Braun", den man da „geklaut" hatte, wirklich so, und der andere, den sie ihm unterschoben, trug wirklich den Namen „Schwarz".

Es war die Zeit der Kampagnen für die Reichstagswahl im Jahre 1930. Im Rundfunk sollte der sozialdemokratische Redakteur Braun sprechen. Eine halbe Stunde, bevor sich der biedere Mann mit dem Omnibus zum Rundfunk begeben wollte, läutete sein Telefon. Es meldete sich das Funkhaus, und man teilte ihm freundlich mit, daß er per Auto abgeholt werde. Braun fühlte sich durch so viel Aufmerksamkeit geschmeichelt und stieg denn auch, als der Wagen angekommen war, ein.

Die Fahrt ging los, und es dauerte eine Weile, bis Braun sich zu seinem Erstaunen nicht beim Rundfunkhaus, sondern in der Gegend des Wannsees befand. Wie er sich mit dem wortkargen Chauffeur auseinandersetzte, wurde mir nicht berichtet. Aber während er noch spazierenfuhr, wurde den staunenden Hörern an ihren Radioapparaten aus dem Munde eines SPD-Mannes eine frischfröhliche Propagandarede kommunistischen Stils geboten. Pünktlich war nämlich im Senderaum als Sprecher für die SPD ein Mann erschienen, der sich als „Braun" vorstellte, in Wirklichkeit aber Schwarz hieß und ein Neuköllner KP-Funktionär war. Als er mit seiner mehr als eindeutigen kommunistischen Rede zu Ende war und sich verabschieden wollte, kam ein Angestellter eifrigst gelaufen, um ihm das Honorar auszuhändigen. „Braun"-Schwarz jedoch verzichtete gnädigst darauf, erklärte, er lasse sich für politische Vorträge nicht bezahlen, und verschwand schleunigst.

Das Wahrzeichen Hamburgs ist der „Michel", der Turm der Michaeliskirche, die nicht weit von der Reeperbahn liegt. Eines Tages im Jahre 1931 erlebte die Hafenstadt eine Sensation. Ein waghalsiger Erwerbsloser erkletterte am Blitzableiter den mehr als hundert Meter hohen „Michel". Man alarmierte die Polizei, um den anscheinend Lebensmüden an seinem Vorhaben zu hindern. Die Polizisten eilten die Wendeltreppe hinauf, bis sie sich mit dem Kletternden auf gleicher Höhe befanden. Aber weder durch Bitten noch durch Drohungen ließ der sich dazu bewegen, seine Kletterpartie aufzugeben. Inzwischen allerdings wußte die Polizei recht gut, wer dieser „Klettermaxe“ war; von Lebensmüdigkeit konnte keine Rede sein, sehr wahrscheinlich führte er irgend etwas Hanebüchenes im Schilde. Von ihm, einem bekannten KP-Funktionär, konnte man die tollsten Dinge erwarten. Außer der Polizei bemühten sich auch die Feuerwehrleute darum, den Fassadenkletterer herunterzuholen. Aber sie gaben es rasch auf, nicht nur, weil die Leitern bald viel zu kurz waren, sondern weil sich die gesamte Mannschaft aus Bewunderung für diese akrobatische Leistung weigerte, den Künstler in seiner Vorstellung zu stören.

Zuerst standen Hunderte von Menschen auf dem Kirchplatz und höhnten über den Mißerfolg der Polizei. Als „Klettermaxe“ dann aber die Spitze erreicht hatte und unter seiner Jacke eine große rote Fahne hervorzog, jubelte die Menge, die langsam auf mehrere Tausend angewachsen war, ihm zu. Der Kletterer befestigte die Fahne an der Spitze des Blitzableiters, besah sich in aller Ruhe ungefähr zehn Minuten lang sein schönes Hamburg und begann dann, die Fahne zurücklassend, ruhig abzusteigen. Die Polizei schäumte und bedrohte ihn durch die Turmluken mit vorgehaltenen Pistolen. „Klettermaxe“ aber lachte und rief ihnen höhnend auf gut Hamburgisch zu: „Ihr könnt mich ... ihr Feiglinge! Kommt doch raus, wenn ihr was von mir wollt!“

Die Haltung der Menge am Fuße des Turmes wurde so drohend, daß der Kommandant der Feuerwehr den Schupohauptmann beschwor, von der Verfolgung abzusehen, weil die Masse sich sonst auf die Polizisten stürzen werde. Der Kommandoführer der Polizei gab wohl oder übel nach und zog sich zurück, so daß der Held des Tages ungestört und ganz gemächlich heruntersteigen konnte. Aus einer Höhe von fünf Metern ließ er sich dann plötzlich in die Menge fallen, die ihn augenblicklich umringte und sofort verschwinden ließ.

Die Fahne flatterte noch tagelang auf der Spitze des „Michel“, zum Gaudium der Hamburger.

„Klettermaxe“ aber nahm als Mitglied der Internationalen Brigade am spanischen Bürgerkrieg teil, emigrierte später nach Sowjetrußland und wurde ein Opfer der Großen Säuberung.

Im Sommer 1931 erschien eines Tages beim Pförtner des Karl-Liebknecht-Hauses ein elegant gekleideter Herr, der mit sicherer Stimme, als handele es sich um etwas ganz Selbstverständliches, „den Leiter des Parteinachrichtendienstes" zu sprechen wünschte. Als ihm der mit allen Wassern gewaschene Parteihausportier auf gut Berlinerisch erklärte: „So was wie'n Nachrichtendienst gibt's bei uns nich...", und der Herr solle man ruhig wieder dahin zurückgehen, von wo man ihn geschickt habe, wurde der Fragesteller zudringlicher. Er beteuerte, daß das, was er mitzuteilen habe, im eigensten Interesse der KPD und sogar Sowjetrußlands liege, und daß man ihn wenigstens zu einem führenden Mann der Partei bringen solle, damit er ihn warnen könne. Mit der Absicht, die Unterhaltung noch etwas auszudehnen, forderte ihn der Portier schulmeisterlich auf, sich wenigstens zu legitimieren, wenn er schon was von der Partei wolle. Der Mann zeigte darauf eine Art Geschäftsausweis mit Lichtbild, verdeckte aber geschickt den Namen und einige darauf befindliche Stempel. Aber auch nachdem dieser offensichtliche Nachrichtenhändler sogar die enorme Summe von 6000 Dollar genannt hatte, die sein Geheimnis wert sein sollte, blieb der Portier völlig ungerührt. Die Erregung überließ er einem anderen, einem Mitglied des KP-Geheimapparates, der versteckt im dunklen Verschlag neben der Portierloge saß und Wort für Wort mithörte. Der würde schon wissen, was man in dieser Sache zu unternehmen habe.

Kaum hatte dann der Abgewiesene grollend das Parteihaus verlassen und sich langsam über den Bülowplatz entfernt, als ihm auch schon ein „Schatten" folgte. Der Verfolger ließ den Mann nicht aus den Augen, bis er in der Badenschen Straße in einem Haus verschwand. Unmittelbar danach betrat der Beobachter den Treppenflur und hörte noch gerade die Wohnungstür zuklappen. Das Geräusch mußte, wie er mit geübtem Gehör wahrgenommen hatte, aus dem dritten Stock gekommen sein. Er ließ einige Minuten verstreichen, sah sich sodann den Namen auf dem Türschild der dritten Etage an und begab sich zum Portier dieses Mietshauses, den er in ein langes Gespräch verwickelte. Bald wußte er über die Bewohner alles, was er wissen wollte. Von den Gebrüdern Mannheimer betreibe der eine ein gutgehendes Konfektionsgeschäft am Hausvogteiplatz, der andere aber habe keinen festen Beruf, sondern unternehme immer wieder ausgedehnte Reisen und verfüge anscheinend über sehr viel Geld. Alle diese „Recherchen" wurden dem Chef des KP-Geheimapparates berichtet, der sofort anordnete, die ZbV-Gruppe (Zur besonderen Verwendung) in Tätigkeit treten zu lassen und alles daranzusetzen, in den Besitz dieses möglicherweise für die KPD und Sowjetrußland so wichtigen Geheimnisse zu kommen, natürlich ohne einen Pfennig dafür zahlen zu müssen, geschweige denn 6000 Dollar.

Die ZbV-Gruppe bestand aus zehn ausgesuchten Leuten, alles alten KP-Genossen und erfahrenen Apparatschiks, von denen jeder perfekt die Rolle eines Polizeibeamten zu spielen verstand. Sie vertraten alle Typen, die man unter deutschen Kriminalbeamten zu finden pflegte. Außerdem hatte die langjährige Tätigkeit im KP-Geheimapparat ihre Physiognomien sowieso in dieser Richtung geprägt. Ein Mitglied dieses „Polizeikommandos" war ein großer, schwerer Mann, der Prototyp eines „Bullen", immer sorgfältig angezogen, auf dem Kopf einen „Koks", wie es sich für einen bessergestellten preußischen Kriminalbeamten gehörte. Niemand sah ihm seinen eigentlichen Beruf an; er war nämlich Schneidermeister. Seine „Bullen"-Imitation wirkte so echt, daß ihn einmal bei einer KP-Demonstration, wo er die richtige Polizei zu beobachten hatte, seine eigenen Genossen mörderisch verprügelten. Ein anderer „Mitarbeiter" trug sich wie ein Kripobeamter jener Art, die ständig an den Ecken herumsteht und die Leute aushorcht, ein sogenannter „Schnüffler". Wieder ein nächster spielte den Typ eines zugänglichen Beamten bei der Revierkripo, der sich ein gutes Herz für die Sorgen der Bevölkerung bewahrt hat. Der Chef dieses ZbV-Kommandos verfügte in Aussehen und Benehmen über alles, was sich so der preußische „kleine Mann" unter einem „Führer" vorstellte. In eine Offiziersuniform gesteckt, hätte dieser Genosse auf dem Kasernenhof eine vorbildliche Figur abgegeben, und um seine schneidigen, knappen Kommandos konnte ihn mancher preußische Leutnant beneiden. Natürlich besaßen diese falschen Kriminalbeamten neben ihrer perfekten Mimikry auch alle sonstigen Attribute der ausübenden Staatsgewalt – Ausweise, Kripomarken und Revolver, die allerdings nie geladen sein durften.

Versehen mit einem waschecht nachgemachten Hausdurchsuchungsbefehl, auf dem kein Stempel und keine Unterschrift fehlte, starteten sieben Mann am nächsten Morgen um einhalb acht Uhr zur geplanten Aktion. Vor dem Hause in der Badenschen Straße

wurden vier Mann postiert, einer besetzte die Loge des Portiers, zwei Mann, der Chef und der „Schatten", stiegen die Treppe hinauf. Zu ihrer peinlichen Überraschung kam ihnen Herr Mannheimer auf halber Treppe entgegen. Sie vertraten ihm den Weg, schnarrten „Kriminalpolizei" und forderten den verblüfft Dreinschauenden auf, sich auszuweisen. Richtig, es war Herr Mannheimer. Jetzt mußte er ihnen in seine Wohnung folgen, wo sich aber ein kleiner Irrtum herausstellte: Die Mannheimers waren nämlich Zwillingsbrüder und glichen einander wie ein Ei dem anderen. Der Gesuchte lag noch zu Bett... Mit der Frage „Haben Sie Waffen?" scheuchten ihn die „Polizisten" aus dem Schlaf. Der Überrumpelte gab sofort zu, einen alten Trommelrevolver, aber keinen Waffenschein zu besitzen. Revolver und Munition beschlagnahmte man fachmännisch. Unter Drohungen wie: „Na ja, Sie sind ja sowieso kein unbeschriebenes Blatt mehr..." eröffnete der „Chef" dem bereits völlig in die Defensive gedrängten Herrn Mannheimer, daß er unter dem Verdacht stehe, Spionage zu betreiben, und daß deshalb eine Hausdurchsuchung angeordnet sei. Jetzt begann das unglückliche Opfer, sich seiner Haut zu wehren, aber der geschulte „Kommandoführer" ließ ihn gar nicht erst zu Atem kommen, sondern verwirrte ihn vollends durch eine Kette von Einschüchterungsfragen, wovon er denn eigentliche lebe, da er keinen festen Beruf ausübe, woher er das Geld für seine Auslandsreisen habe, und brachte in Kürze Mannheimer soweit, daß er voll Panik auf die über der Stuhllehne hängende Jacke deutete und ein ums andere Mal versicherte, man brauche ja nur seine Brieftasche mit den Dokumenten herauszunehmen, daraus wäre alles über seine Person ersichtlich.
Mehr wollte man ja nicht. Auf diese einfache Weise kam die Apparatspolizei in den Besitz des Ausweises, dessen Inhalt Herr Mannheimer tags zuvor im Karl-Liebknecht-Haus so vorsorglich geheimgehalten hatte. Der Kommandoführer steckte sich das wichtige Dokument wortlos in die Tasche. Aber Herr Mannheimer, der immer noch im Bett lag, war durch das forsche Auftreten dieser „Hüter des Gesetzes" derart ins Bockshorn gejagt, daß er nur noch an seine Rettung dachte. Unaufgefordert begann er, um sich zu rechtfertigen, zu erzählen, daß er bis vor kurzem Angestellter einer internationalen Pinkertongesellschaft gewesen sei, für die er in Spanien gearbeitet habe, aber jetzt sei er wegen Differenzen mit dem Leiter dieser Agentur entlassen worden. Auf die Frage des

„Chefs", wer denn dieser leitende Mann sei, fiel der Name Caputo, aber dessen Adresse wollte Herr Mannheimer auf keinen Fall preisgeben. Als daraufhin der „Kommandoführer" durchblicken ließ, daß er Mannheimer kein Wort von allem Vorgebrachten glaube, den Ausweis für gefälscht halte und annehme, daß seine eigentlichen Auftraggeber jetzt ganz woanders säßen, nämlich im Parteihaus der KPD, brach Herr Mannheimer völlig zusammen. Sofort nannte er die Adresse Caputos. Jetzt nahmen die beiden „Kriminalbeamten" alles zu Protokoll und gingen zu einem freundlich menschlichen Ton über. Sie würden vorläufig noch davon absehen, Herrn Mannheimer ins Polizeipräsidium mitzunehmen, doch nur unter der Bedingung, daß er seine Wohnung erst nach einem Telefonanruf ihres Vorgesetzten, aber keinesfalls vor zwölf Uhr mittags verlasse und auch danach niemand aufsuche. Nur wenn er diese „Auflage" streng einhalte, werde man wegen des unerlaubten Waffenbesitzes ein Auge zudrücken. Damit verschwanden die „Kriminalbeamten", hinterließen aber einen Posten vor dem Haus, um den „Auflagen" einen entsprechenden Nachdruck zu verleihen. Herr Mannheimer hielt sich streng an die Vorschriften.
Schon am anderen Tage, diesmal sogar um einhalb sechs Uhr früh, befand sich unser Kommando wiederum im „Einsatz". Es war ein warmer, sonniger Sommermorgen. In den Straßen des Berliner Westens herrschte noch tiefer Friede. Als sich die ZbV-Gruppe einem wohlhabenden Hause in der Traunsteiner Straße näherte, mußten sie eine unangenehme Feststellung machen. Die Fenster in der Wohnung des Herrn Enrico Caputo in der zweiten Etage standen weit offen. Der Portier, der schon eifrig dabei war, den Gehsteig zu fegen, zuckte zusammen, als der Trupp Männer vor seinem Hause haltmachte. In der gleichen Weise wie am Vortage verteilte sich das „Hausdurchsuchungskommando"; nur stiegen diesmal drei „Fachleute" die Treppe hinauf und klingelten an der Wohnungstür. Ein ganz verschlafenes Dienstmädchen öffnete und wurde mit dem Wort „Kriminalpolizei" zur Seite geschoben, worauf sie ohne Widerrede ihre Kammer zeigte und dort alle Fragen, nach dem Telefon, in welchem Zimmer Herr Caputo schlafe und ob es noch andere Familienmitglieder in dieser Wohnung gebe, gehorsam beantwortete. Dann wurde von einem Mann das Telefon „besetzt", und zwei klopften energisch an die Tür des ehelichen Schlafzimmers, öffneten und traten ein. Sie konnten aber nur

ihr „Kriminalpolizei" vorbringen und Herrn Caputo, der neben seiner Frau im Bett lag, auffordern, sich anzuziehen, denn jedes weitere Wort ging in einem echt italienischen Temperamentsausbruch unter. Die feurige, dunkelhaarige Ehegattin Caputos war mit einem Satz aus dem Bett gesprungen und rückte kreischend und zeternd den Eindringlingen zu Leibe. Sie schrie in den höchsten Tönen: „Was! Ihr wollt Kriminalpolizei sein! Ihr seid Spitzbuben! Laßt ja meinen Mann in Ruhe! ..." Voller Sorge blickten die beiden „Kriminalbeamten" auf die weitgeöffneten Fenster. Über die ganze Straße mußte dieser Lärm zu hören sein. Erst nach einigen Minuten gelang es dem Leiter der Gruppe, Herrn Caputos Beistand anzurufen, indem er an sein männliches Verständnis appellierte. Caputo müsse ja wohl begreifen, daß sie nur ihre Pflicht täten, nur ausführende Organe seien. Die Verantwortung für den Hausdurchsuchungsbefehl trage doch ihr Vorgesetzter und nicht sie. Die Worte trieften förmlich von verletzter Beamtenehre. Wieder energischer werdend, bat er dann Herrn Caputo, seine Frau endlich zum Schweigen zu bringen, da ihnen sonst nichts anderes übrigbleibe, als sie abzuführen. Herr Caputo, der eine auffallende Ähnlichkeit mit Benito Mussolini hatte, schien ein tiefes Verständnis für die Situation der „Beamten" zu haben, denn er begann eifrig auf seine tobende Frau einzureden und hatte schließlich Erfolg.
Mit Herrn Caputos Hilfe war also endlich Ruhe eingetreten, so daß der „Chef" zum Verlesen des Hausdurchsuchungsbefehls kam. Herr Caputo stehe unter dem Verdacht der Spionage für eine fremde Macht und dirigiere zu diesem Zweck Leute ins Ausland, die gleichzeitig mit der Parteizentrale der Kommunistischen Partei in Verbindung stünden. Ganz in Ruhe und Würde, wies der Italiener diese Verdächtigungen von sich und erklärte, daß der Hausdurchsuchungsbefehl gegen ihn wohl auf einem Irrtum beruhen müsse. Er sei ein achtbarer Mann und persönlicher Freund des Herrn Göhrke, des damaligen Chefs der Politischen Polizei ... Als die falschen Kriminalbeamten das hörten, versetzte ihnen das doch einen leichten Schlag, denn Göhrke war kein anderer als ihr angeblich oberster Chef. Aber jetzt war es von neuem um Frau Caputos Beherrschung geschehen, und sie brach los: „Was denken Sie sich eigentlich! Erst gestern abend war Herr Göhrke unser Gast! Nebenan im Eßzimmer stehen noch die Weingläser auf dem Tisch! So etwas ist doch ganz unmöglich! ..."

Herr Caputo saß halb angekleidet auf dem Bettrand und wischte sich den Schweiß von der Stirn. Ganz erschöpft begann er die „Kriminalbeamten" darüber aufzuklären, daß er ein Büro leite, tatsächlich Agenten halte und ins Ausland schicke, daß aber seine Tätigkeit den Regierungsstellen wohlbekannt sei. Kopfschüttelnd beteuerte er ein ums andere Mal, ihm sei das Ganze völlig unverständlich, und verfiel sodann in einen beinahe flehenden Ton: „Aber bedenken Sie doch, bitte, meine Herren, ich habe heute vormittag um einhalb zwölf Uhr eine wichtige Konferenz beim Innenminister Severing, ebenfalls einem guten Freund von mir!"
Dieses Winseln fiel Signora Caputo auf die Nerven; sie ging wiederum in die Offensive und verlangte, sofort Herrn Göhrke und Herrn Severing anrufen zu dürfen. Darauf hatte der „Kommandoführer" nur gewartet: „Sie scheinen aber die Gepflogenheiten dieser Herren, die angeblich Ihre Freunde sind, recht schlecht zu kennen, wenn Sie sie morgens um sechs Uhr anrufen wollen", sagte er mit gespieltem Mißtrauen in der Stimme, wandte sich dann jedoch voller Entgegenkommen und Sympathie an Herrn Caputo und versicherte ihm, daß auch er schon den Eindruck habe, es handele sich hier vielleicht um eine irreführende Denunziation. So etwas gebe es ja leider, doch seien für solche Mißgriffe eben nur seine Vorgesetzten verantwortlich zu machen. Vertraulicher werdend, meinte er darauf, ob Herr Caputo vielleicht irgendwelche Differenzen mit Geschäftsfreunden gehabt habe, so daß eventuell ein Racheakt vorliegen könne. In plötzlicher Erleuchtung schlug sich Caputo gegen die Stirn, drehte sich zu seiner Frau um und rief: „Jetzt ist mir alles klar! Das kann nur der Mannheimer gewesen sein!"
Nach dieser erlösenden Entdeckung war Herr Caputo nur noch Mitteilungsdrang. Er erzählte den immer loyaler werdenden „Kriminalbeamten" von seiner heroischen Vergangenheit als italienischer Sozialist, wie er dann habe emigrieren müssen und zu welcher verantwortlichen Tätigkeit er sich trotzdem hinaufgearbeitet habe. Jetzt sei er Mitarbeiter des Rauschgiftdezernats des Völkerbundes und mitteleuropäischer Beauftragter des „International Vigilance Service", der seinen Hauptsitz in Chikago habe. Mit seinen Parteigenossen Severing und Göhrke arbeite er sowohl im Kampf gegen den Rauschgiftmißbrauch als auch gegen den Kommunismus engstens zusammen. Der „International Vigilance Service" arbeite auf sehr gehobener Basis, verhandele nur mit den Regierungen der

verschiedenen Länder und werde auch von diesen bezahlt. Aber die einzelnen Agenten, die über ihre Länderchefs monatlich 1000 Dollar erhielten, hätten strenge Weisung, von niemandem sonst Gelder anzunehmen. Gegen diese Anordnung habe eben ihr Agent Mannheimer verstoßen, was zu seiner sofortigen Entlassung geführt habe.

Caputo redete und gestikulierte, seine Augen strahlten, und unsere „falschen Kriminalbeamten" kamen mit dem Aufschreiben kaum noch nach. Er geriet immer mehr in Feuer und sprang schließlich vom Bett auf, knöpfte sich die Hosenträger an und lief zu einem Wandschrank, dem er ein Bündel Akten entnahm. Ganz voller Vertrauen und nur erfüllt von dem einen Wunsch, alle seine Behauptungen zu bekräftigen, drängte er diese Schriftstücke dem „Kommandoführer" förmlich auf. Der lehnte erst höflich ab und tat ganz uninteressiert, begann dann aber doch, darin herumzublättern, und fand gleich obenauf einen Vertrag zwischen dem „International Vigilance Service" in Chikago und der Spanischen Regierung, in welchem es sich darum handelte, zu ermitteln, über welche Wege und an welche Adressen große Dollarbeträge von Moskau nach Spanien transferiert wurden. An diesem Auftrage hatte Herr Mannheimer gearbeitet, und eben dieses Geheimnis wollte er nach seiner Entlassung für 6000 Dollar an die KPD verkaufen. Jetzt aber lieferte Herr Caputo den interessierten Kommunisten alles gratis und franko, einschließlich der Namen und Adressen vieler sonstiger Länderchefs des „International Vigilance Service".

Inzwischen war beinahe eine Stunde vergangen, und die „Kriminalbeamten" mußten, nachdem sie alles sorgfältig aufgezeichnet hatten, an den Rückzug denken. Nach dem alten Schema verboten sie auch diesmal dem Ehepaar Caputo strengstens, das Telefon zu benutzen und das Haus zu verlassen, bevor nicht ein Anruf des Polizeipräsidiums diese Befehle aufhebe. Vorsichtshalber ließen sie allerdings diesmal keinen Posten am Hause stehen, sondern zogen es vor, alle gemeinsam zu verduften.

Tage später erfuhr der Chef der ZbV-Gruppe durch seine „Querverbindungen", daß sich Caputo wegen der Hausdurchsuchung bei Severing und Göhrke bitter beschwert habe. Aber dabei blieb es auch. An einer Untersuchung oder gar Veröffentlichung dieser Köpenickiade war niemand gelegen, denn die Geschädigten waren zugleich auch die Blamierten.

Walter Ulbricht, ein Bolschewik neuen Typs

Die Arbeitslosigkeit in Deutschland nahm von Monat zu Monat schlimmere Formen an. Täglich warteten lange Schlangen vor den Arbeitsämtern. „Stempelbruder" zu sein, war längst keine Schande mehr. Die KPD war den Verhältnissen entsprechend von einer Partei der arbeitenden Massen zu einer Partei der unzufriedenen Erwerbslosen geworden.

In den Wintermonaten 1930/31 erlebten die an Unruhen und Straßenkrawalle schon reichlich gewöhnten Berliner eine neue Art von Protestaktion. Während der späten Nachmittagsstunden tauchten in den Geschäftsstraßen des Stadtzentrums plötzlich von allen Seiten Arbeiter auf, bildeten Gruppen und schrien in Sprechchören den erschreckten Passanten in die Ohren: „Verflucht noch mal, wir wollen wissen, warum die Reichen prassen und wir hungern müssen!?..." Manchmal warfen sie auch Steine in Schaufenster von Lebensmittelläden; geplündert wurde nur selten. Bevor die Polizei erschien, waren sie meist wieder spurlos verschwunden. „Spontane Demonstrationen Arbeitsloser", behauptete die KPD. Die Wut der Hungernden mache sich Luft, und diese Kundgebungen seien weder vorbereitet noch organisiert. Wir aber, die mit den Verhältnissen in der KPD vertraut waren, wußten es besser. Jedesmal, wenn eine dieser „Hungerdemonstrationen" stattfand, konnte man einige Straßenecken entfernt einen Mann von kleinem Wuchs, mit stechenden Augen, in Schaftstiefeln und eine Schiebermütze auf dem Kopf, den Verlauf der Aktion beobachten sehen. Dieser Mann war der Organisator der „spontanen" Kundgebungen. Er hieß Walter Ulbricht.

Ulbricht begann damals, sich in der KPD einen Namen zu machen, der allerdings nicht einmal in Parteikreisen mit Wohlwollen genannt wurde. Er war ein typischer Emporkömmling, der sich mit dem Dasein eines KP-Funktionärs in der Provinz, und zwar in Sachsen, nicht zufriedengeben wollte, sondern um jeden Preis zur Berliner Zentrale strebte. Mit allen Mitteln der Intrige hatte er es inzwischen bis zum Bezirkssekretär von Berlin-Brandenburg gebracht. Aber diese Position galt ihm nur als Sprungbrett. Kaum hatte er sie erreicht, als er auch schon anfing, sich rücksichtslos den Weg in die Parteiführung zu bahnen. Er begann eine zähe emsige Wühlarbeit. Die Gegensätze zwischen Thälmann und Neumann, die damals das Politbüro der KPD spalteten, waren ein gefundenes Fressen für ihn. Mit Geschick spielte er eine Fraktion gegen die andere aus, immer darauf bedacht, sich einen eigenen Stamm von Anhängern zu schaffen, die mit ihm auf Gedeih und Verderb verbunden blieben.

Ulbricht tat damals im Kleinen, was ihm in der Sowjetunion Joseph Stalin im Großen vorexerziert hatte. Auch Stalin war gerissen genug gewesen, sich schon zu Lebzeiten Lenins einen persönlichen „Apparat" zu schaffen, dessen Mitglieder er in die Parteibürokratie, die Geheimpolizei und die Staatsverwaltung einschmuggelte. Wie richtig seine Berechnungen waren, zeigte sich schon bald in seiner Auseinandersetzung mit Leo Trotzki. Dem Revolutionär und Schöpfer der Roten Armee, der es für unter seiner Würde gehalten hatte, sich mit kleinlichen Intrigen abzugeben, blieben nicht allzu viele Chancen, als es sich herausstellte, wie gründlich Stalin alle Organe des Staates und der Partei mit seinen Elementen durchsetzt hatte. Heute gehört der Aufbau eines persönlichen Apparates zu den Grundregeln, deren sich der Diktator kommunistischer Prägung auf seinem Wege zur absoluten Macht bedient. Zwar mag der Privatapparat eines „nationalen" oder gar lokalen kommunistischen Funktionärs diesen nicht feien gegen den Zorn der höchsten Instanz, er hilft ihm aber auf jeden Fall, innerhalb seines Bereiches die eigene Stellung zu festigen und eventuelle Gegner aus dem Felde zu schlagen. Dessen war sich Walter Ulbricht sehr wohl bewußt.

Seine große Zeit sollte erst nach 1933 kommen, als Thälmann sich in der Gewalt der Nazis befand, Neumann und Remmele gestürzt worden waren und andere Mitglieder der ehemaligen Parteiführung sich diskreditiert sahen, weil sie bei den innerparteilichen Auseinandersetzungen auf die falschen Pferde gesetzt hatten. Ulbricht gehörte zu den Mitgliedern des Zentralkomitees, die in das inzwischen ins Ausland emigrierte und deshalb nunmehr Auslandskomitee (AK) genannte, stark verkleinerte ZK übernommen wurden. Er gehörte jedoch keineswegs zur führenden Gruppe dieses Gre-

miums. Es dauerte noch ganze zwei Jahre, und zwar Jahre der intensivsten Wühlarbeit, bis er sich zur Spitze des AK durchgebissen hatte.
Eine genauere Untersuchung seiner Methoden ist nicht ohne Reiz. Zunächst spürte er die Schwächen der Gegengruppe im AK auf und wußte sehr bald, wo er den Hebel anzusetzen hatte, um seine Feinde zu stürzen. Die KPD war nach der Machtergreifung durch die Nazis zur illegalen Partei geworden. Als eine revolutionäre antifaschistische Partei setzte sie ihren Kampf gegen die Faschisten natürlich unterirdisch fort. Die Führung dieser illegal kämpfenden Partei befand sich jedoch im Ausland. Und nicht nur von Paris, Prag oder Saarbrücken aus sandte man die politischen Direktiven nach Deutschland, auch die Komintern in Moskau hatte ein gewichtiges Wort mitzureden. Das hieß, daß ununterbrochen an die Komintern Berichte über die Lage der illegalen KP in Deutschland gegeben werden mußten. Nach der politischen Analyse Moskaus sollte nun freilich das Naziregime das erste Jahr nicht überleben. Die Komintern unterschätzte seine Stärke auf geradezu verbrecherische Weise. Wie leicht Moskau der Illusion verfällt, hat sich bei zahllosen anderen Gelegenheiten gezeigt. Hat die vom Kreml als allein gültig anerkannte Analyse erst einmal etwas vorausgesagt, dann mag die Wirklichkeit aussehen, wie sie will. Ihr zuliebe wird nicht etwa die Analyse verändert, sondern die Wirklichkeit wird so lange zurechtgebogen, bis sie zu den Vorhersagen der Analyse „paßt".
Moskaus Glaube an den baldigen Untergang der deutschen Faschisten verlangte daher eine Berichterstattung, die nicht etwa wahrheitsgetreu, sondern diesem Glauben angemessen war. Die Berichte, die vom AK in Paris aus nach Moskau gingen, sprachen keineswegs davon, daß der organisatorische Zusammenhalt in der illegalen KPD schon sehr bald nach dem 30. Januar 1933 vollkommen zusammengebrochen war und daß sich der wahrhaft todesmutige Widerstand auf ganz kleine Gruppen, häufig sogar auf einzelne Genossen beschränkte. Diese bitteren Wahrheiten verschwieg das AK, teils um der Kritik des Kreml zu entgehen, teils auch, weil es fürchtete, kein Geld mehr aus Moskau zu erhalten, falls die wahre Lage bei der Komintern bekannt wurde. Ein Mitglied des AK überbot das andere an Schönfärberei, es gab kein Halten mehr. Eine Lüge zog die nächste nach sich, und bald hatten sich die

meisten leitenden Funktionäre des AK in ein ganzes Gewebe von Lügen verstrickt.
Nur Ulbricht mitsamt seiner Gruppe, deren Stärke sich zu derjenigen seiner Gegner im AK wie eins zu drei verhielt, nahm an dem allgemeinen Spiel nicht teil. Er sah zu, wie sich die übrigen immer mehr hineinritten, sah aber nicht allein zu, sondern trieb sie auch noch an, indem er etwa an die von allen gefürchtete Möglichkeit erinnerte, daß bei ehrlichen Berichten das Geld aus Moskau ausbleiben könne. Er schickte selber Leute nach Deutschland mit dem Auftrag, „positive" Darstellungen der Lage zu verfassen, sie aber nicht bei ihm, sondern bei Mitgliedern der gegnerischen Gruppe abzugeben, damit diese sie nach Moskau weitergaben. Natürlich trat er dem Unsinn, den man der Komintern weismachen wollte, daß es zum Beispiel in Berlin, im Ruhrgebiet, in Hamburg oder in Sachsen zahlreiche gut funktionierende illegale Druckereien gebe oder daß die Widerstandskraft organisiert und in vollem Schwunge sei, in der ersten Zeit auch nicht etwa offen entgegen. Er schickte lediglich ihm ergebene Leute zur illegalen Arbeit nach Deutschland, denen er den Auftrag gab, an ihn persönlich nur die ungeschminkte Wahrheit zu berichten. So sammelte er selber ein reichhaltiges Material, das der Wahrheit recht nahekam, und wartete geduldig den Zeitpunkt ab, an dem er es benutzen konnte, um seine Gegner zu vernichten.
Dieser Augenblick kam schließlich im Jahre 1935. Inzwischen hatte die Komintern einsehen müssen, daß an ihren Voraussagen etwas nicht richtig gewesen sein mußte. Sie witterte Unrat, und es bedurfte nur eines Winkes von seiten Ulbrichts an das EKKI, um den Stein ins Rollen zu bringen. Ulbricht beantragte eine Untersuchung der wirklichen Lage in Deutschland, und prompt wurde das gesamte AK nach Moskau zitiert. Die übrigen Mitglieder ahnten nichts Böses, und Hermann Schubert, der einen umfassenden Bericht geben sollte, legte in der üblichen Manier los, log, daß sich die Balken bogen, und bezeichnete alle die haarsträubenden Märchen, die man der Komintern bis dahin aufgetischt hatte, als die reine Wahrheit. Das war der Moment, auf den Ulbricht gewartet hatte. Seelenruhig zog er sein eigenes Material aus der Tasche, unterbreitete es dem EKKI und „entlarvte" seine Gegner als bewußte Fälscher. Der Erfolg seiner Niedertracht war durchschlagend. Fast alle Gegner Ulbrichts erhielten keine Ausreisevisen, mußten in Moskau zurück-

bleiben und fielen zum größten Teil der Großen Tschistka zum Opfer. Mit einem einzigen sorgfältig vorbereiteten und wohlgezielten Hieb hatte Ulbricht den gesamten Parteiapparat zerschlagen. Auch unter den ihm nicht ergebenen Funktionären in der illegalen KP in Deutschland räumte Ulbricht auf. Schon vor seinem entscheidenden Coup waren häufig vom AK nach Deutschland geschickte Instrukteure auf geheimnisvolle Weise in die Hände der Gestapo geraten. Alles schien auf Verrat hinzudeuten, aber niemand wußte genau zu sagen, was zu den Verhaftungen geführt hatte, bis man schließlich dahinter kam, daß Ulbricht im Ausland lange „schwarze Listen" mit vollständigen Namensangaben und Adressen von illegal in Deutschland arbeitenden Kommunisten zirkulieren ließ. Er bezichtigte diese ohnehin schwer gefährdeten Genossen „trotzkistischer Umtriebe" und anderer parteifeindlicher Abweichungen. Merkwürdigerweise handelte es sich bei ihnen fast ausschließlich um Kommunisten, die nicht auf seiten Ulbrichts standen. Irgendwann, das wußte Ulbricht, würden die im Ausland von Hand zu Hand gehenden schwarzen Listen einem Agenten der Gestapo in die Hand fallen und auf diese Weise an die richtige Adresse gelangen. Aber selbst nach Deutschland schickte er solche Listen, angeblich um parteitreue Kommunisten vor „Verrätern" zu warnen, bezeichnete hin und wieder sogar einen ganzen illegalen Arbeitskreis als „trotzkistisch" und lieferte sämtliche Mitglieder mit Namen, Anschrift und Art ihrer illegalen Tätigkeit der Gestapo frei ins Columbia-Haus. Man geht wahrscheinlich nicht zu weit mit der Behauptung, daß Ulbricht die Namen mit Absicht der Gestapo in die Hände spielte. Tat er es nicht, dann ist das grausame Ende vieler deutscher Kommunisten seiner unerhörten Fahrlässigkeit zuzuschreiben.

Das war die düstere Seite seiner Wirksamkeit. Amüsanter ist es, wie er Wilhelm Pieck mitspielte. Dieser war das älteste Parteimitglied im AK, und ihm stand ein entsprechender Einfluß zu. Ein Abgesandter der illegalen KPD, der zur Berichterstattung nach Paris geschickt worden war, mochte sich daher wundern, in irgendeinem Pariser Café vom eigentlichen Haupt des AK in Empfang genommen zu werden. Seine Verwunderung mußte freilich noch zunehmen, wenn er Pieck darüber klagen hörte, er sei so sehr mit Arbeit überlastet, und wenn dieser ihm das sofort an Hand seines Notizbuches zu beweisen suchte, das allerdings vollgekritzelt war mit Daten und Uhrzeiten zahlreicher „Treffs". Ulbricht hatte zunächst den Hilfsbereiten gespielt und dem damals sechzigjährigen Pieck soviel Arbeit abgenommen, daß er ihm bald die Leitung des politisch organisatorischen Gebietes aus der Hand gewunden hatte. Aber Ulbricht verstand es, Pieck trotzdem bei Laune zu erhalten und ihm das Gefühl zu geben, er, Pieck, sei nach wie vor der entscheidende Mann. Zu diesem Zweck redete er Pieck ein, es sei der interessanteste Teil der Arbeit im AK, die illegalen Genossen aus Deutschland, die zur Berichterstattung nach Paris kamen, als erster zu empfangen und ihre Berichte als erster entgegenzunehmen. So verbrachte nun Pieck seine Zeit damit, von einem Treff zum anderen zu jagen und über ein Zuviel an Arbeit zu klagen. Er ließ es geschehen. Er war vielleicht auch der einzige, der ziemlich genau über Ulbrichts andere Machenschaften Bescheid wußte. Aber auch dagegen erhob er nicht den mindesten Protest. Pieck ging es um den persönlichen Vorteil. Der Mann, den Berliner Funktionäre schon seit langem als „Gschaftelhuber" bezeichneten und nicht so recht ernst nahmen, verstand es, aus jedem Fraktionskampf unversehrt hervorzugehen, weil er den unschätzbaren Instinkt besaß, stets auf das richtige Pferd zu setzen. Hinter dem Lächeln des Biedermannes verbarg sich bei Wilhelm Pieck der eiserne Wille, zu überleben, und zwar in Sicherheit und in angemessenen Verhältnissen zu überleben. Er war jederzeit bereit, diesem Wunsch seine Freunde zu opfern, und er bewies es, als er, um Ulbricht den Weg zur Spitze der KPD zu ebnen, die Befreiung Thälmanns aus der Gewalt der Nazis hintertreiben half. Pieck mit seinem unfehlbaren Instinkt, hatte längst begriffen, daß Ulbricht der „kommende Mann" war. Er wußte, daß ein Aufbegehren ihn dem gleichen Schicksal ausliefern würde, das eines Tages die Thälmann, Neumann und Remmele ereilen mußte. Also schwieg er und beschränkt sich auf die Befriedigung seiner großen und kleinen Eitelkeiten, seiner großen und kleinen Bedürfnisse. Die Eitelkeit Piecks zeigt sich auf erheiternde, beinahe naive Weise in der folgenden Episode. Als 1946 an einem SED-Büro Fahnenstangen angebracht werden sollten, sagte er: „Sorgt aber dafür, daß sie rechtzeitig angebracht werden, damit an meinem Geburtstage auch die Fahnen herausgehängt werden können!" Dieser Mann, der eine zwar zäh ausdauernde, aber nie glanzvolle Rolle in der KPD gespielt hatte, verzichtete im Laufe der Jahre immer mehr

auf eine echte Stellungnahme, und es hätte mich eigentlich nicht verwundern sollen, ihn später in Moskau, während der Großen Säuberung, als Hunderte deutscher Kommunisten unschuldig verhaftet wurden, seelenruhig die Holzsorten für seine neue Wohnungseinrichtung aussuchen zu sehen.
An einem heißen Nachmittag im August des Jahres 1931 saßen wir in der Redaktion der „Inprekorr" bei der Arbeit. Plötzlich wurde die Tür aufgerissen, und eine erregte Stimme schrie uns zu, daß man soeben auf dem Bülowplatz „Totenkopf" und „Schweinebacke" erschossen habe. „Totenkopf" und „Schweinebacke" waren die Spitznamen der beiden in kommunistischen Kreisen sattsam bekannten Polizeioffiziere Anlauf und Lenk. Diese Nachricht stürzte uns in wilde Aufregung. Auf dem Bülowplatz, das war ja direkt vor dem Karl-Liebknecht-Haus! Ich erinnere mich, daß die Aufnahme dieser Nachricht unter unseren Redakteuren geteilt war. Manche von ihnen waren geradezu begeistert. Endlich sei etwas geschehen! Nur so werde man den Faschisten beibringen können, nicht mehr auf unschuldige Arbeiter zu schießen! Aus einigen der friedfertigen „Versöhnler" unserer Redaktion waren plötzlich blutrünstige Terroristen geworden. Die Schüsse vom Bülowplatz wirkten auf sie wie eine Erlösung. Psychologisch ist das vielleicht auf den gleichen Ursprung zurückzuführen wie die Attentatssucht der alten russischen Anarchisten, nämlich ein Wunsch nach direkter Aktion, eine Ungeduld, zu der besonders die Intellektuellen unter den Kommunisten manchmal neigten. Gleichzeitig schien dieser Mord aber auch die Einstellung der immer unzufriedenen Versöhnler zur Politik der KPD zu verändern. Sie waren plötzlich des Lobes voll. Zu meiner Verwunderung hörte ich immer wieder an diesem Nachmittag, daß sie den sonst nur bekrittelten Namen Heinz Neumanns anerkennend erwähnten. Mir wurde klar, daß sie ihn für den geistigen Urheber der Tat hielten. Da ich Neumann besser kannte als sie, war ich keineswegs dieser Überzeugung. Heinz Neumann war ein Gegner des individuellen Terrors, hatte nichts mit dem Terrorapparat der KPD zu tun und befand sich außerdem gerade in dieser Zeit der Komintern gegenüber in einer höchst gespannten Lage. Er war wegen seiner „ultralinken Linie" in der Führung der KPD, die in der Aufforderung gipfelte, „Schlagt die Faschisten, wo ihr sie trefft!", bereits mehrere Male von Moskau aus kritisiert worden. Die Komintern glaubte

nämlich zu dieser Zeit, es sei notwendig, die Nazis mit „geistigen Waffen" zu bekämpfen; man hatte sich in Moskau gegen die physische Auseinandersetzung entschieden und sah in Neumann den Anführer der extremen Gruppe, die für eine physische Auseinandersetzung mit den Nationalsozialisten eintrat. Die Anstiftung zu einem politischen Morde, noch dazu an Polizeioffizieren, mußte Neumann in schwerste Konflikte mit der Komintern bringen. Nach meiner damaligen Meinung, denn ich betrachtete den Mord an Anlauf und Lenk vom Standpunkt eines Kommunisten, war es sogar ausgeschlossen, daß Heinz Neumann irgendeine Kenntnis von den Vorbereitungen des Attentates gehabt haben konnte. Er hätte es, ganz abgesehen von der Ablehnung des individuellen Terrors, verhindern müssen, da dieser Mord der Komintern eine ganz entscheidende Handhabe zu weiterer Kritik an seiner aggressiven Politik gegen die Nationalsozialisten geben mußte.
Am Abend des Mordtages kam Neumann sehr erregt nach Hause. Er zweifelte keinen Augenblick daran, daß jemand versucht hatte, ihn mit dieser Provokation in den Augen der Komintern schwer zu kompromittieren. Er wußte auch, wer dieser Jemand war: Walter Ulbricht. Diese Überzeugung Neumanns wurde mir später in verschiedenen Gesprächen mit Eingeweihten bestätigt. Wie geschickt Ulbricht den Zeitpunkt für die Provokation gewählt hatte, beweist schon die Reaktion meiner Kollegen in der „Inprekorr". Übrigens sollte die Behauptung von Neumanns direkter oder indirekter Beteiligung an der Ermordung Anlaufs und Lenks später noch einmal eine entscheidende Rolle in seinem Leben spielen, als nämlich die Nazis sie 1934 zum Kernstück ihres Auslieferungsbegehrens an die Schweiz machten.
Dieser Mord war auf keinen Fall die „spontane Massenaktion", als die Ulbricht ihn hinzustellen versuchte. Er war auch kein Akt der Notwehr. Die Massen, die an jenem Augustnachmittage auf dem Bülowplatz zusammengezogen worden waren, hatten keine Ahnung davon, was sich vor ihren Augen abspielen sollte. Sie waren nichts als Statisten. Die beiden Mörder, einer von ihnen, Erich Mielke, heute Minister für Staatssicherheit in der DDR, gehörten zum PSS, dem Parteiselbstschutz, der auch die Wache für das Karl-Liebknecht-Haus stellte. Sie waren zwar nicht von Ulbricht persönlich mit dem Mord beauftragt worden, aber Ulbricht hatte Fritz Bröde, dem verantwortlichen Leiter des

PSS, den Befehl erteilt, zwei Leute auszuwählen, die für die Tat geeignet waren.
Alle diese Einzelheiten waren uns natürlich an jenem Abend noch nicht bekannt. Als ich sie schließlich erfuhr, bestätigten sie mir nur, wie richtig Neumanns Gefühl gewesen war, in Ulbricht den Drahtzieher zu vermuten. Neumann bewies mir mit erregter Stimme immer wieder, wie wohldurchdacht das Attentat vorbereitet war, und ich selber erinnerte mich daran, einige Tage vor dem Mord neben dem Haupteingang der Volksbühne am Bülowplatz an der Hauswand in großen, weißen Buchstaben die drohenden Worte gelesen zu haben: „Totenkopf, stell deine Uhr! Der RFB (der Rote Frontkämpferbund) ist dir auf der Spur!" Damals hatte ich mir nichts anderes gedacht, als daß der Verfasser dieser sinnigen Warnung offenbar die berühmte Drohung an Schillers Landvogt Geßler in die falsche Kehle bekommen hatte. Ulbricht hingegen hatte schon Wochen vorher wiederholt erklärt: „Bei uns in Sachsen hätten die Polizisten längst einen Denkzettel bekommen! Hier in Berlin geht es auch nicht mehr so weiter. Demnächst bekommt die Polizei eins auf den Hut!" Er konnte diese Drohung ungeniert sächselnd aussprechen, er konnte auch der Polizei ohne Skrupel „eins auf den Hut" geben, weil er sehr gut wußte, daß nicht er die Verwantwortung für diese Mordtat tragen würde, sondern der Mann, den er damit treffen wollte, nämlich Heinz Neumann. Zweifellos spielte diese Intrige Ulbrichts bei der endgültigen Entfernung Neumanns aus der Führung der KPD eine nicht geringe Rolle. Es hatte allerdings nicht der Tat vom Bülowplatz bedurft, um Neumanns Abneigung gegen Ulbricht anzufachen. Er haßte ihn von Anfang an besonders heftig. Ulbricht war für ihn weniger ein Individuum als die Verkörperung eines bestimmten Typs, der ihm zutiefst zuwider war. Es ist nicht ohne Ironie, daß Neumann, der als „Einpeitscher" der Stalinschen Politik verschrien war, in Ulbricht den eigentlichen Vertreter jener Elemente, die der Diktator im Kreml immer mehr heranzog, erkannte und – verabscheute. Denn Neumann unterschied sich in seiner menschlichen Substanz von den Ulbrichts der neuen Ära. Er war vielleicht nicht im wahrsten Sinne des Wortes Revolutionär, aber er besaß revolutionäres Temperament, jene Qualität, die den Ulbrichts so vollständig abgehen muß, wenn sie sich ihre Plätze an der Sonne erhalten wollen. Neumann vertrat die stalinistische Politik – manchmal sicher nicht

mit den vornehmsten Mitteln – nur, solange er von ihrer Richtigkeit überzeugt zu sein glaubte. Als ihm Zweifel kamen, als er sah, wohin diese Politik namentlich in Deutschland führte, lehnte er sich auf. Mochte er in Moskau nach außen hin auch zu Kreuze kriechen, war er erst wieder nach Deutschland zurückgekehrt, verfolgte er hartnäckig und häufig mit größter Unvorsichtigkeit die Linie, die er für richtig hielt. Diese wenn auch nur relative Selbständigkeit ging einem Ulbricht völlig ab. Lediglich sein Hunger nach persönlicher Macht scheint darauf hinzudeuten, daß ihm menschliche Leidenschaften nicht vollständig fremd sind. Im übrigen verkörpert er bis zur Vollendung jene neue, von Stalin mit solcher Sorgfalt herangezüchtete Rasse, die Arthur Koestler die „politischen Neandertaler" nennt. Die Rücksichtslosigkeit und die völlige Unempfindlichkeit dieser Rasse moralischen Erwägungen gegenüber besitzt er in hohem Maße. Kennzeichnend für diesen Mann sind die Worte, die er nach 1945 in inquisitorischem Ton an einen alten Kommunisten richtete, der sich während der Nazizeit in Deutschland versteckt gehalten hatte: „Und wie kommt es, daß du noch lebst!?"

Ich habe bereits angedeutet, welche Rolle Walter Ulbricht im Jahre 1933 im Zusammenhang mit der Verhaftung Ernst Thälmanns sowie bei dessen weiterem Schicksal spielte. Da sie besonders charakteristisch war für Methode und Ziel seiner Intrigen, möchte ich die tragische Geschichte vom Ende Ernst Thälmanns an dieser Stelle erzählen, noch bevor ich von dem Eindruck berichte, den Thälmann auf mich machte, zu einer Zeit, als er sich auf dem Höhepunkt seines Lebens und seiner politischen Laufbahn befand. Die Nachricht von der Verhaftung Thälmanns und seiner beiden Sekretäre Werner Hirsch und Erich Birkenhauer am 3. März 1933 erreichte Neumann und mich in Madrid.

Die näheren Umstände wurden uns allerdings erst später bekannt. Zunächst erfuhren wir nur, daß Thälmann in seinem illegalen Quartier in Charlottenburg festgenommen worden war. Diese Unterkunft in der Straße Alt-Lietzow, hinter dem Charlottenburger Rathaus, kannte Heinz Neumann genau. Er konnte sich nicht erklären, warum Thälmann sich auch nach dem 30. Januar 1933 und nach dem Brand des Reichstagsgebäudes in Berlin, noch dort aufgehalten hatte. Thälmann mußte den Kopf verloren haben, und der Geheim-

apparat, der für seine Sicherheit verantwortlich war, hatte offensichtlich schmählich versagt. Wir wußten nicht, daß der Apparat schon seit langem das illegale Quartier in Alt-Lietzow für ungeeignet und gefährlich erklärt und für Thälmann eine sehr günstig gelegene Geheimunterkunft in der Nähe des mecklenburgischen Sees Müritz vorbereitet hatte. Thälmann weigerte sich jedoch, Alt-Litzow zu verlassen, denn dort wohnte er bei der Frau eines kommunistischen Arbeiters, mit der ihn, so wurde jedenfalls behauptet, zarte Bande verknüpften, während der Ehemann, ob freiwillig oder nicht, in der Laube seines Schrebergartens hausen mußte. Thälmann war in der Straße Alt-Lietzow so gut bekannt, daß er sich nicht sehen lassen konnte, ohne daß die Kinder über die ganze Straßenbreite schrien: „Onkel Teddy, Onkel Teddy, komm mal rüber zu uns!" Dennoch wäre die Verhaftung wohl nicht ganz so schnell erfolgt, wenn Thälmann nicht denunziert worden wäre. Der Verräter hieß Alfred Kattner. Er wurde ebenfalls mit Thälmann, Hirsch und Birkenhauer verhaftet, kam aber bald wieder frei.
Alfred Kattner, ein technischer Mitarbeiter des Sekretariats der KP, war dem Geheimapparat der Partei bereits seit einiger Zeit wegen Trunksucht und ständiger Geldschwierigkeiten verdächtig gewesen. Deshalb beabsichtigte man, ihn „kaltzustellen", bevor die Partei in die Illegalität gehen mußte. Da aber Thälmann eben gerade diesem Mann sein Vertrauen geschenkt hatte, fürchtete man, daß der Versuch, ihn „auszubooten", auf Schwierigkeiten stoßen würde. So wandten sich die Verantwortlichen des Geheimapparates, die für Thälmanns Sicherheit zu sorgen hatten, an ihren Chef in der Komintern und verlangten dringend, daß man Kattner abberufe oder seine Entlassung anordne. Von Moskau aus wurde die Bewilligung dazu gegeben, worauf man Kattner bei der Vorbereitung zur Illegalität aus dem technischen Stab der Partei „ausplante". Um so erstaunter war man aber, daß sich Walter Ulbricht, der damalige politische Leiter des Parteibezirks Berlin-Brandenburg, nicht um diese Maßnahme kümmerte, sondern Kattner zu allen illegalen Besprechungen heranzog. Bei näherer Untersuchung sollte sich sodann herausstellen, daß es nicht etwa Thälmann war, der an Kattner festhielt, sondern Ulbricht, der diesen verdächtigen Mann weiter dazu benutzte, die Verbindung zwischen den einzelnen Berliner Arbeitsgruppen des nun illegalen Zentralkomitees und dem geheimen Quartier Thälmanns aufrechtzuerhalten.

Als Thälmann drei Tage nach dem Reichstagsbrand in seiner illegalen Wohnung eine Begegnung mit seinen Sekretären Werner Hirsch und Erich Birkenhauer hatte, erschien ganz unerwartet Kattner und überbrachte auf dem von Ulbricht gewünschten Weg die Post des Zentralkomitees. Kurz nach seinem Erscheinen betrat ein Kommando der Politischen Polizei die Wohnung und nahm alle Anwesenden fest. Kattner wurde schon nach einigen Tagen aus der Haft entlassen und arbeitete weiter für die Gestapo. Nachdem er eine ganze Reihe von Antifaschisten verraten hatte, nahm im Januar 1934 ein Weddinger Kommunist an ihm Rache. Er ermordete ihn in seiner Wohnung in Nowawes.

Aber nicht nur bei der Verhaftung Thälmanns scheint Ulbricht seine Hand im Spiel gehabt zu haben, er tat auch alles, um Thälmanns eventuelle Befreiung aus der Nazihaft zu hintertreiben. So hintertrieb er von Paris aus systematisch, für den verhafteten Thälmann einen Anwalt zu besorgen, ließ aber sowohl durch die illegale Presse der KPD als auch in den kommunistischen Zeitungen des Auslandes eine großaufgemachte Pressekampagne starten, in der immer wieder davon die Rede war, es drohe Thälmann ein geheimer Prozeß. Mit dieser Methode wollte er die Nationalsozialisten zu einem öffentlichen Prozeß in der Art des Reichstagsbrandprozesses treiben, bei dem Thälmann dann, nur durch einen Offizialverteidiger vertreten, wahrscheinlich eine mehr als jämmerliche Rolle gespielt hätte. Ulbricht hoffte, auf diese hinterhältige Weise Thälmann politisch zu erledigen. Danach würde, so spekulierte er, die Frage eines neuen Parteiführers für die KPD akut werden und seine Zeit gekommen sein.

Als immer wieder Gerüchte auftauchten, wonach die Nazis der Sowjetregierung ein Anerbieten gemacht hätten, Thälmann nach Moskau auszutauschen, machten Ulbricht und Pieck sowohl in Paris unter der Emigrationsparteiführung als auch in Moskau bei der Komintern Stimmung gegen eine derartige Befreiung ihres Parteiführers und argumentierten, daß sich diese Methode, Thälmann zu retten, schlecht auf die Moral der übrigen verhafteten Kommunisten auswirken könnte. Jedenfalls müssen sich bestimmte offizielle Stellen in Moskau dieser Meinung angeschlossen haben.

Es waren schon Monate vergangen, und noch immer hatte sich kein Anwalt für Thälmann finden lassen. Da wurden sowjetische Spionagestellen durch einen ihrer Berliner Mitarbeiter auf den

Rechtsanwalt Dr. Langbehn aufmerksam, dessen kritische Einstellung zum Naziregime ihn als Verteidiger für Thälmann als geeignet erscheinen ließ. Der Generalsekretär der Komintern, Pjatnitzki, der davon erfuhr, erteilte, ohne das Zentralkomitee in Paris davon zu informieren, über einen Kominternagenten namens „Erwin" den Berliner illegalen Apparatstellen den Auftrag, mit diesem Anwalt in Verbindung zu treten. Bei Chintschuk, dem damaligen Sowjetbotschafter in Berlin, wurde eine Summe von 60 000 Mark als Honorar für den Anwalt hinterlegt. Zu gleicher Zeit wurde geplant, eine gewaltsame Befreiung Thälmanns vorzubereiten, und der Agent „Erwin" setzte sich zu diesem Zweck mit dem Leiter des AM-Apparates, Alex Kippenberger, der sich in Paris aufhielt, in Verbindung. Obgleich Ulbricht nichts mit diesen Plänen direkt zu tun hatte, brachte er es in kurzer Zeit durch Druck auf Kippenberger fertig, daß die Berichte aus Deutschland über den Verlauf der Aktion und über die Verhandlungen mit dem Anwalt durch seine Hände gingen.

Der Rechtsanwalt Dr. Langbehn (der 1944 von den Nationalsozialisten zum Tode verurteilt und hingerichtet wurde) erklärte sich zur Verteidigung Thälmanns bereit, verbat sich aber energisch jegliche Einmischung von seiten irgendeines „Zentralkomitees in Paris". Nach seiner Meinung war es durchaus möglich, Thälmann ohne einen Prozeß freizubekommen, denn er wußte durch seine guten Beziehungen zu hohen Nazistellen, daß man sich dort längst von der Harmlosigkeit dieses Kommunistenführers überzeugt hatte und gar keinen Wert darauf legte, ihn zum Märtyrer zu machen. Allerdings, so erklärte der Anwalt, würde man von Thälmann verlangen, daß er einen Revers unterschreibe, in dem er sich verpflichte, sich aller politischen Handlungen nach der Freilassung zu enthalten. Aber ein solcher Revers, meinte der sehr vernünftige Rechtsanwalt, sei ja sowieso nur ein Fetzen Papier, und die Unterschrift verpflichte Thälmann zu nichts. Er könne doch später im Ausland alles widerrufen. Als aber das Auslandskomitee, also Ulbricht und Konsorten, von diesem Plan des Anwalts erfuhren, lehnten sie ebenso grob wie entschieden ab und ließen dem Anwalt mitteilen, daß er den Parteibeschluß respektieren – also einen Prozeß vorbereiten – müsse und die Richtlinien des ZK zu befolgen habe. Der Anwalt legte daraufhin die Verteidigung nieder. Ulbricht hatte das erreicht, was er bezweckte.

Nun hatte aber die Vorbereitung zur gewaltsamen Befreiung Thälmanns im Laufe der Zeit große Fortschritte gemacht. Im Untersuchungsgefängnis Moabit, wo Thälmann saß, unterhielt der Geheimapparat seit vielen Jahren eine gute Beziehung zum Wachtmeister Moritz, einem heimlichen Mitglied der KPD. Der glückliche Zufall wollte es, daß Moritz, der schon zwanzig Jahre in Moabit tätig war, im Sommer 1934 als Urlaubsvertretung in eben das Stockwerk des Gefängnisses versetzte wurde, in dem sich Thälmanns Zelle befand. Sofort trat der Apparat durch Kassiber mit Teddy in Verbindung und unterrichtete ihn vom Befreiungsplan. Als sich Thälmann einverstanden erklärte, überließ Genosse Moritz den Leuten vom Apparat für kurze Zeit die Schlüssel von zwei Durchgangstüren und auch von der Ausgangspforte in die Straße Alt-Moabit. Ein Schlosser, ebenfalls eine Apparatverbindung, machte in aller Eile die Schlüssel nach, man probierte sie aus, und alles war in bester Ordnung. Als Tag der Flucht hatte man einen Sonntagabend vorgesehen, an dem Ruhe im Gefängnis herrschte. Es war verabredet, daß Moritz den Häftling Thälmann unauffällig ins Erdgeschoß des Gefängnisses bringen und in einer Besenkamer, nur zwei Meter von der Eingangstür entfernt, verstecken sollte. Darauf sollte der Wachtmeister Moritz in die Zentrale des Zellenbaus gehen und den Hauptwachtmeister vom Dienst in ein längeres Gespräch verwickeln, während die Apparatleute Thälmann lautlos aus dem Gefängnis auf die Straße in ein bereitstehendes Auto gebracht hätten. Auch für Moritz und seine Frau war noch für den gleichen Abend alles zur Flucht vorbereitet.

Vierundzwanzig Stunden, bevor diese Aktion stattfinden sollte, kam aus Paris, vom AK, also von Ulbricht und Pieck, der Befehl: dieser Befreiungsversuch habe zu unterbleiben. Falls jemand es wagen sollte, dieser Anordnung entgegenzuhandeln, werde er als Provokateur betrachtet und sofort aus der Partei ausgeschlossen ...

Als man dem Wachtmeister Moritz diese Mitteilung überbrachte, nahm er sich am Abend nach Dienstschluß das Leben ...

Bis heute behaupten die Kommunisten, Ernst Thälmann sei im August oder September 1944 im Konzentrationslager Buchenwald heimlich von den Nazis ermordet worden. Er fand auf andere Weise den Tod, und zwar in der gleichen Nacht des Jahres 1944, in der auch Rudolf Breitscheid und Prinzessin Mafalda von Hessen ums

Leben kamen. Sie wurden Opfer eines Bombenangriffs auf die Industrieanlagen des Konzentrationslagers Buchenwald, wobei eine Bombe auf das Gebiet des Sonderbaus fiel, in dem sich auch Thälmann befand.
Ulbricht aber zog im Jahre 1945, gleich nach der siegreichen Roten Armee, in Berlin ein. Er hat es zum Führer der Sozialistischen Einheitspartei Deutschlands gebracht, und sein Stern sollte sich erst verdunkeln, als im Jahre 1956 das Andenken des „großen Stalin" ins Wanken geriet.

Begegnungen mit Ernst Thälmann

Bis zu unserer ersten Begegnung in seiner Berliner Stammkneipe in der Mittelstraße hatte ich Ernst Thälmann nur bei Versammlungen oder Treffen des Roten Frontkämpferbundes gesehen und gehört. Sein Anblick hatte etwas Gesundes, Starkes, ja eigentlich sehr Sympathisches. Er sah genauso aus, wie man sich den Hamburger Hafenarbeiter vorstellte. Breitschultrig, ungelenk in den Bewegungen, mit einem gutmütigen Proletengesicht. Meinen Eindruck von seinen Reden habe ich bereits geschildert. Für mich waren sie das Unmöglichste, was man sich überhaupt vorstellen konnte, sie besaßen keinen Anfang und kein Ende, und was in der Mitte mit lauter Stimme gesagt wurde, war meist nicht zu enträtseln. Jahrelang blieb es mir unbegreiflich, weshalb man ausgerechnet diesen Menschen als Redner der KPD auftreten ließ, und ebenso unbegreiflich war es mir, weshalb er zum führenden Mann der KPD gemacht wurde. Wie es um seine politischen Fähigkeiten bestellt war, wußte ich nicht. Als ich Thälmann nach einer reichlich frostigen Begrüßung das erste Mal gegenübersaß – obgleich er mich bis dahin nur vom Hörensagen kannte, schien ich ihm nicht sonderlich sympathisch zu sein –, wollte ich, um die Verlegenheit zu überwinden, ein Gespräch zustande bringen. Aber es gelang nicht. Auch am Wirtshaustisch konnten ihm wahrscheinlich nur die folgen, die ihn schon länger kannten und so die gewundenen Gänge seiner „Dialektik" zu entschlüsseln verstanden. Er redete ständig in verwickelten politischen Vergleichen, die mit eruptiv hervorgestoßenen Phrasen abwechselten. Der politische Vergleich gehörte nun mal zum KP-Stil. Einerseits verpflichtete der Internationalismus dazu, andererseits die Tatsache, daß Hinweise auf die „in die Geschichte eingegangene Arbeiterbewegung" ständig im Munde geführt werden mußten. Schon im Laufe eines Satzes ging ihm häufig der Faden verloren, oder er unterließ es einfach, einen begonnenen Gedankengang zu Ende zu führen. Dafür aber sprach er um so lauter und mischte Hamburger Platt und Hochdeutsch beliebig durcheinander. Zwei Jahre lang traf ich Ernst Thälmann bei den verschiedensten Gelegenheiten, er kam auch in unsere Wohnung, aber ich erlebte kein einziges Mal, daß so etwas wie ein Gespräch mit ihm zustande kam. Thälmann schien immer der Meinung zu sein, er sei den Anwesenden, wenn es auch nur zwei oder drei Leute waren, eine politisch tiefschürfende Betrachtung schuldig, genau das, wozu er ganz und gar unfähig war. „Teddys" Stilblüten waren für die Intelligenz der Partei ein gefundenes Fressen; manche von ihnen mögen lediglich gut erfunden worden sein, einige aber beruhen sicher auf echten Aussprüchen Thälmanns. „Wie ein totgeborenes Kind, das sich im Sande verlief ...", „....in der Stunde des Augenblicks!" und „Die Straßenbahner stehen mit dem einen Bein im Grab, mit dem anderen nagen sie am Hungertuch." Worauf aus dem Publikum der Zuruf kam: „Und wer klingelt!?" Oder jene besonders oft zitierte Formulierung: „Man muß die Frauen mit den eigens dazu geschaffenen Organen bearbeiten."

Aber mochte man in den Kreisen der Parteiintelligenz auch über solche Entgleisungen lachen, die kommunistischen Arbeiter hingen an Thälmann. Sie sahen in ihm einen der Ihren, und das ganz mit Recht. Und sogar der größte Teil der Intellektuellen in der KPD drückte trotz allen Witzeleien beide Augen zu. Man war klug genug, einzusehen, daß es nicht ganz ohne Bedeutung war, einen Mann dieser Art an der Spitze einer Partei wie der KPD zu haben. Er war das geeignete Aushängeschild und gewann in kurzer Zeit die allgemeine Popularität, die für den Führer der kommunistischen Partei so wichtig war. Allerdings zeigten sich in den verwickelten Jahren der Krise die Nachteile mit immer größerer Deutlichkeit. Es erwies sich, daß er seiner Aufgabe keineswegs gewachsen war. Während man in deutschen Parteikreisen Thälmann um seiner Popularität willen akzeptierte, argumentierten die Russen: „Er ist ein Mann, der tut, was man ihm sagt." Allerdings gab es auch Ausnahmen. Es wurde immer wieder behauptet, Radek habe Thälmann „gemacht". Das stimmt nicht. Ruth Fischer und Arkadij Maslow waren die ersten, die Thälmann vorschoben. Karl Radek sagte 1933 in einem Privatgespräch: „Es war eines der Verhängnisse, daß man diesen Mann groß gemacht hat. Man hätte ihn niemals aus seinem Milieu, aus Hamburg, herausnehmen dürfen."

Teddy gehörte wirklich in ganz starkem Maß dorthin. Er war alles andere als ein Ehrgeizling und litt oft unter der Rolle, die man ihm aufgezwungen hatte. Immer wieder rettete er sich nach seiner Vaterstadt in den Schoß seiner Familie oder in die Kneipe zu seinen Freunden, wo er sich so geben durfte, wie er in Wirklichkeit war. Anhänglichkeit an seine alten Kameraden und starkes Verantwortungsgefühl gegenüber seiner Familie gehörten zu seinen liebenswertesten Charakterzügen. Nichts beweist das wohl besser als seine Rolle in dem bereits in einem früheren Kapitel erwähnten Wittorf-Skandal. Als Thälmann sich schützend vor Wittorf stellte und sich erbot, die von seinem Schwager veruntreuten Gelder persönlich ratenweise zurückzuzahlen, muß er sich klar darüber gewesen sein, welche schlimmen Folgen das für ihn haben würde. Wieviel bequemer wäre es gewesen und wieviel mehr der Parteimoral gemäß, Wittorf einfach fallenzulassen. Aber das entsprach nicht seinem Charakter. Diese Loyalität mag bei dem zwielichtigen Wittorf fehl am Platze gewesen sein, sie ist nichtsdestoweniger bewundernswert. Zu den Hamburger Bürgerschaftswahlen, ich glaube im Jahre 1931, fuhr ich mit Heinz und Teddy nach Hamburg. Zuerst machten wir einen kurzen Besuch in Thälmanns Wohnung, die er mit seinem Schwiegervater, einem Schuster, teilte. In diesen Zimmern sah es genauso bescheiden und sauber aus wie bei Hunderttausenden anderer deutscher Arbeiter in jener Zeit, und Rosa, Thälmanns Frau, paßte zu diesem Milieu. Zwischen ihr und Heinz herrschte Feindschaft. Er hatte einmal mit seiner Zigarette in die aus Glanzgarn gehäkelte Tischdecke der guten Stube ein Loch gebrannt, und das konnte sie ihm nicht verzeihen... Die Zukunft sollte Rosa Thälmann Schlimmeres bringen als verbrannte Tischdecken. Ich traf sie im Konzentrationslager Ravensbrück, wo sie schweigsam und ergeben ihr Schicksal trug. Die rabiate Blockälteste ihrer Barakke hatte sich eine besondere Quälerei für sie ausgedacht. Sie verfügte, daß die Frau des KPD-Führers Thälmann mit der Frau eines Generals der Wehrmacht an einem Spezialtisch sitzen mußte, sozusagen als KZ-Raritäten zur Schau gestellt. Dann erreichte Rosa die Nachricht vom Tode ihres Mannes, den die Nazis 1944 ermordeten. Nach 1945 teilten ihr die deutschen Ostzonenkommunisten eine Rolle zu, machten sie zur „Witwe des revolutionären Märtyrers". Alles zusammengenommen hatte Rosa Thälmann kein leichtes Los, sie, die nichts anderes wollte, als sich in den engen vier Wänden ihrer Wohnung an Mann und Kind freuen, die sich am liebsten nur ihrem blanken Fußboden und dem blitzenden Herd gewidmet hätte.

Am Nachmittag dieses Wahlsonntags zeigte uns Ernst Thälmann sein Hamburg, vor allem natürlich die Viertel der Stadt, die Hochburgen der Kommunisten waren. Das Gängeviertel, Hamburgs ältester Teil, in unmittelbarer Nähe des Freihafens, eine Gegend, wo fast ausschließlich Arbeiter wohnten, glich an diesem Tage einem Meer aus roten Fahnen, und Thälmann, der sich an ihrem Anblick berauschte, prophezeite uns einen gigantischen Erfolg. Straßenzüge, in denen die Hakenkreuzfahnen vorherrschten, tat er mit einer verächtlichen Handbewegung ab: „Das Hamburger Proletariat wird es denen schon zeigen!" Am Abend standen wir dann bei strömendem Regen auf einem der großen Plätze, wo auf Leuchtbändern die Wahlresultate verkündet wurden. Schon nach kurzer Zeit blieb kein Zweifel mehr über die Sieger des Tages. Die Nazis bejubelten ihren riesigen Stimmenzuwachs, und aus den ringsum liegenden Kneipen tönte provokatorisch das „Horst-Wessel-Lied". Teddy aber schüttelte drohend seine große Faust und brüllte mitten auf der Straße, als habe er eine Riesenversammlung vor sich: „Niemals wird das Proletariat den Sieg der Nazis zulassen!"

Thälmann führte uns in ein Verkehrslokal der KPD. Beim Eintreten wurden wir mit lauten „Rot-Front"-Rufen empfangen, die Teddy mit erhobener Faust erwiderte. Bei dieser Grußzeremonie mußte ich eine seltsame Feststellung machen. Während mir im allgemeinen das „Rot-Front"-Schreien und Fäusteballen der Genossen höchst unsympathisch war, wirkte es bei Thälmann echt. Diese Art von primitivem Bekenntnis stand ihm zu Gesicht. Von Heinz konnte man das keineswegs sagen. Wenn er seine kleinen, schmalen Intellektuellenhände zur Faust ballte, hatte diese Geste etwas Gezwungenes, beinahe Lächerliches. Dabei erinnere ich mich an eine Bemerkung Thälmanns, die er allerdings erst machte, als es schon Spannungen zwischen den beiden gab. Er sagte einmal mit verächtlichem Blick auf Heinzens Hände: „Was hast du bloß für jämmerlich dünne Gelenke!"

Aus dem Hintergrund des Lokals kam ein Mann auf uns zu, der einen Wolfshund an der Leine hielt. Es war Edgar André. Heinz mochte große Hunde nicht und beschwor André, „die Bestie" wegzubringen. Der aber meinte lachend, daß wir keine Angst zu haben brauchten, sein Hund wisse sehr gut zwischen Freund und Feind zu unterscheiden, er sei nämlich auf Nazis dressiert. Edgar André, ein Mann mit dunklen, fanatischen Augen, dessen südländischer Typ auffallend von den großen, blonden Hamburgern abstach, erzählte uns dann, daß er ohne diesen Hund seines Lebens nicht mehr sicher sei, da ihm die Nazis Tag und Nacht auflauerten und ihm in Drohbriefen jede erdenkliche Todesart ankündigten. Im Unterschied zu Thälmann war Edgar André durch das Wahlresultat tief beunruhigt, betonte jedoch ein ums andere Mal, daß man nun erst recht weiterkämpfen müsse, um das Schlimmste zu verhindern. Der Aachener André, ein ebenso geschickter wie unerschrockener politischer Organisator, Mitbegründer und späterer Führer des Hamburger Roten Frontkämpferbundes und Mitarbeiter des „Waffenapparates" der Partei, wurde von den Hamburger Nazis ganz besonders gehaßt. Ihm suchten sie später, nach der Machtergreifung, die Verantwortung für alle Zusammenstöße zwischen Kommunisten und Faschisten in Hamburg in die Schuhe zu schieben, so zum Beispiel auch für den sogenannten „Altonaer Blutsonntag", der am 17. Juli 1932 stattfand und als Opfer siebzehn Tote und fünfzig Verletzte, darunter mehrere Polizeibeamte, forderte. André wurde am 5. März 1933 im Laufe einer Razzia verhaftet. Er verbrachte dreieinhalb Jahre in Untersuchungshaft, und erst 1936 wurde ihm der Prozeß gemacht, der insgesamt sechs Wochen dauerte. Er blieb auch vor Gericht ein mutiger Mann. Die Mehrzahl der Richter war nicht bereit, dem Antrag des Staatsanwaltes auf Todesstrafe stattzugeben – und das im Jahre 1936! –, sondern wollte auf eine Gefängnisstrafe erkennen. Aber im letzten Augenblick kam, von Hitler persönlich veranlaßt, der kategorische Befehl, André zum Tode zu verurteilen. Kurz vor seiner Hinrichtung schrieb er aus dem Gefängnis einen Abschiedsbrief an seine Frau, der mich tief erschütterte, als ich ihn lesen durfte: „Wie Du bereits aus der Presse erfahren hast", schrieb André, „bin ich zum Tode verurteilt. Auch dieses Urteil hat mich nicht aus der Ruhe gebracht. Im Gegenteil, ich habe nie mehr Ruhe gehabt als jetzt. Ich habe nie den Tod gefürchtet, und auch heute bin ich nicht bange davor. Der eine stirbt im Bett, der andere auf dem Feld im Kampf, und es gehört nicht viel Philosophie dazu, um würdig zu sterben . . ."

Nur einmal trafen wir uns mit Thälmann zu einer Art Ausflug. Das war im Frühjahr 1930. Zu den beliebtesten Volksfesten der Berliner gehörte das Fest der Baumblüte in Werder, einem Städtchen am Ufer der Havel. Dorthin fuhren sie zu Tausenden mit Extrazügen vom Potsdamer Bahnhof, um den Frühling und die Natur auf ihre Art zu genießen. Die Bauern von Werder, auf deren sandigen Hügeln das beste Obst der Mark wuchs, machten alljährlich aus ihrer Baumblüte ein großes Geschäft. In jedem zweiten Haus wurde selbstgekelterter Obstwein ausgeschenkt, und jeder Sandberg des Ortes trug ein großes Gartenlokal mit Hunderten von Holztischen und Bänken, in gut preußisch-kaiserlicher Tradition „Wilhelmshöhe", „Bismarckhöhe", „Friedrichshöhe" oder ähnlich benannt.
Die Baumblüte war ein Familienfest der Arbeiter und Kleinbürger. Die Butterbrote und der selbstgebackene Kuchen, ja sogar die Kaffeemischung wurden von den sparsamen Berlinern in Paketen mitgebracht, denn an den meisten Lokalen verkündete ein Plakat: „Der alte Brauch wird nicht gebrochen. Hier können Familien Kaffee kochen." Gekauft wurden nur der Obstwein und die frischen sauren Gurken, die man an allen Straßenecken aus großen Tonnen feilbot. Meistens herrschte zur Baumblüte das erste richtig warme Wetter des Jahres, und das machte Durst. Den stillte man auch, denn das war ja der Sinn des Festes, mit Mengen von Johannisbeer-, Erdbeer-, Himbeer- oder Stachelbeerwein. Diese sehr alkoholreichen Getränke wurden in Flaschen verkauft, die in bunten Netzen steckten, so daß man sie bequem um die Schulter hängen konnte. So marschierten also die rundlichen Familienväter mit dem flüssigen Proviant an beiden Seiten, während Mutter die Eßpakete schleppte. Ganze Kolonnen von Radfahrern, die Speichen und Lenkstangen ihrer Räder mit Blütenbüschen verziert, waren von Berlin her zum Fest gekommen, und die Straßen und Plätze des Städtchens

glichen mit ihren Schießbuden, den Karussells und dem Hippodrom einem einzigen großen Jahrmarkt.

Eigentlich war es Thälmann gar nicht erlaubt, ohne Bewachung zu einem solchen Ausflug aufzubrechen, denn sowohl der „Zentrale Quartierapparat" als auch der „AM-Apparat" waren der Komintern gegenüber für seine Sicherheit verantwortlich, und die Internationale Kontrollkommission, die höchste Instanz der Komintern in Moskau, hatte den leitenden Leuten der erwähnten Apparate schon häufiger ein „Verfahren" angedroht, wenn Thälmanns „Sicherung" nicht ausreichend durchgeführt werde". Aber Teddy schien sich ein besonderes Vergnügen daraus zu machen, seinen Beschützern ein Schnippchen zu schlagen. Vielleicht wollte er damit vor sich selbst seinen Mut beweisen. Sogar Ende 1932 noch, kurz vor der Machtergreifung der Nationalsozialisten, als die meisten Sitzungen des Polit-Büros und des Zentralkomitees der KPD bereits illegal stattfanden und jeden Tag mit der Verhaftung der Parteispitze gerechnet werden konnte, unterließ Teddy alle ihm angeratenen Vorsichtsmaßnahmen. Er benahm sich in solchen getarnten Sitzungen, die man an ganz „sicheren Orten" im Randgebiet von Berlin abhielt, wie auf einer Massenkundgebung und redete so laut, daß man sein Referat noch draußen auf der Straße hören konnte. Auch ging er unentwegt gleich gekleidet, trug einen grauen Covercoat und die unvermeidliche blaue Schirmmütze. Normale Hüte waren ihm so verhaßt, daß er durch ständiges Sticheln und Räsonieren Heinz mehr zwang als bat, sich auch eine solche Schiffermütze anzuschaffen, weil er sich sonst geniere, mit ihm irgendwo hinzugehen. Nicht ohne Komik war die Absicht des AM-Apparates, Teddy eine Perükke anfertigen zu lassen, weil seine große Glatze ein sicheres Merkmal für jede polizeiliche Beobachtung war. Man beschloß also, bei einem mit der KPD sympathisierenden Theaterfriseur diese Perücke zu bestellen. Dazu hätte man vorher an Teddys Kopf Maß nehmen müssen, aber keine zehn Pferde vermochten ihn zu diesem Friseur zu bringen. Allein vier illegale Quartiere standen für Thälmann bereit, er jedoch weigerte sich, diese Wohnungen oder Häuser überhaupt zu besichtigen. Dieses Verhalten sollte dann 1933 auch mit zu seiner sofortigen Verhaftung durch die Nazis beitragen.

Zu viert – der spätere Sekretär Thälmanns, Werner Hirsch, nahm auch an unserem Ausflug nach Werder teil – hatten wir schon reichliche Mengen Obstwein konsumiert, als einer von uns auf den Gedanken kam, Teddy sollte uns im Hippodrom Reiterkunststücke vorführen, damit wir uns davon überzeugen könnten, daß man ihn in Sowjetrußland zu Recht zum Ehrenoberst eines Kavallerieregiments der Roten Armee gemacht habe. Thälmann weigerte sich aber energisch, einen der dicken Bauerngäule zu besteigen, die da im Kreis herumtrotteten, mit den johlenden Berlinern auf ihren braven Rücken. Da machte Heinz eine hämische Bemerkung über Teddys O-Beine und meinte, ob man vielleicht ihretwegen in Moskau auf den Gedanken mit der Kavallerie gekommen sei. Damit traf er Thälmann an einem besonders empfindlichen Punkt, denn er litt an seinen Säbelbeinen, die er sich angeblich als Lastträger zugezogen hatte. Als dann Heinz nach Thälmann, der seine Kunst bewiesen hatte, auch ein Pferd bestieg und sich ziemlich krampfhaft an dessen Mähne klammerte, zog Teddy plötzlich eine Nadel und piekte den langsam vorbeigehenden Gaul in die Hinterbacke. Das erschreckte Tier sprang hoch, bockte und galoppierte in die Runde. Heinz landete kopfüber im Sand. Thälmann brach in ein kindliches Gelächter aus und konnte sich noch lange hinterher vor begeisterter Schadenfreude kaum halten. Den nächsten Aufenthalt machten wir vor einem Tanzlokal, und zu aller Überraschung strebte Teddy dort hinein. Jetzt wehrte sich Heinz, denn er war keines tänzerischen Schrittes fähig. Aber er wurde überstimmt. Als ein Walzer erklang, forderte Teddy mich auf und entpuppte sich als Meister im Dreivierteltakt. Heinz verfolgte uns mit neidischen Blicken. Deshalb nahm ich ihn beim nächsten Onestep bei der Hand und führte ihn einfach auf die Tanzfläche, wo ich ihm mit einiger Anstrengung beibrachte, seine Schritte dem Takt der Musik anzupassen. Ganz glücklich fragte er mich, als die Musik endete, ob er nun tanzen könne, und ich erwiderte ihm, nicht ahnend, was ich damit anrichtete, daß es wunderbar gegangen sei. Beim nächsten Tanz mit Werner Hirsch sah ich, ebenso amüsiert wie erschreckt, daß Heinz ein Mädchen aufforderte, aber schon nach wenigen Minuten stand er mit verdutztem Gesicht ganz allein mitten auf der Tanzfläche und schlängelte sich beschämt zu unserem Tisch zurück. Die Tänzerin hatte ihn nach einigen Schritten mit den Worten stehen lassen: „Da muß ich wohl doch danken . . .“ Nach dieser Blamage betrat er niemals mehr eine Tanzfläche.

Auf der Hauptstraße von Werder strebten wir dann inmitten der weinseligen Berliner dem Bahnhof zu, als Teddy plötzlich kommandierte: „Heinz, sing mal was!“ Heinz begann mit lauter Stimme das beim Roten Frontkämpferbund sehr beliebte sentimentale Lied vom „Kleinen Trompeter“ zu singen. Schon nach den ersten Tönen war es so, als hätte der Strom der Ausflügler nur auf dieses Stichwort gewartet. Von allen Seiten fielen sie ein, und bald sang die ganze Straße: „Von all unsern Kameraden war keiner so lieb und so gut als unser kleiner Trompeter, ein lustig Rotgardistenblut...“ Nach dem ersten Vers folgte der zweite. Die Menge marschierte singend im Takt des Liedes, der ganze Jahrmarkt schien sich in eine kommunistische Demonstration verwandelt zu haben. Teddy gebärdete sich wie toll, stieß Heinz immer wieder in die Seite und flüsterte ganz außer sich: „Da siehste mal, was wir für'n Einfluß haben! Alle sind auf unserer Seite! Wo du auch hinkommst, überall sind nur unsre Leute!“ Werner Hirsch wehrte lachend ab: „Aber Teddy, das sind doch Berliner Proleten; natürlich kennen die unsere Lieder...“ Ganz unvermittelt endete Thälmanns Freudenausbruch. Mit einemmal blickte er scheu nach rechts und links, packte Heinz beim Arm, um ihn vorwärtszuziehen, und zischte, wobei sich seine Worte überstürzten: „Die haben mich erkannt! Die wissen, wer ich bin! Ich muß hier weg!“ Dabei versuchte er, sich einen Weg durch die Menge zu bahnen, und die Berliner lachten gutmütig hinter ihm her, weil sie so tiefes Verständnis hatten für die Verrücktheit eines Betrunkenen...

Eine weitere Begegnung ist mir wegen ihres grotesken Verlaufs im Gedächtnis geblieben. Neumanns politische Differenzen mit der Komintern hatten eben begonnen. Auch das Verhältnis zwischen ihm und Thälmann war daher schon gespannt. Heinz lag seit über einer Woche mit hohem Fieber krank in meiner Potsdamer Wohnung. Der Arzt, der festgestellt hatte, daß es sich um eine Nierenentzündung handelte, war gerade fortgegangen, als Ernst Thälmann und Werner Hirsch zu Besuch kamen. Teddy begrüßte mich kaum, hörte überhaupt nicht hin, als ich ihm mitteilte, was der Arzt gesagt hatte, sondern begann sofort laut schimpfend auf Heinz einzureden. Er wisse genau, daß ihm nichts fehle. „Du simulierst“, schrie er, „weil du mir meinen Artikel nicht schreiben willst!“ Heinz versuchte, ihn zu beruhigen, aber nichts wollte helfen. Brüllend verlangte Teddy von ihm, sofort aufzustehen und mit nach Berlin zu fahren. Da war es um meine Geduld geschehen, und ich fragte Teddy, ob er denn keine Augen im Kopf ha-

be und nicht sehen könne, wie schwach Heinz sei. Aber damit hatte ich ihm erst das Stichwort gegeben: „Schwach, sagst du? Das ist er nur, weil du ihn hungern läßt! Wenn er was Richtiges im Magen hätte, würde er schon wieder zu Kräften kommen!“ Und sofort rief er nach Werner Hirsch, zog einen Fünfzigmarkschein aus dem Portemonnaie und befahl augenblicklich was Gutes, Kräftiges zum Essen zu kaufen: Räucheraal, Gänsebrust, Eier mit Mayonnaise und ähnliche nahrhafte Sachen. Als ich kopfschüttelnd eine Tasche reichte, brach er in Gelächter aus: „Kleiner ging's wohl nicht! Nimm sofort einen großen Koffer, und den bringst du mir voll wieder zurück! Vergiß ja nicht den Schnaps!“ Thälmann war offenbar ganz von dem im norddeutschen Volke weit verbreiteten Aberglauben erfüllt, daß mit gutem, das heißt vor allen Dingen fettem Essen jede Krankheit zu heilen sei.
Als ich dann einen Tisch neben Heinzens Bett deckte und alle die Delikatessen hinstellte, kam Thälmanns nächster Wutausbruch: „Zum Essen wird aufgestanden!“ Außerdem sei es nur in der Küche gemütlich, ihm schmecke es nicht in diesen Zimmern. Der Fiebernde schleppte sich um des lieben Friedens willen an den Tisch, aber die Kur Teddys wollte nichts fruchten, der Kranke verweigerte den Gehorsam, er konnte nicht schlucken. Thälmann verließ grollend unsere Wohnung mit der kategorischen Feststellung: „Das Weib ist an allem schuld ...“

Die neue Linie

Erst im Laufe des Zusammenlebens mit Heinz wurde mir klar, daß gegen Ende der zwanziger Jahre die innerparteilichen Auseinandersetzungen in der KPD weitgehend durch die fraktionellen Kämpfe in Sowjetrußland ausgelöst wurden, gewissermaßen nur deren Abbild waren. So vollzog sich im Herbst 1928, als die Komintern Thälmann rehabilitierte, die „Versöhnler“ verdammte und Heinz Neumann zur Unterstützung Thälmanns nach Deutschland beorderte, diese Linksschwenkung im Einklang mit der Ausschaltung der „Rechten“, Rykow, Tomski und Bucharin, aus der Führung der bolschewistischen Partei durch Stalin. Diesen Schlag gegen die Rechte in Sowjetrußland führte Stalin, um in seiner aggressiven Innenpolitik, der Durchführung des Ersten Fünfjahresplanes und der Kollektivierung der Landwirtschaft, nicht behindert zu werden. Selbstverständlich mußte die Komintern diese Linksschwenkung im Jahre 1928 auch theoretisch „untermauern". Auf dem VI. Weltkongreß, der im Sommer dieses Jahres stattfand, wurde die übliche politische Analyse angestellt, die behauptete, daß der Kapitalismus in eine neue verschärfte Krise geraten sei und daß im Zusammenhang damit ein gewaltiger Aufschwung der Revolution auf der ganzen Welt zu erwarten sei. Nun hatten sich zwar die Kominterntheoretiker ein wenig verrechnet, denn die Krise brach erst ein Jahr später, 1929/30, aus, aber das beeinträchtigte ihren Ruhm als Propheten nicht im geringsten, hatten doch die Mehrzahl der bürgerlichen Volkswirtschaftler ebenso wie die meisten Sozialdemokraten von einer niemals endenden Konjunktur geträumt. Auf der anderen Seite gehörte nicht allzuviel volkswirtschaftliche Voraussicht dazu, in der Scheinblüte des Jahres 1928 bereits den Keim der kommenden Krise zu sehen.

Bis Ende des Jahres 1930 scheint Stalin und somit auch die Komintern mit dem Herannahen der Revolution in Deutschland gerechnet zu haben. Die im Verlauf der Wirtschaftskrise einsetzende Massenarbeitslosigkeit steigerte die Radikalisierung des deutschen Proletariats und großer Schichten des Kleinbürgertums. Der stärkere Einfluß der Kommunistischen Partei wurde vor allem bei den Reichstagswahlen sichtbar. Hatten noch 1928 für die Listen der KPD 3 263 000 Wähler gestimmt, so daß vierundfünfzig kommunistische Abgeordnete in den Reichstag kamen, so stiegen im September 1930 die Stimmen für die Kommunisten bereits auf viereinhalb Millionen, und das bedeutete siebenundsiebzig KP-Abgeordnete im Reichstag. Die Sozialdemokraten büßten bei dieser Wahl eineinviertel Millionen Stimmen ein, verfügten jedoch immer noch über achteinhalb Millionen Wählerstimmen. Ob Stalin, ebenso wie die Kominternführung, wirklich nicht damit gerechnet hat, daß von der Wirtschaftskrise keinesfalls nur die Kommunisten profitieren würden, sondern im gleichen Maße auch die Rechtsradikalen, ist heute schwer zu entscheiden. In der politischen Analyse anläßlich des VI. Weltkongresses fehlt allerdings jeder Hinweis auf diese Konsequenz, die man hätte in Betracht ziehen müssen, wäre man wirklich bestrebt gewesen, in Deutschland eine verantwortungsvolle Kominternpolitik zu führen. Bei den gleichen Wahlen im September 1930 erhielten nämlich die Nationalsozialisten sechseinhalb Millionen Stimmen gegenüber 800 000 bei den vorhergehenden Wahlen. Anstatt aber Schlußfolgerungen aus dieser ungeheuren Bedrohung zu ziehen und die Feindschaft gegen die andere Arbeiterpartei, die SPD, zu begraben, brandmarkte die Komintern nach wie vor die Sozialdemokraten als Hauptfeinde. Um die Haßgefühle der kommunistischen Arbeiter gegen die SPD zu steigern, betitelte man deren Anhänger als „Sozialfaschisten", eine Beschimpfung, die von kommunistischer Seite bereits 1924 geprägt worden war. Damit stellten die Kommunisten die Sozialdemokraten nicht nur den Faschisten gleich, sondern diese Bezeichnung war sogar noch vernichtender, weil sie das Element des Verrats in sich schloß. Die Kommunisten führten also einen Zweifrontenkrieg, sowohl gegen die SPD, als auch gegen die Nazis. Es ergab sich von selbst, daß nach 1929, als die NSDAP sprunghaft anwuchs, die Auseinandersetzungen mit ihren Anhängern an Heftigkeit zunahmen. Heinz Neumann hatte, wie schon erwähnt, die Losung geprägt: „Schlagt die Faschisten, wo ihr sie trefft!" und gefordert, daß man die Terrormethoden der Nazis mit den gleichen Mitteln beantworten solle. Damals verging in Deutschland kaum ein Tag ohne politischen Mord. Die Nazis erschlugen oder erschossen ihre politischen Gegner bei Versammlungen, auf Demonstrationen oder mordeten sie ganz einfach aus dem Hinterhalt. Es herrschte eine Art latenter Bürgerkrieg. Die hektischen Methoden der Kommunisten im Kampf gegen ihre nazistischen Gegner, Methoden, die mit echter politischer Strategie nichts mehr zu tun hatten, deuteten sehr darauf hin, daß die KPD vom plötzlichen Aufschwung der Nazis überrumpelt worden war. Nach dem VI. Weltkongreß hatte die KP-Führung in dem Glauben gelebt, daß die Radikalisierung der Massen der Kommunistischen Partei zugute kommen werde. Es gehörte mit zu den größten Schwächen der Führung der KPD, daß sie ständig ihren wirklichen Einfluß überschätzte. Ein zwar etwas komisches, jedoch typisches Beispiel dafür war Thälmanns Reaktion auf die mitsingende Menge der Ausflügler bei der Baumblüte in Werder. Die zufälligsten Anzeichen wurden falsch und, wenn es nur irgend ging, zum eigenen Vorteil gedeutet. Die marxistische Dialektik feierte damals Triumphe. Das, woran wir uns heute, weil es im Osten

alltägliche Erscheinung ist, längst gewöhnt haben, war auch damals schon wirksam. Nicht allein das Schlagwort, daß „gut sei, was uns nütze", wurde blindlings befolgt, sondern eine Niederlage war selbstverständlich keine Niederlage, sie wurde in einen Sieg umgedeutet. Nun waren die Reichstagswahlen von 1930 allerdings ein scheinbarer Erfolg für die KPD, da sie einen großen Zuwachs an Mandaten gebracht hatten. In Beziehung zum Gesamtergebnis bedeuteten sie jedoch eine Niederlage, und zwar eine Niederlage der Arbeiterklasse in ihrer Gesamtheit. Das Anwachsen der nationalsozialistischen Stimmenzahl von 800 000 auf sechseinhalb Millionen war ein furchtbarer Schlag, sowohl für die Sozialdemokraten wie für die Kommunisten. Jedoch die „Rote Fahne" stimmte ein Siegesgeschrei an und stellte die KPD als den wirklichen Gewinner dieses Wahlkampfes hin.
Die Schuld, daß die Kommunisten statt der echten politischen Auseinandersetzungen mit den Nazis immer häufiger zu terroristischen Mitteln griffen, lag aber vorwiegend bei den Nationalsozialisten. Bei der NSDAP hatte man es mit einem Gegner zu tun, der mit Elementen durchsetzt war, denen der kalte politische Mord bereits seit dem Ende des ersten Weltkrieges zur täglichen Gewohnheit geworden war.
Wenn Neumann aufforderte: „Schlagt die Faschisten, wo ihr sie trefft!", dann handelte es sich um Gegenwehr und nicht um Provokation. Das Bürgertum hatte es sich bequem gemacht, indem es die Kommunisten von vornherein zu politischen Rowdies stempelte. Es muß aber, bei aller Kritik an der KP, ihrer Politik und ihren Methoden, festgestellt werden, daß sie den individuellen Terror ablehnte und als ein Vergehen gegen die Parteidisziplin ahndete. Die von der KPD geführten blutigen Aktionen der Nachkriegszeit, wie die Aufstände von 1919, 1920 und 1923, hatten bürgerkriegsähnlichen Charakter. Der nackte Mord an Persönlichkeiten des politischen Lebens, von Liebknecht und Rosa Luxemburg bis zu Jogiches, Erzberger, Rathenau, war das Werk von Rechtsextremisten und Nationalisten. Diese Methoden mit gleicher Münze zu vergelten, lag sicherlich auf der Hand.
Bis Ende des Jahres 1930 hatte die Komintern Neumanns politische Linie im Kampf gegen die Nazis gutgeheißen. Dann aber vollzog sich eine Wendung. Man begann seine „falsche, sektiererische Massenpolitik" zu kritisieren und brandmarkte den physischen Kampf

gegen die Nationalsozialisten als eine Abweichung. Anstatt nun die antinazistischen Kampfmethoden einer sicher notwendigen Revision zu unterziehen, schien aus unerklärlichen Gründen die Komintern nicht mehr entschlossen zu sein, die Auseinandersetzung mit den Faschisten auf Biegen oder Brechen fortzusetzen. Dafür aber richtete die Moskauer Führung der Kommunistischen Internationale in dieser Stunde höchster Gefahr ihr schwerstes politisches Geschütz auf den „Hauptfeind" in Deutschland, auf den „Sozialfaschismus", die SPD. Erst in zweiter Linie, dekretierte die Komintern, müsse sich die KPD des Faschismus erwehren, aber nicht mehr mit den gleichen Methoden wie bisher, sondern mit „geistigen" Waffen. Das war zu diesem Zeitpunkt und bei der Mentalität des nazistischen Gegners eine besonders groteske Zumutung. –
Wie verderblich die Haltung der Komintern der SPD gegenüber war, zeigt sich an einigen Begebenheiten, über die ich kurz berichten will. Diese Ereignisse beweisen deutlich, daß es damals bei einer anderen Politik der KPD durchaus möglich gewesen wäre, zwischen den Anhängern der beiden Arbeiterparteien eine Aktionseinheit im Kampf gegen die Nazis herzustellen. Im Jahre 1931 bemühte sich die KPD, eine solche Aktionseinheit zustande zu bringen, und machte sogar lahme Versuche, ihre Überspitzungen im Kampf gegen die Sozialdemokraten, die sie 1930 noch „aus allen Betrieben, Arbeitsnachweisen und Berufsschulen verjagen" wollte, abzuschwächen. Die Generallinie in diesem Kampf änderte sich allerdings nicht, man verlegte sich nur auf eine andere Taktik. Mit Sozialfaschisten bezeichnete man jetzt die führenden Politiker und Funktionäre der SPD, denen man weiterhin einen unerbittlichen Kampf ansagte, während man um die einfachen Mitglieder auf reichlich plumpe Weise zu werben begann. Man glaubte, die SPD einfach unterwandern, sie zersetzen zu können. Hier zeigt sich übrigens eine der typischen Fehlwertungen der KPD. Sie hielt ihren Einfluß für ausreichend und ihre Methoden für wirksam genug, um die unteren Schichten einer seit drei Jahrzehnten fest organisierten Partei von ihrer Führerschaft trennen zu können. Das sollte der KPD nur in äußerst schwachem Ausmaß gelingen. Wie heftig allerdings der Wunsch unter der Arbeiterschaft Berlins nach Aktionseinheit im Kampf gegen die Nazis gewesen ist, wurde mir durch zwei Massenkundgebungen klar. Zur ersten rief nur die KPD auf. Sie fand im größten Versammlungssaal von Kliems Festsälen

statt. Das Referat trug, wenn ich mich recht erinnere, den Titel „Durch rote Einheit zur Macht“, und der Redner der Veranstaltung war Heinz Neumann. Der Andrang übertraf alle Erwartungen, und obgleich man sofort den Nebensaal öffnete und ihn provisorisch mit einer Lautsprecheranlage versah, kamen weitere Hunderte von Menschen nicht herein, sondern scharten sich auf der Straße um den dort angebrachten Lautsprecher. Aber aus technischen Gründen funktionierte die Übertragung der Rede nicht. Aus dem Trichter drang nur ein heiseres Gebell, kein Wort war zu verstehen. Trotzdem saß im Nebensaal die Menge unbeweglich, und auf der Straße lauschten Hunderte, um den Sinn des unverständlichen Geräuschs zu enträtseln.

Welche taktischen Erwägungen der nächsten Veranstaltung vorausgingen, weiß ich nicht. Vielleicht hatte die KP-Führung zu diesem Zeitpunkt einen lichten Moment, der sie das Verhängnisvolle ihrer selbstmörderischen Politik begreifen ließ. Es geschah nämlich das Erstaunliche: die KPD wandte sich an die Führung der Berliner SPD-Organisation, um gemeinsam zu einer Kundgebung im größten Saal der Stadt, im Sportpalast, aufzurufen. Es sollten Franz Künstler, der Vorsitzende der Berliner Organisation der SPD, und Heinz Neumann sprechen. Schon in den frühen Nachmittagsstunden war die Potsdamer Straße, an der der Sportpalast liegt, schwarz vor Menschen. Stunden vor Beginn der Versammlung sperrte die Polizei die ganze Umgebung ab. Der riesige Saal konnte nur einen Bruchteil der wartenden Menge aufnehmen. Ich stand über drei Stunden in der Schlange, umgeben von SPD-Arbeitern, deren Erregung über das provokatorische Verhalten der Polizei mit jeder halben Stunde längeren Wartens wuchs. Als dann auch noch die sozialdemokratische Schufo, eine militante Formation des Reichsbanners, mit der Polizei gemeinsam für Ruhe auf der Straße zu sorgen begann, spielten sich wilde Szenen ab, in denen SPD-Leute ihre Parteibücher in Fetzen rissen und die sozialdemokratischen Staatsmänner Preußens in Bausch und Bogen verdammten. Ich kam nicht in den Saal, aber man erzählte mir später, was sich im Sportpalast ereignete und wie gespannt die Atmosphäre zwischen den sozialdemokratischen und kommunistischen Arbeitern war, die durch ihr Erscheinen doch eigentlich für eine gemeinsame Sache demonstrierten. Ihrem Wunsch nach Aktionseinheit gegen den Faschismus standen unüberwindliche Ressentiments im Wege.

Wie weit die programmatischen Ausführungen der Redner dieses Abends dazu beitrugen, diese Ressentiments zu beseitigen, ist auch noch eine Frage. Wie ich erfuhr, machten nach der hölzernen Eröffnungsansprache Walter Ulbrichts und der farblosen Rede Künstlers Heinz Neumanns Ausführungen einen besonders großen Eindruck. In der Zeitschrift „Die Weltbühne", in der einige Tage später diese Versammlung beschrieben wurde, stand: „... Zuerst sprach Künstler für die SPD, dann aber betrat ein wahrer Künstler das Podium, Heinz Neumann, der für die KPD das Wort ergriff..." Trotzdem dürfte wahrscheinlich auch diese ausgezeichnete Rede nicht zur Verständigung beigetragen haben, denn obgleich Heinz Neumanns Rhetorik frei von jedem KP-Jargon war, so blieb doch sein Denken derart kommunistisch ausgerichtet, daß er einen sozialdemokratischen Arbeiter wohl vorübergehend durch sein starkes Temperament mitreißen, ihn aber letzten Endes nicht von der Ehrlichkeit der kommunistischen Absichten überzeugen konnte, da man das „taktische Manöver" aus jeder seiner noch so guten Formulierungen heraushören mußte.
Nach Schluß der Sportpalastkundgebung stand ich vor dem Versammlungslokal, um Heinz zu erwarten, und geriet in einen der für die damalige Zeit so typischen Straßentumulte. Vor dem Ausgang hatten sich Gruppen gebildet, die in Sprechchören „Nieder mit dem Faschismus!" und andere Losungen schrien. Die aus dem Saal herausdrängende Menge wurde auf diese Weise am Weitergehen gehindert und begann sich mit Gewalt einen Weg ins Freie zu schaffen. Damit war die Prügelei auch schon entfesselt. Ich wurde zur Seite an die Häuserwand gedrängt und geriet in eine Gruppe von Männern, die aufmerksam den Balkon im zweiten Stock des Eckhauses gleich neben dem Sportpalast beobachteten, denn dort hatten mehrere Polizisten Posten bezogen. Als sich die Schlägerei entwickelte, wurde plötzlich vom Balkon aus geschossen. Es waren zwar nur Warnschüsse, aber wer wußte das schon in der erregten Situation! Nicht einmal die übrigen Polizisten, die an den anderen Stellen der Straße postiert waren und nun ebenfalls mit den Revolvern herumzufuchteln und zu schießen begannen. Darauf stürzten die Versammlungsbesucher in Panik durcheinander, es gab Verwundete, und wie es gar nicht anders zu erwarten war, stieg der Haß gegen die Hüter der demokratischen Ordnung an.

Neben mir stand ein zufällig in den Knäuel geratener Fabrikant aus Köln, der gar nichts mit der Versammlung zu tun hatte, aber nun zufällig Zeuge dieser Schießerei geworden war. Er meinte treuherzig zu den Umstehenden, daß er so etwas nie für möglich gehalten und immer gedacht habe, daß die Polizei nur schieße, wenn die Kommunisten sie angriffen. Also, folgerte er, dürfte es doch wohl wahr sein, daß die Kommunisten ganz unschuldig seien ... Er hatte den Satz noch gar nicht beendet, als er bereits von seinem Nebenmann in ein Gespräch verwickelt wurde, wobei ihm in beredten Worten die Ideale des Kommunismus gepriesen und die Weimarer Republik in Grund und Boden verdammt wurde. Ich hörte gerade noch, bevor ich zum Eingang des Sportpalastes zurückstrebte: „Wenn Sie in die Kommunistische Partei eintreten wollen, so brauchen Sie nur diesen Zettel zu unterschreiben ..."

Saalschlachten gehörten in der Weimarer Republik seit dem Ende der zwanziger Jahre zu den Gepflogenheiten der politischen Auseinandersetzung. Immer häufiger ließ man Parteigegner gar nicht mehr zu Worte kommen, sondern schlug sie, im wahrsten Sinne des Wortes, einfach aus dem Felde. Aber es gab auch Methoden, ganze Versammlungen, noch bevor die Redner mit der Ansprache beginnen konnten, kurzerhand zu sprengen. Deshalb benutzten die verschiedenen Parteien einen Versammlungsschutz aus den Reihen ihrer uniformierten Formationen, wie den Roten Frontkämpferbund der Kommunisten, das Reichsbanner der Sozialdemokraten, den Stahlhelm der Deutschnationalen und die zu so trauriger Berühmtheit gelangte SA der Nationalsozialisten. Wenn Kommunisten nazistische Versammlungen besuchten, so eigentlich nur, um sie durch Zwischenrufe oder rabiatere Mittel zu stören. An Diskussionen war sowieso nicht mehr zu denken. Als Heinz Neumann sich 1931 bereit erklärte, in einer von der Berliner NSDAP einberufenen Versammlung als Korreferent gegen Goebbels aufzutreten, geschah es, soweit ich mich erinnern kann, nachdem die Komintern von der KP-Führung verlangt hatte, die Kommunisten sollten den Versuch machen, der nationalsozialistischen Gefahr mit „geistigen Waffen" zu Leibe zu gehen. Wegen seines unerbittlichen Kampfes gegen die Faschisten hatten die Nazis einen ganz besonderen Haß auf Neumann.

Die NSDAP-Veranstaltung war bereits in vollem Schwunge, als Neumann den Saal betrat und in der Nähe der Tür stehenblieb.

Wahrscheinlich hatte ihn keiner der Nazis erkannt, denn als Goebbels seine Rede endete, in der er durch unentwegte Angriffe gegen die „Kommune“ die Zuhörer in rasende Stimmung gebracht hatte, ging ein Pg. der Versammlungsleitung aufs Podium und kündigte an: „Als nächster Redner der Kommunist Heinz Neumann!“ Bei diesen Worten verzog sich sein Gesicht zu einem höhnischen Grinsen, denn er war überzeugt, daß Neumann es niemals wagen würde, bei der im Saale herrschenden Stimmung das Podium zu betreten. Wie auf Kommando brach die Menge dann auch in tierisches Geheul aus. Viele standen von ihren Plätzen auf, um den verhaßten Gegner zu entdecken. Mit unbewegtem Gesicht kam Neumann von der Tür her und ging langsam durch den langen Gang bis nach vorn zum Podium. Jeden Augenblick mußte man erwarten, daß ihn die Aufgehetzten niederschlagen würden. Er erreichte das Rednerpult, und es gelang ihm schon nach einigen Sätzen, die Versammlung zum Zuhören zu zwingen, ja, es gab sogar Ansätze von Beifall. Statt einer Diskussion hatte sich Goebbles aber ausgedacht, Neumann durch provokatorische Fragen zur Strecke zu bringen. Er forderte Neumann auf, zu antworten, ob er nach wie vor zu seiner Losung stehe: „Schlagt die Faschisten, wo ihr sie trefft!“ Auf Neumanns „Ja!“ gingen alle weiteren Worte in einem Orkan von „Juda verrecke!“, „Schlagt ihn tot!“ und Pfuirufen unter.

Um Sein oder Nichtsein der KPD

Stalin war es, der 1930 in einem Gespräch mit Neumann dessen Methoden im Kampf gegen die Nazis das erste Mal kritisierte. Er warf ihm „linkssektiererische Massenpolitik“ vor. Dieser Angriff Stalins blieb Neumann damals unverständlich. Fast ein Jahr später, nachdem Neumann bereits wiederholte Male wegen der Fortführung seiner „linkssektiererischen“ Politik von der Komintern kritisiert worden war, hatte Stalin wiederum ein Gespräch mit ihm. Es gehörte zu den Eigenarten des Diktators, seine Befehle oder Ansichten oft in Suggestivfragen zu kleiden. Während dieser Unterhaltung, die Ende 1931 stattfand, suchte Heinz seine Politik mit der zunehmenden Bedrohung durch die Nazis zu verteidigen.

Stalin unterbrach ihn und fragte: „Glauben Sie nicht auch, Neumann, daß, falls in Deutschland die Nationalisten zur Macht kommen sollten, sie so ausschließlich mit dem Westen beschäftigt sein würden, daß wir in Ruhe den Sozialismus aufbauen könnten?" Ich habe diese Frage Stalins an Neumann nie vergessen, denn es war das erste, was mir Heinz mitteilte, als er damals aus Moskau am Bahnhof Friedrichstraße in Berlin ankam. Wir versuchten, diesen Ausspruch, der doch eigentlich nichts an Eindeutigkeit zu wünschen ließ, zu enträtseln, wollten ihn mit aller Gewalt nicht begreifen und bemühten uns, ihm eine andere Deutung zu geben. Wir schoben es weit von uns, in diesem Satz Stalins außenpolitisches Konzept zu erkennen. Heute, nach über fünf Jahrzehnten, ist es möglich, die Haltung Stalins in einer anderen Perspektive zu sehen, nämlich als logische Folge seines politischen Programms, das er bereits seit Ende der zwanziger Jahre in die Tat umzusetzen versuchte. Lenin hatte nach dem Sieg der Bolschewiki fest mit der Revolution in Deutschland gerechnet. Sie war ein wesentlicher Bestandteil seines Glaubens an den Internationalismus. Ein Gelingen des sozialistischen Aufbaus in Sowjetrußland setzte, nach Lenins Meinung, siegreiche Revolutionen in anderen europäischen Ländern voraus. Nach Lenins Tod kamen seinem Nachfolger Stalin sehr bald Zweifel an der Richtigkeit und den Siegeschancen des Internationalismus. Schon Ende der zwanziger Jahre propagierte er deshalb den Aufbau des Sozialismus im eigenen Lande. Nach 1930 aber begrub Stalin alle Hoffnungen auf Internationalismus und Weltrevolution im alten bolschewistischen Sinne und ersetzte sie durch einen handfesten russischen Nationalismus und imperialistische Expansionspläne. Revolutionen in den Nachbarländern sollten von nun ab mit Hilfe der Roten Armee durchgeführt werden. Mit dieser neuen außenpolitischen Konzeption, die nichts mehr mit dem ursprünglichen kommunistischen Programm der Bolschewiki zu tun hatte, änderte sich auch Stalins Deutschlandpolitik. An die Stelle der Leninschen Hoffnung auf die deutsche Revolution trat Stalins Bemühen, eine solche Revolution zu verhindern. Seinen imperialistischen Zwecken war ein nationalistisches Deutschland dienlicher als ein kommunistisches. Deshalb tat er alles, um eine vereinigte kommunistisch-sozialdemokratische Aktion unmöglich zu machen, und ging sogar dazu über, der KPD gemeinsame Aktionen mit den Nazis zu befehlen, während er sie zu gleicher Zeit zu immer heftigerer Opposition gegen die SPD antrieb. Stalin dürfte ein sozialistisch-kommunistisches Deutschland gefürchtet haben. Da er annahm, daß die Kommunisten dann an die Macht kämen, fürchtete er, daß dann die Sektion der Komintern um der industriellen Stärke Deutschlands willen der sowjetrussischen Vormachtstellung gefährlich werden könnte. So tat er ab 1931 alles, um die Kampfkraft der KPD systematisch zu schwächen und auf diese Weise eine kommunistische Revolution zu verhindern. Stalins Sprachrohr Manuilski versuchte, dieser Politik ein gleisnerisches Mäntelchen umzuhängen, indem er im Januar 1932 sagte, daß der Nationalsozialismus als eine Art Vorspann für die proletarische Diktatur anzusehen sei, da er die SPD und die Gewerkschaften zertrümmere. Danach würden sich die Massen der Arbeiter der Führung der KPD anvertrauen. Auch nach 1933 verfolgte Stalin weiterhin zielbewußt seinen Plan, durch ein Bündnis mit dem nationalsozialistischen Deutschland seine expansiven Absichten zu verwirklichen. Krivitsky, der Leiter des Militärischen Nachrichtendienstes der Sowjets für Westeuropa, schrieb in seinem Buch „Ich war in Stalins Dienst", das er nach seinem Absprung im Jahre 1940 verfaßte, daß Stalin ihm den Befehl gegeben habe, trotz Hitlers Antikomintern die Kontakte mit Deutschland ständig aufrechtzuerhalten. Erst 1939 bot sich Stalin dann die ersehnte Gelegenheit. Er schloß den berüchtigten Pakt mit Hitler ab, teilte sich mit den Nazis in Polen und hielt der deutschen Wehrmacht den Rücken frei, damit sie den Westen überrennen könne. Er hoffte, in der Zwischenzeit „den Sozialismus in Ruhe aufgebaut zu haben", so daß er schließlich als lachender Dritter durch Revolutionen mit Hilfe der Roten Armee das durch den Krieg geschwächte Westeuropa dem erträumten großrussischen Reiche eingliedern könne.

Während des Jahres 1931 wurden Thälmann, Remmele und Neumann mehrere Male nach Moskau geholt, kritisiert und zu loyaler Zusammenarbeit ermahnt. Man klagte immer wieder Neumann der „Doppelzüngigkeit" an, weil er sich offiziell der neuen Linie beugte, aber in Wirklichkeit den Kampf gegen die Nazis in der alten Weise fortsetzte. Im Zusammenhang damit entstanden Unstimmigkeiten mit Thälmann, und die Zusammenarbeit im Politbüro der KPD wollte nicht mehr klappen. Ob Thälmann Heinzens Doppelspiel gegenüber der Komintern mißbilligte, ob er von der Richtigkeit der neuen Politik im Kampf gegen die Nazis überzeugt war oder ob er gar den Auftrag von Moskau hatte, Heinz Neumann Schwierigkeiten zu bereiten, damit er sich schneller abwirtschafte, ist schwer zu ergründen. Eins steht fest, daß Thälmann im Laufe dieses Jahres immer häufiger nach Hamburg verschwand und auf diese Weise das Politbüro der Partei, wie es zum Beispiel am 13. Juli beim Bankkrach und kurz darauf beim „roten Volksentscheid" in Preußen der Fall war, beschlußunfähig machte. Jedesmal mußte Neumann ihm nachreisen und ihn bewegen, die Arbeit in Berlin wieder aufzunehmen. Dabei kam es häufig zu heftigen Auseinandersetzungen. Unter diesen Umständen entstand in der Parteiführung eine gereizte Stimmung gegen Thälmann, dessen Schwächen man dort nur allzu gut kannte, den man aber als dekorativen, proletarischen Parteiführer nun einmal brauchte. Gerade in diesen Jahren hatte man, getreu dem sowjetischen Vorbild, mit ihm einen Führerkult getrieben, der ans Lächerliche grenzte. Bei den letzten Reichstagswahlen war die ganze Fassade des vielstöckigen Parteihauses mit riesigen Thälmann-Bildern bedeckt worden, und die „Rote Fahne" überbot sich täglich in lobenden Adjektiven bei der Erwähnung seines Namens. Da war es natürlich kein Wunder, daß Teddy, das künstlich geschaffene Werkzeug, dem jeder Artikel und alle Reden, die er bei wichtigen Anlässen oder vor dem Zentralkomitee halten mußte, von Neumann und später von Werner Hirsch verfaßt wurden, immer häufiger aufbegehrte. Perioden des Größenwahns wechselten ab mit Anfällen tiefster Niedergeschlagenheit, in denen ihm klar wurde, daß er sich nicht zum Parteiführer eigne. „Man treibt Schindluder mit mir", beklagte er sich dann deprimiert und voller Mißtrauen. Natürlich kam es auch ihm zu Ohren, daß sich die Intellektuellen in der Partei über ihn und seine Stilblüten lustig machten. Er litt darunter und entwickelte mit der Zeit einen gehörigen Minderwertigkeitskomplex.

Die Nationalsozialisten brachten im Sommer 1931 gemeinsam mit den in der sogenannten „Nationalen Opposition" zusammengeschlossenen Deutschnationalen sowie dem Stahlhelm ein Volksbegehren gegen die Regierung Braun ein. Sie wollten auf diese Weise den Sturz der sozialdemokratischen Regierung Preußens erzwingen. Die erste Reaktion der KPD-Führung auf dieses faschistische Manöver war einmütige Ablehnung. Dann aber traf mit einiger

Verspätung die Stellungnahme der Komintern im Karl-Liebknecht-Haus ein und enthielt den Befehl, die KPD habe sich am kommenden Volksentscheid gegen die sozialdemokratische Preußenregierung zu beteiligen.
Diese Zumutung, gemeinsam mit den Nazis eine politische Aktion durchzuführen, ging selbst den ans Gehorchen gewöhnten Politbüro- und ZK-Mitgliedern zu weit, und sie formulierten in der Antwort an die Komintern ihre Bedenken. Darauf beorderte man drei von ihnen, Thälmann, Remmele und Neumann, nach Moskau zu einer „Aussprache". Dort bedurfte es wahrscheinlich keiner allzu großen Anstrengungen, um ihre politischen Einwände gegen die Einheitsfront mit den Nazis zum Schweigen zu bringen, denn es stellte sich heraus, daß der Initiator des gemeinsamen Volksentscheids Stalin persönlich war. Während die drei noch in Moskau waren, soll übrigens dort ein Schreiben Ulbrichts eingetroffen sein, in dem er seine Begeisterung für die Idee des gemeinsamen Volksentscheids äußerte. So kehrten dann die Vertreter der KPD nach Berlin zurück, begannen die Kampagne für den „Roten Volksentscheid" und machten sich daran, gegen ihre Überzeugung die sich sträubenden Funktionäre von der Richtigkeit dieser Einheitsfront mit den Nazis zu überzeugen. Ernst Thälmann unternahm noch einen verzweifelten Versuch, sich aus der Affäre zu ziehen, indem er wieder einmal nach Hamburg entwich. Aber da gab es kein Desertieren. Auch er mußte in Versammlungen den fassungslosen Parteimitgliedern die Richtigkeit der neuen Linie verkünden. Die Fama weiß zu berichten, daß er sich wegen dieser Erniedrigung tätlich an Heinz Neumann gerächt habe. Diese Geschichte klingt aber ebenso unwahrscheinlich wie eine andere Version, die solche Prügelei auf ein Plenum in Moskau verlegte, wo Neumann angeblich die Seiten des von ihm für Thälmann vorbereiteten Referats tückischerweise durcheinandergebracht und Thälmann seelenruhig den völlig unzusammenhängenden Text verlesen habe. Als dann die Zuhörer protestierten, sei er, so wird behauptet, gegen Neumann tätlich geworden.
Am Wahltage zum „Roten Volksentscheid", der mit zu einem der traurigsten Kapitel der Geschichte der KPD gehört, prangten vor den Abstimmungslokalen die roten Fahnen mit Hammer und Sichel neben den roten Hakenkreuzfahnen. So hatte es Stalin gewünscht. Aber die einfachen Parteimitglieder der KPD empfanden das Ganze

als einen Hohn auf ihre antifaschistische Gesinnung und weigerten sich, zur Wahl zu gehen.

Von den Auseinandersetzungen im Politbüro merkte die große Menge der KP-Mitglieder nicht das geringste. Sie spielten sich unter Ausschluß der Öffentlichkeit in der Spitze der Partei und später auch des Kommunistischen Jugendverbandes ab. Die merkwürdigen Formen dieses innerparteilichen Konfliktes sind typisch für die politische Struktur der KPD in jenen Jahren. Mit der Stalinschen Ära hatten auch die kommunistischen Parteien der Internationale allmählich ihren Charakter geändert. Autoritäre Methoden traten an die Stelle der innerparteilichen Demokratie. Die große Linie der politischen Strategie und Taktik wurde aus Moskau geliefert, und es war bereits „parteifeindlich", ihre Richtigkeit auch nur in Zweifel zu ziehen. Diese Tatsache schloß letzten Endes jede wirkliche Diskussion in der Partei von vornherein aus, die ebenso überflüssig wie gefährlich gewesen wäre. Man begann, unter „Diskussion" das Nachbeten des linientreuen parteioffiziellen Referates zu verstehen.
Auch im Kampf der Neumann-Gruppe gegen Thälmann gab es keine Diskussionen, höchstens Gespräche zwischen den Abweichlern. Heinz legte das Hauptgewicht darauf, möglichst viele Freunde und Gleichgesinnte zu sammeln, um das Kräfteverhältnis in der Parteiführung zu verschieben. Willi Münzenberg, Leo Flieg und Hermann Remmele unterstützten ihn in diesem Bemühen. Ein großer Teil der ZK-Mitglieder zeigte ihm Sympathien, und die Führung des Jugendverbandes erklärte sich fast geschlossen solidarisch mit seiner politischen Linie. Ermutigt durch diese starke Unterstützung, hielt Neumann es für möglich, hinter dem Rücken der Komintern seine Politik durchzuführen, eine Politik, die, wie er meinte, den Interessen des deutschen Proletariats entsprach und die vor allem verhindern sollte, daß die Nationalsozialisten an die Macht kämen. Er zweifelte weder am Erfolg dieser Politik noch an deren dringender Notwendigkeit. Er hoffte, Moskau schließlich vor vollendete Tatsachen stellen zu können. Die geschichtliche Entwicklung werde ihm recht geben, und dann werde die Komintern gezwungen sein, dem Ganzen ihren Segen zu erteilen. Bezeichnend ist es, daß niemand auf den Gedanken kam, diesen politischen Meinungsstreit vor die Tausende von Mitgliedern der angeblich

nach demokratischen Prinzipien organisierten Partei zu bringen, die Massen der Genossen um ihre Meinung zu fragen.
Von einer „Gruppe Neumann" erfuhr die Parteimitgliedschaft erst, als Neumann schon seit über einem halben Jahr aus der Führung der KPD entfernt worden war. Aber diese ersten Veröffentlichungen in der Resolution der Parteikonferenz vom Oktober 1932, wo von Neumanns „sektiererischem Verhalten gegenüber den sozialdemokratischen Arbeitern" und von „Widerstand gegen die Entfaltung der bolschewistischen Selbstkritik" die Rede ist, läßt die entscheidenden Differenzen über die Art des Kampfes gegen den Faschismus völlig unerwähnt. Auch wird Remmele, Neumanns nächster Mitkämpfer, überhaupt nicht genannt. Noch scheute die Komintern ein offenes Entgegentreten, man ließ soviel wie möglich im dunkeln. Aber eins wurde schon 1932 auf der Parteikonferenz klar: Man präparierte Neumann für die Rolle des Sündenbocks, dem man die Schuld am Versagen der KPD in die Schuhe zu schieben gedachte. Die Auseinandersetzungen zwischen ihm und Thälmann erhielten bei der sogenannten „Durcharbeitung", der einsetzenden Kritik, nicht nur ein völlig anderes Gesicht, man unterschob Neumann und Remmele einen ganzen Wust von Fehlern und politischen Vergehen, deren sich die beiden niemals schuldig gemacht hatten. Aus einem „Gruppenkampf" wurde, nachdem die Organisatoren längst abgesägt und mundtot gemacht worden waren, das viel schwerwiegendere Verbrechen eines „Fraktionskampfes", aus „linken" Abweichungen „defaitistische, opportunistische, rechte" Fehler, und Jahre später, kurz vor Neumanns und Remmeles Verhaftung in Moskau, lautete die Formulierung der Internationalen Kontrollkommission der Komintern, daß „Neumann und Remmele durch ihren parteifeindlichen Fraktionskampf ... dem Faschismus in Deutschland zur Macht verholfen hätten".
Dieser Kampf an der Spitze der KPD erlebte seinen eigentlichen Höhepunkt aber erst, nachdem Neumann bereits viele Monate von der deutschen Arbeit entfernt und via Moskau nach Spanien geschickt worden war, um dort im Auftrage der Komintern tätig zu sein. Es war ihm streng untersagt worden, irgendeine Verbindung zur Führung der KPD aufrechtzuerhalten. Aber er brach die Parteidisziplin. Sein ganzes Interesse galt der politischen Situation in Deutschland. Voller Verzweiflung sah er das Herannahen des Faschismus und versuchte, durch beschwörende Briefe an Willi

Münzenberg und Hermann Remmele, der noch Mitglied des Politbüros war, das Schlimmste zu verhindern. Einer dieser Briefe, den er im Winter 1932/33 an Remmele schickte, fiel in die Hände des Geheimapparates der KPD. Bevor Hermann Remmele im März 1933 aus Deutschland floh, vernichtete er alle Schriftstücke, die sich in seinem illegalen Quartier befanden. Der Brief Neumanns aber hatte sich zwischen Schreibtischschublade und Tischplatte geklemmt und fiel erst herunter, als Leute des Geheimapparates das bereits verlassene Zimmer Remmeles kontrollierten. Dieses Schreiben wurde zum Corpus delicti. Es bewies die „politisch verbrecherischen" Absichten Neumanns, denn er forderte in ihm Remmele auf, auch gegen die Befehle der „Bande" mit allen Mitteln den Kampf gegen die Nazis fortzusetzen, bevor es zu spät sei, und er schloß mit dem Satz: „Sei nicht Haase, sondern Liebknecht!" In diesem Satz wird auf eine Abstimmung im Reichstag aus dem Jahre 1914 angespielt, in der allein Karl Liebknecht gegen die Kriegskredite stimmte, während der linke Sozialdemokrat Haase klein beigab und, ebenso wie die Mehrheit der SPD, den Internationalismus verriet. Für die Komintern aber sollte der Satz eine ganz andere Bedeutung haben; sie sah in ihm den Beweis, daß Neumann beabsichtigte, die KPD zu spalten, so wie Karl Liebknecht durch die Gründung des Spartakusbundes die SPD gespalten hatte.

Als dann die Neumann-Remmele-Gruppe auf Betreiben der Komintern zerschlagen war und die Hauptschuldigen geächtet, jeglicher Parteifunktion enthoben, dahinlebten, dauerte es nicht lange, bis sie zu Kreuze krochen und, wie das in kommunistischen Parteien so üblich ist, Erklärungen über ihre politischen Vergehen abgaben. Sie stellten sich sozusagen freiwillig an den Pranger, denn das war die einzige Möglichkeit, nicht aus der Partei ausgeschlossen zu werden. Unter solche „Erklärung" mußte die Komintern allerdings erst ihr „befriedigend" gesetzt haben, bevor dem politischen Ketzer Absolution erteilt wurde und er wieder der Ehre teilhaftig war, sein Leben für die Partei einsetzen zu dürfen. Als „Abgesägter" leben zu müssen, ist für einen Kommunisten gleichbedeutend mit gestorben sein.

Die damals in der Schweiz erscheinende kommunistische Zeitschrift „Rundschau" veröffentlichte im Januar und April 1934 je eine Erklärung von Remmele und Neumann. In diesen Dokumenten gestehen beide in unterwürfigem Ton ganze Serien von „politischen

Abweichungen" ein, von denen sie sich in Wirklichkeit nur eines Bruchteils schuldig gemacht hatten. Sie taten es, obgleich niemand sie zu solchen falschen Geständnissen gezwungen hatte. Sie taten es aus freiem Willen. Von diesem Verhalten bis zu den Geständnissen nie begangener Verbrechen durch die kommunistischen Angeklagten bei den sowjetischen Schauprozessen geht eine direkte Linie.

In Neumanns Erklärung heißt es unter anderem: „. . . Der gesamte Fraktionskampf, den ich im Jahre 1932 und bis zum März 1933 gegen das Zentralkomitee der KPD geführt habe, war von Anfang bis zu Ende eine Kette von schwersten Fehlern und Vergehen gegen die Linie und die Disziplin unserer Partei. Diesen Kampf, den ich mit scheinbar ‚linken' Formulierungen (‚Schlagt die Faschisten, wo ihr sie trefft' und anderen) begann, um eine oppositionelle Gruppe in Partei und Jugendverband gegen unsere bolschewistische Führung mit dem Genossen Thälmann an der Spitze zu bilden, endete zwangsläufig auf den Positionen des rechten Opportunisten, der rechten, defaitistischen Abweichung von der Linie der Komintern. (Stellungnahme gegen die richtige Taktik der KPD während des Staatsstreiches Hitlers und anderes.) Indem ich die mehrfachen Warnungen und unmißverständlichen Beschlüsse der leitenden Partei- und Kominternorgane in den Wind schlug, indem ich als Hauptinitiator und Hauptorganisator des Fraktionskampfes auftrat . . ., trifft mich die ganze Schwere der politischen und parteimäßigen Verantwortung für dieses Verhalten. Mein Brief an den Genossen Remmele ist ein kraß antiparteiliches, im schlimmsten Sinne fraktionelles Dokument, das ich nicht nur als einen Fehler, sondern als ein Verbrechen betrachte und dessen Inhalt unvereinbar mit der Zugehörigkeit zu unserer Partei ist. Meine Aufforderung an den Genossen Remmele, die Rolle Karl Liebknechts zu spielen, stellte einen verantwortungslosen und parteischädigenden Appell zur Verschärfung des Fraktionskampfes dar . . .

Aus diesem Grunde wurde ich mit Recht für alle die opportunistischen und defaitistischen Auffassungen zur Verantwortung gezogen, wie sie Genosse Remmele in einer Reihe von Dokumenten vertreten hat: Theorie von der ‚Niederlage der KPD', von der Notwendigkeit des bewaffneten Aufstandes im Moment des Staatsstreiches, von der ‚Epoche des Faschismus', von der ‚Diktatur des Lumpenproletariats' . . .

Einer meiner schwersten Fehler bestand darin, daß ich den völlig unzulässigen und absurden Versuch machte, einen Unterschied oder sogar eine Gegenüberstellung zwischen der Stalinschen Linie der proletarischen Weltrevolution einerseits, der Führung und Politik der KPD andererseits vorzunehmen ...
Aus allen diesen Gründen erkläre ich mich vollkommen einverstanden mit der scharfen Verurteilung meiner Fehler durch die leitenden Organe der KPD und der KI sowie mit den gegen mich ergriffenen Maßnahmen ...
Ich fühle mich bis in die letzte Faser durchdrungen von der Richtigkeit und weittragenden Bedeutung aller Beschlüsse des XIII. Plenums der Komintern sowie der nachfolgenden Tagung des Politbüros der KPD ... Die KPD, die vor und während des Hitlerschen Staatsstreiches die einzig richtige leninistische Taktik durchführte, gibt heute der ganzen Welt ein Beispiel von bolschewistischer Tätigkeit ... Unter ihrer Thälmannschen Führung wird die KPD zur zweiten Sturmbrigade der Weltrevolution an der Seite der KPdSU. Jeder oppositionelle Kampf, jedes fraktionelle Auftreten gegen diese Partei ... bedeutet einen Hilfsdienst für die konterrevolutionäre Sozialdemokratie ...
Indem ich meine Fehler verurteile und mit meinen falschen Auffassungen breche, bin ich mir bewußt, daß keine Worte und Erklärungen, sondern nur die Praxis der bolschewistischen Parteiarbeit den Beweis dafür bringen können."
Als Neumann diese Erklärung schrieb, lebten wir völlig isoliert in der Schweiz. Aus allen Gesprächen ging hervor, daß Heinz seinen von der Kominternlinie abweichenden politischen Standpunkt nach wie vor für richtig befand. Er dachte gar nicht daran, „politische Fehler zu bereuen". Ganz im Gegenteil, er fühlte sich durch die „geschichtlichen Ereignisse", nämlich den nazistischen Umsturz, mehr als gerechtfertigt. Bereuen tat er einzig und allein die Niederlage seines innerparteilichen Kampfes. Und trotzdem schrieb er diese schmähliche Erklärung. Ich fragte ihn nach dem Zweck solchen Irrsinns. In seinen Antworten kehrten regelmäßig folgende Argumente wieder: Trotz aller Zweifel und Kritik an der Kominternpolitik müsse er sich, nach dem Fehlschlagen seiner Opposition, unterwerfen, weil er sonst zum Feind Sowjetrußlands würde, der einzigen wirklich antifaschistischen Macht in der Welt. Außerhalb der Kommunistischen Partei gebe es kein Leben für ihn. Um nicht ausge-

schlossen zu werden, bleibe ihm nichts anderes übrig, als klein beizugeben. Nur wenn er alle, sogar die erfundenen Fehler und Abweichungen zugebe, sei daran zu denken, daß die Komintern „befriedigt“ sein werde. Außerdem habe er keine andere Möglichkeit, sich Gehör zu verschaffen, als auf diese allerdings sehr negative Weise, und nur so könne er die Parteiöffentlichkeit nachträglich wissen lassen, welche politischen Auseinandersetzungen sich in der KPD vor Hitlers Machtergreifung abgespielt hätten. Die mit seiner Politik sympathisierenden deutschen Kommunisten würden aus dem Bekenntnis der Fehler doch nur die Richtigkeit seiner politischen Absichten herauslesen. Er dürfe nicht mit der Komintern brechen, denn nur dann könne er hoffen, sich später einmal, nach dem Sturz der Hitlerdiktatur, vor den deutschen Arbeitern rechtfertigen zu können.

Das war Heinz Neumanns Standpunkt, bis wir 1935 von der Schweiz aus wiederum nach Sowjetrußland fuhren. In Moskau sollten ihm dann allerdings andere Zweifel kommen, nicht nur an der Politik der Komintern, sondern auch am Sowjetregime selbst. Aber da war es bereits zu spät. Aus Sowjetrußland gab es kein Zurück mehr, und die IKK drehte Neumann aus der im Jahre 1934 abgegebenen Erklärung einen Strick. Da half es nicht, daß er einmal Eingestandenes widerrief, jeder Widerruf erbrachte nur immer neue Beweise für seine „Doppelzüngigkeit“, und neue und immer neue Denunziationen oder nachträglich erfundene Abweichungen häuften sich auf seinem Schuldkonto. Um sich zu retten, konnte er erklären, was er wollte, die Komintern verweigerte ihm das „befriedigend“, er blieb ein „Abgesägter“ bis zu seiner Verhaftung durch die NKWD.

Auch Hermann Remmele bekannte, wie ich bereits erwähnte, in einer umfangreichen Erklärung seine Abweichungen. Er war damals ein Mann von über fünfzig Jahren und seit seiner Jugend in der Arbeiterbewegung. Es lag ihm nicht, mit seiner abweichenden Meinung lange hinter dem Berg zu halten. Außerdem hatte er den Trieb, in Artikeln und Pamphleten seinen politischen Standpunkt theoretisch zu untersuchen und zu begründen. Mit der beginnenden Kritik der Komintern ließ sich der temperamentvolle Badener zu immer wütenderen Angriffen hinreißen. – Zum 22. Januar 1933 kündigte die SA einen Aufmarsch durch die Arbeiterviertel Berlins an. Remmele, der noch zur Parteiführung gehörte, schlug vor, diese faschistische Provokation mit einer kommunistischen Gegendemonstration zu beantworten, denn er vertrat den Standpunkt, daß die deutschen Arbeiter sich nicht wehrlos den Nazis ausliefern dürften, daß es nur durch mutigen Widerstand möglich sei, das Schlimmste zu verhindern. Kurz vor dem Tag der geplanten SA-Kundgebung kam ein Telegramm der Komintern mit der kategorischen Weisung, daß jegliche Gegendemonstration der KPD zu unterbleiben habe und die Parteiführung dafür verantwortlich sei, daß es zu keinerlei Zusammenstößen mit den Nazis komme. Als sich die Parteileitung widerspruchslos diesem Befehl beugte, diesen Dolchstoß in den Rücken der Arbeiterbewegung hinnahm, der ja nur die konsequente Fortsetzung der Stalinschen Deutschlandpolitik war, versuchte Remmele vergeblich, dagegen Sturm zu laufen. Diese Haltung sollte ihm später besonders angekreidet werden. Aber ein Jahr danach, im Januar 1934, hatte die Diffamierung und Durcharbeitung den kämpferischen Remmele bereits so weit gebracht, daß er die Waffen streckte und sich in einer unterwürfigen Erklärung demütigte. Er widerrief alles, was er noch vor einem Jahr für richtig gehalten hatte, bezeichnete seine Theorie vom „westeuropäischen Kommunismus" als „kominternfeindlich", da sie eine „der konterrevolutionären Verleumdungen der II. Internationale" sei, und versicherte, daß „das ZK mit dem Genossen Thälmann an der Spitze ... der einzige Organisator der proletarischen Revolution in Deutschland" sei. Weiter geißelt er seinen noch vor einem Jahr mit Leidenschaft vertretenen politischen Standpunkt, daß die Kommunistische Partei am 22. Januar 1933, nach der Demonstration der SA, zum bewaffneten Aufstand hätte aufrufen müssen, als großen Fehler und widerruft seine Behauptung, nach der die deutsche Arbeiterklasse durch die Machtergreifung der Nazis die „schwerste Niederlage seit 1914" erlitten habe. Sodann fährt er in der Erklärung fort, seine eigenen Formulierungen wie „Epoche des Faschismus", „Diktatur des Lumpenproletariats" und sein Schreiben an das Zentralkomitee, in dem er eine Parteidiskussion forderte, als konterrevolutionär und parteifeindlich zu bezeichnen, und endet die Erklärung mit dem Satz: „Indem ich meine Fehler offen und ohne Vorbehalt ausspreche, gehe ich den Weg, in dem heroischen Kampfe meiner Partei meine revolutionäre Pflicht gewissenhaft zu erfüllen."

IN DER SOWJETUNION 1932

Das Gemeinschaftshaus der Komintern

Schon im Frühjahr 1932 stand die Abberufung Heinz Neumanns fest. Moskau hatte ein Machtwort gesprochen. Neumann, Remmele und die mit ihnen Sympathisierenden hatten eigenmächtige Tendenzen gezeigt, sie hatten nicht bei den ersten Warnungen der Komintern gekuscht, solche Leute konnte man nicht länger gebrauchen. Neumann, der überall als der Einpeitscher Stalins galt, war vermessen oder unklug genug gewesen, sich einzubilden, er könne hinter dem Rücken der Komintern eine selbständige Politik betreiben. In seiner Auseinandersetzung mit Thälmann glaubte er, nach Stalinschem Muster die Machtverhältnisse an der Spitze der KPD ändern zu können, hatte es aber offensichtlich nicht begriffen, wie tief die kommunistischen Parteien bereits in die Abhängigkeit von Sowjetrußland geraten und zu bloßen Werkzeugen der sowjetischen Außenpolitik herabgesunken waren. Er befürwortete die Vormachtstellung der Kommunistischen Partei Sowjetrußlands in der Komintern und hielt deren diktatorische Methoden an der Spitze der Internationale für richtig, da er offensichtlich nicht erfaßt hatte – das sollte erst einige Jahre später geschehen –, daß sich die Zielsetzung dieses „Generalstabs der Weltrevolution“ unter Stalin völlig geändert hatte.

Im Mai dieses Jahres erfolgte dann die Aufforderung, sofort nach Moskau zu kommen. Der Gedanke, sich etwa dem Befehl der Komintern zu widersetzen, ist Heinz Neumann nicht gekommen. Auf jeden Fall hat er niemals derartiges geäußert. Ebensowenig aber rechnete er damit, daß diese Abberufung seine endgültige Entfernung aus der deutschen Parteiarbeit bedeuten sollte. Kurz vor unserer Abreise besuchte uns Hilde, eine Sudetendeutsche, die Frau von Heinzens Freund Amo Vartanjan. Sie kam aus Moskau und beschwor mich, soviel wie nur möglich mitzunehmen, vor allem Haushaltungsgegenstände. „Vergeßt ja nicht das Toilettenpapier! Es fehlt in Sowjetrußland schlechthin an allem. Von der Lebensmittelknappheit will ich gar nicht erst reden!“ Auf diese Warnung hin war ich gerade dabei, einen großen weidengeflochtenen Korb zu packen, als mich Heinz bei den Vorbereitungen überraschte. Er schrie Zeter und Mordio. Wie ich nur auf so ein Geschwätz der „Kleinbürgerin" Hilde hereinfallen könnte! Er wisse nichts von Mangel in Sowjetrußland. Mit vielen Koffern zu reisen, war in Heinzens Augen verächtlich bürgerlich und eines Revolutionärs nicht würdig. Sein ganzer Besitz müsse in einen Koffer gehen, den man selbst tragen könne. Nur dann sei man jederzeit zum Aufbruch bereit. Abgesehen von seinen riesigen Bücherkisten blieb er selbst diesem Grundsatz treu, aber mich hat er nicht dazu erziehen können. Sieben Jahre Konzentrationslager sollten mir dann allerdings beibringen, daß man mit noch weit geringerem Besitz sein Leben fristen kann. Aber bis dahin schleppte ich meine „bourgeoisen Überbleibsel" noch durch verschiedene Länder.

Wir kamen Ende Mai in Moskau an und bezogen ein großes Zimmer in der zweiten Etage des Gemeinschaftshauses der Komintern, im Hotel „Lux". Unser Nachbar zur Rechten war der französische Kommunist André Marty, einige Zimmer weiter zur Linken wohnte „Williams", ein russischer Indienspezialist der Komintern, dessen richtigen Namen ich nie erfuhr. Er lebte mit einer blonden, hochgewachsenen Amerikanerin zusammen, die mit festgefrorenem Lächeln jedermann für ihr Vorhandensein um Entschuldigung zu bitten schien. Wenn man sie auf den breiten, aber dunklen Korridoren dieses altmodischen Hotels traf, wich sie bis zur Wand aus, so, als fürchte sie, zuviel Platz für sich zu beanspruchen. „Williams", ein kleiner, hagerer Mann mit ungesunder, gelber Gesichtsfarbe, bewegte sich morgens und abends stets mit einem orientalisch gemusterten seidenen Morgenrock, der ganz dem Stil seines Zimmers entsprach, dessen Wände mit Schlangenhäuten und Behängen in leuchtenden Farben und fremdartigen Ornamenten verziert waren. Von seiner fernöstlichen Mission hatte sich „Williams" außer Reiseandenken auch noch eine Malaria mitgebracht. Wenn er von dieser Krankheit sprach, was er viel und oft tat, spürte man ordentlich den Stolz heraus, seine Gesundheit im Dienste der Weltrevolution geopfert zu haben.

Einmal hatte sich André Marty, der rechte Nachbar, zwischen dessen Zimmer und dem unsrigen unglücklicherweise eine Verbindungstür existierte, beschwert, wir seien zu laut gewesen. Er hatte sicher recht damit, und so klopfte ich am nächsten Tag bei ihm

an, um uns zu entschuldigen. Beim Eintreten sah ich als erstes ein großes Ölgemälde mit sehr viel wogendem, blauem Meer, auf dem mit roten Fahnen geschmückte Kriegsschiffe schwammen. Da blieb mir gar nichts anderes übrig, als mich sofort in Ehrfurcht vor der revolutionären Vergangenheit unseres Nachbarn zu beugen, denn er hatte es ja 1918 während des russischen Bürgerkriegs fertiggebracht, auf diesen französischen Kriegsschiffen, die vor dem von den Bolschewiken verteidigten Odessa lagen, die ganze Besatzung zur Meuterei aufzurufen. Das war Martys heroische Tat, die einem da auf dem Bilde so nachdrücklich in Erinnerung gebracht wurde. Als er mir dann auch noch mit leiser, etwas klagender Stimme auseinandersetzte, wie sehr er nach seiner jahrelangen Gefängniszeit unter jedem Geräusch leide, daß ihn schon das Summen einer Fliege störe, fühlte ich mich ganz zerknirscht wegen unserer Pietätlosigkeit. Damals hätte ich mir allerdings nicht vorstellen können, daß dieser feinnervige Held vier Jahre später als „Schlächter von Albacete" in die neuere Kominterngeschichte eingehen würde, daß seine überempfindlichen Ohren die Hinrichtungssalven im Auftrage der russischen NKWD während des spanischen Bürgerkrieges sehr wohl ertragen konnten.
Jedes dieser vielen Zimmer des „Lux", unserer neuen Heimat, beherbergte einen anderen Kominternfunktionär, mit oder ohne Familie. In den unteren Stockwerken wohnte die Crème der Internationale. Zimmer eins dieses Gemeinschaftshauses, das sogar noch einen Nebenraum besaß, hatte der Kominterntheoretiker Varga mit Frau und Sohn inne, aber von Etage zu Etage ließ die Bedeutung seiner Bewohner nach, und ganz oben hausten, immer mehrere in einem Raum beieinander, die Stenotypistinnen und technischen Angestellten. Der Kommandant, so nannte sich der Direktor des „Lux", übertrug fein säuberlich die neuen sowjetischen Begriffe von oben und unten auch auf sein Reich.
Gleich in den ersten Tagen unseres Moskauer Aufenthaltes kam Genosse Knorin, der politische Leiter des Mitteleuropäischen Sekretariats der Komintern, zu Besuch. Ich hatte, um unseren Raum wohnlich zu machen, vor der Ecke an der Tür einen Vorhang gezogen, hinter dem die Waschgelegenheit, das Eß- und Kochgeschirr verborgen waren. Voller Staunen, ja beinahe mit Bewunderung kommentierte Knorin diesen Einfall und blickte dann neugierig hinter das Arrangement, wobei er eine Handtuchleiste bemerkte,

auf der kleine Emailleschilder mit „Tellertuch", „Messertuch" und „Handtuch" angebracht waren. Das entlockte ihm den enthusiastischen Ausruf: „Oh, ist das schön! Ja, da sieht man gleich... Germanja prijechela! (Deutschland ist angekommen)". Später machten wir bei Knorin im Regierungshaus einen Gegenbesuch, und was ich dabei sah, versetzte wiederum mich in höchstes Staunen. Die Wohnung der Familie war mit langweiligen, aber völlig neuen Möbeln ausgestattet, so wie ich es noch niemals in Moskau gesehen hatte. Aus Höflichkeit erklärte ich, daß mir die Einrichtung gefalle, worauf Knorin uns auseinandersetzte, daß sie mindestens in jedem Vierteljahr neu ausgestattet würden. Die Möbelfabrik hole in gewissen Abständen das ganze Mobiliar ab und ersetze es durch ihre neueste Produktion. Ich glaubte zuerst, falsch verstanden zu haben, denn ich konnte mir weder vorstellen, daß sich ein Mensch alle paar Monate freiwillig von seinen Möbeln trennt, noch konnte ich es in Einklang bringen mit dem, was ich bei meinen Freunden und Bekannten in Moskau zu hören bekam. Es war nämlich 1932 so gut wie unmöglich, überhaupt irgendwo in dieser Stadt ein einziges Möbelstück zu kaufen.

Urlaub bei Stalin am Schwarzen Meer

Bevor ich noch in das wirkliche Leben Moskaus eindringen und die neuen Erfahrungen mit denen vom Vorjahr vergleichen konnte, sollten wir eine dreiwöchige Reise in den Kaukasus antreten. Heinz wurde eine Woche nach unserer Ankunft im „Lux" vom Sekretariat Stalins angerufen und zu einer Unterredung in den Kreml bestellt. Darauf hatte er gewartet und hoffte, jetzt Gelegenheit zu finden, alle Probleme, die zu seiner Abberufung geführt hatten, mit Stalin zu besprechen, um dabei seine politischen Abweichungen rechtfertigen zu können. Stalin begrüßte ihn freundlich, so, als hätte sich zwischen dem letzten Gespräch im Winter 1931 und dem jetzigen auch nicht das geringste zugetragen, und begann die Unterhaltung mit den gleichen Fragen, die er nun seit fast zwei Jahren bei jeder Begegnung mit Heinz stellte: „Was macht Ihr Freund Lominadse? Wann haben Sie ihn das letztemal getroffen?" Das hätten natürlich reine Höflichkeitsfloskeln sein können und wären bei jedem anderen Menschen natürlich gewesen, nur nicht bei Stalin, der ja genau wußte, wie heftig ihn jetzt sein ehemaliger Anhänger Lominadse haßte. Stalin war dafür berüchtigt, keine Beschimpfung seiner Person, keine Kritik an seiner Politik zu vergessen und zu verzeihen. Was mochte er aber dann mit diesen eindringlichen und immer wiederkehrenden Fragen bezwecken? Wollte er Heinz Neumann lediglich in Verlegenheit bringen, indem er ihm die Freundschaft mit einem seiner persönlichen Feinde unter die Nase rieb? Oder war es eine versteckte Drohung? Es ist aber auch möglich, daß Stalin durch den Abfall und die Feindschaft Lominadses tief verwundet war und es deshalb nicht unterlassen konnte, immer wieder von ihm zu sprechen. In einer Zeit, als Besso noch die Stalinsche Politik mit Eifer verfocht, äußerte Stalin einmal zu Heinz, Lominadse sei der einzige unter der jungen bolschewistischen Generation, den er sich zum Nachfolger wünsche. Eine allerdings merkwürdige Äußerung für den Generalsekretär der KPdSU, der sich aber offensichtlich schon Ende der zwanziger Jahre so sehr als Alleinherrscher fühlte, daß er nach einem Thronfolger Ausschau hielt. Die persönliche Beziehung zwischen Stalin und Lominadse brach mit dem Jahre 1930 jäh ab, jedoch wurde Stalin durch seine GPU-Spitzel sicher ausgiebig unterrichtet, was die Lominadse-Schatzkin-Fraktion auf ihren Geheimsitzungen an politischer Kritik übte. Keiner nahm da ein Blatt vor den Mund. Allerdings wage ich zu bezweifeln, daß Stalin jemals das vernichtende Urteil zu Ohren kam, das Lominadse über ihn persönlich fällte. Als sich Besso und Heinz das letzte Mal trafen, war Lominadse tief resigniert und sagte in einem Gespräch über die Zukunft, man müsse das Schlimmste erwarten, denn Stalin, der wie ein kaukasischer Weinbauer in der Gedankenwelt der Blutrache lebe, werde seine Macht dazu benutzen, die Reste der Freiheit in Sowjetrußland durch Mord zu ersticken und die kommunistischen Bewegungen des Auslandes für seine größenwahnsinnigen Ziele zu opfern.

Heinz beantwortete Stalins Standardfragen nach Lominadses Befinden, gab ihm Auskunft über dessen Arbeit als Parteisekretär im Eisen- und Stahlwerk Magnitogorsk, obgleich er genau wußte, wie gut Stalin über all das informiert war. Als Heinz dann versuchte, die Unterhaltung auf das ihm am Herzen liegende Thema Deutschland zu steuern, kam Stalin ihm mit der freundlichen Erkundigung zuvor, ob er eigentlich in diesem Jahr bereits Urlaub gehabt habe. Auf seine Antwort, er habe keine Zeit dazu, kam der prompte Vorschlag, verbunden mit einem listigen Augenzwinkern, ob er nicht jetzt, wo es doch mit der Arbeit offensichtlich nicht mehr so dränge, eine Erholungsreise in den Kaukasus machen wolle. Ohne auf eine Zustimmung oder Ablehnung zu warten, fuhr Stalin fort, daß auch er plane, in diesen Tagen nach Mazesta zu fahren, und hoffe, sich mit Heinz, wenn er in einem der benachbarten Erholungsheime wäre, dann treffen zu können und über alle Probleme zu sprechen. Heinz stimmte diesem Vorschlag zu, und das Sekretariat Stalins erledigte für uns den Berg an Formalitäten, denn in Sowjetrußland konnte nicht jeder so einfach in Urlaub fahren. Der kleine Mann benötigte dazu die Parteiorganisation oder die sogenannten Gewerkschaften oder die Leitung seines Betriebes. Erst diese vorgesetzten Behörden stellten ihm die ersehnte „Pudjowka" (Durchlaßschein) aus, die ihn berechtigte, eine Fahrkarte zu lösen und einen Platz in einem Erholungsheim oder Sanatorium zu beanspruchen. Natürlich war bei dieser Aushändigung nicht allein seine Erholungsbedürftigkeit ausschlaggebend, vor allem mußte er ein guter Arbeiter sein, möglichst ein „Udarnik" und natürlich ein politisch „zuverlässiges Element".

Walter Bertram, ein guter Freund von Heinz, der eine Zeitlang Redakteur der „Roten Fahne" in Berlin gewesen war und dann nach Sowjetrußland ging, um den sozialistischen Aufbau zu erleben, und dort als Redakteur einer wolgadeutschen Zeitung gearbeitet hatte, kam gerade aus der Provinz nach Moskau. Er hatte eine schwere Krankheit hinter sich, und deshalb überredeten wir ihn, mit uns zu reisen. Tagelang lief er von morgens bis abends, um die nötigen Papiere für die Fahrt zu beschaffen, und erstand mit hundert Rubeln seine „Pudjowka" ins gleiche Erholungsheim, in dem auch wir Plätze erhalten hatten. Dann besorgte „Percy", wie er mit Parteispitznamen hieß, aus dem „Insnab", dem geschlossenen Laden für eine bestimmte Schicht ausländischer Spezialarbeiter und auch Kominternangestellter, alles, was es auf seine und unsere Lebensmittelkarten gab, damit wir, so erklärte er uns, auf der langen Fahrt nicht hungern müßten. Er höhnte über Heinz, der behauptete, man könne sich doch unterwegs auf den Bahnhöfen genug zu essen besorgen. Percy wußte nämlich ein Lied zu singen über Elend und Hunger auf dem flachen Lande und meinte, uns würden die

Augen übergehen, wenn wir alles das an Ort und Stelle sehen müßten.

Dann saßen wir wohlgeborgen im „Internationalen Waggon", einem Luxusabteil des Schnellzuges, der uns nach dem Süden brachte. Aber selbst in dieser Isolierung sollten wir sehr bald mit der sowjetischen Wirklichkeit in Berührung kommen. Wir fuhren gerade in eine größere Station ein, als uns die Schaffnerin ermahnte, während des Aufenthaltes die Fenster des Abteils sorgfältig zu schließen, weil wir sonst unweigerlich bestohlen würden. Der Zug hielt, und da sahen wir sie auch schon, die kleinen Diebe. Sie trugen zerfetzte Männerjoppen, die ihnen bis an die Waden reichten, und aus den aufgekrempelten Ärmeln kamen magere, verdreckte Kinderhände hervor. Sie standen hinter dem Zug, der sie gegen den Bahnsteig hin verdeckte, und kontrollierten mit prüfenden Blicken die Waggonfenster. Kaum hatten sie uns erblickt, riefen sie mit hocherhobenen Armen „Dai, tjotja, dai chleba! Dai papyrossi!" (Tantchen, gib uns Brot! Gib uns Zigaretten!) Diese bettelnden Kinder mit den rußverschmierten, gealterten Gesichtern gehörten zu den „Besprisornys", den heimatlosen Kindern, die es seit der Revolution und dem Bürgerkrieg in Rußland gab und die in den Jahren der schrecklichen Hungersnot nach der Zwangskollektivierung der Landwirtschaft in großen Scharen stehlend und bettelnd durch das Land zogen. Vier oder fünf dieser kleinen Strolche, die nicht älter waren als höchstens zwölf Jahre, begleiteten uns als blinde Passagiere auf den Achsen zwischen den Rädern des Schnellzuges. Auch sie reisten nach dem Süden, um dort die Saison zu nutzen. Allerdings ohne „Pudjowka", sogar ohne Eisenbahnbillett. Sie erwartete auch kein Erholungsheim, und sie verzichteten gern auf einen Platz in irgendeinem der zahlreichen Kinderheime entlang der Schwarzmeerküste. Diese Besprisornys liebten nämlich die Freiheit über alles, und um sie zu bewahren, zogen sie es vor, zu hungern, zu stehlen und unter freiem Himmel zu schlafen. Nur mit Gewalt schaffte sie die GPU in ihre staatlichen Kinderheime und, falls sie dort nicht gut taten, das heißt einigemale davonliefen, transportierte man sie als Häftlinge in die sibirischen Konzentrationslager. Das erfuhr ich allerdings erst im Jahre 1938, als ich selbst in eines dieser Lager kam. Ich schrieb darüber in meinem Buch „Als Gefangene bei Stalin und Hitler". 1932 aber hatte ich noch die Illusion, vor allem, nachdem ich den sowjetrussischen Film „Der Weg ins

Leben" sah, daß es diesen heimatlosen Kindern so erginge, wie es der Streifen darstellte. Ich glaubte, daß man sie in ausgezeichnete Heime brächte, wo sie von fähigen Pädagogen zu wertvollen Mitgliedern der Sowjetgesellschaft erzogen würden.
Sotschi hieß unser Reiseziel. Es liegt am Schwarzen Meer, dem salzigen Riesensee, der bei schönem Wetter tief dunkelblau leuchtet, aber im Sturm, der sich manchmal bis zum Orkan steigert, eine nachtschwarze Farbe bekommt, die diesem Meer seinen Namen gab. Bis dicht an die Ufer reichen bei Sotschi die üppig bewaldeten Berge, hinter denen die Schneegipfel des Kaukasus emporragen. In einem großen Park mit dunkelgrünen Zypressen, mächtigen Zedern und anderen subtropischen Bäumen lagen weiße Villen, die früher einmal den reichen Bürgern und Adligen des Zarenreiches gehört hatten. Einige dieser Häuser waren weitläufig und verschwenderisch gebaut, wieder andere klein und idyllisch. Dazwischen standen nüchterne einstöckige Holzbauten, der architektonische Beitrag der ersten zehn Jahre nach der Oktoberrevolution. Alle in diesem Park gelegenen Gebäude gehörten zum Erholungsheim für Parteifunktionäre, dem wir zugewiesen waren. Man führte uns zu einem höchst seltsamen Haus mit flachem Dach. Seinem Stil nach hätte es besser nach Nordafrika an den Rand der Wüste gepaßt als in diesen grünen Garten. Aus der heißen Mittagssonne traten wir, erschöpft von der langen Reise, in ein kühles, halbdunkles Zimmer, das sein Licht durch farbige Glasfenster erhielt, die direkt unter der hohen Zimmerdecke angebracht waren, so daß man weder hinausblicken, noch sie öffnen konnte. Der Raum war dämmrig und voll abgestandener Luft wie in einer Kapelle. Einen Altar gab es allerdings nirgends, dafür aber zwei wacklige, sehr harte Feldbettstellen, ein staksiges Eisengestell, das eine verbeulte Waschschüssel trug, und zwei ausgediente splittrige Holzstühle. Wir wollten uns gerade erkundigen, wie es in Percys Zimmer aussähe, als man an die Tür klopfte und die Aufräumefrau in bedrucktem Kattunkleid mit straff gebundenem weißem Kopftuch und absatzlosen Turnschuhen an den nackten Füßen freundlich grüßend eintrat. Während sie uns frisches Wasser in die blecherne Schüssel goß, beantwortete sie bereitwillig Heinzens Fragen über die seltsame Villa, und wen sie wohl früher beherbergt habe. „Dieses Haus hat sich der große Sänger Schaljapin bauen lassen", erklärte die Ubortschitza mit Stolz. Als sie wieder gegangen war, stellten wir

kopfschüttelnd fest, daß der gute Schaljapin einen merkwürdigen Geschmack gehabt haben muß. Allerdings dürften zu seiner Zeit die Räume sicher komfortabler möbliert gewesen sein als jetzt, fünfzehn Jahre nach der Oktoberrevolution. „Stelle dir mal den Riesen Schaljapin in diesem Feldbett vor", meinte Heinz lachend, „das wäre unter Garantie unter ihm zusammengebrochen!"
Wieder kam die Frau in dem weißen Kopftuch herein, legte einige Wäschestücke auf die Betten und erklärte uns, daß es bald zum Essen läuten werde. Dann trat sie etwas zögernd an mich heran und betastete mein Sommerkleid. Dabei sprach sie so schnell, daß Heinz mit dem Dolmetschen gar nicht nachkommen konnte. Sie bewunderte in einem Schwall von Worten die herrliche Qualität dieses ausländischen Stoffes und klagte im gleichen Atemzug, daß es in Sotschi überhaupt nichts zu kaufen gäbe. Dann wollte sie wissen, woher wir kämen, und konnte, als sie Deutschland hörte, gar nicht begreifen, weshalb wir ausgerechnet zur Erholung das arme Rußland besuchten. Ich konnte nicht verstehen, was Heinz ihr antwortete, er wirkte nicht sehr selbstsicher dabei und drückte der immer weiter Redenden schnell die Schachtel mit den Essensresten von der Reise in die Hand, worauf sie ein ums andere Mal dankte und strahlend davonging.
Die seltsamen Wäschestücke auf den Betten, die wir zuerst für Schlafanzüge hielten, entpuppten sich bei näherer Betrachtung als... Anstaltskleidung. Zu unserem Amüsement begannen wir mit dem Anprobieren. Graue Drillichjacke und -hose, dazu ein kragenloses Hemd waren obligatorisch für die männlichen Erholenden. Das weibliche Geschlecht bekam einen grauen Drillichrock, ebensolche Jacke nebst einer weißen Hemdbluse. Als Kopfbedekkung erhielten alle, ob Mann ob Frau, einen weißen Südwester. Anprobieren dieser Kleider vor ihrer Ausgabe wurde nicht für nötig befunden, denn ob zu groß oder zu klein, zu lang oder zu kurz, spielte hier gar keine Rolle. Begriffe wie Eleganz oder gar Sexappeal waren aus dem Heim für sowjetische Parteifunktionäre verbannt. Zum Stil gehörten auch die kahlgeschorenen Köpfe der Männer. Man ist nämlich in Sowjetrußland der seltsamen Meinung, daß sich ohne Haare das Gehirn besser erhole, da Sonne und Luft intensiver darauf einwirken könnten. So schneidet man zu Beginn des Sommers nicht nur den Jungen, manchmal sogar den kleinen Mädchen die Haare herunter. Zu den weiteren Requisiten des

Heims die sozusagen im Preis mit inbegriffen waren, gehörten lange Bambusstöcke, auf die man sich beim Besteigen des bergigen Hinterlandes stützte. Besonders grau und freudlos wirkten diese Feriengäste in ihrer ärmlichen, formlosen Erholungstracht gegen den Hintergrund unseres pompösen Haupthauses, einer schloßähnlichen alten Villa im klassizistischen Stil mit anspruchsvoller Freitreppe und weitgeschwungenen Balustraden, die die großen Terrassen auf beiden Seiten des Gebäudes gegen das Meer hin abschlossen. Damals lösten bei mir solche kritischen Feststellungen ein sehr ungemütliches Gefühl aus, und ich versuchte krampfhaft, mich immer wieder zur Ordnung zu rufen, denn was bedeuteten schließlich diese Stillosigkeiten und dieser Mangel an Schönheit gegenüber der Tatsache, daß es jetzt allen Menschen in Sowjetrußland – so meinte ich zu jener Zeit noch – ermöglicht wurde, ihre Ferien zu genießen, was bis zur Revolution nur einer kleinen, wohlhabenden Minderheit vorbehalten war.
Schon nach den ersten Tagen mußte ich jedoch feststellen, daß mit uns drei ausländischen Kommunisten irgend etwas nicht stimmte, denn unsere Auffassung von Urlaub unterschied sich so grundsätzlich von der der sowjetrussischen Parteifunktionäre und dem festgelegten Erholungsschema des Heimes, daß ein Konflikt den anderen ablöste und wir schließlich als „disziplinlos" abgestempelt wurden. Es begann mit der Morgengymnastik, zu der um halb acht Uhr ein durchdringender Weckruf aufforderte; man schlug mit einem Metallklöppel gegen ein Stück aufgehängter Eisenbahnschiene. Wir leisteten diesem mißtönenden Signal nicht Folge, taten so, als ginge es uns gar nichts an. Nach dem Frühstück, das ebenso wie alle anderen Mahlzeiten in einem großen Saal des Hauptgebäudes serviert wurde, hatte man sich, ob gesund oder krank, beim Arzt einzufinden. Auch das taten wir nicht, denn diese Konsultation zog, wie wir hörten, eine Kette von Vorschriften nach sich. Was hatte das alles mit Ferien zu tun? Wir wollten im Meer baden, die Sonne genießen und auf den Bergen herumklettern. Wir vergaßen dabei aber nur eine Kleinigkeit, daß wir uns in einem Kollektiv befanden. Als wir das erste Mal zum Meer hinuntergingen, eröffnete sich ein neues Problem. Unser Erholungsheim besaß einen eigenen Strand, der die ganze Länge des Parkes einnahm und gegen die Strandabschnitte der Nachbarhäuser durch einen dicken Stacheldrahtzaun geschützt war. Dieser Privatstrand bestand aus zwei

gleich großen Hälften, rechts für die Frauen und links für die Männer. Da alle nackt badeten, hatte man, um das Schamgefühl zu wahren, zwischen diesen beiden Teilen einen langen Streifen Niemandsland gelassen. Wir hätten uns also zum schönsten Vergnügen, zum Baden und Schwimmen, trennen müssen. Das wollten wir aber nicht und bezogen zur allgemeinen Entrüstung zu dritt das Niemandsland.
Das Heim besaß einen „Fyskulturnik", eine Art Sportlehrer, dem die Aufgabe oblag, sein Kollektiv in Bewegung zu halten. Zwischen Morgengymnastik, Gruppenausflügen in das waldige Hinterland, Volleyballspiel und abendlicher gemeinsamer Geselligkeit mit Lärmkapelle und ähnlichen, an Kindergarten erinnernden Beschäftigungen verlief der Tag. Wenn alle diese Vergnügungen nicht so penetrant einer Art Pflichterfüllung geglichen hätten, hätten wir uns sicher auch an ihnen beteiligt, denn wir waren ja keine Snobs. Aber so wurde man ein Gefühl nicht los, als seien diese Kollektivspiele ganz bewußt in das Pensum Erholung eingebaut, als habe man an irgendeiner höheren Stelle ausgetüftelt, wie es am besten zu verhindern sei, daß sich der Sowjetbürger auch während seiner Ferien auf sich selbst besinne. Diese Bevormundung reizte unseren Widerstand.
Zwischen den schwarzen, rundgewaschenen Steinen des Strandes beobachteten wir beim Baden allerlei seltsame Fische. Heinz erinnerte sich, daß ich als Kind unter meinen Tieren auch immer Fische besessen hatte. Da kam ihm der Einfall, wir könnten uns für die Zeit der Ferien ein Aquarium anlegen. Diese Idee begeisterte uns drei restlos, war jedoch in Sotschi kaum zu verwirklichen, denn es gab nirgendwo auch nur das primitivste Glas zu kaufen. Heinz aber löste dieses Problem auf geniale Weise. Er ging ganz einfach zur Köchin des Heims und erbettelte sich eine große alte Suppenterrine, die sicher noch aus der Zarenzeit stammte. Dann begann für uns ein Nachmittag, an dem wir alles andere vergaßen. Zuerst zauberten wir auf dem Boden der Terrine einen Miniaturmeeresgrund mit Sand, Muscheln und verschiedenen, besonders schön geformten und gefärbten Steinen. Danach ging die Jagd los. Als Kescher diente ein großes Taschentuch. Es war nicht einfach, die Fische des Meeres zu überlisten, aber mit verbissener Geduld und immer neuem Hallo beim Mißlingen schafften wir es schließlich, drei verschiedene Exemplare zu ergattern. Als sie dann noch ziem-

lich heil in der Suppenterrine schwammen und sich ganz wie zu Hause gebärdeten, zogen wir mit unserer Beute stolz durch den Park zu Schaljapins Haus. Gleich kamen die Neugierigen gerannt, denn die Sache mit dem Aquarium hatte sich schon herumgesprochen. Einer belehrte uns über die Namen der Fische, pries den Reichtum des Schwarzen Meeres und fragte uns, was wir mit dem Ganzen bezweckten und ob wir zoologische Studien betrieben. Auf die ehrliche Antwort, daß uns so was ganz fern läge und wir es nur zum Spiel, weil es uns Spaß mache, täten, wandte sich der ehrwürdige Funktionär vor solch einem Maß an Kinderei kopfschüttelnd ab. Einige spitze Bemerkungen gingen sogar so weit, den Unernst der deutschen Kommunisten in Beziehung zum Fehlschlagen der dortigen Revolution zu bringen. Mit der Zeit schien man sich aber im Sotschier Erholungsheim an unsere individualistische Art der Freizeitbeschäftigung zu gewöhnen, jedenfalls brachte das Kollektiv eine erstaunliche Geduld mit uns auf. Später merkte ich allerdings, daß sie uns als Ausländern ganz einfach mildernde Umstände zubilligten. Wir waren eben noch nicht so weit, uns ihrem sozialistischen Lebensstil anpassen zu können; in ihren Augen steckten wir noch tief in den rückständigen Sitten und Gebräuchen der kapitalistischen Gesellschaftsordnung, und deshalb hielt man es wohl für sinnlos, auf uns einzuwirken.

Dann kam der erwartete Telefonanruf, und kurz danach holte ein Auto Heinz ab. Er fuhr zu dem einige Kilometer von Sotschi entfernt liegenden Mazesta. Auf einem Hügel, von einem riesigen Park umgeben, der sich bis hinunter zum Ufer des Meeres zog, lag Stalins Villa. Man hatte eine ganze Bergkuppe und natürlich auch ein entsprechend großes Stück des Strandes mit einer hohen Mauer gegen die Außenwelt abgeschlossen. In dieser Sommerresidenz des Generalsekretärs der russischen Kommunistischen Partei gab es außer der Villa Stalins mehrere Häuser für Gäste, einen eigenen Tennisplatz und sogar ein eigenes Badehaus, zu dem man in einer besonderen langen Leitung das schwefelhaltige Wasser der Heilquellen von Mazesta führte, damit Stalin, isoliert von allen anderen Badegästen, alljährlich seinen verkümmerten Arm, dessen Schwäche und Deformierung allerdings mit Rheumatismus umschrieben wurde, baden konnte. Zu Stalins Bewachung während der Sommerferien war eine ganze Abteilung GPU-Truppen aufgeboten, deren Häuser gleich am Fuße des Hügels hinter dem großen

Eingangstor lagen, ebenso wie die Garagen für zahlreiche Autos. Der Chauffeur des Wagens, der Heinz zum Besuch in Mazesta abholte, war selbstverständlich ein Mitglied dieser speziellen GPU-Abteilung. Percy und ich warteten an diesem Abend vergeblich auf die Heimkehr von Heinz. Erst gegen vier Uhr morgens kam er nach Sotschi zurück und hatte deshalb große Schwierigkeiten, sich zu dieser nachtschlafenden Zeit beim Tor des Parkes überhaupt Einlaß zu verschaffen. Unser sorgfältig umzäuntes Heimgelände wurde nämlich von einem Wächter mit geladenem Gewehr behütet, und der konnte nicht begreifen, woher man in Sotschi mitten in der Nacht kommen könnte. Erst nach langem Verhandeln ließ er sich davon überzeugen, daß Heinz wirklich zu den Gästen des Erholungsheimes gehörte. Der erste Besuch in der Villa auf dem Berg, in der Stalin gemeinsam mit seiner Frau Nadja Allilujewa und ihren beiden Kindern die Ferien verbrachte, hatte nicht Heinzens Wünsche und Erwartungen erfüllt. An diesem Abend war er einer unter zahlreichen Gästen, die viel aßen und noch mehr tranken; eine politische Unterhaltung ließ sich unter diesen Umständen nicht führen. Dafür aber brachte er von diesem Fest eine erstaunliche Geschichte mit. Viele Gäste waren bereits vor der Villa versammelt, als ein alter Kaukasier die Terrasse betrat und von Stalin herzlich begrüßt wurde. Dann stellte er ihn, in Erfüllung der Hausherrnpflichten, den übrigen Anwesenden mit folgenden Worten vor: „Das ist Genosse X, mein Attentäter . . .“ Die Umstehenden blickten erstaunt und verständnislos auf, worauf Stalin in leutseligem Ton der Gesellschaft auseinandersetzte, daß jener Gast vor nicht langer Zeit ein terroristisches Komplott gegen ihn geschmiedet hätte, mit keiner anderen Absicht als der, ihn zu ermorden. Dieser Anschlag sei aber, dank der Wachsamkeit der GPU, mißlungen und der Attentäter zum Tode verurteilt worden. Er, Stalin, habe es aber für richtig befunden, diesen alten Mann, der ja nur aus nationalistischer Verblendung gehandelt habe, zu begnadigen, und damit er das Gefühl bekomme, die Feindschaft sei ein für allemal begraben, habe er ihn hier nach Mazesta zu Gast geladen . . . Bei dieser langen Erläuterung stand der alte Mann mit gesenkten Blicken vor der Schar der Gäste.

Percy und ich fragten Heinz wie aus einem Munde: „Hältst du denn so was wirklich für möglich?“ Nach der ersten normalen Reaktion jedoch begannen wir alle drei gegen unseren gesunden kritischen Menschenverstand zu argumentieren. Wir überzeugten uns gegenseitig davon, daß Stalin sicher solcher menschlichen Größe fähig sei, daß vielleicht auch politische Erwägungen mitgespielt hätten, und fanden bald die beruhigende gewünschte historische Parallele bei Lenin, der ja auch seine Attentäterin begnadigt hatte. Allerdings hinkte dieser Vergleich. Denn während die Sozialrevolutionärin Dora Kaplan Lenin durch einen Schuß verwundete, kam Stalins Attentäter überhaupt nicht zum Schießen. Aber dieser wesentliche Unterschied entging uns. Allerdings darf man nicht vergessen, daß wir damals erst das Jahr 1932 schrieben. Mit den späteren Erfahrungen der Stalinschen Großen Säuberung und der Schauprozesse in Sowjetrußland sollte ich eine ganz andere Meinung über diese Szene in Mazesta bekommen. Jener alte Kaukasier war nichts anderes als ein von der GPU zu falschen Geständnissen gepreßter Unglücklicher, den sich Stalin dazu auserkoren hatte, um vor seinen Gästen und sicher auch über diesen kleinen Rahmen hinaus seine angebliche menschliche Größe zu demonstrieren.

Nicht weit von Sotschi lag die Villa des Volkskommissars für Ernährung und Handel, A. J. Mikojan. Eines Tages erhielten wir von dort eine Einladung zum Mittagessen. Anastas Mikojan und seine Frau empfingen uns in der großen, runden Vorhalle ihres Sommerhauses, das seinem Stil nach aus einer frühen Zeit des vorigen Jahrhunderts stammen mußte. Der kleine, sehnige und sehr lebhafte Mikojan begrüßte seine Gäste ohne alle Förmlichkeit, so daß keine Minute betretenen Schweigens eintrat und man gleich das Gefühl hatte, als kenne man sich schon seit langer Zeit. Die Hausherrin war eine dunkeläugige Frau mit sanftem, mütterlichem Gesicht und besonders angenehmer Stimme. Heinz erzählte von unseren Spielen am Strand und vom Aquarium, dessen Bewohner inzwischen einen jähen Erstickungstod gestorben waren. Wir hatten nämlich, um sie zu füttern, Seetang in die Suppenschüssel gelegt, ohne zu ahnen, daß dadurch den Fischen der ganze Sauerstoff entzogen würde.

Vom Vestibül aus ging eine in schönem Bogen geschwungene Treppe in den ersten Stock hinauf. Während wir dort standen und lachten, kam von oben langsamen Schrittes eine Frau in weißem Seidenkleid herunter. Sie war eine großgewachsene, üppige Fünfzigerin mit derbem Gesicht und leicht hervorquellenden Augen. Man spürte förmlich, wie sie diesen Auftritt genoß und in Haltung und

jeder Bewegung das Maß ihrer Bedeutung betonte. Unter dem Arm trug sie ein dickes Manuskript. Nach der allgemeinen Begrüßung wandte sie sich sofort an Heinz, den sie schon kannte, und fragte, ob er bereits von dem neuen Buch des Schriftstellers X. über den kommenden Krieg gehört habe. Sie sei gerade dabei, das Manuskript zu prüfen, und halte es für besonders wertvoll. Diese gravitätische Dame war Woroschilowa, die Frau des Volkskommissars für Verteidigung. Ihre Gegenwart wirkte lähmend auf das anfangs so muntere Gespräch, und mit Erleichterung folgten wir der Bitte zu Tisch. Man hatte die Tafel in einer schattigen Gartenlaube gedeckt, aber die Schwüle des heißen Sommertages lastete auch dort. Noch dazu gab es heißen Borschtsch und eine warme Hauptspeise, so daß man sich wie in einem Dampfbad fühlte. Das Essen beim sowjetischen Volkskommissar für Ernährung war noch bescheidener als im Erholungsheim für Parteifunktionäre. Allerdings, gemessen am allgemeinen Mangel im Lande, konnte man es wiederum als üppig bezeichnen.
Mikojan lenkte das Gespräch sofort auf Deutschland, aber nicht etwa auf dessen politische Situation, sondern auf ein Thema, das ihm besonders am Herzen zu liegen schien. Er pries die deutschen Ersatzlebensmittel, die Suppenwürfel, das Trockengemüse, die Milch in der Tüte und die Knorrsche Erbswurst und verriet uns, daß er diese fortschrittlichen Erfindungen jetzt auch in Sowjetrußland einzuführen gedenke und damit den Ernährungsschwierigkeiten energisch zu Leibe rücken werde. Weiteres Lob spendete er der Tüchtigkeit der deutschen Arbeiter wie auch der Franzosen und Belgier auf dem Gebiete der Kaninchenzucht. Man sei jetzt in Sowjetrußland dabei, große Propaganda für die Haltung von Kaninchen zu entfalten, um dadurch die Fleischknappheit zu steuern. Als Mikojan erfuhr, daß ich als Kind, allerdings nur zum Spielen, viele Kaninchen besessen hatte, wollte er mich gleich als Spezialistin für „Krolikowodstwo“ (Kaninchenzucht) anwerben und stellte mir ganz ernsthaft eine Fülle von Fachfragen. Vor allem wollte er wissen, wie ich Seuchen unter meiner Zucht verhindert hätte. Als Heinz ihm übersetzte, daß ich als Kind meine ganze Weisheit über dieses Problem aus einem Heftchen einer Miniaturbibliothek „Die Kaninchenzucht“ geschöpft und alle Krankheiten meiner Lieblinge selbst behandelt hätte, kannte seine Bewunderung für die deutsche Tüchtigkeit kaum noch Grenzen. Er schilderte,

welche Mißerfolge sie bis jetzt bei der Kaninchenzuchtkampagne hatten. Es sei zwar gelungen, in zahlreichen Betrieben eine gemeinsame Zucht anzulegen, die der ganzen Belegschaft zugute kommen sollte, aber anstatt die Tiere sauberzuhalten und regelmäßig zu füttern, hätte man beobachtet, wie sich die Arbeiter während der Pausen ein Vergnügen daraus machten, mit Stöcken in die Ställe zu stochern und die Tiere herumzujagen. Außerdem brächen überall nach kurzer Zeit Seuchen aus, die den Bestand der kostspieligen, importierten Zuchttiere dezimierten. Es wollte mir gar nicht einleuchten, daß Kaninchenzucht ein volkswirtschaftliches Problem sein könnte, und der tiefe Ernst Mikojans mutete mich eher komisch an, vor allem, als er mit echter Sorge das Gespräch abschloß und sagte: „Ja, wir haben noch eine schwere Aufgabe zu bewältigen, bis es uns gelungen sein wird, die Sowjetmenschen zu kollektivem Denken zu erziehen ..."

Nach dem Essen gingen wir gemeinsam durch den schönen Garten, und Mikojan forderte uns zu einem Wettbewerb am Turnreck heraus, wo er sich als wahrer Meister in Klimmzügen erwies und uns ohne jede Schwierigkeit aus dem Felde schlug. Seine Frau erzählte von ihren vier Kindern, die während der Ferien in einem Pionierlager untergebracht waren, und empfahl uns, dort einmal hinzufahren.

Ausgerüstet mit einem Lebensmittelpaket und diversen „Talons", auf die wir an bestimmten Stellen irgendwelche warmen Mahlzeiten bekommen konnten, machten wir uns zu dritt auf die Reise. Wir wollten Gagry, Suchum und Novi-Afon besuchen. Die Fahrt ging in einem Autobus immer die Schwarzmeerküste entlang. Wir waren in bester Laune, glücklich, der Umzäunung des Erholungsheims entronnen zu sein. Gleich hinter Sotschi kam auf einer Anhöhe eine riesige Baustelle. Ein Mitreisender wußte, daß dort ein Erholungsheim für die Offiziere der Roten Armee entstehe. Stolz berichtete er uns, dieser moderne Bau werde sogar eine eigene Bergbahn vom Hügel bis zum Strand hinab haben. Auch in Gagry gab es große, neugebaute Erholungsheime und Sanatorien für die Eisenbahner, für Textilarbeiter und Bergarbeiter. Bei der Ankunft in der abchasischen Hauptstadt Suchum herrschte eine tropische Hitze, und wir schlichen ermattet durch die glühenden Straßen und über die Plätze mit den staubbedeckten Palmen. Wir waren gar nicht interessiert, etwa das Revolutionsmuseum zu besichtigen, wie man uns angeraten hatte, oder die neue Zigarettenfabrik. Durch Zufall gerieten wir auf einen sogenannten Kolchosmarkt, wo es für geradezu unerschwingliche Preise sogar etwas Obst zu kaufen gab. Unser Ziel war die berühmte Affenstation in der Nähe der Stadt, deren Besuch uns ein ehemaliger leitender Mitarbeiter dieses Tierparkes, Otto Julewitsch Schmidt, empfohlen hatte. O. J. Schmidt war ein guter Freund Heinz Neumanns. Er wurde Ende der zwanziger Jahre Polarforscher, und sein Name wurde berühmt im Zusammenhang mit dem Untergang des Eisbrechers „Tscheljuskin" im Jahre 1934. Die Suchumer Affenstation diente vor allem zoologischen Studien an Menschenaffen. In einem großen Freigehege, das einen ganzen bewaldeten Berghang einschloß, hatte man den Tieren halbwegs natürliche Lebensbedingungen geschaffen. Allerdings waren sie dadurch den Besuchern, die man auf einem Weg, der auf einer hohen, sehr breiten Mauer durch das ganze Gelände führte, kaum noch sichtbar. Ganz in der Ferne sah man die Schimpansen und Orang-Utans in den Baumkronen herumturnen. Wie uns ein liebenswürdiger Führer berichtete, versuchte man in Suchum vor allen Dingen zu erforschen, wie weit die Menschenaffen fähig sind, selbständig zu denken. Nach der Führung zeigte er uns einen Film, den man aufgrund dieser Experimente gedreht hatte. In dem Käfig eines Schimpansen hängte man ein Bündel reifer Kirschen so an der Decke auf, daß er sie kletternd nicht erreichen konnte. Zuerst versuchte das Tier, im Sprung heranzukommen. Aber ohne Erfolg. Dann ergriff es einen Stock und schlug nach den Früchten, konnte sie aber nicht treffen; der Stock war zu kurz. Darauf schleppte der Schimpanse einen Stuhl herbei und wiederholte die Sache mit dem Stock. Aber auch vom Stuhl aus hingen die Kirschen noch zu hoch. Zwischen jedem neuen Versuch, die Früchte zu erfassen, saß das Tier anscheinend nachdenkend im Käfig. Nun lagen auf dem Boden des Käfigs zahlreiche Bambusstöcke herum, die dem Tier offensichtlich zum Spielen dienten. Schließlich setzte sich der Affe wie grollend in eine Ecke. Mit einemmal aber stand er auf, ergriff zwei Bambusstöcke, steckte sie ineinander und bestieg mit der langen Stange in der Hand den Stuhl. Das Experiment war geglückt. Er erreichte die Kirschen. Ich war damals von diesem Film, der auch noch die Entwicklung eines Menschenbabys und eines Affenjungen nebeneinander zeigte, sehr entzückt. Er war für mich die ersehnte Bestätigung für die

Fortschrittlichkeit der sowjetischen Wissenschaft, obgleich er, wie es mir jetzt scheinen will, mehr als tendenziös gewesen sein muß. So betonte die Kamera ganz offensichtlich den Denkprozeß des Versuchstieres. Man sah in Großaufnahmen das zerquälte Gesicht eines Schimpansen, und so, als habe es hinter der niedrigen Stirn plötzlich aufgeblitzt, begann das Tier zu agieren, setzte also – so wirkte es auf den Beschauer – seinen Gedanken sofort in die Tat um. Aber noch etwas Erstaunliches sollte uns später O. J. Schmidt aus seiner Suchumer Zeit erzählen. Man machte dort nämlich sowohl Befruchtungsversuche mit menschlichem Samen an Affenweibchen als auch umgekehrt. Zu diesem Zweck hatte man in einer sowjetischen wissenschaftlichen Zeitung aufgefordert, es sollten sich Frauen zu solchen Experimenten zur Verfügung stellen. Offensichtlich hatten viele diesen Aufruf mißverstanden und nicht begriffen, daß es sich bei den Versuchen um künstliche Befruchtung handeln sollte. Die Suchumer Affenstation wurde mit Briefen überschüttet, in denen sich die weiblichen Absender bereit erklärten, im Dienste der sowjetischen Wissenschaft sich von Affenmännchen begatten zu lassen. Man klärte die Briefschreiberinnen über das kleine Mißverständnis auf. O. J. Schmidt sagte uns aber auch, daß alle Versuche, durch künstliche Befruchtung eine Kreuzung zwischen Affe und Mensch zu erzeugen, fehlschlugen.

Als wir mit einem kleinen Motorboot von Suchum kommend unterhalb Nowi-Afons anlegten, hatte sich der Himmel drohend bezogen. Ein Gewitter kam auf, und wir eilten die vielen hundert Stufen zum alten Kloster hinauf. Im weitläufigen Refektorium sammelten sich die Besucher zur Besichtigung. In allen Räumen und auf dem Hof war ein ständiges Hin und Her von Kindern und Halbwüchsigen, die die roten Halstücher der Pioniere trugen. Sie bewohnten ein Gebäude dieses ungeheuren Klosters, dessen Mönchszellen auch andere Gäste beherbergten. Eine Art Fyskulturnik leitete die Besichtigung und hielt dabei einen antireligiösen Vortrag über die verderbliche Herrschaft der Popen vor der Oktoberrevolution. Damals seien die Pilger auf Knien die Treppen zum Kloster hinaufgerutscht, was neben den Votivtafeln, die von Wunderheilungen kündeten, vom dumpfen Aberglauben zeuge, den die Kirche bewußt gezüchtet habe. Als besondere Attraktion zeigte man noch einige Höhlen unweit des Klosters, in denen früher Einsiedler ihr Leben verbracht hatten.

Während des Rundganges brach das Unwetter los, und wir wurden Zeugen eines gigantischen Naturschauspiels. Der Sturm, der sich zu einem Orkan steigerte, riß gewaltige Wassermassen aus dem Meer und wirbelte sie in hohen Säulen bis hinauf zu den Wolken. Als sich dann das Gewitter verzogen hatte, war an eine Rückkehr nach Suchum nicht mehr zu denken, denn die Straßen hatten sich in Gebirgsbäche verwandelt, und das Meer glich nach wie vor einem tobenden Ungeheuer. Als Gäste des Klosters machten wir in dieser Nacht ausgiebig Bekanntschaft mit seinen, ich möchte annehmen, nachrevolutionären Wanzen.

In Sotschi wartete auf Heinz eine neue Einladung nach Mazesta. Er folgte ihr in der gleichen Hoffnung wie das erstemal und kam genauso enttäuscht wieder nach Hause. Es sollte ihm während dieser Wochen, in denen er vier- oder fünfmal bei Stalin zu Gast war, nicht gelingen, das gewünschte Gespräch über Deutschland zu führen, und am Ende unseres Urlaubs bestand für ihn kein Zweifel mehr, daß Stalin ganz bewußt einer solchen Rechtfertigung auswich. Unklar blieb allerdings, weshalb er ihn überhaupt nach Sotschi eingeladen hatte, ob es lediglich eine freundschaftliche Geste war, oder ob er sich während dieser Gespräche einen Eindruck verschaffen wollte, inwieweit sich Neumann noch zum politischen Werkzeug eigne.

Heinz kannte Stalin und auch dessen Frau Nadja Allilujewa seit vielen Jahren. Er hatte eine tiefe Verehrung für Nadja. Ich weiß nicht, ob er sie idealisierte, aber nach allem, was er von ihr erzählte, muß Nadja ein bemerkenswerter Mensch gewesen sein. Sie war nicht nur schön mit einem großen, regelmäßigen, sehr ruhigen Gesicht und tiefen, dunklen Augen, sie faszinierte Heinz vor allem durch ihre Einfachheit und Klugheit. Nadja spielte nie die Frau des „großen Stalin". Sie hatte einige Jahre lang eine technische Hochschule besucht, um sich für einen Beruf zu qualifizieren. Jeden Tag ging sie, und zwar zu Fuß, in ihr Büro. Sie achtete auch besonders sorgfältig darauf, daß ihren Kindern die Machtposition des Vaters nicht zu Kopfe stieg. Außerdem besaß sie eine eigene Meinung und hielt damit nicht hinterm Berge.

Heinz glaubte immer, oder machte er es sich nur vor, daß die Ehe der beiden harmonisch sei. In Mazesta sollte sich seine Meinung gründlich ändern. Als ihn das Auto wieder zu einem Besuch in die Villa auf dem Berge brachte, traf er Stalin in einem Pavillon, wo für den Tee gedeckt worden war. Sie hatten sich gerade gesetzt, als Nadja, mit dem Tennisschläger in der Hand, fröhlich durch den Garten kam und schon von weitem grüßte. Stalin fragte interessiert, wer denn beim Spiel gewonnen habe, sie oder die Woroschilowa, und Nadja antwortete lachend, daß sie diesmal die Siegerin sei. Dann zog sie sich einen Sessel an den Teetisch und hörte dem Gespräch zwischen Stalin und Neumann zu. Aber als kurz darauf ein Name erwähnt wurde, fiel Nadja Stalin ins Wort und sagte gereizt: „Das ist ein unsympathischer Kerl, ein widerwärtiger Ehrgeizling!" Stalin schnitt ihr ärgerlich das Wort ab, und ohne auf ihren Einwand zu reagieren, wandte er sich brüsk an Neumann mit der Frage, ob er auch finde, daß Ehrgeiz eine negative Eigenschaft sei. Heinz erzählte mir, wie ihn Nadjas plötzlich veränderter, geradezu haßerfüllter Gesichtsausdruck erschütterte und er nur den einen Wunsch hatte, dieses Thema so schnell wie möglich zu beenden. Aber Stalin ließ nicht locker, er schien es geradezu darauf abgesehen zu haben, Nadja eine Lektion zu erteilen. Heinz meinte ausweichend, zwischen Ehrgeiz und Ehrgeiz bestehe ein großer Unterschied, es komme ganz darauf an, in welcher Sache man Ehrgeiz entwickele. Wieder griff Nadja mit schriller Stimme ins Gespräch ein: „Es geht ja nicht um den Begriff Ehrgeiz, es handelt sich hier um diesen bestimmten Menschen, den ich für schädlich halte, da er ein Schmarotzer ist. Ich lehne ihn deshalb grundsätzlich ab!" Stalin zog seinen Stuhl zur Seite und drehte Nadja den Rücken zu. Einige Minuten herrschte eisiges Schweigen, dann wandte sich Stalin mit einem anderen Gesprächsthema an Neumann und tat so, als existiere Nadja überhaupt nicht mehr in diesem Kreise. Sie erhob sich mit hochrotem Kopf und verließ schweigend den Pavillon.

Bei einem Gang durch den mit dichten Sträuchern und hohen Bäumen verwachsenen riesigen Garten, der in einen Wald überging, gesellten sich einige Offiziere von Stalins Leibwache zu ihnen. Plötzlich fiel ein Schuß. Einer der Offiziere hatte mit seinem Revolver nach einem Vogel gezielt, worauf alle von Jagdeifer ergriffen wurden. Heinz natürlich nicht, denn er war der einzige, der keine Waffe hatte. Er beobachtete voller Amüsement, wie man jeden erlegten Vogel auf Stalins Konto buchte und die Offiziere seine Treffsicherheit mit schmeichlerischen Ausrufen der Bewunderung bedachten. Stalins Gesicht aber strahlte vor tiefer Befriedigung.

Mittlerweile war es Abend geworden, und die ganze Gesellschaft begab sich zu einer Kegelbahn. Dieser Sport, Gorodki genannt, ist ein altes russisches Spiel, bei dem man aber, im Unterschied zu dem deutschen, nach den Kegeln wirft. Zur Erfrischung für die Spieler gab es „Sakuski", Wein und Wodka, was ihre sportliche Leidenschaft nicht wenig anfeuerte. Heinz verstand dieses Spiel nicht und mußte deshalb ständig höhnische Äußerungen Stalins einstecken. Dafür aber hielt er sich durch witzig-aggressive Bemerkungen schadlos und gab dem Ganzen einen politischen Charakter. Er identifizierte die Kegel mit den Führern der Nazis, und sobald einer umfiel, schrie er, jetzt hat Hitler eins auf den Kopf bekommen, jetzt Goebbels oder wer ihm gerade in den Sinn kam. Dadurch scheint er Stalin derart gereizt zu haben, daß sich dieser zu dem Ausruf hinreißen ließ: „Hören Sie auf, Neumann! Nach meiner Meinung ist dieser Hitler ein wirklicher Teufelskerl!" Zur musikalischen Umrahmung diente Grammophonmusik. Stalin legte immer wieder seine Lieblingsplatte auf, bei der im Laufe des Abends alle mitsangen: „Trink, trink, Brüderlein trink! Lasset die Sorgen zu Haus! ..."
Noch um Mitternacht war die Kegelei in vollem Schwunge. Da kam vom Hause her Nadja zu den Spielenden und bat, man möge doch etwas leiser sein, weil sie und die Kinder nicht schlafen könnten. Stalin würdigte sie weder eines Blickes noch einer Antwort, sondern forderte alle auf, nun erst recht zu poltern, zog dann seinen Revolver und begann auf die leeren Weinflaschen zu schießen. Mit diesem Höllenlärm rächte er sich für das Aufbegehren Nadjas.
In der dritten Woche unseres Sotschier Aufenthaltes war Heinz wieder eingeladen; sie saßen auch diesmal zu dritt beisammen. Da platzte Stalin mit einer seltsamen Frage heraus: „Sagen Sie, Neumann, sind Sie eigentlich Muselmane?" Heinz sah verdutzt auf und fragte Stalin, was er darunter verstehe. „Stellen Sie sich nicht so dumm, Sie wissen schon, was ich meine! Wenn Sie kein Muselmane wäre, würden Sie Ihre Frau nicht vor uns verstecken!" Neumann wehrte sich durch einen Gegenangriff und sagte, daß es in Deutschland üblich sei, die Frau mit einzuladen, und das sei ja niemals geschehen. Eben deshalb sei seine Frau nicht nach Mazesta gekommen. Aber Stalin gab sich nicht geschlagen. „Sie sind noch schlimmer als ein Muselmane, Sie sind ein typischer Deutscher, und deshalb muß Ihre Frau zu Hause sitzen und Strümp-

fe stopfen, während Sie ausgehen. Das ist doch bei euch Deutschen so?!" Nadja hatte wohl Heinzens Verlegenheit bemerkt und mischte sich ein: „Ist etwa Strümpfestopfen eine minderwertige Tätigkeit? Auch das muß gemacht werden ... Aber bringen Sie doch, bitte, Ihre Frau mit, wenn Sie das nächstemal hierher kommen. Dann werden wir von ihr selber erfahren, ob Sie ein Haustyrann sind." Aus dieser Einladung wurde nichts mehr, denn schon einige Tage später erhielt Neumann ein Telegramm aus Moskau, das ihn unverzüglich zurückrief. So hatte ich keine Gelegenheit, Stalin und Nadja persönlich kennenzulernen.

Paradies mit großen Fehlern

Wer eigentlich Neumanns frühzeitige Rückberufung nach Moskau veranlaßt hatte, blieb unklar. Als er erfuhr, daß man ihn nach Spanien zur dortigen Kominterndelegation schicken wollte, damit er sich in dieser Tätigkeit „bewähre" und seine schweren politischen Fehler wiedergutmache, waren seine Hoffnungen auf eine baldige Heimkehr nach Deutschland zerstört. Natürlich versuchte Neumann, diese Verschickung abzuwehren, aber es gelang ihm nicht. Was die Komintern mit ihm vorhatte, war ebenso bezeichnend wie grotesk. Ein Funktionär, der wegen seines politischen Verhaltens aus der KP-Führung seines Landes entfernt worden war und nun um dieser Haltung willen in den Presseorganen der Komintern ununterbrochen „durchgearbeitet" wurde, sollte in einem anderen Lande, das ihm noch dazu völlig unbekannt war, die dortigen renitenten Genossen wieder auf die Linie zurückbringen, das heißt, er sollte die spanische Sektion der Komintern reorganisieren helfen. In Spanien hatten nämlich innerhalb der KP gerade um diese Zeit heftige fraktionelle Auseinandersetzungen stattgefunden, in die Moskau in gewohnter Weise eingegriffen hatte, wobei man nicht einmal von dem Mittel der Freiheitsberaubung zurückgeschreckt war. Spaniens legitime KP-Führer, der Generalsekretär José Bullejos, außerdem Gabriel Trilla, Manuel Adame und José Vega, die nach Moskau gerufen worden waren, wurden dort zurückgehalten, indem man ihnen die Ausreisevisa verweigerte. Und nun sollte der „Abweichler" Neumann als Mitglied der spanischen Kominterndelegation dabei helfen, eine neue moskautreue Führergarnitur der KPS in ihr Aufgabengebiet einzuführen. Ob man in Moskau, als Heinz Neumann nach Spanien geschickt wurde, nicht damit rechnete, daß die spanischen KP-Funktionäre die politischen Diffamierungen gegen ihn in der „Inprekorr" und den anderen Publikationen der Komintern lesen würden, oder ob man überzeugt war, daß diese neue Garnitur, obgleich sie genau über Neumanns schwierige politische Situation unterrichtet war, ihm dennoch Respekt entgegenbringen würde, nur weil er im Auftrage Moskaus erschienen war, mag dahingestellt bleiben. Weit charakteristischer ist Moskaus Einschätzung der Persönlichkeit seiner Werkzeuge. Man mußte das Ehrgefühl eines Berufsrevolutionärs entweder für sehr gering halten oder der Ansicht sein, daß ein Kominternarbeiter selbstverständlich und ohne Zögern seine persönliche Würde der „großen Sache" zum Opfer bringen würde, ganz gleich, wie übel ihm auch immer mitgespielt wurde. Man bezweifelte offenbar keinen Augenblick, daß der Kominternfunktionär Neumann während der Tätigkeit in Spanien alles daransetzen würde, seine angeblichen politischen Fehler und Abweichungen wiedergutzumachen, aber man dachte gar nicht daran, während dieser „Bewährungsfrist" die Anwürfe gegen ihn einzustellen, sondern ließ sich in Wort und Schrift in allen Einzelheiten über seine politischen Vergehen während der Arbeit in der deutschen KP-Führung aus.

Nun waren wir wieder in Moskau, lebten im „Lux" und warteten auf die Abfahrt nach Spanien. Wir bezogen Tagesgelder von der Komintern, und Heinz bereitete sich lesend und lernend auf seine neue Arbeit vor, während ich „1000 Worte Spanisch" studierte. Unser Leben war sehr gesellig. Heinz hatte viele Freunde, und so rissen die Besuche in unserem Zimmer nicht ab; man saß beieinander bis in die sinkende Nacht, wie es nun einmal im „Lux" oder bei den russischen Bekannten so üblich war. Aber am wirklichen Leben dieser Stadt nahmen wir nur wie Durchreisende teil. Wir standen zwar genauso wie alle Moskauer in den Schlangen am Omnibus oder der Straßenbahn oder warteten stundenlang, um eine Theaterkarte zu ergattern, aber sonst führten wir eine Art ruhigen Privatlebens. Niemand kommandierte uns zur kommunistischen Parteiarbeit oder schickte uns gar aufs Land, um die

Ernte einzubringen. Ich brauchte nicht einmal wie das Gros der sowjetrussischen Frauen Tag für Tag nach den notwendigsten Lebensmitteln anzustehen, denn als verantwortlicher Kominternfunktionär bekam Heinz ein sogenanntes Insnab-Buch, das uns berechtigte, die Lebensmittelrationen und sonstigen Zuteilungen in einem geschlossenen Laden zu kaufen, der hauptsächlich den ausländischen Spezialisten vorbehalten war und im Vergleich mit den Kooperativen der durchschnittlichen Sowjetarbeiter seine Kunden mehr als üppig belieferte. Menschen, die nicht zu den Privilegierten dieser Stadt gehörten, bekamen in ihren Fabrikläden auf die Lebensmittelkarten meistens nur Schwarzbrot, Sonnenblumenöl, etwas Zucker und dunkles Mehl. Was die Hausfrau sonst noch dringend brauchte, um die Familie kümmerlich zu ernähren, mußte sie für hohe Preise auf dem Kolchosmarkt erstehen. Dabei wurde aber die Stadt Moskau auf Kosten der ländlichen Distrikte noch besonders bevorzugt mit allen Bedarfsartikeln beliefert, und trotzdem spürte man auch dort den schrecklichen Mangel auf Schritt und Tritt. Vom wirklichen Ausmaß der Hungerkatastrophe in den großen landwirtschaftlichen Gebieten der UdSSR während jenes Jahres hatte man jedoch, zumindest in unseren Kreisen, keine Ahnung. Meine Freundin Hilde hatte, da sie in einem Büro arbeitete, für ihr Töchterchen Swetlana eine „Nanja". Schura, das Kindermädchen, war eine fünfzigjährige Bauersfrau, die ihrem Dorf schon vor einigen Jahren den Rücken gekehrt hatte und niemals von jenem verflossenen Leben sprach. Einmal war ich bei Hilde zu Besuch und beobachtete, wie Schura in der Küche Brot trocknete. Ich wollte von Hilde wissen, was sie denn aus diesen Brotschnitzeln koche, und erfuhr, daß Nanja jede Woche ein Paket mit dem vom Munde Abgesparten in ihre Heimat schicke. Als wir einmal gemeinsam zum Postamt gingen, stand dort eine endlose Schlange vor dem Paketschalter. Erstaunt fragte ich wieder: „Was tun denn alle diese Menschen hier auf dem Postamt?" – „Sie schicken Brot an ihre Verwandten", antwortete sie, als sei das eine Selbstverständlichkeit. „Genauso wie Schura, ich erzählte es dir doch schon." Bei Hildes Mitteilung überkam mich der gleiche Schreck wie jedesmal, wenn ich auf dem Bahnhof oder auf dem Kolchosmarkt die zerlumpten Bauern sah, die apathisch und ergeben neben ihren Bündeln saßen, oder beim Anblick der Besprisorny. Es war ein Gefühl von Übelkeit, als ziehe sich mir schmerzhaft der Magen zusammen, und es befiel mich Angst und Verzweiflung. Sollte etwa alles umsonst gewesen sein, sollten die großen Hoffnungen auf ein reiches, glückliches Leben im Sozialismus betrogen werden? Aber seltsamerweise gingen solche Anfälle von Hoffnungslosigkeit ebenso rasch vorüber, wie sie gekommen waren. Sicher, tröstete ich mich, würde auch diese Krise bald überwunden sein. Nun hatte ich ja auch als eine im Ghetto der Kominternfunktionäre Lebende gar keine Möglichkeit, diese Krise in ihrem ganzen Ausmaß zu überblicken. Gerüchte über die Hungersnot waren für mich wie beängstigende Berichte aus einer Welt, die mir unbekannt war. Doch besaßen Menschen wie Percy und Hilde, die mir solche Geschichten erzählten, mein Vertrauen. Ich war zu dieser Zeit bereits so weit, sie nicht, wie noch vor drei Jahren Panait Istrati, kurzerhand in die Kategorie der Konterrevolutionäre einzuordnen. Aber die Welt des Hungers, des nackten, menschenmordenden Hungers hatte so gar nichts mit meinem Alltag zu tun. Und wenn ich die „Prawda" und „Iswestija" aufschlug und Heinz mir, die ich kaum ein paar Worte Russisch konnte, daraus vorlas, war niemals von irgendwelcher Not auf dem Lande die Rede. Die Redakteure dieser Zeitungen und ihre Mitarbeiter schienen nichts von einer Hungerkatastrophe zu wissen. Sie erwähnten sie wenigstens mit keinem Wort. Ihrer allerdings reichlich eintönigen und stets wiederholten Meinung nach war die Sowjetunion unaufhaltsam auf dem Wege in eine strahlende Zukunft begriffen, war sie bevölkert von Menschen, die sich ihrer gesellschaftlichen Aufgabe stets bewußt waren und die diese Aufgabe mit Begeisterung im Herzen und unter dem Banner der Hoffnung erfüllten. „Fortschritt" war das Wort, das Schrift und Rede in der Sowjetunion beherrschte. Man erzählte sich damals, natürlich nur mit dem Hinweis, es handle sich um einen „trotzkistischen" Witz, eine harmlose, aber sehr charakteristische Anekdote. Auf der Silvesterfeier alter Bolschewiken im Jahre 1931 sei Bucharin aufgestanden und habe folgende Festrede gehalten: „Genossen! Soeben haben wir das Jahr 1931 beendet! Nun aber hat das Jahr 1932 begonnen! Genossen, ich frage euch, ist das nicht ein Fortschritt?!"

Im Sommer 1931 hielt Stalin eine Rede, die unter der Losung „Gegen die Gleichmacherei" tiefgehende Veränderungen im Leben der Sowjetbürger nach sich zog. Ich wußte damals allerdings noch nicht, daß der Kampf gegen die „Gleichmacherei" in Wirklichkeit die Einführung enormer Lohn- und Gehaltsunterschiede bedeutete, und daß man mit dieser Methode die Menschen in Sowjetrußland zu höherer Arbeitsleistung zwingen wollte. Ich sah nur die seltsamen Auswirkungen der Kampagne gegen die „Gleichmacherei" in der Stolowaja (Speisesaal) des „Lux". Eines Tages hatte man den hinteren Teil des Speisesaales mit einem großen Vorhang abgeteilt, und die staunenden Kominternangestellten erfuhren, daß von jetzt ab die Funktionäre mit „höherer" Verantwortung ihre wesentlich besseren Mahlzeiten hinter dem Vorhang einnehmen würden, während das Gros der kleineren Angestellten, der Arbeiter und Hausfrauen noch primitiver und kärglicher als bisher außerhalb dieses Bereiches beköstigt würde. Nicht nur die disziplinierten Kominternangestellten schluckten diese „sozialistische Maßnahme" ohne Murren, überall in Sowjetrußland verfuhr man auf die gleiche Weise.

In Moskau gab es noch eine besonders provozierende Einrichtung. Das war der „Torgsin", ein Laden, in dem man alles, was es sonst in diesem armen Lande nicht gab, gegen ausländische Valuta, gegen Gold und Silber erstehen konnte. Da bekam man sogar Geschirr und andere Haushaltungsgegenstände zu kaufen. Ich erinnere mich noch an die Begeisterung meiner Freundin Hilde, die dort mit unseren Resten an deutschem Kleingeld für ihr Baby eine Wanne besorgte. Vor den Schaufenstern, in denen Butter, Weißbrot und rotbäckige Äpfel lagen, drängte sich das hungernde Volk und verschlang die unerreichbaren Schätze mit den Augen.

Hilde arbeitete in einem der schönsten neuen Gebäude Moskaus, einem vielstöckigen Bürohaus, das fast ganz aus Glas bestand und von glatten, völlig schmucklosen Säulen getragen wurde. Sein Architekt war Le Corbusier. Dieses Gebäude besaß noch eine besondere Attraktion. Es wurde von außen her geheizt. Die Wände des Hauses bestanden aus einem doppelten Glasmantel, in dessen Zwischenraum die warme Luft strömte, so daß das ganze Gebäude in Wärme eingehüllt war. Jedem ausländischen Besucher Moskaus zeigte man voller Stolz diese große Errungenschaft.

Anfangs der dreißiger Jahre gingen viele moderne westeuropäische Architekten aus Begeisterung für den Aufbau des Sozialismus nach Sowjetrußland, weil sie überzeugt waren, dort einen wahrhaft befriedigenden Wirkungsbereich zu finden und mithelfen zu können, die neue sozialistische Welt aufzubauen. Sie träumten von Aufträ-

gen für Siedlungen, ja für ganze Städte, und glaubten an die unbegrenzten Möglichkeiten im sozialistischen Staat. Architekten von Weltruf, wie Corbusier, Gropius, Peret, Hannes Meier, May, Taut und andere, strebten nach Rußland.
Jaromi Krejcar, ein bekannter Prager Architekt, der zur Gruppe um das Dessauer Bauhaus gehörte, war ebenfalls nach Moskau gekommen. In der Tschechoslowakei hatte er sich durch den Bau eines Sanatoriums in Teplitz einen großen Namen gemacht. Also lag es nahe, daß ihm die Sowjetbehörden den Auftrag gaben, ein Erholungsheim für die Schwerindustrie in Kislowodsk im Kaukasus zu bauen. Krejcar reichte seine Entwürfe ein, über die er dann, zu seinem größten Mißvergnügen, Wochen um Wochen mit den Vertretern der staatlichen Stellen diskutieren mußte, mit Leuten, die auch nicht das geringste von Architektur verstanden. Zwei Einwände kehrten immer wieder und führten regelmäßig zur Ablehnung seiner Projekte: sein Stil sei zu modern, und seine Baupläne entsprächen nicht den Erfordernissen des Lebens im Sozialismus. Krejcar, der natürlich annahm, daß es in Sowjetrußland besonders kollektiv und demokratisch zugehe, legte beim Projektieren eines Erholungsheimes auf den Bau schöner gemeinsamer Speisesäle, Gesellschaftsräume und Sonnenbäder, die alle in einem großen zentralen Komplex angeordnet waren, besonderen Wert. Als man diese Pläne einsah, fragten die Begutachter ganz verwundert, wo eigentlich in diesem Heim Ordshonikidse, der Volkskommissar für Schwerindustrie, wohnen solle, wenn er auf Urlaub käme. Ob er ihm zumuten wolle, im gleichen Haus mit den Arbeitern der Schwerindustrie seinen Schlaf- und Wohnraum zu haben? Also machte Krejcar den Vorschlag, für Ordshonikidse einen besonderen Anbau zu entwerfen. Das genügte aber keineswegs, denn dann bestünde ja immer noch die Gefahr, wandten die sowjetrussischen Fachleute ein, daß er mit den anderen, mit der großen Menge der Erholungsuchenden, in Kontakt kommen müßte. So wurde nach einigen weiteren Sitzungen beschlossen, für Ordshonikidse, den Chef der Schwerindustrie, eine eigene Villa zu entwerfen, die in einiger Entfernung vom Erholungsheim lag. Aber damit war das Problem noch keineswegs gelöst, denn auch die Mahlzeiten konnten jene Großen doch unmöglich im gemeinsamen Speisesaal einnehmen, wie sich Krejcar das so schön kollektiv gedacht hatte. Als dann der immer noch naive westliche Architekt einwandte,

dann könne man doch das Essen aus der gemeinsamen Küche holen, zeigte es sich, daß er nichts von den tiefgehenden Klassenunterschieden in diesem „sozialistischen" Staate ahnte, die vor allem in dem sichtbar wurden, was man dem Proletariat zu essen gab und was sich auf der anderen Seite die Herrschenden dieses Landes leisteten. Schließlich mußte Krejcar nicht nur für den Volkskommissar der Schwerindustrie eine eigene Villa mit allem Drum und Dran planen, sondern viele Einzelhäuser für die ganze Fürstenhierarchie des Narkomteschprom (Volkskommissariat für Schwerindustrie). Zum Schluß standen im Plan des Erholungsheims Bauten für fünf verschiedene Klassen, deren Lebenshaltung sich streng zu unterscheiden hatte. Bei allen diesen endlosen Verhandlungen bemerkte der tschechische Assistent Krejcars einmal: „Wir werden also jetzt ein Sanatorium für fünf verschiedene Klassen bauen, um das Ganze einen Zaun ziehen, über den die Besprisornys einen Blick auf die klassenlose Gesellschaft tun können." Krejcar verließ nach zweijährigem vergeblichen Bemühen angewidert die Sowjetunion, ohne eines seiner Projekte verwirklicht zu haben.
Der deutsche Architekt May hatte mehr Glück als Krejcar. Er erbaute eine Wohnsiedlung neben dem großen Wasserkraftwerk Dnjeprostroj, zu dessen Einweihung wir im Spätsommer 1932 eingeladen wurden. Diese Begebenheit wurde nicht nur in der Sowjetpresse, sondern auch im Ausland als großer Fortschritt der Industriealisierung Rußlands gerühmt. Von Moskau aus sollten zwei Sonderzüge die Mitglieder der Regierung, die Gäste und Delegierten nach Dnjeprostroj bringen. Auf dem Bahnhof stellte sich aber heraus, daß die Plätze bei weitem nicht ausreichten, und so verzögerte sich die Abfahrt um Stunden, bis man einen weiteren Waggon auftreiben konnte. Als wir unsere Plätze glücklich besetzt hatten und der Regierungszug Richtung Saporoshje abdampfte, war es schon dunkel, und wir streckten uns erleichtert auf den Bänken aus. Aber diese Freunde währte nicht lange, denn ein Heer verhungerter Wanzen stürzte sich auf die Reisenden – wir verbrachten die ganze Nacht stehend am Fenster. Reichlich zerschlagen kamen wir dann am Ziel an und wurden zusammen mit den anderen Gästen, unter denen sich auch der französische Schriftsteller Henri Barbusse befand, im neuerbauten Hotel der May-Siedlung untergebracht. Mitten in der Steppe standen unvermittelt einige Reihen blendendweißer zwei- und dreistöckiger Häuser, die sich in schönem

Schwung um einen großen Platz gruppierten, auf dem verdorrtes Gras stand. Nirgendwo war ein Baum oder ein Strauch zu sehen oder auch nur der schwache Versuch, sich des Bodens anzunehmen. Alles hätte man eher in dieser öden Landschaft erwartet, nur nicht diese schönen Häuser mit den flachen Dächern, bei deren Anblick man unwillkürlich die Nähe einer Großstadt vermutete und Gärten und einen nahen Wald erwartete. Man sah, hier wohnten Menschen, denen jede Voraussetzung zum Leben in solchen Häusern fehlte. Aus den Fenstern ragten Ofenröhren, deren Ruß die Häuserwände bis hinauf zum Dach geschwärzt hatte, überall lagen Abfälle herum, und da es im ganzen Ort nur eine gepflasterte Straße gab, ging man durch den Morast eines getretenen Feldweges bis zum großen Eingangstor des Hotels. Drinnen hatte man sich offensichtlich auf den Empfang der Gäste vorbereitet, denn auf allen Tischen standen mit rosa und lila Papierschleifen gräßlich verzierte Chrysanthemen, und der Hotelkommandant trug eine schneeweiße Rubaschka. Obgleich in unserem Zimmer die Tür nicht schloß und die Fenster klafften, weil sich das Holz verzogen hatte, waren wir doch mit allem zufrieden und sehr bereit, die funkelnagelneue Einrichtung dieses Neubaues zu bewundern, um so mehr, als uns der zur Begrüßung gekommene Lehrer des Ortes voller Stolz erklärte, daß noch vor einigen Jahren niemand geahnt hätte, daß in dieser öden Steppe längs den Stromschnellen des Dnjepr jemals Menschen wohnen würden. Henri Barbusse, der auf dem gleichen Hotelkorridor untergebracht war, schien aber keine Rücksicht nehmen zu wollen auf die Schönheitsfehler des sozialistischen Aufbaus. Ein ums andere Mal beschwerte er sich bei der Hotelleitung oder den Organisatoren der Reise, und ich war ganz betroffen, daß mein Idol Barbusse solche bürgerlichen Primadonnenallüren hatte und angesichts der Größe der sozialistischen Errungenschaften so gar nicht auf die Bequemlichkeiten des Lebens verzichten wollte. In diesem Zusammenhang ist es besonders aufschlußreich, daß Barbusse, als man ihm einmal vorwarf, er berichte nicht die Wahrheit über die Zustände in der UdSSR, erwiderte, daß man als Kommunist das Recht habe, über die Schwierigkeiten in Sowjetrußland zu schweigen, weil diese ja vorübergehen werden ...

Am nächsten Morgen, dem 10. Oktober, wehten überall rote Fahnen, und Arbeiter zogen mit ihren Musikkapellen über die Brücke auf dem hohen, breiten Zementdamm, der das Wasser des Flusses

zu einem breiten See staute. Auf dem gegenüberliegenden Ufer des Dnjepr lag am Fuße des Staudammes das quaderförmige Elektrizitätswerk mit seinen riesigen Turbinen, von denen die eine an diesem Tage in Gang gesetzt werden sollte, um das erste Mal elektrischen Strom zu erzeugen.
Die Festversammlung fand unterhalb der gigantischen Staumauer statt, die die Losung schmückte: Sowjetmacht plus Elektrifizierung = Kommunismus. Wir blickten bewundernd auf das herabstürzende Wasser, als mit dem Geheul der Fabriksirenen und unter dem Gedonner von Böllerschüssen der feierliche Akt der Einweihung begann. Der erste Redner war der Amerikaner Lincoln Cooper, der Schöpfer des Wasserkraftwerkes „Lenin", ein kleiner, rundlicher Sechziger, der seine in englischer Sprache gehaltene Rede folgendermaßen begann: „Heute nacht hatte ich einen wunderschönen Traum. Mir träumte nämlich, ich könnte auf einmal Russisch sprechen. Ganz beglückt über dieses Wunder wachte ich auf, als es an meine Tür klopfte, und rief stolzgeschwellt und meiner Sache ganz sicher: ‚Moshno!' (Herein) und wollte gerade dem reizenden Zimmermädchen etwas ganz besonders Nettes sagen ... da war es mit der Kunst vorbei. Kein einziges russisches Wort kam mir mehr in den Sinn ... Deshalb habe ich beschlossen, um Sie nicht länger zu langweilen, meinen Übersetzer die Rede gleich auf Russisch vorlesen zu lassen." Der für sowjetrussische Begriffe so völlig ungewöhnliche Anfang einer Rede bei einem feierlichen Anlaß erntete stürmischen Beifall und Heiterkeit. Was sich aber der Amerikaner an Pathos und Länge gespart hatte, holten alle folgenden Redner doppelt und dreifach nach. Sergo Ordshonikidse, der Volkskommissar für Schwerindustrie, der Parteisekretär von Dnjeprostroj und auch Henri Barbusse überboten sich in Lenin- und Stalinzitaten, während der deutsche Chefingenieur des Wasserkraftwerkes, Winter, in Zahlen schwelgte.
Nach der Feier stellte mich Heinz Sergej Ordshonikidse vor, der uns für den Abend zu einer kleinen Feier in seinem Salonwagen einlud. Bis dahin hatten wir aber noch einen anstrengenden Tag vor uns mit Besichtigung der Elektrizitätsstation und aller am Ufer des Dnjepr gebauten Werke, vor allen Dingen einer Aluminiumfabrik, erst der zweiten in Sowjetrußland, die nur auf den Strom vom Dnjepr-Kraftwerk warteten, um die Produktion zu beginnen. Unser sachverständiger Begleiter durch die Neubauten war ein pol-

nischer Kommunist namens Lauer, der sein technisches Studium abgebrochen hatte, um Berufsrevolutionär zu werden, und den Heinz seit langem aus der Komintern kannte. Sein erläuternder Vortrag war ein seltsames Nebeneinander von Bewunderung für die große Leistung der Arbeiter, die in fünf Jahren unter den schwierigsten Bedingungen dieses Wunderwerk, den größten Staudamm und die stärkste Elektrostation Europas, gebaut hatten, und beißender Kritik an den Mängeln der technischen und politischen Leitung sowie an der horrenden Verschwendung von Material und Volksgeldern. Diese Kritik äußerte er allerdings nur im kleinen Kreise. Ich steigerte mich in eine heftige Abneigung gegen ihn hinein, fand seine Bemerkungen schnodderig und überheblich und wehrte mich, ihm recht zu geben, selbst wenn er uns an Ort und Stelle auf den Schmutz und das Durcheinander in den bereits fertigen Fabriken hinwies. Da war eine große Halle, in der lauter ausländische Werkzeugmaschinen standen, die nach seiner Meinung bereits ruiniert waren, bevor man überhaupt begonnen hatte, mit ihnen zu arbeiten. Dabei fällt mir eine Geschichte ein, die ich allerdings erst zwanzig Jahre später erfahren sollte und die Lauers heftige Kritik voll und ganz bestätigte.

Im Jahre 1929 traten Vertreter der sowjetrussischen Schwerindustrie an die Witkowitzer Stahlwerke in der Tschechoslowakei heran und legten ihnen Pläne für den Bau eines Walzwerkes vor. Man einigte sich über einen Auftrag, worauf im Januar 1930 eine sowjetische Kommission nach Prag kam und bei den Witkowitzer Werken die Anfertigung eines ganzen Stahlwalzwerkes bestellte. Die Kommission machte aber zur Bedingung, daß die Fabrik bis spätestens zum 7. November, dem Revolutionsfeiertag des gleichen Jahres, fertig sein müßte. Die Witkowitzer hielten diesen Termin für verfrüht, einigten sich aber nach langen heftigen Debatten und sogar Drohungen von seiten der Sowjetrussen, daß sie den Vertrag annullieren würden, so wesentlich war ihnen der 7. November als Liefertermin, auf den 20. Dezember 1930 als endgültiges Datum zur Fertigstellung des Walzwerkes.

Anfang Dezember 1930 schickte die Leitung der Witkowitzer Fabrik ein Telegramm nach Moskau, daß sie wider Erwarten mit dem Auftrag vierzehn Tage früher fertig geworden seien und nun die sowjetische Abnahmekommission erwarteten, damit der Platz, den die Maschinen einnähmen, frei gemacht werden könnte. Nun hatten sich die Witkowitzer bei den ersten Verhandlungen auch noch erboten, das Walzwerk an Ort und Stelle, nämlich in Marjupol am Asowschen Meer, nicht weit von Saporoshje, aufzustellen. Sie hätten auf diesem Gebiet die nötigen Erfahrungen und Spezialisten, die über die Art des komplizierten Unterbaus für so schwere Maschinen Bescheid wüßten. Diesen Vorschlag aber hatten die Russen mit Stolz, ja geradezu beleidigt abgelehnt, ihre Fabrik, die würden sie sich selber aufbauen.

Das Telegramm war abgegangen, und zum größten Erstaunen für die Witkowitzer Werkleitung kam aus Moskau folgende Antwort: „Von einem Walzwerk ist hier nichts bekannt. Das muß ein Irrtum sein." Die Herren der Witkowitzer Fabrik glaubten, man wolle sich in Moskau einen Scherz mit ihnen erlauben, und als auf die nächste, schon dringlicher formulierte Anfrage ein einfaches „Wir wissen von nichts" eintraf, schlug ihr Humor in Empörung um. Sie ahnten natürlich nicht, daß die GPU inzwischen sowohl den Vorsitzenden als auch sämtliche Mitglieder der oben erwähnten Kommission des Volkskommissariats für Schwerindustrie verhaftet hatte und daß deren Nachfolger wirklich von nichts wußten. Erst nach großen Anstrengungen und geharnischten Protesten bei der sowjetischen Handelsvertretung in Prag gelang es schließlich den Witkowitzern zu beweisen, daß wirklich ein solcher Millionenauftrag erfolgt war. Reichlich kleinlaut ersuchten nun die neuen Männer des Volkskommissariats für Schwerindustrie die tschechische Firma, mit der Lieferung des Walzwerkes noch ein Jahr zu warten, bis nämlich die Fabrik in Marjupol gebaut sei, um die Maschinen aufnehmen zu können. Das aber lehnten die Witkowitzer ganz entschieden ab. Sie hatten zwar bei der Auftragserteilung eine große Anzahlung erhalten, aber nach internationalen Gepflogenheiten bestanden sie nun darauf, zur abgemachten Lieferfrist den Rest der Zahlung zu bekommen. Außerdem wiesen sie darauf hin, daß die Maschinen durch längeres Lagern beschädigt würden. Endlich kam dann im Frühjahr 1931 eine sowjetrussische Abnahmekommission, und die Maschinen wurden sorgfältigst verpackt in Richtung Marjupol abgesandt.

Drei Jahre später fuhr ein Ingenieur der tschechischen Skodawerke, des Konkurrenzunternehmens der Witkowitzer Stahlwerke, nach Sowjetrußland, um irgendwelche Industrieanlagen zu besichtigen. Auf dem Wege nach dem Süden Rußlands kam er auch nach Marjupol und entdeckte außerhalb der Stadt etwas höchst Erstaunliches. Da lagen mitten auf den Feldern ganze Berge von Maschinen, schon halb in die Erde gesunken, völlig verrostet, überall war die Holzverschalung abgerissen, die man, wie der Ingenieur meinte, wahrscheinlich zum Heizen verwandt hatte, und als er näher herantrat, entzifferte er auf einem der übriggebliebenen Bretter, schon ganz vom Regen verwaschen, die Worte „Witkowitzer Werke" ... Im Jahre 1933 war das Walzwerk immer noch nicht gebaut, das ursprünglich zur Feier des 7. November 1930 als große Errungenschaft des ersten Fünfjahresplanes eingeweiht werden sollte. Wahrscheinlich saßen alle sachverständigen Ingenieure des Volkskommissariats für Schwerindustrie längst in Sibirien, und die Nachfolger „wußten von nichts" ...

Der Lehrer von Dnjeprostroj, der uns schon bei der Ankunft begrüßt hatte, war ein Deutscher, ein Nachkomme jener Kolonisten, die von Katharina der Großen in Deutschland angeworben worden und seit über hundertfünfzig Jahren den Sitten ihres Vaterlandes und auch der Muttersprache treu geblieben waren. Der Lehrer stammte, wie er uns erzählte, aus Kischkas, einem Dorf am Dnjepr, das unter den Fluten des Stausees verschwunden war. Empört schilderte er uns den Widerstand seiner Landsleute, als man sie aus ihren Häusern evakuieren wollte, um sie an anderen Stellen anzusiedeln. Dabei benutzte er Worte wie „Konterrevolutionäre" und „Volksfeinde". Auf meine Frage, wo diese Bauern denn jetzt wohnten, gab er keine Antwort.
Er führte uns zu seinem Lebenswerk, dem Heimatkundemuseum. Während der Bauarbeiten an den Ufern des Dnjepr war man auf eine alte Grabstätte gestoßen, und bei weiteren Ausgrabungen, die unter der Leitung des Lehrers stattfanden, erwies sich das Gebiet beiderseits der Stromschnellen als eine wahre Fundstätte. Man entdeckte sogar ein Fürstengrab, dem goldener Schmuck und schöne Waffen beigegeben waren. Davon mußte sich allerdings der Lehrer trennen, denn die wanderten in das Museum der nächsten Stadt, und er, der Entdecker, hatte sich mit ganz primitiven Nachbildungen dieser wertvollen Gegenstände zu begnügen. Aber das verminderte weder seinen Stolz noch seinen Eifer. Nach einem langatmigen, lehrhaften Vortrag über die Geschichte jener Gräber, aus dem wir erfuhren, daß in jener frühen Zeit sowohl die Heerführer als

auch die Kaufmannszüge immer wieder von einheimischen Räuberbanden oder den Heeren des jeweiligen Gegners überfallen wurden, während sie bei den Stromschnellen ihre Boote aus dem Wasser hoben und am Ufer entlangtrugen, durften wir endlich das Museum besichtigen. Eigentlich sind mir davon nur Zettel an den Schaukästen in Erinnerung geblieben, deren Text mir Heinz übersetzte, wobei wir uns köstlich amüsierten über die schulmeisterhafte, echt deutsche Manier, mit erhobenem Zeigefinger zu belehren, und über die krampfhafte Bemühung, die Kenntnis der materialistischen Geschichtsauffassung an den Mann zu bringen.
Der russische Genosse, der uns am Abend vom Hotel abholte, gehörte sicher zur GPU. Er begleitete uns zum Salonwagen Ordshonikidses, der auf einem Nebengeleise des Bahnhofs abgestellt war. Dieser Waggon war wie ein kleinbürgerliches Wohnzimmer zur Zeit der Jahrhundertwende eingerichtet, hatte an den Fenstern dunkelrote Gardinchen, die mit kleinen Troddeln verziert waren, und die gleichen Troddelchen wiederholten sich an den samtenen Sesseln und dem Sofa. Es war bereits eine große Gesellschaft beeinander, der Raum war blau von Zigarettenqualm. Man begrüßte uns mit großem Hallo, Tee und Wodka wurden serviert, und die Unterhaltung, die laut und völlig ungezwungen durcheinanderging, was das Übersetzen sehr erschwerte, drehte sich um die Ereignisse des verflossenen Tages. Ordshonikidse, der mir in seiner offenherzigen Freundlichkeit sehr gefiel, brachte das Gespräch auf den amerikanischen Ingenieur, der, wie er uns mitteilte, schon den zweiten Staudamm in Sowjetrußland gebaut hatte. Ein russischer Genosse von der politischen Leitung Dnjeprostrojs schilderte, mit einer Mischung von Neid, Bewunderung und Mißgunst in der Stimme, die Arbeitsweise dieses Mannes, der nach seiner Meinung keine anderen Interessen hatte als nur die Tausende von Dollar einzustekken, die ihm der sowjetrussische Staat für seine Tätigkeit zahlte. Als noch an beiden Ufern des Dnjepr nur öde Steppe war, sei dieser seltsame Spezialist aus dem kapitalistischen Amerika während eines ganzen Tages mit seinem Auto an den Stromschnellen hin und her gefahren, zeitweise ausgestiegen, zum Wasser hinuntergegangen, alles, ohne ein Wort zu sagen, während seine Begleiter hinter ihm hertrabten. Diese Prozedur habe erst an einem Ufer stattgefunden, dann am anderen. Endlich habe er durch seinen Dolmetscher sagen lassen, daß sie nun bald erlöst würden, und

befohlen, das Auto anzuhalten. „Darauf bestimmte er einen Punkt an beiden Seiten des Ufers, den wir sofort markieren mußten, und zog einen Block heraus. Auf das Blatt Papier zeichnete er nichts als einen leicht gebogenen Bleistiftstrich. Das war der Plan für den Staudamm. Damit hatte der Amerikaner seine Arbeit geleistet. Alles andere taten dann wir und der deutsche Chefingenieur Winter..." Diese Schilderung wurde mit einem ungläubigen Gelächter quittiert, aber Ordshonikidse bestätigte die Darstellung. Der kleine Amerikaner, so meinte er, verfüge wirklich über einen sechsten oder siebenten Sinn, der ihn unfehlbar wissen ließ, an welcher Stelle ein Fluß zu stauen sei und in welchem Schwung der Damm verlaufen müsse, um den Druck des Wassers aufzufangen und richtig zu nutzen. Aber diese Hexerei werde man in der Sowjetunion auch sehr bald beherrschen, um dann ganz ohne die Hilfe solcher kostspieligen Ausländer die Industrie aufzubauen. Mit Wodka und großen Worten berauschte sich die ganze Gesellschaft an den bereits erzielten Erfolgen des sozialistischen Aufbaus – langsam löste sich die Begeisterung in russischen, kaukasischen und deutschen Liedern auf.

Während der Reise nach Dnjeprostroj war Egon Erwin Kisch in Moskau angekommen. Ich beeilte mich nach unserer Rückkehr, um ihn und seine Frau Gisl im Hotel nahe des Bolschoi-Theaters zu besuchen. Hatte man die Tür des Hotelzimmers der Kischs hinter sich geschlossen, versank Moskau mit einem Schlag, und man wähnte sich in Prag, Wien oder Berlin. „Gisl, mach sofort frischen Kaffee, die neuen Gäste sind es mir wert!" rief Kisch zur Begrüßung, und dann saß man dem ehemals begabtesten Reporter aus der Prager Bohème gegenüber, und mit dem heißen Kaffee servierte er aus seinem unerschöpflichen Repertoire alte und neue Witze. Immer hing ihm die Zigarette im Mundwinkel, die dichten, dunklen Haare standen struppig und ungekämmt zu Berge, und sein Anzug war so zerknittert, als habe er ihn seit Tagen nicht vom Leibe bekommen. Er sah aus wie ein Mensch, der nie genug Schlaf bekommt, und so war es wohl auch, denn im Zimmer der Kischs wurde ohne Unterbrechung vom Morgen bis lange nach Mitternacht Kaffee gekocht, die Gäste kamen und gingen, und Kisch wurde nicht müde, sie zu unterhalten. Hörte er dann etwas Neues, für ihn Interessantes, rief er im komischen Befehlston: „Gisl, schreib das auf!" Ich machte ihn, im Spaß, darauf aufmerksam, daß es gefährlich sei, was er hier treibe. „Weißt du nicht, daß es in der Sowjetunion seit kurzem verboten ist, jüdische Witze zu erzählen? Daß das als Antisemitismus geahndet wird?" Er nahm die Zigarette aus dem Mund und starrte mich ungläubig an. „Aber beruhige dich, man hat einen herrlichen Ausweg aus diesem Dilemma gefunden. Jetzt läßt man eben die Witze nicht mehr mit ‚Zwei Juden trafen sich auf der Straße . . .' beginnen, sondern ‚Zwei Chinesen trafen sich auf der Straße . . '." Kisch wollte sich ausschütten vor Lachen. Dann aber schlug seine Heiterkeit in bittere Kritik um, und nicht ohne Staunen hörte ich ihn gegen die verdammte Heuchelei in Sowjetrußland vom Leder ziehen. Gott, war das herzerfrischend. Als aber Kisch so richtig in Fahrt war, ertönte aus dem Hintergrund des Zimmers Giselas warnende Stimme: „Egon, hör auf! Du gehst mal wieder zu weit!" Augenblicklich wandten sich seine Bissigkeiten, nun aber in etwas sanfterer Form, gegen sein Eheweib.

1932 hatte Kisch als Schriftsteller schon seine ursprünglich großen Fähigkeiten eingebüßt. Je enger er sich mit der Kommunistischen Partei verband, um so schwächer wurden seine Arbeiten. Doch erst während der Emigrationszeit in Frankreich und später in Mexiko sollte sich sein literarischer Abstieg vollenden. Noch in Paris gehörte er zu den wenigen, die die diktatorischen Methoden der KP bekrittelten, die ihre gläubigen Anhänger unter den Intellektuellen einfach gleichschaltete und zu Propagandawerkzeugen erniedrigte. Aber Gisela sorgte dafür, daß er bei der Stange blieb. Wenn Kisch ohne seine Frau im Kreise anderer Emigranten in seiner Wohnung oder im Café saß und über die Partei lästerte und Gisl erschien zufällig in der Gesellschaft, so pflegten die Besucher mit den Fingerknöcheln auf die Tischplatte zu klopfen und warnend auszurufen: „Achtung! Der Parteiapparat kommt!" Sie quittierte regelmäßig diese Begrüßung mit einem Lächeln, und die Harmlosen unter den Gästen glaubten, dieses Zeremoniell sei ein von Kisch erfundener Witz. Die Eingeweihten aber wußten, daß man sich vor Gisl hüten mußte, daß sie nicht nur ihren Egon bewachte, sondern daß ihre Funktionen auch noch darüber hinausgingen.
Egon Erwin Kisch hatte menschlich rührende Züge. Als er in Paris die Nachricht bekam, daß seine in Prag lebende Mutter schwer erkrankt sei, kümmerte er sich einen Pfifferling um das Parteiverbot,

das ihm untersagte, nach Prag zu fahren. Monate hindurch blieb er bei seiner Mutter, um ihr mit Witz und Heiterkeit das Sterben zu erleichtern. Nach Paris zurückgekehrt, erhielt er für seinen Ungehorsam eine Rüge von der Partei.
Erst nach 1940, als Kisch in Mexiko lebte, hatte Gisls Dressur endgültig gefruchtet. Es kam kein kritisches Wort mehr über seine Lippen. Aber damit war ihm auch die Fähigkeit zum Schreiben abhanden gekommen. In den letzten Jahren der Emigration litt er an einem Hungerkomplex und kehrte als gebrochener Mann nach dem Krieg in seine Heimat Prag zurück. Es war ihm vergönnt, im Bett zu sterben, doch schon 1952, ein Jahr nach seinem Tode, wurde während des Prager Schauprozesses gegen Slansky und Konsorten auch Kisch zum Feind des Kommunismus gestempelt. Es drangen Gerüchte durch den Eisernen Vorhang, daß man daraufhin das Grab des „Rasenden Reporters" geschändet habe.

Ich war fast täglich bei meiner Freundin Hilde, die im Wohnhaus der Profintern lebte und, wie die Mehrzahl der Menschen in dieser Stadt, nur ein schmales Zimmer besaß, das für ein Sofa, das Kinderbett, den Schrank, den Tisch und einige Stühle gerade notdürftig Platz bot. Die „Nanja" mußte sich im Gang vor dem Kinderbett auf einer primitiven Pritsche ihr Lager für die Nacht aufschlagen. Bei Hilde lernte ich den russischen Ingenieur und Flieger Sergej St. kennen. Er arbeitete unter dem berühmten Flugzeugkonstrukteur Tupowlew, war Mitglied der KPdSU und, so schien es mir jedenfalls bei den ersten Begegnungen, von unerschütterlichem Optimismus erfüllt, was die Entwicklung des sozialistischen Aufbaus in Sowjetrußland betraf. Sergej kam aus einer Familie alter polnischer Bolschewiken. Seine Mutter arbeitete als Leiterin des Moskauer Revolutionsmuseums. Für ihn, der in einer sozialistisch-kommunistischen Atmosphäre aufgewachsen war, bedeutete der Internationalismus eine Selbstverständlichkeit. Dem nach 1930 immer stärker propagierten Sowjetpatriotismus setzte er entschiedenen Widerstand entgegen. Aber das merkte ich erst, als wir uns schon längere Zeit kannten. Anfangs beschränkte sich Sergej in seinen Gesprächen auf begeisterte Schilderungen der Fortschritte im sowjetischen Flugzeugbau und auf sein Spezialgebiet, die Segelfliegerei. Er erklärte uns die große Bedeutung dieses Luftsportes für den Kriegsfall, sprach von Segelflugzeugen, die mit Mann, Material

und Waffen in große Höhe geschleppt werden könnten, um dann lautlos hinter der feindlichen Front zu laden. Daß die kapitalistische Umwelt Sowjetrußland in Kürze mit Krieg überziehen werde, stand für ihn außer Frage. Er zweifelte aber auch keinen Augenblick daran, daß hinter diesen kommenden Fronten sich die Proletarier unter der Führung der Kommunistischen Partei erheben würden und die große Zeit der Revolution anbreche. Wenn ihn dann Hilde mit leicht bissigen Bemerkungen aus dem Himmel seiner kriegerischen Triumphe auf die sowjetische Erde zurückholte und ihn etwa fragte, womit man denn die Soldaten und vielleicht auch die übrige Bevölkerung in einem Kriegsfall zu ernähren gedenke, verfinsterte sich Sergejs Gesicht, und er verlor die Lust, weiter zu schwärmen. Es gefiel mir besonders an ihm, daß er niemals die bei sowjetrussischen und Kominternfunktionären üblichen Argumente von den „Übergangserscheinungen" gebrauchte und auf die großen Töne über den künftigen Reichtum nach der Beendigung des zweiten Fünfjahresplans ebenfalls verzichtete. Er verstummte ganz einfach. Um das gefährliche Schweigen zu überbrücken, lud er uns mit den Worten: „Gehen wir ins kaukasische Restaurant, da kommen wir auf andere Gedanken" zu einem Spaziergang ein.
Es gab im damaligen Moskau sehr wenig Restaurants, und das kaukasische wurde nur von der besitzenden Klasse dieser angeblich klassenlosen Gesellschaft besucht. Um den schweren Wein und das sehr spärliche Essen bezahlen zu können, brauchte man ein dickes Portemonnaie. Sorgen um Geld hatte Sergej, der Flugzeugingenieur, nicht. Er trug ganze Bündel von Rubelscheinen lose in den Hosentaschen und gestand uns, daß er gar nicht wisse, wo er das viele Geld, das er verdiente, ausgeben sollte. Es gab ja nichts zu kaufen. Alles, was ein Mitglied der technischen Intelligenz zum Leben brauchte, erhielt er zu den niedrigsten Preisen in seinem besonders gut und reichlich belieferten geschlossenen Laden. Ihm stand ein Auto seines Instituts zur Verfügung, und er besaß ein Landhaus in Serebreny Bor, jenem beliebten Sommerfrischenort, in dem zur Zarenzeit die wohlhabenden Moskauer ihre Villen hatten. Sergej verdiente doppelt und dreifach. Er warf mit dem Geld nur so um sich, während zur gleichen Zeit viele Arbeiter und kleine Angestellte auf dem freien Markt ihr auf Lebensmittelkarten erstandenes billiges Schwarzbrot für höheren Preis feilboten, um sich mit dem so verdienten Geld auch einmal etwas Milch oder ein

paar Eier auf dem Kolchosmarkt erstehen zu können. Erst in den letzten Tagen meines Moskauer Aufenthaltes sollte ich Sergejs wirkliche politische Meinung kennenlernen, und das geschah wohl nur, weil mein Abreisetermin ins Ausland bereits feststand. Bis dahin hütete er sich vor jeder kritischen Bemerkung.

In Moskau pflegten sich Freunde und Bekannte aus den Kreisen der Komintern entweder unangemeldet zu besuchen, oder sie telefonierten ganz einfach an, bevor sie sich zueinander auf den Weg machten. Völlig anders vollzog sich die Einladung zu einem Abend bei Abramow-Mirow, einem führenden russischen Funktionär der Komintern, dem Leiter der sogenannten OMS-Abteilung, dem die Organisation der konspirativen Tätigkeit der Komintern für alle europäischen Länder oblag. Vera, Mirows Frau, hatte uns schon Tage vorher offiziell und formvollendet zu Gast gebeten, so daß man glauben mußte, Gesellschaftsanzug sei zumindest erwünscht. Und zu diesem Stil paßte auch die Wohnung, eine wirkliche Wohnung, die aus mehreren Zimmern bestand und mit schönen, gepflegten, antiken Möbeln ausgestattet war. Vera, eine schlanke, große Frau in elegantem Seidenkleid, beherrschte die Honneurs so vollendet wie eine Diplomatengattin und verbreitete eine Atmosphäre kultivierter Bürgerlichkeit um sich, die in Moskau schon seit langem ausgestorben war. Auch Abramow-Mirow merkte man sofort an, daß er im kapitalistischen Westen gelebt hatte, obgleich er neben seiner Frau eher plump und wie ein Parvenu wirkte. Sein gut sitzender Anzug, ebenso die geschmackvolle Einrichtung dieser Wohnung atmeten westliches Ausland. Sogar das Dienstmädchen in weißer, gestärkter Schürze schien einem anderen Kontinent, einer anderen Gesellschaftsordnung zu entstammen, denn sie bediente mit so viel Vollendung, wie das sonst fünfzehn Jahre nach der Oktoberrevolution in Sowjetrußland nicht mehr zu finden war. Der mit Damast und Silber reichlich gedeckte Tisch war von Kerzen beleuchtet, und Vera versäumte nicht, sich wegen der Einfachheit des Mahles zu entschuldigen, das an Üppigkeit alles übertraf, was mir seit den Monaten meines sowjetrussischen Aufenthaltes geboten worden war. Als wir dann nebenan im Wohnzimmer beim Mokka saßen, legte Mirow seine neuesten, vor kurzem in Berlin erworbenen Grammophonplatten auf, und aus dem Apparat ertönte eine Rede Heinz Neumanns: „... Werdet Rote Frontkämpfer ...“ Während wir mit einem Genossen aus dem Generalstab der Weltrevolution zusammensaßen und aus zerbrechlichen japanischen Täßchen duftenden Mokka tranken, das Dienstmädchen lautlos hin und her huschte, forderte die eindringliche Stimme Neumanns die deutschen Arbeiter auf, in die Schützengräben des Klassenkampfes zu gehen ... Ich bekam eine Gäsenhaut und brauchte eine ganze Weile, um mich in dieser grotesken Situation zurechtzufinden.

Heinz hatte selbstverständlich angenommen, daß wir gemeinsam nach Spanien fahren würden. Als ihm aber im letzten Augenblick Pjatnitzki mitteilte, wir dürften aus Sicherheitsgründen weder zusammen reisen noch miteinander in Spanien sein, und ich müßte deshalb vor meiner Rückkehr nach Berlin noch einige Zeit in Moskau bleiben, reagierte Heinz darauf nicht nur mit einem heftigen Wutanfall, sondern machte, als wir wieder in unserem Zimmer im „Lux" waren, merkwürdige, mir gar nicht recht verständliche Andeutungen über Erpressungsmethoden. Er schien zu befürchten, daß man mich in Moskau zurückhalten werde. Deshalb schärfte er mir ein, jeden Tag bei Pjatnitzki oder Abramow-Mirow anzurufen und auf keinen Fall Ruhe zu geben, bis ich meinen Paß und das Eisenbahnbillett in Händen hätte. Ich hielt seine Angst für völlig übertrieben, und nach einer bis tief in die Nacht dauernden Abschieds-Wetscherinka, an der alle unsere Freunde teilnahmen, brachte ich ihn am anderen Morgen zum Bahnhof, fest davon überzeugt, daß wir uns in ganz kurzer Zeit wiedersehen würden. Es sollten aber zwei Monate vergehen, bis man mir im Januar 1933, nachdem Heinz in immer dringlicheren Briefen sowohl an Pjatnitzki als auch an Abramow auf meine Abreise gedrängt hatte, den Paß und ein Flugbillett nach Berlin in die Hand drückte, allerdings unter höchst seltsamen Bedingungen.
In den Monaten des ständigen Wartens hatte ich mir mit Hildes Hilfe Übersetzungs- und Abschreibearbeiten für die Gewerkschaften verschafft und teilte nun unser altes Zimmer, immer noch als Nachbarin von André Marty und „Williams", mit einer Stenotypistin der Komintern, einer Berlinerin. Wenn ich mich recht erinnere, war schon der strenge russische Winter hereingebrochen, als es eines Nachts gegen ein Uhr an unsere Zimmertür klopfte. Allerdings verursachte mir dieses mitternächtliche Pochen noch kein fassungsloses Entsetzen wir dann einige Jahre später bei meinem

nächsten Aufenthalt in Sowjetrußland, aber auch diesmal gab es uns schon Anlaß zu Schreck und Erschütterung. Vor der Tür stand unser Nachbar „Williams", noch in Mantel und Pelzmütze, so wie er gerade nach Hause gekommen war. Ganz außer Atem, bat er, mich sofort sprechen zu dürfen, und bestand darauf, daß ich in sein Zimmer käme. Mit völlig verstörtem Gesicht und unsicherer Stimme flüsterte er: „Nadja Allilujewa ist tot ..." Erst auf meine bestürzte und ungläubige Frage hin, daß man doch überhaupt nichts von einer Krankheit gehört habe, begann Williams stockend zu erzählen, daß er gerade im Kreml bei Gussew zu Besuch gewesen sei, wo ihn die Nachricht erreichte; Nadja sei an Blinddarmentzündung gestorben. Beim Sprechen verwischte sich nach und nach der Ausdruck von Schrecken, den ich anfangs auf seinem Gesicht gesehen hatte.

Am nächsten Tag besuchte mich Hilde, und wir sprachen über den plötzlichen Tod Nadjas. Hilde wußte aus Gesprächen in ihrem Büro, daß man Stalin und seine Frau noch am Abend vor ihrem Tode in der Loge des Großen Theaters gesehen habe, wo allerdings, so raunte man, Nadja vor Beendigung der Vorstellung fortgegangen sei. In unserem Gespräch, genauso wie in der nächtlichen Unterhaltung mit Williams, ließen wir unsere Zweifel über den plötzlichen Tod Nadjas unausgesprochen, wir wagten es nicht, sie zu Ende zu denken ... Nadja Allilujewa wurde feierlich aufgebahrt, und das Volk defilierte an der Toten vorbei.

Sechs Jahre später traf ich Tasso Salpeter, die Frau des Chefs der Leibwache Stalins. Wir saßen in der Zelle des gleichen Moskauer Untersuchungsgefängnisses und wurden Freundinnen. Sie erzählte mir von Nadjas Ende. Am Abend des 9. November 1932 habe sich Nadja in der Oper mit Stalin gezankt, sei anschließend zu einer Gesellschaft im Hause Woroschilows gegangen, wo es zu einer neuen Auseinandersetzung mit ihrem Mann gekommen sei. Zwei Stunden später wurde ihr Tod gemeldet. Tasso ließ offen, ob Nadja Selbstmord begangen oder Stalin sie erschossen habe.

Meine letzten beiden Tage in Moskau im Jahre 1933 wurden verdüstert durch das erste aufrichtige Gespräch mit Sergej. Wir hatten in Hildes Zimmer Abschied gefeiert, und Sergej begleitete mich über den nächtlichen menschenleeren Boulevard zurück zum „Lux" in die Ulitza Gorkowo. Unsere Unterhaltung ging um eine Rede Stalins, die er vor kurzem gehalten hatte. „Auf diese Rede setzte ich meine letzten Hoffnungen, und jetzt sind sie endgültig zerschlagen", sagte Sergej voller Bitterkeit. „Alles, was Stalin da sagte, war Lüge und Heuchelei. Mit keinem Wort erwähnte er, was wirklich auf dem Dorfe geschieht. Seit mehr als einem Jahr, seit man sie mit Gewalt in die Kolchosen preßt, weigern sich unsere Bauern zu säen und zu ernten. Tausende sitzen in ihren Hütten und warten auf den Tod, Tausende fliehen aus den Hungergebieten ... Wohin wird das noch führen?" Kein Mensch war weit und breit zu sehen, nur eine Straßenbahn ratterte vorbei, als ich plötzlich einen Schlag gegen die Schulter erhielt. Ich krümmte mich vor Schreck, und mein erster Gedanke war, es hätte jemand auf uns geschossen. Aber meine Lederjacke war an der Stelle, wo der heftige Schmerz saß, völlig unversehrt. An der Schulter war nichts als eine blutunterlaufene Stelle. Ich hätte sicher nie eine Erklärung für dieses Geheimnis gefunden, aber Sergej begann auf dem gefrorenen Schnee des Boulevards herumzusuchen und fand sehr bald des Rätsels Lösung: eine kleine, bläuliche Metallkugel, die aus dem schadhaften Kugellager der vorbeifahrenden Straßenbahn herausgeschleudert worden war ... Ich steckte sie mir in die Jackentasche zur Erinnerung an das denkwürdige Gespräch in dieser Januarnacht des Jahres 1933.

Kurierfahrt mit Hindernissen

Am Tage vor meiner Abreise – ich hatte bereits den Koffer gepackt und wartete, daß man mir meinen Paß und die Fahrkarte bringen würde – rief mich Abramow-Mirow zur OMS-Abteilung in die Komintern. Nach einem in ganz persönlichem Ton geführten Gespräch wurde er auf einmal sachlich und ernst. Er begann, mir in merkwürdig knappen Worten, so daß ich bei seinem fehlerhaften Deutsch häufig den Sinn mehr erraten mußte als verstehen konnte, klarzumachen, ich hätte sehr wichtiges Material mit nach Berlin zu nehmen und sollte das Flugzeug benutzen. Mein Einverständnis setzte er als ganz selbstverständlich voraus, und auf sein beinahe pathetisch vorgebrachtes „Sie sind sich doch der Verantwortung bewußt, die ein solcher Auftrag mit sich bringt!", fand ich nicht mehr den Mut, ihn um Aufklärung über das Was und Wie zu bitten. Ich prägte mir nur noch die Berliner Adresse ein, bei der das mysteriöse „Material" abzugeben sei, hörte etwas von einer Visitenkarte, die ich am nächsten Morgen, wenn man mich zum Flugplatz abholen würde, gemeinsam mit Paß und Flugbillett erhalten solle und die in einem Zigarrenladen in Berlin vorzuweisen sei.

Es drehte sich mir der Kopf, als Abramow dann zum Abschied mit festem Händedruck und tiefem Blick in die Augen sagte: „Am Flugplatz kommen Sie also vom Hotel „Metropol"! Aber nicht vergessen!" Ich lief verwirrt durch die langen Gänge des weitläufigen Bürohauses dem Ausgang zu und rätselte: „Hotel Metropol?" Was sollte denn das bedeuten? Ich kam doch vom „Lux"! Sicher hatte Abramow das im Moment verwechselt...

Als ich das große Gebäude der Komintern in der Mochowaja gleich neben dem Eingang zum Kreml verließ, überkam mich jenes seltsame Gefühl, aus Stolz und Sensationslust gemischt, das den gläubigen Kommunisten erfüllt, wenn man ihm einen illegalen Auftrag anvertraut und er sich dadurch in seiner Rolle als Kämpfer für die große Sache bestätigt fühlt.

Der Chauffeur des Kominternautos, der am anderen Morgen, kaum zehn Minuten vor der Abfahrt zum Flugplatz, im Zimmer des „Lux" erschien, einen mittelgroßen, schwarzen Lacklederkoffer und ein dickes, gelbes, gut verschlossenes Kuvert übergab, bedeutete mir, ich hätte das Kuvert unbedingt am Körper zu verstecken und den Koffer mit Wäsche oder Kleidern zu füllen. Während ich in aller Eile umpackte, fiel mein Blick auf das lila Samtfutter dieses merkwürdigen Gepäckstückes und ließ mir keinen Zweifel mehr an seiner Bedeutung. Als doppelter Boden. Für das Kuvert, das sicher mehr als ein Pfund wog, fand ich, nach vergeblichen Versuchen, es im Hüftgürtel unterzubringen, als einzig mögliches Versteck das Hosenbein des Schlüpfers. Das Kominternauto brachte mich aber keineswegs zum Flugplatz, wie ich in meiner Naivität angenommen hatte, sondern hielt in einiger Entfernung vom Hotel „Metropol", vor dessen Eingang der Abholomnibus der Deruluft stand. Das war also die Erklärung für Abramows „Am Flugplatz kommen Sie vom Hotel „Metropol"!". Tja, die deutsche Sprache, er meinte natürlich „zum Flugplatz"!

Vier Mitreisende waren bereits im Omnibus, und ich saß so steif und still wie nur möglich, da das Kuvert im Hosenbein bei jeder kleinsten Bewegung hörbar raschelte. Auf dem Flugplatz entdeckte ich einen fünften Reisenden, den KPD-Dichter und späteren Kultusminister Sowjetdeutschlands, Johannes R. Becher, den ich von Berlin her kannte. Ich blickte krampfhaft in eine andere Richtung, nur darauf bedacht, eine Begrüßung und das dann unvermeidliche Gespräch zu verhindern. Wußte man denn, wer die anderen Passagiere waren und ob sie nicht an der deutschen Grenze die Zollbeamten auf uns „Genossen" aufmerksam machen würden? Aber meine ängstlichen Überlegungen wurden jäh unterbrochen durch den sehr kategorischen Ruf einer Beamtin des Moskauer Flugplatzes: „Bitte, zur Gepäckkontrolle!" In völliger Ruhe und Sicherheit betrat ich, mit dem mysteriösen Koffer in der Hand – mein großes Gepäck war vom Auto aus befördert worden – einen Vorraum und erblickte durch die Türspalte eines angrenzenden Zimmers, wie sich eine Frau gerade ihr Kleid auszog. Ich hatte sie vorher im Omnibus gesehen. Also ein Flugpassagier! Sollte das etwa bedeuten, daß hier auf dem Moskauer Flugplatz eine Körpervisitation der Reisenden durchgeführt wurde?! Die Konsequenzen waren unausdenkbar. Das Kuvert im Schlüpfer! Aber Unsinn! Abramow wird mich doch avisiert haben! Man rief meinen Namen; jeder betrat einzeln den Raum der Zollkontrolle. Ich schloß zuerst den großen, harmlosen Koffer auf, sah unangenehm berührt, wie der Beamte in ihm herumwühlte, und kam sodann der Aufforderung nach, auch den schwarzen zu öffnen. Was darauf geschah, spielte sich in Sekunden ab. Der Beamte griff blitzschnell nach einer etwas abstehenden Ecke des alles andere als gut eingeklebten lila Samtfutters und machte Anstalten, es herunterzureißen. Ich packte seine Hand und stotterte: „Lassen Sie das, ich komme doch von der Komintern!", und ganz automatisch fügte ich hinzu „. . . vom Hotel Metropol." Über das strenge Gesicht des Mannes ging ein erkennendes Leuchten. Er machte sogar eine kleine Verbeugung, sagte etwas, wie „Warten Sie einen Augenblick!", verschwand im Nebenzimmer, kam gleich wieder zurück, half höflich beim Schließen des großen Gepäckstückes und überreichte mir lächelnd den Schwarzlackierten. In mehr als verzweifelter Seelenverfassung verließ ich das Zollgebäude meines proletarischen Heimatlandes, in Panik versetzt durch die Vorstellung, was mir nun Furchtbares bei der deutschen Zollkontrolle bevorstand. Das Kuvert raschelte, es hatte sich verschoben und behinderte mich beim Gehen. Aber irgendwie gelangte ich doch zu meinem Platz im Flugzeug, würdigte Johannes R. Becher, der bereits eingestiegen war, keines Blickes und war ganz verzehrt von herzklopfender Angst.

In diesem höchst bedrängten Gemütszustand startete ich zum ersten Flug meines Lebens und wurde bald erfaßt von dem Zauber, der darin liegt, daß man sich von der Erde löst, die Häuser, Äcker und Wälder wie säuberliches Spielzeug unter sich sieht und über den zarten Schneegebirgen der Wolken dahingleitet. Da wir in einem einmotorigen Flugzeug saßen, sollte ich aber dann über den riesigen Wäldern Weißrußlands mit ihren vielen Luftlöchern auch die Schattenseiten des Fliegens kennenlernen. Alle Passagiere wurden luftkrank, und als dann in Leuchtschrift die Worte „Anschnallen – Rauchen verboten" aufglommen und eine Zwischenlandung in Kaunas ankündigten, hatte ich Koffer mit doppeltem Boden und Kuvert im Hosenbein völlig vergessen und war nur noch von dem Wunsch beherrscht, Erde unter den Füßen zu spüren. So ergab es sich ganz von selbst, daß ich nach dem Verlassen des Flugzeuges Becher begrüßte und mit ihm eine Unterhaltung führte von Genosse zu Genosse.

Johannes R. Becher ist ein typischer Vertreter der intellektuellen Bohème. Er kam mehr aus Schwäche als aus politischer Überzeugung zum Kommunismus, vielleicht nur, um in der KPD einen sicheren Hafen zu finden. Sein schöpferischer Abstieg war schnell vollendet; er wurde zum „Kaisergeburtstagsdichter" der Komintern. Dem Menschen Becher werden aber immer wieder anständige Seiten nachgesagt. So soll er zum Beispiel zur Zeit der Großen Säuberung in Moskau einer Frau geholfen haben, der die Verhaftung durch das NKWD drohte. Aber zum Bruch mit dem verbrecherischen Regime, das ihm persönlich ein wirtschaftlich sorgloses Leben garantiert, hat es ihm an Charakterstärke gemangelt.
Das Frühstück in Kaunas, der erste wieder richtig und reichlich gedeckte Tisch im Flughafenrestaurant des kapitalistischen Litauen, entzückte alle Passagiere, die sofort die Folgen der Luftkrankheit überwanden und sich auf die so lange entbehrten Genüsse stürzten. Ganz besonders begeistert traktierte Becher die vollbesetzte Tafel. Wieviel einfacher war es, den „Großen Plan" in pathetischen Versen zu besingen, als unter seinen Folgen zu hungern!
Bei der nächsten Landung in Königsberg mußten wir die deutsche Zoll- und Paßkontrolle passieren. Wie gut, daß man an Grenzen nicht den Herzschlag der Reisenden kontrolliert! Da wäre ich verloren gewesen, denn das meine raste vor Angst. Aber es beruhigte sich sehr schnell bei der gemütlichen Stimme des deutschen Zollbeamten, der sich über die buntbemalten russischen Holzbüchsen in meinem Koffer freute und den Schwarzlackierten gar nicht erst öffnen ließ, so vertrauenswürdig erschien ich ihm.
Am Spätnachmittag dieses Tages begrüßten uns endlich die unzähligen Lichter der Riesenstadt Berlin, und mit einer großen Schleife landeten wir auf dem Tempelhofer Feld.
Ich wußte, daß mich am Flugplatz niemand erwartete, denn Abramow hatte mir nachdrücklich untersagt, irgend jemandem meine Ankunft mitzuteilen. Um so erstaunter und unangenehmer berührt war ich, als mir beim Ausgang ein Mitarbeiter Leo Fliegs entgegentrat und sich wie ein guter Freund gebärdete, der die Freundin nach langer Abwesenheit endlich wieder in die Arme schließen darf. Er bemächtigte sich meiner Koffer, trug sie zu einem wartenden Privatauto, das mich auf schnellstem Wege in unsere Berliner Wohnung brachte. Der OMS-Apparat funktionierte wie am Schnürchen.

Zeitig am nächsten Morgen, denn die Verabredung lautete auf neun Uhr, lief ich zur angegebenen Adresse, um das mich bedrükkende Material, diesen geheimnisvollen Koffer, so schnell wie möglich loszuwerden, in der Hoffnung, dadurch meine Selbständigkeit zurückzugewinnen. Ich musterte die Hausnummern, als ich plötzlich einen Mitreisenden des gestrigen Fluges mit sicheren Schritten auf ein Haus zusteuern und in dem gesuchten Zigarrengeschäft verschwinden sah. Da war guter Rat teuer, und es blieb mir nichts anderes übrig, als dem anderen Herrn Agenten den Vortritt zu lassen. Höflich lief ich zehn Minuten auf der Straße hin und her und betrat erst dann das kleine Geschäft, meine Visitenkarte in der Hand. Aber am Ladentisch stand ein Käufer. So mußte die Visitenkarte wieder in der Tasche verschwinden, und ich verlangte eine Schachtel „Muratti". Um Zeit zu gewinnen, zündete ich mir umständlich eine Zigarette an, in der Hoffnung, der unerwünschte Käufer würde schnell verschwinden. Aber weit gefehlt. Der dicke, schwatzhafte Mann entpuppte sich als Reisender in Zigaretten und hatte sehr viel Zeit. Er ließ es sich nicht nehmen, auch mich, die ich immer nervöser wurde, in die Unterhaltung einzubeziehen: „Na, Fräuleinchen, schon so früh am Morgen rauchen Sie Zigaretten?!" fragte er freundlich. Endlich, als ich bereits bei der zweiten Zigarette war, ging er, und ich wurde aufatmend meine Visitenkarte los, um dann allerdings im Hinterzimmer der Anlaufstelle zu erfahren, daß mein Kontaktmann schon fortgegangen sei und jetzt in einem nahegelegenen Café auf mich warte. Als Erkennungszeichen, sagte mir der sehr erfahrene Ladenbesitzer, liege eine Schachtel „Rosenkavalier" auf seinem Tisch. Die gleiche farbenprächtige Zigarettenmarke wurde auch mir in die Hand gedrückt. Das große Café hatte zwei Etagen und sicher mehr als hundert Tische, aber auf keinem lag die ersehnte Schachtel „Rosenkavalier". Erst nach weiterem halbstündigem Warten trat der junge Mann mit dem leuchtenden Erkennungszeichen an meinen Tisch. Aber auch er war nur ein Bote, der mich in ein nächstes Café begleitete und mich mit einem ebenso wohlgekleideten wie gutgenährten Mann in den besten Jahren bekanntmachte, seinem Apparatchef. Er begrüßte mich in einem Deutsch mit unverfälscht östlichem Akzent und nahm meine „Materiallieferung" freundlich entgegen. Mit einem Gefühl größter Erleichterung verließ ich das Café und genoß erst jetzt das Glück, wieder in Berlin, in meiner geliebten Heimat zu sein. Aber diese Freude war nur von kurzer Dauer. Schon am ersten Tage wurde ich mir der herannahenden politischen Katastrophe in Deutschland bewußt.

Ich traf eine Funktionärin aus dem Unterbezirk Zentrum der KPD und erfuhr in vertraulichem Gespräch, daß man dabei war, Listen aller aktiven und zuverlässigen Genossen anzufertigen, die die Kader der zukünftigen illegalen Partei bilden sollten. Es wurde mir versichert, daß solche Listen sorgfältig aufbewahrt würden, so daß sie niemals in die Hände der Polizei fallen könnten. Diese Auserwählten versammelten sich schon jetzt nicht mehr in den üblichen Verkehrslokalen, sondern kamen in ihren Wohnungen zusammen. Ich hatte den schmerzlichen Eindruck, daß diese Vorbereitungen zur Illegalität völlig überstürzt vor sich gingen, jedes zentralen Planes ermangelten und weitgehend von der Initiative der unteren Parteifunktionäre abhingen.

Unter den Kollegen der „Inprekorr" herrschte eine Art gereizter Rückzugsstimmung. Die einen bemühten sich, vor der wirklichen Lage die Augen zu verschließen, die anderen hielten den Sieg des Nationalsozialismus für unvermeidlich und meinten, daß die Kommunisten sich nicht in den Kampf stürzen dürften, weil sie doch nur zerschlagen würden und es deshalb besser sei, vorsichtig zurückzuweichen, ja sogar vorerst einmal Hitler an die Macht kommen zu lassen. Er werde sich sowieso in Kürze abwirtschaften, und dann könne man ihm zeigen, „was eine Harke ist".

Klarer sah jedenfalls ein Mann wie Willi Münzenberg die Situation. Er sagte bei der letzten Sitzung, die er mit den Redakteuren seiner „Welt am Abend" abhielt, daß mit einer langen Herrschaftsperiode des Faschismus gerechnet werden müsse. Aber auch er war nicht ganz frei von Illusionen. Er ordnete an, daß die Zeitung weiterhin erscheinen solle, solange es einigermaßen gehe. Hatten nicht auch im faschistischen Italien anfangs Zeitungen mit linkssozialistischer, ja kommunistischer Tendenz, wenn auch unter gewissen Schwierigkeiten, weiterexistieren können? Von dem eigentlichen Ausmaß der kommenden Schreckensherrschaft schienen wirklich nur wenige Menschen eine Vorstellung zu haben.

Auf den Straßen Berlins spreizte sich das schaftstiefeltragende Fußvolk der NSDAP, der SA und SS, und in den Omnibussen und Vorortzügen las schon jeder dritte den „Angriff" oder den „Völkischen Beobachter". Auch unter den Bewohnern meines Berliner

Mietshauses gab es Nazis in Hülle und Fülle. Fast von jedem Balkon wehte die Hakenkreuzfahne. Meine Ankunft in unserer Wohnung mußte bemerkt worden sein, denn täglich steckte nun eine Nummer des „Angriffs" im Briefkasten. Zuerst glaubte ich an eine Verwechslung, mußte aber dann, als der Nazizeitung ein anonymer Brief beigefügt war, feststellen, daß man mich systematisch provozieren und bedrohen wollte. Die täglich auf die Wohnungstür geschmierten Hakenkreuze wischte ich geduldig ab, aber eines Tages stand mein Nachbar in brauner SA-Uniform vor mir. Er hatte geklingelt, um angeblich ein Gespräch über die Treppenreinigung zu führen. Doch schon bei seinem Anblick und noch viel mehr bei dem drohenden Ton seiner Worte erfaßte ich, wozu dieser Mensch in seinem politischen Haß fähig sein würde. Meine erste Reaktion war der Gedanke, daß ich mir unbedingt einen Revolver verschaffen müßte. „Nur dann kann ich mich vor dieser Bestie schützen", dachte ich bei mir. Die Situation war deshalb besonders bedrohlich, weil bei Nazistellen die Adresse der Berliner Wohnung, in der ich mit Heinz Neumann lebte, bekannt geworden war. Dem ersten anonymen Brief folgte ein weiterer, und der Inhalt beider Briefe war ebenso primitiv wie blutrünstig. Ich besprach meine Situation mit Willi Milenz, einem der Parteifreunde Neumanns. Er riet mir dringend, die Wohnung zu wechseln.

Gerade in diesen Tagen hatten die SA und SS einen Marsch vorbei am Karl-Liebknecht-Haus durch die Arbeiterviertel Berlins angekündigt. Unter den Antifaschisten der Hauptstadt zweifelte man keinen Augenblick daran, daß diese Provokation mit einem Blutbad enden müsse. Keiner ahnte natürlich – ich sollte es erst später erfahren –, daß kurz vor dieser nazistischen Generalprobe für die Machtergreifung das von mir bereits erwähnte Telegramm aus Moskau an die Führung der KPD gekommen war mit der strikten Anweisung, während dieser Demonstration dafür zu sorgen, daß es zu keinerlei Zusammenstößen mit den Nazis komme, jenes Telegramms, das später den Untergang Remmeles besiegeln half. Und da die Mitglieder der KPD ans Gehorchen gewöhnt waren, saßen sie diszipliniert, wenn auch fassungslos, in ihren Wohnungen, während über den Bülowplatz und durch den roten Wedding die uniformierten Banden Hitlers ihr „Deutschland erwache!", „Juda verrekke!", „Wo sind die Kommunisten?! – Im Keller! Huh! Huh!" brüllten.

Noch bevor ich meine Wohnung gewechselt hatte, erschien mein alter „Kontaktmann“ aus dem Zigarrenladen bei mir und lud mich zu einer Besprechung mit seinem Chef ein. Ich folgte dieser Einladung nur mit Widerstreben. Erst als mir der „Chef“ kategorisch erklärte, daß die Partei meine Abreise ins Ausland für unbedingt nötig halte, begann ich, mit ihm alle dazu nötigen Schritte zu besprechen. Wenn ich schon Deutschland verlassen mußte, so wollte ich selbstverständlich nach Spanien fahren und mit Heinz zusammensein. Aber davon mochte der Apparatmann nichts hören, meinte zwar, daß sich eine Reise nach Spanien vielleicht später „organisieren“ lasse, und machte mir dann ohne Umschweife den Vorschlag, „etwas Material mit über die Grenze zu nehmen“. Ich stimmte zu.
Für diese schicksalsschwere Abreise aus Deutschland, das ich erst nach sieben Jahren, und zwar als Gestapohäftling wiedersehen sollte, hatte ich mich völlig zu verwandeln. Ich erhielt zum erstenmal im Leben einen falschen Paß, eine neue Identität. Aus Margarete Buber wurde Else Henk, aus einer Deutschen eine in Pilsen geborene tschechoslowakische Bürgerin. Der Apparatmann nahm mir den deutschen Paß ab, versicherte mir jedoch, daß man ihn in der Komintern gut für mich aufbewahren werde. Ich sollte ihn niemals wiedersehen.
Besonders kompliziert aber gestaltete sich meine angeblich notwendige Verwandlung in eine Dame. Als die ungewohnte Eleganz auch noch durch einen Hut mit Schleier gekrönt wurde, fühlte ich mich, die an Baskenmütze und Sportdreß gewöhnte, meiner Sicherheit völlig beraubt. Aber das werde ich alles lernen, tröstete man mich ... Diesmal konnte ich das geheime Material sorgfältig am Körper verbergen, mußte mir genau wie in Moskau eine Adresse einprägen, nur war sie zur Abwechslung nicht in Berlin, sondern in Paris, und auch die Visitenkarte fehlte nicht.
In unsere Wohnung, mit allem, was in ihr stand und lag, zogen befreundete Genossen, die sie so lange hüten wollten, bis der Hitlerspuk vorbei sein würde. Beide, Karl Fischer und Else Himmelheber, haben das Ende dieses entsetzlichen Spukes nicht erlebt. Sie wurden Opfer der Gestapo.

Über den Boulevard Voltaire wehte ein eisiger Wind, als ich nach sorgfältigem Studium des Stadtplanes meine Anlaufstelle suchte.

Punkt elf Uhr hatte ich mich in einem Gemüseladen der Rue Guénot Nr. 5 einzufinden. Pünktlich erreichte ich die schmale, stille Seitenstraße und stand vor dem bezeichneten Hause, als es gerade elf schlug. Alles stimmte, nur der Gemüseladen fehlte. Es befand sich überhaupt kein Geschäft in diesem Hause, das mit seinen heruntergelassenen Jalousien abweisend und wie ausgestorben wirkte. Ich durchlief das Gäßchen nach beiden Seiten, aber nirgends wurde Gemüse feilgeboten. Man betrieb in dieser Straße offensichtlich ein anderes Gewerbe.
So wie das Haus Nr. 5 gab es noch mehrere ähnliche kleine Hotels, die wohl erst zu späteren Tageszeiten ihre Gäste empfingen. Aber danach konnte ich mich nicht richten und drückte kurzentschlossen auf die Klinke von Nr. 5. Das Haus war verschlossen. Auf das Klingelzeichen hin wurde nach geraumer Weile umständlich aufgeschlossen, und durch den Türspalt blickte eine verschlafene Alte in großgeblümtem Morgenrock und mit Papillotten im zerzausten Haar. In miserablem Schulfranzösisch brachte ich mein Anliegen vor, worauf sich ein Schwall böser Worte über mich ergoß, von denen ich nur „Schon wieder!“ – „Was wollen Sie hier?!“ und „Gehen Sie zur Passage Guénot!“ verstand. Noch bevor ich alles enträtseln konnte, war die Tür wieder geschlossen. Klar wurde mir nur eins, daß bereits andere fehlgelenkte Kuriere die Alte aus dem Schlaf gescheucht haben mußten, weil man in Berlin „Rue“ und „Passage“ verwechselt hatte ...
In der Passage Guénot gab es dann den gesuchten Gemüseladen, und sein Besitzer war ein munterer Südfranzose. Im Hinterzimmer saß ein gutgekleideter, wohlgenährter Mann in den besten Jahren, der dem Berliner Apparatchef zum Verwechseln ähnlich sah. Er wußte bereits von meinem Wunsch, nach Madrid zu reisen, und hatte, wie zu erwarten war, auch ein Anliegen an mich: Ich sollte „einiges Material mit über die Grenze nehmen“ ...
Seltsame Gepflogenheiten gab es bei dieser französischen Filiale des OMS-Apparates. Sie stellten mir einen Mitarbeiter als Fremdenführer zur Verfügung, damit ich Neuling Paris auch richtig kennenlerne. So sagten sie wenigstens und ließen sich durch keinen meiner Einwände davon überzeugen, wieviel lieber es mir sei, eine fremde Stadt, und noch dazu Paris, ohne Führung zu erkunden. In ständiger Begleitung eines jungen Mannes, der seine Aufgabe wie ein Pensum erledigte, suchte ich vergeblich nach jenem geheimnisvollen Paris,

das sich meine Phantasie aus der Literatur, der Malerei und wohl auch aus dem Geschichtsunterricht erschaffen hatte. Bei diesem ersten Besuch blieb mir die Stadt an der Seine nichts als versteinerte Geschichte.

Diesmal waren die beiden umfangreichen Kuverts, die mir am Abend vor der Abreise überreicht wurden, sehr schlecht verschlossen, und ich konnte es nicht unterlassen, einen unerlaubten Blick auf das geheimnisvolle „Material" zu werfen: zwei Pässe, ein Bündel Dollarnoten und viel mit Schreibmaschine beschriebenes Papier. Das sollte ich also nach Madrid bringen. Wieder erhielt ich eine Visitenkarte, man nannte mir eine Adresse; der Laden in der Calle de Fuentes handelte diesmal mit Spitzen und Bändern. Aber wo ich Heinz finden könnte, das wußte der Apparatchef in Paris angeblich nicht. Doch war er überzeugt, daß sich „Octavio" in Madrid sehr bald bei mir melden werde.

Obgleich ich wußte, daß die Tätigkeit im Dienste der OMS von jedem Kommunisten als besonders ehrenvoll empfunden worden wäre, fühlte ich mich bei dieser Arbeit sehr unglücklich. Es waren nicht etwa moralische Bedenken oder Angst vor dem Entdecktwerden und einer möglichen Verhaftung, die mich leiden machten, sondern vor allem die Erkenntnis, auf Gedeih und Verderb an einen weitverzweigten unterirdischen Apparat gebunden und dadurch in der inneren und äußeren Bewegungsfreiheit eingeschränkt zu sein. Ich war zwar für die kommunistische Bewegung tätig, aber nicht mehr aus freien Stücken, sondern im Auftrage einer höheren Instanz.

Während ich im Abteil des Schnellzuges Paris-Irun-Madrid saß, dachte ich daran, welche Spannung und Begeisterung mich früher bei der Reise durch fremde Länder erfüllte. Jetzt aber war die Fähigkeit zur unmittelbaren Freude verschwunden. Dazu kam auch, daß mich der falsche Paß wie eine Last bedrückte. Ich schreckte vor jedem Geräusch zurück, weil ich mich davor fürchtete, die Rolle der in Pilsen geborenen Else Henk spielen zu müssen. Es wollte mir nicht gelingen, diese Else Henk ganz einfach nach Berlin und Potsdam zu verpflanzen, sie mir wie einen neuen Namen anzueignen, sondern ich bemühte mich krampfhaft, meine ganze Vergangenheit auf den Ausgangspunkt Pilsen und das mögliche Schicksal dieser Else Henk umzudenken, damit nicht jedes Zurückgreifen, jede Erinnerung von falschen Voraussetzungen ausginge. Erst allmählich überwand ich diese Zwangsvorstellung und versöhnte mich mit Else Henk, die ich noch weitere zwei Jahre bleiben mußte.

Ich erwachte in aller Frühe in einem Zimmer des Madrider Hotel de Roma, ganz erfüllt von der Freude, noch an diesem Tage Heinz wiederzusehen. Er hatte sicher keine Ahnung, daß ich schon so nahe bei ihm war. Jetzt galt es nur noch, ihn zu finden. Mit dem Köfferchen, das das „Material" enthielt, lief ich hinaus auf die Straßen der südlichen Stadt; es dauerte eine Weile, bis sich meine Augen an die strahlende Weiße der spanischen Sonne gewöhnt hatten. Noch waren die Geschäfte geschlossen, und bis elf Uhr blieb mir Zeit genug zu dem Genuß, der zu den schönsten gehört, einen ersten Blick auf eine fremde Stadt zu tun. Voll neugieriger Erwartung bog ich ab von der Calle de Alcala, der prunkvollen Hauptstraße Madrids, kam in den Schatten enger Gassen und ging über kleine Märkte, die eben begannen, ihre farbenprächtigen Waren auszubreiten. Vor den Karren der Händler ließen kleine, graue, zerschundene Esel die Köpfe hängen, und der enge Schacht zwischen den Häusern hallte wider von fremdartigen Worten und Rufen. Ein Händler pries in orientalisch anmutendem Singsang seine Vögel an, die säuberlich immer paarweise an einer Stange baumelten, und von fern kam der markerschütternde Schrei eines Esels. Das alles hatte nichts mehr mit Europa zu tun, hier schien bereits Afrika begonnen zu haben. Ganz eingefangen von dieser fremden Welt, die an jeder Straßenecke neue Überraschungen bot, hätte ich beinahe meine Pflichten im Dienste der Weltrevolution versäumt. Aber ich fand noch zur rechten Zeit den kleinen Spitzenladen in der Calle de Fuentes, trat ein und überreichte einem Jüngling mit blank geöltem, schwarzem Haar die Visitenkarte. Ich hatte Mühe, den Strom seiner Rede zu unterbrechen, denn es wollte ihm nicht einleuchten, daß ich kaum ein Wort seiner Muttersprache verstand. Dann saß ich im Hinterzimmer des Ladens und wartete. In Madrid klappte der OMS-Apparat allerdings nicht mehr wie am Schnürchen. Man ließ mir viel Zeit, und so betrachtete ich den kleinen Raum etwas näher. Was ich in dieser „Anlaufstelle" entdeckte, hätte dem fernen Chef in Moskau wahrscheinlich schlaflose Nächte bereitet. Gleich neben der Tür lag ein Haufen Zeitungen. „Mundo Obrero", das Organ der spanischen KP, und an der Wand hing ein mit wehender roter Fahne verzierter Kalender des

Parteiverlages. In Spanien schien man eigenartige Vorstellungen von illegaler Arbeit zu haben, oder war man sich in diesem Lande seiner Sache schon so sicher, daß man nichts von den Staatsorganen zu fürchten hatte?
Nach mehr als einer Stunde erschien ein lang aufgeschossener junger Mann, der sich „Carlos" nannte und mir bedeutete, ich solle ihm in ein Café folgen. Dort ließ er mich samt Köfferchen nach viel freundlichem Kopfnicken und lebhaften Handbewegungen, aus denen ich entnahm, daß ich zu warten hätte, ganz einfach allein an einem Tisch zurück, und ich erhielt meine erste Lektion, daß in anderen Ländern die Sitten andere sind. Da saß ich nun und überlegte, was ich an Hand meiner minimalen Sprachkenntnisse aus „Tausend Worte Spanisch" beim Kellner bestellen könnte. Ich verfiel auf „chocolata". Der Kellner servierte auf einem Tablett ein Täßchen mit dunkler Flüssigkeit, ein Glas Wasser und ein weißes schaumiges Zuckergebäck. Als ich den bitteren Pudding löffelte und vom zuckrigen Biskuit aß, bemerkte ich, daß man an den Nebentischen, wo, wie überhaupt im ganzen Café, nur Männer saßen, mit amüsiertem Gesichtsausdruck jede meiner Handbewegungen verfolgte. Mir wurde von Minute zu Minute heißer. Was tat ich Seltsames, das sie so auf mich starren ließ? Später erfuhr ich, daß die spanische „chocolata" erst bei Tisch gemischt wird; man bröckelt den Zuckerbiskuit in den Schokoladenbrei, gießt etwas Wasser dazu und rührt das Ganze um. Das wußte ich nicht, und so waren sich alle Umsitzenden darüber klar, daß ich eine Ausländerin sein mußte. Die Grundregel für jeden Illegalen, in der Masse zu verschwinden und niemals aufzufallen, war damit bereits gründlich durchbrochen. Aber vor allem hätte ich wissen müssen, daß spanische Frauen in jener Zeit niemals allein ein Café besuchten, sie gingen ja nicht einmal, wenn es sich irgend machen ließ, ohne Begleitung spazieren. Taten sie es dennoch, so nahmen sich die Männer das Recht, sie anzusprechen, ihnen Liebenswürdigkeiten zuzurufen oder sie auch einfach unaufgefordert zu begleiten. Das sollte ich später noch oft erleben. Aber hätte ich an diesem ersten Tag in Madrid etwas mehr über spanische Sitten gewußt, wäre mir wahrhaft wohler gewesen. So begrüßte ich denn die beiden Männer mit den schief ins Gesicht gezogenen Baskenmützen, die sich mit einem herzlichen „Buenas Dias!" an meinen Tisch setzten, wie Erlöser. Nach dem „Guten Tag" war aber mein Wortschatz

ziemlich erschöpft. Beide konnten keine Silbe französisch oder englisch, von deutsch natürlich ganz zu schweigen. Als wir uns eine Weile angelächelt hatten, beugte sich der eine zu mir herüber und flüsterte: „Sprichst du Russisch?" Es war nur sehr wenig, was ich von dieser Sprache beherrschte, aber, o Wunder!, es genügte, um uns endlich zu verständigen. Ich begann sofort vom „Material" zu sprechen, das ich ihnen übergeben wollte, denn ich hielt die beiden selbstverständlich für Mitarbeiter des Apparates. Sie schienen aber gar kein Interesse für das Mitgebrachte zu haben, lehnten es zuerst sogar ab, das Köfferchen entgegenzunehmen. Dann aber änderten sie ihre Meinung. Nur wollte man die Übergabe nicht im Café vollziehen, weil uns sämtliche Gäste des Cafés anstarrten, so als säßen wir auf einer Bühne. Meine beiden Begleiter brachten mich in eine Wohnung. Die noch junge, aber sehr elend aussehende Frau des einen öffnete uns und war durch diesen unerwarteten Besuch sichtlich in Verlegenheit gebracht. Auf dem Steinfliesenfußboden des Zimmers krochen zwei Kinder herum. Sie trugen weder Hosen noch Strümpfe, obgleich der Raum ungeheizt war. Alles in dieser Wohnung zeugte von Armut und Anspruchslosigkeit. Die Hausfrau goß uns herben roten Wein in die Gläser, und ich faßte mir ein Herz, nach „Octavio" zu fragen. Auf die Erwähnung seines Namens erfolgten zwar freundschaftliche Ausrufe der beiden Genossen, aber wo er zu finden sei, das wußten sie nicht. Sie würden versuchen, so versicherten sie mir ein ums andere Mal, ihn zu benachrichtigen, daß ich im Hotel de Roma auf ihn warte.

Dann ließ ich das Köfferchen in der Wohnung zurück, und der eine von den beiden, den sie mit José anredeten, begleitete mich bis zur Calle de Alcala. Noch am Abend dieses Tages erfuhr ich, wer die Unbekannten gewesen waren, aber auch welchen für OMS-Begriffe geradezu unverzeihlichen Fehler ich begangen hatte. Ich übergab nämlich, allerdings in völliger Unwissenheit, das für die spanische „Kominterndelegation" bestimmte „Material" zwei Mitgliedern des Politbüros der spanischen kommunistischen Partei, José Diaz und Vicente Uribe. So erhielten die beiden nicht nur Einblick in die schriftlichen Direktiven der Komintern, sondern werden sich nicht wenig gewundert haben über die beträchtliche Dollarsumme, die den Emissären Moskaus zugedacht war, während die Funktionäre der KPS zu jener Zeit noch fast ausschließlich ehrenamtlich tätig waren.

Spät am Abend dieses ersten Tages in Madrid, als ich die Hoffnung schon aufgegeben hatte, klopfte es endlich, und ein auf Octavio veränderter Heinz mit schief ins Gesicht gezogener Baskenmütze und leicht angedeuteten Bartkoteletten stürzte ins Hotelzimmer. Erst bei seiner stürmischen Begrüßung spürte ich, wie sehr er gefürchtet hatte, man werde mich in Moskau zurückhalten. Aber in das Glück unseres Wiedersehens mischten sich Trauer und Verzweiflung über das, was in Deutschland geschah. Während der ersten Tage meines Madrider Aufenthaltes überstürzten sich die Schreckensnachrichten. In Berlin brannte das Reichstagsgebäude. Dimitroff, Popoff und Taneff waren als angebliche Brandstifter verhaftet worden. Drei Tage später wurde Ernst Thälmann festgenommen. Täglich standen in den spanischen Zeitungen Namen von Freunden und Genossen, die von den Nationalsozialisten in die Gefängnisse geschleppt worden waren. Noch wußten wir nicht, daß Willi Münzenberg und Babette im letzten Augenblick über die französische Grenze hatten fliehen können.

Alle unsere Gedanken, alle Gespräche gingen um die Ereignisse in Deutschland. Heinz erkannte zwar die Größe des Unheils, aber er begriff keineswegs, in welchem Maße auch er, wie alle Kommunisten, zu diesem schmählichen Zusammenbruch beigetragen hatte. Seine Betrachtungen kreisten um das Versagen der KPD, um ihre kampflose Niederlage, und er machte die Komintern dafür verantwortlich, weil sie den Kampf gegen die Nationalsozialisten sabotiert habe. Daß Stalin der Schöpfer und die treibende Kraft dieser Kominternpolitik war, erwähnte er nicht.

Er erzählte mir, daß ihm vor seiner Abreise aus Moskau kategorisch untersagt worden war, mit Freunden in Deutschland zu korrespondieren oder sich auf irgendeine andere Weise in die Politik der KPD einzumischen. Wie ausgiebig er dieses Verbot bereits schon verletzt hatte, sagte er mir allerdings nicht, das sollte ich erst viele Monate später erfahren. Heinz, der sonst das Gegenteil eines Schweigers war, unterließ es mit ziemlicher Konsequenz, von der letzten Zeit vor seiner Verhaftung in Moskau abgesehen, mich in fraktionelle Vorgänge einzuweihen, ja sogar, mir kritische Gedankengänge mitzuteilen, die für mich etwa eine Belastung darstellen konnten. Als er schon längst die Richtigkeit der Kominternpolitik anzweifelte, versuchte er immer noch, mir meinen ungetrübten Glauben an den Kommunismus zu erhalten. Er wollte, daß ich das „military girl" bliebe, dessen revolutionäre Begeisterung durch keine Zweifel getrübt wird.

In Ländern mit schwachen kommunistischen Parteien pflegte die Komintern zu jener Zeit sogenannte Kominterndelegationen einzurichten, deren Mitglieder der Führung der dortigen KP übergeordnet waren und durch Kuriere in ständigem, direktem Kontakt mit Moskau standen. Das ausführende Organ der Kominternpolitik in Spanien war damals Genosse Medina, ein Argentinier italienischen Ursprungs, der mit richtigem Namen Victorio Codovilla hieß und bereits zur alten Garde der Kominternemissäre gehörte. Nach seinem spanischen Auftrag wurde er Sekretär der Kommunistischen Partei Argentiniens und Vertrauensmann der Sowjetrussen für ganz Südamerika. Bereits 1927 vertrat er auf Münzenbergs Brüsseler Kongreß der Liga gegen koloniale Unterdrückung die südamerikanischen „antiimperialistischen" Interessen der Kommunistischen Internationale. Schon vor dieser Zeit verwaltete er die Kominterngelder für Argentinien und die Nachbarländer, weshalb man ihn in eingeweihten Kreisen scherzhaft den „Bankier" nannte. Medina sah derartig kapitalkräftig und wohlgenährt aus, daß ich wirklich glaubte, er sei von Beruf Bankier. 1936, beim Ausbruch des Bürgerkrieges, gehörte Medina, zusammen mit Stepanow und Togliatti, zu den Moskauer Vertrauensleuten und spielte später bei den Prozessen gegen angebliche Trotzkisten unter den Mitgliedern der Internationalen Brigaden und den spanischen Freiheitskämpfern eine unrühmliche Rolle. Er soll für die Ermordung von Andres Nin verantwortlich sein. Andres Nin war der Führer der POUM (Partido Obrero Unificado Marxista), einer kleinen kommunistischen Splittergruppe in Katalonien, die sich ihrer trotzkistischen Tendenzen wegen den besonderen Haß der Stalinisten zugezogen hatte. Im Winter 1937/38 wurden Nin und die POUM für den anarchistischen Aufstand in Barcelona verantwortlich gemacht. Nin und mehrere andere Führer der POUM wurden verhaftet, später aus dem Gefängnis geholt und ohne Verhör oder Urteil zwischen Barcelona und Madrid erschossen.
Der zweite Mann in dieser Kominterndelegation und Vorgänger von Heinz war ein polnischer Kommunist, der den Namen Leon

Purmann führte. Er wirkte besonders sympathisch, da er kommunistische Politik nicht wie ein Geschäft zu betreiben schien, sondern sichtlich unter der aufgebürdeten Verantwortung litt. Aber vielleicht gab es noch anderes, was ihn so unglücklich machte. Wie bei Heinz lag seiner Entsendung nach Spanien ein Konflikt mit der politischen Linie der Komintern zugrunde. Purmann war noch nicht lange nach Moskau zurückberufen, als wir hörten, daß er tot sei. Er hatte die politische Ächtung nicht überleben können. Kurz nach seiner Ankunft in Moskau wurde er auf einer Parteikonferenz „durchgearbeitet". Als die Sitzung beendet war und die Teilnehmer sich zu den auf der Straße wartenden Autos begaben, um in die Komintern zurückzufahren, ging Purmann von einem Wagen zum anderen und fragte, ob ihn jemand mitnehmen könne. Es fand aber keiner den Mut, dem mit dem Makel der politischen Abweichung Behafteten einen Platz anzubieten. Darauf lief er zu Fuß bis zum Hotel „Lux" und schoß sich eine Kugel in den Mund. Als Mitglieder der Kominterndelegation durften weder Medina noch Heinz in der spanischen Parteiöffentlichkeit auftreten. Nur ein ganz kleiner Kreis der Führung wußte überhaupt von ihrer Existenz. Trotzdem gehörte es zu Heinzens täglichen Aufgaben, an der Redaktion des „Mundo Obrero" mitzuarbeiten und der Zeitung das politische Gesicht zu geben. In der ersten Zeit übersetzte sein Sekretär Ricardo die Artikel aus dem Französischen, bald aber schrieb sie Heinz gleich selbst ins Spanische. Daraus zog dann eine bürgerliche Madrider Zeitung den Schluß, daß der neue Leitartikler des kommunistischen „Mundo Obrero" wegen der häufigen Gallizismen wohl ein französischer Genosse sein müsse.

Ich lebte illegal in Madrid und durfte deshalb nur sehr wenige Menschen kennenlernen. Da außerdem Heinz durch seine Arbeit fast den ganzen Tag außer Hause war, hätten die Monate in der fremden Stadt eigentlich sehr eintönig für mich werden müssen. Aber ganz das Gegenteil war der Fall. Vielleicht ist die Erinnerung an Spanien und meine Liebe zum spanischen Volk deshalb so besonders stark, weil die Reise dorthin dem Moskauer Aufenthalt folgte und man sich wohl kaum einen krasseren Gegensatz denken konnte als den zwischen der Atmosphäre in Sowjetrußland und der in Spanien während der Jahre 1932/33. In Sowjetrußland war die große Mehrzahl der Menschen müde und an den politischen Ereignissen uninteressiert. In Spanien dagegen war das ganze Volk politisiert. Natürlich gestand ich mir damals nicht ein, nein, ich begriff es nicht einmal, was mich an Spanien so entzückte und nur ungern an Sowjetrußland zurückdenken ließ, daß es der abgrundtiefe Unterschied zwischen demokratischer Freiheit und sowjetischer Diktatur war. Gedankenlos genoß ich diese Freiheit und half zur gleichen Zeit mit, sie zu vernichten.

Wenn ich morgens aus der schattigen Seitenstraße, in der unsere Pension lag, in die Gran Via einbog, um immer am selben Kiosk die Zeitungen des Tages zu kaufen, begrüßte mich als erster der Schuhputzer an der Ecke, bei dem Heinz Kunde war. Er trug einen schäbigen Overall, der einstmals blau gewesen war, im Winter wie im Sommer Turnschuhe und eine dunkelblaue Baskenmütze. Nur saß ihm diese etwas anders auf dem Kopf als zum Beispiel José Diaz oder den übrigen Kommunisten. Sie war nämlich kühn nach hinten aus der Stirn gezogen. Außerdem gaben lange gepflegte Bartkoteletten seinem Gesicht einen charakteristischen Zug. Ich sollte bald erfahren, daß man aus der Art, wie einem Arbeiter die Baskenmütze auf dem Kopf saß, und daraus, ob er Bartkoteletten trug oder nicht, auf sein politisches Bekenntnis schließen konnte.

Als man in Spanien die Wahlen zur Cortes vorbereitete, fragte Heinz eines Tages diesen Schuhputzer, welche Wahlresultate man seiner Meinung nach zu erwarten habe. Der sonst so gesprächige Mann zögerte eine Weile mit der Antwort, dann aber richtete er sich auf und erteilte Heinz eine Lektion, die ich niemals vergessen konnte. Mit leichtem Hohn in der Stimme begann er: „Señor, ich kann nicht begreifen, daß ausgerechnet Sie eine solche Frage an mich richten. Sie sind, möchte ich annehmen, Deutscher, und ..." Er unterbrach sich und musterte Heinz langsam von unten nach oben. Dann fuhr er etwas zögernd fort: „... wenn ich mich nicht irre, dürften Sie ein Gegner Hitlers sein; also wahrscheinlich ein sozialistischer oder ein kommunistischer Emigrant ... Entschuldigen Sie bitte, mein Herr, daß ich solche Betrachtungen anstelle, aber ihre Frage zwingt mich dazu. Sie wissen genauso gut wie ich, daß die Sozialisten und Kommunisten im deutschen Parlament bei den Wahlen des letzten Jahres zusammen mehr als vierzehn Millionen Stimmen erhielten. Aber was hat das der deutschen Arbeiterbewegung genutzt? Nichts! Sie wurde trotz ihres Wahlsieges von den Faschisten zerschlagen ... Ich kann nicht begreifen, wie

Sie als Deutscher von der Linken überhaupt noch jemals eine politische Entscheidung durch Wahlen oder durch ein Parlament erwarten können ..." Und dann fügte er mit einer Stimme voll überlegener Würde hinzu: „Señor, ich bin Anarchist und lehne sowohl Wahlen als auch das Parlament ab. Es gibt nur einen Weg zum freiheitlichen Kommunismus: das ist die direkte Aktion!" Und damit beugte er sich wieder über die Schuhe und gab ihnen schweigend den letzten Glanz.

Zu meinen Pflichten gehörte es, in der Wohnung der Familie Ricardos die Post abzuholen. Obgleich Ricardo mit seinen einundzwanzig Jahren bereits ein fertiger Advokat war, lebte er bei der Mutter und übte seinen Beruf nicht aus, denn er hatte politische Ambitionen. Er war Sekretär von Heinz, unter dessen Anleitung er begann, Artikel für die kommunistische Zeitung zu schreiben. Bei meinen häufigen Besuchen in seiner Familie lernte ich Nina, Ricardos ältere Schwester, kennen. Sie hatte keine Beschäftigung, sondern saß immer zu Hause, den täglichen Kirchgang und die obligatorische Abendpromenade natürlich ausgenommen. Ich lud sie häufiger ein, mit mir in den jenseits des Manzanares gelegenen Park, Casa de Campo, zu gehen. Aber sie empfand nicht das geringste Vergnügen an meinen für sie ganz unverständlichen sportlichen Ausschweifungen. Nina konnte ganz einfach nicht laufen. Die Schuhe spanischer Mädchen sind nicht für solche Zwecke gemacht, und die von der Kirche vorgeschriebene „faja", das Korsett, ist der Bewegung ebenfalls sehr hinderlich. Aber vor allem fürchtete Nina die Sonne. Sie hatte Angst um ihre Haut. Ich habe sie nicht zu Luft und Sport bekehren können, dafür aber Spanisch von ihr gelernt und durch sie einen Einblick in das Leben und Denken eines bürgerlichen Mädchens im damaligen Madrid erhalten. Nina war eine Schönheit mit rötlichblondem Haar, ganz heller Haut und blauen Augen. Trotz dieser für eine Spanierin sehr ungewöhnlichen Reize hatte sie, obgleich schon siebenundzwanzig Jahre alt, noch keinen Mann gefunden. Nach spanischen Begriffen also ein beinahe hoffnungsloser Fall.

Die Eltern Ninas lebten seit einiger Zeit getrennt. Der Vater war in der Provinz Galicia geblieben, wo er eine Apotheke besaß, die Mutter aber nach Madrid gezogen. Alle vier Kinder hielten zu ihr. Unter großen finanziellen Opfern ermöglichte sie den Söhnen das Studium, was dazu führte, daß man sich in dieser Familie niemals satt aß. Nach außen versuchte die Mutter krampfhaft, den Anschein wohlhabender Bürgerlichkeit aufrechtzuerhalten, vor allem wohl, um Nina nicht die Ehechancen zu verderben. Ninas ganzes Denken und Fühlen galt dem Wohl und dem Fortkommen der drei Brüder. Einmal erzählte sie mir von den zahlreichen Gelübden, die sie Jahr für Jahr abzulegen pflegte, damit die Brüder, zuerst im Gymnasium und dann später auf der Universität, ihre Examen bestanden. Neugierig fragte ich, was sie denn bei solchen Gelübden dem Heiligen oder auch der Heiligen versprochen habe. Und ihre Antwort erschütterte mich zutiefst. Als Ricardo vorm Abitur stand, hatte sie gelobt, den ganzen Sommer über kein weißes Kleid anzuziehen; ein anderes Mal verpflichtete sie sich, monatelang nichts Süßes und keine Früchte zu essen oder für lange Zeit nicht ins Kino zu gehen. Immer wieder war sie bereit gewesen, auf alles zu verzichten, was ihr Freude machte, damit die Heiligen ihren Brüdern in den Examensnöten beistehen sollten. Inzwischen hatten sich nun diese drei Brüder zu Kommunisten entwickelt. Nina wußte das, und es schmerzte sie sehr. Aber trotzdem hörte sie nicht auf, sich weiter zu kasteien, um alle Gefahren und Schwierigkeiten von ihnen abzuwenden. Dann aber sollte die arme Nina mit dem jüngsten Bruder Ricardo eine Enttäuschung erleben, die über ihr Fassungsvermögen hinausging.

Wie gar nicht anders zu erwarten war, hatte dieses schöne Mädchen schon viele Bewerber gehabt. Aber jahrelang mußte sie alle abweisen. In der spanischen bürgerlichen Familie hat die Tochter den jungen Mann, der sich in sie verliebt hat und dessen Neigung sie erwidert, ganz selbstverständlich, und zwar schon nach kurzer Zeit, ins elterliche Haus einzuladen, damit der Vater ihn kennenlernte und seine Zustimmung zu dieser Wahl gebe. Nina versicherte mir, daß, obgleich der Vater fünf Bewerber unter den unverständlichsten Vorwänden ablehnte, sie nie auf den Gedanken gekommen sei, etwa eine Liebesbeziehung nach dem väterlichen Nein heimlich fortzusetzen. Gehorsam trennte sie sich jedesmal von dem Auserwählten.

In Madrid, und zwar zur Zeit, als wir schon dort waren, verliebte sich wiederum ein junger Mann in Nina, und sie erwiderte seine Neigung. Wer aber sollte jetzt die letzte Entscheidung über ihre Wahl treffen, da es keinen Vater mehr in der Familie gab? Ich war natürlich überzeugt, Nina werde nun ihr Schicksal selbst in die Hand nehmen. Aber darin hatte ich mich gründlich verrechnet. Nach spanischer Sitte muß bei Abwesenheit des Vaters ein anderes männliches Mitglied der Familie die väterlichen Pflichten übernehmen. Da aber die beiden älteren Brüder im Ausland waren, fiel ganz selbstverständlich Ricardo, dem Jüngsten, und nicht etwa der Mutter, diese Aufgabe zu. Eines Tages kam Nina zu dem um sechs Jahre jüngeren Bruder und fragte schüchtern, ob er ihr erlaube, den Auserkorenen ihres Herzens in die Familie einzuladen. Ricardo wußte sehr wohl, wieviel für Nina von seiner Zustimmung abhing. Aber ganz erfüllt von den avantgardistischen Ideen des Kommunismus wollte er an seiner eigenen Schwester ein Exempel für die Gleichberechtigung der Frau statuieren und belehrte sie, daß sie als Frau das Recht habe, den Mann zu wählen, der ihr gefalle, und daß sie dazu keiner Erlaubnis oder Zustimmung des Vaters oder Bruders bedürfe. Er erwartete natürlich, daß Nina ihm begeistert um den Hals fallen und für die geschenkte Freiheit danken werde. Aber ganz im Gegenteil! Sie brach in Tränen aus und schrie voller Verzweiflung: „Was habe ich nur Schlechtes getan, womit habe ich es verdient, daß mein Bruder aufgehört hat, mich zu lieben . . .?“ Da ergab sich Ricardo wohl oder übel und erfüllte die „reaktionäre“ Verlobungszeremonie.

Ein Volk in Gärung

Unter den Zeitungen, die ich jeden Tag kaufte, befand sich auch die „CNT“, das Organ der spanischen Anarchisten. Jede Nummer trug damals während vieler Wochen quer über die erste Seite in großen brandroten Buchstaben die Schlagzeile „CASAS VIEJAS!“ „CASAS VIEJAS!“ Die Affäre von Casas Viejas erregte während des ganzen Jahres 1933 die Öffentlichkeit des Landes. In Spanien hatte sich die Regierung nach dem Sturz der Monarchie zwar immer wieder mit der von Marcelino Domingo, einem republikanischen Minister, ausgearbeiteten Gesetzesvorlage über die Landreform befaßt, die die Aufteilung des unbestellten Bodens der Großgrundbesitzer unter die armen Bauern vorsah, es jedoch niemals so weit gebracht, diese Vorlage zum Gesetz zu erheben. Die Armut unter den Bauern war verheerend, viele besaßen überhaupt kein Land, und von der Million Arbeitsloser, die es damals in Spanien gab,.waren die Hälfte Landarbeiter. Streiks und Terrorakte gehörten zur Tagesordnung. So zündeten zum Beispiel arbeitslose Landarbeiter in ihrer ohnmächtigen Wut immer wieder die Getreidefelder der Großgrundbesitzer an; überall im Lande kam es ununterbrochen zu lokalen anarchistischen Aufstandsversuchen.

Wenn ich mich recht erinnere, muß es im Jahre 1932 gewesen sein, als sich die Bauern von Casas Viejas erhoben. Das ganze Dorf bestand nur aus einigen primitiven Steinhäusern. In Madrid erzählte man, daß alle Bewohner miteinander verwandt gewesen seien, alle hätten zur Familie des „Seis Dedos" gehört. Den Spitznamen „Seis Dedos" (Sechsfinger) führte ein alter Bauer, der ein bekannter Anarchist des Dorfes war. Er entfesselte den Aufstand und rief in Casas Viejas den freiheitlichen Kommunismus aus. Da aber alle Dorfbewohner überzeugte Anarchisten waren, erschöpfte sich die revolutionäre Aktion darin, die Obrigkeit, nämlich den Gemeindevorstand und den Dorfpolizisten, davonzujagen. Weiterer Widerstand war nicht zu überwinden. Ich weiß nicht, ob in der Nähe von Casas Viejas Großgrundbesitz lag und ob „Seis Dedos" und seine Kameraden den Versuch machten, brachliegenden Ackerboden zu enteignen. Wahrscheinlich aber sind sie gar nicht dazu gekommen, denn die Guardia Civil des nächsten Städtchens rückte sofort an, um die bürgerlichen Machtverhältnisse in Casas Viejas wiederherzustellen.

Als sich der kleine Trupp Polizisten den Häusern des Dorfes näherte, wurden sie mit Gewehrfeuer empfangen. Sie gingen in Deckung, schossen zurück und forderten „Seis Dedos" auf, die weiße Fahne zu hissen. Die Bauern aber, die mit ihren Familien hinter den Steinmauern der Häuser in Stellung lagen, machten keine Anstalten, sich zu ergeben. Ein Vorrat an Munition gab ihnen ein starkes Selbstbewußtsein. Die Guardia Civil zog sich nach kurzer Zeit zurück und berichtete den vorgesetzten Behörden von ihrem Mißerfolg. Im allgemeinen wurden solche anarchistischen Aufstände nach kurzer Gegenwehr der Bauern niedergeschlagen, jedoch in Casas Viejas sollte es anders kommen. Die Meldung über das aufrührerische Dorf veranlaßte die Behörden in Madrid zu Gegenmaßnahmen, und das Unglück wollte es, daß man einen jungen, besonders schneidigen Offizier mit dieser Befriedungsaktion be-

traute. Er verfuhr nach dem Prinzip „Gefangene werden nicht gemacht" und setzte gegen die mit Gewehren bewaffneten Bauern Maschinengewehre, ja sogar, wenn ich mich recht erinnere, einen Flammenwerfer ein.
Als in der spanischen Presse der Ort Casas Viejas das erstemal genannt wurde, lag das Dörfchen bereits in Schutt und Asche, und von allen Bewohnern waren nur zwei am Leben geblieben: eine Greisin und die sechzehnjährige Enkelin des „Seis Dedos" mit dem passenden Namen Libertaria. Mit den Nachrichten über Casas Viejas brach im ganzen Land ein Sturm der Entrüstung los, und die Anarchisten veranstalteten mit dem Mädchen Libertaria eine Propagandafahrt von Ort zu Ort. Überall mußte sie von ihren Heldentaten während des Aufstandes berichten; die Reise glich einem Triumphzug. Das unmenschliche Vorgehen gegen die Rebellen von Casas Viejas hat mit dazu beigetragen, daß im Herbst 1933 die Regierung Azaña gestürzt wurde und die konservativen Parteien unter Gil Robles das Staatsruder übernahmen.

Die Kommunistische Partei veranstaltete in Malaga einen Kongreß der Bauern und Landarbeiter. Als die Tagung eröffnet wurde, waren die Organisatoren nicht wenig erstaunt, daß Hunderte von Delegierten zum Kongreß ihre Jagdflinten mitgebracht hatten. Die auf dieser Tagung proklamierten Forderungen der KPS, „Enteignung des Landes der Großgrundbesitzer ohne Vergütung!", „Konfiskation von Grund und Boden aus Kirchenbesitz!", „Arbeiter- und Bauernregierung!" sowie die Losung: „Der Boden gehört dem, der ihn bearbeitet!" lösten bei den Kongreßteilnehmern Zustimmung und stürmischen Beifall aus. Nachdem die Tagung feierlich beendet worden war, hätten die Bauern und Landarbeiter eigentlich wieder in ihre Dörfer zurück zur Arbeit gehen sollen. Das taten sie jedoch nicht. Sie hatten den Sinn des Kongresses anders verstanden. Sie hielten die Zeit für gekommen, um den gehörten Forderungen, die man soeben in ihrem Namen gestellt hatte, revolutionäre Taten folgen zu lassen. Einige Hundert von ihnen taten sich zusammen, marschierten geschlossen mit geschulterten Jagdflinten zu den naheliegenden Dörfern und holten überall die Pflüge aus den Schuppen. Dann gingen sie bis zum Gebiet des nächsten Großgrundbesitzers und vollzogen die Expropriation des Landes: sie begannen, den brachliegenden Boden umzupflügen.

Es dauerte nicht lange, da erschien die Guardia Civil; die Männer aber fuhren in ihrer Arbeit fort, sie fühlten sich im Recht. Erst als die fünf Polizisten die Gewehre auf sie anlegten, griffen die Bauern zu ihren Jagdflinten. Es soll nicht lange gedauert haben, bis die Guardia Civil das Feld räumte. Von Malaga aus benachrichtigte man die Behörden in der Hauptstadt und forderte Verstärkung an, um die Bauern zur Räson zu bringen. Madrid aber antwortete, daß man unter diesen Umständen der Enteignung des Bodens stattgeben müsse ...

Aber nicht nur auf dem flachen Lande gab es Streiks und Aufruhr, auch die spanischen Arbeiter in den Städten wehrten sich gegen die verheerenden Auswirkungen der durch die Weltwirtschaftskrise verursachten Arbeitslosigkeit. Als die Streiks der Bauarbeiter und Restaurationsangestellten von Madrid ausbrachen, wohnten wir schon nicht mehr in der kleinen Pension gleich neben der Gran Via. Wir hatten Hals über Kopf ausziehen müssen. Eines Morgens prangte nämlich auf der ersten Seite von „La Tierra", einem Madrider Boulevardblatt, die Photographie von Heinz, und in einem ausführlichen Artikel wurde unter anderem behauptet, daß sich Neumann zur Zeit in Madrid befinde. Der Bericht endete mit dem harmlosen Satz: „Leider ist es unserem Reporter bisher noch nicht gelungen, von Herrn Neumann ein persönliches Interview zu erhalten." In jedem anderen westeuropäischen Lande hätte sich unter diesen Umständen wahrscheinlich die Polizei für den Fall zu interessieren begonnen. Aber nicht so im damaligen Spanien. Einige Zeit danach trafen wir Jesus Hernandez, ein Mitglied des Politbüros der KPS, der den Vorfall mit „La Tierra" lachend kommentierte und der Meinung war, es bestehe nicht die geringste Gefahr, daß Heinz verhaftet würde. Das tue die spanische Polizei nicht so ohne weiteres. Da müsse sich erst ein Denunziant finden, der in Gegenwart eines Polizisten mit dem Finger auf Neumann zeige und dessen Verhaftung verlange.

Trotzdem hatten wir auf Medinas dringendes Anraten die Pension verlassen und waren zu einem mit der KPS sympathisierenden Ehepaar gezogen, das im sechsten Stock eines neuerbauten Hauses in der Calle de General Porlier wohnte. Enrique war Maler, bewunderte Picasso und eiferte ihm nach. Weil er aber vom Verkauf seiner Bilder nicht leben konnte, bereitete er sich, auf Drängen seiner Frau, für das Examen als Zeichenlehrer vor, denn die von

der Spanischen Republik geschaffenen Laienschulen hatten einen großen Bedarf an Lehrern.
Beide, Enrique und seine Frau Maria, haßten die katholische Kirche. Auf dieser Gegnerschaft beruhten ihre Sympathien für die Kommunistische Partei. Maria, eine ebenso schöne wie primitive Frau, konnte sich nicht genug daran tun, mir immer neue Schauergeschichten über das Frauenkloster zu erzählen, in dessen von einer hohen Mauer umgebenen Garten wir von unseren Fenstern aus blicken konnten. Wenn die Novizin, die den Garten betreute, von ihrer Arbeit aufsprang, um der aus dem Hause tretenden, ganz in Weiß gekleideten Äbtissin den Rocksaum zu küssen, brach Maria in höhnisches Schimpfen aus. Dann wußte sie von eingemauerten Kinderleichen zu berichten, die erst vor kurzem bei Renovierungsarbeiten gefunden worden seien. Für sie, wie für viele links orientierte Menschen im damaligen Spanien, war die katholische Kirche die Verkörperung der finstersten Reaktion. Es ist bezeichnend, daß spanische Karikaturisten die Vertreter der Kirche als „Cavernicolos", als Höhlenmenschen, darstellten.

Julia, das siebzehnjährige Dienstmädchen im Haushalt Marias, lernte ich erst näher kennen, als Enrique und Maria bereits nach Barcelona gezogen waren und uns ihre Wohnung überlassen hatten. Julias Vater arbeitete auf dem Bau, aber sein Lohn reichte nicht aus, um die große Kinderschar zu ernähren. Deshalb mußte die Mutter als Marktfrau dazuverdienen. Als mich Julia einmal besuchte, sie kam fast jeden Tag, war ich gerade beim Bügeln. Bewundernd betrachtete sie meine Wäsche, und im Gespräch stellte sich heraus, daß Julia weder ein Hemd noch eine Hose besaß. Unter dem Kleid trug sie nichts anderes als eine „faja". Von dem Ausmaß der Armut des spanischen Proletariats bekam ich jedoch erst einen Begriff, als mich Julia einmal nach Gindalera in die Wohnung ihrer Familie einlud. In den Räumen gab es weder Stühle, Tische noch Schränke. Man saß auf kleinen Kisten um einen Tischersatz herum, der aus großen Kisten gezimmert war. Über Nägeln an den Wänden hingen die Kleidungsstücke der Familie, und die Schlafstätten konnte ich nicht entdecken. Unter den vier jüngeren Geschwistern Julias sah ich ein kleines Mädchen, kaum älter als drei Jahre, und meinte, es sei wahrscheinlich ein Nachkömmling. Erst als ich mit Julia schon vertrauter war, gestand sie mir einmal, daß die kleine Pilar ein uneheliches Kind ihrer Schwester Carmen sei, die diese Schande nicht überlebt habe. Julia sprach voller Schuldbewußtsein über die Tragödie dieser Schwester, da sie die Verantwortung dafür trage, daß Carmen schwanger geworden sei. Ich glaubte zuerst nicht recht verstanden zu haben. Aber Julia sprach in tiefem Ernst. Da die Mutter keine Zeit dazu hatte, mußte sie, die damals Zwölfjährige, Carmen und deren Novio, den Verlobten, stets begleiten, wenn sie sich trafen und miteinander spazierengingen. Sie durfte die beiden Liebenden – so hatte es ihr die Mutter eingeschärft – niemals aus den Augen lassen, damit ja nichts passiere. Aber einmal sei es ihr zu langweilig geworden, und sie habe begonnen, mit den anderen Kindern zu spielen . . . Und diese Pflichtvergessenheit war nicht mehr gutzumachen. Als der Novio erfuhr, daß seine Braut ein Kind von ihm erwartete, verließ er sie sofort, denn als echter Spanier konnte er nur ein Zeichen von Leichtsinn und schwachem Charakter darin sehen, daß sie sich von ihm hatte verführen lassen. Die Eltern überschütteten das Mädchen mit Schimpf und Schande, denn jetzt würde nicht nur sie der Familie zur Last fallen, sondern sie würde ihr auch noch einen weiteren unnützen Esser bescheren. Am tiefsten aber schmerzten Carmen, so erzählte Julia, die Vorwürfe ihres Beichtvaters. Nach der Geburt der kleinen Pilar magerte die Unglückliche zu einem Schatten ab und starb nach einigen Monaten.

Der von den Sozialisten, Anarchisten und Kommunisten entfesselte Bauarbeiterstreik dauerte schon vierzehn Tage, und es sah nicht so aus, als wollten die Unternehmer die Lohnforderungen der Streikenden erfüllen. Ich saß eines Abends gegen neun Uhr auf dem kleinen Balkon vor unserem Zimmer, als plötzlich eine mächtige Detonation die Luft erschütterte. Im nächsten Moment stieg in einiger Entfernung eine große Staubwolke in die Höhe. Von allen Seiten rannten die Menschen herbei, und auch ich lief die Treppe hinunter, um zu erfahren, was geschehen sei. Als ich zur Unglücksstelle kam, war der Neubau, in dem sich die Explosion ereignet hatte, schon umringt von Menschen. Zu meinem Erstaunem zeigten aber die Gesichter der Umstehenden keinerlei Spuren von Schrekken oder auch nur Erregung. Die Männer sprachen ruhig und sachverständig über das Ereignis, als handle es sich um das Selbstverständlichste von der Welt. Immer wieder hörte ich bewundernde

Ausrufe über die phantastische Durchschlagskraft der Bombe, die bis zur zweiten Etage hinauf den fast fertigen Bau aufgerissen hatte. Einige Männer hatten sogar schon Bombensplitter zwischen den Trümmern gefunden und musterten sie eingehend, um hinter das Geheimnis ihrer Herstellung zu kommen. Alle waren sich darüber im klaren, daß die Anarchisten mit dieser Bombe den Forderungen der Streikenden einen entsprechenden Nachdruck verleihen wollten. Und diese Methode blieb nicht ohne Erfolg. Schon vierzehn Tage später endete der Streik zugunsten der Bauarbeiter. Wahrscheinlich hatten sich die Unternehmer ausgerechnet, daß es billiger kommen würde, die Lohnforderungen zu erfüllen, als sich von den Anarchisten weitere Neubauten in die Luft jagen zu lassen. Dieses Attentat und seine Auswirkungen ließen mich an das denken, was der Schuhputzer einige Zeit zuvor zu Heinz gesagt hatte. In keinem Volke ist wohl der Glaube an die „direkte Aktion" – und auch die Hochachtung vor ihr – größer als im spanischen. Sie entspricht dem Charakter des Spaniers. Sie vereint für ihn die mächtigen Elemente von persönlicher Tapferkeit und Rebellion. Hier liegen die Wurzeln und zugleich die Größe des spanischen Anarchismus, hier liegt aber auch seine tiefe Tragik. Die Erfolge der direkten Aktion waren, wenn es hochkam, immer nur unmittelbar und vorübergehend. Auf die Dauer konnten diese handelnden Einzelgänger mit ihrem unersättlichen Freiheitsdrang der kalten Maschinerie ihrer Gegner von rechts und von links nicht standhalten. Ihre Taten waren schließlich zur Sinnlosigkeit verurteilt, doch gewannen sie vielleicht gerade dadurch an Größe und Überzeugungskraft.

Inzwischen war der 1. Mai herangekommen, und wir wollten uns die Maifeier ansehen. Wir brachen schon früh auf, um rechtzeitig in der Stadt zu sein. Straßenbahnen, Omnibusse und die Untergrundbahn hatten den Verkehr eingestellt. Heute mußte alles zu Fuß gehen. Kein Privatauto hätte sich über die Straße gewagt, und nicht einmal ein Eselsfuhrwerk war zu entdecken. Aber auch die Menschen fehlten in den Straßen. An diesem Morgen lag das sonst so wild lärmende Madrid schweigend im leuchtenden Sonnenschein. Es war so still, daß man den Widerklang der eigenen Schritte vernahm, und unwillkürlich dämpften wir die Stimmen. Je mehr wir uns dem Stadtzentrum näherten, um so nervöser wurde meine Erwartung. Von irgendwo müßte doch jetzt der Demonstrationszug kommen, der feierliche Aufmarsch zum 1. Mai. Warum hörte man nicht aus der Ferne Musik oder Gesang? Erst in der Mitte der Stadt, nahe der Puerta del Sol, sahen wir sie von weitem. Aber nicht etwa, wie ich erwartet hatte, feierlich in Fünferreihen, mit Fahnen, Musik und Spruchbändern! Sie strömten heran zu zwanzig in einer Reihe. Die Menge der Menschen ergoß sich über die ganze Breite der Straße, die Männer in ihrem blauen Arbeitszeug, die Frauen in farbenfreudigen Kleidern. Und sie führten keine Spruchbänder mit sich, sondern trugen in Korbflaschen den Wein und in Paketen das mitgebrachte Essen. Heiterkeit und Lachen schallte über die Straßen, die an diesem Tage den Arbeitern gehörten. Das war die schönste Demonstration, die ich je gesehen habe. Das Volk zog hinaus nach Casa de Campo, in den Park des ehemaligen spanischen Königs, der 1931 für alle geöffnet worden war.

Die Kommunistische Partei Spaniens war durch den Fraktionskampf und die rigorose Beseitigung ihres alten Politbüros sehr geschwächt worden. Die Zahl der aktiven Kommunisten in Spanien lag im Jahre 1933 höchstwahrscheinlich nicht weit über tausend. Um so erstaunlicher und wohl nur aus der gespannten wirtschaftlichen und politischen Situation des Landes zu erklären war der starke Widerhall, den eine von der KPS entfesselte Aktion bei der Bevölkerung fand.

In der damaligen spanischen Armee spielte der Sergeant nicht nur als Vorgesetzter der Rekruten eine wichtige Rolle, er war auch verantwortlich für die Beköstigung seiner Soldaten. Wie uns Ricardo erzählte, der in diesen Monaten gerade seine Dienstzeit absolvierte, kam es sehr häufig vor, daß sich Offiziere an den Lebensmittellieferungen für das Heer bereicherten, worauf dann dem Sergeanten, der diesen Diebstahl schweigend zu übergehen pflegte, nichts anderes übrigblieb, als die Rationen für seine Soldaten zu kürzen. Eine rühmliche Ausnahme machte jedoch der Sergeant Vazquez. Die Madrider Rekruten kannten ihn bereits als einen besonders guten Vorgesetzten. Vazquez ließ die Dinge nicht auf sich beruhen, sondern wandte sich mit einer Beschwerde an die oberste Militärbehörde. Als Antwort auf seine ebenso korrekte wie mutige Haltung wurde er verhaftet und ins Madrider Militärgefängnis eingeliefert. Als Vorwand diente die Tatsache, daß er mit

seiner Beschwerde den vorgeschriebenen Dienstweg nicht eingehalten hatte. Am Tage nach der Verhaftung von Vazquez brachte „Mundo Obrero" einen Artikel über die Hintergründe dieser Affäre und forderte die Madrider Bevölkerung auf, den tapferen Sergeanten während der täglichen Sprechstunde im Gefängnis zu besuchen. Die Wirkung dieses Appells ging weit über die Erwartungen der Initiatoren hinaus. Der Platz und die angrenzenden Straßen in der Nähe des Gefängnisses waren einige Tage lang zur Zeit der Besuchsstunden schwarz von Menschen. Erst mit der Freilassung von Vazquez endeten die Demonstrationen.
Aber nicht nur die Bevölkerung Madrids bewies dem unbestechlichen Mann derartige Sympathien. Aus vielen Garnisonsstädten des Landes trafen in der Redaktion des „Mundo Obrero" Briefe, Begrüßungsadressen und Artikel von Soldaten und Sergeanten ein, die über die gleichen korrupten Zustände in ihren Kasernen berichteten und dem Sergeanten Vazques für seine Tapferkeit dankten. Die KPS hatte sich mit einem Schlage zum Sprecher der Soldaten und zum Ankläger gegen Korruption und andere Mißstände in der Armee gemacht und gewann dadurch entscheidend an politischem Einfluß.
Zu dieser Zeit sollten die spanischen Kommunisten auch Zuwachs an Mitgliedern erhalten. Eine linkssozialistische Splittergruppe unter dem Politiker Balbontin trat geschlossen zur KPS über. Zum feierlichen Akt des Zusammenschlusses hatte man in Madrid eine Versammlung anberaumt. Neben Balbontin kündigten die Plakate als Rednerin der Kommunisten Dolores Ibarruri an. Das war die erste Versammlung, der ich in Spanien beiwohnte. Bis dahin hatte ich politische Temperamentsausbrüche nur in den Kinos erlebt, wo die Besucher, sobald die Wochenschau Ereignisse im nazistischen Deutschland oder im faschistischen Italien zeigte, oder etwa gar Mussolini und Hitler auf dem Filmstreifen erschienen, in tobende Empörung ausbrachen, ja sogar Tomaten, oder was sie sonst gerade bei der Hand hatten, gegen die Leinwand schleuderten.
Die Versammlung hatte kaum begonnen, Balbontin soeben das Rednerpult betreten, als der Sturm auch schon losbrach. Gruppen von Anarchisten waren über den ganzen Saal verteilt und verfuhren nach der gleichen, in der Weimarer Republik zu so trauriger Berühmtheit gelangten Praxis. Durch ständige Zwischenrufe verhin-

derten sie, daß der Redner überhaupt zu Wort kommen konnte. Da erhob sich eine große schwarzgekleidete Frau, deren Stimme derart kraftvoll und selbstsicher war, daß sie mit großem demagogischem Geschick an das männliche Anstandsgefühl der Zwischenrufer versicherte, daß in der anschließenden Diskussion jeder zu Wort kommen könne, und forderte Balbontin auf, nun seine Rede zu halten. Das war der erste Auftritt der „Pasionaria" in Madrid, und es war ein durchschlagender Erfolg.

In ihrer Heimat, in Nordspanien, war Dolores Ibarruri allerdings keine Unbekannte mehr. Sie stammte aus einer Bergarbeiterfamilie, und ihr Mann, ebenfalls ein Bergarbeiter, besaß damals einen Namen in der sozialistischen Bewegung des Baskenlandes. Bei Streiks und politischen Unruhen hatte sich Dolores zur Sprecherin der Bergarbeiterfrauen gemacht, und rednerische Begabung sowie kämpferische Leidenschaft trugen ihr den Beinamen „La Pasionaria" ein.

Als Balbontin seine Rede beendet hatte, betrat Dolores das Podium. Ihre rhetorische Meisterleistung erreichte mit einem langen Zitat aus Lenins Schriften ihren Höhepunkt. Meine Bewunderung für „La Pasionaria" war grenzenlos.

Damals begann Dolores' politischer Aufstieg in der Kommunistischen Partei. Leider sollte es nicht lange dauern, bis sie dabei ihre guten, menschlichen Qualitäten restlos eingebüßt hatte. Unter den spanischen ehemaligen Kommunisten wird der Name Dolores Ibarruri nur noch mit Abscheu genannt. Während des spanischen Bürgerkrieges und in den späteren Jahren, die sie vorwiegend in Moskau zubrachte, wurde sie zur „besten Schülerin" Stalins, den sie vergötterte. Unter den spanischen Emigranten wütete Dolores ganz im Sinne ihres Meisters. Sie verlangte von ihnen kritikloses Nachbeten der jeweiligen politischen Linie und unbedingten Gehorsam. „Es lebe Dolores, unsere Mutter, Führerin und Herrin!" war die byzantinische Huldigung, die ihr die wehrlosen spanischen Emigranten in Moskau darbrachten, nachdem sie sie zu „Bolschewiken neuen Typs" umerzogen hatte.

Die nächste Versammlung der KPS, die ich besuchte, hinterließ einen sehr zwiespältigen Eindruck. Die Kommunisten hatten das Wagnis unternommen, sie im Stadion von Madrid einzuberufen. Man erwartete Tausende von Besuchern und sollte sich nicht verrechnet haben. Die große Attraktion dieses Meetings war nicht

etwa der Parteiführer José Diaz, in dessen Rede es erstaunlich wenig Phrasen gab, sondern Ramon Casanellas, ein ehemaliger Anarchist, der vor kurzem aus Moskau nach Spanien zurückgekehrt war. Casanellas' Name hatte in der revolutionären Arbeiterbewegung Spaniens einen großen Klang. Im Jahre 1921 verübte er zusammen mit zwei anderen Anarchisten ein Attentat auf Eduardo Dato, den damaligen Staatsminister der spanischen Monarchie. Während seiner Flucht wurde er in Bilbao von Kommunisten versteckt, über die Grenze befördert und heimlich nach Sowjetrußland gebracht. Dort entwickelte sich Casanellas zwar zu einem fanatischen Kommunisten, behielt aber immer sein individualistisches Temperament.
Als Casanellas zu reden begann, glaubte ich, einen Geisteskranken zu hören. Aber die ungereimten Phrasen, die er ins Mikrophon brüllte, störten seine Bewunderer im Stadion von Madrid keineswegs. Sie verstanden ihn und jubelten ihm zu. Denn es war ihnen gleichgültig, was er redete. Ihnen genügten seine Anwesenheit und das Bewußtsein : dieser Held ist einer der Unseren. Ohne den Schluß der Veranstaltung abzuwarten, trugen sie Casanellas unter frenetischem Beifall auf den Schultern durch das Stadion, und als ich in die Gesichter der herausströmenden Menschen blickte, sah ich auf ihnen den gleichen teils befriedigten, teils begeisterten Ausdruck den sie zeigten, wenn sie eine Stierkampfarena verließen.
Am Abend dieses Tages waren wir bei José Diaz zu Gast. „Pepe", wie sie ihn nannten, diesem kleinen, beweglichen Sevillaner, fehlte auch jede Fähigkeit zur Theatralik. Er besaß den beweglichen Geist seines Volkes ohne dessen Hang zum Pathos. Er war ein kluger, bescheidener Mensch mit gesundem politischem Instinkt. Aber auch er sollte erst zu spät begreifen, welche verhängnisvolle Rolle die Komintern für die spanische Arbeiterbewegung gespielt hat. Nach dem spanischen Bürgerkrieg kam er nach Moskau und lebte später in Tiflis. Im Jahre 1942 beging er in Verzweiflung über sein verfehltes Leben Selbstmord. Er stürzte sich vom Balkon seines Zimmers auf die Straße.
Aus welchem unmittelbaren Anlaß „Mundo Obrero" verboten wurde, habe ich vergessen. Aber was sich im Zusammenhang mit diesem Verbot ereignete, ist mir noch besonders gut im Gedächtnis geblieben. Obgleich ich die ganze Zeit in indirektem Kontakt mit der Redaktion der Zeitung stand, denn jeden Mittag gegen ein Uhr

traf ich – stets an einer anderen Stelle der Stadt – eine Botin, die mir das für Heinz bestimmte Material übergab, so sollte ich doch erst, als die Zeitung nicht mehr erschien, Gelegenheit haben, mich praktisch in ihr zu betätigen. Schon vor dem Verbot sah ich Jesus Hernandez des öfteren, obgleich das eigentlich gegen die Regeln der Konspiration verstieß. Aber nach der Erfahrung mit dem „La Tierra“-Artikel waren wir leichtsinniger geworden. Jesus Hernandez, der erst vor einem halben Jahr frisch von der Leninschule aus Moskau gekommen war, begeisterte sich sofort für Neumanns Vorschlag, auf das Verbot von „Mundo Obrero“ mit der Herausgabe einer illegalen Zeitung zu antworten. Die übrigen Mitglieder der Parteiführung brachten kein großes Verständnis für diese ausgefallene Idee auf, denn bisher waren derartige Methoden in Spanien unbekannt. Trotzdem wurde sie verwirklicht, und ich konnte meine Berliner Erfahrungen mit Häuserblockzeitung und Betriebszeitung nun in Madrid anbringen. Zuerst wurden einmal Wachsplatten und eine primitive Apparatur, aus einem Brett, einer Metallrolle und einigen Tuben Druckerschwärze bestehend, eingekauft. Die Wohnung von Ricardos Mutter war gleichzeitig Redaktion, Druckerei und Vertrieb der ersten illegalen Zeitung der KPS, die anfangs einer Berliner Häuserblockzeitung verteufelt ähnlich sah. Aber schon in einigen Tagen wurden noch an anderen Stellen solche illegale Blättchen hergestellt, und die spanischen Genossen erwiesen sich als wirkliche Künstler in diesem Fach. Meine Überraschung und Bewunderung erreichte jedoch erst ihren Höhepunkt, als ich zufällig feststellte, daß diese illegalen Produkte an mehreren Zeitungskiosken, das Stück für fünf Centimos, angeboten wurden.

Während des ganzen Jahres 1933 bemühte sich die Regierung Azaña, die aus einer Koalition von Sozialisten und Linksrepublikanern bestand, die neue spanische Verfassung, die eine der demokratischsten ganz Westeuropas war, zu verwirklichen. Die großen wirtschaftlichen Schwierigkeiten des Landes und sicher auch die zögernde Haltung der Regierung ließen jedoch die Opposition von links wie von rechts immer stärker werden. Sowohl die auf der äußersten Rechten stehende Gruppe von Monarchisten und Reaktionären sowie die katholische „Accion Popular“ als auch die extrem Linken, die Syndikalisten, Anarchisten und Kommunisten, strebten danach, nicht nur die Regierung Azaña, sondern die spanische Republik überhaupt zu beseitigen. Die Rechte hatte das gemeinsame Ziel, die alte Unfreiheit wieder aufzurichten. Die Opposition von links aber war zersplittert, und ihre politischen Ziele gingen weit auseinander. Die Anarchisten versprachen dem Volk nach dem Sturz der Republik die absolute Freiheit und damit das Paradies auf Erden. Die Kommunisten hingegen strebten zwar angeblich nach dem gleichen Ziel, aber erst nach der Errichtung einer Arbeiter- und Bauernmacht. Sie empfahlen, dem großen Beispiel Sowjetrußlands nachzueifern.

Mochte die Rechte die Führung der KPS auch als Handlanger einer fremden Macht bezeichnen und sich über sie als „petroliferos" lustig machen, weil die Kommunisten für Handel mit Sowjetrußland und vor allem für die Einführung sowjetrussischen Erdöls eintraten, mochte man noch soviel über das wirtschaftliche Elend im Lande des Sozialismus schreiben und reden, gerade in jener Zeit setzten immer mehr spanische Arbeiter, Bauern und auch die linksstehenden Intellektuellen ihre Hoffnung auf das Land der Oktoberrevolution. Sehr bezeichnend für diese Stimmung war, daß Mitglieder der sozialistischen Jugendorganisation einem ihrer führenden Parteigenossen, dem damaligen Arbeitsminister der Regierung Azaña, Largo Caballero, den Beinamen „der spanische Lenin" gaben.

Heinz Neumann verfaßte ein neues Aktionsprogramm für die KPS, das alle Forderungen der Kommunisten enthielt und als Ziel die Eroberung der Macht und Errichtung einer Arbeiter- und Bauernregierung verkündete. Dazu war nicht nur eine sehr intensive Beschäftigung mit allen spanischen Problemen nötig, sondern er mußte sich auch das revolutionäre Anliegen der spanischen Kommunisten zu eigen machen. Trotzdem hatte ich während des Jahres in Spanien den Eindruck, als sei Heinz nur mit halbem Herzen bei seiner revolutionären Arbeit. In erster Linie interessierte ihn alles, was in Deutschland geschah. Er verschlang jede deutsche Zeitung und jede Meldung über Deutschland in der spanischen Presse. Aber es ging noch weiter. Er hatte ganz einfach Heimweh. Er stand vor den Madrider Buchläden und suchte nach deutschen Büchern. Am liebsten hätte er sich täglich eins gekauft, wenn ihn unser schmales Budget – wir erhielten monatlich den Gegenwert von 300 Mark in Pesetas – nicht daran gehindert hätte.

Als in Sevilla ein Streik der Hafenarbeiter ausbrach, fuhr er als Vertreter der Kominterndelegation dorthin. Zu seiner Aufgabe gehörte es, die Situation während des Streiks zu beobachten und die kommunistischen Funktionäre der Hafenarbeitergewerkschaft zu beraten.
Ein persönliches Eingreifen in diesen Streik stand selbstverständlich ganz außer Frage. Nun lag aber im Hafen von Sevilla gerade in diesen Tagen ein deutsches Handelsschiff, dessen Matrosen sich nicht um den Streik kümmerten. Heinz konnte die Gelegenheit nicht ungenutzt verstreichen lassen. Er verfaßte ein Flugblatt in deutscher Sprache, in dem er nicht nur an die Solidarität seiner Landsleute mit den streikenden Sevillanern appellierte, sondern sie auch zu einer antinazistischen Kundgebung aufforderte. Nachts schmuggelten spanische Genossen dieses Pamphlet auf das deutsche Schiff, und die Wirkung blieb nicht aus. Am nächsten Tage bekundeten die deutschen Matrosen stürmisch ihre Sympathien für die Streikenden. Medina reagierte auf diese Sonderunternehmung Neumanns mit heftiger Kritik.
Ob der Besuch von Maurice Thorez, dem Parteiführer der französischen KP, der im Herbst 1933 nach Madrid kam, in irgendeinem Zusammenhang mit der baldigen Abberufung Neumanns stand, konnte ich nicht feststellen. Auf jeden Fall gebärdete sich Thorez, als er nachmittags in unsere Wohnung kam, wie ein guter Freund, der nur die lautersten Absichten hat. Nach einigen Gläsern Wein stimmte er französische Lieder an und machte der jungen Julia, die ganz zufällig in diese Gesellschaft kam, ein Kompliment nach dem anderen. Thorez wirkte auf mich wie ein lebenslustiger, unkomplizierter Bursche, wie eine französische Ausgabe Ernst Thälmanns. Allerdings habe ich ihn nur als Gesellschafter beobachten können, sowohl 1932 in Moskau wie auch später bei einem Besuch in Paris. In seiner politischen Wirksamkeit hat er sich in den folgenden fünfzehn Jahren als besonders brauchbares Werkzeug der Stalinschen Außenpolitik erwiesen.
Im November 1933 fanden die Wahlen zu den spanischen Cortes statt, für die zwanzig Parteien ihre Kandidaten aufstellten. Mit dem Ausgang dieser Wahlen war es bereits um einen großen Teil der demokratischen Errungenschaften der Republik geschehen. Gil Robles verletzte die Verfassung, indem er die Durchführung der Bodenreform gänzlich unterbrach, die religiösen Orden wieder zum

Schulunterricht zuließ und den Jesuiten die Rückkehr nach Spanien gestattete.
Ende November 1933 kam über einen illegalen Weg ein Telegramm der Komintern in spanischer Sprache. Es enthielt die kategorische Aufforderung an Neumann und mich, sofort Madrid zu verlassen, uns nach Zürich zu begeben, und es endete mit den Worten „. . . . para sostenerse . . ." Der Anfang dieser Botschaft war sehr verständlich und mehr als eindeutig. Aber was hatte der Schluß zu bedeuten? Wörtlich übersetzt: „Um sich zu erhalten". Was damit gemeint war, sollten wir erst nach unserer Ankunft in Paris erfahren.

Illegal in Zürich

Gleich am Bahnhof in Paris riefen wir Willi Münzenberg und Babette an und sahen uns noch am selben Tage. Leo Flieg, der auch verständigt wurde, wagte nicht zu kommen, hatte aber Willi über alles unterrichtet. Was wir an diesem Abend erfahren sollten, übertraf die schlimmsten Erwartungen.

Die Mühlen der Internationalen Kontrollkommission der Komintern mahlten langsam, aber um so gründlicher. Es war schon ein Jahr vergangen, seit Neumann im Winter 1932/33 jenen Brief an Hermann Remmele geschrieben hatte, der im März 1933 vom Geheimapparat der KPD gefunden und nach Moskau gesandt wurde. Aber jetzt erst hatte die IKK ihr Verdammungsurteil gegen Neumann gefällt. Durch die Machtergreifung der Nazis war zwar der Inhalt dieses Briefes längst überholt, aber dafür interessierte sich die IKK nicht. Als oberste kommunistische Instanz hatte sie die Aufgabe, politische Vergehen der Kominternmitglieder zu ahnden, und hier handelte es sich um ein Kapitalverbrechen, um Bruch der Disziplin. Neumann hatte sich gegen den Befehl der Komintern in Angelegenheiten der deutschen Partei gemischt. Er hatte es gewagt, Briefe an seine politischen Freunde zu schreiben. Man hielt allerdings nur eines dieser Dokumente des Fraktionskampfes in Händen, aber das genügte, um sowohl Neumanns Disziplinbruch als seine parteifeindlichen Absichten in ihrer ganzen Verworfenheit zu erkennen. Was konnte der Satz „Sei nicht Haase, sondern Liebknecht“ denn anderes bedeuten als eine verschlüsselte Aufforderung an Remmele, die KPD zu spalten? Diese Annahme war für die IKK Beweis genug, daß sich Neumann in einen Feind der Partei verwandelt hatte. Er konnte also nur noch als solcher behandelt werden.

Das also war der Grund der Abberufung aus Spanien. Doch erst dann riß Münzenberg die Geduld, als Heinz, der unverbesserliche Optimist, auch in dieser düsteren Situation wieder einen Lichtpunkt entdeckte, sich aufatmend an ihn wandte und meinte: „Es hätte ja noch viel schlimmer kommen können! Sie haben mich doch wenigstens nicht aus der Partei ausgeschlossen, und irgendwie werden wir die Zeit der ‚Absägung' in Zürich schon überleben." Das Schlimmste hatte Münzenberg uns bisher noch nicht mitgeteilt, was nämlich die beiden letzten Worte des Abberufungstelegramms zu bedeuten hatten. „‚Para sostenerse' heißt nichts anderes als: ihr seid ‚abgehängt', sowohl vom Apparat der Komintern als auch von der KPD. Euch wird man in Zürich kein Quartier besorgen und keinerlei Unterstützung geben. Nicht einmal die Rote Hilfe wird sich um euch kümmern. Auf welche Weise wollt ihr da eigentlich mit den falschen Pässen leben? Ihr könnt euch nicht anmelden, und eine Arbeit werdet ihr schon gar nicht finden! Wenn ihr nach Zürich fahrt, bedeutet das für euch, daß ihr nach kurzer Zeit verhaftet werdet! Bleibt in Paris. In einer Weltstadt ist es eher möglich, durchzukommen", riet Münzenberg.

Ich war keinen Augenblick im Zweifel darüber, daß Münzenberg recht hatte und daß es ein Wahnsinn wäre, nach Zürich zu fahren. Mir kam sogar der Gedanke, den ich aber kaum zu Ende zu denken, geschweige denn auszusprechen wagte, ob man etwa glaube, Heinz auf diese hinterhältige Weise loszuwerden? Denn auch in der Komintern mußten die verantwortlichen Leute wissen, was uns in Zürich blühen würde. Aber Heinz wollte nichts von Münzenbergs Vorschlag hören. Sein immer wiederkehrendes Argument lautete: Wenn ich mich dem Befehl des Komintern, nach Zürich zu gehen, widersetze und in Paris bleibe, wird man mich sofort aus der Partei ausschließen, und das ist gleichbedeutend mit politischem Selbstmord, weil ich damit jede Möglichkeit verliere, mich später, nach dem Sturz Hitlers, wegen meiner Fraktionsarbeit und meinen angeblichen politischen Fehlern vor den Mitgliedern der KPD zu rechtfertigen. Heinzens Kompromißvorschlag war, einen Brief an Pjatnitzki zu schreiben und ihm zu erklären, weshalb er in Zürich nicht bleiben könne. Die Erlaubnis der Komintern aber, in Paris leben zu dürfen, wolle er unbedingt in Zürich abwarten ... Beim Abschied drückte Willi Heinz lange die Hand und meinte: „Ich fürchte, du bist ein hoffnungsloser Fall!"

Am Abend vor unserer Abreise nach Zürich machte ich einen letzten Versuch, Heinz umzustimmen. Aber vergeblich. Mit der Hoffnung auf die baldige Antwort aus Moskau, denn Leo Flieg hatte sich noch einmal bereit erklärt, den Brief an Pjatnitzki über den Apparat zu befördern, tröstete er mich und auch sich. Um es gleich vorauszuschicken: auf diesen Brief kam nie eine Antwort.

Dann fuhren wir durch das winterliche Frankreich. Heinz karikierte mit unverwüstlichem Humor alle komischen Seiten dieser Reise und begann sich in Schwyzer Dütsch zu üben, weil es doch nun einmal sein Steckenpferd war, die Sprache jedes Landes zu erlernen, in das ihn die Komintern verwies. Im ganzen jedoch blieb unsere Stimmung gedrückt. Wir vermieden ängstlich ein Gespräch über das, was uns in Zürich erwartete. Leo Flieg, den wir ganz kurz in Paris trafen, hatte sich nämlich mit sachverständigem Blick meinen Else-Henk-Paß besehen und ohne Umschweife erklärt, daß dieses Dokument zur polizeilichen Anmeldung in der Schweiz völlig unbrauchbar sei. Heinzens Paß, ebenfalls ein tschechischer, der auf den Namen Karl Bieler lautete, war etwas besser. Wahrscheinlich besaß er einen falschen richtigen Paß, während meiner ein richtiger falscher war. Aber wie sollte man unangemeldet in einem Land leben, in dem man keinen Menschen kannte . . .? Wir zählten unsere Barschaft, teilten sie brüderlich, denn bald hatte der Zug Basel erreicht, und es konnte ja geschehen, daß einer von uns an der Grenze festgehalten wurde. Bei dieser Geldzählung wurde uns klar, daß wir uns schon aus finanziellen Gründen nicht länger als höchstens zehn Tage in der Schweiz halten konnten.

Kurz vor der Grenze trennten wir uns. Heinz wollte auf der französischen Seite des Bahnhofs aussteigen, um dann durch die Grenzsperre zu gehen. Ich hingegen sollte die Paßkontrolle im Zug abwarten. Bei mir ging alles gut, und ich wartete nervös auf die Rückkehr von Heinz. Erst im Zug nach Zürich tauchte er wieder in meinem Abteil auf, und wir konstatierten ein wenig erleichtert, daß das erste Hindernis, die Grenze, überwunden war.

In Madrid hatte uns einmal E. E. Kisch besucht und mir bei dieser Gelegenheit erzählt, daß mein Freund Heinrich Kurella nach Zürich emigriert sei, wo er an der kommunistischen Zeitschrift „Rundschau", der umgetauften ehemaligen „Inprekorr", arbeite. Kisch gab mir damals Kurellas Adresse, und ich hatte sie aufgehoben. Erst als wir in Zürich angekommen waren und noch ratlos auf dem Bahnhof standen, erwähnte ich zögernd diese Tatsache. Ich wußte nämlich sowohl von Heinzens Abneigung gegen Kurella als auch von Kurellas Aversion gegenüber Neumann. Zwar kannten beide einander kaum und hatten, soviel ich wußte, niemals ein

persönliches Wort miteinander gewechselt. Aber ihre feindschaftlichen Gefühle galten ja gar nicht der Privatperson des anderen. Für jeden von ihnen war der andere lediglich der Vertreter einer feindlichen Fraktion in der KPD. Kurella haßte Neumann, den „Linken", den Stalinisten, und Neumann verachtete Kurella, den „Versöhnler". Solche Fraktionsfeindschaften waren häufig tiefer und unüberbrückbarer als irgendwelche rein menschliche Fehden. Auf meinen Vorschlag, Kurella anzurufen, reagierte Heinz genauso, wie ich befürchtet hatte. „Das fehlt ja noch, einen ‚Versöhnler' um Hilfe zu bitten!" Darauf aber verlor ich meine mühsam bewahrte Fassung, und wir zankten uns, auf einer Bank im Wartesaal sitzend, nach allen Regeln der Kunst. Zum Schluß lief ich ganz einfach ohne jede weitere Erörterung in eine Telefonzelle, und der Zufall wollte es, daß Kurella im Büro war.
Er erfaßte sofort die Situation, nannte ein Café in der Nähe des Bahnhofs und versprach, in einer halben Stunde dort zu sein. Eigentlich begleitete mich Heinz in dieses Café nur, um den Koffer zu tragen, aber dann gelang es doch, ihn zum Bleiben zu überreden. Kurella kam, und nach den ersten steifen fünf Minuten sprachen die Fraktionsgegner bereits wie Menschen miteinander. Damit er für die Nacht wenigstens für mich, die ich in kein Hotel gehen durfte, noch eine Unterkunft finden könnte, verabschiedete sich Kurella schon nach kurzer Zeit. Beim Verlassen des Cafés kam er aber noch einmal zurückgelaufen, zog ein Kuvert aus der Tasche, reichte es Heinz unter verlegenem Gestammel und war schon zur Tür hinaus, bevor dieser noch begriff, daß man ihn mit Geld beschenkt hatte. Ich sah, wie schrecklich Heinz litt, und nicht etwa nur, weil dieses Geschenk von einem Fraktionsgegner kam, sondern auch, weil es für ihn qualvoll war, solcher Hilfe bedürftig zu sein. Schon nach den ersten Züricher Tagen wurden Heinz und Heinrich Kurella enge Freunde und blieben es, bis beide im Jahre 1937 in Moskau verhaftet wurden. Mit Kurellas Hilfe bezog Heinz im Hause einer Bürgersfamilie, deren Sohn Kommunist war, eine Dachstube, und für mich wurde ein richtiges Zimmer im Häuschen eines Linoleumlegers, der Mitglied der Roten Hilfe war, gefunden. Sogar das Problem der Arbeit und des Geldverdienens konnte gelöst werden. Und wieder kam diese Hilfe von einem Fraktionsgegner, der aus Solidarität für den Mitemigranten die alte Feindschaft begrub.

Hans Holm, auch ein „Versöhnler", verschaffte uns Übersetzungsarbeiten.
Fast jeden Morgen holte mich Heinz nun vor dem Hause des Linoleumlegers ab, um mit mir, seiner „Sekretärin", nur einige Straßen weit davon entfernt im Zimmerchen der Villa, das er bewohnte, zu arbeiten. Wir wurden nicht nur Pensionäre der Familie W., saßen mit ihnen am Mittagstisch und beim Abendessen zusammen, sondern auch gute Freunde mit Vatterli, Muetterli und den Kindern. Die braven Menschen ahnten nicht, wem sie da eigentlich ihre Gastfreundschaft schenkten. Nur der kommunistische Sohn dürfte wohl einige Zweifel an der Echtheit unserer tschechoslowakischen Staatsbürgerschaft gehabt haben. Hätte der Hausherr nicht verlangt, was durchaus verständlich war, daß sich sein Untermieter Karl Bieler bei der Polizei anmelde, wären wir möglicherweise genauso wie die zahlreichen anderen deutschen Emigranten bis zum Ende der Hitlerdiktatur in der Schweiz geblieben. So aber mußte Heinz mit seinem falschen Paß zu den Züricher Behörden gehen und um Aufenthaltserlaubnis bitten. Dazu machte er sich zu einem Schriftsteller, der ein Buch über Kant verfassen wollte, und erhielt ohne Schwierigkeit die Genehmigung, für ein Jahr in der Schweiz zu leben. Mein freundlicher Gastgeber hingegen ließ mich während des ganzen Schweizer Aufenthaltes unangemeldet bei sich wohnen.
So war uns eigentlich die Möglichkeit gegeben, ein halbwegs normales Leben zu beginnen und die unerwartet geschenkte Ruhe in einer der schönsten Städte Europas zu genießen. Heinz jedoch fühlte sich wie ein Verbannter. Er litt unter der erzwungenen politischen Untätigkeit, die ihm die friedlichen Monate in Zürich als vergeudete Zeit erscheinen ließ. Er schrieb neben seinen Übersetzungen eine Broschüre über Spanien und begann, nachdem er zufällig in einem Antiquariat eine japanische Grammatik entdeckt hatte, Japanisch zu lernen. Obgleich mich das Gefühl der Unsicherheit niemals ganz verließ, gewöhnte ich mich doch so nach und nach an die Illegalität. „Bieler" bzw. „Henk" zu heißen, war mir schon ganz geläufig. Etwas komplizierter blieb es allerdings immer, sich mit Else und Karl anzureden, und wir versprachen uns häufig, worauf Heinz die Grete und die Else einfach miteinander verschmolz und mich in „Grelse" umtaufte. Mit der Gewöhnung an die Illegalität ließ natürlich auch die Vorsicht nach. Immer selbstver-

ständlicher trafen wir andere Emigranten, ja sogar Genossen von der Schweizer KP. Eines Tages wurden wir dann auch nachdrücklichst gewarnt, als nämlich Herr W. nach dem Mittagessen seinen Sohn ins Nebenzimmer rief, einen „Angriff" aus der Tasche zog und auf ein Photo deutete, das „eine so merkwürdige Ähnlichkeit mit Herrn Bieler hatte". Der „Angriff" brachte einen der üblichen Hetzartikel gegen Neumann, versehen mit einer Photographie.

Im Januar 1934 fand in Moskau der XVII. Parteitag der KPdSU statt, auf dem alle Vertreter ehemaliger Oppositionen gegen die „Stalinsche Generallinie", sowohl die Anhänger Trotzkis wie Bucharin für die „Rechte", demütige, selbstkritische Erklärungen abgaben, in denen sie mit ihren eigenen angeblichen politischen Fehlern abrechneten. Auf diesem „Parteitag der Sieger", wie seine sowjetamtliche Bezeichnung lautete, war Lominadse im Namen der „linken Opposition" ebenfalls zu Kreuze gekrochen. Dazu erschien in der Januarnummer der „Rundschau" auch noch die Erklärung Hermann Remmeles über die „parteifeindliche Tätigkeit der Neumann-Remmele-Gruppe in der KPD". Diese Rückzüge und Selbstbezichtigungen blieben auf Neumann nicht ohne Wirkung. Er setzte sich hin und verfaßte jenes unterwürfige Dokument, das zwei Monate später ebenfalls in der „Rundschau" erschien und das ich in einem früheren Kapitel bereits besprochen habe. An derselben Stelle schilderte ich auch mein Erstaunen über diesen Schritt Neumanns. Aber dieses verständnislose Staunen sollte sich nach einer Äußerung Neumanns, die er kurz vor dem turbulenten Ende meines Schweizer Aufenthaltes tat, in Erschütterung und Mitleid wandeln. Damals kam aus Sowjetrußland die Nachricht von der Ermordung des Sekretärs der Leningrader Parteiorganisation, Sergej Kirow, durch einen Studenten namens Nikolajew. Nähere Angaben enthielt die erste Meldung nicht, und keiner von uns beiden erfaßte anfangs ihre ganze furchtbare Tragweite, sah die verheerenden Folgen voraus. Als ich jedoch einige Worte des Bedauerns für Kirow fallen ließ, geriet Heinz plötzlich außer sich und fuhr mich an: „Wahrscheinlich hat man diesen Nikolajew durch bürokratische Schikanen derartig in Verzweiflung getrieben, daß er einfach keinen Ausweg mehr fand! Es wundert mich nur, daß da drüben nicht öfters zum Revolver gegriffen wird!" Durch diesen Ausbruch wurde mir mit einem Male klar, was eigentlich in Heinz vorging, wie es in Wirklichkeit um diesen Menschen stand, der

sich erst vor wenigen Monaten auf Gnade und Barmherzigkeit der Komintern unterworfen hatte. Nikolajew hatte zwar nicht aus Verzweiflung zur Waffe gegriffen, wie sich später herausstellte. Er war ein Werkzeug gewesen. Mit Hilfe des GPU-Chefs Jagoda, einer Hilfe, die dieser treue Diener Stalins schon bald mit dem Tode bezahlen sollte, hatte der Diktator ein raffiniertes Komplott, eine ungeheuerliche Provokation vorbereitet, die ihm den Vorwand liefern sollte für die blutigste seiner historischen „Leistungen", für die Große Säuberung der Jahre 1936/38.
Aber bevor uns noch diese Nachricht erreichte, brachte der Sommer 1934 für viele deutsche Emigranten eine kurze Zeit voll erregter Hoffnungen. Wir glaubten den Tag der Heimkehr nach Deutschland bereits gekommen. Eines Morgens, es war der 1. Juli, kam Heinz ganz aufgeregt mit den Morgenzeitungen in unsere Dachkammer zurück. Ich sah die Schlagzeilen und wollte meinen Augen nicht trauen. Hitler hatte eine Verschwörung aufgedeckt, hatte den Stabschef der SA, Röhm, den General von Schleicher, Gregor Strasser und zahlreiche hohe SA-Führer ermorden lassen. Was konnte das anderes bedeuten als den Anfang vom Ende des verhaßten Regimes? Ein Diktator, der unter seinen Anhängern ein solches Blutgericht vollzieht, mußte am Ende seiner Macht angelangt sein! Aber es sollte sich nur allzu bald herausstellen, daß wir die Methoden moderner Diktatoren noch nicht richtig kannten. Der Hoffnungsschimmer verflog sehr rasch. Der 30. Juni 1934 war lediglich die erste zwar blutige, aber im Verhältnis zu dem, was später in der Sowjetunion geschehen sollte, noch sehr harmlose Säuberung in einem totalitären Staat. Hitler hatte sich einiger Rivalen und alter Feinde entledigt und ging aus diesem rabiaten Prozeß gekräftigt hervor. Noch in diesem Jahre, nach Hindenburgs Tod im August, ernannte er sich mit der Hilfe einer Volksabstimmungsfarce zum „Führer und Reichskanzler des deutschen Volkes" von eigenen Gnaden.

Ich kann mich nicht mehr erinnern, wer Heinz damals erzählt hatte, daß der Polizei sein Aufenthalt in der Schweiz bekannt geworden sein sollte. Allerdings, wurde hinzugefügt, wisse sie nicht, wo er sich befinde. Als wir an einem Dezembernachmittag, so wie immer, in Heinzens Dachkammer saßen und das schon unzählige Male besprochene Problem, nämlich ohne Erlaubnis der Komintern die Schweiz zu verlassen und nach Paris zu fahren, wieder einmal erörterten, kam dabei nichts anderes heraus als der Entschluß, noch einmal einen Brief an Pjatnitzki zu schreiben und ihm unsere gefährdete Situation auseinanderzusetzen. Da Heinz aber „abgehängt" war und seine Briefe nach Moskau also nicht mehr durch den „Apparat" befördert wurden, blieb uns nur offen, den Brief ganz einfach mit „Komintern, Moskau, Mochawaja 23" zu adressieren und in den Postkasten zu stecken. Obgleich das gegen alle Regeln der Konspiration verstieß, entschied sich Heinz für diesen Weg. Es war schon ziemlich spät, als er das Schreiben beendete, und, zu müde, um es noch zur Post zu tragen, verschob er es deshalb auf den anderen Morgen. Damit beging er einen nächsten Verstoß gegen die Vorschriften der Konspiration, denn man läßt Briefe dieser Art nicht über Nacht in illegalen Quartieren liegen. Aber es war nicht der letzte Verstoß an diesem Abend. Anstatt nach Hause zu gehen, wie es die Vorsicht gebot, blieb ich bei Heinz. Am nächsten Morgen waren alle Mitglieder der Familie W. bereits zur Arbeit gegangen. Im Hause befand sich außer uns nur das Dienstmädchen. Während ich mich anzog und das Zimmer aufräumte, sollte Heinz den bewußten Brief zur Post bringen. Er ging gerade die Treppe hinunter, als es klingelte. Kurz darauf hörte ich Männerstimmen im Hausflur, glaubte aber, es seien irgendwelche Handwerker und setzte ahnungslos meine Morgentoilette fort. Nach einiger Zeit kamen die Schritte mehrerer Menschen die Treppe herauf. Nun gab es in diesem obersten Stockwerk drei Mansardenzimmer. Das eine, nicht heizbare, gehörte ursprünglich Heinz, im größeren, das einen Ofen besaß, befand ich mich, und im dritten wohnte das Dienstmädchen. Ich hörte, wie man die Nebenkammer öffnete, und vernahm zu meinem Erstaunen die Stimme von Heinz, den ich doch auf dem Wege zur Post vermutete. Dann klopfte es. Nach einem etwas gereizten: „Karl, warte doch einen Moment!" zog ich mir schnell den Bademantel über und öffnete. Im Türrahmen standen zwei Männer, die trotz ihres freundlichen Grußes ganz unverkennbar Polizeibeamte in Zivil waren. Noch bevor ich ein Wort hervorbringen konnte, hatte sich Heinz schon zwischen die beiden gedrängt, machte eine höfliche Verbeugung vor mir und sagte: „Entschuldigen Sie, bitte, Fräulein W., diese Herren wollen sich Ihr Zimmer ansehen!" Damit hatte er mir meine Rolle zugeteilt, und etwas zögernd ging ich an den Männern vorbei, verließ das Zimmer und konnte es kaum fassen, daß mich niemand daran hinderte, die Treppe hinunterzulaufen. Erst an der Haustür fiel mir ein, daß ich barfuß und im Bademantel war. Außerdem stand dort das Dienstmädchen und flüsterte mit erschrecktem Gesicht irgend etwas wie: „Die Herren haben gesagt..." Das ging also nicht. Aber ich hatte doch auch Fräulein W. zu spielen und durfte auf keinen Fall im Bademantel durch den Garten weglaufen! Aus irgendeinem Grunde schien mir der einzige Raum, in den ich mich flüchten konnte, das Zimmer „meines Bruders", des kommunistischen Sohnes der Familie W., zu sein. Aber nach ungefähr zehn Minuten wurde auch an diese Tür geklopft, und es wiederholte sich die gleiche Komödie mit „Entschuldigen Sie, bitte Fräulein W....", nur mit dem kleinen Unterschied, daß mich diesmal einer der Polizisten nicht wieder fortlaufen ließ. Er hatte, wie ja zu erwarten war, „einige Fragen" an mich zu stellen, und ich führte ihn als „Tochter des Hauses" kurzerhand in das nächstliegende Zimmer, das des wirklichen Fräulein W. Wenn es mit rechten Dingen zugegangen wäre oder vielmehr mit einem erfahreneren Polizisten, hätte mich bereits die Antwort auf seine erste Frage rettungslos „entlarven" müsse. Er wollte wissen, ob ich eigentlich eine Schweizerin sei. Und ich erwiderte im urberliner Tonfall: „Aber selbstverständlich!" Dem wohlmeinenden Polizisten kamen aber doch einige Zweifel. Es interessierte ihn, weshalb ich reichsdeutsch und nicht schwyzerdütsch redete. Wenn ich in Bedrängnis gerate, funktionierte mein Hirn entweder gar nicht oder besonders gut. Diesmal ging es blitzschnell. Mir kamen die Gespräche an der Mittag- und Abendtafel der Familie W. zu Hilfe, und ich tischte dem aufmerksam Zuhörenden eine Geschichte über die Tätigkeit meines „Vaters" auf, daß er als Schweizer Konsul in Warschau gelebt habe, wir also viel im Ausland gewesen seien, wo ich mir angewöhnt hätte, hochdeutsch zu reden. Sicher gab es sehr viele Lücken in dieser

Familienchronik, aber die fielen dem Beamten nicht auf. Ihn muß anscheinend die Sicherheit und scheinbare Logik meiner Antwort überzeugt haben. Als er dann, allerdings etwas schüchtern, wissen wollte, welches eigentlich meine Beziehungen zu diesem Herrn Bieler seien und wie es zu erklären sei, daß ich mich morgens in dessen Zimmer aufhalte, hatte ich geradezu schauspielerisches Vergnügen an der Entrüstung, mit der ich ihn zurechtwies. Dieses Zimmer gehöre nicht Herrn Bieler, sondern mir! Unser Untermieter habe lediglich die Erlaubnis, tagsüber darin zu arbeiten, weil der Mansardenraum, den er gemietet habe, leider nicht heizbar sei. Mit dieser Erklärung muß ich ihn wohl von meiner Identität als Fräulein W. restlos überzeugt haben, denn jetzt wechselte er den Ton, und seine Stimme war frei von jeglichem Mißtrauen. Er wollte wissen, was ich von Herrn Bieler halte, was mir über seinen Lebenswandel bekannt sei, ob er häufig Besuch habe, ob ich wisse, was er arbeite, und – darauf legte er besonderen Wert – ob Herr Bieler seine Miete auch immer pünktlich bezahle ... Ich mußte mich sehr beherrschen, um nicht ein allzu ideales Bild von diesem Herrn Bieler zu entwerfen, der, fortgesetzt an seinem Buch über Kant arbeitend, so gut wie niemals das Haus verlasse, überhaupt keine Freunde empfange und von seiner Miete sowie Pension noch niemals einen Rappen schuldig geblieben sei. Wenn der brave Polizist geahnt hätte, daß wir schon seit einigen Wochen unsere Pension nicht hatten zahlen können! Aber dieses Maß an „Gutgläubigkeit" ging dem verantwortungsbewußten Kriminalbeamten nun doch zu weit, und er eröffnete mir in ehrlicher Entrüstung, wie schmählich dieser Untermieter uns betrogen habe, daß es sich bei ihm um einen ganz gefährlichen Kommunisten handele, wahrscheinlich um einen Redakteur, der kummunistischen „Rundschau"! Auf meine entsetzte Frage, was denn die „Rundschau" sei, ließ er sich noch zu einer Erklärung über die verbrecherischen Ziele dieser Zeitschrift hinreißen. Zum Abschied sprach er mir sein Bedauern aus, wie leid es ihm täte, daß meiner Familie eine so peinliche Unannehmlichkeit zugestoßen sei, und verließ nach freundlichem Händedruck das Zimmer. Ich wußte nicht, wie mir geschah. Erst als unten die Haustür klappte, lief ich zum Fenster und sah, daß die beiden Kriminalbeamten Heinz durch den Garten abführten.

Auf der obersten Treppenstufe im zweiten Stock lag der Brief an Pjatnitzki ... Das Zimmer machte den Eindruck, als habe sich nichts in ihm verändert. Der Schreibtisch war voller Bücher und Broschüren, und Tusche sowie Pinsel, mit denen Heinz japanische Buchstaben gemalt hatte, lagen noch am alten Platz. Etwas zu spät allerdings begann ich nun alles zusammenzuraffen, was verdächtig hätte sein können, und stopfte es in einen Koffer. Als ich damit in ziemlich aufgelöstem Zustand in der Bleulerstraße bei Mutter H. ankam, war sie über die Nachricht der Verhaftung Herrn Bielers ehrlich entsetzt. Ganz anders aber reagierte Herr H. Er blühte bei dieser Mitteilung auf und wurde ganz Mann der Tat. Ich übergab ihm den Wust kommunistischer Zeitschriften und vieler anderer Papiere, dazu meinen falschen Paß, mit der Weisung, alles sofort in der Zentralheizung zu verbrennen. Dann trafen wir eine Verabredung für den Abend um halb sieben Uhr vor dem Café Bellevue. Herr H. versprach, bis dahin ein neues Quartier für mich zu besorgen und auch zu erkunden, was mit „Karl" geschehen sei.

So durchwanderte ich denn während eines langen Wintertages die Stadt Zürich, mit kurzen Unterbrechungen in irgendwelchen Cafés, da meine Barschaft nur drei Franc betrug, und kam nach langen Überlegungen zu dem tröstlichen Schluß, daß die Verhaftung von Heinz kein Grund zur Aufregung sei. Er würde sicher das gleiche erleben, was so häufig Emigranten geschah. Die Schweizer Polizei würde ihn nach einigen Tagen über die von ihm gewünschte Grenze abschieben, und sicher würde er Frankreich wählen, und wir würden uns in kurzer Zeit in Paris wiedersehen. So stand mein Plan fest, auf irgendeine Weise auch dorthin zu kommen. Aber wie konnte ich das ohne Dokumente und ohne Hilfe bewerkstelligen? Heinrich Kurella war nicht mehr in Zürich, Hans Holm war vorübergehend verreist, und der Unterstützung der Roten Hilfe, die ja eigentlich in meiner Situation zuständig gewesen wäre, war ich nicht sicher.

Bei dem überstürzten Aufbruch aus der Dachkammer hatte ich meinen Wintermantel hängen lassen. Als nun gegen Abend die feuchte Kälte durch den Regenmantel drang, kam mir kurz vor sechs Uhr der Gedanke, bei W. anzuläuten. Ich meldete mich. Frau W. war am Apparat und hauchte nichts weiter als die Worte: „Um Gottes willen, hängen Sie ab!" Das klang ja entsetzlich, ganz nach Panik! Und damit war es aus mit meiner Ruhe. Aber meine Besorgnis steigerte sich erst zu heftiger Erregung, als schon lange nach einhalb sieben an der verabredeten Stelle noch immer nichts von Herrn H. zu sehen war. Ich zerbrach mir den Kopf, was da wohl geschehen sein konnte. Erst um sieben Uhr kam er mit großen Schritten über den Bellevueplatz und bedeutete mir gestikulierend, sofort in die nächste dunkle Seitengasse abzubiegen. Nachdem wir eine ganze Weile schweigend durch die Altstadt gelaufen waren, begann er mit seinem dramatischen Bericht.

Einige Minuten nach sechs Uhr habe es an seiner Tür geklingelt. Polizei! Sie fragten nach Else Henk und wollten, als er erklärte, daß ich nicht da sei, ins Haus eindringen, um eine Durchsuchung vorzunehmen. Da aber seien sie an die falsche Adresse geraten! Er, H., kenne nämlich die Gesetze seiner Heimat ausgezeichnet, und so verlangte er zunächst einmal, den Haussuchungsbefehl zu sehen. Den gab es aber nicht. Dann habe er auf die Uhr gedeutet und darauf hingewiesen, daß es bereits einige Minuten nach sechs sei, und die Polizisten daran erinnert, daß nur bis sechs Uhr eine Haussuchung vorgenommen werden dürfe. Die Beamten, so erzählte er, seien auch sofort zurückgewichen, denn sie wollten sich natürlich keines Hausfriedensbruches schuldig machen. Da sich das alles aber außerdem an einem Samstag abspielte, dürfe die Polizei, da der Sonntag doch heilig sei, nicht vor Montag früh um sechs Uhr die Schwelle seines Hauses übertreten. Welch vollkommene Demokratie! Ob wohl Lenin in seine Bewunderung für die Verfassung der Schweiz auch ihre Gesetze zum Schutz der Bürger gegen Übergriffe der Staatsorgane mit eingeschlossen hat?

Aber erst dann kam der temperamentvolle Linoleumleger zum eigentlichen Höhepunkt der Geschehnisse, deren Verlauf er allerdings nur aus zweiter Hand kannte. Obgleich mir klar war, daß H. übertrieb, verging mir doch bei seiner weiteren Erzählung die Lust zum Lachen. Kurz nachdem die Polizisten kehrtgemacht hatten, kam durch den Garten hinterm Haus der junge W. und berichtete, was sich bei ihnen in der Wonnebergstraße zugetragen hatte. H. betonte, daß dieser ganz entrüstet über seine Mutter gewesen sei, weil sie so völlig die Fassung verloren habe, als die Polizisten, denen sie die Tür öffnete, ohne vorherige Erklärung von ihr wissen wollten, wo sich die Frau des „Mörders Neumann" befinde. Der kämpferische Sohn konnte gar nicht begreifen, daß das Wort „Mörder" genügt habe, um alles aus seiner Mutter herauszuholen, was sie wußte. Und damit auch die Adresse in der Bleuler-

straße. Sonst hätten die Polizisten nichts anderes getan, als das Zimmer des Genossen Karl durchsucht und einige Sachen daraus mitgenommen. Was aber die Bezeichnung „Mörder Neumann“ bedeuten sollte, war Herrn H. unverständlich, und auch ich konnte nicht begreifen, was sich eigentlich seit diesem Morgen auf der Polizei ereignet haben mochte. Wußte ich doch nicht einmal, wie es überhaupt zu Heinzens Verhaftung gekommen war.
Am nächsten Tag saß ich im Wohnzimmer der Familie Graf, Genossen von der Schweizer KP, bei denen ich untergebracht worden war, und hörte im Radio die neuesten Nachrichten aus Beromünster. „Es ist der Züricher Polizei gelungen, den berüchtigten deutschen Kommunisten Heinz Neumann, der sich unter dem Namen Karl Bieler in der Schweiz versteckt hielt, zu verhaften . . .“ Die „Neue Zürcher Zeitung“ wußte dann schon einen Tag später zu berichten, daß gegen Neumann ein Steckbrief der Hitlerregierung vorliege, in dem er des Mordes an den Polizeioffizieren Anlauf und Lenk beschuldigt werde. Ulbricht hatte sich also nicht verrechnet.
Noch am Sonntagabend hatte ich mich mit Willi Trostel, dem Leiter der Schweizer Roten Hilfe, getroffen, der mir riet, so schnell wie möglich Zürich zu verlassen und über die französische Grenze zu gehen. Er versorgte mich mit Geld und gab mir eine Adresse in Basel, wo ich den Kleinen Grenzpassierschein irgendeiner dortigen Genossin erhalten sollte, um nach Frankreich hineinzukommen. Ich bat um einen Anwalt für Heinz, der von Trostel auch sofort besorgt wurde.
Der Grenzübergang in Basel war das einfachste von der Welt. Ich hatte mir nur die Daten der Genossin Hulda einzuprägen, eine Fahrkarte nach Mülhausen zu lösen und genauso wie der Schwarm der übrigen Reisenden den Schein an der französischen Grenzsperre vorzuzeigen. Erst in Mülhausen, bevor ich in einen Schnellzug nach Paris umstieg, wagte ich, ein Telegramm an Babette aufzugeben und ihr meine Ankunft mitzuteilen.
Auf dem Pariser Bahnhof zeigte mir Willi Münzenberg ganz offen seine Schadenfreude. Hatte er es uns nicht vorausgesagt? Aber sonst nahm er die Verhaftung von Heinz nicht so tragisch, sondern teilte meine Meinung, daß man ihn bestimmt über die französische Grenze entweichen lassen werde. Viel mehr Kopfzerbrechen bereitete Babette und ihm meine Paßlosigkeit, und es sollte sich sehr

schnell herausstellen, daß man auch in Paris nicht ohne ein Dokument leben konnte.
Schon in den nächsten Tagen erreichten uns Nachrichten aus Zürich, die mehr als verwunderlich waren. Die Kommunistische Partei der Schweiz hatte die Verhaftung Heinz Neumanns, obgleich doch zu erwarten gewesen wäre, daß sie für den „Abweichler" und „Fraktionär" keinen Finger rühren würde, zum Anlaß einer großen Pressekampagne genommen. Nachdem die Kommunisten auch noch eine Demonstration vor dem Zürcher Gefängnis, in dem Heinz saß, ankündigten, transportierte die Polizei den Häftling Neumann, der wegen Paßvergehen zu einer ganz geringen Strafe, ich glaube zu acht Tagen Gefängnis, verurteilt worden war, in das Zuchthaus Regensdorf. Damit war unsere Hoffnung, daß man ihn still und leise über die französische Grenze abschieben werde, zunichte gemacht. In allen Artikeln und Pamphleten der KPS hieß es immer wieder, daß Neumann die Auslieferung nach Deutschland drohe. Damals kam ich gar nicht auf den Gedanken, etwa nachzuforschen, von welcher Stelle die kommunistische Pressekampagne angeregt worden war und wer ihre politische Linie bestimmt hatte. Auf jeden Fall war es merkwürdig, daß man so laut von Auslieferung schrie, bevor noch die Hitlerregierung diese gefordert hatte. Erst eine Woche nach der Verhaftung Neumanns wurde der Schweizer Regierung ein solches Auslieferungsbegehren überreicht, dann allerdings ein typisch nazistisches Dokument voller juristischer Verdrehungen, in dem man behauptete, Neumann habe im Jahre 1931 am Bülowplatz die beiden Polizeioffiziere Anlauf und Lenk erschossen und müsse deshalb als gemeiner Verbrecher nach Deutschland ausgeliefert werden. Ulbricht hatte also nachträglich sein Ziel erreicht: Die Verantwortung für den Mord vom Bülowplatz war gerade zu dem Zeitpunkt auf Neumann abgewälzt worden, als diese Verdrehung der Tatsachen sich für ihn am verhängnisvollsten auswirken mußte. Erst jetzt drohte Heinz wirkliche Gefahr.
Nun schaltete sich auch Willi Münzenberg in den Pressefeldzug ein, und die bürgerlichen Zeitungen vieler Länder griffen den Auslieferungsfall Heinz Neumann auf. Schon nach kurzer Zeit wies das Schweizer Bundesgericht das deutsche Auslieferungsbegehren zurück, aber umgehend übersandte die Hitlerregierung ein nächstes, in dem Neumann nicht mehr als „Mörder", sondern als „geistiger Urheber" des Mordes an den beiden Polizeioffizieren bezeichnet

wurde. Bis zur endgültigen Ablehnung auch dieses zweiten Auslieferungsbegehrens durch die Schweiz vergingen mehrere Monate. Obgleich ich mir nicht vorstellen konnte, daß ein demokratisches Land wie die Schweiz einen politischen Emigranten, und noch dazu einen Staatenlosen, denn schon 1933 hatte die Hitlerregierung Neumann die deutsche Staatsbürgerschaft aberkannt, ausliefern würde, war ich von quälender Ungewißheit erfüllt, weil nicht nur die kommunistischen Zeitungen, sondern auch die bürgerliche Presse immer wieder von der drohenden Gefahr der Auslieferung schrieben.

Siebzehn Jahre nach der Verhaftung von Heinz betrat ich wiederum Schweizer Boden, denn ich war zu einem Vortrag in das Kongreßhaus nach Zürich eingeladen worden.

Mit gemischten Gefühlen trat ich diese Reise an. Obgleich mein bundesrepublikanischer Paß blütenrein war, schlug mir beim Herannahen der Schweizer Paßkontrolle das Herz merklich schneller.

Auf dem Bahnsteig in Zürich nahm mich Herr M., der Organisator der Veranstaltung, in Empfang, geleitete mich zu seiner zahlreichen Familie, für die es nur ein Gesprächsthema gab: der kommende Vortrag im Kongreßhaus. Alle hatten sie mitgeholfen, ihn vorzubereiten, selbst die Kinder. Die hatte der Vater in aller Herrgottsfrühe mit den von ihm selber entworfenen, sehr wirksamen Flugblättern, vor die Züricher Fabriken geschickt. Die Kinder waren stolz auf ihre Tat.

Über tausend Menschen, darunter nicht wenige Kommunisten und andere Linke, saßen im Foyer und auf den Rängen des großen Kongreßsaales. Es herrschte eine Atmosphäre gespannter Neugier, und ich tat mein Bestes. Erst in der Diskussion entfaltete sich das Pro und Contra. Für die anwesenden Kommunisten war es unerträglich, was ich da über ihr „Vaterland des Weltproletariats" berichtet hatte. Sie versuchten, mich mit aller Gewalt mundtot zu machen. Dank der anwesenden Schweizer Bürger, die ihrem Temperament freien Lauf ließen, ja, wahrhaft kämpferisch waren, konnte ich mich durchsetzen. Dann aber kam es zu tätlichen Auseinandersetzungen, die jedoch erst nach Schluß der Veranstaltung ihren Höhepunkt erreichten, als nämlich jene, die meiner Meinung waren, die Kommunisten in die am Kongreßhaus vorbeifließende Limmat werfen wollten. Die Polizei griff ein.

Herr M. rettete mich aus dieser Saalschlacht und zog mich in ein Zimmer hinter der Bühne. Mit dem Gefühl, mein Bestes getan zu haben, sank ich auf einen Stuhl und wischte mir den Schweiß von der Stirn.

Es klopfte. Herr M. öffnete. Zögernd trat ein Mann in den Raum, der ein Päckchen in der Hand hielt, sich linkisch vor mir verbeugte, mit das Päckchen entgegenstreckte und in bemühtem Hochdeutsch sagte: „Mein Name ist Frei. Sie werden sich wohl nicht mehr an mich erinnern. Ich bin nämlich der Polizist, der damals, im Jahre 1934 Ihren Mann verhaftet hat. Es tut mir wirklich leid ..."

Ich stand auf, bedankte mich für das Päckchen — es war Schokolade — und bat Herrn Frei, sich zu setzen. Sicher war es das völlig unbegründete Schuldbewußtsein dieses Mannes, das ihn zu einer Art Beichte zwang. „Sie müssen verstehen, das Ganze ist doch nur passiert, weil so merkwürdige Sachen auf dem Tisch in Herrn Neumanns Zimmer lagen. Auf der einen Seite lag eine aufgeschlagene japanische Grammatik, auf der anderen stand ein Fläschchen mit Tusche und in der Mittte lag ein Bogen weißes Papier, das mit seltsamen Zeichen bemalt war ... Da dachte ich mir, dieser Mann ist sicher ein ganz großer Agent ... Und deshalb verhaftete ich ihn ... Ich konnte doch nicht wissen, was dann später alles kommen würde ..."

Beim Gestammel von Herrn Frei schnürte sich mir die Kehle zusammen. Ich dachte nur „armer Kerl".

„Deutsch ist die Saar!"

Schon nach drei Tagen beschloß ich, von Paris nach Saarbrücken zu gehen, weil man dort angeblich am ungefährdetsten ohne Dokument leben konnte. An der Saar stand die Volksabstimmung bevor, die am 13. Januar 1935 darüber entscheiden sollte, ob das Saargebiet weiter unter der Verwaltung des Völkerbundes bleiben, ob es zu Frankreich kommen oder aber an Deutschland zurückfallen sollte. Dieses historische Ereignis, bei dem sich erweisen sollte, ob Deutsche in einer wirklich freien Wahl, die vom Völkerbund gewährleistet und überwacht wurde, für die Demokratie oder für die Diktatur stimmen würden, hatte schon Wochen vor der Abstimmung im ganzen Saargebiet einen permanenten Wahlkampf entfacht. Politische Beobachter aus aller Welt trafen sich auf der Bahnhofstraße in Saarbrücken. Deutsche Emigranten unterstützten die antifaschistischen Parteien an der Saar, um ihnen zum Sieg des „Status quo" zu verhelfen. Die Kommunisten hatten erst in den letzten Monaten vor der Wahl eine neue politische Linie bezogen. Noch im Sommer 1934 vertraten sie einen höchst rätselhaften Standpunkt. Ihr Schlagwort lautete damals: „Vorwärts mit dem Sowjetproletariat... einer roten Saar in einem Sowjetdeutschland entgegen!" Da es dieses Sowjetdeutschland nicht gab und es auch keineswegs wahrscheinlich war, daß dieses Sowjetdeutschland bis zum Datum der Volksabstimmung verwirklicht sein würde, entbehrte die sonderbare Losung jeglicher realen Grundlage. Sie war nichts als großtuerisches Geschrei und mußte die kommunistischen Arbeiter an der Saar, die sich nach ihr richten sollten, in vollständige Verwirrung stürzen. Aber diese kommunistische Losung zu Beginn des Wahlkampfes offenbarte noch mehr als nur ihre Sinnlosigkeit. Aus ihr sprach die ganze Verworrenheit der kommunistischen Position der internationalen Politik gegenüber. Vor allen Dingen waren die Kommunisten nicht gewillt, ihren Haß gegen das allgemein anerkannte Instrument der internationalen Zusammenarbeit, den Völkerbund, aufzugeben. Deshalb wandte sich die Komintern zunächst gegen ein Verbleiben der Saar unter der Verwaltung des Völkerbundes. Diese Haltung wurde dadurch bestärkt, daß die saarländischen Sozialisten mit besonderem Nachdruck die Beibehaltung des Status quo forderten, was selbstverständlich ein weiterer Grund für die Komintern war, eine andere politische Linie zu beziehen, denn man konnte doch nicht mit den Sozialdemokraten, den Erzfeinden, eine gleiche Losung anstreben. Die Volksfrontpolitik befand sich damals noch im Stadium der Vorbereitung. Sich für den Anschluß an Frankreich einzusetzen, wäre bei der Stimmung, die damals an der Saar herrschte, und bei der massiven Gegenpropaganda fast ebenso unsinnig gewesen wie die Verlegenheitsparole, auf die die Kommunisten schließlich verfielen. Und für einen Anschluß an Deutschland zu stimmen? Das war nach mehr als einem Jahr faschistischer Herrschaft in Deutschland selbst für die Kommunisten unmöglich. Wer sich in der Komintern oder der KPD die Parole von der „roten Saar in einem Sowjetdeutsch-

land“ ausgedacht hat, weiß ich nicht, aber sie beweist wie kaum eine andere, in welchem Maße die Komintern in einer schwierigen Situation bereit war, um der politischen Linie willen die Wirklichkeit zu verfälschen. Erst im Juni 1934, als der Volksfrontgedanke an Boden gewonnen hatte, änderte sich die Linie von einem Tag zum anderen. Wer eben noch für die „rote Saar in einem Sowjetdeutschland“ geworben hatte, mußte sich rasch auf die Verfechtung des Status quo umstellen, wenn er nicht als „Abweichler“ gelten wollte. Aber auch bei dieser Schwenkung ging es nicht ohne Widersinn ab. Es wurde zwar plötzlich von den Kommunisten verlangt, sich für den Status quo einzusetzen, aber wo immer es ging, wurde hinzugefügt „unter schärfster Ablehnung des Völkerbundregimes“. Da der Status quo aber nichts anderes war als Beibehaltung der Verwaltung des Saargebietes durch den Völkerbund, traten die Kommunisten also für das Verbleiben unter einem Regime ein, das sie „schärfstens ablehnten“.
Erstaunlich war, daß die deutschen und saarländischen Kommunisten trotz dieser Widersprüche bereit waren, ihre ganze Kraft für den Wahlkampf einzusetzen. Vielleicht lag es zum Teil daran, daß dieser ersten Parole noch eine zweite hinzugefügt war, nämlich: „Schlagt Hitler an der Saar!“ Während dieser Wochen in Saarbrükken lebte ich das erstemal seit 1933 wieder unter deutschen Kommunisten, im Kreise vieler befreundeter Genossen. In kurzer Zeit erlag ich, genau wie viele andere, der Illusion, man könne bei der Abstimmung an der Saar der Hitlerdiktatur einen Schlag versetzen. Obgleich ich völlig außerhalb der eigentlichen Parteiarbeit stand – ich war ja in diese Stadt geflüchtet, nur um eine Zeitlang ohne Paß existieren zu können –, verspürte ich schon nach den ersten Tagen das seit Jahren verlorengegangene Gefühl der Zusammengehörigkeit mit gleichgesinnten Landsleuten. Die bloße Anwesenheit an diesem Kampfplatz war entscheidend, und obgleich es keinem entgehen konnte, welche stürmischen Sympathien sich die Nationalsozialisten erwarben, die mit der Parole „Heim ins Reich!“ Massen auf die Beine brachten, ließen wir uns nicht entmutigen. Täglich begegnete man einander im Zentrum der Stadt, ging zur Redaktion der KP-Zeitung, um Neuigkeiten zu erfahren, und setzte sich an eine Schreibmaschine um mitzuhelfen; täglich trafen wir uns abends in irgendeinem Café, möglichst dort, wo man dem Deutschlandsender entgehen konnte und sprachen über die Wahlaussichten für

die Status-quo-Parteien. Natürlich setzten wir unsere ganze Hoffnung auf die Stimmen der Saararbeiter, und in den Diskussionen kehrte immer das gleiche Argument wieder: nach zwei Jahren Nazidiktatur können unter den Arbeitern keine Zweifel mehr darüber bestehen, was sie bei einem Anschluß zu erwarten haben. Sie werden sich doch nicht freiwillig ins „Konzentrationslager Deutschland" begeben!

In langen Briefen schilderte ich Heinz das politische Leben in Saarbrücken, schrieb über die schottischen Soldaten, die zur Überwachung der Abstimmungsvorbereitungen und zur Sicherung gegen nazistische Übergriffe während der Wochen vor der Wahl im Saargebiet stationiert worden waren und zum Entzücken der Kinder im Faltenrock und mit Dudelsackmusik durch die Straßen marschierten. Diese Briefe aus Saarbrücken sollten jedoch den Häftling Neumann niemals erreichen, da sie die Zuchthauszensur wegen ihres „politischen Inhalts" beschlagnahmte.

Bei einem Telefongespräch mit Paris erfuhr ich von Babette, daß Arthur Koestler in Saarbrücken sei, und sie riet mir, mit ihm über Heinzens Verhaftung und drohende Auslieferung zu sprechen und einen Artikel von ihm zu erbitten. Persönlich kannte ich Koestler noch nicht, hatte aber schon in Berlin von ihm gehört, vor allem nach seinem Krach mit dem Ullstein-Verlag, und war entsprechend neugierig auf ihn. Freunde nannten mir das Café der Bahnhofstraße, in dem Koestler zu finden sei, und als ich ihn dort an einem Tisch sitzen sah, wurde mir, während ich auf ihn zuging, plötzlich meine groteske Situation klar. Es ist schon nicht einfach, sich als Frau Unbekannten vorzustellen, aber ganz kompliziert wird die Sache, wenn man nicht einmal sagen darf, wer man wirklich ist. Als ich Koestler begrüßte und mein „Else Henk" vor mich hinmurmelte, war ich damit auch schon am Ende meiner Kunst angekommen. So kam dann eine lange Unterhaltung über Wahlaussichten an der Saar zustande, die Koestler sehr pessimistisch beurteilte, und während der ganzen Zeit überlegte ich, wie ich es nur möglich machen könnte, ihn an einen anderen Tisch zu locken, um ihm mitzuteilen, was ich auf dem Herzen hatte. Ich wollte meinen Plan schon aufgeben und mich verabschieden, als Koestler den Namen Willi Münzenbergs erwähnte. Da kam mir ein rettender Gedanke. Mit der Behauptung, eine wichtige Bestellung von Münzenberg für ihn zu haben, bat ich ihn an einen Nebentisch und teilte ihm mit,

wer ich sei. Darauf erfolgte etwas, was ich nicht selben erleben mußte. Koestler stellte die verwunderte, fast ungläubige Frage: „Was, du bist die Schwester von Babette?“ Damit war mir mein Selbstbewußtsein so nachdrücklichst genommen, daß ich mich ebenso verlegen wie linkisch von Koestler verabschiedete, ohne ihn um einen Artikel gebeten zu haben.
Um mein schmähliches Versagen wieder gutzumachen, suchte ich noch am gleichen Tage Mr. Voigt, den Berichterstatter des „Manchester Guardian“, in seinem Hotel auf. Ich kannte Voigt schon seit der Arbeit bei der Berliner „Inprekorr“, und auf meine Frage, ob er etwas über Heinz in seiner Zeitung bringen könnte, ließ er sich nicht er erst lange bitten. Auch in Saarbrücken sollte es qualvoll werden, ohne Paß zu sein. Alle Emigrantengenossen hausten in kleinen Zimmern und hatten es schwer, mich als Gast für die Nacht unterzubringen. Da erhielt ich eine unerwartete Nachricht! Einen Brief vom Rote-Hilfe-Genossen H. aus Zürich. Es war die Antwort auf meinen Dank für alles, was er mir Gutes getan hatte, und enthielt den merkwürdigen Satz: „Ich werde Deine Sachen sorgfältig aufbewahren, bis Du wiederkommst...“ Ich konnte es kaum für möglich halten, aber das klang ja beinahe so, als habe er meine Papiere nicht verbrannt. Ich schrieb ihm sofort und bekam postwendend Bescheid, daß „alles im Garten vergraben sei, denn er zerstöre nicht so leichtsinnig wertvolle Dokumente und Schriften ...“. Schon einige Tage später traf der Else-Henk-Paß wohlbehalten als postlagernde Sendung in Saarbrücken ein. Nun war ich wieder ein Mensch mit einer Identität, allerdings einer falschen, aber über solche Skrupel fühlte ich mich längst erhaben.
Am 13. Januar 1935 verschwanden die grauen Häuserfronten der Saarbrücker Straßen hinter abertausend Metern roten Fahnentuchs mit dem Hakenkreuzzeichen. 91 Prozent der Saarbevölkerung hatten sich für Hitler entschieden, 8,6 Prozent für den Status quo und 0,4 Prozent für den Anschluß an Frankreich. So also stand es um die Deutschen! Mit diesem Tage setzte eine Massenflucht ein. Die Antifaschisten verließen in voller Panik das Saarland, obgleich noch gar keine Gefahr drohte, denn das Gebiet stand vorläufig weiter unter dem Schutz des Völkerbundes. Aber die Menschen liefen, als sei der Teufel hinter ihnen. Am 17. Januar beschloß der Völkerbundsrat die Rückgabe des Saargebietes an Deutschland. Von den kommunistischen Emigranten blieben einige wenige in

Saarbrücken. Trotz Niederlage und Enttäuschung stellten sie sich sofort neue Aufgaben. Es galt, die Parteiorganisation auf die Illegalität vorzubereiten. Auch meine Rückreise nach Paris verzögerte sich, denn man hatte mich „nur für ein paar Tage“ um den Else-Henk-Paß gebeten, der besonders gefährdeten Genossinnen, die kein französisches Visum in ihren Dokumenten besaßen, die Flucht nach Frankreich ermöglichen sollte. Wieviel in Pilsen geborene Else Henks damals über die Grenze fuhren und wie oft der Paß mit der Post zurückkam und von neuem benutzt wurde, habe ich nicht kontrolliert. Jedenfalls tat er vielen gute Dienste.

Auch unser alter Freund Percy war unter denen, die nach dem 13. Januar im Saargebiet blieben, um illegale Zellen aufzubauen. Ohne viel Aufhebens und große Worte machte er sich an die Arbeit und kehrte erst im März nach Paris zurück. Kurz darauf fuhr er mit einem Auftrag, obgleich er als Jude besonders gefährdet war, nach Berlin. Schon in Saarbrücken machte Percy keinen Hehl daraus, was er über die Methoden der von Ulbricht und Pieck organisierten Widerstandsarbeit dachte. Nach seiner Meinung war sie keinen Pfifferling wert. Aber immer wieder hoffte er, neue Mittel finden, sogar auf eigene Faust gegen die Nazis arbeiten zu können. Ein Jahr später, im Herbst 1935, setzte auch Percy, wie viele der bereits enttäuschten Kommunisten, aufs neue sein Leben für die Sache der Freiheit ein. Beim Ausbruch des spanischen Bürgerkrieges meldete er sich zur Internationalen Brigade und wurde während der Kämpfe schwer verwundet. Erst in Spanien sollte er die verbrecherischen Methoden der Kominternpolitik ganz durchschauen und wandte sich darauf endgültig von der Kommunistischen Partei ab. Er begann, als Berichterstatter für eine bürgerliche englische Zeitung zu arbeiten, und fiel schließlich in Prag nach der Annektion der Tschechoslowakei der deutschen Gestapo in die Hände. Er wurde zum Tode verurteilt und hingerichtet. Nach einer anderen Version soll er von den Nazis auf dem Balkan ermordet worden sein.

Die kleine, schäbige und entsprechend billige Maison Meublée in der Rue de L'Ouest mit dem schönen Namen „Primavera" beherbergte fast ausschließlich deutsche Emigranten. Da ich unter den Neuzugezogenen die einzige war, die etwas Französisch sprach, fiel mir die Aufgabe zu, alle Verhandlungen mit der Wirtin dieses Hauses zu führen. Es war nicht leicht, sie zu beruhigen, wenn immer wieder die Miete zu spät gezahlt wurde, aber sie war gutherzig und hatte Verständnis für unsere traurige Lage. Nur in einem Punkt blieb sie unnachgiebig. Sie wünschte keine Frauen mit kleinen Kindern in ihren Zimmern.

Die Rote Hilfe, die nichts von dieser Abneigung wußte, schickte eines Tages ausgerechnet eine Emigrantin mit zwei Kindern ins „Primavera". Als man mich zum Dolmetschen rief, stand die junge Frau, ein Baby auf dem Arm und ein Bübchen von drei Jahren an der Hand, hilflos im Vorraum des Hotels der heftig abwehrenden Wirtin gegenüber, die mich gar nicht erst zu Worte kommen lassen wollte, sondern hartnäckig wiederholte, daß sie die Schweinerei mit den naßgemachten Matratzen und dem ständigen Wäschetrocknen im Zimmer schon kenne, und ob die beiden Kinder etwa mit der Mutter zusammen in einem Bett schlafen sollten? Ich zog alle Register, um ihr Mitleid zu erwecken, suchte in meinem spärlichen Wortschatz nach immer neuen, zu Herzen gehenden Argumenten, versprach sogar gegen besseres Wissen und Gewissen, wir würden bereits in den nächsten Tagen ein Bettchen für die Kinder besorgen. Aber nichts wollte fruchten ... Die Mutter wandte sich schon zur Tür, als plötzlich das Baby seine Arme ausstreckte, um nach der glitzernden Brosche der Wirtin zu greifen. Im selben Moment war das Gesicht der Frau wie verwandelt. Mit einem zärtlichen Lächeln drückte sie das dicke Händchen an den Mund, und als der Kleine sogar noch lachte, begann sie, ihm mit glucksenden und schnalzenden Lauten zu schmeicheln. Ehe wir es uns versahen, trug sie das Baby auch schon in den Armen, deutete aufs Schlüsselbrett und nannte die Nummer eines Zimmers. Immer wieder während der kommenden Wochen sah ich durch das Glasfenster der Portiersloge, wie unsere kinderfeindliche Wirtin das Emigrantenbaby wartete, während oben im Zimmer die Windeln hingen und die durchnäßte Matratze in der Sonne trocknete.

Mir ging es besser als den meisten meiner Mitemigranten, die von der spärlichen Unterstützung der Roten Hilfe leben mußten und keine Arbeitsmöglichkeiten hatten. Ich bekam von Babette eine Schreibmaschine und kopierte Manuskripte für Münzenbergs Verlag, die Editons du Carrefour. Ein Versuch, in seinem Büro zu arbeiten, schlug leider schon nach einigen Tagen fehl, als eine polizeiliche Kontrolle gemeldet wurde und ich gerade noch durch die Hintertür entwischen konnte.
In Paris war es schon lange Frühling geworden, und selbst unsere häßliche Straße hatte sich verschönt. Aber der Glanz dieser Stadt wurde mir getrübt, weil Heinz an jedem Tag nur zwanzig Minuten auf einem Gefängnishof spazierengehen durfte. Noch immer war nicht abzusehen, wann er wieder in die Freiheit kommen würde. Mit der Nachricht, daß die Schweiz auch das zweite Auslieferungsbegehren der Nazis abgewiesen hatte, war zwar die lähmende Angst von mir genommen, aber es ergaben sich neue unerwartete Komplikationen. Die Schweiz lehnte es ab, ihm Asyl zu gewähren, und alle angrenzenden nichtfaschistischen Länder, in die er hätte abgeschoben werden können, verweigerten die Aufnahme des gefürchteten kommunistischen Emigranten Neumann. Wenn ich damals geahnt hätte, was uns die Zukunft an Schrecken bringen sollte, hätte ich keinen einzigen Schritt unternommen, um Heinz aus dem Zuchthaus zu befreien. Dort ging es ihm gut. In seinen Briefen gab es keine einzige Klage. Ganz im Gegenteil: sie wirkten heiter und ruhig und waren voll des Lobes über die herrliche Bibliothek, die das Zuchthaus Regensdorf besaß und die er schrankenlos benutzen durfte. Er schrieb mir von seinen politischen Gesprächen mit dem Zuchthausdirektor und der guten Beziehung zum Bibliothekar, dem Pfarrer der Anstalt. Da dieser Pfarrer auch der Zensor der fremdsprachigen Post von Heinz war, entdeckte er einmal in einem spanischen Brief einen grammatischen Fehler. Das führte dann zu langen philologischen Auseinandersetzungen; Heinz war ganz in seinem Element. Später in Moskau, als ich Heinzens Koffer auspackte, stellte ich voller Rührung fest, daß er sich in Regensdorf eingehend mit Botanik beschäftigt hatte, um seine Lücken auszufüllen, denn dieses Gebiet war eines unserer beliebtesten Streitthemen, weil Heinz, der Großstädter, keine Blume von der anderen unterscheiden konnte. In Regensdorf hatte er nun viele Schulhefte mit sauberen Zeichnungen über die Form von Kreuzblüten, Schmetter-

lingsblüten und den verschiedensten Baumarten angefüllt und sorgfältig mit Text versehen.
In diesen Monaten wurde zwar in der Moskauer „Prawda“ ein Artikel über die Verhaftung Neumanns veröffentlicht, und auch die Pressekampagne der kommunistischen Zeitungen war bestimmt nicht gegen den Willen der Komintern inszeniert worden. Aber nie hätte ich erwartet, daß die Sowjetregierung in dieser Angelegenheit einen offiziellen Schritt unternehmen würde. Doch sie wandte sich über ihre Pariser Gesandtschaft an die Schweizer Regierung und ließ erklären, daß sie bereit sei, Neumann ein Einreisevisum in die Sowjetunion zu geben, falls sowohl die Schweiz als auch Frankreich dem Staatenlosen ein Sauf Conduit bis zu einem französischen Hafen gewähren würden, damit er sich auf ein sowjetrussisches Schiff begeben könnte. Während sich die Schweiz sofort einverstanden erklärte, verweigerte der französische Innenminister Regnier den Durchtransport bis zu einem Hafen, weil Neumann Anfang der zwanziger Jahre, im Zusammenhang mit einem Kongreß der Französischen Kommunistischen Partei, an dem er als Delegierter teilgenommen hatte, aus Frankreich ausgewiesen worden war. Noch bevor ich wußte, wie Heinz auf das Angebot der Sowjetregierung reagieren würde, setzte ich mich mit dem französischen Anwalt Moro-Giafferri in Verbindung und hoffte, durch dessen Hilfe Heinz endlich aus dem Zuchthaus Regensdorf herauszuholen. Moro-Giafferri hatte einen großen Namen. Uns deutschen Kommunisten war er seit dem Reichstagsbrandprozeß bekannt, bei dem er Georgi Dimitroff als ausländischer Verteidiger zur Seite gestanden hatte.
Sein Anwaltsbüro und die anschließenden Wohnräume waren mit den absonderlichsten Kunstgegenständen derart angefüllt, daß man bei jedem Schritt achtgeben mußte, nichts umzustoßen oder herunterzuwerfen. Zwischen diesen kostbaren Raritäten tänzelte der kleine, runde, temperamentvolle Korse mit weitausholenden Armbewegungen herum, als befinde er sich auf einer Bühne, und versicherte mir ein ums andere Mal, daß es ihm eine große Ehre sei, etwas für Monsieur Neumann tun zu können. Allerdings hielt er es für unmöglich, die Ausweisung Neumanns aus Frankreich rückgängig zu machen, versprach hingegen, mit Hilfe seiner guten Beziehungen zu Regnier und dem Außenminister Laval ein Sauf Conduit durch Frankreich zu erwirken. Allerdings müsse er erst

eine günstige Gelegenheit zu einem Gespräch mit seinen einflußreichen Freunden abwarten, die sich aber hoffentlich recht bald in der Chambre des Députés ergeben werde.
Gerade in diesen Tagen entging ich um ein Haar meiner Ausweisung aus Frankreich. Ich wohnte schon nicht mehr im „Primavera", sondern in einem kleinen Hotel in der Rue de Constantinople, als die Polizei eines Morgens erschien und sich angelegentlich für Else Henk interessierte. Nur auf die Versicherung hin, daß mein Urlaub in drei Tagen beendet sei und ich dann zurück nach Pilsen reisen werde, ließ man mich unbehelligt. Aber was sollte nach diesen drei Tagen geschehen? Wieder war es Willi Münzenberg, der mir half, und diesmal funktionierte der Apparat wie am Schnürchen. Das sowjetische Einreisevisum für Heinz gab Leo Flieg die entsprechende Rückendeckung. Binnen drei Tagen war ich im Besitz eines neuen falschen Passes. Else Henk verwandelte sich in Else Brand, und aus einer tschechoslowakischen Bürgerin wurde eine luxemburgische Staatsangehörige. Leo Flieg beteuerte, daß mein neues Dokument völlig einwandfrei sei, nämlich ein falscher richtiger Paß. Als nächste Überraschung bestellte man mich auf die sowjetrussische Botschaft, und Else Brand bekam ein Einreisevisum in die Sowjetunion.
Je weniger Hindernisse unserer Reise nach Sowjetrußland entgegenstanden, um so mehr steigerte ich mich in einen Gewissenskonflikt hinein. Ich schämte mich meiner mangelnden Freude und Dankbarkeit über die Einladung in die UdSSR, die doch für Heinz den einzig möglichen Weg in die Freiheit bedeutete. Ich versuchte krampfhaft, nicht nur meine wahren Gefühle nach außen hin zu verbergen, sondern auch mich selbst zu betrügen, indem ich mir ausmalte, daß wir in Sowjetrußland doch endlich erlöst sein würden von den quälenden polizeilichen Verfolgungen und nicht mehr das gehetzte Leben unerwünschter Emigranten führen müßten, sondern endlich wüßten, wohin wir gehörten und wieder eine Heimat hätten. Aber all diese Argumente nahmen mir nicht das Grauen vor der traurigen Eintönigkeit des Lebens, das uns in Sowjetrußland erwartete.
In diesen Tagen lud mich Otto Katz, alias André Simon, der damals als Redakteur in Münzenbergs Verlag arbeitete, zu sich ein. Er war gerade aus Moskau gekommen und brachte eine erschütternde Nachricht mit. Besso Lominadse war tot. Er hatte sich kurze Zeit

nach dem Leningrader Kirowmord im Dezember 1934 das Leben genommen. Otto Katz beschrieb mir die näheren Umstände dieses Selbstmordes in allen Einzelheiten. Sicher nahm er an, daß ich Heinz darüber schreiben würde. Aber ich unterließ es. Ich wollte ihm diesen Schmerz nicht bereiten, solange er in der Zelle saß, und kam gar nicht auf den Gedanken, welche politischen Schlüsse und damit vielleicht Entscheidungen Heinz aus der Nachricht vom Tode Lominadses hätte ziehen können. Ich war nur bemüht, den schweren Schlag, den ihm der Verlust des besten Freundes bereiten mußte, von ihm abzuhalten. Vielleicht war das eine meiner schlimmsten Unterlassungssünden.

Ende Mai 1935 bestellte mich Moro-Giafferri wiederum zu sich, rief in meiner Gegenwart am Quai d'Orsay an und verlangte Pierre Laval an den Apparat. Nach einer klangvollen Begrüßung begann er mit beschwörender Stimme: „Neben mir steht die gramgebeugte Gattin von Monsieur Neumann, der schon seit Monaten unschuldig in einem Schweizer Zuchthaus schmachtet. Madame Neumann bittet mich flehentlich, an Ihre Großmut zu appellieren, denn nur Sie sind imstande, Monsieur Regnier zu veranlassen, das Durchreiseverbot rückgängig zu machen. Ich bitte Sie, im Namen der Menschlichkeit, sich dafür einzusetzen, daß die französischen Behörden dem Emigranten Neumann ein Sauf Condiut gewähren ..."

Die Szene war so vollendet gespielt, daß man den Eindruck bekam, Moro-Giafferri halte nur mit Mühe seine Tränen zurück, und ich war ganz aufgelöst vor Rührung und Dankbarkeit. Nach dem Telefongespräch strahlte er wie ein Sieger und rief pathetisch: „Es ist uns gelungen! Wir haben Neumann gerettet! Pierre Laval hat versprochen, sich für ihn zu verwenden." Dann aber kamen seine Bedingungen, denn Laval wollte sich gegen einen möglichen Fluchtversuch Neumanns sichern. Deshalb schlug Moro-Giafferri vor, ich solle zur russischen Handelsvertretung in Paris gehen, dort feststellen, an welchem Tage ein sowjetisches Schiff in Le Havre oder Marseille anlegen werde, und eine Bestätigung erbringen, daß das Schiff bereit sei, Neumann an Bord zu nehmen. Sodann müsse ich den Directeur de la Sûreté Nationale aufsuchen, der die Unterlagen prüfen werde. Wenn alle diese Bestätigungen vorlägen, sei Neumann das Sauf Conduit durch Frankreich gewiß.

Man gab mir auf der russischen Handelsvertretung die Auskunft, daß das nächste Schiff, ein Holzfrachter namens „Wolgaless", in

Rouen vor Anker gehen werde und daß die Handelsvertretung den Kapitän telegrafisch verständigen werde, uns mitzunehmen. Nach vorherigem telefonischem Anruf betrat ich am nächsten Tag mit einem unangenehmen Gefühl in der Magengrube das große Gebäude der Sûreté Nationale, wo ein vornehm aussehender Beamter, der die Besucher empfing, mich vergeblich nach einer Visitenkarte fragte, die er zu seiner formvollendeten Anmeldung beim Monsieur le Directeur dringend nötig hatte. Aber es ging auch ohne sie, und der Chef der Sûreté war eitel Höflichkeit und Entgegenkommen, machte mir jedoch klar, ich hätte mit meiner Person dafür zu bürgen, daß Monsieur Neumann in Frankreich keinen Fluchtversuch unternehme. Nachdem ich mich, ohne viel zu überlegen, dazu bereit erklärt hatte, stellte er die ganz unerwartete Frage, wie es denn mit meinem Paß stehe, ob auch in ihm bereits der Ausreisevermerk und das sowjetische Visum eingetragen seien? Mit mühsam bewahrter Fassung log ich, ihn leider im Hotel vergessen zu haben, aber er sei schon seit Tagen mit allen nötigen Visen versehen. Interessanterweise ist es niemand aufgefallen, daß Madame Neumann als Else Brand Frankreich verließ.
Dann kam mein letzter Besuch bei Moro-Giafferri. Das Sauf Conduit sollte am nächsten Tag in Basel an der französisch-schweizerischen Grenze vorliegen. Ich ging, um dem Anwalt zu danken, aber auch, um ihn zu fragen, was ich schuldig sei. Moro-Giafferri jedoch lehnte mit der Geste eines großen Kavaliers beinahe entrüstet ab, überhaupt von Geld zu sprechen. Für ihn sei es Belohnung genug, daß es gelungen sei, Neumann zu befreien. Das sei sein Beitrag zum Kampf gegen den Faschismus. Die Abschiedszeremonie endete nach vielen Wünschen für eine glückliche Zukunft mit dem Satz: „Wenn Sie mich jedoch zu großem Dank verpflichten wollen, so besuchen Sie, bitte, in Moskau Monsieur Georgi Dimitroff und übermitteln Sie ihm meine Grüße und meine tiefe Verehrung!“

Als der Zug in die Gare de l’Est einfuhr, löste ich mich von der Gruppe Wartender, unter ihnen Willi Münzenberg und Percy, und lief auf dem Bahnsteig den herausströmenden Reisenden entgegen. Aber Heinz war nicht dabei. Erst nachdem sich die Plattform von Menschen geleert hatte, entdeckte ich ganz am Ende des Zuges drei Männer, von denen der eine mit beiden Armen winkte und aus vollem Halse „Gretchen“ rief. Wir liefen aufeinander zu, und bei der Umarmung wurde der Strauß mit roten Nelken völlig zerdrückt. In diskreter Entfernung standen die beiden französischen Polizisten und lächelten voller Nachsicht. Bei der lauten Begrüßung der Freunde, die zu Heinzens Empfang gekommen waren, hatten die Polizisten dann allerdings ihre liebe Not, ihn endlich loszureißen, um einem bereits wartenden Pariser Polizeioffizier über ihre Ankunft ordnungsgemäß Meldung zu erstatten. Dem Offizier schienen die vielen Freunde und das Aufsehen, das sie erregten, gar nicht zu gefallen, und er ordnete deshalb schleunigst die Weiterfahrt an, um den nächsten Zug nach Rouen zu erreichen. Auf Heinzens Stichwort hin: „Kommt, bitte, alle mit!“ nahmen wir zwei Taxi und fuhren dem Polizeiauto getreulich bis zur Gare St. Lazare nach. Von Basel nach Paris hatte man Heinz in einem Sonderabteil transportiert, aber jetzt waren sich die Polizisten über ihre Befugnisse offensichtlich im unklaren, denn sie machten keinerlei Einwendungen, als die Freunde ihres Gefangenen mit ihm ein gemeinsames Coupé des Zuges nach Rouen bestiegen. In Rouen bewegte sich wiederum eine Autokavalkade hinaus zum Hafen, wo die „Wolgaless“ liegen sollte. Aber nirgends ließ sich auch nur eine Spur des russischen Frachters finden, niemand wußte von einem solchen Schiff. Beim Hafenamt erteilte man uns dann endlich nach langem Fragen die Auskunft, daß die „Wolgaless“ bereits abgefahren sei ... Mir wurde ganz leicht zumute bei dieser Nachricht. Jetzt also, im letzten Moment, würde sich doch noch alles zum Guten wenden! Aber schon in der nächsten Minute wurde mir unsere wirkliche Situation klar. Einer der Polizisten meinte trocken: „Dann bleibt uns eben nichts anderes übrig, als Monsieur Neumann ins Gefängnis von Rouen zu bringen ...“ Bei weiterer Erkundigung stellte sich jedoch heraus, daß die „Wolgaless“ im Kohlehafen von Le Havre vor Anker lag, und darauf setzte sich die ganze Gesellschaft wieder in Bewegung. Auf der Fahrt von Rouen nach Le Havre kam es sogar zum ersten ernsthaften Gespräch zwischen Heinz und Willi Münzenberg, während wir die Polizisten, von denen sich der eine heftig für Spiritismus interessierte, in eine angeregte Diskussion verwickelten. Nachdem dann aber der Polizeioffizier von Le Havre in Funktion getreten war, endete alle Gemütlichkeit mit einem Schlage. Dieser schneidige Herr erinnerte nicht wenig an einen Faschisten. Er kommandierte, und aus seinem Gesicht

sprach tiefe Verachtung für uns Untermenschen. Mir wurde heiß und kalt bei dem Gedanken, was sich ereignen mochte, wenn unsere Pässe beim Betreten des Hafens kontrolliert würden und sich „Madame Neumann" plötzlich als „Else Brand" und noch dazu als eine Luxemburgerin entpuppen würde. Aber meine Sorge war völlig unnötig. Selbst ein eifriger französischer Polizist ist noch lange kein preußischer Beamter. Unser Offizier bemerkte weder meinen seltsamen Namens- und Nationalitätenunterschied, noch hatte er etwas dagegen, daß die uns begleitenden Freunde ebenfalls das exterritoriale Hafengebiet betraten.
Vom Kai des Kohlehafens blickte ich mit bangen Gefühlen auf den schwarzen Frachter „Wolgaless", dessen Rumpf hoch aus dem Wasser ragte. Der Polizeioffizier kletterte mit einiger Mühe die Strickleiter hinauf, kam aber schon nach wenigen Minuten zurück zur Reeling und rief, ob vielleicht einer von uns Russisch verstehe und dolmetschen könne. Zu seinem größten Mißvergnügen übernahm Heinz diese Funktion und führte die Verhandlungen mit dem Steuermann des Schiffes, da der Kapitän der „Wolgaless" vorübergehend abwesend war. Er befand sich, wie wir erfuhren, gerade bei den Feierlichkeiten anläßlich des Stapellaufs der „Normandie". Der Steuermann aber wußte von nichts und lehnte es ganz entschieden ab, irgendwelche Passagiere an Bord zu nehmen. Da half kein Zureden des immer gereizter werdenden Polizeioffiziers, und als dieser schließlich verlangte, man möge sofort den Kapitän holen, und sich sogar bereit erklärte, einen seiner Untergebenen mit zu dem Restaurant zu schicken, in dem die Feier stattfand, verlor der russische Steuermann plötzlich seine Gelassenheit. Wie konnte man nur so barbarisch sein und ihm zumuten, seinen Kapitän beim Feiern, beim Essen und Trinken zu stören! Zu so etwas würde er sich niemals hergeben!
Und wieder fiel das Wort „Gefängnis". Auch Le Havre besaß ein solches. Aber der Polizeioffizier schien sich seiner Sache doch nicht ganz sicher zu sein und telefonierte deshalb nach Paris und fragte, was er in dieser ungewöhnlichen Situation tun solle. Monsieur le Directeur de la Sûreté Nationale hatte ein gutes Fingerspitzengefühl und entschied schon jetzt ganz im Sinne der Volksfrontpolitik. Er befahl seinem erstaunten Untergebenen, den Kommunisten Heinz Neumann nicht in einem Gefängnis, sondern in einem Hotel unterzubringen. Allerdings, so fügte er hinzu, trage der Polizeioffi-

zier die volle Verantwortung für die sichere Verwahrung des Gefangenen. In dieser letzten Nacht auf westeuropäischem Boden hätte Heinz ohne große Schwierigkeiten fliehen können. Aber er machte nicht einmal den Versuch. Er war nach wie vor mit Blindheit geschlagen.

Auch am nächsten Tag sollten die Schwierigkeiten kein Ende nehmen. Ein Hindernis nach dem anderen verwehrte uns den Aufbruch in den Untergang. Aber wir, die wir ja erhaben über jeden Aberglauben waren, sahen in allen diesen Komplikationen kein warnendes Zeichen. Für den Kapitän der „Wolgaless", einen kleinen, alten Mann, kam die Nachricht, daß er zwei mysteriöse Passagiere mitnehmen sollte, völlig überraschend. Die russische Handelsvertretung in Paris hatte ihm nichts dergleichen mitgeteilt. Sie hatte vergessen, das versprochene Telegramm zu senden. Aber selbst wenn man ihm Bescheid gegeben hätte, erklärte er kategorisch, könne er deutsche Antifaschisten nicht auf sein Schiff lassen. Seine Route ging nämlich durch den Kaiser-Wilhelm-Kanal in Schleswig-Holstein, also durch deutsches Gebiet, wo die nationalsozialistischen Behörden das Recht besaßen, sein Schiff zu betreten. Vor diesem stichhaltigen Argument kapitulierte selbst der Polizeioffizier. In Paris fand man, nach einem neuerlichen Telefonanruf, bald einen Ausweg. Nach Rücksprache mit der sowjetrussischen Botschaft erhielt der Kapitän über die russische Handelsvertretung den Befehl, seine Route zu ändern und den weiten Weg um Dänemarks Nordspitze, um Jütland, zu nehmen. Der alte Mann geriet in helle Verzweiflung, wagte aber nicht zu protestieren. Sein Schiff, das als Holzfrachter einen ungewöhnlich großen Laderaum besaß, befand sich auf der Heimreise, war also leer und hatte nicht einmal den üblichen Ballast geladen. Sollten wir in einen Sturm geraten, so prophezeite er, würde die Schiffsschraube das Wasser nicht mehr erreichen, und die „Wolgaless" wäre manövrierunfähig.

Den Polizeioffizier interessierten die Einwände des verantwortungsbewußten Kapitäns nicht im geringsten. Er hatte nur das eine Bestreben, sich endlich seines Auftrages zu entledigen, und so befahl er Heinz und mir, das Schiff zu besteigen. Nach einem letzten Händedruck mit unseren Freunden stiegen wir die schwankende Strickleiter der „Wolgaless" hinauf. Kurz darauf löste sich das Schiff vom Kai. Wir blickten, an der Reling stehend, hinunter auf die Winkenden, und Heinz, der mein krampfhaft unterdrücktes

Schluchzen spürte, legte mir tröstend den Arm um die Schulter. So standen wir noch, ohne ein Wort zu sprechen, als das Schiff schon längst die offene See erreicht hatte.
Es waren nicht nur der Abschied und die ungewisse Zukunft, die mir das Herz so schwer machten. Jetzt, da ich mit Heinz allein war, mußte ich ihm die Nachricht von Lominadses Tod mitteilen. Bedrückt suchte ich nach Worten und hatte schon einigemal zum Sprechen angesetzt, aber jedesmal, wenn ich in sein Gesicht sah, das noch die bleiche Gefängnisfarbe trug, brachte ich es nicht über die Lippen. Erst als wir auf dem Bettrand in der Sanitätskajüte saßen, dem einzigen Schlafplatz, den man auf diesem Frachtdampfer für uns freimachen konnte, und mich Heinz ganz verstört und traurig fragte, ob ich denn gar nicht glücklich sei, ihn wieder zu haben, begann ich zögernd zu sprechen. Für einige Sekunden nur erstarrte sein Gesicht, und aus den Augen sprach eher Schrecken als Schmerz. Dann aber war dieser Ausdruck wie weggewischt, und er suchte mit zitternden Händen nach einer Zigarette, zerbrach das Streichholz beim Anzünden, hielt inne und sagte nach einem tiefen, gequälten Atemholen: „Das kann nicht wahr sein! Ein Lominadse begeht nicht Selbstmord!" Ich wußte nur zu gut, daß Otto Katz die Wahrheit gesprochen hatte, vor der sich Heinz jetzt mit berschwörenden Argumenten zu retten versuchte. Erst als ich ihm immer mehr Einzelheiten über den Verlauf der Tragödie berichtete, Einzelheiten, die sich niemand ausgedacht haben konnte, sank er in sich zusammen und nickte nur immerfort mit dem Kopf, ohne ein Wort zu entgegnen. Dann aber richtete er sich plötzlich brüsk auf, und was er sagte, klang wie der Schlußsatz eines langen Gedankenganges: „... So wird man uns also in Leningrad verhaften!" Ich wußte nicht, was dieser Satzfetzen bedeuten sollte, und glaubte, der Schmerz über den Verlust des Freundes habe ihn verwirrt. Was konnte er damit meinen? Warum sollte man uns verhaften? Ich begann, ihn mit Fragen zu bedrängen: „Wenn du von Verhaften sprichst, muß Lominadse doch ein Verbrechen begangen haben, von dem du wußtest und in das du verwickelt warst!" Zuerst antwortete Heinz nur mit „Vielleicht" oder „Ich weiß nicht", dann aber kam eine Flut von düsteren Vermutungen, wobei er immer wieder auf den Mord an Kirow, dem Leningrader Parteisekretär, zu sprechen kam. Wenn Lominadse sich einige Tage nach diesem Attentat umgebracht habe, müsse irgendeine Verbindung zwischen

diesen beiden Ereignissen bestehen. Nur ein schwerwiegendes politisches Motiv könne ihn in den Tod getrieben haben ...

Zehn Tage brauchte die „Wolgaless" zur Fahrt von Le Havre nach Leningrad. Auf der Nordsee gerieten wir in einen Sturm, der das Schiff zwang, sich in die Themsemündung zu retten. Aber dann klärte sich das Wetter auf, und der Frachter zog ruhig seine Bahn nach Norden um die Spitze Jütlands herum, durch Skagerrak, Kattegat und Belt. Wir sahen in der Ferne die Küsten Schwedens und Dänemarks, doch nirgends ging unser Boot vor Anker, es strebte unablässig seinem Ziel entgegen. Kurz bevor wir den Hafen von Leningrad erreichten, passierten wir eine kleine Insel, auf der sich die alte Zwingburg, die Schlüsselburg, erhob. Als Heinz mich darauf aufmerksam machte, hatte seine Stimme einen brüchigen Klang. Während der ganzen Reise redeten wir nicht mehr über Lominadses Selbstmord und erwähnten mit keiner Silbe das Gespräch des ersten Tages, so als hätten wir eine stille Vereinbarung getroffen, nicht an das Grauen zu rühren. Tagsüber gelang es uns sogar, uns eine Art ungetrübten Glücks vorzutäuschen. Wir ließen einander keine Minute aus den Augen, und unsere Zärtlichkeit glich der von Kindern, die sich aneinanderdrängen. Aber nachts in der Kajüte lag ich herzklopfend wach, und in der Koje über mir warf sich Heinz ruhelos von einer Seite auf die andere. Als dann die Umrisse des Hafens von Leningrad am Horizont auftauchten, wurde mir das Atmen schwer. Bevor das Boot landete, ließ uns der Kapitän wissen, daß wir noch einige Stunden an Bord bleiben müßten, bis die NKWD die Kontrolle des Schiffes beendet hätte.
Die Beamten der sowjetischen Staatspolizei ließen lange auf sich warten. Trotz dem lauen Junitag saßen Heinz und ich fröstelnd an Deck und rauchten gierig eine Zigarette nach der anderen. Dann kamen sie, eine ganze Gruppe Uniformierter. Heinz sprang nervös auf und ging ihnen einige Schritte entgegen. Was sich in den nächsten Sekunden ereignete, war derart überraschend, daß ich es nicht begriff. Mit einem Ausruf: „Towarisch Nejman, was machen Sie denn hier?" stürzte der NKWD-Offizier auf Heinz zu und umarmte ihn ein ums andere Mal. Lachend führten sie ein mir unverständliches Gespräch, und erst als Heinz mich vorstellte, erfuhr ich die Zusammenhänge. Heinz hatte vor Jahren in einer Leningrader Versammlung gesprochen und bei der Gelegenheit eben diesen

russischen Genossen kennengelernt, der jetzt bei der NKWD tätig war. Höflich bat der Offizier, noch einige Zeit Geduld zu haben, er würde uns dann in seinem Auto zum „Oktober-Hotel" fahren. Nach dieser unerwarteten Wendung fiel es mir schwer, Heinz in die Augen zu blicken. Ich schämte mich sowohl meiner als auch seiner Angst. Noch mehr aber schämte ich mich des doch offensichtlich ganz unbegründeten Verdachtes gegen das Land, das uns Asyl gewähren sollte. Wir erhielten nicht nur ein Zimmer im besten Hotel Leningrads und schon zum nächsten Tage Fahrkarten für den „Roten Pfeil", den Schnellzug Leningrad–Moskau, sondern Heinzens alter Bekannter benachrichtigte auch sofort telefonisch die Komintern von unserer Ankunft in Leningrad und teilte mit, wann unser Zug in Moskau eintreffen werde. Heinz aber blieb trotz diesem Übermaß an Aufmerksamkeit nervös und bedrückt und meinte bitter: „Dieser brave Mann hat nur keine Ahnung, daß ich ein Abgesägter bin. Sonst würde er es sich zweimal überlegen, etwas für uns zu tun ..." Aber als auf dem Moskauer Bahnhof uns ein freundlich grüßender Kominternchauffeur empfing, die Koffer entgegennahm und uns zu seinem Wagen führte, flüsterte mir Heinz zu: „Jetzt verstehe ich gar nichts mehr ..." Heinz kannte den Chauffeur schon seit vielen Jahren und fragte ihn, während wir durch Moskaus Straßen fuhren, wo denn unsere Bleibe sein werde. „Aber, Genosse Neumann, wo denn sonst, natürlich im ‚Lux'. Oder haben Sie etwa andere Wünsche? – Ich weiß nur, daß Genosse Pjatnitzki angeordnet hat, daß Sie im Zimmer 175 wohnen sollen. – Sie haben ja keine Ahnung, wie schön es jetzt im ‚Lux' ist! Zwei neue Etagen sind gebaut worden. Es wird Ihnen sicher gefallen ..." Heinz konnte den Redestrom nur mit Mühe unterbrechen und ein „Aber wir sind ja sehr zufrieden" vorbringen. Kopfschüttelnd standen wir dann neben unseren Koffern in einem für Moskauer Verhältnisse geradezu elegant eingerichteten Zimmer, und Heinz sagte mit tiefem Ernst: „Hier muß ein Irrtum vorliegen. Das geht nicht mit rechten Dingen zu." Dann ging er vorsichtig zum Telefon: „Mal nachsehen, ob es funktioniert. Bei Abgesägten pflegt es immer gestört zu sein ..." Es war Ordnung. Ebenso das Licht und im Vorraum die Wasserleitung. Wir fielen uns lachend in die Arme und erlebten die ersten glücklichen Stunden ohne Angst ... Als ich am Spätnachmittag gerade begonnen hatte, die Koffer auszupacken, klingelte das Telefon. Heinz sprang sofort zum Apparat. Ich hörte ein kühles „Guten Tag!“ und dann die Worte: „Lieber Wilhelm, du hast mir überhaupt nichts zu befehlen. Pjatnitzki hat uns in dieses Zimmer eingewiesen, und wir bleiben so lange hier, bis uns die Komintern hinauswirft...“ Heinz legte den Hörer auf und wandte sich zu mir. Er war blaß vor Wut und sagte: „Das war Wilhelm Pieck. Er wollte uns befehlen, sofort dieses Zimmer hier zu räumen und ins ‚Baltschuk‘ zu ziehen.“ Das „Baltschuk“ war das Emigrantenhotel. Wilhelm Pieck war im Bilde. Was der NKWD-Offizier in Leningrad und der Kominternchauffeur noch nicht wußten und was anscheinend Pjatnitzki zu ignorieren beliebte – Pieck wußte, was die Uhr geschlagen hatte. Er, der Intrigant, besaß einen guten Instinkt dafür. Für ihn gab es keinen Zweifel, wo Abweichler und Abgesägte hingehörten. Wider alle Erwartung blieben wir jedoch im „Lux“, aber dieses Telefongespräch hatte unsere optimistische Stimmung endgültig zerstört. Jetzt kannten wir unsere wirkliche Lage.

Isoliert im „Lux“

Zweimal war ich in früheren Jahren in Moskau gewesen, 1931 und 1932, und was bei mir einen besonderen Eindruck hinterlassen hatte, war der russische Hang zur Geselligkeit gewesen, ein Hang, der sich auch auf fast alle nichtrussischen Mitglieder der Komintern übertragen hatte. Man besuchte einander zu allen Tageszeiten und saß beieinander bis in die frühen Morgenstunden, ein ziemlich aufreibendes, aber äußerst anregendes Leben. Zwar waren auch in jenen Jahren die Diskussionen nicht mehr offenherzig gewesen. Immerhin lag die Austilgung der trotzkistischen Fraktion schon einige Zeit zurück. Aber man hatte seine Gedanken miteinander ausgetauscht. Kritik am Regime wurde allerdings, wenn überhaupt, auch schon damals sorgfältig verschlüsselt und nur selten ausgesprochen, aber man redete doch über Mißstände, wenn auch in der Regel nur unter Fraktionsgenossen. Das Moskau, in das wir 1935 kamen, war vollkommen verschieden von dem Moskau, an das ich mich erinnerte. Das gesellige Leben war tot. Freilich sagten wir uns, daß wir Abgesägte waren, Verfemte, Ausgestoßene. Daher würde natürlich kaum jemand so viel Mut aufbringen, uns zu besuchen. Soviel hatten wir schon begriffen, daß den politisch Kaltgestellten in der Sowjetunion mit unerbittlicher Härte auch der soziale Boykott traf. Ein paar gute alte Freunde wie Joseph Lengyel und Heinrich Kurella fanden noch den Weg zu unserem Zimmer im „Lux“, aber von unseren anderen Genossen ließ sich kaum einer blicken. Für Heinz, der Geselligkeit über alles liebte, war das ein sehr harter Schlag. Ich konnte es ihm ansehen, wie schwer ihn die Vereinsamung bedrückte. Mehr als alles andere schien sie ihm ein Anzeichen für die Wendung zum Bösen, die unser Schicksal genommen hatte. Allerdings mußten wir gleichzeitig erkennen, daß auch unter den noch in Gnaden stehenden Funktionären der rege wechselseitige Verkehr erloschen war. Es kam uns so vor, als habe jeder vor jedem Angst. Aber das war alles andere als ein Trost. Es bedrückte uns nur noch mehr.

Daher bereitete es uns ungeheure Freude, als eines Tages Amo Vartanjan zu Besuch kam. Der Armenier Vartanjan hatte zur Gruppe Lominadse-Schatzkin gehört. Er war ein alter Freund von Heinz. Seit einiger Zeit war er politischer Sekretär in einer Flugzeugfabrik in Gorki, eine jener Kommandierungen, mit denen der Volkskommissar für Schwerindustrie, Ordshonikidse, die jungen Oppositionellen um Lominadse vor dem völligen Untergang zu bewahren versucht hatte. Jetzt hielt er sich für einige Tage in Moskau auf und hatte, allen Gefahren zum Trotz, die Gelegenheit wahrgenommen, uns aufzusuchen.
Heinz strahlte, aber es fiel mir auf, wie anders sich Vartanjan gab. Bereits 1931 hatte mich die Veränderung Lominadses gegenüber den zwanziger Jahren erschreckt. Diese jungen Bolschewiken waren temperamentvolle, heitere, zum Teil sogar ziemlich wilde Gesellen gewesen. 1931 – damals war er bereits politisch kaltgestellt – hatte ich Lominadse ernsthaft, in sich gekehrt und bedrückt gefunden. Noch mehr aber hatte sich jetzt Vartanjan gewandelt. Alle Munterkeit war von ihm abgefallen. Er sah aus wie ein Mann, der sich mit einer schweren Last abquält.
Über den Anfang des Gesprächs habe ich bereits an anderer Stelle berichtet. Amo Vartanjan erzählte uns vom mysteriösen Ende, das Max Hölz in der Wolga genommen hatte. Die traurige Stimmung, in der wir uns in dieser Zeit befanden, ließ seinen Bericht noch düsterer erscheinen, als er ohnehin schon war. Vartanjans Schilderung war sparsam, aber es war offensichtlich, wie sehr er sich mühte, dieses Rätsel zu ergründen. Er war nicht der einzige, den es in Verwirrung gebracht hatte. Überall, erzählte er, wo man von Hölzens Tod erfahren habe, munkele man, daß er von der NKWD ermordet worden sei. Unsere Freude über den Besuch Vartanjans war verflogen.
Er bestätigte uns auch alle Einzelheiten über das Ende Lominadses. Ich sah, wie Heinz erbleichte, als Vartanjan den Selbstmord seines Freundes schilderte. Vartanjans Worte kamen zögernd, stockend. Er mühte sich offenbar um Klarheit, war aber gleichzeitig vorsichtig genug, seine Erkenntnisse selbst uns, seinen Freunden, gegenüber nicht allzu deutlich zu machen.
„Es bereitet sich etwas vor", sagte er, „das ich mir bislang noch nicht erklären kann. Wo man hinhört, erfährt man von Verhaftungen. Das erstreckt sich bis in die Spitzen der Partei. Überall werden

die Parteimitglieder zur Verhören zitiert. Jeder Schritt wird überwacht. Man muß sich bald vor seinen besten Freunden hüten. Was ist nur los?"
Wenn es sich selbst dieser russische Bolschewik nicht ganz erklären konnte, dachte ich im stillen, wie sollten wir als Ausländer wohl dazu fähig sein? Es war wie etwas, das in der Luft lag, eine Veränderung der Atmosphäre, Gerüchte, Munkeleien, Mißtrauen und dann natürlich die greifbare Tatsache der Verhaftungen und Verhöre. Vartanjan sprach weiter.
„Es kann nicht so sehr an den wirtschaftlichen Schwierigkeiten liegen. Seit 1932, seit dem großen Hunger, erholt sich das Land zusehends. Es gibt Brot für alle, nicht viel, aber genug. Trotzdem ist an ein Aufatmen nicht zu denken. Ich habe auch das Gefühl, daß es noch schlimmer werden wird. Ich glaube, das ist nur der Anfang."
Vartanjan stand auf, um sich zu verabschieden. „Geh zu Lominadses Frau, Heinz", sagte er. „Sprich mit ihr, damit sie nicht denkt, daß du an die Verleumdungen glaubst, die sie über ihren Mann verbreiten!" Heinz versprach es. „Besso war ein großer Mensch", fügte Vartanjan hinzu, als er uns verließ. „Er wußte, wann es Zeit war, zu sterben."

Heinz besuchte Frau Lominadse schon am nächsten Tage und gleich darauf noch einmal, weil er seinen Regenmantel bei ihr vergessen hatte. Er hatte bei diesen Besuchen weitere Einzelheiten über das tragische Ende seines Freundes erfahren. Lominadse hatte im Dezember 1934 eine Vorladung zur zuständigen Bezirksparteistelle erhalten. Auf der Fahrt dorthin schoß er sich eine Kugel in die Brust. Er verfehlte jedoch das Herz und wurde vom Chauffeur ins Krankenhaus gefahren. Seiner Frau, die man sofort holte, konnte er noch zuflüstern: „Sage dem Arzt nicht, daß ich keine Narkose vertrage. Ich will nicht mehr leben." Er wußte, daß sein Herz den Ätherrausch nicht überstehen werde, und starb während der Operation. Auf diese Weise war er der NKWD entgangen. Ordshonikidse habe sich großartig benommen, berichtete Frau Lominadse. Er sei sofort zu ihr gekommen und habe ihr sein Beileid ausgesprochen. Dabei habe er seine tiefe Erschütterung über den Selbstmord des Mannes, in den er soviel Hoffnungen gesetzt hatte, nicht verbergen können. Er habe nicht nur ein feierliches Leichenbegängnis für Lominadse angeordnet, sondern ihr sogleich eine ausreichende Rente zuerkannt. Bei der Beerdigung seien Ordshonikidse die Tränen über das Gesicht gelaufen. Aber die Blumen auf dem frischen Grabe waren noch nicht verwelkt, als bereits eine hämische Pressekampagne gegen die „faschistisch-trotzkistischen Verräter" Lominadse-Schatzkin und Konsorten entfesselt wurde. Vielleicht beweinte Ordshonikidse nicht nur das Schicksal Lominadses, sondern auch das Schicksal der Revolution und sein eigenes Schicksal, denn schon anderthalb Jahre später starb er unter höchst merkwürdigen Umständen. Es ist mit Sicherheit anzunehmen, daß er vergiftet wurde.

Etwa eine Woche war vergangen, seit Heinz die Witwe Lominadses besucht hatte. Wir dachten kaum noch daran, als wie ein Blitz aus heiterem Himmel ein Anruf kam, der Heinz zur Internationalen Kontrollkommission der Komintern befahl. Ich saß in größter Unruhe in unserem Zimmer und wartete auf seine Rückkehr. Was war geschehen? Was konnten sie von ihm wollen? Bedeutete dieses Verhör, daß seine Prophezeiung sich erfüllte? War es das Vorspiel zu unserer Verhaftung? Nach drei Stunden kam Heinz zurück. Er war schweigsam und deprimiert, und ich hatte beinahe Angst davor, ihn zu fragen, wie das Verhör verlaufen war. Mit einem Male brach es aus ihm heraus. „Was denken die sich eigentlich?" rief er. „Sind sie wahnsinnig geworden?" Ich hatte ihn selten so wütend gesehen. Immerzu kehrte in diesem Zornesausbruch der Name Manuilski wieder, über den Heinz anscheinend besonders aufgebracht war. Manuilski war der Sekretär des westeuropäischen Sektors der Komintern und ein Mitglied der IKK. Etwas ruhiger geworden, schilderte Heinz dann den Verlauf des Verhörs. „Aus welchem Grunde haben Sie Frau Lominadse aufgesucht? Welche Gespräche haben Sie mit ihr geführt?" Das waren die Fragen gewesen, um die es ging. Heinz antwortete der Wahrheit gemäß, daß er die Frau seines toten Freundes aufgesucht habe, um ihr sein Beileid auszusprechen. Voller Empörung wiesen die Mitglieder der Kontrollkommission diese durchaus plausible Erklärung zurück. „Wahrscheinlich war sie ihnen zu plausibel", meinte Heinz. „Es scheint ihnen gar nicht darum zu gehen, die Wahrheit zu finden. Sie haben nur die Absicht, einen mit Schmutz zu bewerfen." Manuilski hatte dann höhnisch gefragt, ob Heinz sich für seinen zweiten Besuch bei Frau Lominadse eine bessere Ausrede zurechtgelegt habe. Heinz sagte wiederum die Wahrheit. Er habe seinen Regenmantel vergessen und sei noch einmal hingegangen, um ihn abzuholen. Kaum hatte er das gesagt, als die Runde der IKK-Mitglieder in höhnisches Gelächter ausbrach. Besonders Manuilski konnte sich nicht genugtun. Er hatte von jeher den Ehrgeiz gehabt, als der Witzbold in der Kominternführung zu gelten. Er war sehr eitel und gab sich gern als abgefeimter Zyniker. Seine Eitelkeit trieb ihn oft zu fahrlässigen Äußerungen. Er war es auch, der 1930 in einer Rede folgende aufschlußreiche Prophetie aussprach: „In zwanzig oder dreißig Jahren werden wir die Welt überraschen, und da Überraschung das wesentliche Element unseres Sieges ist, muß die Bourgeoisie eingeschläfert werden. Der Anfang wird sein, daß wir die gewaltigste Friedenskampagne aller Zeiten in Gang bringen. Wir werden unerhörte Zugeständnisse machen, die wie der Blitz einschlagen werden. Die dummen und dekadenten kapitalistischen Staaten werden dann in aller Selbstgefälligkeit an ihrer eigenen Vernichtung mitwirken. Mit weit offenen Armen werden sie die Gelegenheit begrüßen, mit uns freudschaftliche Beziehungen wiederaufzunehmen, und sobald sie in ihrer Wachsamkeit nachgelassen haben, werden wir sie zu Boden schlagen." Manuilski hatte damals die „Überraschung" allzu zeitig verraten, aber die Welt hat keine Notiz davon genommen. Viele Jahre später, als die Überraschung bereits in vollem Gange war, wurde Manuilski Vertreter der Ukraine bei den Vereinten Nationen.

Ein Angebot Pjatnitzkis

Der Weg in den Abgrund verlief keineswegs geradlinig. Es war, als habe das Schicksal hier und da Fangnetze aufgestellt, die uns vor einem allzu raschen Sturz bewahrten. Gegen Ende der dritten Woche unseres Moskauer Aufenthaltes bestellte Pjatnitzki Heinz in die Komintern. Ossip A. Pjatnitzki, der Heinz schon seit langem kannte, war einer der klassischen alten Bolschewiken. Über ein Jahrzehnt arbeitete er als „Personalchef" und Finanzgewaltiger der Komintern. Er stand an der Spitze der OMS, war also der Vorgesetzte von Abramow-Mirow. Man erzählte sich in Moskau immer wieder eine Anekdote über Pjatnitzkis entscheidensten Charakterzug, nämlich über seine Sparsamkeit. Unter dem Zarismus gehörte die Verbreitung illegaler Schriften zum besonderen Aufgabenbereich Pjatnitzkis, der Jahre hindurch in der Illegalität lebte und diese Arbeit organisierte. Jeden Monat hatte er über die von der Partei erhaltenen Gelder abzurechnen, und immer kehrte in diesen Rechnungen ein Posten wieder, nämlich „1 ½ Kopeken für Kanarienvogelfutter".

Heinz ging mit bangen Gefühlen zu dieser Besprechung in die Komintern, denn jetzt sollte sich entscheiden, ob man ihn wenigstens arbeiten lassen würde, und wahrscheinlich auch, welche Parteistrafe über ihn verhängt war. Um so mehr überraschte ihn Pjatnitzkis freundliche Begrüßung, der sich scherzend erkundigte, wie ihm das Zuchthaussanatorium in der Schweiz gefallen habe. Dann aber wechselte er das Thema und sagte mit betont ernster Stimme: „Neumann, es ist nicht gut, wenn Sie hierbleiben, die Moskauer Luft dürfte Ihnen nicht bekommen . . ." Heinz hatte alles erwartet, Kritik, Beschimpfung, sogar die Mitteilung, daß man ihn aus der Partei ausschließen werde, aber diese kategorische Eröffnung, nachdem man ihn gerade unter so viel Schwierigkeiten hierher befördert hatte, überstieg sein Fassungsvermögen. Wir haben uns später noch häufig den Kopf darüber zerbrochen, was wohl Pjatnitzki zu diesem Vorschlag veranlaßt haben mochte. Sollte er schon die herannahende Schreckenszeit der Großen Säuberung geahnt haben, deren Opfer er wie Tausende seiner Mitkämpfer aus der Zeit der Oktoberrevolution wurde? Unternahm er vielleicht den Versuch, Heinz zu retten? Da schnelles Reagieren zu Neumanns typischen Eigenschaften gehörte, machte er sofort einen Vorschlag: „Schicken Sie mich doch zur Arbeit nach Deutschland, wenn ich nicht hier bleiben soll!" Da schnaubte Pjatnitzki ihn wütend an: „Hören Sie auf mit diesen Albernheiten! Sie wissen ganz genau, daß das unmöglich ist! Aber ich gebe Ihnen eine letzte Chance, fahren Sie im Auftrage der Komintern nach Brasilien. Dort können Sie Ihre Fehler wieder gutmachen!" Heinz zögerte nur einen Moment mit der Antwort: „Nein, Genosse Pjatnitzki, ich will nicht, ich bin kein Commios voyageur der Komintern! Was habe ich in Brasilien zu suchen? Warum läßt man mich als deutschen Kommunisten nicht gegen die Nazis kämpfen?" „Das haben Sie sich selbst zuzuschreiben!" kanzelte ihn Pjatnitzki ab. „Sie können froh sein, noch in der Partei zu sein! Durch Ihre schändliche Fraktionsarbeit haben Sie sich für lange Zeit die Möglichkeit verscherzt, in der KPD zu arbeiten. Ich rate Ihnen gut, überlegen Sie sich meinen Vorschlag in aller Ruhe und kommen Sie dann mit einer Antwort zurück."

Ich konnte nicht begreifen, weshalb Heinz auch nur einen Moment zögerte. Es galt doch nichts anderes, als nur fortzukommen aus diesem Lande, in dem die Atmosphäre zum Ersticken war. Und im Laufe unseres erregten Gespräches, angetrieben durch den mir ganz unverständlichen Widerstand von Heinz, kam ich auf einen Gedanken, der mich anfangs selbst entsetzte. Als ich ihn dann jedoch aussprach und Heinzens erschreckt abwehrendes Gesicht sah, fühlte ich mich wie eine Verräterin. Auf meinen Vorschlag, den Kominternauftrag nur zum Schein anzunehmen und auf dem Wege nach Brasilien irgendwo abzuspringen, ließ mich Heinz ohne Antwort, aber am nächsten Tage ging er zu Pjatnitzki und erklärte sich einverstanden.

Seine Kommandierung sah vor, ihn als politischen Berater des Generals Luis Carlos Prestes der brasilianischen Kominterndelegation zuzuteilen, der außer einem weiteren Brasilianer und einem Nordamerikaner namens Barron noch Arthur Ewert angehörte, ebenfalls ein deutscher Kommunist der alten Parteigarde. Mit einem Schlage hatte sich unser Leben verwandelt. Berge von Büchern über Brasilien, in Eile aus der Kominternbibliothek herbeigeschafft, stapelten sich in unserem Zimmer. Zuerst mußten wir einmal jenes Land theoretisch kennenlernen, zu dessen Befreiung vom kapitalistischen Joch wir beitragen sollten. Wir lasen über Kaffeeplantagen, über Kautschukgewinnung, über die Zusammensetzung der Bevölkerung, über Tropenkrankheiten und dergleichen mehr. Da die Bücher fast ausschließlich bürgerliche Verfasser hatten, kann ich mich noch jetzt meiner Erregung erinnern, als ich bei einem deutschen Brasilienkenner las, daß man bei der Auswahl von Arbeitskräften für die Kaffeeplantagen möglichst Familien mit zahlreichen Kindern bevorzuge, da „die geschickten kleinen Kinderhände sich ausgezeichnet eigneten, das Unkraut unter den Kaffeesträuchern zu jäten und ähnliche leichte Arbeiten zu verrichten ..." In meiner Empörung über solche kolonialen Ausbeutungsmethoden vergaß ich vorübergehend sogar meine verräterischen Absichten

und war Feuer und Flamme für die Ziele des Generals Prestes. Natürlich lasen wir auch über die revolutionäre Vergangenheit dieses Volkshelden, wie der noch junge Armeeingenieur Prestes sich im Jahre 1924 mit dem ihm unterstehenden Eisenbahnerbataillon einer Militärrevolte gegen den damaligen Unterdrücker Brasiliens, den Präsidenten Berardes, angeschlossen und in Kürze die Führung des Aufstandes und den Oberbefehl über sämtliche revolutionären Einheiten übernommen hatte. Als der Aufstand scheiterte, gab Prestes sich keineswegs geschlagen, sondern zog in einem legendären Marsch mit seinen Truppen durch das Hinterland Brasiliens, überall auf dem Wege, so wußten die kommunistischen Veröffentlichungen zu berichten, die geknechteten Bauern seines Landes befreiend. Dieser Marsch hatte umgerechnet etwa die Länge einer Weltumwanderung. Erst im Jahre 1927 rettete sich die „Kolonne Prestes" nach Bolivien.
Zu unserer Schulung gehörte selbstverständlich auch das Erlernen der portugiesischen Sprache, aber viel wesentlicher war die militärische Ausbildung, denn das unterdrückte brasilianische Volk sollte ja durch einen Aufstand, durch den Sturz der Regierung Vargas, befreit werden. Außerhalb von Moskau, in Rublewo, auf einem streng bewachten Gebiet mit Landhäusern für die Kominternfunktionäre, erhielten wir praktischen Unterricht im Bürgerkriegführen. Unser Lehrer, der den nicht sehr passenden Decknamen „Fried" trug, bemühte sich, uns beizubringen, wie man beim Angriff ein Maschinengewehr in Stellung bringt, wie man selbst in Deckung geht und weihte uns in die Kunst des Scharfschießens ein. Im Praktischen erwies ich mich Heinz überlegen, aber im theoretischen Unterricht schlug er mich auf der ganzen Linie.
Inzwischen war es Ende Juli geworden, und Pjatnitzki rief mich eines Tages zu sich. Er gab mir strenge Verhaltungsmaßregeln, vor allem, was die Konspiration während der Reise anbetraf, und ich erfuhr bei diesem Gespräch, daß wir unserer neuen Identität nach ein kanadisches Ehepaar zu sein hätten und ich ausgerechnet auch noch in Kanada geboren sein sollte. Das ging ja nun wirklich etwas zu weit. Aber der Einwand, daß mein Englisch mehr als stümperhaft sei, machte auf Pjatnitzki nicht den geringsten Eindruck. Bei der Überlegung, welche ungeahnten Schwierigkeiten sich durch diesen neuen falschen Paß für meinen „Plan" ergeben müßten, versagte meine Phantasie.

Und dann lernte ich Pjatnitzkis Sparsamkeit kennen. Unsere Reiseroute war festgelegt. Wir sollten uns in Dänemark nach einem kanadischen Hafen einschiffen und von dort auf komplizierten Wegen teils zu Wasser, teils auf dem Landwege Rio de Janeiro erreichen. Auf Ozeandampfern, vor allem, wenn man nicht in der Touristenklasse reist, pflegen die Passagiere gut angezogen zu sein. Pjatnitzki verlangte von mir eine genaue Liste, welche Kleidungsstücke und welch sonstiger Bedarf zur Ausstattung für uns beide notwendig sei. Wir besaßen die kümmerliche Kleidung von Emigranten. Nach sorgfältigem Überlegen füllten wir die Liste aus. Pjatnitzki strich über die Hälfte unserer Wünsche rigoros und meinte, zwei Kleider für mich und ein Anzug für Heinz würden völlig genügen. Erst nach langem Kampf konnten wir ihn davon überzeugen, daß ein alter Berliner Pappkoffer nicht gerade den Forderungen der Konspiration entsprach, wenn man auf einem Luxusdampfer reiste.

Bald stand alles für den Aufbruch bereit. Noch hatten wir nicht den Paß und nicht das Reisebillett via Leningrad. Das erhielten wir erst wie üblich am nächsten Morgen, wenn uns das Auto der Komintern zum Zug bringen würde. Wir saßen in fiebriger Erwartung, als gegen Abend das Telefon klingelte. Seit über einer Woche war in Moskau der VII. Weltkongreß der Komintern versammelt. An diesem Tage, der unser Schicksal entschied, hatte man den alten Bolschewiken Pjatnitzki seines Postens enthoben, Georgi Dimitroff zum Generalsekretär gemacht und Dimitri Sacharowitsch Manuilski als den zweitwichtigsten Mann der Komintern auf seinem Posten bestätigt. Am Telefon meldete sich Manuilski. Nachdem er sich vergewissert hatte, daß er mit Neumann sprach, sagte er weiter nichts als den lakonischen Satz: „Neumann, Sie reisen nicht!" und hängte ab.

Es war also aus. Noch tagelang standen die unausgepackten Koffer im Zimmer herum. Jeder von uns beiden spürte genau, daß nun die letzte Gelegenheit vorübergegangen war. Es blieb uns nichts anderes übrig als abzuwarten.

Noch einmal, Jahre später, als ich nach meiner Auslieferung 1940 von Sibirien in das deutsche KZ Ravensbrück eingewiesen worden war, sollte mir der gescheiterte Brasilienplan in Erinnerung gerufen werden. Kurz nach meiner Ankunft ging ich über die Lagerstraße, als mir in geschlossener Formation, wie das in Ravensbrück üblich war, der Block der Jüdinnen entgegenkam. Dabei fiel mir die neben der Kolonne marschierende Stubenälteste auf, eine hochgewachsene, dunkelblonde Frau mit großen, blauen Augen, die ich schon früher einmal getroffen haben mußte. Es war Olga Prestes-Benario aus München, die Frau des brasilianischen Volksgenerals, die ich das letztemal 1935 im Speisesaal des Hotel „Lux" in Moskau gesehen hatte.

Ende 1935, nach dem mißglückten kommunistischen Putschversuch gegen Vargas, waren sie und ihr Mann in einem Vorort von Rio de Janeiro verhaftet worden. Das gleiche Schicksal erlitten Arthur Ewert und seine Frau Elisabeth Szabo. Prestes und Ewert wurden in Brasilien zu dreißig Jahren Zuchthaus verurteilt und ihre beiden Frauen an Nazideutschland ausgeliefert.

Im deutschen Gefängnis gebar Olga Prestes eine Tochter. Das Kind wurde Verwandten übergeben, und Olga kam nach Ravensbrück, wohin auch Elisabeth Szabo geschickt wurde, die schon kurz vor meiner Ankunft im dortigen Strafblock gestorben war.

Ich werde Olga Prestes nicht so leicht vergessen. Sie besaß ein Maß an Würde, vor dem sogar die SS-Bestien zurückschreckten. Im Jahre 1942 wurde sie, wie alle politischen Jüdinnen in Ravensbrück, durch Gas vergiftet.

Hier, im deutschen Konzentrationslager, hatte sich also der Kreis geschlossen. Ich weiß bis heute nicht, ob ich den Umweg über Brasilien demjenigen über Sibirien vorgezogen hätte, denn ich bin durchaus nicht sicher, ob wir selbst in jenem vorgeschrittenen Stadium der Verwilderung des Kommunismus genügend Mut und vor allem genügend politische Klarheit besessen hätten, um uns wirklich, wie wir geplant hatten, unserem Schicksal durch die Flucht zu entziehen.

Der Ort Rublewo, wo wir unsere militärische Ausbildung für den brasilianischen Auftrag erhielten, liegt ganz nahe bei Moskau. Neben einem Dorf, im Walde versteckt, hinter Zäunen und sorgfältiger Bewachung, gab es eine Anzahl sogenannter Datschen, die Erholungsstätten der prominenteren Mitglieder der Komintern. Und zur Zeit unseres Aufenthaltes in Rublewo lebte dort zahlreiche Prominenz, denn der VII. Weltkongreß stand nahe bevor. Schon am ersten Tage stießen wir im gemeinsamen Speisesaal auf einen der führenden Männer der französischen KP, den damals etwa sechzigjährigen Marcel Cachin. Er saß am Tisch und hatte – zur Überraschung aller Anwesenden – als einziger eine Flasche Rotwein vor sich stehen. Als echter Franzose hatte er standhaft darum gekämpft, mit der Begründung, daß das Fehlen des Weines seiner Gesundheit erheblichen Schaden zufügen würde. In sowjetischen Erholungsstätten war im allgemeinen der Ausschank alkoholischer Getränke verpönt oder gar verboten.

Ein Spaziergang mit Cachin an einem sonnigen Sommernachmittag ist mir in Erinnerung geblieben. Nachdem wir die Atmosphäre des Mißtrauens und der Vorsicht in Moskau kennengelernt hatten, eine Atmosphäre, die, wie sich später herausstellen sollte, in gleichem Maße auch in Rublewo herrschte, verblüffte es uns, als der temperamentvolle Franzose plötzlich seinem Herzen Luft machte. Seine Frau, eine Amerikanerin, war vor kurzem, einer Blutvergiftung am Finger wegen, in ein Moskauer Krankenhaus gebracht worden. Unmittelbar nach der Einlieferung hatte man ihr dort am ganzen Körper die Haare abrasiert. Ihre verzweifelten Proteste hatten nichts genutzt. „Bitte, stellen Sie sich das einmal vor! Eine Frau mit kahlgeschorenem Kopf! Ist das nicht der Gipfel der Barbarei!?" Cachin war außer sich. Das Gefühl persönlicher Beleidigung mischte sich mit dem ästhetischen Empfinden, das, besonders im Hinblick auf das weibliche Äußere, den meisten Franzosen angeboren ist. Ich machte dabei eine Beobachtung, die ich schon während der vergangenen Wochen in Moskau gemacht hatte. Die Mehrzahl derjenigen, die überhaupt wagten, den Mund zu einer kritischen Äußerung aufzutun, klammerten sich dabei an ähnliche persönliche Erfahrungen, an Erlebnisse, die vielleicht an sich nicht einmal von weltbewegender Bedeutung waren, denn, wie wir Cachin

trotz unseres ehrlichen Mitgefühls trösteten, die Haare von Madame würden ja schließlich in nicht allzu langer Zeit wieder nachwachsen. Aber der kahlgeschorene Kopf seiner Frau schien für Cachin die ganze vage Beunruhigung, die Sorge und Enttäuschung, die er auch als gläubiger Kommunist fühlen mußte, zu symbolisieren. Seine Kritik an den Zuständen trat in der Maske der Wut über die verschandelte Gattin auf.
Um ihn abzulenken, erzählten wir Cachin von den Erlebnissen, die die Wochen vor unserer Abreise in die Sowjetunion ausgefüllt hatten, von den Verhandlungen mit Moro-Giafferri und von dem Eingreifen Pierre Lavals. Als der Name Laval fiel, strahlte Cachins Gesicht auf. „Petit Pierre", sagte er mit Rührung. Früher seien sie einmal Jugendfreunde, auf du und du gewesen. Ob es nicht eine Schande sei, daß dieser begabte Kerl eine so reaktionäre Entwicklung genommen habe? Da hatte er freilich recht, und mir war gar nicht wohl bei dem Gedanken, daß es ausgerechnet Laval gewesen war, der sich für Heinz eingesetzt hatte. Aber Cachin schien dem ehemaligen Freund gegenüber kein Ressentiment zu empfinden. Er sprach über ihn ganz ohne Schärfe, eher mit einem nachsichtigen Bedauern, wie ich selten einen Kommunisten über einen Parteigegner habe sprechen hören.
Während unserer Unterhaltung waren wir durch die Wiesen bis zu einem Dorf gekommen und gingen über die breite, grasbewachsene Straße, die auf beiden Seiten von ebenerdigen Holzhäusern gesäumt war. Um die Bauernkaten herum gab es keine Gärten; nirgends war auch nur eine einzige Blume zu sehen. Lediglich die Holzschnitzereien an den Dachgiebeln und Fenstersimsen ließen erraten, daß es auch in diesem Dörfchen einmal eine Zeit gegeben hatte, wo man noch Sinn für Schmuck und Behaglichkeit kannte. Beim Dorfausgang stand am Wegrand ein Pfahl, an dem ein Stück Eisenbahnschiene baumelte, der uns schon bekannte Ersatz für die Glocke. Heinz meinte, daß diese Einrichtung sicher der Gong der Kollektive sei. Daran schloß sich naturgemäß ein Gespräch über sowjetrussische Landwirtschaft und den Sieg der Kollektivierung. Dieses Gespräch hatte uns so angeregt, daß wir stehengeblieben waren. Plötzlich kam ein Bauer des Weges, und Cachin, der nicht Russisch sprach, bat Heinz, ihn anzusprechen. Er wollte gern einmal aus erster Quelle etwas über das Funktionieren der Kolchosen hören. Heinz hielt den Bauern mit einem freundlichen Gruß

an und fragte ihn: „Na, wie geht es denn in Ihrem Dorfe? Läßt es sich in der Kollektivwirtschaft gut leben?" Aber er verstummte rasch, als der Bauer uns mit mißtrauischen Blicken musterte, als habe er nicht richtig verstanden. Nach langem Überlegen kam aber dann doch eine stockende Antwort, die allerdings ganz anders auffiel, als wir erwartet hatten. Eine Kolchose? Ja, die gebe es schon in seinem Dorfe, aber er werde sich hüten, da hineinzugehen. Damit würde er sich ja selber die einzige Möglichkeit nehmen, Geld zu verdienen. Jetzt fahre er nämlich jeden Morgen mit seiner Milch nach Moskau und verkaufe sie auf dem freien Markt. Davon könne er gerade so recht und schlecht leben. Wenn er aber in die Kolchose eintrete, sei es damit vorbei. Und nach einer Pause schloß er resigniert: „Aber wer weiß, wie lange die Obrigkeit unsereinen noch in Ruhe lassen wird!"
Heinz übersetzte alles wortgetreu. Ich sah, wie Cachins Gesicht immer länger wurde. Nicht wenig betreten, verabschiedeten wir uns von dem ehrlichen Bauern. Auf dem Heimwege zogen wir es vor, über das Wetter zu reden.

Zuerst kam es uns so vor, als könnten wir in Rublewo ein wenig aufatmen. Die Luft schien hier in jeder Beziehung besser zu sein, und es herrschte anscheinend sogar eine gewisse Heiterkeit. Man sah die sommerlich gekleideten Funktionäre in den Anlagen zwischen den gepflegten Holzhäusern spazierengehen oder plaudernd auf den Bänken in der Sonne sitzen. Auf dem Sportplatz tummelten sich die jüngeren Delegierten. Also rund umher Sommerfreuden. Aber es dauerte nicht lange, bis wir entdeckten, daß diese Heiterkeit nur Tünche war. Mir jagte es bereits einen Schauer über den Rükken, als ich unter den jüngeren Leuten den sechzigjährigen Wilhelm Pieck, in Shorts und Sporthemd, Volleyball, das sowjetische Nationalspiel, spielen sah. Jede seiner Bewegungen war eine Demonstration, eine Aufforderung: „Schaut her, wie jung und munter ich bin, wie glücklich und unbeschwert! Und ist das Leben in der Sowjetunion nicht das schönste, das man sich vorstellen kann? Oder etwa nicht?" Und auf diesen letzten drohenden Unterton kam es an, das hatte ich inzwischen schon begriffen. Alle die Demonstrationen der linientreuen Funktionäre liefen darauf hinaus. Sie mimten unbekümmerte Sorglosigkeit, und wehe dem, der es wagte, nachdenklich zu sein, den Kopf hängen zu lassen, sich Sor-

gen um Gegenwart und Zukunft zu machen! Er war von vornherein zum Querulanten gestempelt. Optimismus war Vorschrift geworden. „Es lebt sich fröhlicher, es lebt sich besser“, setzte Stalin als Motto über den blutigsten Abschnitt in der Geschichte der Sowjetunion, und Wilhelm Pieck hüpfte, im Einklang mit dieser zynischen Devise um Fröhlichkeit bemüht, auf dem Sportplatz herum. Am Rande gab es hier und da etwas lächerliche Idyllen. Etwa das Familientrio um den tschechischen KP-Führer Klement Gottwald, eine Apotheose des Spießbürgertums, die zur Üppigkeit neigende Gattin, die sich in ein Korsett gezwängt hatte und sichtlich unter der Sommerhitze litt, und die heranwachsende Tochter, ein affektierter Backfisch. Zwei Trabanten umgaben den Planeten Gottwald, der gutaussehende, elegante Rudolf Slansky und der kleine, wieselhaft eifrige Bedrich Geminder. Heinz und ich hatten für beide Spitznamen erfunden. Slansky nannten wir den „Salonlöwen“, weil er unablässig um die Damen Gottwald bemüht war. Geminder hieß bei uns „Running Dog“, weil er sich ganz und gar ausnahm wie ein apportierender Hund. Wer hätte damals gedacht, daß Slansky eines der prominentesten Opfer des Kommunismus werden und Geminder mit sich in den Abgrund ziehen sollte?
Kichernd und zirpend mischte sich hin und wieder eine Schar Chinesen in das tägliche Volleyballspiel, und sie erwiesen sich als wahre Meister. Diese chinesische Gruppe war eine der merkwürdigsten und gleichzeitig beängstigendsten unter den Delegierten des VII. Weltkongresses. Man mußte sie – bei ihrer Abfahrt oder bei ihrer Ankunft – allesamt neu eingekleidet haben, denn sie trugen genau die gleichen weißen Hemden und schwarzen Hosen. Alle waren offenbar im gleichen Alter. Ihre Gesichter waren nicht voneinander zu unterscheiden, ohnehin ein schwieriges Unterfangen für einen Europäer. Zu allem Überfluß traten sie aber auch noch ständig als geschlossene Gruppe auf. Es war ein gespenstischer Anblick, sie als anonyme, unaufhörlich im Diskant zwitschernde Schar über die Wege und Anlagen Rublewos huschen zu sehen. Niemand sprach daher vom chinesischen Genossen Wang oder Tung, sondern immer nur von den Chinesen“. Tragisch ist es, daß auch ihr Ende unter dem Zeichen dieser Zusammengehörigkeit stand. Sie sollten ihre Heimat niemals wiedersehen. Kurz nach dem VII. Weltkongreß wurden sie gemeinsam des Trotzkismus bezichtigt.

Man verweigerte ihnen die Ausreise, und sie wurden bald darauf als Gruppe liquidiert, bis auf den letzten Mann.

Eines Morgens spazierten wir durch den Park, als ich schon von weitem Manuilski auf einer Bank sitzen sah. Neben ihm ein kleiner, älterer Genosse mit grauem Spitzbart, der mir unbekannt war. Dieser Unbekannte redete auf die Kominterngröße ein, auf so unterwürfige Art, daß ich mich in die Welt Gogols und Dostojewskijs versetzt glaubte. Der Spitzbart schob sich förmlich in die Weste Manuilskis. Der Anblick fesselte mich derart, daß ich Heinz darauf aufmerksam machte. „Mensch!" rief er, „das ist ja X., der Held der Geschichte vom Telefongespräch mit Molotow! Du kennst sie doch!?" Und ob ich sie kannte! Sie gehörte zu den Standardanekdoten Lominadses. Aber immer hatte ich geglaubt, daß Besso sie, wie viele seiner übrigen lustigen Geschichten, erfunden habe. Er behauptete, er – oder auch einer seiner Freunde – habe eines Tages das folgende Telefongespräch mit angehört: „Aber Genosse Molotow, Sie sind ja ein Künstler! ... (Pause für Molotows Antwort am anderen Ende der Leitung.) ... Genosse Molotow, Sie sind doch ein Verbrecher! ... (Wiederum kurze Pause und Entsetzen bei den Zeugen des Gesprächs.) ... Wie konnten Sie uns Ihren wunderbaren Artikel so lange vorenthalten! Das ist wirklich ein Verbrechen! Keiner schreibt so vollendet wie Sie, Genosse Molotow!" Die Geschichte ist deshalb so besonders komisch, weil unter den zahlreichen totlangweiligen Artikelschreibern in der Sowjetunion der gute Molotow unbestreitbar die Palme der Langweiligkeit davontrug. Und nun behauptete Heinz, der „Held" jener Anekdote sitze dort auf der Bank neben Manuilski. Ich sah ihn mir noch einmal an und hatte dann auch nicht mehr den geringsten Zweifel, daß die Geschichte auf Wahrheit beruhte.
Podchalimstwo ist das russische Wort für Speichelleckerei. Es ist ein Wort, das im alten Rußland seine große Bedeutung besaß. Aber diese Bedeutung hat auch unter dem Sowjetregime keinesfalls abgenommen. An eine Begegnung, die sich anderthalb Jahre nach unserem Aufenthalt in Rublewo abspielte, mußte ich später oft zurückdenken. Es war an einem klaren Wintersonntag des Jahres 1936. Wir machten einen Spaziergang zu dritt – Hilde Duty, Heinz und ich – nach Serebreny Bor, dem Silberwäldchen, einem beliebten Ausflugsziel der Moskauer am Ufer der Moskwa. Einer hinter dem

anderen stapften wir auf dem schmalen, bereits vor uns ausgetretenen Pfad durch den hohen Schnee am Flußufer entlang. Die blendende Weiße der Landschaft war überwölbt von einem blaßblauen, wolkenlosen Himmel, und in der völlig unbewegten, reinen Luft glitzerten die Eiskristalle. Diese Pracht ließ uns den trostlosen Moskauer Alltag bald vergessen, und wir fühlten uns nur noch jung und voller Lebenslust. Lachend balgten wir uns im frischgefallenen Schnee. Kilometerweit konnte man über die leichtgewellten Uferwiesen sehen, ohne eine Menschenseele zu erblicken.
An einer Stelle schiebt sich das Wäldchen bis ans Flußufer vor und verdeckt so den Blick auf die jenseitige Lichtung. Als wir die Spitze der Waldzunge erreicht hatten, blieben wir überrascht stehen. Es bot sich uns ein für sowjetische Verhältnisse ganz ungewöhnlicher Anblick. Ein edles Pferd galoppierte durch den Schnee, der in weißen Wolken aufstob. Hinter sich her zog es einen Mann auf Skiern. „Skikjöring!" riefen wir wie aus einem Munde. Diese Sportart hatten wir noch nie in Sowjetrußland gesehen. Wir blickten faszinierend dem Vorbeisausenden nach, bis er mit seinem Pferd hinter einer Bodenwelle verschwand. Während wir weitergingen, unterhielten wir uns über das soeben erlebte Schauspiel und kamen schließlich zu dem Schluß, daß es sich um einen ausländischen Diplomaten handeln müsse, der sich hier des schönen Wintertages freue. Unterdessen waren wir bis zum nächsten Waldvorsprung gekommen und sahen nun im völlig zertrampelten Schnee ein großes, elegantes Auto stehen. Um den pompösen Wagen herum stand ein Schwarm von Männern. Gerade in diesem Moment hatte das Pferd die Gruppe von Wartenden erreicht. Mehrere von ihnen sprangen sofort hinzu, ergriffen die Zügel und bemühten sich in auffallend serviler Art um den mysteriösen Wintersportler. Dann konnten wir hören, daß sie russisch sprachen. „Von wegen ausländischer Diplomat!" sagte Heinz mit angewiderter Stimme. „Das ist irgendeine prominente Kalkfratze bei der körperlichen Ertüchtigung!" Wir überlegten, ob wir kehrtmachen sollten, denn unser Pfad führte direkt auf die Gruppe zu. Dann gingen wir aber doch weiter. „Wahrscheinlich sind diese würdigen, dunkelgekleideten Männer die Leibwache dieses Herrn von der Obrigkeit", sagte Heinz, und als wir uns der laut redenden Schar bis auf einige Meter genähert hatten, rief er und wandte sich zu uns um: „Seht doch mal, sogar das Pferd macht Podchalimstwo!" Und wir brachen in

Gelächter aus. Die Bemerkung war treffend, weil das temperamentvolle Tier, von einem der Männer am Zügel gehalten, fortwährend seinen Kopf nach hinten warf und dann bis zur Erde neigte, wobei ihm der Schaum um das Maul spritzte. Heinzens Witz war kaum verklungen, als sich der Mann im Skidreß umdrehte, uns verblüfft anstarrte und in leicht affektiertem Ton ausrief: „Aber Nejmann, Sie hier!? Warum sind Sie nicht in Spanien!? Was tun Sie noch in Moskau!?" Wir standen Lazar Moisejewitsch Kaganowitsch und seinem Stabe gegenüber. Es begann ein gegenseitiges Vorstellen, und man wechselte höfliche Platituden. Nach kurzer Zeit verabschiedeten wir uns. Die Freude an dem schönen Wintertage war uns gründlich verdorben. Ein riesiger Buick und acht Mann Bewachung mußten aufgeboten werden, damit ein Mitglied der Sowjetregierung seine wertvolle Gesundheit pflegen konnte! Am meisten aber hatte uns der freche Zynismus in Kaganowitschs Begrüßungsworten getroffen. Dieser Parasit besaß die Frechheit, Heinz in höflicher Form vorzuwerfen, daß er sich in der Moskauer Etappe herumdrücke, anstatt sein Leben an der Front des spanischen Bürgerkrieges einzusetzen. Gerade, als verzichteten wir freiwillig darauf, Moskau zu verlassen!
Die Begegnung mit einem anderen Mitglied der Sowjetregierung verlief hingegen ganz anders. Ich war mit Hilde Duty und meinem alten Freunde Sergej St. zusammen. Wir hatten erfahren, daß ganz in der Nähe ein Wettbewerb junger Segelflugzeugkonstrukteure stattfinden sollte, und so gingen wir dort hin. Eine Schar Jungen, zum größten Teil zwölf bis fünfzehn Jahre alt, hatte sich mit ihren selbstgebauten Modellen auf einer Wiese über einem steil abfallenden Hang versammelt. Es ging darum, wessen Modell sich am längsten in der Luft halten, den vollendetsten Bogen ziehen und am sichersten wieder landen würde. Die Kinder waren in fieberhafter Erwartung. Noch hatte der Wettbewerb nicht begonnen. Da traten zwei weitere Spaziergänger auf die Wiese hinaus. Es waren ein älterer Herr und ein junges Mädchen, begleitet von einem weißen Foxterrier. Nur durch den Hund wurde ich auf die Neuankömmlinge aufmerksam, denn ich hatte in Moskau noch nie einen Fox gesehen. Die beiden Spaziergänger streifte ich nur mit einem flüchtigen Blick. Erst als der kleine, beleibte Mann im etwas schäbigen weißen Anzug, mit nachlässigem Gang und unbewegtem Gesicht, in unsere Mitte trat, erkannten ihn alle zur gleichen

Zeit. „Genosse Litwinow!“ schrien sie, auf ihn zustürzend und sich an seine Arme klammernd. „Genosse Litwinow, bitte, halten Sie uns eine Rede zu unserem Wettbewerb!“ Sie zogen ihn zum Abhang und erklärten ihm mit glänzenden Augen, um was es ging. Bei soviel kindlichem Enthusiasmus belebte sich auch das müde Gesicht Litwinows mit einem freundlichen Lächeln. Und dann stand er da, der Außenminister der Sowjetunion, und hielt den kleinen Konstrukteuren die Ansprache, um die sie ihn gebeten hatten. Ich erinnere mich, daß es eine völlig einfache, ganz auf Kinder gerichtete Rede war. Auf dieser Wiese entstand meine Sympathie für Litwinow.

Welch ein Tanz auf dem Vulkan das heitere Sommergetändel in Rublewo in Wirklichkeit war, stellten wir sehr bald fest. Die Delegierten der verschiedenen Nationen mischten sich keineswegs ungezwungen miteinander. Jeder schloß sich nach Möglichkeit gegen jeden ab. Alle beobachteten einander, und an der Unterwürfigkeit der Begrüßung und Gespräche war genau abzulesen, wer besonders in Gnade stand oder bereits angeschossen war. Selbstverständlich saßen wir beide im Speisesaal an einem Tisch für uns. Niemand wagte es, sich zu uns zu gesellen. Man beschränkte sich auf ein kurzes, kühles Kopfnicken, aber man verkehrte nicht mit uns. Nur wenige, wie der großzügige Franzose Cachin, durchbrachen den allgemeinen Boykott. Der Gegensatz zwischen diesem Mißtrauen, dieser Vorsicht, dieser Liebedienerei und dem sonnigen Sommerwetter, der ländlichen Atmosphäre und der gespielt fröhlichen Urlaubsstimmung ging uns weit mehr auf die Nerven als die Verlassenheit in der großen Stadt Moskau. Dort konnten wir auf unserem Zimmer bleiben. Wenn die Außenwelt nicht mehr zu uns kam, so brauchten wir ihr auch nicht unablässig zu begegnen. Kein Wunder, daß wir in Rublewo von Tag zu Tag nervöser wurden, und kein Wunder, daß dieser Aufenthalt schließlich einen Abschluß nahm, wie wir ihn nicht erwartet hatten.
Eines Tages kam ein alter Bekannter von Heinz, ein Russe, zu einem kurzen Besuch nach Rublewo. Beide freuten sich über das unverhoffte Zusammentreffen, und der russische Genosse lud uns für den Nachmittag in sein eigenes Sommerhäuschen ein, das ganz in der Nähe lag. Natürlich wurde das Wiedersehen mit viel Wodka begossen, und als uns der Gastgeber gegen Abend nach Rublewo

zurückfuhr, waren sowohl er als auch Heinz betrunken. Wir stiegen am Tor des Erholungsheimes aus. Vor uns lagen die Grünanlagen, die spärlichen Blumenbeete, die sauberen Wege des Parkes. Zahlreiche Delegierte und Angestellte der Komintern befanden sich zu dieser frühen Stunde noch im Freien, saßen auf den Bänken oder gingen, in Gespräche vertieft, in kleinen Gruppen auf und ab. Da sah ich, wie Heinzens Gesicht sich verzerrte. Der Wodka ließ ihn hin und her schwanken. Und plötzlich brüllte er mit sich überschlagender Stimme eine Verwünschung nach der anderen durch den stillen Sommerabend. Er brüllte auf deutsch und auf russisch. Alles, was sich im Laufe der Zeit in ihm angestaut hatte, machte sich Luft. Der Alkohol hatte die Hemmungen fortgeräumt. Er fluchte auf die Bürokraten und die Kontrollkommission, auf das System und auf die Heuchelei der Funktionäre. Ich war starr vor Entsetzen, denn er schrie so laut, daß die Kominterngenossen im Garten alle seine Flüche hören mußten. Meine Versuche, ihn zum Schweigen zu bringen, waren vergeblich, und ich konnte ihn nur so rasch wie möglich auf unser Zimmer zerren, wo er bald in den tiefen Schlaf des Betrunkenen fiel. Als ich ihn am nächsten Morgen weckte und ihm, noch immer unter dem Eindruck des Vorfalls vom vergangenen Abend, mitteilte, daß wir Rublewo nun schleunigst verlassen müßten, blickte er mich erstaunt an. Er konnte sich an nichts erinnern. Nachdem ihm jedoch klargeworden war, was er angestellt hatte, gab er mir recht. Wir konnten hier keinen Tag länger bleiben. Rasch packten wir unsere Koffer und brachen auf. Es war ein Spießrutenlaufen durch den Park. Wohin wir sahen, empörte Gesichter und strafende Blicke. Die Selbstgerechten ließen sich diesen fetten Bissen nicht entgehen. Ein Lastauto nahm uns schließlich nach Moskau mit.

Bücher schlagen eine Brücke

Wie ich schon früher erwähnte, beschränkte sich Heinzens Beziehung zum Besitz fast ausschließlich auf Bücher. In einem jener tragischen Gespräche der letzten Zeit, die sich um das Verhaftetwerden drehten, flehte er mich an, wenn es mir irgend möglich sei, ihm auch dann seine Bücher zu erhalten. So groß die Unordnung auf seinem Schreibtisch auch sein mochte, in den Regalen an der Wand unseres Zimmers herrschte musterhafte Ordnung. Zu diesen Büchern hatte er ein so ausgesprochenes Eigentumsverhältnis, daß ihm selbst das Ausleihen schwere Pein verursachte. Während alles in unserem Leben damals schon fragwürdig geworden war, beherrschte ihn weiter die Leidenschaft, die Keller der Moskauer Antiquariate zu durchstöbern. Einmal kam er, wie so oft, mit einer Mappe voller Neuerwerbungen nach Hause, breitete sie aber nicht wie sonst stolz vor mir aus, sondern überfiel mich mit dem mir ganz unverständlichen Ausruf: „Weißt du, Gretchen, dieser Noffke ist ja ein Mensch!!", und dabei strahlte er, als sei ihm ein ganz großes Glück widerfahren.

Der Kommunist Noffke, ein Hamburger Intellektueller, hatte Anfang der dreißiger Jahre durch einen theoretischen Artikel in die Auseinandersetzung um Kurt Sauerlands Buch „Der dialektische Materialismus" eingegriffen und dabei Stellung gegen Sauerland bezogen. Ich nehme an, daß dieser Artikel Noffkes im Auftrage der Parteileitung entstanden war, um der Neumann-Gruppe, zu der Sauerland gehörte, eins auszuwischen. Seit dieser Zeit stand der fraktionelle Haß zwischen Heinz und Noffke vollkommen fest, und niemals wäre es sowohl dem einen wie dem anderen in den Sinn gekommen, auch nur ein harmloses Privatgespräch miteinander zu führen.

Der Zufall wollte es, daß die beiden Fraktionsfeinde zur gleichen Stunde im Keller des gleichen Antiquariats ihrer Leidenschaft, der Suche nach alten Büchern, frönten. Der Raum, in dem Heinz die bis an die Decke reichenden Regale nach begehrenswerten Objekten absuchte, war nur spärlich beleuchtet. Vertieft in diese Beschäftigung, blickte er weder rechts noch links. Er kramte gerade in der Abteilung Sprachwissenschaften herum, als ihm ein umfangreicher Wälzer in die Augen fiel, den er schon lange zu besitzen wünschte. Er streckte die Hand danach aus. Im gleichen Augenblick griff aus dem Halbdunkel eine andere Hand nach demselben Buch. Beide schreckten zusammen, als sie einander erkannten. Noffke sagte höflich kühl: „Es gehört dir, du hast zuerst danach gegriffen." Heinz, der den Rücken des Buches schon umfaßt hielt, gab eisig zurück: „Ich glaube, du warst der erste." Einen Augenblick schien es, als sollte es dabei bleiben. Dann aber sagte Noffke etwas, was die Situation mit einem Schlage veränderte: „Nimm du es! Du kannst es mir später borgen." Heinz war verblüfft und beglückt zu gleicher Zeit. Noffke wollte das Buch von ihm borgen? Das hieß doch, daß er vor einem Kontakt mit ihm nicht zurückschreckte! Heinz sah Noffke plötzlich mit neuen Augen. Sein innerer Widerstand brach sofort zusammen, und schon nach wenigen Minuten saßen beide im Halbdunkel auf der Kante eines staubigen Tisches und sprachen über Bücher. Einer pries dem anderen die Raritäten, die er besaß. Sie streiften das Gebiet der Sprachwissenschaften und stellten zu ihrem gegenseitigen Erstaunen fest, daß sie die gleichen Interessen hatten. Zum Abschied aber sagte der wohlerzogene, etwas lehrerhafte Hamburger ganz förmlich: „Wäre es dir und deiner Frau recht, wenn ich einmal zu euch zu Besuch käme?" Wahrscheinlich war es diese Frage, die aus der seltsamen Begegnung eine Freundschaft werden ließ. Noffke kam wirklich. Und er schlich sich nicht etwa heimlich in unser Zimmer. Er bewies nicht nur Menschlichkeit, sondern auch Mut, indem er ganz offen zum Kontrolltisch des „Lux" trat und seine Identitätskarte vorzeigte. Er besuchte uns regelmäßig, bis Heinz verhaftet wurde. Vier Tage nach der Verhaftung, als ich verzweifelt in unserem Zimmer hockte, klopfte es. Noffke kam, um mir zu sagen, daß er von der Unschuld Heinzens überzeugt sei. Beim Abschied zögerte er ein wenig. Dann sagte er verlegen: „Das Buch, weißt du . . . du erinnerst dich doch. Ich habe es damals Heinz überlassen. Könnte ich es jetzt nicht doch haben?"

Zu unserer großen Überraschung erhielten wir, soeben aus Rublewo nach Moskau zurückgekehrt, eine Einladung auf die Datsche Otto Julewitsch Schmidts. Ich hatte ihn und seine Frau, die alte Freunde von Heinz waren, bereits bei meinen früheren Rußlandbesuchen kennen und lieben gelernt und empfand deshalb ihre Aufforderung als ein ganz besonderes Geschenk, als einen Trost in der Vereinsamung. O. J. Schmidt, der früher einer der Leiter der Suchumer Affenstation gewesen war, hatte sich 1928, zusammen mit dem damaligen Oberstaatsanwalt der Sowjetunion Krylenko, an einer deutsch-russischen Pamirexpedition beteiligt und sich nach dieser Zeit ausschließlich der arktischen Forschung gewidmet. Seinen ersten Ruhm als Forscher erwarb er sich im Jahre 1932, als es ihm gelang, mit seinem Schiff „Sibiriakow" in einer einzigen Som-

mernavigation den nordöstlichen Seeweg zu durchfahren, ein Wagnis, das noch Fridtjof Nansen als ein undurchführbares Unternehmen und einen unerfüllbaren Wunschtraum bezeichnet hatte. Im Juli 1932 stach die „Sibiriakow" von Archangelsk aus in See, und obgleich auf der Fahrt durch das Treibeis zweimal die Schiffsschraube brach und schließlich sogar die Welle, an der sie befestigt war, ins Meer versank, gab Schmidt nicht auf, sondern ließ ein selbstgefertigtes Segel aus Schiffsplanen aufspannen und segelte bei günstigem Wind und günstiger Strömung langsam gen Osten. Am 1. Oktober 1932 erreichte der Eisbrecher „Sibiriakow" die Ostspitze des asiatischen Festlandes und durchfuhr dann die Beringstraße. Schmidts Wagnis war gelungen.
Zwei Jahre später wurde durch eine weitere Heldentat der Name O. J. Schmidts weit über die Grenzen Sowjetrußlands hinaus bekannt. 1933 hatte er eine neue Aufgabe übernommen: es sollte ausprobiert werden, ob man das arktische Meer auch mit Frachtschiffen befahren könne und nicht nur auf Eisbrecher angewiesen sei. So begann er im Juli dieses Jahres auf einem Frachter namens „Tscheljuskin" seine Fahrt zur Wrangelinsel, um dort von einer Polarstation Männer, Frauen und Kinder abzuholen. Auf der Rückfahrt wurde die „Tscheljuskin" in der Nähe der Inselgruppe Sewernaja Semlja vom Eise zerdrückt.
Damit begann eine der heroischen Episoden in der an Heldenmut so reichen Geschichte der Polarschiffahrt. Schmidt zeigte sich der verzweifelten Situation gewachsen, und seiner überlegenen, ruhigen Haltung war es zu verdanken, daß die mehr als hundert Passagiere auf eine Eisscholle gerettet werden konnten. Nur ein Heizer versank mit dem berstenden Schiff in den Fluten. Zwei Monate trieben die Schiffbrüchigen mit ihrer Scholle auf dem Eismeer unter großen Entbehrungen, von Hunger und Kälte gepeinigt. Das Schlimmste war, daß die riesige Eisscholle kein konstantes Gebilde war, sondern sich ständig veränderte, auseinanderzog oder zusammenschob. Dadurch bildeten sich entweder viele Meter breite Risse, oder das Eis türmte sich über Nacht zu Miniturgebirgen auf. Unter diesen Umständen erwies es sich als beinahe unmöglich, Unterkünfte zu bauen. Manchmal wurden sie vom Eise umgeworfen, manchmal versanken sie plötzlich im Wasser, und die Bewohner konnten nur mit Mühe gerettet werden. Vor allen Dingen aber machte diese dauernde Bewegung des Eises die Anlage eines Flugplatzes mit

glatter Landefläche zu einem schwierigen Unterfangen, und daran hing ihrer aller Rettung, denn nur auf dem Luftwege konnten sie nach dem sibirischen Festlande transportiert werden. Schließlich half sich Schmidt dadurch, daß er eine Art Horchgerät erfand, das wie ein Stethoskop an die Eisfläche angelegt wurde. Damit ließen sich, nach einigen Verbesserungen, die Bewegungen des Eises einigermaßen voraus berechnen. Eine Gruppe Schiffbrüchiger nach der anderen wurde dann nach dem Festland abgeflogen, und nach rund zwei Monaten hatte auch der letzte Passagier der „Tscheljuskin" die Eisscholle verlassen. Die ganze Welt stand damals unter dem Eindruck dieser Heldentat. Ich selber hatte, trotz unserer schwierigen Lage in der Schweiz, nicht weniger als die übrigen Zeitungsleser um das Schicksal dieser Menschen gebangt, und selbstverständlich war ich glücklich über Schmidts Einladung, nicht nur, weil es mir Freude bereitete, die alte Bekanntschaft zu erneuern, sondern weil ich ihn nach seiner Heldentat sehr bewunderte.

Schmidt holte uns mit seinem Auto in Moskau ab. Er war eine auffallende Erscheinung, mit langem blondem Bart, gut geschnittenem Gesicht und den sehr blauen, von einem Netz feiner Fältchen umgebenen Augen des Seemanns. Jedermann in Moskau schien die lange, etwas gebeugte Gestalt zu kennen, denn gerade in diesen Wochen lief ein Film über die „Tscheljuskin"-Expedition.

Die Datsche Schmidts, ein Geschenk des Staates, lag mitten in einem Walde aus Kiefern und Birken, an einem besonders schönen Fleckchen der Umgebung Moskaus, neben zahlreichen, ebenso gepflegten Landhäusern, die von hohen Funktionären des Staates und der Partei bewohnt waren. Auf einer Anhöhe über der Moskwa zeigte uns Schmidt das weithin sichtbare große Haus Maxim Gorkis. Eine gutgehaltene Autostraße brachte uns den Hügel hinauf, und oben fanden wir zu unserer Überraschung mitten in der ländlichen Gegend ein Straßenschild, das es sonst in Sowjetrußland nur in den Städten zu geben pflegte. Die Straße hieß „Ulitza Schmita", war also nach ihrem berühmtesten Anwohner benannt. Schmidt tat diese Ehrung zwar mit einem Lachen ab, aber ich hatte das Gefühl, daß sie ihm dennoch wohltat. Wie viele Helden war auch er nicht ohne Eitelkeit. Schon vor der Abfahrt in Moskau hatte er uns im Arktis-Institut, als dessen Direktor er tätig war, auf einer riesigen Landkarte den Verlauf seiner Fahrten durch das

Nördliche Eismeer gezeigt und voller Stolz darauf hingewiesen, daß die östliche Spitze des asiatischen Kontinents seinen Namen trug: Kap Schmita.

Noch bevor wir aus dem Auto gestiegen waren, kam uns durch den Garten Frau Schmidt entgegen. Ich wußte, daß sie an Angina pectoris litt. Die Krankheit schien sich verschlimmert zu haben, seit ich sie vor drei Jahren am Schwarzen Meer zum letzten Male gesehen hatte. Sie war eine kleine, zarte, dunkeläugige Frau, mit den vorsichtigen Bewegungen der schwer Herzkranken, Tochter eines ukrainischen Mediziners und selbst Ärztin. Ein Stück des alten Rußland schien mit dieser Frau, die Mitglied der KPdSU war, die Zeit überlebt zu haben. In ihr verkörperten sich die besten Eigenschaften der Frauen der alten russischen Intelligenz: Mütterlichkeit und überlegene Selbständigkeit vereint zu schönster Harmonie. Welch eine glänzende Gastgeberin sie war, hatte ich bereits bei verschiedenen Gelegenheiten erfahren. Die Räume dieser Datsche trugen ebenso unverkennbar den Stempel ihrer sanften, eindringlichen Persönlichkeit wie die Zimmer ihrer Wohnung in Moskau. Alles war von kultiviertem Geschmack, der sich mit einer großen Bescheidenheit verband, geprägt. Allein die zierliche Anordnung der Blumen in den Vasen verriet das künstlerische Talent dieser Frau. Die schwere Krankheit verbot es ihr, in ihrem Beruf tätig zu sein, und sie widmete sich jetzt ganz dem Manne und dem heranwachsenden Sohn. Ihr Leben war nicht leicht gewesen. Abgesehen von dem harten Los aller russischen Frauen nach der Oktoberrevolution, hatte sie ihr privates Kreuz zu tragen. Sie litt unter der häufigen Abwesenheit ihres Mannes. Sie sorgte sich um ihn, durchlebte alle Gefahren mit ihm. Und dieses Mitleben, diese Angst um den geliebten Menschen, war für sie wahrscheinlich viel aufreibender gewesen als die unmittelbare Gefahr. Der gnädige Schutz der Natur, die uns auf die Bedrohung selber halb unbewußt reagieren läßt, ist dem Mitleidenden in der Ferne versagt. Er leidet mit offenen Augen, bei vollem Bewußtsein und ist hilflos. Als sie mir diese Qualen schilderte, konnte ich mir wohl vorstellen, daß hier die Wurzel ihrer Herzkrankheit liegen mochte. Aber ich entdeckte außerdem an ihr eine melancholische Resignation, die es früher nicht gegeben hatte. Bald erfuhr ich auch den Grund. Sie war eine überzeugte Anhängerin der Freudschen Lehren. Das mußte sie zwangsläufig mit dem sowjetischen Regime in Konflikt bringen. Psychoanalyse war für die Kommunistische Partei nicht mehr als eine Pseudowissenschaft, Symptom für die Degeneration der kapitalistischen Welt. Zu Auseinandersetzungen und schließlich zu politischen Angriffen gegen die Ärztin Schmidt kam es aber erst, als sie Anfang der dreißiger Jahre Mitarbeiterin des Pawlow-Instituts wurde. Sie wagte es, die Reflextheorie Pawlows vom Standpunkt der Psychoanalyse aus zu kritisieren. Das war nun allerdings ein mutiges Unternehmen, denn gerade die ganz und gar vom Physiologischen herkommende Lehre Pawlows war es, die in der Sowjetunion die Rolle spielen sollte, die in der übrigen Welt die Psychoanalyse spielte. Frau Schmidt geriet in Eifer, als sie mir ihre Erlebnisse im Pawlow-Institut schilderte.

„Diese Lehre Pawlows ist ja durchaus ehrenhaft", rief sie, „aber sie hat große Lücken. Sie ist aus Versuchen entwickelt worden, die die Wissenschaft zum Teil in richtige, zum Teil aber auch in ganz falsche Bahnen gelenkt haben. Aber es ist uns nicht gestattet, das Richtige vom Falschen zu trennen. Man zwingt uns, die Lehre in Bausch und Bogen anzunehmen, als handle es sich nicht um Wissenschaft, sondern um einen politischen Glaubenssatz. Ich habe ihnen zum Beispiel nachgewiesen, und zwar an Hand genauester Beobachtungen, daß die Reflexe bei läufigen Tieren sich völlig von denen nichtläufiger Tiere unterscheiden. Wissen Sie, was geschehen ist? Man hat es nicht für nötig gehalten, sich wissenschaftlich mit meiner Entdeckung zu beschäftigen, man hat mich einfach der politischen Abweichung bezichtigt." Sie zuckte mit einem Seufzer die Achseln.

Im ersten Stock gab es ein Zimmer, das nur über eine Treppe an der Außenwand des Hauses zu erreichen war. Das war Otto Julewitschs Reich. Vor dem Kamin lag ein riesiges Eisbärenfell, eine Trophäe von der „Tscheljuskin"-Fahrt, und an den Wänden hingen allerlei Gegenstände aus Fischknochen; es gab sogar ein kunstreich geschnitztes Schachspiel aus Walroßzähnen. Der ganze Raum atmete Erinnerung an die Polarfahrten. Dort liebte es Otto Julewitsch, abends bei Tee und dickflüssigem russischem Kirschkompott von seinen Reisen zu erzählen. Er schilderte, wie er bei einer der ersten Expeditionen eine Gruppe junger Forscher, unter ihnen auch eine Frau, in das bis dahin noch unerforschte Inselgebiet von Sewernaja Semlja bringen mußte, wo sie ein Jahr bleiben sollten. Als auf der Fahrt dorthin die erfahrenen Seeleute den frischgebackenen Arktisforschern das schwere Problem der Frauenlosigkeit während eines langen Polarjahres mit dem endlosen Winter zu bedenken gaben, erteilten ihnen die jungen Kerle eine rabiate Abfuhr. Probleme wie Sexualnot gebe es für den Sowjetmenschen nicht. Dann wurden sie auf der Insel abgesetzt. Aber nachdem sie ihre Hütten gebaut hatten, sollte die „Straße" einen Namen haben, und sie beschlossen einstimmig, sie „Straße zur schönen Frau" zu nennen. So schnell erlagen sie der ersten Anfechtung, und es dauerte nicht lange, bis das Bedürfnis nach Liebe sie die einzige anwesende Frau anbeten und verehren ließ. Wir fragten Otto Julewitsch, was für Pflanzen es denn in diesen Einöden gebe, und erfuhren, daß dort sogar Blumen gedeihen. Allerdings fehle ihnen der Duft, weil es keine Bienen gebe. Auf der Einsamkeitsinsel fand er nicht nur gelben Polarmohn, sondern auch strahlend blaue Vergißmeinnicht. Dabei beträgt dort die größte Hitze im Juli nur zehn Grad über Null, und der Sommer hat oft kaum fünfzehn sonnige Tage. Deshalb vollzieht sich der Kreislauf der Vegetation in einem gewaltigen Tempo. Vom Keimen bis zur Fruchtbildung vergehen nur einige Tage. Natürlich betrachteten wir auch Photos, und ich muß ehrlich gestehen, daß „Einsamkeitsinsel" wohl einer der treffendsten Namen für diese Polarlandschaft war. Als besondere Attraktion zeigte uns Schmidt ein Bild von den Neusibirischen Inseln mit Haufen schwarz gewordener Mammutzähne im Vordergrund.

Die Geduld bezeichnete Schmidt als höchste Tugend des Polarforschers, und er besaß sie sicher in hohem Maße, dazu Widerstandsfähigkeit, Ausdauer und einen unstillbaren Wissensdrang. Niemals verfiel er in Phantasterei. Seine ursprüngliche Berufung brachte ihn immer wieder auf den Boden der Realität zurück. Er war von Haus aus Mathematiker, und bei aller Intuition, die ihm zweifellos eigen war, machte sich bei ihm doch immer wieder die Neigung zur Exaktheit geltend. Noch einige andere Gaben machten ihn zu einem höchst angenehmen Gesellschafter. Er war ungewöhnlich taktvoll und verfügte über großes Feingefühl, zwei Eigenschaften, die ihm in der oft sehr gespannten Atmosphäre der einsamen Polarlager zugute gekommen sein mögen. Ich habe in der Sowjetunion kaum je einen so wohlerzogenen Mann getroffen wie Otto Julewitsch Schmidt.

Eines Abends sprachen wir über Literatur. Das Gespräch erhob sich zunächst nicht über allgemeine Bemerkungen. Plötzlich geschah etwas Unerwartetes. Nach einer merkwürdig gewundenen Einleitung, mit der er sich bereits vorher für etwas zu entschuldigen schien, was er noch gar nicht gesagt hatte, begann er fast im Flüsterton von einem Schatz zu sprechen, den er aus dem Ausland mitgebracht habe. Er stand auf, ging zu einem der Bücherregale und zog ein Buch hervor, das er sorgfältig hinter der Reihe der anderen Bücher verborgen hatte. Es war „Lady Chatterleys Lover" von D. H. Lawrence. Wir konnten ihn sehr wohl verstehen, seine Neigung wie seine Vorsicht. Denn die sowjetische Prüderie hatte kein Verständnis für die erotische Offenherzigkeit eines Lawrence. Zudem war das Buch ein ausländisches Werk, das nicht auf offiziellem Wege, sondern im Koffer eines Reisenden, also sozusagen illegal in die Sowjetunion gekommen war, alles Gründe, die die Lektüre des Romans zu einem Wagnis machten. Und überhaupt, Lawrence bewegte sich da in einer Welt, die ein anständiger Sowjetmensch einfach nicht betrat. Otto Julewitsch aber war beglückt, und wir konnten es ihm nachfühlen. Es war, als habe das scheue Geständnis des Forschers gewisse Hemmungen beseitigt. Ich hatte wohl mit seiner Frau über ihre Enttäuschung im Pawlow-Institut gesprochen, aber mit ihm selber hatten wir beide bis dahin jedes politische Gespräch vermieden. Ihm schien das durchaus willkommen zu sein. Jetzt aber war mit einem Male jene besondere Vertraulichkeit hergestellt, die in Sowjetrußland auch zwischen alten Freunden bereits im Aussterben begriffen war. Wir schütteten einander unser Herz aus, sprachen über unsere Ängste und Sorgen und suchten gemeinsam nach den Ursachen der lähmenden Atmosphäre, die uns umgab. Heinz berichtete von seinem Verhör bei der IKK, und bald wirkten wir ganz wie Verschworene. Auch Otto Julewitsch hatte schon seinen Teil abbekommen. Er erzählte mit bitterer Ironie, daß er vor kurzem eine Rüge von der Partei erhalten habe, weil er „in bucharinistischen Salons verkehre". Er lachte ingrimmig auf und rief: „Manchmal fühle ich mich hier wie in einem Tollhause!"

Die Woche, die wir in dieser Oase verbringen durften, erschien mir wie etwas Unwirkliches, und mit schwererem Herzen als zuvor kehrte ich mit Heinz wieder nach Moskau zurück.

Heinz war bereits verhaftet, als ich im Jahre 1937 erfuhr, daß Frau Schmidt gestorben sei. Ich wagte nicht, zur Beerdigung zu gehen. Monate später traf ich Schmidt ganz zufällig auf einer Straße Mos-

kaus. Ich sprach ihn an. Erst nach Sekunden erkannte er mich. Sein Gesicht drückte Schmerz und Verwirrung aus. Er suchte nach teilnehmenden Worten, war aber sichtlich erlöst, als ich ihm die Hand zum Abschied reichte. Kurz vor meiner eigenen Verhaftung hörte ich, daß ihn die NKWD geholt habe.
Fast zwanzig Jahre später fiel mir das offensichtlich von oben bestellte Buch eines Sowjetschriftstellers über die „Tscheljuskin"-Katastrophe in die Hände. Es hieß: „Ein Land rettet seine Söhne." Als ich es wieder fortlegte, glaubte ich meinerseits, einen Bericht aus dem Tollhause gelesen zu haben. Auf der Eisscholle, inmitten von erschöpften, unter Hunger und Kälte leidenden Menschen, entwirft Schmidt folgendes Telegramm und schickt es ab: „...Im Lager hat sich stark der sozialistische Wettbewerb zwischen den Brigaden entwickelt. Es wurde ausgezeichnete, vorbildliche Stoßarbeit geleistet..." Die erste telegraphische Meldung der TASS an die unglücklichen Schiffbrüchigen im Nördlichen Eismeer lautete kurz und schlicht: „Genosse Dimitroff am 27. 2. 1934 in Moskau angekommen." Den Höhepunkt aber bildet das lange Telegramm der „Tscheljuskin"-Leute an das ZK der KPdSU, an die Genossen Stalin, Molotow usw., usw., in welchem es unter anderem heißt: „...In der freien Zeit widmen wir uns, genauso wie auf der ‚Tscheljuskin', zur Hebung unserer Qualifikation dem Studium. Wir arbeiten die noch auf dem Schiff per Radio empfangenen und ausführlich aufgezeichneten Parteitagsreden durch, insbesondere die Reden des Genossen Stalin. (Sie dauerten vier bis fünf Stunden! Anm. d. Verf.) Wir wissen und fühlen, daß unser ganzes weiteres Leben und unsere ganze künftige Arbeit die Antwort sein müssen auf eure Begrüßung und eure Hilfe..."

Die Nacht bricht herein

Nachdem der brüske Telefonanruf Manuilskis unseren brasilianischen Reiseplänen ein so jähes Ende gesetzt hatte, waren wir für geraume Zeit jeglicher Initiative beraubt. Wir saßen und warteten auf irgendein Ende. Aber nichts geschah außer einer neuerlichen Vorladung vor die IKK, wo man Heinz einer Lästerung gegen den VII. Weltkongreß bezichtigte, doch unerklärlicherweise den Ausbruch in Rublewo unerwähnt ließ. Vielleicht wurden in den Augen der IKK Betrunkenen mildernde Umstände zugebilligt, eine übrigens in Rußland alte Sitte, die die Sowjets beibehalten hatten. Da man auf seine Bitte um Arbeit nicht reagierte, machte sich Heinz daran, mit dem Material über Brasilien, das er sich in den letzten Wochen erarbeitet hatte, eine Broschüre zu schreiben. Anlaß dazu gaben ihm die Niederschlagung des kommunistischen Putsches in Rio de Janeiro und die Verhaftung von Prestes und Ewert. Zu unserer größten Verwunderung wurde diese Arbeit, die er unter dem Pseudonym Octavio Perez beim Verlag Ausländischer Arbeiter einreichte, sogar veröffentlicht.

Inzwischen waren Monate vergangen, als Heinz endlich die Erlaubnis bekam, sich beim Verlag Ausländischer Arbeiter als Übersetzer zu betätigen; ich wurde seine Sekretärin. Um den politisch gefährlichen Einfluß auf die übrigen Mitarbeiter des Verlages zu verhindern, brachte man uns die Arbeit in unsere Zimmer im „Lux". Als erstes wurde uns die soeben erschienene „Geschichte des russischen Bürgerkrieges" übergeben, die Heinz ins Deutsche zu übersetzen hatte. Da große Teile des Textes von Maxim Gorki geschrieben worden waren, gestaltete sich diese Arbeit zu einem künstlerischen Genuß. In Sowjetrußland wurde ein wissenschaftlicher Übersetzer sehr gut bezahlt, darum genügte es, wenn wir im Monat vierzehn Tage eifrig arbeiteten, um vier Wochen davon leben zu können. In den freien vierzehn Tagen arbeitete Heinz für sich. Ich hatte während dieser Zeit den Eindruck, als bemühe er sich fieberhaft, bei Kant, Hegel, Marx und Lenin eine Erklärung für die ihm unverständliche und zugleich alarmierende Entwicklung der marxistischen Praxis in Sowjetrußland zu finden. Seine kritischen Betrachtungen kreisten unaufhörlich um die Verletzung der innerparteilichen Demokratie, und während Stalins Staatspolizei im ganzen Lande verhaftete, verhörte, mordete und Menschen auf Nimmerwiedersehen verschwinden ließ, saß Heinz an seinem Schreibtisch und durchforschte emsig die Werke des Staatslehrers Hegel, um von ihm eine gültige Antwort, eine Erklärung für das Dilemma der Gegenwart zu erhalten.

In diesem letzten Moskauer Jahr, da sich unser Leben hauptsächlich zwischen den vier Wänden des Hotelzimmers abspielte und es unzählige Gelegenheiten zu Spannungen und Zusammenstößen hätte geben können, wurde unsere Liebe und Freundschaft inniger als je zuvor. Niemals wurde Heinz müde, mir Zärtlichkeiten zu sagen. Einmal saß er, wie so oft, völlig versunken am Schreibtisch, las und machte sorgfältig Notizen, während ich im Zimmer ein und aus ging. Danach hatte ich mich in die Sofaecke gesetzt und schon eine ganze Weile gelesen. Heinz hatte sich stundenlang weder gerührt noch ein Wort gesprochen. Plötzlich richtete er sich auf, wandte mir sein ganz verstörtes Gesicht zu und sagte mit eeiner Stimme, die tiefes Schuldbewußtsein verriet: „Wie schrecklich! Denke dir, ich hatte dich ganz vergessen, ich wußte überhaupt nicht mehr, daß es so einen Menschen gibt wie dich . . ." Ein anderes Mal bedauerte er in bewegten Worten, daß er nun gar keine Gelegenheit mehr habe, mir Briefe zu schreiben, da wir ja immer beieinander säßen. Lachend forderte ich ihn auf, wenn er es gar nicht mehr ertragen könne, mir einen vom Schreibtisch zur Couch zu schicken, und er tat es. Das war sein letzter Liebesbrief an mich, eine chronologische Aufzeichnung aller Kosenamen, die er mir während der sieben Jahre unserer Liebe gegeben hatte, und er erreichte die stattliche Zahl von annähernd vierzig. Am meisten zu bewundern aber war das Maß an Humor, das er sich erhalten hatte. Er konnte aus tiefster Verzweiflung mit einer plötzlichen Willensanstrengung auftauchen und den Kummer mit einem improvisierten Spaß, einem kleinen witzigen Schauspiel beiseite schieben. Es mag seltsam klingen, aber ich muß gestehen, daß wir wohl niemals so viel und so laut gelacht haben wie in jenen düsteren Monaten, so laut oft, daß mich eines Tages eine Zimmernachbarin, eine Deutsche, die sehr unter den beängstigenden Verhältnissen litt, mit merkwürdigem Blick fragte: „Was habt ihr eigentlich soviel zu lachen? Ist euch denn so zum Lachen zumute?" Aber es war wohl das Mittel gegen Angst und Verzweiflung, das uns unser Instinkt halb unbewußt ergreifen ließ. Ich habe viele Jahre später häufig ehemalige Häftlinge aus deutschen Lagern getroffen, deren KZ-Berichte hauptsächlich darin bestanden, daß sie eine humoristische Situation an die andere reihten.

Im Sommer 1936 fuhren wir in Urlaub nach Eupatoria auf der Krim. Das Wetter war herrlich. Wir schwammen und lagen am Strande und versuchten, Moskau und unsere Lage zu vergessen. Als Übersetzer hatten wir für sowjetische Verhältnisse viel Geld. Daher konnten wir es uns leisten, einige Zeit in einem — allerdings scheußlichen — Privatquartier zu wohnen. Dort gab es auch ein Radio. Am Abend des 20. Juli hörten wir Nachrichten, als wir uns plötzlich starr aufrichteten und wie gebannt lauschten. In Spanien war zwei Tage zuvor der Bürgerkrieg ausgebrochen. Es ist schwer, die Stimmung zu beschreiben, in die uns diese Nachricht versetzte. Mit einem Male hatten wir wieder Hoffnung. Wir waren von neuem entflammt, denn nun stand es ja fest: der Internationalismus lebte, trotz allem. Schon am nächsten Tage brachen wir unseren Urlaub ab und fuhren nach Moskau zurück.

Heinz ging sofort nach unserer Ankunft zu Manuilski, um sich für die Arbeit in Spanien zur Verfügung zu stellen. Manuilski lehnte nicht ab, sagte aber auch nicht zu. „Wir wollen einmal sehen", war das äußerste, was Heinz aus dem Kominternsekretär herausbekommen konnte. Wieder begann das Warten. Da gab Portugal bereits ein in den ersten zehn Tagen des Bürgerkrieges eine Note über angebliche Greueltaten der Republikaner in Madrid heraus. In dieser Note wurden Bela Kun und Heinz Neumann als die verantwortlichen Emissäre der Komintern bezeichnet. Sie sollten Todesurteile am laufenden Bande unterzeichnet haben. Indessen saßen beide im Moskauer Hotel „Lux". Manuilski aber nahm gerade diese portugiesische Lügennote zum Anlaß, um Heinz mitzuteilen, daß es unter diesen Umständen nicht ratsam sei, ihn nach Spanien zu schicken.

So verfolgten wir von Moskau aus die Ereignisse in Spanien mit Leidenschaft, und der heldenhafte Kampf der Republikaner gegen die reaktionären Putschisten nahm für uns ganz ungewöhnliche Dimensionen an. Dort ging es nicht nur um die Freiheit, dort wurde auch um unseren Glauben gekämpft. So zerschlissen dieser Glaube auch bereits war, durch den heroischen Kampf der Internationalen Brigaden in Spanien erlebte er noch einmal eine Wiederauferstehung. Für kurze Zeit gelang es uns sogar, die Ohren und die Augen vor der sowjetischen Wirklichkeit zu verschließen. Bei jedem Programmwechsel gingen wir ins Moskauer Aktualitätenkino, und während die Wochenschau Bilder von der Belagerung Madrids brachte, von zerschossenen Häusern und Kinderleichen, von an die Front marschierenden Brigadisten, wurden wir von Schmerz und Beigeisterung überwältigt.

Diese neu entfachte Begeisterung war nicht ohne tragischen Beigeschmack. Denn die sowjetische Wirklichkeit war eben – trotz

Spanien – nach wie vor die Welt, in der wir leben mußten. Es half nichts, die Augen zu schließen. Die Partei „tschistka", eine mit besonderem Raffinement gehandhabte Geißel, eine Erfindung Lenins, die schon 1921 drakonisch durchgeführt wurde, war immer noch in vollem Gange. Stalin hatte die Parteireinigung, die in regelmäßigen Abständen zwischen 1933 und 1936 stattfand, noch um einige Besonderheiten bereichert. Ich erlebte jene, die am 13. Mai 1935 befohlen worden war und bis zum 29. September 1936 andauerte. Ihr unterworfen waren sowohl die Mitglieder der KPdSU als auch nichtrussische Kommunisten, die nach der Sowjetunion emigriert waren. Diese Tschistka oder Säuberung bestand darin, daß jedes Mitglied sein Parteibuch abzugeben hatte, das erst dann wieder ausgehändigt wurde, wenn das betreffende Mitglied sich vor der jeweiligen Parteiversammlung seines Betriebes oder seiner sonstigen Arbeitsstätte als „sauber" erwiesen hatte. Die Idee stammte allerdings nicht von Stalin. Schon nach der Oktoberrevolution wurde die Parteitschistka eingeführt. Damals sollte sie als Schutzmittel gegen eingeschmuggelte „konterrevolutionäre Elemente" dienen. Was aber machte nun Stalin daraus? Die Tschistka wurde zur Waffe gegen die eigene Partei. Sie war dazu bestimmt, die Mitglieder in Angst und Schrecken zu versetzen. Gleichzeitig erwies es sich später, als die große Verhaftungswelle eingesetzt hatte, daß sie ausgezeichnete Vorarbeit geleistet hatte. Das gewünschte Anklagematerial gegen die Verhaftungen lag bereits fix und fertig vor.

Auf diesen Parteiversammlungen hatte jeder nicht nur das Recht, sondern die Pflicht, öffentlich auf alle dunklen Punkte hinzuweisen, die der Vergangenheit oder dem gegenwärtigen Leben seines Mitgenossen anhaften mochten. Dabei beschränkte man sich nicht auf etwaige politische Abweichungen. Auch das Privatleben der Genossen wurde eingehend durchleuchtet. Jeder war Zeuge, Angeklagter und Ankläger in einer Person. Da man bei der Aussage über den Genossen X. sehr wohl wußte, daß man kurz darauf selber an den Pranger gestellt wurde, war es mit Rückgrat und mutiger Haltung nicht gerade zum besten bestellt, denn um die eigene Haut zu retten, um den Richtern zu beweisen, daß es einem nicht an „proletarischer Wachsamkeit" gebrach, bemühte man sich, gegen den Genossen X. so viele Verdächtigungen vorzubringen wie nur irgend möglich. Die Richterkommission bestand aus Parteigenossen, die bereits „gesäubert“ worden waren. Hatten sie sich das ganze Hin und Her, das trübe Durcheinander von Kritik und Selbstkritik angehört, dann zogen sie sich zur Beratung zurück und befanden darüber, ob das durchgearbeitete Mitglied sein Parteibuch wieder zurückerhalten, also der Ehre teilhaftig werden sollte, weiterhin in den Reihen der Partei zu bleiben, ob es mit einer „Rüge“, einer „scharfen Rüge“ oder einer „Rüge mit letzter Verwarnung“ bedacht werden sollte oder ob der Unglückliche gar aus der KP auszuschließen war. Dieses Spießrutenlaufen war blutiger Ernst, denn jeder wußte, daß sein Ausschluß aus der Partei die sofortige Verhaftung durch die NKWD nach sich ziehen konnte. Seltsamerweise behelligte man uns nicht mit der Tschistka. Parteibücher besaßen wir ohnehin nicht, da wir aus der Illegalität kamen. Aber wir wurden auch niemals vor eine der geschilderten Versammlungen zitiert. Heinz allerdings dafür in kurzen Abständen immer wieder zur Internationalen Kontrollkommission. Aber wahrscheinlich existierten wir für die Partei schon gar nicht mehr, und das Zimmer im „Lux“ war ein Grab, in dem man uns langsam verrotten ließ.

Zu allem Überfluß brachte man uns unmittelbar nach unserer Rückkehr aus Eupatoria vom Verlag Ausländischer Arbeiter ein umfangreiches Manuskript zum Übersetzen. Es handelte sich um das Protokoll des großen Prozesses vom August 1936 gegen Sinowjew, Kamenew und eine Reihe anderer Angeklagter, des ersten der großen Moskauer Schauprozesse. Die Arbeit an dieser Übersetzung gehörte für mich zu den schlimmen Erinnerungen dieser Jahre. Eben hatte noch der Ausbruch des spanischen Bürgerkrieges uns beinahe die beklemmende Lage in der Sowjetunion vergessen lassen. In den Seiten dieses Protokolls aber fanden wir alles das wieder, was uns Schrecken einjagte. Und dann trat ein Ereignis ein, das von entscheidender Bedeutung werden sollte.

An einem Augustmorgen stand ich in der Gemeinschaftsküche unseres Hotelkorridors beim Teekochen, als mir die Nachbarin zuflüsterte, daß in dieser Nacht Heinrich Süßkind verhaftet worden sei. Süßkind, ein ehemaliger Redakteur der Berliner „Roten Fahne“, war als „Versöhnler“ aus der KPD ausgeschlossen worden. Er wohnte zwei Zimmer weiter auf dem gleichen Korridor im Hotel „Lux“. Zwischen ihm, dem Verfemten, und uns, den Geächteten, hatte sich im Laufe des letzten halben Jahres eine enge Freundschaft entwickelt. Noch gestern hatten wir beisammen gesessen, noch klang mir sein höfliches „Gute Nacht!“ in den Ohren, mit dem er sich am Abend von uns verabschiedet hatte. Es ist eine der seltsamsten menschlichen Eigenschaften, daß wir erst dann eine Gefahr wirklich erfassen, wenn das Unheil einen nahen Freund ereilt. Dabei hatten wir als Übersetzer doch soeben den Schauprozeß gegen Sinowjew und Kamenew miterlebt und hörten jeden Tag von immer neuen Verhaftungen! Natürlich jagte der Gedanke an diese Ungeheuerlichkeiten mir Schauer über den Rücken, aber trotzdem war dieser Schrecken unpersönlich geblieben, ein abstrakter Schrecken, der mich zwar lähmte und aus der Fassung brachte, den ich aber doch nicht vollends in die Wirklichkeit meines Lebens einzubeziehen vermochte. Erst die Worte der Nachbarin: „Heinrich Süßkind ist verhaftet!“ ließen diesen Schrecken mit furchtbarer Plötzlichkeit zu einer echten Realität werden. Die Worte trafen mich wie ein Schock. Ich drehte micht um und rannte zu unserem Zimmer. Bevor mir klar geworden war, ob Heinz diese Hiobsbotschaft überhaupt zur Kenntnis genommen hatte, lief er schon hinaus auf den Korridor. Ich hörte ihn noch rufen: „Ich will mich selbst davon überzeugen ...“ Er ging die wenigen Schritte bis zur übernächsten Tür und klopfte. Ich blickte ihm angsterfüllt nach, bis sich nach einer unendlich langen Minute vorsichtig der Türspalt öffnete und das verweinte Gesicht von Anja Vikova, der Frau Süßkinds, erschien. Sie ließ Heinz ein. Er kam nach kurzer Zeit zurück und warf sich erschöpft auf einen Stuhl. „Nun ist für mich der letzte Zweifel beseitigt, jetzt weiß ich, daß sie Unschuldige verhaften“, stöhnte er. Hatten wir nicht Süßkind täglich getroffen? Hatten wir nicht unzählige Gespräche mit ihm geführt? Wußten wir nicht genau, daß dieser Mann kein Verräter war, daß er kein Verräter sein konnte? Das ebenso unwahrscheinliche wie zielstrebige Frage-und-Antwort-Spiel des Schauprozesses, dessen Protokoll wir eben ins Deutsche übertrugen, die detaillierten Anschuldigungen eines Wyschinski, lächerlich und furchtbar zugleich in ihrer Mischung aus glatter Lüge und böswillig verdrehter Wahrheit, hatten Menschen gegolten, mit denen wir nicht täglich zusammengewesen waren, deren innerste Überzeugung wir nicht genau kannten. Die Angeklagten wehrten sich nicht. Sie gestanden alle Verbrechen, die ihnen vorgeworfen wurden, mit einer Monotonie, als befänden sie sich in einer Art Trance. Ich hatte das Gefühl, sie würden noch weit mehr Vergehen eingestanden haben als diejenigen, deren man sie beschuldigte. Ich begriff das nicht. Waren sie nicht alte Revolutionäre? Warum wehrten sie sich nicht ihrer Haut? Warum waren sie zu feige, für ihre Überzeugung einzustehen? Oder — bestand bei ihnen nicht wenigstens der Schatten einer Möglichkeit, daß sie wirklich schuldig waren? Wie sollten wir das mit völliger Sicherheit beurteilen können? Aber Süßkind? Süßkind war unschuldig! Hier auf unserem Flur war es geschehen, zwei Zimmer von uns entfernt, daß die NKWD bei Nacht und Nebel einen Unschuldigen geholt hatte. Die Tränen der Vikova waren eine Realität, die nicht fortgeleugnet werden konnte. Heinz war still und in sich gekehrt. Ich ahnte nur, was in ihm vorging, aber ich wußte es nicht, da er nicht darüber sprach.

„Wie geht es der armen Anja?" fragte ich ihn.

„Ich habe ihr geraten, sofort in die Lubjanka zu gehen und sich nach Heinrich zu erkundigen. Sie hat es versprochen."

Am Abend kam Heinrich Kurella zu Besuch. Er wußte bereits von Süßkinds Verhaftung. Diese Nachrichten verbreiteten sich damals in Moskau mit der Geschwindigkeit eines Lauffeuers. Süßkind und er waren Fraktionsgenossen gewesen. Beide hatten zu den Versöhnlern gehört, daher traf ihn die Verhaftung Süßkinds besonders schwer. Heinrich Kurella war einer unserer treuesten Freunde geblieben. Er besuchte uns sehr oft, und diese Besuche waren für ihn, der damals noch einen verantwortungsvollen Posten in der Komintern bekleidete, keinesfalls ungefährlich. Das sollte sich sehr rasch erweisen. Kurz darauf stand, als die Tschistka der Kominternangestellten durchgeführt wurde, in der Parteiversammlung eine Hamburger Genossin auf und richtete an Kurella die Frage: „Was tust du eigentlich so häufig im ‚Lux' im Zimmer 175?" Der tapfere Kurella antwortete mit fester Stimme: „Heinz Neumann ist mein Freund. Darum besuche ich ihn täglich." Das war für ihn der Anfang vom Ende. Er verlor zunächst seine Stellung bei der Komintern, wurde kurz nach Heinz verhaftet und starb nach Jahren in sibirischer Gefangenschaft.

Heinrich Kurella war an diesem traurigen Abend nicht weniger fassungslos als Heinz. Das Gespräch der beiden ist mir noch in vielen Einzelheiten gegenwärtig. Es wandte sich von den Tatsachen rasch der Theorie zu. Beide versuchten immer wieder mit Hartnäckigkeit, in der Theorie die Erklärung für die augenblicklichen Zustände in Sowjetrußland zu finden. Schließlich rief Kurella aus: „Das ist die Konterrevolution!" Aber Heinz widersprach ihm nachdrücklich. Er setzte ihm mit tiefem Ernst auseinander, daß es die Konterrevolution auf keinen Fall sein könne, da nirgendwo eine wirtschaftliche Rückentwicklung zum Kapitalismus festzustellen sei und die Produktionsmittel sich nach wie vor in den Händen der Arbeiter befänden. Es müsse also etwas anderes sein. Aber was „es" war, fanden sie nach stundenlanger Diskussion nicht heraus. Zu guter Letzt einigten sie sich, wie ich mich erinnere, darauf, daß es sich um eine Art „kalter Konterrevolution" handeln müsse. Während dieser absurden Unterhaltung hatte die erste Nacht begonnen, die Heinrich Süßkind im Untersuchungsgefängnis zubrachte. Ich dachte an Anja Vikova und vermochte den theoretischen Spitzfindigkeiten der beiden verzweifelten Männer nicht mehr zu folgen. Und ich dachte auch daran, wer von uns wohl der nächste sein würde.

Die Verhaftung Süßkinds war wie ein Startschuß gewesen. Jetzt griff die Verhaftungswelle auf die Ausländer über. Schon nach ein paar Tagen kam unsere Freundin Hilde Duty und erzählte weinend, daß man Frumkina und Carola Neher geholt habe. Frumkina, eine polnische Bolschewikin, die aus der großen jüdischen Gewerkschaftsbewegung „Der Bund" hervorgegangen war, hatte in der Leitung des Radiosenders „Komintern" gesessen. Hilde war ihre Sekretärin gewesen. Ich hatte Frumkina gern gemocht, eine lebhafte, gescheite Frau. Die deutsche Schauspielerin Carola Neher, bis 1933 eine der beliebtesten Bühnenkünstlerinnen Berlins und die unvergleichliche Polly in Brechts „Dreigroschenoper", war aus dem Prager Exil mit ihrem Mann, einem deutsch-rumänischen Ingenieur, in die Sowjetunion gegangen, erfüllt von dem Gedanken, ihre Kräfte für den sozialistischen Aufbau einzusetzen. Carola Nehers Mann war ein paar Tage vor ihr verhaftet worden. Zurück blieb ein einjähriges Baby, ohne Vater, ohne Mutter. „Jetzt wird der arme kleine Kerl im Kinderheim erzogen", seufzte Hilde.

Der Termin, zu dem die Übersetzung fertiggestellt sein mußte, drängte. Heinz arbeitete in rasendem Tempo, und als wir endlich die letzte Seite vollendet hatten, waren wir zum Umsinken ermüdet. Es ging schon gegen Mitternacht, als ich mich aufatmend in einem Sessel ausstreckte, während Heinz im Zimmer auf und ab lief. Das tat er immer, wenn ihn irgend etwas heftig beschäftigte, aber heute ging er so schnell, als werde er gejagt oder als ob er in aller Eile irgendeinem bestimmten Ziel zustrebe. Plötzlich unterbrach er seinen gehetzten Lauf, lehnte sich mit dem Rücken gegen den Schreibtisch und krampfte die Hände um die Platte. Ich blickte hoch, und sein Gesicht erschreckte mich. Der Mund war zusammengepreßt, die Wangen eingefallen, die blaue Iris der Augen ganz schwarz von der geweiteten Pupille, und an seinem Hals sah ich, wie rasend das Herz klopfte. Mit beschwörender Stimme sagte er zu mir: „Das versichere ich dir, wenn sie mich in einem öffentlichen Prozeß vor Gericht stellen sollten, dann finde ich die Kraft zu einem ‚Nieder mit Stalin!' Nichts und niemand wird mich an diesem letzten Protestschrei hindern!" Nach kurzem Schweigen setzte er hinzu: „Was mögen diese Hunde nur mit den Menschen anstellen?!"

Bis zu diesem Aufschrei hatte ich nicht gewußt, was Heinz über die Schauprozesse dachte. Nach diesem nächtlichen Geständnis sprach er das erstemal von Selbstmord. Und die Liebe zu ihm ließ mich die phantastischsten Möglichkeiten zu unserer Rettung erfinden. Ich beschwor ihn, das Leben nicht wegzuwerfen, solange es noch irgendeine Hoffnung auf Entkommen gebe.

Ein Abschied

Im Oktober 1936 kamen Willi Münzenberg und Babette nach Moskau. Als sie uns vom Hotel „Moskwa" aus anriefen, war meine erste Reaktion Entsetzen. Weshalb in aller Welt mußten die hierherkommen!? Jetzt wird man auch sie in Moskau zurückhalten! – Die Kominternführung hatte bereits im Frühjahr 1936, also noch vor dem Sinowjew-Prozeß, während eines damaligen Besuches beiläufig zu Münzenberg darüber gesprochen, er solle eine Zeitlang die Agitprop-Abteilung der Komintern übernehmen. Münzenberg hatte bei dieser Gelegenheit sogar eine vage Zusage gemacht, aber betont, daß er unter solchen Umständen seine verschiedenen Aktionen in Paris selbst abwickeln und übergeben müsse. Vom Frühjahr 1936 bis zum Oktober desselben Jahres hatte sich aber in

Münzenberg eine entscheidende politische Wandlung vollzogen. So wie bei vielen Kommunisten war auch bei ihm die Loslösung von der Weltanschauung, die von Jugend auf sein ganzes Denken und Fühlen beherrscht hatte, ein langsamer, schmerzlicher Prozeß. Wenn man das Lebenswerk dieses Mannes betrachtet, wenn man bedenkt, welche Dienste er dem sowjetrussischen Regime geleistet hat, mag meine Behauptung, daß die Wurzel seiner Kritik am sowjetrussischen Regime bereits bis in das Jahr 1921 zurückreicht, sehr merkwürdig klingen. Damals wurde er ohne viel Federlesen von Sinowjew als Sekretär der Kommunistischen Jugendinternationale abgesetzt, weil bereits in jener frühen Zeit der Internationale die Mächtigen der Komintern ergebenere Werkzeuge brauchten. Münzenberg war ihnen viel zu selbstbewußt. Er dachte nicht daran, sich bedingungslos den Befehlen der Russen zu beugen, jener Russen, die er doch mit ihren Stärken, aber auch ihren großen Schwächen kennengelernt hatte, als sie noch vier Jahre früher arme Schlucker in der Schweizer Emigration gewesen waren. Münzenberg hatte kein Verständnis für die diktatorischen Allüren dieser Herren. Er hatte schon frühzeitig erfaßt, daß der sowjetrussische Autoritätsanspruch in der Komintern einer westeuropäischen Arbeiterorganisation verhängnisvoll werden mußte. Für die Russen der Komintern war er also nicht zu gebrauchen, und wenn Lenin ihm im Jahre 1921 nicht den ganz privaten Auftrag gegeben hätte, den Aufbau einer Hilfsorganisation für die Hungernden an der Wolga, wäre Münzenbergs politische Entwicklung wahrscheinlich ganz anders verlaufen. Aus dieser Zeit, wie durch seine persönliche Beziehung zu Lenin, datierte die Sonderstellung, die er sowohl der Komintern gegenüber als auch im Rahmen der KPD einnahm. Hier liegt die Ursache für seine weitgehende Unabhängigkeit.
Aus Privatgesprächen mit Münzenberg ging hervor, daß er nach seinem Ausscheiden aus der Führung der Jugendinternationale sich auch weitgehend vom suggestiven Einfluß der sowjetischen Ereignisse befreite und immer stärker zu einer westeuropäischen revolutionären Lösung hin tendierte. Als revolutionärer Sozialist brachte er nach dem Ende des Krieges dem parlamentarischen Leben zunächst nicht das geringste Interesse entgegen, sondern lebte in der Vorstellung, daß der revolutionäre Umsturz in Deutschland vor der Tür stehe. Die jungen Kommunisten dachten damals nicht länger als ein oder zwei Jahre voraus. Wie eine kalte Dusche wirkte

denn auch auf Münzenberg und seine Freunde ein Gespräch mit Paul Levi, der ihnen 1921 an Hand wohldurchdachter Argumente auseinandersetzte, daß sich der internationale Kapitalismus noch jahrelang ohne große Erschütterungen weiterentwickeln werde und daß eine Nachkriegskrise wahrscheinlich nicht vor zehn Jahren zu erwarten sei. Noch 1921 teilte Münzenberg diese „defaitistische“ Meinung Levis keineswegs, aber schon nach 1923 begrub er die Hoffnung auf eine revolutionäre Lösung für Mitteleuropa. Die Nachkriegsaufstände in Ungarn, München und den Leunawerken waren in seinen Augen keine wirklich revolutionären Ausbrüche, sondern Putschversuche, die er ablehnte, weil er sie als gegen die Interessen der Arbeiterklasse gerichtet empfand. Die Initiatoren dieser Aufstände, die aus Moskau geschickten Apparatschiks á la Kleine-Guralski, flößten ihm tiefe Verachtung ein.
Aber trotz allen menschlichen und politischen Reserven gegenüber Sowjetrußland sowie gegen die Politik der KPD blieb Münzenberg der Komintern auch innerlich bis zum Jahre 1933 treu. Erst dann wurden seine Zweifel immer heftiger. Vielleicht läßt sich sogar aus der Tatsache, daß Münzenberg über ein Jahrzehnt lang gegen seine politische Überzeugung sündigte, die gewaltige Arbeitsleistung erklären, die er in dieser Zeit vollbrachte und die ihn bis 1933 Tag und Nacht nicht zum Nachdenken kommen ließ. So fand er erst in der Emigration Kraft und Zeit zu einer inneren Klärung, und seine Kritik setzte genau am gleichen Punkt an, wo sie 1921 begonnen hatte. Erst nach seiner Flucht aus Deutschland, in Paris, begann er, die Werke der Oppositionellen, der Gegner des sowjetischen Systems, der Kritiker an der orthodoxen marxistisch-leninistischen Doktrin zu lesen. Nun war es allerdings im Jahre 1933 wesentlich schwieriger, weiterhin die Augen zu verschließen, denn inzwischen war das furchtbare Resultat, die direkte Folge des sowjetischen Totalitätsanspruches in der Komintern, vor aller Welt sichtbar. Hitler herrschte über Deutschland. Die KPD, das außenpolitische Instrument der Sowjetrussen, war zerschlagen, die deutschen Arbeiter zahlten für ihre Treue und ihren Glauben an die Partei mit ihrem Blute. Und trotzdem verkündete man in Moskau, daß die deutsche Arbeiterklasse keine Niederlage erlitten habe. Vielleicht bedurfte es erst dieses politischen Irrsinns, um Münzenberg zur endgültigen Ernüchterung zu bringen. Trotzdem — oder wahrscheinlich gerade deshalb — begann er wie ein Beses-

sener gegen den Nationalsozialismus zu arbeiten. Er wußte inzwischen, daß die Komintern zu einer wirklich antifaschistischen Politik weder fähig noch willig war.
Münzenberg, der Tatmensch, der nie in seinem Leben etwas Halbes getan hat, war auch jetzt noch bereit, sich im Kampf gegen den Faschismus, den er für unbedingt notwendig hielt, mit ganzer Kraft einzusetzen, selbst im Sinne der Komintern, an die er eigentlich nicht mehr glaubte. Er gründete zahlreiche Komitees, leitete Hilfsaktionen für deutsche Emigranten, versuchte immer wieder, Persönlichkeiten der verschiedensten weltanschaulichen Richtungen zu einer gemeinsamen Front gegen den Faschismus zusammenzuschließen, wobei sein Mangel an orthodoxer Starre ihm besonders zustatten kam. Hierdurch wurde er bald zu einem wichtigen Vorbereiter und Exponenten der Volksfrontpolitik, die sich bereits am Horizont abzeichnete, und es ist vielleicht nicht ohne Interesse, zu bemerken, daß der VII. Weltkongreß, der die Volksfrontpolitik offiziell sanktionierte, seine Zweifel dämpfte und ihn vorübergehend wieder etwas hoffnungsvoller sein ließ. Vor allen Dingen gründete er gleich nach seiner Ankunft in Paris im Jahre 1933 den Verlag der Editions du Carrefour, das publizistische Zentrum der deutschen antifaschistischen Emigration, eine direkte Fortsetzung des Berliner „Neuen Deutschen Verlages", aufgebaut mit dem geretteten Kapital dieses Unternehmens. In den Editions du Carrefour erschienen Werke wie die Braunbücher über den Reichstagsbrandprozeß, der Bildband „Naziführer sehen dich an", eine besonders wirkungsvoll zusammengesetzte Porträtierung des nationalsozialistischen Untermenschentums der damaligen Zeit, „Hitler treibt zum Krieg" und viele andere. Den Nazis war die Aktivität Münzenbergs so unangenehm, daß sie sich nicht nur dazu verstiegen, den Antifaschismus in dem von der Antikomintern herausgegebenen Propagandabuch „Der Weltbolschewismus" eine „demagogische Erfindung Willi Münzenbergs" zu nennen, sondern sogar ihn (1935) und meine Schwester Babette (1938) in Abwesenheit zum Tode zu verurteilten.
Dennoch läßt sich wohl mit Sicherheit sagen, daß die intensive antifaschistische Tätigkeit den Prozeß seiner inneren Wandlung nicht zum Stillstand brachte. Die Entscheidung fiel aber erst mit den Nachrichten über den Beginn der Großen Säuberung und über den ersten Schauprozeß. Münzenberg erkannte, daß Stalin beabsich-

tigte, die alten Bolschewisten physisch auszurotten. In diese Zeit fiel ein Erlebnis, das ihn sehr beeindruckte. Kurz nach dem Sinowjew-Prozeß fand in Amsterdam ein Kongreß statt, an welchem Münzenberg teilnahm. Auf der Straße traf er zufällig einen ehemaligen Freund, den holländischen Trotzkisten Sneevliet, der ihm in den Weg trat und ihm ins Gesicht schrie: „Verräter Kain, wo ist dein Bruder Abel-Sinowjew!?“ Münzenberg war erschüttert. Diese Worte trafen ihn um so tiefer, weil er innerlich der gleichen Meinung war. Sie zerstörten wohl seine letzten Illusionen.
Warum aber waren Münzenberg und Babette trotzdem nach Moskau gekommen? Sie mußten doch genau wissen, daß der Komintern Willis Skeptizismus nicht unbekannt geblieben war. Beweise dafür gab es genug. Mußten sie nicht damit rechnen, daß man sie – in dieser Zeit des Terrors und der Säuberung – zurückhalten würde, um sie zur Verantwortung zu ziehen? Manuilski hatte Münzenberg eingeladen und, zurückgreifend auf den alten Vorschlag, ihn als Agitpropleiter der KI einzusetzen, aufgefordert, seine Arbeiten in Paris abzuwickeln. Außerdem sollten die beiden über den Verlauf des erwähnten Amsterdamer Kongresses Bericht erstatten. Aber diese äußerlichen Gründe waren sicher nicht entscheidend. Entscheidend war vielmehr ein Ereignis, das auch auf uns seine Wirkung nicht verfehlt hatte, nämlich der Ausbruch des spanischen Bürgerkrieges. Stärker noch als uns hatte der Ausbruch dieses Krieges Münzenberg beeinflußt, denn er wurde in Paris sofort zum Mittelpunkt eines aktiven Kreises spanischer Loyalisten. Sein Freund Del Vayo, später der Außenminister der Regierung Negrin, dessen Schwager Araquistain, Botschafter Spaniens in Paris, und viele andere führende Republikaner, die ersten ausländischen Freiwilligen und zahlreiche sozialistische wie liberale Intellektuelle und Politiker, begeistert für die Sache der spanischen Loyalisten, kamen zu Münzenberg, dem bewährten Organisator, und baten ihn um seine Unterstützung. Man brauchte Hilfe: Waffen, Geld, Menschen. Die Stimmung war ekstatisch. In Spanien war der Faschismus in den offenen Kampf getreten. Er hatte nicht, wie in Deutschland, auf kaltem Wege die Macht an sich gerissen. Die Volksfront, eine Regierung der Linksparteien, und das spanische Volk wehrten sich ihrer Haut. Die dumpfe Atmosphäre des ohnmächtigen Abscheus gegen die Hitlerbanditen und der Beklemmung über die immer bedrohlicher werdenden Zustände im stalinistischen Rußland

schien mit einem Male erhellt zu werden von der Flamme der Begeisterung für den Kampf des spanischen Volkes gegen den faschistischen Aufrührer Franco. Alle die alten, so sehr mißhandelten Ideale feierten eine plötzliche und unerwartete Auferstehung. Mußte sich jetzt nicht erweisen, daß der Kommunismus immer noch eine internationale Bewegung war? Hatte Franco durch seinen Aufstand nicht eine echte revolutionäre Situation geschaffen, die erste seit der russischen Oktoberrevolution? Denn darüber bestand bei der Mehrzahl der Kommunisten kein Zweifel: der spanische Bürgerkrieg war eine Auseinandersetzung zwischen Kommunisten und Faschisten, und die Geschichte hatte offenbar in Spanien dem Kommunismus wieder einmal eine gewaltige Rolle zugeteilt. Die geringfügige Tatsache, daß die spanischen Kommunisten in der dortigen Volksfrontregierung die schwächste Partei bildeten, konnte ihrer Selbstüberschätzung und Begeisterung keinen Abbruch tun. Die außerordentliche Aktivität der spanischen Kommunisten verwischte außerdem die wirklichen Proportionen.
Auch Münzenberg konnte sich der allgemeinen Begeisterung nicht entziehen. Mußte er in einer solchen Situation nicht die eigene Sicherheit hintanstellen? Außerdem hatte bei Ausbruch des Bürgerkrieges der erste Schauprozeß noch nicht stattgefunden. Die Nachricht darüber traf Münzenberg mitten in der fieberhaften Tätigkeit für die spanischen Loyalisten. Warum hatte Stalin gerade diesen Termin für die erste öffentliche Manifestation des nackten Terrors gewählt? Spürte er etwa die Gefahr, die für ihn im Wiederaufleben der alten revolutionären und internationalen Ideale liegen konnte? Der eiskalte Machtpolitiker konnte keine Fanatiker gebrauchen, die sich für grandiose Ideen einsetzten und sich nicht willenlos für die absolute Macht opfern ließen, für seine persönliche Macht in der Sowjetunion, für die Macht der Sowjetunion in der Welt. Oder hoffte Stalin, daß der Bürgerkrieg die Aufmerksamkeit der Weltöffentlichkeit so ausschließlich auf Spanien lenken würde, daß er indessen ungestört unter seinen Gegner aufräumen konnte? Wer konnte es wissen? Nach wie vor bestürmten die Spanier und ihre Freunde Münzenberg, sich für sie in Moskau zu verwenden. So folgte er der Einladung Manuilskis, die ihn eigentlich hätte hellhörig machen müssen, denn dieser hatte bestimmt nicht umsonst bereits im Sommer den tschechischen Kommunisten Smeral nach Paris geschickt, einen kominterntreuen Mann, der sich in Münzenbergs

Aufgaben „einarbeiten" sollte. Im Oktober trafen Babette und Münzenberg in Moskau ein. Trotz allem.

In Moskau zitierte man Münzenberg unverzüglich vor die IKK und fragte ihn über die verschiedenen Personen aus, die in seinen Pariser Büros tätig waren. Dieses Verhör vor der IKK, das erste, das er in seiner langen kommunistischen Praxis erlebt hatte, kam ihm so grotesk vor, daß er nicht ernst bleiben konnte. Als man ihm drohend den Namen einer gewissen Liane vorhielt, die als Stenotypistin in einem seiner Komitees arbeitete, und behauptete, sie sei eine Spionin Francos, brach er in schallendes Gelächter aus und wollte wissen, was diese „Flohknackerei" eigentlich zu bedeuten habe. Aber man holte ihn ein zweites, ein drittes und ein nächstes Mal in das Haus an der Mochowaja, und als die würdigen Vertreter der IKK, der höchsten Instanz der Komintern, immer wieder mit sturer Hartnäckigkeit auf Liane zu sprechen kamen und ihn schließlich der „mangelnden Wachsamkeit" bezichtigten, verging ihm das Lachen, und es überkam ihn ein Gefühl, als befinde er sich bereits in der Gewalt der NKWD. Nur wenige Tage Aufenthalt in Moskau hatten genügt, und Münzenberg und Babette wurden von der gleichen panischen Angst ergriffen, die damals Abertausende von Menschen in diesem Lande in ihren Krallen hielt. Dazu erfuhren sie noch von Heinz und mir, wer in den letzten Wochen verschwunden war und wie sich die Menschen in ihrer Angst vor der Verhaftung zu Denunzianten und Verrätern erniedrigten.

Nachdem sich Münzenberg nun gegen die „proletarische Wachsamkeit", eine der vornehmsten Tugenden eines Bolschewiken, vergangen hatte, verbreitete sich unter seinen Bekannten und Freunden die Nachricht wie ein Lauffeuer, daß ihn die IKK in ihren Fängen habe. Sofort begann sich um Babette und Willi ein luftleerer Raum zu bilden. Man mied sie, als seien sie aussätzig. Nur Heinz ging mit mir gemeinsam oder auch allein am hellichten Tage zu ihnen ins Hotel. Er hatte allerdings nichts mehr zu verlieren, aber trotzdem gehörte selbst in seiner Situation ein tüchtiges Maß an Mut dazu, den Spitzeln der NKWD und den Denunzianten der Komintern die Stirn zu bieten. Die anderen alten Freunde Münzenbergs, von denen es viele in Moskau gab, kamen nur noch im Dunkel der Nacht ins Hotel geschlichen. Jetzt wurde von der Komintern aus auch noch die Aufforderung, in Moskau zu bleiben, wiederholt, aber nicht mehr als Aufforderung, sondern als Befehl. Nun zweifelte

Münzenberg nicht mehr daran, daß man die Absicht hatte, ihn zu vernichten. Aber er gab den Kampf nicht auf. Dazu war er zu temperamentvoll und zu energisch. Er verlangte kategorisch die Ausreise, weil er unbedingt, ehe er in Moskau bleiben könne, die Arbeit abwickeln müsse, die er in seinen Spanienkomitees begonnen habe. In der Komintern schien man das einzusehen, und Manuilski bestimmte sogar schon einen Tag, an dem alles zu Münzenbergs Abreise bereit sein werde. Ehe Münzenberg und Babette zum Bahnhof gingen, nahm ich Abschied von ihnen. Ich hatte die furchtbare Ahnung, als würde ich sie nie wiedersehen. Auf dem Bahnhof sollten sie, wie das üblich war, ihre Pässe mit den Ausreisevisen erhalten, doch als sie wartend am Zuge standen, erschien ein Bote und teilte ihnen mit, die Pässe seien nicht bereit, da die Ausreisevisen verweigert worden seien.
Von diesem Moment ab gaben Münzenberg und Babette jede Hoffnung auf, jemals die westliche Freiheit wiederzusehen. Sie fuhren zurück ins „Moskwa" – geheimnisvollerweise war ihr Zimmer noch unberührt und frei –, legten sich angezogen auf die Betten und erwarteten die Verhaftung. Aber nichts geschah. Am nächsten Morgen stürzte Münzenberg in die Komintern zu Togliatti, der Dimitroff während dessen Urlaub vertrat. Mit welchen Mitteln Münzenberg es fertigbrachte, Togliattis menschliches Mitgefühl zu rühren, ist mir nicht bekannt. Jedenfalls setzte der italienische Parteiführer die Kaderabteilung der Komintern so lange unter Druck, bis es ihm gelang, die Ausreisevisen zu erhalten. Dabei kam ihm ein unerwarteter Umstand zu Hilfe. Gerade in diesen Tagen hatte Stalin einen Geheimbefehl erlassen, der besagte, daß die spanischen Republikaner mit sowjetischen Waffen und Spezialisten unterstützt werden sollten. Togliatti wies darauf hin, daß Münzenberg für diese Arbeit der geeignetste Mann sei, da er über die notwendigen Beziehungen in einem Maße verfüge wie kein anderer Funktionär.
Vierundzwanzig Stunden warteten beide in qualvoller Ungewißheit, bis es feststand, daß sie gerettet waren. Noch einmal lief Heinz ins Hotel „Moskwa", aber von dieser erschütternden Abschiedsszene erfuhr ich erst ein Jahrzehnt später, als Willi und Heinz schon lange den gleichen Mördern zum Opfer gefallen waren.

Nachdem Münzenberg glücklich Paris erreicht hatte, verließen ihn seine Kräfte. Er lag längere Zeit in Chatenay-Malabry in einem

Sanatorium, das unter der Leitung von Dr. Le Savouret stand. Dieser Arzt, der mit einer Tochter des russischen Menschewiken Plechanow verheiratet war, und lebhaften Kontakt mit Menschen aus Sowjetrußland unterhielt, erzählte Münzenberg eines Tages, daß Bucharin im Winter 1936/37 zu einem Vortrag nach Paris gekommen sei. Dr. Le Savouret kannte Bucharin sehr gut, und als dieser schon nach kurzem Aufenthalt in Paris ein Telegramm aus Moskau erhielt, das seine sofortige Rückkehr forderte, hatte ihn der Arzt beschworen, in Frankreich zu bleiben. Aber vergeblich. Bucharin fuhr mit offenen Augen in sein Verderben.

Gleich nach der Ankunft in Paris hatte Münzenberg seine gesamten Funktionen an Smeral abgetreten, und während er krank lag, vollzog sich die Übergabe des Carrefour-Verlages und aller Komitees mit ihren Kassen, Buchhaltungen und dem ganzen Bürobetrieb an den Beauftragten Manuilskis, den dicken, durch Zuckerkrankheit bereits apathisch gewordenen Tschechen. Babette sammelte alle Übergabeprotokolle, die von Smeral unterzeichnet worden waren, und versteckte die Kopien an einem neutralen, sicheren Ort, um sie bei eventuellen späteren Angriffen und Diffamierungsversuchen aus Moskau präsentieren zu können. Als Versteck hatte sie den Stahlschrank im Büro eines katholischen Pressedienstes gewählt. An der gleichen Stelle bewahrte man auch das Archiv und die Druckschriften der gegen den Nazismus gerichteten Freiheitspartei auf, an der Münzenberg später mitarbeitete und deren Schriften kurioserweise im Diplomatengepäck des französischen Botschafters François-Poncet nach Deutschland geschmuggelt wurden. Als nach dem Einzug der Deutschen die Gestapo im katholischen Büro Haussuchung abhielt, fand sie kein Fetzchen Papier. Die Katholiken hatten zur rechten Zeit alles vernichtet.

Während des ganzen Jahres 1937 rief die Komintern Münzenberg wiederholt nach Moskau zurück. Er reagierte nicht darauf. Damit war der Bruch mit der Komintern endgültig vollzogen. Dennoch blieb er politisch aktiv, selbständig und in Verbindung mit gleichgesinnten sozialistischen oder bürgerlichen Freunden. Seine Tätigkeit war auch weiterhin gegen den Faschismus gerichtet. Nur wenige seiner früheren Kampfgenossen hielten nach dem Bruch mit der Komintern zu ihm. Aber er blieb immer noch ein Mann mit guten Verbindungen. Auch der den Sowjetrussen wohlgesonnene schwedische Bankier Olof Aschberg, der jahrelang sein Freund gewesen

war, wandte sich in der kritischen Zeit nicht von ihm ab. Dann kam der Vormarsch der Deutschen, und Münzenberg begab sich freiwillig in ein Lager, um der zwangsweisen Einlieferung durch die Franzosen zu entgehen.
Sein Ende war ebenso geheimnisvoll wie tragisch. Als kurz vor der Kapitulation Frankreichs die Deutschen aus den französischen Internierungslagern freigelassen wurden, verließ auch Münzenberg gemeinsam mit drei anderen Lagerinsassen das Lager Chambarran östlich von Lyon und schlug die Richtung nach Valence, einer Stadt an der Rhone südlich von Lyon, ein. Zum letzten Male wurde er in dem Ort St. Antoine gesehen. Dort machte die kleine Gruppe halt und erfuhr, daß sich in dem nicht weit entfernten, von der Straße durch einen Wald getrennten Weiler Montagne ein Auto befinde, mit welchem sie möglicherweise nach Marseille fahren könnten. Die vier brachen auf und verschwanden im Walde in Richtung Montagne. Einige Monate später stöberte der Jagdhund eines Bauern aus St. Antoine in diesem Walde die von Laub bedeckte, stark verweste Leiche Münzenbergs auf. Um den Hals war ihm ein Stück Stacheldraht geschlungen.
Die Stalinisten zögerten nicht, diesen Mord sofort der Gestapo in die Schuhe zu schieben, obwohl keinerlei Anhaltspunkte dafür vorhanden sind. Die Gestapo wäre vermutlich zu klug gewesen, um einen so wichtigen Mann wie Münzenberg in einem einsamen Gehölz zu erschlagen. Sie hätten ihn wahrscheinlich mitgenommen, um Aussagen und Geständnisse von ihm zu erpressen, ehe sie ihn umbrachten. Andere Kommunisten, so die sowjettreue französische Journalistin Geneviève Tabouis, verstiegen sich zu der Behauptung, Münzenberg sei von Kameraden erschlagen worden, die er an die französische Polizei verraten habe. Wieder andere behaupteten, er habe Selbstmord verübt. Auch diese Theorie ist ganz und gar unwahrscheinlich. Münzenberg war noch beim Verlassen des Lagers sehr optimistisch im Hinblick auf die Zukunft. Er war alles andere als gebrochen und hat zu niemandem auch nur ein einziges Wort über eventuelle Selbstmordabsichten verlauten lassen. Nicht weit von Chambarran entfernt, an der Riviera, lebte sein alter Freund Valeriu Marcu, den er leicht hätte erreichen können und der ihn sofort mit Geld, Ausweispapieren und Wohnung hätte versorgen können. Es ist völlig unwahrscheinlich, daß ein tatkräftiger, dynamischer Mann wie Münzenberg den Kampf in

diesem Stadium freiwillig aufgegeben hätte. Mit weit größerer Sicherheit darf man annehmen, daß Münzenberg der NKWD zum Opfer gefallen ist. Von zweien seiner Begleiter fehlt jede Spur. Verhöre des dritten verliefen ergebnislos. Im Gebiet um Grenoble hielt sich noch während des ganzen Krieges eine Reihe absolut linientreuer und skrupelloser kommunistischer Funktionäre auf. Einige von ihnen können sich sehr gut mit Münzenberg zusammen im Lager Chambaran befunden haben. Ein deutscher Emigrant erzählte nach dem Kriege, daß einer dieser Funktionäre sich ihm gegenüber gebrüstet habe, er wisse genau, was mit Münzenberg geschehen sei. Der Sozialist Albert Vassart, bis 1939 prominentes Mitglied des Politbüros der KPF, berichtete von der kommunistischen Feme, die planmäßig alle führenden Funktionäre beseitigte, die nach dem Stalin-Hitler-Pakt oder aus anderen Gründen mit der KP gebrochen hatten. Vassart entzog sich diesen blutigen Racheakten nur dadurch, daß er sich bis 1946 mit seiner Frau unter falschem Namen in einer Maison meublée mitten in Paris verbarg.
Besonders wichtig für die Aufklärung des Falles Münzenberg aber dürfte die Aussage des 1950 von den Sowjetrussen entführten und 1955 freigelassenen ehemaligen kommunistischen Bundestagsabgeordneten Kurt Müller sein. Im Laufe eines Verhörs sagte ein MWD-Beamter zu ihm: „Sie wissen ja wohl, daß wir Willi Münzenberg auch zur Strecke gebracht haben."

Das Ende

Im Januar 1937 hatte man in Moskau auf dem Roten Platz eine Demonstration anberaumt. Die Arbeiter wurden aus den Betrieben direkt dorthin geführt. Keiner konnte sich davor drücken. Auch die Angestellten und Mitarbeiter des Verlages Ausländischer Arbeiter, zu denen wir gehörten, mußten geschlossen daran teilnehmen. So drängte sich an diesem bitterkalten Wintertage auf dem Roten Platz eine vielköpfige Menschenmenge. Kein Ruf wurde laut. Schweigend standen die Menschen im Schnee, und der Gegensatz zwischen diesem Schweigen und den Texten der Spruchbänder, die sie mit sich führten, war erschreckend. „Erschlagt sie wie tolle

Hunde!" – „Tod den faschistischen Verrätern!" Auf einer Tafel sah ich das Bild einer riesigen stachelbewehrten Faust und die Aufschrift: „Es lebe die NKWD, die gepanzerte Faust der Revolution!" Der zweite blutige Schauprozeß, der Prozeß gegen Pjatakow, Serebrjakow, Radek und vierzehn weitere alte Bolschewiken, war im Gange. Wie lange war es her, daß Radek und Pjatakow in der „Prawda" und der „Iswestija" noch selber die Köpfe der Angeklagten des ersten Schauprozesses gefordert hatten? Noch kein halbes Jahr war darüber vergangen. Hatte Radek wirklich geschrieben: „Vernichtet dieses Geschmeiß!" Stammen diese Worte wirklich von Pjatakow: „Es fehlt an Worten, um seine Empörung und seinen Ekel voll und ganz zum Ausdruck zu bringen. Dies sind Leute, die die letzten Züge des Menschenantlitzes verloren haben. Man muß sie vernichten, vernichten wie Aas, das die reine, frische Luft des Sowjetlandes ansteckt." So hatten sie geschrieben, weil sie hofften, dadurch die eigene Haut retten zu können. Aber jetzt saßen sie selber auf der Anklagebank, gestanden Verbrechen, die sie nie begangen hatten, und die schweigende Menge forderte mit ihren Spruchbändern nun ihre eigenen Köpfe. Dreizehn der Angeklagten wird man zum Tode, die übrigen vier, darunter Karl Radek, zu langjährigen Gefängnisstrafen verurteilen.
Als wir starr vor Kälte wieder ins „Lux" zurückkamen, hielt uns der Portier, besser gesagt der am Kontrolltisch arbeitende Beamte der Staatspolizei, einen Brief entgegen. Er war in Paris abgestempelt worden, aber als wir ihn geöffnet hatten, stellten wir fest, daß er in Spanien geschrieben sein mußte. Er kam von unserem Freunde Percy. Der Inhalt wirkte mehr als belanglos, ja geradezu albern, denn auf einem Blatt stand ein Schlagertext in englischer Sprache, zu welchem Percy bemerkte, daß man diesen Jazz jetzt überall singe und es deshalb auch für uns interessant sei, ihn sich einmal näher anzusehen. Das taten wir und glaubten, Percy habe im Bürgerkrieg den Verstand verloren. Es war ein Text, in dem sich Liebe auf Triebe reimte, der aber außerdem noch einen sinnlosen Satz ungefähr folgenden Inhalts enthielt: „. . . . drum nimm ein heißes Eisen und preß es aufs Papier . . ." Aus den zwanziger Jahren waren wir natürlich an verrückte Schlagertexte gewöhnt, nur konnten wir uns absolut nicht erklären, weshalb Percy gerade uns diesen Blödsinn mitteilte. Wir saßen ratlos vor dem Brief, als mir plötzlich etwas Merkwürdiges daran auffiel. Die Zwischenräume zwischen

den Zeilen waren unverhältnismäßig groß. Kaum hatte ich das bemerkt, als mir auch schon die Erleuchtung kam. In der gleichen Sekunde griff sich Heinz an die Stirn: „Percy muß wahnsinnig geworden sein!“ rief er, stürzte auch schon zur Tür und schloß sie ab. Ich riß das Bügeleisen aus dem Schrank und lief zum Steckkontakt. Wir waren von den einander widersprechenden Gefühlen der panischen Angst und der unerträglichen Spannung beherrscht. Die Minuten, die das Bügeleisen brauchte, um einigermaßen warm zu werden, kamen mir endlos vor. Dann war es soweit. Mit Herzklopfen drückte ich das Eisen auf den Briefbogen und riß es wieder zurück. Das ganze Blatt war überdeckt mit bräunlichen Schriftzeichen. „Zitronensaft“, flüsterte Heinz. „Wenn man bedenkt, durch wieviel Zensurstellen dieser Brief gegangen ist...“ Er beendete den Satz nicht, aber ich wußte, was er sagen wollte. Doch das Entsetzen packte uns erst ganz, als wir lasen, was Percy in Geheimschrift mitteilte. Es war ein Verzweiflungsschrei und eine dringliche Warnung. Dies war etwa der Inhalt: Stalin ist der Totengräber der Oktoberrevolution. Ich habe keine Hoffnung mehr auf eine Umkehr. Versucht alles, um das Land zu verlassen, bevor es zu spät ist. Aber... kommt niemals, auf keinen Fall, nach Spanien. Hier hausen die gleichen Verbrecher.
Also war auch diese Hoffnung zunichte geworden, und in Spanien herrschten der gleiche Geist der Unduldsamkeit, die Skrupellosigkeit, das gleiche Machtstreben, die überall dort herrschten, wo Sowjetunion und Komintern ihre Hände im Spiel hatten. Der spanische Bürgerkrieg würde ebenso daran scheitern, wie die russische Revolution daran zugrunde gegangen war. Wir zweifelten keinen Augenblick, daß unser Freund Percy die Wahrheit geschrieben hatte.

Bereits im Dezember 1936 war Heinz überraschenderweise zu Dimitroff, dem Generalsekretär der Komintern, gerufen worden. Sehr selbstherrlich hatte dieser ihn wissen lassen, daß er im Auftrage des Genossen Stalin mit ihm sprechen und den Versuch machen sollte, ihn zu einem Bolschewiken neuen Typs umzuerziehen. Er schlage ihm deshalb vor, ein Buch über den VII. Weltkongreß zu schreiben, in dem er erstens die Richtigkeit der neuen Volksfrontlinie der Komintern ausführlich behandle, dadurch seine Loyalität unter Beweis stelle, und zweitens umfassende Kritik an seinen schweren politischen Fehlern während der Arbeit in der deutschen Parteiführung übe. Nur eine rückhaltlose Selbstkritik, eine Untersuchung der politischen Ursachen, die zu diesen Fehlern geführt haben, und eine bedingungslose Kapitulation könnten sein weiteres Verbleiben in der KPD ermöglichen.

Bevor Heinz noch etwas hätte erwidern können, ließ sich Dimitroff schon über den Inhalt dieses geplanten Buches aus, und Heinz merkte, daß es dem Chef der Komintern sowohl um die Glorifizierung seiner Person als auch darum zu tun war, seine politische Bedeutung schriftlich vor aller Welt festzuhalten. Immer wieder fiel der Satz „Wie ich auf dem VII. Weltkongreß so richtig sagte...", und schließlich, schon ganz von seinen eigenen Worten berauscht, deklamierte er: „Sie könnten, sozusagen als Motto für dieses Buch, die treffende Formulierung aus meiner Kongreßrede benutzen: ‚Sorgfältig zielen und erst dann abdrücken...'" Heinz mußte mit Mühe ein Lächeln unterdrücken. Was für einen Sinn hatte schon dieses alberne Zitat? Welche Absichten Dimitroff allerdings mit diesem Buch verfolgte, war nicht schwer zu erraten. Es sollte geschichtlich festgehalten werden, daß erst mit ihm, Georgi Dimitroff, die Komintern in eine wahrhaft fruchtbare Periode eingetreten sei. Die vernichtende Selbstkritik, die er von Heinz erwartete, sollte aber wohl nicht nur zu dessen Unterwerfung dienen, sondern gleichzeitig dazu, die vordimitroffsche Kominternpolitik als fehlerhaft, ja sogar verbrecherisch in Grund und Boden zu verdammen.

Als sich Dimitroff, der überhaupt nicht auf den Gedanken gekommen war, man könnte diesen Vorschlag etwa ablehnen, leutselig danach erkundigte, wie lange Neumann brauchen würde, um dieses Buch fertigzustellen, erwiderte Heinz: „Genosse Dimitroff, ich kann dieses Buch nicht schreiben. Ich werde mich nicht selbst bespucken..." Der Generalsekretär fuhr zurück, als habe man ihm einen Schlag versetzt.

Ich muß gestehen, daß ich ganz entsetzt war, als Heinz von dieser Begegnung zurückkam und mir alles erzählte. „Jetzt ist es endgültig aus! Sie werden dich sofort verhaften. Warum, in aller Welt, schreibst du nicht dieses Buch?! Was haben wir denn noch zu verlieren!? Vielleicht würden sie es später sowieso als ‚unbefriedigend' ablehnen, wie bisher alle deine Erklärungen. Aber bis dahin könnten wir doch wenigstens Zeit gewinnen. Wenn du dich jetzt

weigerst zu schreiben, werden sie diese Herausforderung niemals ruhig hinnehmen." Aber Heinz ließ sich durch meine verzweifelten Bitten nicht erweichen. In dieser fürchterlichen Lage schien er sich gerade an das zu klammern, was er im Leben für seine Partei so oft hatte mit Füßen treten müssen: die Selbstachtung. Er wußte genauso gut wie ich, daß es keine Aussicht auf Rettung mehr gab, wenn er nicht zu Kreuze kroch. Ob er bei seiner Weigerung wohl daran dachte, wie sein zukünftiges Leben aussehen würde, wenn sie es ihm wirklich noch einmal schenken sollten? Konnte er vielleicht den Gedanken daran nicht ertragen? Oder war es der in der letzten Zeit so oft geäußerte Gedanke an Selbstmord, der ihn jetzt dazu trieb, das Anerbieten Dimitroffs abzulehnen?
Und wieder vergingen Wochen, in denen nichts geschah. Dann kam ein Anruf vom Verlag Ausländischer Arbeiter. Man erkundigte sich, wieviel von dem Buchmanuskript bereits fertiggestellt worden sei. „Von welchem Buchmanuskript?" fragte Heinz. Das müsse er doch wohl wissen, denn die Komintern habe dem Verlag mitgeteilt, daß er ein Buch über den VII. Weltkongreß schreibe. „Ich habe kein Manuskript abzuliefern", antwortete Heinz und legte auf. Das Warten begann von neuem. Wir waren Tote auf Urlaub im wahrsten Sinne des Wortes. Noch einige Male wurde vom Verlag aus gemahnt, dann gab man es wohl auf. Aber jedesmal, wenn das Telefon klingelte, schreckte ich zusammen. Und die Nächte wurden zur Qual. Heinz lief Zigaretten rauchend im Zimmer auf und ab, während ich auf jedes Geräusch im Korridor lauschte. Nach Mitternacht pflegten die schweren Schritte zu kommen. Aus dem Zimmer von gegenüber hatten sie einen Bulgaren geholt, aus dem Stockwerk unter uns einen Polen. Wenn ich am Tage durch die Gänge des „Lux" ging, musterte ich scheu die Türen, ob wieder irgendwo eine von der NKWD versiegelt worden war. Das taten sie nach der Verhaftung, wenn keine Angehörigen zurückblieben. Und doch schien noch einmal ein Wunder zu geschehen. Wieder hatte das Telefon geklingelt, wieder war ich zusammengefahren. Aber diesmal bestellte der Leiter des Verlages Ausländischer Arbeiter, Krebs, bei Heinz einen Artikel für die 1. Mai-Nummer der Wandzeitung des Verlages. Was hatte das zu bedeuten? War es Hohn? Oder etwa die Folge von Dimitroffs Angebot? War ihnen vielleicht der Gedanke gekommen, daß der geprügelte Hund Neumann doch noch einmal in Gnaden aufgenommen werden

könnte? Hieß es, daß wir noch einmal Hoffnung schöpfen durften? Heinz schrieb den Artikel und schickte ihn an den Verlag. Aber in die Wandzeitung kam er nicht mehr. Drei Tage vor der Maifeier, in der Nacht vom 26. auf den 27. April 1937, hielten die Schritte vor unserer Tür. Die nervliche Erschöpfung hatte uns gerade in dieser Nacht tief und traumlos schlafen lassen. Aus weiter Ferne hörte ich das Pochen an der Tür. Ich sprang auf und öffnete. Drei NKWD-Beamte und der Kommandant des „Lux“ drangen ins Zimmer. „Neumann, stehen Sie auf! Sie sind verhaftet!“

PERSONEN- UND SACHREGISTER

Biographien / Erinnerungen Tagebücher

Zeitgeschichte

Wladislaw Bartoszewski
Das Warschauer Ghetto – wie es wirklich war
Zeugenbericht eines Christen
Band 3459

Floris B. Bakels
Nacht und Nebel
Der Bericht eines holländischen Christen aus deutschen Gefängnissen und Konzentrationslagern
Band 3468

Georg Denzler/ Volker Fabricius
Die Kirchen im Dritten Reich
Christen und Nazis Hand in Hand?
Bd. 1: **Darstellung**
Band 4320
Bd. 2: **Dokumente**
Band 4321

Gottfried Bermann-Fischer
Bedroht, bewahrt
Weg eines Verlegers
Band 1169

Anne Frank
Das Tagebuch der Anne Frank
Band 77

Ernst Fraenkel
Der Doppelstaat
Eine der großen Analysen des faschistischen Herrschaftssystems in Deutschland
Band 4305

Gustav M. Gilbert
Nürnberger Tagebuch
Gespräche der Angeklagten mit dem amerikanischen Gerichtspsychologen
Band 1885

John Heartfield
Krieg im Frieden
Fotomontagen zur Zeit 1930–1938
Band 3465

Ruth Herzog
Shalom Naomi?
Brief an ein Kind
Band 5102

Wilhelm Hoegner
Flucht vor Hitler
Erinnerungen an die Kapitulation der ersten deutschen Republik 1933
Band 3420

Wieslaw Kielar
Anus Mundi
Fünf Jahre Auschwitz
Band 3469

Joel König
David
Aufzeichnungen eines Überlebenden
Band 2196

fi 37/3a

Fischer Taschenbuch Verlag

Das Zwanzigste Jahrhundert

in 3 Bänden

Europa 1918–1945
Fischer Weltgeschichte Band 34
Herausgegeben und verfaßt von R. A. C. Parker

Der Autor behandelt vor allem zwei Probleme, unter deren Nachwirkungen wir auch heute noch zu leiden haben: Aufstieg und Erscheinungsformen des Faschismus in Europa und Ursprung und Verlauf des Zweiten Weltkriegs. Unter diesem Blickwinkel werden Weltwirtschaftskrise und soziale Spannungen, nationale Rivalitäten und politische Radikalisierung geschildert; zugleich tritt ihre gegenseitige Verflechtung hervor, denn – so Parker – »wenigstens in der modernen Welt sind politische Veränderungen zugleich Ursachen und Folgen wirtschaftlicher und sozialer Veränderungen«.

Europa nach dem Zweiten Weltkrieg
Fischer Weltgeschichte Band 35
Herausgegeben von Wolfgang Benz und Hermann Graml

In diesem Band wird die europäische Geschichte von 1945 bis heute aufgearbeitet. Er beginnt mit einem Kapitel über die politischen Blockbildungen im Anschluß an den Zweiten Weltkrieg, an das sich je zwei Kapitel über die Entwicklungen in West- und Osteuropa anschließen und eines über den schwierigen Gang der europäischen Entspannung bis hin zur Krise dieser Politik.

Weltprobleme zwischen den Machtblöcken
Fischer Weltgeschichte Band 36
Herausgegeben von Wolfgang Benz und Hermann Graml

In diesem Band werden die wichtigsten zeitgenössischen Konfliktherde beschrieben und auf ihren strukturellen Zusammenhang hin untersucht. Die Spannweite reicht von Nordirland bis Kambodscha, vom Aufbruch der arabisch-islamischen Welt über die Befreiungsbewegungen in Afrika und Asien bis hin zur Entstehung der Volksrepublik China als neuem Machtfaktor in der Weltpolitik. Den Abschluß bilden Überlegungen zu Problemen der Entwicklungsländer, zur Entwicklungspolitik und zum Nord-Süd-Konflikt.

Fischer Taschenbuch Verlag

fi 313/1